PAUL A. WOODS

QUENTIN TARANTINO

Título original: Quentin Tarantino – the film geek files

Diretor editorial
Pascoal Soto

Coordenação editorial
Barba Negra

Editores
Mariana Rolier
Christiano Menezes
Chico de Assis
Lobo

Produtora editorial
Sonnini Ruiz

Assistente editorial
Carolina Pereira da Rocha

Tradução
Santiago Nazarian

Preparação de texto
Márcia Duarte

Revisão
Entrelinhas Editorial
e Ricardo Kobayashi

Capa e design
Retina78

Texto Editores Ltda.
uma editora do grupo LeYa
Rua Desembargador Paulo Passaláqua, 86
01248-010 – Pacaembu – São Paulo – SP – Brasil
www.leya.com

a Quentin Tarantino film
BARBA NEGRA

CÃES DE ALUGUEL 1992

AMOR À QUEIMA-ROUPA 1993

PULP FICTION 1994

GRANDE HOTEL 1995

INTRODUÇÃO

1. PRIMEIROS PASSOS E CÃES DE ALUGUEL

2. AMOR À QUEIMA-ROUPA

3. PULP FICTION

4. GRANDE HOTEL

5. UM DRINK NO INFERNO

UM DRINK NO INFERNO 1996

JACKIE BROWN 1997

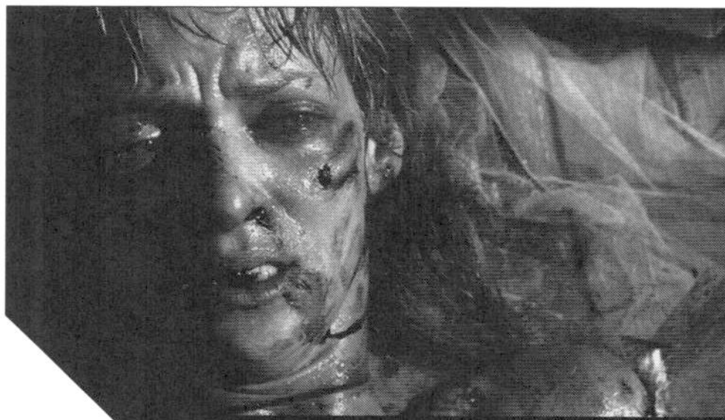

KILL BILL, VOL. 1 2003

KILL BILL, VOL. 2 2004

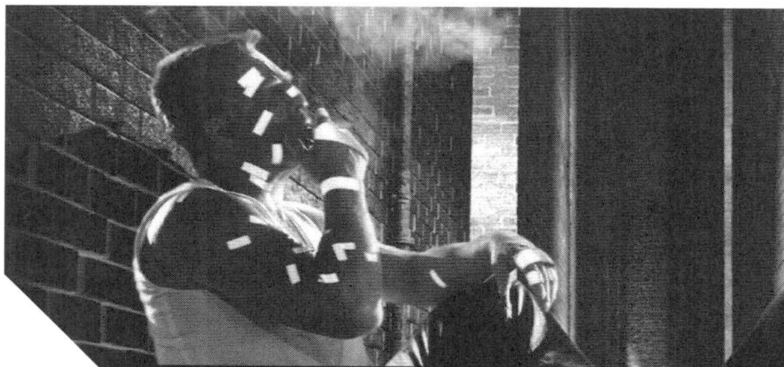

SIN CITY – A CIDADE DO PECADO 2005

À PROVA DE MORTE 2007

BASTARDOS INGLÓRIOS 2009

RESTRICTED
R UNDER 17 REQUIRES ACCOMPANYING PARENT OR ADULT GUARDIAN
PERVASIVE STRONG HORROR VIOLENCE AND GORE, LANGUAGE AND SEXUALITY

6. TARANTINISMO

7. O FANÁTICO POR FILMES FALA

8. JACKIE BROWN

9. KILL BILL

10. SIN CITY – A CIDADE DO PECADO

11. À PROVA DE MORTE

12. BASTARDOS INGLÓRIOS

FILMOGRAFIA

CLOSED
OPEN
OPEN
40

10¢
TARANTIN
a Quentin Tarantino film

O DIRETOR, NA PREMIÈRE DE *HAMLET*, DE MICHAEL ALMERAYDA, EM 2000

1

INTRODUÇÃO 2005

POR PAUL A. WOODS

Parece fazer uma eternidade que *Cães de Aluguel* "fez parte da cultura", para citar seu criador. Se em Los Angeles as pessoas saíram dos cinemas um pouco chocadas, em Londres minha reação foi basicamente de empolgação. O que manteve as pessoas mais notavelmente entretidas, até mesmo as que torceram o nariz para o derramamento de sangue, foi a percepção de que aqueles marginais são, de certa forma, *como elas*. Eles brigam e discutem, eles xingam e matam, mas ainda têm bom humor suficiente para fazer tiradas bem sacadas quando a situação se torna cada vez mais desesperadora. Eles podem ter vivido fora dos confins da sociedade política, mas ainda discutem se "Like a Virgin", de Madonna, é um hino sobre a capacidade vaginal de uma garota, como numa conversa jogada fora de trabalhadoras bêbadas nas noites de sexta-feira.

Avancemos apenas dezoito meses e "Tarantino" se tornou um sinônimo internacional de referência à cultura pop e cinema popular pós-moderno. *Amor à Queima-Roupa*, o filme de Tony Scott sobre um antigo roteiro de Tarantino, junta referências pop numa trama policial banal até chegar a proporções de autoparódia, mas ainda divertido, com trechos de diálogo ágil. (Uma coisa que Tarantino aprendeu com seu amor pelo rádio AM foi a ter um ouvido de músico pop para ritmo, fazendo seus diálogos cantarem para plateias que nem mesmo têm familiaridade com o estilo *hardboiled*.) Mas a verdadeira ação aconteceu com o lançamento de *Pulp Fiction – Tempo de Violência*, o filme épico, mesmo com orçamento modesto, que veio após *Cães de Aluguel*. Alcançando sucesso de crítica e de bilheteria nos Estados Unidos, recebeu a Palma de Ouro em Cannes e trouxe a seu prolixo criador viciado em cinema um *status* de astro do rock.

Pulp pegou todas as referências moderninhas de *Cães de Aluguel* e as ampliou – dois matadores frios como gelo (um negro de estilo *cool* e um branco com as emoções geladas pelas drogas) passam por seus assassinatos enquanto louvam o Fonzie, da série de TV *Dias Felizes*, e *Kung Fu*, entre outros ícones *trash*, alegrando uma plateia majoritariamente respeitosa à lei e distante dos guetos. Enquanto a

estrutura circular de filme *pormanteau* de Tarantino prazerosamente subvertia a tradição de policiais *hardboiled* (veja o artigo de Geoffrey O'Brien, "O pulp fantástico de Tarantino"), era tudo por uma "Boa Noite no Cinema", como Ian Penman diz em sua implicância anti-Tarantino. Mas, para seus admiradores, ele ainda tem uma ressonância e importância que vão um pouco além disso.

Ainda assim, apesar de estar tão em sintonia com seu tempo, a característica nerd, marca registrada da carreira de Tarantino que se seguiu, se tornou cansativa. Seu filme em parceria com Robert Rodriguez, *Um Drink no Inferno*, foi divertido para os que são incultos o suficiente para amar ao mesmo tempo filmes policiais e de derramamento de sangue, mas foi visto mais como um acompanhamento para pizza e cerveja. Quando o homem inicialmente anunciado como o salvador do filme policial falou com empolgação sobre como – no início da era do vídeo – ele pediu para sua mãe uma fita de *Fugindo do Inferno*, quando sua reescrita de *Maré Vermelha* de Tony Scott supostamente contém diálogos de seus dramas submarinos favoritos, eu mesmo mudei de canal.

Que Tarantino tenha voltado à boa forma com seu terceiro lançamento como diretor não foi grande surpresa. O mais notável foi a maneira despretensiosa como ele fez isso. Na época do lançamento de *Jackie Brown* (adaptado do romance *Ponche de rum*, de Elmore Leonard), o termo "*geek* de cinema", apesar de ainda descrever bem sua obsessão completa, não parecia mais uma descrição justa de Tarantino.

Havia uma nova *persona* na cidade – declarando se identificar com Ordell Robbie, seu protagonista negro, como resultado de ter sido criado em Los Angeles, Tarantino parece ter amadurecido numa versão mais "autêntica" de si mesmo.

O filme se passa da mesma maneira. Quando um agente de fiança mata o tempo assistindo a um filme num shopping, ele escolhe o filme puramente pela duração. Em vez de temperar o filme com referências pop, Tarantino se limitou a alguns extratos de filmes mostrados numa tela de TV e um uso comovente de músicas *soul* dos anos 1970 – "Didn't Bow Your Mind This Time", dos Delfonics, sugere suspiros e arrependimento reflexivos, tudo sem atingir uma única nota melancólica; "Across 110th Street", de Bobby Womack, uma canção sobre fugir do gueto do Harlem, é apropriada como o tema que Jackie canta quando dá sua própria escapada dirigindo pela rodovia de Los Angeles que nenhum pedestre poderia cruzar.

Então, vem um quase silêncio.

Tarantino passou a maior parte de meia década levando sua reputação de geek de cinema ao cume, lançando épicos do oriente distante, filmes de monstros de Hong Kong e de terror italiano por meio de seu selo de distribuição Rolling Thunder. Mas, como cineasta, seu tempo já havia passado, era o que diziam. Suas amostras outrora espantosas de cinema pop eram agora peças datadas dos anos 1990.

Quando ele de fato retornou, Tarantino insistiu que nunca havia sumido. Ele passou três anos escrevendo várias versões de *Bastardos Inglórios* – um filme sobre "caras em uma missão" na Segunda Guerra Mundial, baseado levemente no título similar do *macaroni combat* de Enzio G. Castellari dos anos 1970. O celebrado fã de filmes apelativos europeus diz que foi "uma das melhores coisas que já escrevi. Mas", uma vez que só usou a história original como ponto de partida, "não conseguia chegar a um final".

O roteiro que o suplantou, *Kill Bill*, foi concebido com a colaboração da mulher que Tarantino declarou ser sua "musa" no set de *Pulp Fiction*, a atriz Uma Thurman. Quando chegou às câmeras, a Miramax parecia estar bajulando Tarantino assim

O DIRETOR, DURANTE AS FILMAGENS
DE *BASTARDOS INGLÓRIOS*, EM 2009

como os grandes estúdios haviam bravamente feito com os fedelhos do cinema dos anos 1970. *Kill Bill* foi muito além do planejamento, e milhões de dólares além do orçamento. Em vez de exigir cortes, entretanto, as centenas de metros de filme que Tarantino tinha rodado impressionaram Harvey Weinstein o suficiente para inflar seu truque derradeiro de "a vingança da amazona" nos *Volumes 1* e *2*.

Seu filme de retorno se mostrou significativo para Tarantino em mais de um aspecto vital: foi o primeiro filme dele que não parava de ter movimento. "Sempre adorei cineastas de ação", ele declarou. "E esses são aqueles que eu realmente considero diretores cinemáticos." De fato, *Kill Bill* vai ao encontro de corrigir a visão de um aluno meu, que via Tarantino como uma "figura literária" escrevendo diálogos que subvertiam o gênero, mais do que o estilo cinematográfico.

Tarantino elegeu os seus melhores filmes (ver p. 66), nos dando uma pequena evidência da gama de películas de *grind house* a que *Kill Bill* presta tributo. Talvez seja uma forma de confessar os seus antigos amores, mas seu adiado drama de vingança é composto de elementos de filmes japoneses de samurai, filmes de kung fu, faroestes-espaguete (em maior parte citados na trilha sonora do *Volume 1* e discernível em termos de estilo no mais lento *Volume 2*) e dos mais recentes filmes de Yakuza, de Takashi Miike, que elevam a violência a um nível transgressor.

Volumes 1 e *2* também têm uma mudança definitiva de tom, da frenética ação influenciada pelo Oriente e sangue para uma malevolência mais taciturna e verbal (com uma amostra atraente de cultura pop com o vilão Bill, fundindo Nietzsche e o Super-Homem da DC Comics). Que o argumento de segunda mão de *Kill Bill* tenha feito jus a dois longas, entretanto, diz menos sobre o material do que o fato de a Miramax ter perdido por pouco o trunfo de filmar *O Senhor dos Anéis* como uma trilogia e agora via a chance de produzir dois filmes de Tarantino em um ano por menos de trinta milhões de dólares cada.

Por enquanto, como sempre, Tarantino permanece trancado no submundo néon da cultura pop e no universo autorreferente que ele criou. Retribuindo o favor do melhor amigo Robert Rodriguez, por ter feito uma trilha sonora elétrica mexicana-faroeste para o *Volume 2* por apenas um dólar, ele dirigiu uma sequência de dez minutos do muito aguardado *Sin City* – a realização digital *El Mariachi* dos quadrinhos *noir* do novelista gráfico Frank Miller – pela mesma soma. Com uma clássica narração *noir*, a cena de Tarantino supostamente traz o tradicional estilo *pulp* a um enfoque de outro modo *high-tech*.

Buscando de volta o episódio de *Plantão Médico* que trazia um incidente com uma orelha cortada, o diretor também reforçou seu domínio *geek* na TV ao filmar um episódio de *CSI* em que o personagem de Nick Stokes encara o macabro cenário de ser enterrado vivo assim como o apuro de Beatrix no *Volume 2* e o de Poe.

Quanto a seus próprios projetos pessoais, o desejo de filmar uma versão semifiel de *Cassino Royale*, de Ian Fleming, foi destruída pelos produtores de Bond, mas o que não falta a ele é ambição. "Vou fazer um filme de guerra [*Bastardos Inglórios*]", afirma. "Vou fazer um filme assumidamente de ação e vou fazer minha primeira sequência." A sequência é outro projeto há muito discutido, *The Vega Brothers*, ressuscitando Vic (também conhecido como sr. Blonde, Michael Madsen) de *Cães de Aluguel*, e Vincent (John Travolta) de *Pulp Fiction*. O único porém seria que ambos os personagens já morreram, o que sugere um *prequel*, mas nenhum dos dois atores está um pouco sequer mais moço. De acordo com as declarações conflitantes do próprio homem, isso não inviabiliza o filme nem o faz forçar a barra. ("Tive uma ideia que não importará muito a idade deles", ele disse recentemente.)

Ele também sonha sobre como "daqui a quinze anos farei uma terceira versão de *Kill Bill*, em que a filha de Vernita Green, do *Volume 1*, cresceu para se tornar ela mesma uma assassina". Mas essa nova expansão do universo de Tarantino poderá, se seus devaneios refletem seus planos de jogo, ser sua última. Porque Tarantino nutre a fantasia de desistir do jogo depois que seus sonhos de filmes tenham sido realizados e gastos, e pretende cuidar de um cinema numa cidadezinha americana.

Então, ignore-o quando diz: "a visão mais errada sobre mim é que... tudo o que eu faço é ver filmes e isso é tudo o que eu sei sobre a vida...". Ele pode ter tanto de vida "real" quanto muita gente na nossa sociedade ocidental saturada pela mídia, mas seu coração está no "cinema, no universo do cinema", onde seus personagens vivem. Questionado sobre os ataques apocalípticos de 11 de Setembro, ele respondeu: "Não me afetou, porque há num filme de ação de Hong Kong... chamado *Purple Storm* e... eles trabalham nessa coisa enorme da trama que eles explodem um arranha-céu gigante". (Esse, afinal, é o homem que mostrou a filhinha de Beatrix no *Volume 2* sorrindo, feliz e sem traumas enquanto vai embora com a mãe que nunca conheceu, que agora matou seu pai.) É um lastro para os detratores de Tarantino que o atacam por ter "nada a dizer" sobre violência (enquanto raramente possuem a compreensão que falta a ele).

E ainda assim...

No mundo "real" dominado pela mídia, os filmes de Tarantino possuem um *status* icônico. (É uma ironia não aclamada que durante a Guerra do Iraque, um dos momentos definitivos da história recente, uma cópia de *Pulp Fiction* foi encontrada no palácio de Saddam, o antigo aliado do Ocidente.) Nesta era pós-moderna, ele é o coreógrafo que mescla a evocação barata do imaginário pop com atrocidade. Apesar de toda a fragilidade da premissa de *Kill Bill*, esse escritor foi fisgado no momento em que ouviu Nancy Sinatra entoando as palavras *bang bang, that awful sound* – remetendo até sua primeira infância nos meados anos 1960 – com uma imagem terrível de Uma Thurman detonada. Para nós, literatos não sofisticados da mídia, emoções intensas e primitivas ressoam de justaposições como essas.

Esqueça a grande ópera. Tarantino é Artimanha Encarnada.

Paul A. Woods, 2005

RESERVOIR
DOGS

PRIMEIROS PASSOS E

CÃES

CÃES DE ALUGUEL

1992

R RESTRICTED
UNDER 17 REQUIRES ACCOMPANYING PARENT OR ADULT GUARDIAN
PERVASIVE STRONG HORROR VIOLENCE AND GORE, LANGUAGE AND SEXUALITY

TARANTINO EM HOMENAGEM
À MARTIN SCORSESE, EM 1997

1 A VINGANÇA DO NERD

POR JEFF DAWSON

No começo de 1992, ninguém tinha ouvido falar de Quentin Tarantino. No final daquele ano, ele estava sendo aclamado como o novo messias descolado do cinema. Na esteira de *Pulp Fiction*, dois anos à frente, a mídia e a indústria cinematográfica cochicharam sem parar. Como um *geek* de cinema que veio do nada, sem nenhum treinamento formal e sem bagagem anterior, de repente era festejado como a próxima grande coisa?

"Nunca vi, em toda minha vida, esse grau de reação a um jovem cineasta", diz Oliver Stone, que dirigiu o roteiro de Tarantino para *Assassinos por Natureza*, ironicamente uma paródia da exaltação da mídia. "Nunca vi isso, desde que me lembro. Sim, há modismos. Eles enlouquecem por um filme, e esse filme geralmente não se sustenta com o tempo porque o modismo morre, mas eu nunca vi isso. É desequilibrado. Não é natural."

Desequilibrado? Não natural? Mas o que é esse rebuliço todo?

Quem diabos é Quentin Tarantino e por que um homem cuja carga é a mais politicamente incorreta possível nos sensíveis anos 1990 conseguiu conquistar tamanho culto de seguidores? Certamente sua ascensão de Cinderela, de balconista de locadora a diretor fodão, certamente deu uma boa história.

O primeiro diretor astro de rock?

Tarantino, diferentemente de qualquer outro cujo ofício acontece atrás das câmeras, agora aproveita esse tipo de *status*.

Na sua vida privada, Tarantino certamente não vive como o mais alto papa dos descolados. Sua casa, onde ele vive há muitos anos, fica num prédio de apartamentos apertado contra uma movimentada avenida de Hollywood, ao lado de uma cerca viva alta e um pequeno pátio, uma área que é razoavelmente moderna, mas nada próximo do padrão que ele poderia pagar. Talvez ele apenas não tenha conseguido dar jeito. O lugar é uma zona. Não é sujo, mas bagunçado. Há pilhas de revistas, discos e caixas por todo lado. Na mesa, há a carteira de Samuel L. Jackson de *bad motherfucker*, de *Pulp Fiction*. Tarantino agora a usa como sua própria, apesar de que, como seus amigos zombam, ela não saia com facilidade do seu bolso. Dominando a sala, há uma enorme televisão de tela plana, e equilibrando-se no topo dela há um vídeo marcado com *Grande Hotel*/ Cortes de Dedos/Efeitos.

No quarto dos fundos há prateleiras empilhadas com vídeos. De forma bem incongruente, eles são preenchidos com diligência – você pode ver onde ficam suas prioridades. No corredor também há uma cristaleira empilhada com seus bens documentados, jogos de tabuleiro, aqueles baseados em filmes e programas de TV, incluindo *Welcome Back Kotter*, estrelado por John Travolta. Foi jogando esse jogo com o próprio Travolta, nesse mesmo apartamento, que Tarantino o convenceu a dar uma chance a esse *geek* do cinema e aceitar fazer *Pulp Fiction*.

Sobre a lareira, há vários bonecos – GI Joes, com e sem cabelos realistas e mãos que seguram, e um modelo de Boy George com sua roupa completa de Karma Chameleon. Grandes pôsteres emoldurados dominam as paredes – um cartaz publicitário japonês de *Amor à Queima-Roupa* e, acima do sofá, um para *Bande à Part*, de Jean-Luc Godard, do qual ele e Lawrence Bender tiraram o nome da sua produtora, A Band Apart.

É um templo para a cultura pop... ou melhor, cultura *trash*. Que ele não tenha se enroscado nas armadilhas da fama sugere que o sucesso lhe é novo, e Tarantino ainda aproveita – e brinca – com a história de Cinderela.

Porém, ele próprio admite que tem calculado tudo muito bem, com firme controle não apenas de seu próprio destino, mas também de sua imagem pública. Sua popularidade é resultado direto das centenas de horas que passa bajulando a mídia.

A história apócrifa, é claro, diz que num minuto Tarantino estava entocado atrás do balcão de uma loja de vídeos e no momento seguinte dirigia o próprio filme, *Cães de Aluguel*. Raramente essas histórias são tão simples.

Há vários relatos também sobre uma infância difícil – uma mãe adolescente, meio *cherokee*, meio caipira, que cresceu num "pântano de ignorância nos cafundós", no sul do país, criando o filho Huck Finn à luz da lua nos Apalaches e mudando para Los Angeles em busca de trabalho, deixando o garoto que largou a escola se virar sozinho nas ruas cruéis de South Central. Raramente essas histórias são precisas.

Quentin Tarantino não é um herói da classe trabalhadora. Nasceu em 27 de março de 1963, em Knoxville, Tennessee. Sua mãe, Connie Zastoupil, é de fato nativa daquele estado, mas foi criada em Cleveland, Ohio, antes de ir para a escola em Los Angeles, a cidade que ela sempre considerou o seu lar.

"Sou meio *cherokee*", ela diz, "mas não dá para dizer, é só sensacionalismo. A única razão pela qual eu estava no Tennessee quando Quentin nasceu foi porque fazia faculdade lá. Por algum motivo, tinha essa ideia romântica de que tinha de ir para a faculdade no estado em que nasci."

Connie só tinha dezesseis anos quando ficou grávida. Uma boa aluna, ela se formou na escola aos quinze anos e "só me casei para me tornar uma menor emancipada. A gravidez na adolescência não foi um plano sórdido, foi mais uma coisa de libertação". O casamento não deu certo. "O pai nem soube que Quentin nasceu. Depois que nos separamos, descobri que estava grávida e nunca o procurei."

Enquanto estava grávida e matutando sobre nomes, ela ficou viciada na série de TV *Gunsmoke* e, em particular, no mestiço interpretado por Burt Reynolds – Quint Asper. "Mas queria um nome mais formal do que Quint. Então, eu estava lendo um livro do Faulkner, *O som e a fúria*. O nome da heroína era Quentin, daí decidi que este seria o nome do meu filho, fosse homem ou mulher. Eu também buscava um número limitado de apelidos; o mais curto seria Quent, que logo diminuí para Q."

Quando Tarantino tinha dois anos, ela se mudou de volta para Los Angeles, onde se casou com Curt Zastoupil, um músico local. Curt adotou Quentin, dando a ele seu sobrenome. Foi só quando deixou a escola e decidiu se tornar ator que Quentin Zastoupil se voltou ao nome mais adequado aos palcos: Tarantino, o nome de seu pai biológico.

Quando a mãe começou a trilhar uma carreira de sucesso na indústria de planos de saúde, eles fixaram residência na área de Los Angeles conhecida como South Bay, primeiro em El Segundo, depois em Torrance. Com Connie fora durante o dia e Curt trabalhando à noite, o jovem Tarantino passaria muitas horas na companhia do pai adotivo e seus amigos artísticos – a única criança entre adultos.

"Íamos sempre ao cinema; era um dos nossos lazeres favoritos", diz Connie.

Connie se lembra também da vez que ela o deixou de castigo por todo o verão por ter roubado um livro em uma das lojas da K-Mart (*The Switch*, de Elmore Leonard), apesar de isso dificilmente ter levado Tarantino à condição de jovem rebelde. Mas, com o passar do tempo, Tarantino começou a canalizar suas ambições.

"Não consigo me lembrar de uma época em que eu não queria ser ator. Por isso abandonei a escola, para começar a estudar interpretação."

Entretanto, inicialmente houve grandes discussões. Tarantino já estava infeliz por ser educado em uma escola particular cristã e começou a cabular com frequência. Assim, aos dezesseis anos, com o consentimento relutante da mãe, ele largou a escola, na condição de arrumar um trabalho. O primeiro foi de lanterninha de um cinema pornô, o Pussycat Theatre, em Torrance.

"A maioria dos adolescente pensaria: 'Bacana, estou num cinema pornô'", diz Tarantino, "mas eu não gostava de pornô. Gostava de filmes. E aquilo não era filme. Eram cafonas e bem vagabundos."

Por volta dessa época, Tarantino se matriculou em aulas de interpretação de James Best, mais conhecido como Roscoe P. Coltrane, o xerife do seriado *Os Gatões*. A filosofia de Best era simples. Em uma cidade onde o principal emprego para atores era a televisão, simplesmente não havia necessidade de se importar em estudar a arte do teatro ou os aspectos mais detalhados da atuação no cinema. Quando os trabalhos que aparecem se baseiam puramente em rápidas audições para dar uma voltinha, a técnica deve se apoiar muito em parecer natural para a câmera.

A atuação, entretanto, não parecia estar indo a lugar algum, e sua foto de divulgação padrão como rapaz de dezoito anos – um desajeitado membro de gangue com bandana, jaqueta de couro e brinco na orelha – certamente não serviu para destacá-lo em nada naquela cidade cheia de gente metida a estrela. Como uma corajosa tentativa de se fazer notar, ele alegou em seu currículo que havia aparecido como coadjuvante no *Rei Lear* de Jean-Luc Godard não apenas porque impressionaria, mas porque nenhum diretor de elenco teria a chance de verificar o fato. Mesmo que vários guias notáveis de cinema o listem nos créditos, Tarantino com certeza não esteve no filme, apesar desse golpe audacioso, os papéis não vieram para ele.

"O único trabalho legítimo que consegui como ator foi em *As Super Gatas*. Interpretei um imitador do Elvis. Sou um entre oito ou nove caras, mas chegamos a cantar uma música. Todos os outros imitadores do Elvis usavam macacões do estilo Vegas. Mas eu usei minhas próprias roupas porque era o Elvis da Sun Records."

Um amigo e colega de Tarantino no James Best Theatre Centre era o roteirista Craig Hamann, que ele conheceu em janeiro de 1981.

"Nós nos aproximamos muito rápido, porque havíamos visto muitos filmes e também porque eu simplesmente o considerava um grande ator, o melhor, e não havia como não admirar seu talento", lembra-se Hamann. "Nos tornamos bons amigos. Ele me apresentou ao cinema chinês, aos filmes de terror italianos, e decidimos que um dia iríamos fazer um filme. Depois, ainda com essa ideia em

"NO MINUTO EM QUE COMECEI A TRABALHAR EM LUGARES ONDE TINHA CONTATO COM MAIS MULHERES..."

O DIRETOR, EM 1994

mente, conversamos a respeito e escrevemos um pequeno roteiro, que acabou se chamando *My Best Friend's Birthday*."

"Era uma comédia, algo no estilo Martin e Lewis", diz Tarantino.

O filme de 1986, estrelando Hamann e Tarantino, pretendia ser um modo de apresentá-los como atores e foi feito usando cada centavo disponível que arranjaram. E com a dupla frequentemente substituindo cada ator que não tinha se importado em aparecer, o exercício se tornou um trabalho de amor. Nunca foi terminado. "Tivemos um acidente e não tínhamos seguro; perdemos algumas latas de filme", diz Hamann.

"Eu achava que estávamos fazendo algo muito especial", Tarantino reflete, "mas foi meio constrangedor quando comecei a assistir de novo."

Voltando a 1984, entretanto, Hamann apresentou Tarantino a Cathryn Jaymes, que iria se tornar seu empresário até a filmagem de *Pulp Fiction*.

"Craig continuava falando sobre esse personagem Quentin na sua aula de interpretação, que era tão interessante e tão incomum e tão fora do padrão", lembra-se Jaymes. "Mesmo naquele ponto, Quentin estava realmente determinado a ser ator. Seu foco estava na interpretação, e sua atitude era algo como 'se as pessoas não vão me contratar como ator, então vou fazer meus próprios filmes', então ele começou a pensar sobre seu próximo roteiro, que foi *Amor à Queima-Roupa*. Craig e Quentin eram como irmãos. Era Craig quem lia todos os roteiros e os passava de volta para Quentin, que encenava todas essas sequências para nós e as levava de volta para o escritório, todos aqueles guardanapos com escritos à mão, e os reescrevia e colocava tudo em um contexto."

Um desses roteiros era uma comédia chamada *Capitain Peachfuzz and the Anchovy Bandit*.

"É o título do primeiro roteiro que tentei escrever. Escrevi vinte páginas", Tarantino ri. "Você começa a escrever e se acha a melhor coisa do mundo, e depois de vinte ou trinta páginas você vem com outra ideia, e continua fazendo isso."

"Em certo ponto, ele estava escrevendo um livro", lembra-se Jaymes. "Ele não estava, é claro, mas chamava diretores bem conhecidos e dizia que queria passar a tarde com eles e conversar sobre seus filmes, porque escrevia um livro sobre eles. Ele apenas queria se sentar e conversar com eles, e essa foi sua educação. Além disso, ele conseguia um almoço de graça."

John Milius e Joe Dante foram apenas dois dos benfeitores das refeições de Tarantino.

Enquanto tudo isso acontecia, Tarantino encontrou um emprego rentável na Video Archives, no bairro boêmio de Los Angeles, Manhattan Beach. A Video Archives original tornou-se desde então a Riviera Tuxedo, com a nova loja expandida tendo se mudado alguns quilômetros para Hermosa Beach. Seu proprietário, como nos velhos tempos, é o genial Lance Lawson. Lawson se lembra da primeira vez que o moleque de vinte anos que largou a escola entrou em sua loja em 1983, se coçando para falar de filmes. "Um dia, ele veio como um especialista em cinema e começamos a falar sobre filmes, e entramos nessa discussão sobre Brian De Palma. Quatro horas depois, ainda estávamos conversando."

Tarantino voltou para a loja no dia seguinte e falou sobre Sergio Leone. Lawson acabou oferecendo um emprego a ele, pagando apenas quatro dólares por hora, com permissão para tirar quantos vídeos ele quisesse, de graça. De acordo com Lawson, Tarantino se vestia basicamente de preto, dirigia um Honda Civic preto, se entupia de hambúrgueres, era um leitor voraz de romances de mistério e quadrinhos... ou melhor, *pulp fiction*, amava Elvis e os Três Patetas e, segundo a lenda, era tão desorganizado na sua vida pessoal que juntou sete mil dólares em multas de trânsito. ("Fui preso umas três vezes por dirigir sem licença", Tarantino confessa.)

Seu conhecimento sobre filmes também era lendário, mesmo naquela época. Às vezes, os outros clientes experimentavam a rotina de *Top Gun* de Tarantino e seu colega balconista da locadora que no futuro se tornaria diretor, Roger Avary, na qual a dupla dinâmica debatia o conteúdo homoerótico do filme, um *sketch* que seria interpretado posteriormente por Tarantino em sua aparição especial em *Vem Dormir Comigo*, de Rory Kelly.

Um cliente impressionado com Tarantino era John Langley, criador do sucesso de TV *Cops*, que deu a ele um emprego em um vídeo de ginástica de Dolph Lundgren, no qual, como mero assistente de produção, acabou passando a maior parte do tempo limpando cocô de cachorro no estacionamento do estúdio para que Dolph não sujasse seus tênis.

Foi enquanto estava no Video Archives que o interesse de Tarantino em escrever se desenvolveu. Quando não estava servindo atrás do balcão, estava afundado nos roteiros, e enfiava seus primeiros rascunhos no nariz de Lawson. Algumas das primeiras referências eram óbvias – Elvis e Sonny Chiba tiveram seus momentos em *Amor à Queima-Roupa*, e o programa de aniversário de Clarence Worley tratado naquele filme – assistir a uma exibição de três filmes de Sonny Chiba – é algo que Quentin costumava reservar para si mesmo.

"Aquela época foi capturada perfeitamente em *Amor à Queima-Roupa*", lembra-se Tarantino. "As coisas que Clarence diz são as coisas que nós dizíamos."

"Você reconheceria tantas coisas", relembra Lawson. "Muito daquilo era bastante pessoal. Por exemplo, foi tão irritante que quase parei de sair para comer com o Quentin, porque ele era o personagem de Steve Buscemi em *Cães de Aluguel*. Ele não dava gorjeta e encrencava tanto com isso. Simplesmente não entendia o conceito. Essas coisas apareciam e você sabia de onde vinham. Ele dizia coisas como: "Vou dar um Jimmy Riddle", e eu dizia: "Quentin, é um pouco mais de informação do que preciso agora".

Isso, é claro, acabou sendo proferido por Uma Thurman e John Travolta em *Pulp Fiction*.

"Naquela época, Quentin era meio homofóbico", Lawson continua. "Eu brincava com ele: 'Você dormiria com o Elvis?' E o pensamento meio que o matava de medo, e ele dizia: 'Não, não, não, não. Teria de pensar nisso', e eu insistia: 'Ah, vai, é o Elvis... o Rei', e ele dizia: 'Você dormiria?'. E eu dizia: 'Não necessariamente o Elvis, mas com o Bowie, talvez', porque eu era fã de Bowie. E ele dizia: 'Dormiria?' Então todas essas discussões terminaram no filme."

Nesse caso, a cena de abertura de *Amor à Queima-Roupa*. Nela, de fato, Tarantino faz uma homenagem tocante a Lawson nesse filme na cena em que Clarence Worley refere-se àquele simpático tiozinho, o proprietário da loja de quadrinhos, como Lance.

"E ele batizou o personagem de Eric Stoltz com o meu nome no filme *Pulp Fiction*. Eu disse para Quentin depois de *Pulp Fiction*: 'Se eu soubesse que você prestaria tanta atenção no que eu disse, teria tentado ser bem mais esperto'."

Entretanto, no começo de 1989, Tarantino decidiu dar adeus à Video Archives. Hamann, entretanto, acredita que a importância da Video Archives na formação de Tarantino foi exagerada para se encaixar melhor numa mitologia popular.

"A Video Archives é um lugar bacana, mas mesmo antes de entrar lá Tarantino já era fanático por filmes. Ele já era quem ele é. Foi mais o que tiraram dele. Não é o que a Video Archives trouxe para ele, é o que ele trouxe a eles. Mas torna a história interessante."

Tarantino, na verdade, tentara fazer filmes por quase dez anos. Ele não foi um sucesso do dia para a noite. Foi levado por um desejo desesperado por escrever e dirigir seu próprio filme. *Amor à Queima-Roupa* pareceu inicialmente a opção mais provável, e Tarantino buscou várias produtoras de cinema independentes e a iniciativa privada para investir dinheiro nele. Entretanto, cansado de promessas vazias quanto à sua viabilidade, após três meses ele decidiu vender um terceiro projeto no qual estava trabalhando para conseguir fundos para um filme que ele mesmo pudesse realizar. E assim, *Assassinos por Natureza* foi escrito como forma de levantar dinheiro para dirigir *Amor à Queima-Roupa*. Parecia não estar indo a lugar algum, e os direitos foram passados ingenuamente a seu amigo Rand Vossler, que o convenceu de que poderia conseguir um contrato de produção.

(Tarantino acabou vendendo *Amor à Queima-Roupa* em 1989 pelo valor mínimo da Associação de Roteiristas, de trinta mil dólares.)

Entretanto, enquanto ainda estava na Imperial, Tarantino foi contratado para escrever um roteiro por mil e quinhentos dólares pelo pessoal de efeitos especiais da KNB EFX; o acordo era que, se escrevesse o roteiro, eles fariam os efeitos de seu primeiro filme de graça. O resultado foi o filme de terror *Um Drink no Inferno*, um tipo de "*Horas de Desespero* com vampiros".

"Peguei o dinheiro, larguei o emprego e nunca mais tive de arrumar outro novamente. Então, consegui outro trabalho por sete mil dólares para melhorar os diálogos e continuei ganhando esses pequenos aumentos de grana."

A melhora nos diálogos foi um roteiro de Frank Norwood chamado *Sombras na Noite*, o *thriller* romântico de 1992 estrelado por Rutger Hauer e Natasha Richardson, e dirigido por Jan Eliasberg, a história de um agente social do Oregon (Richardson) que fica obcecado com seu cliente assassino (Hauer). Apesar de filmado para o cinema, estreou na TV a cabo nos Estados Unidos.

"Eles também me deram crédito como produtor associado. Foi o primeiro crédito que recebi num filme", diz ele empolgado. "Eles me contrataram para melhorar os diálogos e se tornou como a primeira página reescrita. Quando fizeram o filme, foi com metade da minha reescrita e metade do roteiro original. Basicamente Natasha Richardson fez toda minha parte e Rutger Hauer fez a outra."

Então, a conversa "da sarjeta para as estrelas" não é exatamente verdade?

"Não que eu tenha saído da locadora direto para o primeiro dia de gravação de *Cães de Aluguel*", explica Tarantino. "Não foi muito longe disso, mas durante todo esse tempo eu estava tentando fazer filmes. Eu havia passado pouco mais de seis anos tentando dirigir *Amor à Queima-Roupa* e *Assassinos por Natureza*. Tentei juntar dinheiro de forma independente, como os irmãos Coen fizeram com *Gosto de Sangue* e Sam Raimi, com *Evil Dead – A Morte do Demônio*, mas não deu certo. Frustrado, escrevi *Cães de Aluguel*. Pretendia pegar o dinheiro do roteiro e a câmera 16mm, e era assim que eu faria. Daí arrumamos Harvey Keitel e a coisa começou a esquentar e aconteceu. Em parte porque comecei a fazer uma vida na indústria e tinha um roteiro vendido no meu nome. Então, quando eles me contrataram para fazer um filme, eu não havia dirigido nada antes, mas era escritor profissional, tinha certo crédito. A história de Cinderela? Não é tão diferente, mas há um pouco mais aí..."

Havia também a pequena questão do episódio de *As Super Gatas*, que também começou a inchar os cofres.

"Fiz muito dinheiro com aquele episódio. Foi uma coisa pequena, mas *As Super Gatas* é repetido constantemente e eles pegaram meu segmento e colocaram no pacote *O Melhor das Super Gatas*, então comecei a receber cheques residuais dos dois lados."

Assim, Tarantino ainda tentava fazer um filme próprio, e agora, com dinheiro, começou a desenvolver uma grande ideia.

"Algo literalmente simples, como o fato de que adoro esses filmes de assalto e não via um fazia muito tempo", ele relembra. "Então decidi escrever um..."

MR. PINK (STEVE BUSCEMI) E MR. WHITE (HARVEY KEITEL) EM AÇÃO NO PRIMEIRO LONGA-METRAGEM DE TARANTINO, 1991

2

CÃES DE ALUGUEL

POR TODD McCARTHY

Como uma amostra exibicionista de cinema que colocará o diretor estreante Quentin Tarantino no mapa, *Cães de Aluguel* é um drama criminal intenso, sangrento e explícito sobre um roubo malsucedido e seu desdobramento terrível. Escrito ricamente no vernáculo de gângsteres e muito bem interpretado por um elenco incrível, essa forte obra *pulp* atrai a atenção, mas parece gerar um desempenho modesto de bilheteria.

Claramente influenciado por *Caminhos Perigosos* e *Os Bons Companheiros* de Scorsese, e pelo *Grande Golpe* de Kubrick, Tarantino adoraria estar na companhia destes e utilizar-se de muitos efeitos de bravura ao fazer sua aposta. Um filme inegavelmente impressionante, que pega o espectador pela gola e o sacode forte, mas também é sobre nada além de um bando de machões e quão grandes são suas armas.

Muito bem rodada, a divertida cena de abertura tem oito criminosos no café da manhã discutindo sobre o verdadeiro significado de "Like a Virgin", de Madonna. Essa discussão, vulgar e improvável é acompanhada de cenas subsequentes deles emergindo do restaurante como o *Wild Bunch*, instantaneamente demonstra que um cineasta esperto está trabalhando aqui.

Contando a história bem à maneira de *O Grande Golpe* ou *Homens em Fúria*, o roteiro se divide de forma muito inteligente numa intrincada estrutura de *flashback* que mistura a zona depois de um roubo com a apresentação de personagens e detalhes dos estágios de planejamento.

Para colocar cronologicamente, o chefão do crime, Lawrence Tierney, e seu filho, Chris Penn, recrutam seis profissionais aos quais eles dão falsos nomes baseados em cores, para que nenhum saiba nada sobre o outro. Entretanto, o roubo de diamantes numa joalheria de Los Angeles dá errado, quando se torna aparente que os tiras receberam uma dica de antemão. Dois dos ladrões e um par de policiais são mortos e a gangue se dissolve.

O cabeça quente Harvey Keitel leva seu companheiro ferido, Tim Roth, para um esconderijo, onde Steve Buscemi logo se junta a eles, obcecado em permanecer "profissional". Enquanto eles cogitam quem pode ter sido o dedo-duro, chega o psicótico Michael Madsen com um policial de refém. O jovem oficial é brutalmente torturado numa cena que retirou vários espectadores da exibição no festival Sundance e fez até os mais corajosos virarem o rosto. O pior é deixado fora de quadro, mas ainda assim é uma sequência desnecessariamente sádica que extrapola o limite do que a plateia quer ver.

Isso provoca um derramamento de sangue verdadeiro. E, quando Tierney e Penn finalmente aparecem para identificar o informante, Tarantino encena um tiroteio impressionante que remete hilariamente ao clima de *Por uns Dólares a Mais*, de Sergio Leone, e especialmente *Três Homens em Conflito.*

A complexa trama de Tarantino funciona muito bem, suavizando a ambientação claustrofóbica de armazém e trazendo um pano de fundo vivo sobre o planejamento de um roubo, a preparação bem-sucedida do policial disfarçado e a ligação masculina bruta da quadrilha.

Recheado de sexismo barato e coloquialismo racial, os diálogos são afiados, imaginativos e repletos de bons momentos, e o diretor, supostamente com ajuda do coprodutor Keitel, reuniu um elenco perfeito. Aparentemente aproveitando a oportunidade de dar o máximo, cada um dos atores pode ser destacado por seu trabalho notável, mas os mesmos adjetivos podem ser usados para descrever esse conjunto magnífico enquanto eles gritam, brigam, fazem piadas e se pavoneiam poderosa e explosivamente.

"PARA VOCÊ É FÁCIL FALAR, O SEU É SR. WHITE. É UM NOME LEGAL."

Com a considerável ajuda do cineasta Andrzej Sekula, Tarantino colocou imagens fortes na tela, alternando de câmeras se movendo ameaçadoramente para longas tomadas recessivas para colocar a ação num respiro. Os cortes impressionantes de Sally Menke mantêm as cenas enxutas e a trama de saltos no tempo compreensível.

Entretanto, ainda que tão bem-sucedido em seus elementos visuais, o filme se parece como parte de um teste do diretor, uma ocasião para um novo cineasta mostrar seus talentos. Inegavelmente suculento, com suas falas saborosas e tiroteios, o filme é niilista mas não ressoa assim, não oferecendo sentido algum fora da história imediata e dos personagens. O filme é impressionante, mas impossível de amar.

3 CÃES DE ALUGUEL

POR LEONARD KLADY

Cães de Aluguel abre um capítulo significativo no *film noir*. Uma aparente historinha padrão de um assalto que azeda (e seu desdobramento brutal) demonstra um estilo fluido, um meio-tom irônico e atuações inspiradas.

Apenas a violência gráfica e a linguagem do filme prejudicam um potencial *mainstream*, sugerindo um forte apelo especializado da ordem de David Lynch ou Joel e Ethan Coen.

De sua cena de abertura pode-se imediatamente reconhecer que o roteirista/diretor Quentin Tarantino é um jovem talento dos bons. Ele dá a impressão de que não há muito acontecendo enquanto oito homens se sentam ao redor de um banquete conversando calorosamente sobre o trivial e o mundano. Ainda assim, por baixo do papo-furado, ele está nos oferecendo informações vitais sobre os personagens.

Um momento depois, eles são filmados em câmera lenta, saindo para executar o roubo. Entretanto, a camaradagem é brutalmente despedaçada quando vemos as duas gangues dirigindo de volta ao esconderijo – com um deles seriamente ferido e se contorcendo de dor.

É uma série paradoxal de climas contrastantes, fluindo sem esforço de cena a cena e executada com precisão técnica e emocional. O trabalho fracassou e, em sua sequência, os quatro membros sobreviventes da gangue percebem que foram vítimas de uma armação.

A trama é familiar e funcional. Entretanto, não há nada de comum sobre os personagens e a textura da obra. Ancorado sobre o caos está Harvey Keitel como o sr. White. Sua carreira associada ao gênero policial o torna uma escolha natural para interpretar o personagem, e assumindo o papel do apologista para as pavorosas atitudes raciais e sexuais do grupo, ele é por vezes mortalmente divertido.

O elenco restante, sem exceção, é perfeito. É uma homenagem ao cineasta e seus atores que todos surjam tão distintos e vivos. O sr. Blonde, de Michael Madsen, é uma bomba-relógio metida a besta e Steve Buscemi, como sr. Pink, é o retrato do "profissional".

Tarantino obviamente sabe o que faz, recheando *Cães de Aluguel* com homenagens e floreios vindos de Akira Kurosawa e John Huston.

"ESTÁ AGINDO COMO UM AMADOR. ESTOU AGINDO COMO UM PROFISSIONAL."

Entretanto, inquestionavelmente, sua influência mais forte é Martin Scorsese, com sua fascinação e reverência ao "sangue" e à linguagem do *milieu*.

Mas não se engane, essa não é uma imitação enjoativa. O filme é uma visão original e robusta, com um definitivo apelo a um nicho de público.

4

SR. VERMELHO SANGUE

POR ELLA TAYLOR

Uma amiga liga do Sundance Film Festival para dizer que um filme indizivelmente violento tomou o festival como uma tempestade. Continuo fazendo a sobrancelha. "Então, qual é a novidade?", respondo sem me impressionar. "Este é o ano de cortes e queimaduras. É bom?" Ela sorri sonoramente e me diz que na discussão após o filme o diretor de *Cães de Aluguel*, Quentin Tarantino, um garoto de vinte e poucos anos de Los Angeles, respondeu às perguntas sobre a cena gratuita de tortura declarando que ele adorava violência. Comecei a usar a pinça furiosamente e entrei num discurso sobre como eu estava enjoada desse povinho de cinema vestido de preto com corte de cabelo geométrico que imagina que um filme de derramamento de sangue enfeitado com algumas sequências em câmera lenta irá torná-lo o próximo Sergio Leone e que pensa que qualquer discussão séria sobre a política de violência na tela é cafona. "Essa é minha garota", encerra minha amiga e desliga, me deixando encarar zangada duas sobrancelhas loucamente desalinhadas.

Mas o fato é que, com tortura e tudo, *Cães de Aluguel*, que estreia em Los Angeles na próxima semana, é um dos filmes mais bem dosados, perturbadores e habilmente construídos que saem este ano. É um belo filme de gênero que está permanentemente rindo de si mesmo e da idiotice pueril do gênero: uma brincadeira de assalto sem assalto, um filme de ação que está perdidamente apaixonado pela conversa, um poema para o lado sexy de contar uma história e uma amostra de sabedoria precoce sobre a vida. Tudo isso de um cineasta iniciante cuja instrução consiste em seis anos atrás do balcão de uma locadora de vídeos de Manhattan Beach, um tempinho no Sundance Institute Director's Workshop e um monte de aulas de interpretação. Quentin Tarantino descreve a si mesmo como um especialista em filmes que nunca botou os pés numa escola de cinema e que nunca quis fazer outra coisa além de dirigir filmes. "Estou tentando enfiar cada filme que já quis fazer neste primeiro", ele diz animado.

Para Tarantino, a derivação é a forma mais sincera de elogio. Sua homenagem mais óbvia é aos filmes B, especificamente a travessura de Stanley Kubrick, de 1956, *O Grande Golpe*. Em *Cães de Aluguel*, seis pequenos bandidos de Los Angeles são contratados pela mente criminosa Joe Cabot (Lawrence Tierney) e seu filho Nice Guy Eddie (Chris Penn) para um grande roubo de diamantes. Eles se entrosam, brincam uns com os outros, contam vantagem, eles matam; o que eles

não fazem é confiar. Eles foram escolhidos porque não sabem nada um sobre o outro; Joe dá a eles codinomes associados a cores – sr. White, sr. Blue, sr. Orange. Quando o assalto, que nós nunca vemos, é interrompido por uma infantaria da polícia à espera, os ladrões se retiram para um ponto de encontro num armazém abandonado. Lá, com um deles morto, um perdido e outro seriamente ferido, o que resta do grupo mergulha num pântano de incriminação paranoica quando se torna claro que um deles armou para o grupo e outro (Michael Madsen) atirou em vários empregados do banco que acionaram o alarme.

Parece estranho dizer isso sobre um filme que tem uma cena de tortura de dez minutos filmada em tempo real, mas *Cães de Aluguel* é uma folia: uma aventura de manipulação cinematográfica corajosa, atrevida, muito autocomplacente. Tarantino adora brincar com as formas de seu amado gênero de ação: com seus temas favoritos de profissionalismo, lealdade e traição; mas acima de tudo, com a gente, nos levando a risadas de solidariedade ao horror e de volta – ele é o maestro da mudança de clima. Falando sobre excessos do cinema: de sua sequência de abertura na qual Tarantino, num papel pequeno como o sr. Brown, entretém seus colegas bandidos num café com uma interpretação psicoliterária de "Like a Virgin", de Madonna, ("*Dick dick dick dick dick dick dick... it hurts... The pain is reminding a fuck machine what it once was like to be a virgin*" ["Pau pau pau pau pau pau pau... machuca... A dor é lembrar uma máquina de foder o que antes era ser uma virgem"]), *Cães de Aluguel* lança um desafio por minuto sobre o politicamente correto. Seus anti-heróis são um bando de criminosos de carreira que matam policiais sem piscar, mas mostram uma preocupação cavalheiresca com transeuntes inocentes (desde que eles não entrem no caminho) e passam tanto tempo debatendo a ética de dar gorjeta a garçonetes quanto com a semiótica de Madonna. Os diálogos de Tarantino estão recheados de racismo descarado, sexismo e expletivos ásperos o suficiente para alegrar o coração de David Mamet. E apesar de ele insistir que só está deixando seus personagens serem quem são, é claro que ele adora o efeito que eles provocarão na plateia e na crítica limitada por uma década do que ele chama de mentalidade "dança quatro a quatro" no cinema.

Quentin Tarantino aparece para almoçar no Denny's (escolha dele), na esquina da Sunset com a Gower, dirigindo o menor carro alugado possível. Amarrotado, com uma camiseta branca que diz "Tin-Tin na América", precisando se barbear e de um corte de cabelo, ele se desculpa animadamente por ter se atrasado e pede uma refeição rica em colesterol. Recomeçamos uma discussão afavelmente acalorada sobre violência na tela que começou semanas antes ao telefone em Paris, onde Tarantino estava participando da estreia mundial de seu filme. (*Cães de Aluguel* faturou três vezes o que custou em vendas pelo mundo antes mesmo de estrear nos Estados Unidos.)

Tarantino prefere não ter uma conversa abstrata sobre violência no cinema; ele prefere falar sobre a estrutura de seu filme. *Cães de Aluguel* é colocado como uma obra de ficção *pulp* de ritmo elegante, dividida em capítulos e indo e vindo no tempo para explicar os personagens na ação. "Sempre achei que quanto mais pudéssemos pegar de livros para filmes, melhores os filmes seriam", diz Tarantino. "Há uma complexidade num romance que você não tem em roteiros originais. Um romance não vê problema em começar no meio da história. E se um romance volta no tempo, não é um *flashback*, você está aprendendo algo. O *flashback* é uma perspectiva pessoal. O que estou fazendo como narrador é rearranjar a ordem da forma com que você recebe a informação."

"TEVE ALGUM AZAR COM HOMENS, MAS DEPOIS ENCONTRA UM CARA BONZINHO."

MR. BLONDE (MICHAEL MADSEN), MR. BROWN (TARANTINO), MR. WHITE (HARVEY KEITEL), NICE GUY EDDIE CABOT (CHRIS PENN), JOE CABOT (LAWRENCE TIERNEY), MR. ORANGE (TIM ROTH) E MR. PINK (STEVE BUSCEMI)

Tarantino é um exibicionista, e ele tem muito a exibir, passando suavemente entre humor negro, realismo e horror, enquanto *Cães de Aluguel* flutua no tempo. Após alguns minutos de conversa corajosa homem a homem na mesa do café, os créditos sobem, e os bandidos em terno preto e óculos escuros saem nas ruas em câmera lenta, acompanhados pela trilha de *Super Sound of the Seventies*, que traz um contraponto hilário para a ação no decorrer do filme. Corte para um sr. Orange encharcado de sangue (Tim Roth) guinchando como um porco, preso na traseira do carro em fuga enquanto um sr. White em pânico (Harvey Keitel) tenta acalmá-lo e leva-o ao armazém que vai se tornar o centro no qual as múltiplas histórias do filme vão se desenrolar.

Com exceção do policial ridiculamente santinho que interpreta em *Thelma e Louise*, Harvey Keitel nunca deu um passo em falso. Ele pode carregar um filme ou desaparecer num grupo; em *Cães de Aluguel* ele fez os dois como um profissional de um grupo para o qual lealdade e cumprimento das regras é fundamental. Ele também pode atirar em três policiais bem de perto e ir comer um taco. É em grande parte por causa de Keitel, que recebeu o roteiro de *Cães de Aluguel* de um amigo do sócio de Tarantino, que o filme foi feito. Tarantino havia se resignado a ser um "*geek* de cinema" vivendo à margem da indústria e estava preparado para rodar o filme num esquema de guerrilha. Mas Keitel ficou tão impressionado com o roteiro que não apenas concordou em estrelar, mas ajudou a levantar dinheiro para colocar o filme em produção e provavelmente atraiu o resto do grupo, exclusivamente masculino, que qualquer diretor, ainda mais um novato, mataria para conseguir.

No Toronto Film Festival, em que *Cães de Aluguel* conquistou o prêmio da crítica especialmente criado para uma conquista extraordinária de um cineasta de primeira viagem, Tarantino e parte do elenco frequentaram as exibições, jantares e festas de óculos escuros e preto básico, dando tapinhas nas costas e insultando um ao outro para a diversão de quem estivesse ouvindo. A conferência de imprensa para *Cães de Aluguel* podia passar por uma conversa de vestiário. Um repórter pergunta a Tarantino por que não há mulheres no filme. Contenho um riso de zombaria; o filme praticamente segura uma placa dizendo: Mantenha as Mulheres Longe. (Há, sim, duas mulheres na tela tempo o suficiente para uma atirar em alguém antes de ela mesma levar um tiro, enquanto outra é jogada da janela do seu próprio carro e é deixada esparramada na rua.) "Seria como mulheres aparecendo num submarino em *Das Boot* [*O Barco – Inferno no Mar*]", Tarantino respondeu docemente. "Não há lugar para mulheres neste filme." Graças a Deus, murmurei a mim mesma.

Como em seu filme, Tarantino serpenteia entre molecagens e sabedoria das ruas. Ele tempera seu discurso com "*cool*" e "cara" e outros vícios de linguagem dos estudantes empolgados. Ainda assim ele pensa alto com a independência sagaz de um autodidata (ele nunca foi para a faculdade) que leu, viu e refletiu sem ter de seguir a cartilha para ter boas notas.

Um menino que tinha medo de *Bambi* mas viu *Ânsia de Amar* quando tinha apenas quatro anos e entendia as distinções do gênero antes de completar dez anos. Tarantino sempre escolhia um filme em seu aniversário, em vez de Disneylândia ou Magic Mountain. ("E não era como se eu não fosse sempre assim.") Sua mãe e o tio com quem eles viviam o levavam para ver de tudo. "O sistema de classificação não significava nada para eles. Eles achavam que eu era esperto o suficiente para saber a diferença entre um filme e a vida real, e estavam certos. Só havia um filme que minha mãe desejou não ter me levado, e foi *Joe*, com Peter Boyle. Caí no sono. Ela ficou bem feliz porque não queria que o filho visse aqueles policiais matando todos aqueles *hippies*."

"Quando eu era pequeno, achava que o máximo eram os filmes de monstro de Abbott e Costello. Eu ficava impressionado com a genialidade do conceito de um filme de terror e comédia juntos – dois grandes gostos que têm um sabor ótimo juntos." *Cães de Aluguel* é obra de um homem que viveu dentro do cinema.

"NÃO, ISSO NÃO É VERDADE. É SOBRE UMA GAROTA MUITO VULNERÁVEL."

MARVYN NASH (KIRK BALTZ), NA CLÁSSICA CENA DE TORTURA E MR. WHITE (HARVEY KEITEL)

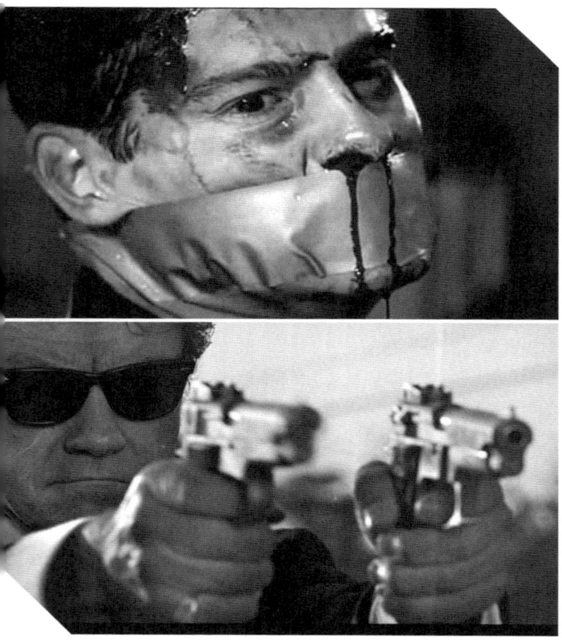

Tarantino acha a cena da morte da mãe em *Bambi* muito mais horrenda para as crianças do que a cena de tortura em *Cães de Aluguel*, que passaria batida. Ele mostraria *Cães de Aluguel* a uma criança de oito anos, se tivesse uma? Pergunto. Ele dá de ombros. "Se ela (boa escolha) reagisse mal e tivesse pesadelos, e daí? Parte de ser criança é ter pesadelos."

É assim que Tarantino explica a mentalidade dos bandidos em *Cães de Aluguel*: "Esses caras não são como os caras em *Os Bons Companheiros*. Não são espertos ou gângsteres. São como Dustin Hoffman em *Liberdade Condicional*: eles têm trabalhos. E uma grande parte dessa linha de trabalho é o profissionalismo, que é uma forma de engolir a baboseira de pensar que este é um trabalho de verdade, uma profissão, não apenas vadiagem". Pergunto como ele sabe disso. "É apenas a verdade. Você lê um pouco disso e vê um pouco daquilo. E você sabe a verdade quando a vê. A verdade faz sentido."

Você provavelmente precisa ter vinte e nove anos de idade para ter esse tipo de confiança na Verdade. Mas *Cães de Aluguel* é real para sua própria imaginação, especialmente quando Tarantino para de tentar controlar nossas respostas, quando deixa o gênero respirar e permite que seus personagens expandam em vida. Steve Buscemi como o sobrevivente oportunista, sr. Pink, falando por que ele não dá gorjeta; Keitel penteando o cabelo no espelho e dando um sermão a Buscemi sobre a diferença entre um profissional e um psicopata; Keitel comprometendo sua lealdade à sua figura paterna, Tierney, quando se torna um pai para Roth; Madsen e Penn competindo pela aprovação de Tierney e provocando um ao outro com discursos homoeróticos. No final de *Cães de Aluguel*, há uma sequência enlouquecedora de cenas que empilham uma peça virtuosa sobre a outra pelo mero prazer de tocar uma voz narrativa sobreposta. "Você é um porra de Baretta", um policial disfarçado diz a si mesmo no espelho. "Eles acreditam em cada palavra porque você é *supercool*."

Tarantino não escreve tanto seus personagens quanto paira sobre eles, protegendo a liberdade de expressão. "Não interpreto Deus com meu trabalho ou limpo a barra. Não sei o que esses caras vão fazer. Monto a situação e eles começam a conversar um com o outro e escrevem isso. Se você me perguntar sobre uma coisa que seja poderosa neste filme, é que nele não há comitê dizendo sim, não, ele não pode fazer isso porque isso o tornaria antipático. Acho que enquanto os personagens surgem insanamente brutais, eles também surgem insanamente humanos."

Sim e não. Como um flerte exuberante com o gênero, *Cães de Aluguel* é uma conquista fabulosa; mas quando vai aos extremos se torna um exercício em manipulação sádica e espúria. No seu momento mais conscientemente "cinematográfico", Tarantino é um perfeito mestre insensível, e isso não acontece em nenhum lugar tanto quanto em sua cena favorita, na qual Madsen está dançando com a música "Stuck in the Middle With You" e torna-se bem criativo com uma gilete e uma parte bem crucial da anatomia de um policial. "Eu te dei um golpe surpresa", diz Tarantino, pulando de alegria. "Você deveria rir até eu parar de rir." A cena de tortura é puramente gratuita, sem piedade com o espectador. "O cinema não está se intrometendo nessa cena. Você está preso aqui e o cinema não vai ajudá-lo. Cada minuto para aquele policial é um minuto para você." Ele está errado: o cinema está se intrometendo. A cena é puro cinema; pode até ser pura arte. É isso que me assusta.

Não estamos realmente discutindo sobre violência, mas sobre a política de estilo. É em parte uma questão de diferentes sensibilidades – Tarantino gosta de arroubos emocionais intempestivos, eu prefiro uma ópera construída lentamente –, mas ainda há distinções a serem feitas entre violência gratuita e legítima. Tarantino não dá a mínima; ele é um esteta. "Violência é uma coisa muito cinematográfica", ele diz, "como sequências de dança são cinematográficas." Apesar

de ele parecer ter visto cada filme já feito (seu gosto vai de Douglas Sirk a Eric Rohmer), para Tarantino os caras que realmente fazem isso direito são os autores do excesso – Dario Argento, Abel Ferrara, Brian De Palma, Paul Schrader, todos os quais, ele diz, "vão além da gratuidade. Eles são tão amplos, tão estilistas e tão apaixonados em relação a isso que se torna uma justificativa em si".

Seu atual herói é o diretor *noir* de Hong Kong, John Woo ("Ele está reinventando o cinema de ação"), que Tarantino considera o mais talentoso diretor de ação desde Sergio Leone, e com quem ele está colaborando num tratamento. Observo que até *Era uma Vez na América*, de Leone, um exercício no teatro de crueldade, se é que existe um, usa sua brutalidade para dizer algo sobre a forma como o mundo funciona, mas Tarantino acredita que cineastas que trabalham no seu gênero frequentemente usam a relevância social como um disfarce. "A violência de John Woo tem uma visão muito profunda sobre como a mente de Hong Kong funciona com 1997 se aproximando e blá-blá-blá. Mas não acho que é por esse motivo que ele está fazendo isso. Ele o faz porque tem tesão por isso." Enquanto Stanley Kubrick usou o comentário social em *Laranja Mecânica* para se safar com um dos filmes mais violentos que Tarantino já viu, a análise social era apenas um guarda-chuva. "Ele se aproveitou da violência um pouco demais. Eu curto isso."

Tarantino não deixa também de querer tirar o seu da reta. "Não fiz aquela cena [de tortura] só para dizer: cara, vou ficar de pau duro quando assistir", ele insiste.

"Se você entra no filme, se solidariza com essas pessoas no final. A violência coloca ideias na cabeça das pessoas? Provavelmente, sim. Não dá para fazer uma declaração direta dizendo que sim ou que não." Novecentas páginas do *Surgeon General's Report* sobre a violência da mídia e incontáveis outros estudos concordam com ele; não temos ideia sobre como ou se as pessoas são afetadas pelo que veem na tela. E, cena por cena, há na verdade menos violência física em *Cães de Aluguel* do que na maioria dos filmes de ação. Parte das cenas de arma é muito divertida (os bandidos são um bando de garotinhos brincando com pistolas de água que por acaso estão carregadas) e, tirando a traquinagem de Madsen, você pode discutir que a brutalidade em *Cães de Aluguel* é "responsável" porque, como em *Os Imperdoáveis*, de Clint Eastwood, mostra a violência como ela realmente seria – encharcada de sangue, de pânico, inglória e lenta. Mas não é essa a questão. "Não vou ser algemado pelo que algum louco da porra faça quando vir esse filme", conclui Tarantino. "No momento em que você coloca algemas em artistas por causa de coisas assim, não é mais arte."

Tarantino, entretanto, pode se permitir ser o porta-voz da arte sem política. Ele é um homem branco, heterossexual, trabalhando num gênero que não faz feio nas bilheterias, e nunca vai entrar em choque com o comitê de classificação, que é menos rigoroso com violência do que com sexo. (Que coisa mais anos 1990 que muitos dos apoiadores de Tarantino não tiveram problema com a cena de tortura, mas ergueram as sobrancelhas para o racismo e o sexismo.) Os críticos também não gostam de falar mais sobre violência no cinema, em parte porque o debate se tornou tão entranhado entre os devotos da esquerda e da direita, e em parte porque a celebração de estilo é uma forma fácil de tomar qualquer posição.

Eu não estava me divertindo na cena de tortura; das preliminares ao clímax, assisti através dos dedos, e se este não fosse meu trabalho, teria saído do cinema, assim como fiz quando a mãe do Bambi morreu. A cena de tortura me enfurece porque não tem sentido além de mostrar sua técnica, e acelerar nossa adrenalina, o que requer certo esforço hoje em dia; ficamos tão anestesiados com imagens de brutalidade que elas têm de ser elevadas a níveis efervescentes para nos tocar. Não é apenas em *Cães de Aluguel*. Alguns dos novos jovens cineastas mais talentosos parecem estar se especializando em *designer* de brutalidade: Gregg Araki, com *The Living End;* Tom Kalin, com *Swoon;* Robert Rodriguez, com *El Mariachi* (ainda não lançado, mas a Columbia comprou os direitos para um remake), todos filmes bem estilizados que trazem o material quente de violência aleatória com uma indiferença *cool* engraçadinha. (Quando mulheres trabalham dessa forma – Kathryn Bigelow, com *Jogo Perverso*; Katt Shea, com *Poison Ivy* –, elas fazem malfeito.) Na atual temporada, apenas *Laws of Gravity*, de Nick Gomez, e *Zebrahead*, de Anthony Drazan, têm os colhões e o coração, assim como fez *Os Imperdoáveis*, contando uma história silenciosamente e com um clima genuíno de tragédia.

Cães de Aluguel é de longe o mais enxuto e esperto do conjunto. Tarantino transborda com ideias para futuros filmes, incluindo histórias de amor e musicais. Ele não tem dúvida de que pode fazer os filmes que deseja dentro do cinema de estúdio. "Não tenho essa atitude de que quero fugir dos estúdios o máximo que puder, ou a atitude de que vou correr atrás dos estúdios, porque há perigo nas duas coisas. Se você não toma cuidado, logo se torna Richard Donner. Ao mesmo tempo, se tudo o que você pode fazer são esses pequenos filmes de arte por dez anos, por um milhão de dólares ou dois, você vai ter de se virar do avesso. Quando foi a última vez que Nicolas Roeg fez um bom filme? Não vou aloprar com os outros, mas depois que vi *Twin Peaks – Os Últimos Dias de Laura Palmer*, em Cannes, David Lynch mergulhou tanto na própria merda que não tenho vontade de ver outro filme dele até que eu ouça algo diferente. E você sabe, eu o amava, amava. Acho que Gus Van Sant, depois de *Garotos de Programa*, se tornou uma paródia de si mesmo. Muitos desses caras se tornam conhecidos por sua personalidade excêntrica e, quando eles podem fazer o que querem, apresentam sua personalidade excêntrica."

Tarantino fez diversos filmes deslumbrantes em seu próprio filme – gângster, comédia, estudo de personagens e show de horror – e a Miramax, uma distribuidora independente, o deixou se safar com isso. Será que seus futuros apoiadores (os estúdios), que já estão rastejando ao redor dele, darão espaço para ele fazer mais do que um filme de ação padrão? Seu próximo filme, que vai ser coproduzido pela Jersey Films, de Danny DeVito, por seis milhões de dólares, tem um contrato inicial com a Tristar. É uma antologia chamada *Pulp Fiction*, três histórias policiais pelo preço de uma. Depois disso ele deve unir forças com John Woo – para um romance musical, sem dúvida.

5 O BANHEIRO DOS HOMENS

POR AMY TAUBIN

Tim Roth veio para os Estados Unidos para interpretar o tipo de filme que não está sendo feito na Grã-Bretanha. O tipo de filme, ele diz, que Alan Clarke estaria fazendo se ainda estivesse vivo. Roth fez sua estreia na TV em 1983, como o feroz *skinhead* de *Made in Britain*, de Clarke, seguido de *Meantime*, de Mike Leigh, como parte de um elenco que incluía Gary Oldman e Phil Daniels. "Eu achava que cinema era isso", diz ele pesarosamente.

Atualmente Roth pode ser visto na tela em Nova York e Paris em *Cães de Aluguel*, de Quentin Tarantino, indo em breve para onde quer que a língua internacional de violência masculina seja falada. A estrutura do filme é atrelada à quantidade de tempo que leva para um homem – o personagem de Roth, sr. Orange – sangrar até a morte na frente dos nossos olhos. Que tal isso para preservar as unidades dramáticas?

O filme de estreia do diretor/roteirista Tarantino, *Cães de Aluguel*, um filme de assalto malsucedido, foi notório antes mesmo de estrear no Sundance Film

Festival em 1992. Não ganhou um prêmio; supostamente, o júri sentiu que, já que Tarantino havia sido catapultado, aos vinte e nove anos de idade, para a lista A de Hollywood, ele não precisava de ajuda, reduzindo o *status* da competição para uma agência de caridade. Especialmente pelo filme que ganhou ser *In the Soup*, de Alexandre Rockwell, um filme de relações masculinas mais inócuo, que, como *Cães de Aluguel*, pisa de mansinho ao redor da conexão entre cinema independente e gangsterismo.

Matéria de capa para o *LA Weekly*, o *Village Voice*, *Positif* e uma pilha de periódicos, a biografia de Tarantino já é de conhecimento geral: como ele assistia a filmes obsessivamente desde os cinco anos de idade; como ele nunca foi a uma faculdade de cinema, mas afiou seus talentos por trabalhar simultaneamente numa locadora (onde tinha acesso ilimitado às obras de seus heróis Peckinpah, Leone, Scorsese, Ferrara, Argento, De Palma, Schrader), escrevendo roteiros (quase todos os quais agora estão em produção) e frequentando aulas de interpretação (ele teve alguns papéis na televisão).

Tarantino originalmente pretendia fazer *Cães de Aluguel* em 16mm por trinta mil dólares. Então um amigo levou o roteiro a Harvey Keitel. O comprometimento de Keitel atraiu vários milhões de dólares e um elenco estelar. Para a *LA Weekly*, Tarantino confessou ser quando criança "impressionado com a genialidade do conceito de um filme de terror e de uma comédia juntos" nos filmes de monstro de Abbott e Costello. Para qualquer um que sugere um mal-estar moral sobre a *piece de resistance* de *Cães de Aluguel* – uma cena de tortura em tempo real de dez minutos, na qual um psicopata fatia o rosto de um policial, arranca sua orelha e depois pergunta a ele: "Foi tão bom para você quanto foi bom para mim?" – Tarantino responde: "Adoro violência no cinema". Apesar de tais momentos rudes, Tarantino é universalmente descrito como encantador, entusiasmado e inspirador – precisamente os adjetivos que são aplicados a Ross Perot, apesar de não exatamente pelas mesmas pessoas.

Cães de Aluguel começa com sua outra *piece de resistance* – uma sequência pré-créditos na qual um grupo de bandidos de segunda, tomando café da manhã num *fast-food* do sul da Califórnia, entra numa conversa sobre a análise textual da música "Like a Virgin" da Madonna. "Deixa que eu digo sobre o que é 'Like a Virgin'", diz o sr. Brown (interpretado por Tarantino). "É só sobre uma garota que gosta de um cara de pau grande. A música inteira é uma metáfora para paus grandes... Machuca ela, machuca... A dor está lembrando uma máquina de sexo do que era ser virgem. Portanto, 'Like a Virgin'."

A conversa entra num debate sobre a ética de dar gorjeta a garçonetes. "Jesus, essas mulheres não estão passando fome, elas ganham salário mínimo", se opõe o sr. Pink (Steve Buscemi) quando seus colegas tentam fazê-lo sentir-se envergonhado e deixar uma grana na mesa como todo mundo. Ao ritmo chiclete nostálgico de *Super Sounds of the Seventies*, de K-Billy Radio, o grupo vai para a rua. Vestidos idênticos com ternos pretos esguios, gravatas estreitas e camisas brancas, eles parecem ter migrado de um pôster, se não do próprio celuloide de *Calamari Union*, de Aki Kaurismaki, uma influência que Tarantino nunca citou, que eu saiba. Sobem os créditos.

Corta-se para o interior de um carro, onde o sr. Orange jorra sangue de uma bala na barriga (apenas sua camisa encharcada de sangue, já grudada na pele, impede que os intestinos venham para fora). Em convulsões, ele implora para o sr. White, que está dirigindo, que o leve ao hospital. O sr. White insiste que eles sigam para o ponto de encontro pré-arranjado, um armazém cavernoso, iluminado por luzes fluorescentes (a locação básica do filme).

Com a consciência do sr. Orange indo e vindo, jogado no chão sobre a poça do próprio sangue, que aumenta cada vez mais, o sr. White e o acelerado sr. Pink tentam juntar as peças do que deu errado. Eles e os outros "profissionais" foram contratados pelo chefão Joe Cabot (Lawrence Tierney) e seu filho grandalhão Nice Guy Eddie (Chris Penn) para realizar um grande roubo de diamantes. Os

DOGS

ladrões nunca haviam se encontrado antes; seus codinomes de cores pretendem proteger suas identidades. Infelizmente, os policiais aparecem antes de o roubo ser completado. Os bandidos saem atirando, acertando policiais e "gente de verdade". Os sobreviventes tentam descobrir quem entre eles é o dedo-duro.

A informação se acumula fora da ordem cronológica, e a preparação e os desdobramentos do assalto (ainda que nunca o assalto em si) vão sendo revelados em *flashbacks* através dos pontos de vista dos participantes. Curtindo a ironia dramática, Tarantino revela a identidade do policial infiltrado na metade do filme, colocando a plateia em seu ponto de vista e no desespero de sua posição. Em seu mundo, o conhecimento não o leva a lugar algum, quando o gelado loiro (Michael Madsen, que interpretou o namorado preocupado de Susan Sarandon em *Thelma e Louise*) chega com um jovem policial que ele sequestrou durante a fuga, a violência se agrava. No blecaute final, o armazém está carregado de corpos, assim como os corredores de Elsinore.

Apesar do *mise en scène* e da ênfase na interpretação tornarem uma associação com Shakespeare inevitável, *Cães de Aluguel* não chega a ser uma tragédia. Hiperbolicamente visceral e confiante (é o filme que oferece o maior impacto por centavo), é uma comédia de costumes de humor negro que tanto se vangloria quanto ridiculariza seu gênero e seus personagens.

Tarantino revela seus truques nas cenas de bravura. O policial à paisana se prepara para sua "entrevista" com o chefão como um ator de método, ensaiando para uma audição. Identidade é uma invenção; as mentiras são tão convincentes quanto a verdade, desde que façam referência a uma experiência cultural coletiva e sejam ditas com um desapego improvisado. Um fato que nunca acontece tem o mesmo tempo de tela. E por que não? Não é esse um filme sobre filme, sobre ficção.

"VOCÊ NÃO CONHECE 'TRUE BLUE'? FOI UM ÊXITO ENORME!"

"VOCÊS ME FIZERAM PERDER O FIO DA MEADA!"

CENAS DE
CÃES DE ALUGUEL

"Adoro violência *nos filmes*", diz Tarantino. É o valor de escape do pornô – para ele e para nós.

Cães de Aluguel funde masculinidade, violência e submundo. A versão de masculinidade de Tarantino é profundamente regressiva, especificamente baseada na cultura de massa dos anos 1970 de sua própria infância. Quando o policial infiltrado verifica seu uniforme no espelho, ele é Robert Blake em *Baretta*. De fato, o que torna *Cães de Aluguel* um filme tão dos anos 1990 é que ele gira em torno do que foi reprimido na versão da masculinidade dos anos 1970 – um medo paranoico e homofóbico do outro que explode em discursos de ódio, em chutes e explosões, em balas e lâminas. *Cães de Aluguel* é um filme extremamente insular – as mulheres não tem mais de 30 segundos na tela, há zero personagem negro – ainda assim nenhum minuto se passa sem uma referência aos negões e macacos, a estupro na cadeia (sêmen negro em bunda branca), a ameaças de castração das mulheres "fálicas" como Madonna ou o ícone dos anos 1970 Pam Grier. (Sua insularidade também torna *Cães de Aluguel* menos interessante, apesar de toda sua pirotecnia, do que dois outros filmes violentos "artísticos": *Um Passo em Falso*, de Carl Franklin, e *Laws of Gravity*, de Nick Gomez.)

Se a inconsciência do filme está presa em competição com a cultura do rap, está também desesperada por preservar a violência na tela como um privilégio do homem branco. É privilégio da cultura do homem branco destruir a si mesma em vez de ser destruída por outros. Violência é o único privilégio que esses homens de classe baixa têm. Também permite que eles acreditem que são os opressores, não os oprimidos (não as mulheres, não os negros, não os homossexuais).

O problema com *Cães de Aluguel* é que a crítica da masculinidade está presa em suas cenas de impacto: são a mesma coisa. O sr. Blonde retalhando o policial e a piada infeliz no final do tiroteio são garantias de sucesso nas bilheterias. Isso pode ter sido fiel aos filmes anteriores que elevaram o padrão em violência masculina (*Meu Ódio Será Sua Herança, Taxi Driver*), mas agora o campo está tão coberto de corpos que é difícil fazer alguns litros de sangue a mais parecerem uma transgressão.

O que é transgressor em *Cães de Aluguel* não é o nível da violência ou o realismo aterrorizante dos corpos que sangram sem parar, mas a forma como Tarantino desnuda a dinâmica sadomasoquista entre o filme e o espectador. A posição masoquista (feminilizada) da plateia está inscrita no corpo sangrento do sr. Orange. A dor do sr. Orange e a culpa do sr. White em não ser capaz de salvá-lo os unem numa relação sadomasoquista que se sobrepõe ao código do sr. White de profissionalismo e leva à destruição deles e de todos os outros. Mais ainda, a cena de tortura, longe de ser gratuita como muitos críticos colocaram, é uma destilação da manipulação morde/assopra do filme como um todo. O sr. Blonde dançando ao redor do policial congelado e hipnotizado (que está literalmente preso ao banco), mudando de ritmo no meio-tempo, jogando uma piada aqui, cortando um pedaço de corpo ali, representa o diretor. E sua piada: “Foi tão bom para você quanto foi para mim?” nos une à vítima mutilada e não deixa dúvida de quem está no comando.

6 É COOL SER PROIBIDO

POR QUENTIN TARANTINO

Cães de Aluguel foi feito como um filme pequeno realmente incrível, enquanto que *Pulp Fiction* foi feito para ser um épico completo: em tamanho, em ambição, em intenção, em visual. *Cães* é como uma louca *action painting*, enquanto que *Pulp* é muito mais uma tapeçaria, mais uma coisa do tipo "sente-se e veja o filme se desdobrando". Se você for embora durante a primeira hora de *Pulp Fiction*, não pode nem dizer que começou a ver o filme. Você realmente precisa ver a última cena antes que possa dizer: "Sim, eu vi o filme". É um pouco incomum, porque da maioria dos filmes, uma vez que você assista aos dez primeiros minutos, você pode basicamente dizer que já o viu.

Algumas pessoas que alegam ter visto *Cães de Aluguel* apenas tiveram uma conversa com alguém sobre a cena de tortura. O irritante é que a cena de tortura em *Cães* é minha cena favorita; acho ótima (minha mãe também acha). Não consigo pensar num filme que tenha sido lançado durante os últimos cinco anos em que uma cena tenha sido tão comentada quanto a de tortura em *Cães de Aluguel*. E o problema é que o filme tem muito mais a oferecer do que aquela única cena. Mas é tão pesada que pessoas que poderiam ter aguentado o filme ficaram com medo. Eu estava no *Evening Standard Awards* em 1992 quando o filme foi lançado, e encontrei Emma Thompson. Começamos a ter essa conversa bem legal, batendo papo, daí ela me diz: "Detesto dizer isso, mas tenho medo do seu filme!". Eu digo: "Sério? Ah, bom, ok". E ela diz: "Mas vi *Os Bons Companheiros* e amei!". Mas *Os Bons Companheiros* é quatro vezes mais violento do que meu filme! Ela diz que viu *Henry – Retrato de um Assassino*, eu digo: "Você aguenta numa boa meu filme se aguentou esses! Não há nada para ter medo, *baby*".

Na verdade, acho um tesão que não dá para ver em vídeo [o lançamento em vídeo de *Cães de Aluguel* no Reino Unido foi adiado até junho de 1995]. Porque funcionou de forma fantástica para mim! Está passando há dois meses e meio num relançamento. Nem acreditei quando eu estava em Nottingham e fizeram o lançamento. Eles falaram: "É tão bacana, é um grande relançamento, grande negócio!". Imaginei que fosse durar umas quatro semanas. Voltei e peguei a *Time Out*. "AH, MEU DEUS! AINDA ESTÁ PASSANDO!"

Para ser sincero, não dou a mínima para a coisa do vídeo. Acho que é bacana; acho que é ótimo. Se eles fossem cortar um *frame* no cinema, eu bateria na porta do Parlamento. Mas quanto ao vídeo, a melhor forma de matar a empolgação e o culto de algo é torná-lo facilmente acessível. Sempre me lembro da época quando eu era um fanático por cinema, saindo com meus amigos, de como a gente sempre tentava ver o tipo de filme que não dava para ver, como *El Topo*, do Jodorowsky: estava totalmente fora de circulação, não havia forma de ver. E o *Sympathy for the Devil*, dos Rolling Stones, não tinha como ver, você não conseguia achar uma cópia em lugar nenhum. Um de nós conseguia uma cópia, uma cópia horrível, fodida – quanto mais fodida, mais bacana – e sentávamos e víamos essa cópia ruim. (Ah, cara, que bacana, ter essa cópia vagabunda e fodida do *El Topo*, olhe isso, cara! Sabe!)

Spielberg falou sobre isso em *E.T.* É um dos motivos pelos quais ele disse que evitou vender *E.T.* em vídeo por tanto tempo. Ele disse: "Trabalhei tão duro em *Encontros Imediatos de Terceiro Grau* para simplesmente ver meu trabalho menosprezado quando se podia ter um vídeo dele na TV, pronto para passar a qualquer hora. Se pelo menos você fosse ver uma cópia em filme, teria que carregar um monte de rolos pesados, teria de realizar algum esforço para assistir!".

Não quero que meus filmes sejam descartáveis. Espero que eles durem por centenas de anos. Essa é a grande coisa dos filmes, poder fazer um que os críticos digam que "é uma merda!", mas, se você fez um bom filme e ninguém viu na época em que saiu, a história será o teste final e você será reconhecido alguma hora, em cinco anos, dez anos, daqui a vinte e cinco anos, e vai encontrar seu público, se for bom.

É como ficção *pulp*: era porcaria de ficção, você comprava por centavos, lia e dava para um amigo – ou jogava fora. Você lia no ônibus indo trabalhar, colocava no bolso de trás e sentava nela o dia todo, e era isso. Na época, era completamente descartável e não tinha reconhecimento algum. Mas agora todos esses autores são muito bem conhecidos; agora você colocaria na sua biblioteca! Não gosto de ser apresentado com "Aqui Temos Esta Arte". É o mesmo com filmes apelativos, *exploitation*: eles foram apresentados assim quando saíram, mas alguns eram absolutamente fantásticos, e realmente afetaram a mim e a minha estética.

7 CÃES ORIENTAIS

POR PAUL A. WOODS

No Festival de Cinema de Cannes de 1994, antes de vencer o cobiçado Palma de Ouro por *Pulp Fiction*, Quentin Tarantino recebeu uma educada questão acusadora da *Film Threat*, o jornal de cinema inconformista de Hollywood: "Foi relatado recentemente que você pegou emprestado muito do filme de ação de 1987 de Hong Kong, *City on Fire*, para fazer *Cães de Aluguel*. Parece que tanto seu filme quanto *City on Fire* são o mesmo, e gostaria de saber se você poderia comentar sobre isso...".

Na edição (de agosto de 1994), um artigo de David E. Williams descreveu sequências-chave vitais tanto de *Cães* quanto do *thriller* de gângster de Hong Kong de Ringo Lam, apontando sua similaridade incomum. O burburinho andou circulando pelos fãs de cinema por um tempo. No final de 1993, a revista britânica *Empire* mostrou um pequeno artigo de Jeff Dawson, posteriormente um dos biógrafos de Tarantino, dando um panorama similar, cena por cena, de *Cães* e *City*.

Quando convites para Tarantino "discutir filmes de ação de Hong Kong" foram recusados devido à maratona que promovia *Pulp Fiction*, o editor da *Film Threat*, Chris Gore, levou a montanha a Maomé ao enviar seu repórter a Cannes.

"Gostaria de saber... se você planeja fazer alguma indenização em dinheiro ao sr. Lam?", perguntou seu emissário. "Nenhuma", riu Tarantino em resposta. "Amei *City on Fire*. Tenho o pôster emoldurado em casa, então é um grande filme... Roubo de cada filme já feito, tá bom? Amo isso. Se meu trabalho tem alguma coisa, é porque estou tirando isso daqui e aquilo de lá, colando partes. Se as pessoas não gostam, que se danem, não vão ver."

Tarantino já havia falado sobre a junção dos componentes de *Cães*: a narrativa fragmentada foi inspirada pelo *thriller* de submundo de Jean-Pierre Melville, *Les Doulos* (1962), no qual a trama permanece obscura até os últimos vinte minutos; o tema de homens em cerco foi tirado de *O Enigma de Outro Mundo* (1982), *remake* de ficção científica/terror de John Carpenter; até as palavras do sr. White (Tim Roth) – parte do diálogo que impressionou tanto Keitel que ele achou que Tarantino havia crescido entre criminosos profissionais – foram um eco do drama do Vietnã de Brian De Palma, *Pecados de Guerra* (1989).

O que ele não havia confessado era quanto do argumento por baixo desse filme e cenas de ação deviam a *City on Fire*. Verdade, ele declarou regularmente seu amor ao gênero de ação de Hong Kong, particularmente a *The Killer – O Matador* (1989), de John Woo – que pode ser lido como uma citação inconsciente do filme mais antigo de Ringo Lam, dado que ele reuniu os astros Chow Yun-Fat e Danny Lee numa tomada operisticamente estilizada sobre arquétipos fodões. Mas da aparente furtividade de Tarantino cresceram acusações de plágio e videoteipes piratas comparando as cenas dos dois filmes – gerando seu contra-argumento atrevido de que "grandes artistas roubam... eles não fazem *homenagens*".

City on Fire é a frenética história de um policial disfarçado em Hong Kong, Ko Chow (Chow Yun-Fat) que, como Freddy Newendyke/sr. Orange, se infiltra numa gangue de assaltantes artistas enquanto está suspenso desconfortavelmente entre os dois lados da lei. O desenvolvimento da trama é mostrado do único ponto de vista do homem da lei, dando à plateia mais informação do que aos personagens dos bandidos até o clímax melodramático.

A tradição chinesa do *yi* é central para a tensão do filme, um código de lealdade e irmandade. Nesse aspecto, o melodrama de *City on Fire* é mais culturalmente convincente do que as invenções descoladas de *Cães de Aluguel.* Ko Chow habita um mundo incerto onde nem mesmo o superintendente da polícia local está ciente de sua existência. Quando um jovem inspetor desaprova seus métodos, ele se encontra numa pancadaria brutal vinda de seu próprio lado, que seria extrema até para o departamento de polícia de Los Angeles. Não é de espantar que ele comece a pensar nos criminosos como seus amigos. A traição final de Ko aos amigos assim é intensificada pela aparição inicial de um gângster morto chamado Shing, anteriormente traído por ele – uma das imagens de *City* que Tarantino incorpora como uma referência verbal em seu "festival do blá-blá-blá" de *Cães,* quando Orange lamenta o destino de Long Island Mike.

Ko se infiltra numa gangue planejando um assalto a uma joalheria via seu contato no submundo, Fu (Danny Lee). A "irmandade" de ladrões é reunida pelo seu líder, Zhou Nan, que se refere aos irmãozinhos bandidos pelos seus verdadeiros nomes: Irmão Fu, Irmão Chow (Ko Chow nem usa um pseudônimo para seu trabalho escondido), Irmão Joe etc. Joe Cabot, de Tarantino, leva isso a um extremo mais teatral, batizando seus soldados rasos de srs. White, Blonde, Orange etc. e instruindo-os a não revelar seus verdadeiros nomes. (O ladrão colecionador Tarantino tirou isso de *O Sequestro do Metrô* (1974), no qual uma gangue de assaltantes de metrô se referem uns aos outros com nomes de cores.)

Quando o roubo violentamente desastroso por fim acontece, a semelhança com *Cães* é visível aos olhos. Irmão Fu – que é tão leal quanto psicopata violento – é um protótipo tanto para o sr. White quanto para o sr. Blonde. Quando uma

"QUE 'TRUE BLUE' FALA DE UMA GAROTA SENSÍVEL E 'LIKE A VIRGIN' É UMA METÁFORA PARA A PICA."

CENAS DE *CÃES DE ALUGUEL*

funcionária aperta o alarme durante o roubo, ele não tem pudores em explodi-la na parede. A queixa agonizante de Keitel – "Jesus, quantos anos você acha que essa negra tinha? Talvez 20, 21" – ecoa uma tradução étnica de "chinesa... talvez 25, 26".

Lá fora, o desesperado Fu abre espaço com uma Baretta em cada mão num carro patrulha, perfurando com balas os dois policiais que estava dentro dele. Quase quadro a quadro, isso foi reencenado quatro anos depois, com o sr. White mandando bala. Quando Ko Chow abre fogo sobre um policial prestes a atirar em Fu, e leva de sua vítima um tiro na barriga, seu choque expressionista é composto pela percepção de que ele vai morrer por seu pecado. Com um desdobramento cruel a mais, Tarantino adaptou essa cena para dar um efeito lendário: quando White e Orange tentam pegar o carro de uma mulher inocente, a mulher tira uma arma do porta-luvas e acerta o sr. Orange na barriga. Impulsivamente explodindo a cabeça dela, a expressão mortificada do sr. Orange reconhece não apenas a dor física, mas que ele se uniu aos malvados para sempre.

Quando Fu ajuda Ko Chow a ir ao encontro pós-assalto num armazém (cambaleando, mas não incapacitado como o estrebuchante sr.

Orange – prova do talento de Tarantino em levar um cenário de gênero mais próximo da vida real), o enfezado Irmão Nan identifica o "rato na casa": "Havia policiais demais lá, deve haver um infiltrado aqui", ele acusa o moribundo Ko (ou, mais tarde, com as legendas pós-Tarantino: "Havia um rato entre nós"). "E eu digo que é você!" Não tão colorido quanto a fala de Joe Cabot: "Aquele merda está trabalhando para a polícia de Los Angeles – o veado nos dedurou para os tiras!", mas apropriado para o sentimento careta de traição à honra.

O clássico "impasse mexicano" se dá quando Nan vai atirar em Ko Chow: os irmãos Nan e Fu apontam suas armas um ao outro, Irmão Joe marcando sua mira no Irmão Fu, o perdido Irmão Chow na mesma. Enquanto cheira a faroeste-espaguete, *City* também é o progenitor de um tema clássico – os pró-antagonistas de Hong Kong vão um contra o outro, apontando armas, como em *The Killer* e uma porrada de filmes de gângster da Ásia. Por comparação, o tiroteio mutuamente destrutivo do sr. White/Joe Cabot/Nice Guy Eddie ocorre como uma piada interna para fanáticos de cinema que reconhecem o impasse de *City* levado a sua conclusão de pancadaria letal.

De volta à frente oriental, o armazém é cercado por policiais armados, num diálogo leonesco de poder de fogo substituído, pelo orçamento modesto de *Cães*, pelo som de algumas sirenes e um megafone. Fu continua a proteger Ko Chow, sua motivação derivada do código de honra chinês – enquanto Ko Chow acerta o patrulheiro que estava prestes a abrir fogo nele, portanto, ele acredita que seu amigo é incapaz de traição.

Tão presos os dois estão ao código de *yi* que a conclusão de *City* é bem diferente da de *Dogs*: o Irmão Chow, morrendo, confessa que é policial, mas seu senso de honra faz com que peça ao Irmão Fu que o mate. Diferentemente do melodrama agonizante de Keitel, entretanto, Fu ainda vê Chow como um "irmão". Esperando os policiais entrarem, ele até implora ao policial que morre para voltar das garras da morte, para que eles possam levar suas namoradas ao Havaí juntos.

No mais terreno *Cães*, sem a razão do *yi*, ficamos com o mito da "honra entre bandidos", que já mostrou tantos criminosos do ocidente esfaqueados pelas costas – White aparentemente se recusando a acreditar que Orange possa ser o "rato", por ele ter sido ferido quando escaparam juntos da cena. (Esse cenário poderia ter sido aplicado a qualquer um da gangue, se fossem pegos no mesmo local e hora.) Tarantino parece ter reconhecido o defeito na trama, acrescentando uma explicação implícita do relacionamento entre White e Orange: quando Orange, sangrando em profusão, implora que White o carregue, o bandido mais velho suavemente cochicha algo em sua orelha, que não é ouvido pela plateia, que momentaneamente suaviza seu medo de morrer. A sugestão de uma queda pelo rapaz mais novo, talvez uma ressaca de experiências na cadeia, é óbvia, mas não pronunciada (como se Tarantino tivesse percebido o valor *cult* de uma pontinha de ambiguidade).

Finalmente, enquanto *Cães de Aluguel* está longe de ser um *remake* de *City on Fire*, ninguém pode negar que toda sua estrutura dramática é baseada no clímax de *City* – o roubo de joias e o desdobramento encharcado de sangue desacelerado, fragmentado e recontado num estilo não linear, assumidamente literário e *hard-boiled* – com parte da ação não vista – de diferentes perspectivas de vários membros da gangue, e transportada de modo bem convincente para Los Angeles.

"ESTOU FARTO DE TE ATURAR. TE DOU QUANDO FORMOS EMBORA."

Quase como o artista moderno que desacelerou *Psicose* de Hitchcock para um tempo de duração de 24 horas, Tarantino pegou os últimos vinte minutos de *City on Fire*, quebrou sua espinha narrativa e a refez cirurgicamente, completa, com referências compulsivas da cultura pop e um diálogo alegremente profano. A hemorragia do sr. Orange é uma medida viscosa disso – em

City on Fire, o ferimento da bala na barriga de Ko Chow ocorre no clímax do filme e leva a um pertinente fim agonizante nos braços do amigo traído. Como resultado de um pouco de pesquisa, Tarantino sabia que uma morte tão dolorosa poderia ser prolongada muito mais – estendendo o processo para que sua morte prostrada não tivesse apenas um toque de autenticidade, mas fosse uma moldura para toda a narrativa do filme.

O fato de que a estreia de sucesso de Tarantino consistiu, em parte, de cenas do filme de outro reencenadas num novo contexto mostrou-se uma faca de dois gumes. Ironicamente, só se tornou um "segredo negro" devido a sua ingenuidade não característica sobre o quanto *Cães* deve a *City*. Talvez ele tenha acreditado que todo fanático por cinema que viu *City on Fire* iria perceber suas cenas em paralelo como referências óbvias, enquanto que os outros não iriam se importar. Ou talvez Tarantino não achou que era um grande pecado roubar de um gênero com uma linhagem tão derivativa, sintetizando elementos de filmes de gângster de Hollywood e faroeste-espaguete – muito como ele mesmo estava fazendo, num estilo levado pelos diálogos.

Quando tudo foi revelado, a controvérsia não depreciou nenhum dos cineastas. Poucos daqueles que não gostaram do estilo de Tarantino de referências efusivas à cultura pop conheciam o cinema de Hong Kong, enquanto que os fãs do jovem Tarantino tomaram seu roubo como um sinal do inerente toque descolado do gênero. Qualquer que sejam os sentimentos pessoais de Ringo Lam, a admissão forçada de Tarantino sobre sua dívida não fez nenhum mal à sua carreira – com a devolução de Hong Kong para o continente da China em 1997, Lam deu seu primeiro passo ao cinema de Hollywood com o filme de ação *Risco Máximo*.

Entretanto, Tarantino ainda deve satisfazer a ambição mútua há muito declarada, que se remete ao lançamento de *Cães de Aluguel*, de ter um roteiro dirigido por John Woo, decano dos diretores de ação de Hong Kong e mentor de Chow Yun-Fat. De alguma forma, seu plano de ir da reciclagem de influências a trabalhar com o artigo genuíno ainda não se materializou.

OS MELHORES FILMES DE TODOS OS TEMPOS PARA QUENTIN TARANTINO

OS TRÊS PRINCIPAIS

"em nenhuma ordem específica"

ONDE COMEÇA O INFERNO
[HOWARD HAWKS]
"O filme mais divertido já feito. Nunca curti tanto passar um tempo com alguém quanto com Dean Martin nesse filme. Eu costumava fazer o papel do Dude no curso de interpretação."

TAXI DRIVER *[MARTIN SCORSESE]*
"É simplesmente perfeito."

UM TIRO NA NOITE *[BRIAN DE PALMA]*
"Brian de Palma é o maior diretor da sua geração. Este é seu filme mais pessoal e cinematográfico."

OS OUTROS

"também fora de ordem, sujeito a mudar diariamente."

A FACE OCULTA *[MARLON BRANDO]*
"A personificação da mística de Brando e uma das maiores estreias (na direção) de todos os tempos."

JEJUM DE AMOR *[HOWARD HAWKS]*
"A maior comédia feita pelo que paguei. Cary Grant faz a maior performance cômica de todos os tempos."

BANDE À PART *[JEAN-LUC GODARD]*
"Veja a resenha de Pauline Kael."

A FORÇA DO AMOR *[JIM McBRIDE]*
"Quando vi esse filme em 1983, era tudo o que eu queria fazer no cinema."

ROLLING THUNDER *[JOHN FLYNN]*
"Para mim, é a maior combinação de filme de ação e estudo de personagem já feito. Se você gosta de filmes de vingança, este é o melhor filme do estilo para se ver."

TERRA DE NINGUÉM
[TERRENCE MALICK] "Uma experiência religiosa. Grandes escritores queriam ter escrito um romance tão bom quanto *Terra de Ninguém* é em filme."

TÉCNICA DE UM DELATOR
[JEAN-PIERRE MELVILLE] "Meu roteiro favorito de todos os tempos. Você não tem ideia do que está acontecendo no filme até os vinte minutos finais."

TRÊS HOMENS EM CONFLITO
[SERGIO LEONE] "Provavelmente o maior exemplo de reinvenção de um gênero no cinema. Terrível brutalidade, humor histérico, sangue, música, ícones. O que mais você pode pedir?"

PECADOS DE GUERRA
[BRIAN DE PALMA] "Para mim, o maior filme de guerra e a maior acusação de estupro já feitos. A caminhada da morte da vietnamita me assombra desde então."

TARANTINO'S FILM

AMOR
QUEIMA

AMOR À QUEIMA-ROUPA

1993

R RESTRICTED
UNDER 17 REQUIRES ACCOMPANYING PARENT OR ADULT GUARDIAN
PERVASIVE STRONG HORROR VIOLENCE AND GORE, LANGUAGE AND SEXUALITY

ALABAMA WHITMAN (PATRICIA ARQUETTE), EM *AMOR À QUEIMA-ROUPA*, 1993

1

ASSASSINOS POR NATUREZA

POR JEFF DAWSON

O arrumadinho subúrbio de Westwood, Los Angeles, espremido entre o afluente retiro de Beverly Hills e Bel Air, com suas lojas de grife e o pequeno aglomerado de elegantes cinemas *art déco* no centro da área, em Fox Village, é exatamente o tipo de lugar que D-Fens, de *Um Dia de Fúria*, teria parado com alegria – se ele tivesse tido tempo. A uma curta caminhada (apesar de ninguém caminhar, é claro, na cidade de Los Angeles) do bem cuidado *campus* da UCLA, este é um templo seguro, numa época em que a reação antecipada do público se tornou a ferramenta de marketing mais importante de Hollywood para que cineastas testem seu produto longe do rebuliço dos estúdios.

Entretanto, para a pré-estreia não divulgada dessa noite, houve boatos, e o bando de penetras foi suplementado por uma ordenada, ainda que empolgada, fila de jovens esperançosos – estendendo-se por uns bons dois quarteirões do complexo de cinemas –, esperando a chance de ocupar os lugares vagos. Tamanho é o burburinho com *Amor à Queima-Roupa*, com Christian Slater e Patricia Arquette cantando pneu por essa mesma cidade com uma mala cheia de cocaína e a máfia no encalço. Uma história lustrosa e cintilante de namorados em fuga, trazendo um elenco de primeira (Oldman, Pitt, Kilmer, Hopper, Walken) e a maior salva de balas desde que Butch e Sundance decidiram dar no pé de sua cabaninha boliviana.

Aqueles que conseguem se espremer pelos recepcionistas da porta não se decepcionam, oferecendo, quando os créditos finais sobem, uma entusiasmada ovação de pé, o derradeiro selo de aprovação, pode-se pensar, para o diretor britânico Tony Scott e o garoto-local-que-ficou-bom, o roteirista Quentin Tarantino. Mas há algo de podre no reino da Dinamarca...

"É de cortar o coração", grunhe Tony Scott, de volta ao hotel palaciano Westwood Marquis. "Cada ano o comitê de classificação fica mais duro, especialmente em termos de violência. Eles não gostam de filmes assim."

De fato, eles não gostam, porque, mesmo com as mudanças radicais sugeridas pela Motion Picture Association of America (MPAA), *Amor à Queima-Roupa* ainda foi taxado com um certificado de R (restrito) – que não chega a ser um veneno nas bilheterias como com NC-17, mas é um golpe mesmo assim.

"A maior mudança para mim foi que Patricia originalmente atirava em Chris Penn [um policial], que era pertinente com a fuga deles com o dinheiro", reflete Scott. "Agora é um personagem incidental, o italiano deitado no chão, quem atira."

Cocaína, armas e – maravilha! – até sexo, ao que parece, é aceitável em quantidades limitadas pelo público americano, mas quanto a umas balas num tira por um civil, especialmente nessa cidade, isso não dá.

"O que torna ainda pior é que foi uma mulher", reclama Scott, num sotaque ainda noventa por cento de Teesside. "É o que eles disseram: 'Uma mulher atirando num policial, isso só piora...'."

Para o homem de quarenta e nove anos importado de West Hartlepool, vestindo um elegante colete multicolorido, botas de caubói pintadas combinando e um boné de beisebol detonado acima de jeans e camiseta básicos, foi uma estrada pedregosa para a lista A de Hollywood. Após uma carreira como pintor, depois como diretor de comerciais, ele parecia destinado a ficar à sombra do irmão mais velho, Ridley, até que um encontro por acaso com os megaprodutores Don Simpson e Jerry Bruckheimer pareceu mudar tudo.

"Depois de *Top Gun*, os filmes que me ofereciam eram, por bem ou por mal, o que se pode chamar de filmes de ação padrão", explica Scott, enquanto os irmãos se preparam para, ironicamente, se chocar cada um com seu próprio projeto Pancho Villa. "Quando li *Amor à Queima-Roupa* pela primeira vez, pensei: 'Aqui está outro filme violento', mas não era. O que fez eu me apaixonar foram os personagens de Quentin – é um filme baseado em atores, a primeira vez que eu tinha um desses –, então fui atrás. *Cães de Aluguel* é uma viagem muito mais cerebral, achei muito perturbador, mas *Amor à Queima-Roupa* é como usar anfetamina por duas horas... Acho que é meu melhor trabalho até agora."

O roteiro, é claro, o derradeiro louvor à cultura *junk* ("eu amo filmes, amo programas de TV, amo cereal de café da manhã – cresci com isso, é como cem por cento da minha consciência"), vem da lavra de Quentin Tarantino, o Prometeu sem amarras que arrombou a festa de Hollywood de forma espetacular com sua estreia como diretor-roteirista em *Cães de Aluguel*, um filme cujo sucesso na terra da Rainha ainda torna seu criador feliz.

"É como o povo de Orson Welles dizendo a ele: 'Oh, você é bem famoso na Europa', ou vaudevillianos frios dizendo: 'Oh, sou bem famoso em Des Moines'", ele se gaba de sua forma costumeiramente exagerada. "É estranho, é como se *Cães* fizesse tão parte da cultura britânica. Até gente que não viu sabe do que estamos falando. Sinto-me como se fosse Ivan Reitman e tivesse acabado de fazer *Os Caça-Fantasmas*; é bem bacana."

Amor à Queima-Roupa é de fato o primeiro roteiro de Tarantino, escrito há cinco anos como um prelúdio de *Cães* (a personagem Alabama – dizem os fãs – é a mesma garota mencionada pelo sr. White quando é entrevistado por Joe Cabot). Apesar de ter conseguido vender, permaneceu "em desenvolvimento", então Tarantino foi forçado a fazer *Cães de Aluguel* de forma independente, como uma última tentativa de levar seu material às telas.

"Conheci Tony através de um amigo em comum, e eu era muito fã dele", lembra-se Tarantino. "Tinha acabado de levantar *Cães*, e ele tinha ouvido falar do meu elenco, então enviei *Amor à Queima-Roupa* para ele ler, mesmo que outra pessoa estivesse com o roteiro naquela época. Ele disse: 'Gostaria que pudéssemos fazer algo com isso', e eu disse: 'Tire dos outros caras, quero que você faça'."

Assim, com o roteiro arrancado dos produtores franceses que estavam enrolando, foi, como eles dizem, só mandar brasa em *Amor à Queima-Roupa*, apesar de que, certamente, Tarantino poderia ter aproveitado a chance de dirigir ele mesmo?

"Não, estou feliz que Tony dirigiu", ele insiste, coçando uma barbinha rala modernosa que não deu certo. "O mesmo vale para *Assassinos por Natureza* [filmado por Oliver Stone]. De certa forma, havia a oportunidade de eu dirigir, porque Tony pensou possivelmente em apenas produzir, mas você sabe, eu não queria. Escrevi os três para ser meu primeiro filme, daí fiz meu primeiro. É como uma antiga namorada, teve seu tempo. E de qualquer forma, foi empolgante, a ideia de ver minhas palavras pelos olhos de Tony..."

Foi também um prospecto empolgante o suficiente para ter os melhores de Tinseltown pulando uns sobre os outros para estar na droga da coisa – como ninguém menos do que Christian Slater, um homem cujo valor com certeza irá à estratosfera depois de seu papel estelar como ponto central do filme, e Clarence Worley, o tipo de garoto de filme de história em quadrinhos que se alimenta de *junk food*, recebe mensagens de um Elvis imaginário e solta tagarelices de filme (nenhuma cena de violência é completa sem uma referência a Charles Bronson), coisa típica de *Cães de Aluguel*.

"Depois que fiz *Coração Indomável*, queria fazer um filme que fosse ultrajante", reflete o bronzeado Slater, seu cabelo agora de volta ao castanho, de comprimento médio, e os primeiros sinais de uma barbicha aparecendo no queixo. "Queria mesmo fazer, sabe, uma *performance*. Não quero deixar que minha imagem dite as escolhas que faço; foi um filme ousado. Para mim foi um desafio ser, de certa forma, um personagem simpático em toda essa loucura."

Loucura, certamente, como é de se esperar de um filme que é um tornado de balas, frases afiadas e um toque do produto mais puro da Colômbia, mas Clarence não é... bem, maluco?

"É difícil dizer se ele é realmente louco ou não", ele continua em seu melhor modo Jack Nicholson, tragando um Marlboro de uma longa fila. "Você sabe que ele teve de criar uma espécie de mundo de fantasia para si mesmo, e Elvis é aquele que ele escolheu para ser seu conselheiro."

O Rei, deve ser dito, nunca arrumara um trabalho com os samaritanos, ainda mais encorajando um inocente a explodir os testículos, seguido do resto, do desagradável cafetão de Gary Oldman, Drexl.

"Ele está apenas *confuso*", se desculpa Slater, de forma bem pouco convincente. "Acho que ele é doce e sensível. Ele adora cinema. Sempre quer ter um papel nos filmes de alguma forma, e Alabama abriu a porta e deu a ele a oportunidade de ser o herói. Alguém disse para mim que meio que continua de onde *Taxi Driver* parou."

O que é exatamente o que Tarantino pretendia.

"O que eu gosto no Clarence é que ele faz uma escolha de ir fundo e matar esse cafetão, e é engraçado porque é meio psicótico", se intromete nosso Quentin. "É um comportamento muito errático para o protagonista de um filme. Mas ele foi alimentado por filmes, ele viu um zilhão de filmes sobre cafetões batendo em putas e se lembra da cena em *Taxi Driver*, quando Harvey Keitel está falando com Jodie Foster, descrevendo nesses termos bem gráficos. Ele pode se lembrar desse cafetão, que nunca nem encontrou, falando sobre sua menina, sua *amada*, desse jeito, então ele tem de ir lá executá-lo."

Não é um argumento inteiramente convincente, claro, mas vamos ficar com ele, o que é precisamente o que Clarence não faz na versão original de Tarantino, se acabando com tiros nos olhos, em vez de se recuperar e deixar marcas de pneu até o México.

"Acho bem bacana e doce que terminamos juntos", diz Slater. "E é um belo pôr do sol... mas, no roteiro original, é uma conversa que fez bastante sentido porque

"BOM, ISSO FAZ COM QUE SEJAMOS MAIS OU MENOS RELACIONADOS."

ALABAMA WHITMAN (PATRICIA ARQUETTE) E CLARENCE WORLEY (CHRISTIAN SLATER), EM *AMOR À QUEIMA-ROUPA*, 1993

eles estavam vivendo uma vida tão rápida, espontânea, caótica e insana. Mas assim são os filmes... e estou bem orgulhoso deste."

Num filme que teve como marca registrada esses romances meio de história em quadrinhos, cuja tomada final é o herói e a heroína se pegando, o *verdadeiro* protagonista é na verdade Patricia Arquette, a narradora da obra e um personagem que, segundo Scott, Tarantino escreveu (confessando tudo num "momento de fraqueza") como sua mulher ideal: sexy, descolada e, de forma essencial para o derradeiro viciado em cinema, não avessa a passar por uma sessão de três filmes de Sonny Chiba.

"É como se Bama não fosse uma garota dos *sonhos* para mim", discorda Tarantino, que está prestes a dirigir sua antologia policial, *Pulp Fiction*, estrelando John Travolta, Uma Thurman, Bruce Willis, Eric Stoltz, Tim Roth, Harvey Keitel, Christopher Walken, Amanda Plummer (e ele mesmo) e agendado para começar o trabalho num roteiro com John Woo. "Nunca havia tido uma namorada antes de escrever isso, só um bando de primeiros e segundos encontros. O que acontece é que ela não era como meu ideal, mas era doce e se apaixonou por Clarence, não porque ele era o cara com visual mais descolado do mundo, mas porque ele foi bom para ela."

"Você pode acreditar no que quiser, mas ela não está sempre dizendo a verdade", aponta a extremamente atraente Patricia Arquette, notável em sua grande revelação como a prostituta vestida em cores berrantes, mas incrivelmente doce, que ficou careta. "Para começar, até onde eu sei, ela não tem realmente aquele sotaque sulista, é falso. Ela decidiu que era sexy, então seria aquela bela sulista."

Irmã mais nova da igualmente vivaz Rosanna, foi a participação de Arquette numa das cenas-chave do filme, levando uma surra de um matador mafioso, que foi um grande destaque. Se o MPAA não tivesse arregaçado as manguinhas, uma massacrada Arquette não apenas teria vindo da beira da morte para simplesmente atirar no assassino, mas teria recheado seu crânio de chumbo antes de fazer papa dele com a coronha do revólver.

"Pensei particularmente no efeito que isso teria na plateia," explica Tarantino. "Parte do problema com os filmes hoje em dia é que você basicamente sabe o que vai acontecer antes que aconteça. Você meio que sabe quando se inclinar para a frente, se recostar de novo na poltrona, e o que gosto de fazer é usar isso contra você psicologicamente – você vira para a esquerda, daí eu viro para a direita – não apenas para fazer joguinhos, mas para ser um contador de histórias interessante."

"Você sabe que nunca fui para uma escola de roteiro, 'Escreva um Roteiro em 27 Dias', ou algo sem sentido assim. Uma das coisas que você aprende como ator é apenas deixar que os personagens conversem um com o outro. O que quer que aconteça é o que acontece, o que eles dizem é o que eles dizem e o que eles fazem é o que eles fazem. As pessoas sempre trazem a cena de tortura em *Cães de Aluguel*. Não me preparei para escrever essa cena de tortura bem foda. Eu não sabia que o sr. Blonde tinha uma navalha na bota até ele a tirar – é tipo: 'Oh, meu Deus'. A verdade é que seria isso mesmo o que o sr. Blonde faria quando fosse deixado sozinho com aquele tira. Recuar disso porque algumas pessoas poderiam não gostar seria mentir. Uma das coisas que faz a cena com Alabama funcionar dramaticamente é que ela poderia morrer, a bola estava quicando."

Definitivamente quicando a bola estava o cafetão de Alabama, Drexl Spivey, interpretado quase como um vilão dickensiano por Gary Oldman, que inicialmente vemos envolvidos numa pesada discussão com Samuel L. Jackson sobre os comos e porquês de "comer boceta" (uma cena tão podada na recomendação do MPAA a ponto de tornar o caro personagem de Jackson quase redundante.)

"Nunca havia visto o Gary antes, e ele disse: 'Vem para o hotel tomar um drink'", diz Scott efusivamente. "Eu disse: 'Você precisa ler isso', e ele disse: 'Eu não leio porra de roteiro nenhum. Me fala da porra do personagem'. Eu só disse: 'É um cara branco que acha que é preto e é um cafetão'; ele disse: 'Eu faço'. Ele estava trabalhando em *O Sangue de Romeu*, andando com um traficante no set. Esse cara passou dez anos na Jamaica e tem um sotaque meio rasta, meio do Queens. Foi sua base para o Drexl."

Se vender um filme com um título tão frufru [*True Love*, no original], estrelando gente como Slater e Oldman, incomodou um pouco o pessoal do marketing, a inclusão de Brad Pitt e Val Kilmer no elenco – como o chapado Floyd e o fantasma de Elvis, respectivamente – certamente causaria confusão a muitos frequentadores do cinema.

"Você sabe que Brad tem um mistério e uma escuridão, acho que vem da vida padrão que ele tinha antes", sorri Scott, levando o polegar e o indicador para os lábios, tragando um baseado imaginário. "É um personagem que ele conhecia e que frequentava sua casa, esse cara veio por uma semana e permaneceu por dois anos – um maconheiro que nunca saiu do sofá."

"Mas o bongo foi invenção minha", ele acrescenta triunfantemente, se referindo ao narguilé que Floyd usa para inalar sua erva. "Há um cara com quem faço escaladas e ele tem esse bongo, um jarro de mel que você pode comprar do outro lado do balcão – ele chama de Russ. Foi uma homenagem ao Russ, hahaha."

Quanto ao imitador de Elvis de Kilmer (citado nos créditos simplesmente como o "Mentor", para não encarar o peso legal dos direitos de Elvis)...

"Val passou oito horas na maquiagem tentando se parecer com Elvis e ele ficou brilhante", continua Scott. "Originalmente fiz com que seu rosto pudesse ser visto, mas há apenas uma pessoa que se parece com Elvis, e é o Presley, então refiz isso. Mas Val foi brilhante, ele *se tornou* Elvis três meses antes de fazermos, e ele só teve dois dias de trabalho – eu falava com ele ao telefone e dizia [imitando a voz de Elvis] 'Ei'. Ele só interpreta roqueiros mortos agora."

"É uma das coisas com que eu devia me empolgar", gargalha Tarantino bem alto. "Ao contrário de *Toque de novo, Sam,* com Bogart dizendo a Woody Allen como se dar bem com as meninas, Elvis apenas diz: 'Mate aquele cara...'."

Há, entretanto, uma caricatura ainda mais apetitosa em *Amor à Queima-Roupa*: o produtor de ação fictício de Saul Rubinek, Lee Donowitz – as correrias de seu filme mais recente, *Bodybag 2*, trazendo o pano de fundo para o climático tiroteio do filme –, que tem uma estranha semelhança com Joel Silver, o lendário produtor das franquias *Duro de Matar* e *Máquina Mortífera.*

"Foi o Tony que o transformou em Joel Silver", acrescenta Tarantino, que na época da escrita de *Amor à Queima-Roupa* não circulava em meios tão estimados.

"Todo mundo tem dito que Joel Silver vai te matar", sorri Scott, na verdade um grande amigo de Silver. "Ele ia ver o filme aquela noite. Se ele foi mesmo, não sei, mas não tive mais notícias suas, então talvez ele tenha ido, hahaha!"

Drogas, violência e Joel Silver à parte, a cena que inevitavelmente vai causar mais controvérsia é a fala entre os velhos cavalos de guerra: Christopher Walken e Dennis Hopper, este como pai de Clarence, incitando o chefão da máfia de Walken a matá-lo, provocando-o ao dizer que os sicilianos não são os campeões pesos-pesados e puros-sangues da mentira, como sugerido por Walken, mas, na verdade, "inseminados por crioulos" – um insulto, independentemente de tudo o mais que pode ser considerado ofensivo no filme, que vai fazer muitos liberais se contorcerem em seus assentos.

"Eu de fato acho que *nigger* [crioulo] deve ser a palavra mais tabu da língua inglesa", explica Tarantino. "As palavras não devem ter todo esse poder, e toda vez que você usa uma palavra assim, deve tirar o poder dela. É mesquinho ficar ofendido apenas pelo uso de uma palavra... é uma visão muito limitada e não me afeta realmente, mas eu amo esse discurso, é bem divertido. Foi na verdade um cara negro que me contou essa história toda."

"É. Eu estava mais preocupado com os sicilianos, hahaha", gargalha Dennis Hopper ameaçadoramente, entrando no quarto vestido com um terno Commes Des Garçons bem alinhado. "Imaginei que iria provavelmente atiçar algumas pessoas da forma errada, mas tudo bem e, de qualquer forma, como um ator de cinema, você não tem mais discursos nos filmes. *Este* é um discurso. Sou um grande admirador da escrita de Tarantino. Na verdade, Harvey Keitel pediu que eu estivesse em *Cães de Aluguel*, mas eu estava fazendo outra coisa."

Christopher Walken, atualmente amargando em *Quanto Mais Idiota Melhor 2*, está igualmente despreocupado.

"Eu *nunca* confundo filmes com a vida real, e não acho que outras pessoas o façam", ele diz. "É como quando saiu *O Franco-Atirador*, as pessoas falavam sobre o Vietnã. *O Franco-Atirador* não tem nada a ver com o Vietnã. Tem a ver com jovens indo à guerra pensando que é uma aventura, daí têm as pernas arrancadas. Este filme não é sobre violência, é sobre *gente*."

E com isso deixamos a palavra final para Hopper.

"Fiz, sim, uma coisa que causou efeito na sociedade. *Easy Rider – Sem Destino* apresentou, sim, a cocaína", ele conclui, se empolgando um pouco, "é uma coisa que realmente não posso negar. Em 1969, quando lançaram o filme, não havia cocaína nas ruas, e em 1970 estava por todo lado, mas a violência nos filmes causando violência, isso eu não compro. É como Heidi, a madame. Quero dizer, de repente Hollywood vem com essa lição de moral e Washington vem tirar a violência dos filmes. Do que estamos falando, cara? Quero dizer, desde quando

Hollywood vai ser base moral? Não haverá putas em Hollywood? Qual é, estamos loucos?"

Dennis Hopper chegou ao seu ápice.

"Pense em Mark Twain", ele murmura. "Ele estava lidando com as mesmas coisas, há alguns caras fugindo num barco, descendo um rio. Quero dizer, há uma estranha justaposição, mas estamos nos anos 1990 agora e vivemos numa sociedade violenta. Como você pode escrever sobre isso e não fazer uma reflexão da sua cultura? Quentin Tarantino, ele é o Mark Twain dos anos 1990..."

2 WALKEN VS. HOPPER EM AMOR À QUEIMA-ROUPA

POR JONATHAN MILLER

Hollywood nos deu muitas lutas empolgantes no ringue de boxe, mas quando se trata do confronto entre dois pesos-pesados na tela, ninguém pode superar Christopher Walken e Dennis Hopper indo mano a mano no clássico roteiro de Quentin Tarantino, *Amor à Queima-Roupa*. No seu uso de personagens e diálogos em curtas oito páginas desse confronto, Tarantino prova que é tão cruel e manipulador quanto um Don King literário. Quilo por quilo, a cena é candidata a uma das mais poderosas e ainda assim mais desconcertantes de todos os tempos.

Amor à Queima-Roupa conta a história de Clarence, interpretado por Christian Slater, que rouba uma porrada de cocaína do cafetão de sua namorada. Clarence faz uma breve visita a seu pai, Cliff (Hopper), antes de seguir para Califórnia para tentar repassar a droga.

Na sua primeira cena com Clarence, Hopper parece mais o bêbado confuso que interpretou em *Momentos Decisivos* do que com o personagem que todos nós

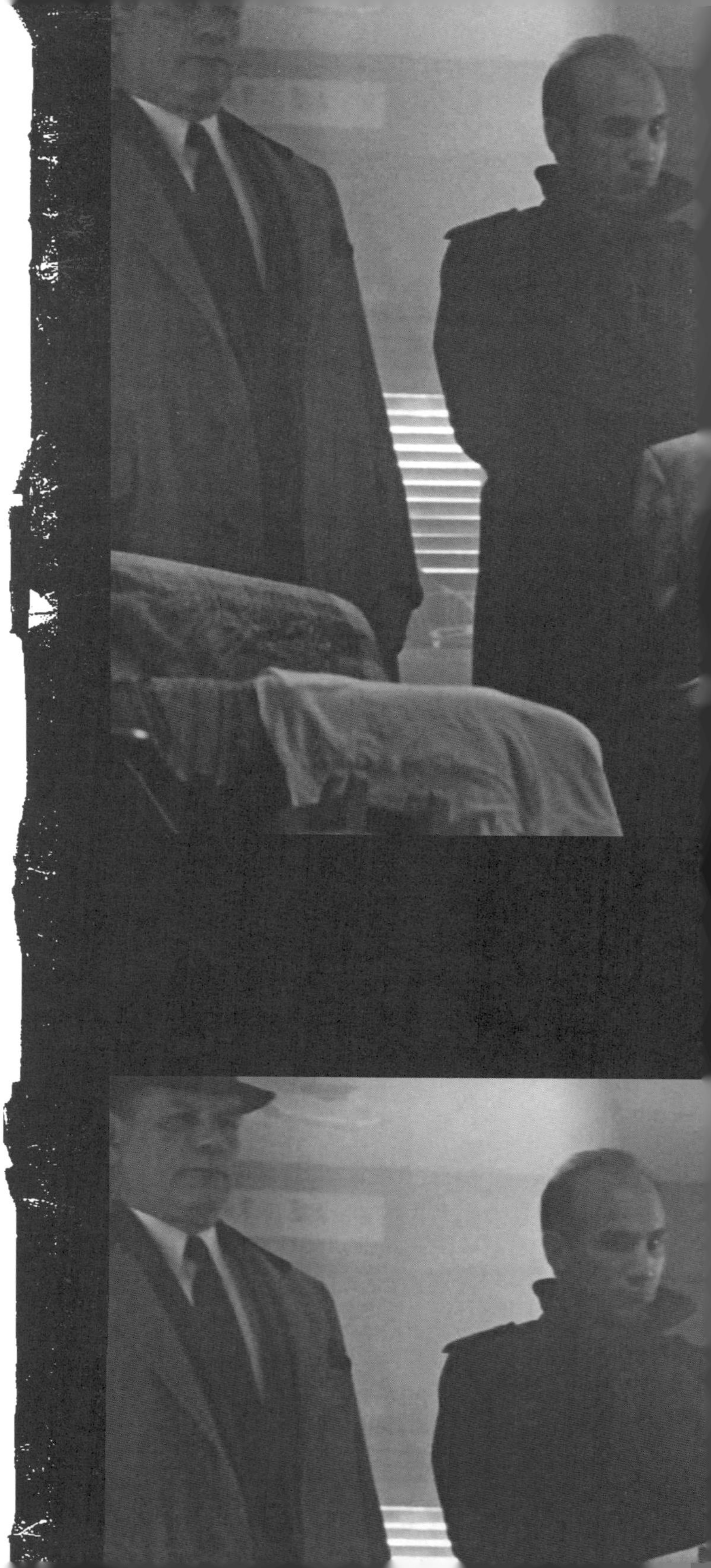

"NADA DESSE PAPO-FURADO É NECESSÁRIO. EU NÃO SOU DONO DE ALABAMA."

▶▶ ▶

VICENZO COCCOTTI (CHRISTOPHER WALKEN) INTERROGA CLIFFORD WORLEY (DENNIS HOPPER), EM *AMOR À QUEIMA-ROUPA*, 1993

Cliff is knocked to his knees. He looks up and sees the sitting Coccotti. Dario and Lenny pick him up and roughly drop him in a chair.

COCCOTTI
(to Frankie)
Tell Tooth-pick Vic to go outside and do you-know-what.

In Italian Frankie tells Tooth-pick Vic what Coccotti said. He nods and exits.

Cliff's chair is moved closer to Coccotti's. Dario stands on one side of Cliff. Frankie and Lenny ransack the trailer. Virgil has a bottle of Chivas Regal in his hand, but he has yet to touch a drop.

COCCOTTI
Do you know who I am, Mr. Worley?

CLIFF
I give up. Who are you?

COCCOTTI
I'm the Anti-Christ. You get me in a vendetta kind of mood, you will tell the angels in heaven that you had never seen pure evil so singularly personified as you did in the face of the man who killed you. My name is Vincenzo Coccotti. I work as a counsel for Mr. Blue Lou Boyle, the man your son stole from. I hear you were once a cop so I assume you've heard od us before. Am I correct?

CLIFF
I've heard of Blue Lou Boyle.

COCCOTTI
I'm glad. Hopefully that will clear up the how-full-of-shit-I-am question you've been asking yourself. Now, we're gonna have a little Q and A, and, at the risk of sounding redundant, please make your answers genuine.
(taking out a pack of Chesterfields)
Want a Chesterfield?

CLIFF
No.

COCCOTTI
(as he lights up)
I have a son of my own. About you boy's age. I can imagine how painful this must be for you. But Clarence and that bitch-whore girlfriend of his brought this all on themselves. And I implore you not to go down the road with 'em. You can always take comfort in the fact that you never had a choice.

CLIFF
Look, I'd help ya if I could, but I haven't seen Clarence √

Before Cliff can finish his sentence, Coccotti slams him hard in the nose with his fist.

COCCOTTI
Smarts, don't it? Gettin' slammed in the nose fucks you all up. You got that pain shootin' through your brain. Your eyes fill up with water. It ain't any

conhecemos e amamos de *Velocidade Máxima* e *Veludo Azul*. Tanto o roteiro quanto a direção inicialmente tornam Cliff parecido com o infeliz boxeador negro Akinwande, que foi desqualificado por sua relutância em entrar em ação. Walken, por outro lado, vem todo faceiro. Ele interpreta um conselheiro da máfia, Coccotti, buscando drogas roubadas. Junto a alguns marginais, ele segue a trilha de Clarence até o apartamento de Cliff. Depois que os marginais derrubam Cliff e o amarram a uma cadeira, Coccotti dá a seguinte introdução:

COCCOTTI

Sou o anticristo. Você me deixou num estado de espírito vingativo, você vai dizer aos anjos no céu que nunca viu um mal tão incrivelmente personificado como no rosto do homem que o matou.

Walken profere as frases de forma bem descolada, como se ainda estivesse segurando aquele relógio de ouro dentro da bunda pelos últimos oito anos. Os primeiros *rounds* ficam com Walken. Tarantino não dá a Hopper muito o que responder além de "do que está falando?" e "não acredito em você". Walken, por sua vez, mescla seus golpes. Ele flutua como uma borboleta, então ataca como uma abelha, enquanto alterna entre insultos e empatia. Se houvesse um árbitro, a briga teria terminado cedo. Então Tarantino faz Walken deslizar para o nocaute com seu famoso discurso sobre "pantomima".

COCCOTTI

Sicilianos são grandes mentirosos. Os melhores do mundo. Sou siciliano e meu velho era o campeão dos pesos-pesados em mentira. E crescendo com ele aprendi sobre pantomima. Agora, há dezessete coisas diferentes que um cara pode fazer quando mente que o entregam... O que temos aqui é um pequeno jogo de mostrar e contar... Você não quer me mostrar nada, mas está dizendo tudo...

Isso prepara o terreno para as apostas da nossa luta – se Coccotti será capaz de dizer se Cliff está mentindo, decifrando sua pantomima". As coisas parecem feias – o Cliff de Hopper está claramente na lona. Mas depois que Hopper fila um cigarro de Walken, parece que tanto o autor quanto o ator estavam desde o começo ganhando tempo com a gente.

CLIFF

...Então, você é siciliano, hein?

COCCOTTI (intensamente)

Uh-hum.

CLIFF

Sabe, eu leio bastante. Especialmente coisas que têm a ver com história. Acho essa merda fascinante. Na verdade, não sei se você sabe disso ou não, os sicilianos foram inseminados por crioulos.

Todos os homens param o que estão fazendo e olham para Cliff. Coccotti não consegue acreditar no que está ouvindo.

COCCOTTI

Repete, por favor?

CLIFF

É um fato. Sicilianos têm sangue de crioulo bombeando no coração. Se você não acredita em mim, dê uma olhada. Você vê que há centenas e centenas de anos os mouros conquistaram a Sicília. E mouros são crioulos. Naquela época, os sicilianos eram como os carcamanos do norte da Itália. Cabelo loiro, olhos azuis. Mas quando os mouros chegaram lá eles mudaram o país todo. Eles treparam tanto com as mulheres sicilianas que mudaram a linhagem de sangue para sempre, do cabelo loiro e olhos azuis para cabelo preto e pele escura. Acho completamente fascinante pensar que, até hoje, centenas de anos depois, os sicilianos ainda carregam o gene de crioulo. Só estou citando a história. É um fato. Está escrito. Seus ancestrais eram crioulos. Sua tatataravó foi comida por um negão e teve um filho meio negro.

Coccotti e os marginais não sabem como responder a esses ataques. Então Cliff dá o *coup de grace*, que atinge bem no plexo solar de Coccotti, no coração.

CLIFF

Agora me diz, estou mentindo?

Com sua postura fria como gelo, o discurso aqui se iguala aos de *Velocidade Máxima* – "não tente desenvolver um cérebro" – e *Apocalypse Now* – "ele é são, mas sua alma é louca" –, como uma das frases mais poderosas que Hopper já disse na tela.

Coccotti, que dominava o ringue, não tem contra-ataque. Cliff arrancou sangue e Coccotti está literalmente sem fala. Ele é incapaz de dar o nocaute, tirar a informação necessária de Cliff. Sua única resposta é mandar três balas no cérebro de Cliff. A direção não deixa muita dúvida sobre quão duro os golpes atingiram o sr. Mal Encarnado.

Coccotti faz uma pausa. Incapaz de expressar seus sentimentos e frustrado pelo sangue em suas mãos, ele simplesmente larga a arma e se vira para seus homens.

COCCOTTI (para si mesmo)

Não mato ninguém desde 1974... Voltem com algo que me diga onde [Clarence] foi, para que então eu possa limpar o rosto...

Durante mais ou menos uns vinte anos, Coccotti conseguiu ser um Sugar Ray Leonard – mantendo-se bonitinho, sem sangue nas mãos ou sujeira no rosto. Mas no final da cena ele é um Roberto Duran chorando: *"No mas. No mas"*.

Apesar de tanto a interpretação quanto o texto serem poderosos, ainda há algo extremamente desconcertante sobre o racismo em seu discurso, que é gratuito. Não há grandes personagens negros e, tirando uma frase de Gary Oldman – "Este definitivamente não é um dia de rapazes brancos" –, não há outra menção à raça neste roteiro.

O roteiro não dá outra pista de que Cliff é racista, ou por que Coccotti ficaria tão incomodado pela suposta ancestralidade moura dos sicilianos. Os antigos mouros que conquistaram a Sicília eram de fato gente impressionante. Cartago era o equivalente à Roma em sua época; Aníbal foi um dos grandes generais da história.

Cliff está falando só como personagem ou está falando por Tarantino? Se Tarantino é racista, é contra quem? Decidir sobre isso estaria longe da unanimidade.

Shakespeare tem uma mácula similar com seu retrato estereotipado do judeu agiota, Shylock, em *O Mercador de Veneza.* Ainda assim, o discurso de Shylock – "Um judeu não tem olhos?" – é tão comovente que não poderia ter sido escrito por um completo e incorrigível racista. Shakespeare também retratou um simpático herói mouro em *Otelo*, de forma injusta.

"É UM FATO. SICILIANOS TÊM SANGUE DE CRIOULO BOMBEANDO NO CORAÇÃO."

Tarantino não é Shakespeare, e um discurso que usa "crioulo" seis vezes num parágrafo dificilmente é "ser ou não ser". Mas Tarantino também se redimiu com seu retrato dos afro-americanos em *Pulp Fiction.* Jules, o matador interpretado por Samuel L.

Jackson, pode ser um dos personagens negros mais complexos de todos os tempos no roteiro de um caucasiano. Seu famoso "discurso de pastor" na cena final, no restaurante, pode ser uma metáfora para uma busca de identidade racial. Um verdadeiro racista simplesmente não poderia ter criado aquele personagem ou escrito aquele discurso. Infelizmente, não há um verdadeiro sentido ou resolução em relação ao racismo de *Amor à Queima-Roupa*. A questão é trazida de forma tão colorida por Cliff, mas depois fica em aberto.

Talvez eu possa acrescentar outra perspectiva, uma italiana. "Tarantino" é um nome italiano, e Tarantino tem ascendência italiana. A incursão dos mouros no Império Romano durante a Segunda Guerra Púnica começou quando Aníbal liderou seu exército e elefantes através dos Alpes e por toda a Itália. De acordo com o livro de Leonard Cottrell, *Hannibal, Enemy of Rome*, uma batalha decisiva foi travada em Tarento, Taranto dos tempos modernos, no ano de 214 a.C. Os mouros até tiveram uma grande ocupação em Tarento por vários anos. De acordo com Cottrell, os residentes de "Tarento" eram chamados de "tarantinos", o que explica de onde vem o nome "Tarantino".

É um fato. Agora me diz, estou mentindo?

Finalmente, a conexão siciliana-moura não vem ao acaso. O discurso é sobre um homem tentando quebrar o outro com a força da vontade – com sua habilidade de localizar a "pantomima". Então, quando Coccotti tem de sacar o revólver, é o equivalente literário a arrancar fora a orelha de Cliff.

O Cliff de Hopper pode estar caído morto no final da cena, mas ainda dou a ele o nocaute. Chame Tarantino. Diabos, chame Don King, ainda estou esperando por Walken X Hopper II.

Todas as citações de roteiro de Amor à Queima-Roupa *são de Quentin Tarantino, versão revisada: 1º de agosto de 1991.*

PULP FICTION

TARANTINO'S FILM

PULP FICTION

PULP FICTION

1994

R RESTRICTED
UNDER 17 REQUIRES ACCOMPANYING PARENT OR ADULT GUARDIAN
PERVASIVE STRONG HORROR VIOLENCE AND GORE, LANGUAGE AND SEXUALITY

VINCENT VEGA (JOHN TRAVOLTA) E JULES WINNFIELD (SAMUEL L. JACKSON), EM *PULP FICTION*, 1994

1 AÇÃO PULP

POR EMMA WEBSTER

"Amamos isso!", Tarantino exclama. A equipe de *Pulp Fiction* agora já está acostumada ao fato de que seu diretor deixou de lado a ordem padrão de "corta!". Explodindo de entusiasmo, Tarantino é como um moleque com um brinquedo novo fabuloso. "Isso foi tão bom, vamos fazer de novo só por puro prazer!" A equipe segue sem esforço para outra tomada. Tarantino dá mais coordenadas para uma grua de câmera fora de um quarto de motel vagabundo e a atriz Maria de Medeiros desliza de volta para as sombras, tomando sua posição.

Na tarde de inverno tomada de poluição, a atmosfera no *set* é relaxada e bem-humorada, apesar de um recente acidente de carro em que o diretor de fotografia polonês Andrzej Sekula quase perdera a vida. Sekula está numa cadeira de rodas, com a perna quebrada apoiada numa caixa presa à cadeira com fita isolante. Sentindo dor, ele estoicamente comenta sobre os ajustes de luz e então é empurrado para preparar o próximo *set*.

O nível de energia aumenta notavelmente quando um táxi chega trazendo o maior astro do filme, Bruce Willis. Vestindo uma camiseta encharcada de sangue e baforando um charuto, ele caminha com uma atitude não muito diferente do boxeador brutamontes que ele interpreta. É hora de ação, e Tarantino lança sua imitação gutural de Sam Fuller, puxando Willis num canto para dar atenção aos detalhes da maquiagem. Willis toma a posição sob sua moto e aguarda instruções. O *set* fica em silêncio em antecipação, e Tarantino – relacionando-se com o mundo como só ele sabe, como se fosse um grande filme – começa. "É isso! A câmera está bem em você. Você é Robert Mitchum em *Thunder Road*." Na verdade, ele está interpretando Butch, voltando de uma das manhãs mais violentas e penosas de sua vida.

Cães de Aluguel pode ter tido um elenco impressionante para um primeiro filme, mas em *Pulp* Tarantino se excedeu. O orçamento, no entanto, de oito milhões de dólares (menos do que o cachê de Willis em *Duro de Matar 3*), foi mantido em níveis sensatos, e é bem evidente nos *sets*, equipamentos de câmera, logística de deslocamentos e locações variadas. Você pode apostar que o que atraiu nomes como Willis, John Travolta e Uma Thurman ao filme não foram cheques gordos de pagamento – foi o roteiro. Esse certamente foi o caso para Samuel L. Jackson, que interpreta Jules, um cara normal que por acaso ganha a vida matando gente: "Eu me sentei, li o roteiro inteiro, o que normalmente não faço, respirei fundo, então li de novo, o que nunca faço, só para ter certeza de que era *verdade*. Foi o melhor roteiro que já li".

Cada cena é tratada como uma história em si, tornando o filme uma sequência de montagens com memoráveis participações especiais de bravura. Numa ocasião, durante a filmagem, a equipe irrompeu em aplausos espontâneos com a interpretação de uma passagem apocalíptica da Bíblia por Jackson, que ele faz antes de começar um assassinato múltiplo. Tarantino parece levar a sério a velha máxima de antigos professores de interpretação: "Não há papéis pequenos, apenas atores pequenos", misturando e combinando atores de primeira com talentos menos conhecidos, preocupado apenas com performances potentes. Maria de Medeiros, relativamente desconhecida em Hollywood, interpreta Fabienne, a frágil namorada francesa de Butch, e não pôde acreditar em sua sorte ao ser colocada junto a um membro de elite de Hollywood. "Fiquei muito impressionada com Bruce. O que é extraordinário em astros como ele e John Travolta é que eles se apaixonaram pelo projeto e trabalharam nele com a maior simplicidade, como atores, não como astros."

A energia de Tarantino é visível e óbvia como motor principal para todos do elenco e da equipe. Jackson dá crédito ao inspirador estilo de dirigir de Tarantino: "Quentin tem uma energia em si que é muito louca e aberta, isso tem uma maneira de se transferir para todo mundo. Ele se empolga tanto em ver suas palavras ganharem vida; é contagiante. Acaba sendo uma energia muito produtiva". Nenhum dos atores parece pressionar para mudar suas frases, como é cada vez mais o caso hoje em dia, quando grandes astros colidem com seus roteiros escritos por comitês. "Tendo sido ele mesmo um ator, ele é sensível a como tirar o desempenho de cada indivíduo", diz Eric Stoltz, que interpreta um traficante de segunda numa das sequências-chave de adrenalina do filme. "O que ele fez aqui foi juntar uma escola forte e lunáticos no elenco. É como uma orquestra, e ele é o maestro maluco."

Há uma descrição certamente precisa do que pode ser visto no extravagante *set* ostensivo do Jack Rabbit Slim's. "Ou é a melhor lanchonete que você já viu, ou a pior", Tarantino brinca, "dependendo do seu ponto de vista." Seu produtor, Lawrence Bender, vestido como figurante numa fantasia de Zorro, inspeciona a cena, observando as garçonetes sósias de Marilyn Monroe e Mamie Van Doren, difíceis de se deixarem escapar por suas figuras extremamente pneumáticas. Todo mundo parece alheio ao fato de que lá fora, no mundo real, grande parte de Los Angeles está sendo devastada pelos incêndios que consomem os lares de ricos e famosos.

Outras garçonetes vestidas como ícones de Hollywood formam parte da decoração da lanchonete, assim como pôsteres de filmes B dos anos 1950, como *Shock Confessions of a Sorority Girl* e *Attack of the 50 Foot Woman.* Steve Buscemi foi ironicamente transformado de sr. Pink, que não dava gorjeta em *Cães de Aluguel*, a um garçom Buddy Holly deprimido e suicida. "Acho que Quentin deveria fazer um corte para mostrar que não recebo gorjeta", ele brinca. Inicialmente é um choque ver seus clientes: Uma Thurman com um cabelo preto retinto,

"ELE VAI PRA FLÓRIDA E ME PEDIU PARA CUIDAR DELA NA SUA AUSÊNCIA."

CENAS DE *PULP FICTION*

sentada em frente a John Travolta num carro cortado ao meio, dentro da lanchonete, mas de alguma forma, loucamente, tudo se mistura bem. Qualquer dúvida sobre a escolha de Travolta como o gângster Vincent imediatamente vai embora.

Stoltz, que tem uma grande cena com Travolta, ri da ideia de trabalhar com ele. "Travolta me faz rir. Ele é um astro de cinema de olhos azuis, com um avião, uma mansão, uma mulher bonita, mas é um bobão. Ele anda pelo *set* fazendo as pessoas rirem. O que é ótimo na sua performance é que não tem nada a ver com ele. O personagem de Vincent é *cool*, subterrâneo, não é muito esperto e é violento. John é esperto, relaxado e engraçado."

Todo mundo faz uma pausa quando Harvey Weinstein, o chefe dos investidores do filme, a Miramax, entra no *set* para encontrar os atores e checar se seus oito milhões estão sendo bem gastos. É sensato ver que o talento mais quente da direção da região ainda responde a homens de ternos cinza. Mas, apesar da pressão em potencial, há um clima de confiança e prazer no *set*. Do homem da grana ao diretor, equipe e elenco, todo mundo transmite a mesma energia: tudo vai ficar bem.

2

PULP FICTION

POR TODD McCARTHY

Uma obra espetacularmente divertida de cultura pop, *Pulp Fiction* é o *American Graffiti – Loucuras de Verão* dos filmes policiais violentos. Seguindo a reputação feita com seu filme de estreia, *Cães de Aluguel*, Quentin Tarantino faz alguns dos mesmos truques aqui, mas numa escala muito maior, construindo engenhosamente uma série de episódios que acabam se entrelaçando e embutindo a ação sempre surpreendente num contexto formado por um diálogo delicioso e várias performances soberbas.

Resenhas, elenco e uma expectativa pesada vão tornar este um filme obrigatório entre valentões e o público jovem masculino, mas o gênero violento, a duração e a sangria vão representar um desestímulo para os outros, tornando um verdadeiro teste para o marketing da Miramax, esperto em transformar um filme de nicho num item que engloba mais gêneros no seu lançamento, no final de agosto.

Trabalhando na tela grande, constantemente caprichando na bravura, humor e numa criatividade diabólica, Tarantino se permite liberdade e tem um orçamento muito maior do que teve em sua primeira obra.

Alguns podem achar que o filme afunda em alguns pontos pela tendência do diretor em tentar estender conceitos o máximo que pode, mas Tarantino deveria ser enaltecido por ousar explorar os limites de seu material, se desdobrando e vencendo a maldição da segunda obra no processo.

Assim como *Cães de Aluguel*, o novo filme começa num café, com um jovem casal que chama um ao outro de Honey Bunny e Pumpkin (Tim Roth e Amanda Plummer) discutindo antes de decidir roubar o lugar.

A próxima sequência também parece estar num terreno familiar, com dois matadores, Vincent e Jules (John Travolta e Samuel L. Jackson), que estão vestidos como os bandidos em *Cães*, de terno preto, camisa branca e gravata. Imediatamente, Tarantino se posiciona como o Preston Sturges do crime, colocando as palavras e os pensamentos mais incongruentes na boca de personagens baixos e amorais.

De volta de uma temporada aditivada em Amsterdã, Vincent fala com conhecimento sobre os diferentes tipos de *fast-food* disponíveis na Europa, enquanto Jules discursa com eloquência sobre a Bíblia, vingança e divindade.

Depois que eles apagam alguns moleques que não jogaram limpo com o chefão do crime Marsellus (Ving Rhames), o descolado e contido Vincent, como cortesia, leva a fascinante mulher do chefe, Mia (Uma Thurman, de cabelos escuros), para sair à noite.

Esse "encontro" gera o maior trecho do filme, um impressionante programa num restaurante-clube gigante com tema dos anos 1950. Mesmo com todas as distrações da decoração, a trama avança numa partida de tênis verbal irresistível entre os dois gostosões, e a noite termina de forma chocante, com Vincent forçado a salvar a vida de Mia de uma maneira que inicialmente fará muitos espectadores estremecerem, mas vai deixá-los rindo com um alívio espantado.

Aqui, como antes, Tarantino constrói uma tremenda tensão, apenas para temperar com um humor *non sequiturs*. Quando seus personagens sacam armas, como fazem com frequência, nunca se sabe se eles explodirão a cabeça um do outro, se vão fazer um discurso engraçado (frequentemente fazem ambos), vão virar a mesa ou farão uma retirada honrada e pacífica.

Passada uma hora, o filme se torna ainda mais audacioso, com Tarantino levando a plateia mais fundo a um território não mapeado com novos personagens cujos relacionamentos com aqueles que já conhecemos não parecem claros por algum tempo.

Depois de um fantástico monólogo de Christopher Walken como um soldado dando um valioso relógio de ouro para um garotinho, um Bruce Willis desnudo, como um boxeador chamado Butch, é visto saltando de uma janela e entrando num táxi. Seguindo as ordens de Marsellus, Butch deveria se deixar ser derrotado, mas não fez isso e está fugindo para salvar a vida.

A existência de Butch nas próximas horas é, de forma agonizante, imprevisível, horrível e completamente tresloucada. Alguns dos personagens antigos começam a voltar à história, e gradualmente um grande desenho começa a se formar.

A estrutura geral fica clara depois da marca de duas horas com a abertura da parte final, que se encaixa lindamente de volta ao começo, mas também traz um novo personagem, o lobo (Harvey Keitel), um especialista impecavelmente organizado em limpar o trabalho sujo dos outros.

Valentões vão ter um dia de campo com o bravo e confiante estilo do filme e com seus pontos de referência cinematográficos. As composições de impacto de Tarantino e do fotógrafo Andrzej Sekula frequentemente trazem objetos em *close-up* extremo, assim como vívidos contrastes, às vezes trazendo em mente as estratégias visuais de Sergio Leone.

As atuações são sensacionais. Jackson possivelmente teve as maiores oportunidades de se mostrar, e ele as aproveita ao máximo com viradas imbatíveis que exigem atenção sempre que ele está presente. Travolta, de cabelo comprido e brinco, também está magnífico, especialmente durante seu programa ambíguo com Thurman.

De cabeça raspada num corte de reco, Willis é só tensão e autocontrole. Keitel tem uma diversão apetitosa como especialista em eficiência criminal, Rhames é tão ameaçador quanto uma pessoa pode ser como a figura mais poderosa do filme, e Roth e Plummer são o casal sobressaltado no mais baixo escalão do espectro criminoso.

A maior parte da grana do *design* de produção de David Wasco deve ter ido para a enorme lanchonete, uma criação delirante. A edição de Sally Menke representa a definição de precisão, e a trilha se consiste em muitas músicas de rock selecionadas de forma bem pertinente.

Em vários níveis importantes, *Pulp Fiction* é um espantoso sucesso.

TRAVOLTA E TARANTINO
EM CANNES, 1994

3

TARANTINO A MIL POR HORA

POR JIM McLELLAN

Com sua costumeira energia desengonçada, em seu costumeiro ritmo de a mil por hora, sem anotações, sem interrupções, enquanto fica de pé, andando ao redor de uma tela, Quentin Tarantino conversa com uma plateia de estudantes de cinema sobre trabalhar com atores. A maratona de conversa do diretor acontece por volta das três no Broadway Media Centre, em Nottingham, e tem seguido numa velocidade alucinante desde então.

A grande maioria da plateia parece vagamente espantada. Após cerca de uma hora e meia dessa dinâmica performance, um cara esperto no fundo se levanta para fazer a pergunta-piada que provavelmente estava na cabeça de todos da sala. "O que faz Quentin correr?" O que quer que seja parece, neste ponto, de repente e temporariamente, escapar. Aparentando exaustão, Tarantino se retira para o bar. Talvez até ele precise se sentar e se calar de vez em quando.

É meio que uma surpresa encontrar Tarantino em Nottingham. Afinal, está a um passo de Cannes, onde estava havia um mês, recebendo a Palma de Ouro por seu novo filme, *Pulp Fiction*, que entrelaça três situações policiais num épico que segue *Cães de Aluguel*, a estreia mais violenta, poderosa e inventiva dos últimos anos. Na verdade, o fato de ele estar aqui no Shot In The Dark Crime Film Festival, em Nottingham, é bem enternecedor. De acordo com o organizador do festival, Adrian Wootton, Tarantino prometeu que viria e de fato manteve sua palavra, apesar de sua aparentemente irrefreável ascensão e da fama que vem com ela.

Tarantino esteve no festival ano passado para apresentar alguns filmes de gângster de Hong Kong de John Woo e Ringo Lam, e, de acordo com Wootton, se divertiu muito, descobrindo que Nottingham era "bem bacana". Este ano, ele programou uma temporada de filmes de *blaxpoitation* e planejou vir apresentá-los. Wootton admite que depois de Cannes ele esperava que Tarantino declinasse educadamente. Afinal, havia reuniões de marketing a cumprir, gente de estúdio a pressionar e a mídia americana para fazer por *Pulp Fiction*, lançado em outubro em ambos os lados do Atlântico. Mas alguns dias atrás Tarantino apareceu.

Ele agora foi transformado no "patrono honorário" do evento e, de certa forma, é muito mais seu tipo de evento do que Cannes. Exibe seu estilo de filme, de clássicos *noir* e *policiers* existenciais franceses a ação de Hong Kong e Yakuza. É um festival para fãs mais do que para mídia ou negócios, o que significa que é um evento onde ele pode seguir fazendo o que mais gosta – ver filmes. É também o tipo de lugar onde sua visão visceral permanece não desafiada. As pessoas que estão aqui não são do tipo que acham que *A Fraternidade é Vermelha* devia ter ganhado a Palma de Ouro ou que a cena de tortura de *Cães de Aluguel* foi longe demais.

Apesar de ser verdade que durante a furtiva première de *Pulp Fiction* no último sábado do festival uma pessoa tenha vomitado, isso parece ter tido mais a ver com álcool do que com o sangue na tela. Tirando isso, uma atmosfera de carnaval reina. Quando os créditos de abertura sobem, a plateia aplaude seus favoritos – Harvey Keitel, Tim Roth, Christopher Walken. Entretanto, é o nome de Tarantino que provoca mais barulho: "O que aconteceu recentemente é que as pessoas que trabalham no gênero policial agora, os diretores, estão meio que se tornando os astros dos filmes", Tarantino observa. "Isso não era necessariamente o caso antes. Diretores de terror eram assim nos anos 1970. Se você era um jovem fanático por filmes de terror, ia ver os filmes do George Romero, de John Carpenter, os de Dario Argento. Eles eram os astros, os heróis. Isso não é necessariamente o caso agora para filmes de terror – eles não fazem mais tantos. Mas, de certa forma, John Woo, Abel Ferrara e Beat Takeshi ainda estão nessa gama. Então é meio uma época empolgante para fazer esses filmes."

Certamente, durante o festival, Tarantino, como sempre usando o tipo de camiseta de merchandising de filme que eles dão de brinde nesses eventos (apesar de ele vestir, sim, um conjunto no estilo de *Cães de Aluguel*, terno preto e camisa branca, em ocasiões especiais), é cercado por um fluxo constante de fãs, homens e mulheres, que querem pegar autógrafos ou fotos ou passar seus roteiros. O diretor dedica tempo a todos eles, talvez porque saiba como é. Ele mesmo já esteve lá. "Acho que meu maior atrativo entre os fãs jovens é que eles me veem como um fã que chegou lá."

E como. Tarantino é o derradeiro fã bem-sucedido, o fanático por filmes autoinventado que cresceu para dominar Hollywood (pelo menos por um tempo).
Aos trinta e um anos de idade, ele não apenas faz filmes que retrabalham pedaços e trechos de seus filmes favoritos em que todos seus atores preferidos estrelam, como também se tornou uma espécie de formador de opinião do mundo do cinema. Ele diz que gosta dos filmes de ação hiperviolentos de John Woo e, bingo, Woo consegue um contrato em Hollywood. Ele diz que inóspitos filmes franceses de gângster de Jean-Pierre Melville foram uma influência, e eles são relançados. Ele ri dessa ideia: "Não acho que tem a ver comigo, mas se tem, melhor ainda".

Os detalhes de sua rápida ascensão – particularmente o fato de que nunca foi para uma escola de cinema, mas ensinou a si mesmo, acelerando na história do cinema enquanto trabalhava numa locadora de vídeo – se tornaram tão bem conhecidos que quase constituem um mito pop dos anos 1990. Mesmo agora, editores de revistas estão trabalhando em histórias sobre locadoras como as novas escolas de cinema. Jornalistas estão revirando os *outlets* das Blockbusters da nação em busca do Tarantino britânico.

Na verdade, ele aponta, o mito da mídia destaca algumas coisas erradas. Ele já tinha sua educação em cinema quando conseguiu o trabalho na locadora de vídeo, aos vinte e dois anos, onde ficou por cinco anos. Na verdade, foi por isso que conseguiu o emprego. Ele podia dar conselhos às pessoas sobre quais filmes alugar (e dizer a elas o que assistir e por que, já que é algo que claramente

"PRA VER SE É POSSÍVEL SUA LEALDADE OU NÃO."

gosta de fazer). Ele também podia assistir a seus filmes favoritos seguidamente e descobrir por que funcionaram.

Uma criança hiperativa (que recebeu o nome de um personagem de *Gunsmoke*), Tarantino cresceu na área de South Bay, em Los Angeles. Ele diz que durante uma parte de sua infância foi para uma escola só de negros, daí seu interesse em *blaxpoitation* e *soul.* Em geral, achava a escola difícil, cabulando aula para ir ver filmes. Sua mãe encorajou seu interesse com mais entusiasmo do que alguns pais teriam feito, aconselhando-o a ver *Ânsia de Amar, Meu Ódio Será Sua Herança* e *Amargo Pesadelo* quando ele ainda usava calças curtas. Quando cresceu, tentou escrever roteiros, viu televisão e leu sobre filmes, em particular Pauline Kael (converse com Tarantino durante um tempo e ele vai inevitavelmente terminar citando alguma resenha dela – às vezes, palavra por palavra.)

Ele também estudou para ser ator por seis anos, o tempo todo trabalhando em vários roteiros, sendo o mais ambicioso uma história de um jovem comediante balconista que, enquanto trabalha no roteiro de um filme sobre uma dupla de assassinos seriais em fuga, acaba se envolvendo nesse mundo criminoso e fugindo para valer. Tarantino acabou dividindo essas

MICKEY KNOX (WOODY HARRELSON) E MALLORY KNOX (JULIETTE LEWIS), EM *ASSASINOS POR NATUREZA*, 1994

duas ideias que se tornaram *Amor à Queima-Roupa*, a história do vendedor cômico, que foi filmado por Tony Scott ano passado, e *Assassinos por Natureza*, o roteiro que o vendedor estava "escrevendo", que vem às telas este verão, cortesia de Oliver Stone. (O roteiro foi reescrito por Stone e agora Tarantino só tem crédito na história.)

Mas por um longo tempo as duas histórias estavam grudadas e ele batalhava, juntando um roteiro de quinhentas páginas. Em 1989, desesperado, ele mudou de rumo e criou um roteiro baseado numa velha ideia que teve sobre retrabalhar o filme de assalto. Harvey Keitel viu o roteiro para *Cães de Aluguel*, amou e decidiu ajudar a produzi-lo. Tarantino correu para isso. E não parou desde então.

Perto do final da palestra de Tarantino, outro de seus alunos se levanta e tem coragem de fazer uma pergunta: "Pode me dizer qual filme é melhor, *Cães de Aluguel* ou *Pulp Fiction*?". Isso não é lá uma grande pergunta. Afinal, é pouco provável que Tarantino vá dizer que o filme com que trabalhou no ano passado não é tão bom quanto seu primeiro trabalho. Quando diz que acha *Pulp Fiction* um filme melhor, o estudante responde com descrença: "Não, sério...". É como se ele não conseguisse imaginar que algo pudesse ser melhor do que *Cães de Aluguel*. Muitos jovens fãs compartilham dessa reverência ao primeiro filme de Tarantino. É como se Tarantino fosse o cineasta deles, o primeiro a realmente refletir a forma como se sentem sobre o cenário cultural bagaceiro em que cresceram, e *Cães de Aluguel* é o seu filme, aquele que lhes mostrou pela primeira vez o que o cinema poderia fazer.

Claro, para os críticos de Tarantino, *Cães* é *aquele* filme, no qual um mafioso (interpretado por Michael Madsen) saracoteia ao som de um velho *single* do Stealer's Wheel, daí vai torturar um policial que ele aprisionou, fatiando sua orelha e encharcando-o com gasolina. Quando o filme foi lançado aqui no ano passado, a cena provocou saídas da sala e ultraje. Foi recebido com artigos queixando-se da Nova Brutalidade à solta no cinema contemporâneo. Desde então, no desenrolar do julgamento de assassinato de James Bulger, o pânico entre possíveis ligações entre violência na tela e horrores fora dela cresceu, e *Cães de Aluguel*, como o igualmente sanguinário *Vício Frenético* de Abel Ferrara, teve negado o certificado para lançamento em vídeo. Essa é uma situação que não deixa de ter sua ironia. Por todo o papo sobre dessensibilização, *Cães* consegue fazer certas pessoas *sentirem* certas imagens novamente e questionarem o prazer que têm com elas. Consequentemente, pode ser visto, após anos de sanguinolência robótica anestesiante, como Tarantino está de fato sendo castigado por fazer a violência na tela nos ferir novamente.

Entretanto, ele não parece disposto a falar disso mais uma vez. No passado, ele descrevia com um ar de alegria como as pessoas costumavam sair da sala em duas ondas – a segunda começando quando Madsen encharcava sua vítima de gasolina. Agora prefere ficar quieto. Ainda que ele não tenha um problema com violência nos filmes, tem problemas para falar sobre violência nos filmes. Está de saco cheio disso. Já disse tudo o que tinha para dizer.

Ele me diz que não leu o livro que está no centro do pânico moral nos Estados Unidos, *Hollywood vs. America*, de Michael Medved: "Para mim, em vinte anos será visto como esses velhos livros de pânico em que pessoas vão contra o rock ou as revistas em quadrinhos. Sabe o que quero dizer. É como [ele faz um velho sotaque sulista] aquela música de crioulo que transforma o homem branco num animal. Pode transformar uma mulher numa vagabunda, virgens em putas". Ele zomba: "A cada dez anos há um livro que sai dizendo: 'há violência nas ruas, as pessoas estão passando fome, a anarquia está se formando – culpe os atacantes. É culpa deles'".

Ele reitera sua frase padrão sobre o assunto como um todo: "Dizer que morro de tesão com violência nos filmes e que curto a violência nos filmes mas que acho repugnável na vida real, pode fazer eu me sentir totalmente justificado e confortável. Não acho que uma contradiz a outra. A violência na vida real é violência real. Filmes são filmes. Posso assistir a um filme sobre o desastre de Hindenburg e entrar nessa como um filme, mas ainda parecerá que é uma tragédia horrível da vida real. Não é a mesma coisa de forma alguma".

Quanto à cena de tortura em *Cães*, ele ainda não se sente arrependido. "Amo aquela cena. Amo o que ela faz cinematograficamente, emocionalmente, como performance. Para mim, é a cena mais cinematográfica no filme todo." De fato, aqueles que desprezam a cena porque a consideram como violência gratuita não captaram o sentido. Com sua mudança vertiginosa de comédia animada em fascinação horrenda com a forma que arranca a risada culpada dos espectadores então ameaça continuar em frente, é como uma demonstração de dez minutos do método de direção de Tarantino. Como um diretor apontou, é como se Tarantino fosse o torturador dançarino e a plateia, o policial aterrorizado, hipnotizado em seu assento, perguntando-se o que vem em seguida.

Ele retorna à sua cena primária duas vezes em *Pulp Fiction*, no começo, quando um matador enrola para matar seu alvo, que se contorce sentado, ponderando qual tipo de hambúrguer é o melhor, e depois, quando um boxeador e um mafioso se encontram amarrados e amordaçados, sendo encharcados com gasolina por uma dupla de caipiras bizarros. Há mais do que o suficiente em *Pulp Fiction* para sugerir que Tarantino vai continuar tendo de conversar com jornalistas sobre violência no cinema, na verdade, o suficiente – de estupro anal e *overdose* de drogas (feita para fazer os zumbis do cinema gargalharem) a sangue esguichando e penteados salpicados com tecido cerebral – para sugerir que a censura possa ter muito a dizer antes de o filme receber um certificado.

Tarantino discute que o tom do filme é muito mais leve do que seus trabalhos anteriores. "*Pulp Fiction* – enquanto exista umas coisas loucas que aconteçam lá, para ser certo – definitivamente tem o tom mais cômico de qualquer filme que eu tenha feito até agora. A todos os meus filmes, definitivamente, me recuso chamar de comédias, porque há coisas neles de que você não deve rir. Mas *Pulp*,

"DEVÍAMOS TER ESCOPETAS PARA ESSE TIPO DE COISA."

▶▶ ▶

MIA WALLACE (UMA THURMAN) E VINCENT VEGA (JOHN TRAVOLTA) DANÇANDO AO SOM DE "YOU NEVER CAN TELL", DE CHUCK BERRY, EM *PULP FICTION*,1994

mais do que qualquer um, tem um espírito abertamente cômico, basicamente do começo ao fim."

Ele segue para descrevê-lo como um épico. De fato, é um trabalho de gama ampla, com três histórias separadas indo e vindo no tempo. "A ideia era começar com ideias *pulp* bem batidas – o boxeador que foi pago para perder uma luta, mas não perde; o gângster que leva a garota do chefe para sair, sabe que não pode mexer com ela, mas... – meio que ir até a lua com elas, levá-las até um lugar onde você nunca as viu chegar antes."

O roteiro do filme teve suas origens em velhas histórias *pulp* publicadas pela revista *Black Mask*. Tarantino diz que é atraído pelo gênero por vários motivos – por causa de sua ressonância bagaceira, seu foco em diálogos com gírias, sua atenção aos discursos e comportamento masculino, seu interesse em mapear o cenário urbano moderno. Assim como filmes de *blaxpoitation*, como *The Mack* (que ele apresentou no festival "Shots") e *Superfly*, que romantizou o traficante e os cafetões como heróis da prostituição, ele gosta do *Pulp* por causa da forma que ele às vezes coloca os malvados no centro das atenções, flertando com uma amoralidade que pode levar a plateia a novos territórios, lugares onde ela não sabe muito bem como se sente.

Ele fica menos feliz com a teoria introduzida por alguns críticos de que *Pulp* (com sua violência, energia profana e misoginia rotineira) é uma reação ao politicamente correto. "Não é exatamente por isso que estou fazendo. Estou interessado antes de tudo nos personagens. Mas a coisa é, quando estou nos personagens, não vou fazê-los seguir quaisquer guias de comportamento social além dos seus mesmos. Mas é meio surpreendente. No final das contas, *Pulp Fiction* termina sendo um filme bem moralista."

"Você pode até levantar a questão de que *Cães* acabou sendo bem moralista. Nunca pretendi que fosse assim, mas de alguma forma meus filmes seguem o velho Código Hays. Você pode fazer o que quiser nos primeiros oitenta e oito minutos, desde que nos últimos dois haja algum pagamento pelo que os personagens fizeram. Nunca pretendi fazer isso. Sempre achei que se escrevesse um filme de assalto, eu faria um onde eles todos se safam. Mas não funcionou muito dessa forma."

Pulp Fiction usa uma fórmula similar a *Cães de Aluguel*. As expectativas do gênero deram a Tarantino uma linha de baixo, ao redor da qual ele pode fazer seus próprios *riffs* dissonantes. Mas apesar de ser um segundo filme que consegue justificar sua gama ambiciosa, *Pulp Fiction* não chega nem perto de ser tão implacável, bem focado ou eficiente. Ele oscila, e apesar dos diálogos de Tarantino serem brilhantes para passarem com poesia profana, viradas inesperadas (mafiosos se encontram discutindo sobre a definição de um milagre e se uma massagem nos pés pode ser vista como um ato de adultério) e piadas internas da cultura pop (sobre seriados de TV como *Dias Felizes* e *Kung Fu*), há também um toque de autoindulgência aí. Enquanto ele permanece forte como nunca em maneiras masculinas (a discussão idiota de picuinhas que acontece entre John Travolta e Samuel L. Jackson, que interpretam dois matadores no centro do filme, é lindamente observada), os personagens femininos nunca têm espaço para se desenvolver em nada mais do que espertas reuniões de referências de filmes.

Mas até aí, o filme é estimulante e recheado de coisas para se admirar. Há uma grande cena na qual Travolta e Uma Thurman (a namorada drogada de um gângster) fazem uma reviravolta num restaurante retrô de estilo 1950 absurdamente exagerado (e evocam o fantasma de Anna Karina, de *Vivre Sa Vie*, de Jean-Luc Godard). Novamente, Tarantino faz uso da música de forma brilhante (a maioria dos sons de guitarra do começo dos anos 1970, uma combinação perfeita para os visuais épicos bagaceiros). Novamente, ele extrai performances brilhantes de seus atores. Uma Thurman é boa e, como o boxeador brigão, Bruce Willis é mais palatável do que já foi há muito tempo. As performances que se sobressaem vêm de Jackson, que começa apenas fazendo seu trabalho (criminoso) e termina refletindo sobre versos do Livro

"TEM UM CADÁVER NO CARRO, SEM CABEÇA, NA GARAGEM. ME LEVEM LÁ."

de Ezequiel enquanto tenta descobrir onde ele fica no esquema moral das coisas, e Travolta, como seu colega desastrado e chapado.

Tarantino se estabeleceu como um diretor de atores talvez porque, numa época em que muitos diretores querem que os atores reajam a efeitos especiais, ele, na realidade, dá aos atores o que fazer e o que dizer. Ele insiste que os seis anos que passou na escola de interpretação, mesmo que não tenham rendido em termos de trabalho, foram valiosos para sua carreira. Ajudou no seu método de escrita, que ele descreve como um tipo de improvisação – ele monta os personagens, os deixa sair falando e fica por perto fazendo anotações. E isso o ajudou na direção de atores, que é, segundo ele conta à sua turma de estudantes de cinema, em Nottingham, a coisa mais importante que um diretor tem a fazer.

Enquanto dá à plateia dicas sobre como lidar com atores e o valor do ensaio, também se torna claro por que os atores gostam de Tarantino. Ele não apenas escreve o tipo de frase deles, mas fala o tipo de fala deles. Ele é cheio da conversa de "encontrar sua própria verdade, a coisa que funciona para você", descrevendo o ensaio como uma jornada na qual a ideia é que você não sabe para onde está indo, só sabe que quer chegar lá.

Mas enquanto solta seu negócio sobre atores serem seus colaboradores, ele também está dando aos alunos uma série de dicas úteis sobre como controlar as coisas no *set* para que se consiga o que quer. Manipulador é um termo pesado demais para o que está querendo dizer, mas há um lado determinado em Tarantino. Ele sabe do que gosta e sabe como conseguir. Fofocas de Hollywood sugerem que ele é um negociador firme.

Você tem vislumbres de seu lado calculista nas piadas que ele faz sobre estratégia de carreira. Uma reputação como diretor de atores é uma boa coisa, ele sugere, porque assim, se seu filme afundar, você ainda pode conseguir trabalho graças aos talentos que ainda vão querer estar com você. É uma boa ideia começar num subgênero, como ele fez em *Cães de Aluguel*: "Fazer o maior faroeste é querer demais. Mas se você se dispõe a fazer o maior filme de assalto, provavelmente estará entre os quinze melhores se fizer um bom. Fazer o maior filme de terror de todos os tempos é difícil. Mas o maior filme de corcunda...".

Tarantino explica a origem de sua mente focada quando estamos falando sobre como lidar com a violência da vida real. Estranhamente, ele alega que, até os últimos cinco anos, brigar era parte de sua vida. "Costumava fazer isso o tempo todo, mas agora não mais." A forma de encarar uma briga, ele diz, é aparentar que você não vai recuar. "Sempre foi meu ponto de vista quando lido com pessoas. Se você aparenta que não vai recuar, como se fosse até o fim, as pessoas começam a fazer perguntas a si mesmas: 'Esse cara vai até o fim. Eu quero ir até o fim?'."

É uma da madrugada. Tarantino passou a manhã falando com a imprensa sobre cinema. Depois, passou a tarde falando com estudantes de cinema sobre cinema. Agora, está relaxando com os amigos, mas ainda está falando sobre cinema. Seus companheiros escutam a maior parte do que ele tem a dizer. Discutir com ele é jogo duro. Por um motivo: ele fala mais alto do que todo mundo. Além do mais, parece ter visto mais filmes do que todo mundo.

Então, o que deixa Quentin acelerado? A resposta é óbvia. Sua obsessão apaixonada por filmes. A maioria dos perfis de Tarantino focam isso, em seu *status* adorável de fanático por cinema. Mas ele também é audacioso. É igualmente retratado como um maluco viciado em vídeo, alguém que ama tudo o que foi filmado – Roger Corman, filmes de enfermeiras sexy, experimentos *new wave* de Jean-Luc Godard, terror italiano, *film noir*, comédias, *splatter FX* de mau gosto, *blaxpoitation*, c*hop socky* –, como alguém que não consegue fazer distinções. Isso não poderia ser mais longe da verdade, diz ele.

"A característica de fanáticos por filme é que eles vivem de cinema. São apaixonados por isso. São obcecados por isso. Dedicam a vida a isso. Eles não têm muito o que mostrar por todas as suas horas de obsessão. Entretanto, uma coisa que eles certamente têm é uma opinião bem desenvolvida. Podem discutir com qualquer um sobre seus filmes favoritos. Quando dizem que *Revenge – A Vingança*, de Tony Scott, foi um dos dez melhores filmes dos anos 1980, eles falam sério pra caralho, e desafiam você a questionar isso. Se você cair nessa, eles vão entrar numa longa conversa – esse filme reinventou o cinema, entende."

Isso de fato os coloca numa estranha posição de poder, ele continua. "As pessoas que trabalham na indústria do cinema são exatamente o oposto. Elas não têm opinião. Têm medo de ter uma opinião. Antes de eu receber o Selo de Aprovação de Bom Dono de Casa, as pessoas liam meus roteiros, que não parecem roteiros normais, e, mesmo que gostassem, não diziam. Elas queriam dar para outras quatro pessoas cuja opinião respeitavam para ver o que achavam, e se essas pessoas gostassem, então elas teriam confiança para dizer sim, gostei; é absolutamente chocante."

"PARECE QUE ATRAPALHAMOS SEU CAFÉ. DESCULPEM. O QUE ESTÃO COMENDO?"

Mas, para fanáticos por cinema como ele, você sabe o que eles querem quando se trata de cinema, isso representa um tipo de oportunidade. Então ele sente como se tivesse Hollywood nas mãos? Em *Amor à Queima-Roupa*, Clarence, o viciado em cultura pop à *la* Tarantino, vai para Hollywood e chega ao topo porque pode fazer rápido e sabe mais de filmes do que qualquer um lá. Foi esse o caso? "Bem, sim, mas não é algo para se vangloriar. Saber mais de filmes do que muita gente em Hollywood não é lá grande coisa."

Tarantino planeja tirar um ano de folga depois de terminar o trabalho promocional com *Pulp Fiction* ,"porque parece divertido". Ele pode trabalhar num filme de vários diretores chamado *Grande Hotel*, com os jovens colegas diretores Allison Anders, Alexandre Rockwell e Robert Rodriguez. "É sobre quatro quartos de hotel e o que acontece neles. Steve Buscemi [Sr. Pink de *Cães de Aluguel*] deve interpretar o mensageiro." Mas em grande parte ele quer sair com os amigos, aprontar por aí e se divertir, "sabe como é, ter uma vida normal".

Isso, de acordo com alguns críticos, é precisamente o que ele precisa fazer se quiser começar a fazer filmes que são mais do que sobre outros filmes. Esse tipo de crítica é que irrita Tarantino tanto quanto o debate sobre violência. "Tudo o que escrevo é extremamente pessoal e tem a ver com o que quer que esteja acontecendo comigo no momento. Eu estava vivendo na Europa pela primeira vez quando escrevi *Pulp Fiction*, assim, o personagem de John Travolta tinha acabado de voltar da Europa e só sabe falar disso."

No final, tudo volta à interpretação, ele conclui. "Se eu estivesse fazendo Iago no palco e, a caminho do teatro, atropelasse um cachorro, iria ter de entrar na minha interpretação aquela noite. Não quer dizer que de uma hora para outra Otelo se tornaria algo sobre um cachorro morto, mas certamente estaria em mim, e negar isso seria falso. Eu não estaria lá. Eu só estaria dizendo as frases."

"É a mesma coisa com a escrita. Se estou escrevendo um *swashbuckler* e de repente termino com a menina por quem estava bem apaixonado, isso teria de encontrar um espaço no *swashbuckler*. Então, para mim, minha escrita é muito pessoal. Tem de ser. De outra forma não seria real."

BUTCH COOLIDGE (BRUCE WILLIS)
E FABIENNE (MARIA DE MEDEIROS),
EM *PULP FICTION*, 1994

4

AGRESSOR SEXUAL

POR SEAN O'HAGAN

Quentin Tarantino está contando sobre um dos problemas que encarou em sua ascensão meteórica para o *status* de superpirralho de Hollywood. "A Tristar iria originalmente distribuir *Pulp Fiction*", diz ele, esparramando o torso desengonçado sobre um sofá felpudo do hotel, "mas tiveram um grande problema com a cena em que o personagem de John Travolta injeta heroína. Eu digo: 'Olha, caras, relaxem, vai ser divertido', e eles dizem: 'Não, Quentin, heroína não é divertido. Um cara enfiando uma agulha no braço não provoca risadas'. No final, apenas digo: 'Vocês vão ter de confiar em mim, caras'. Eles não confiaram. Acho que eles não podiam arriscar."

Tarantino é um cineasta que se especializou em "arriscar". Cenas como a descrita acima, em que humor e horror se unem, geram exibições compulsivas, ainda que inquietantes, mas colocaram Tarantino à frente de um novo tipo de cinema em que argumentos básicos e personagens de *thriller* de *film noir* recebem uma distinta reviravolta dos anos 1990. Em sua carreira curta mas dramática como diretor, Tarantino estendeu os parâmetros do filme popular mais do que qualquer um desde Sergio Leone, cuja obra "faroeste-espaguete" ele estudou de perto. "Gosto da ideia de pegar um gênero que já existe e reinventá-lo, como Leone reinventou todo o gênero do faroeste", ele reflete, antes de acrescentar, com sua costumeira autoconfiança: "Acho que peguei um gênero estabelecido como o *thriller pulp* e o tornei um desafio para mim mesmo e para minha plateia".

Para isso, ele já obteve sucesso em criar um híbrido contemporâneo genérico que poderia ser chamado, *grosso modo*, de filme de ação artístico. No processo, ele também se estabeleceu, aos trinta e um anos, como um dos estilistas supremos do cinema contemporâneo, assim como o atual príncipe coroado da controvérsia.

Ainda que Tarantino tenha se especializado em criar um mundo brutal e duro de imaginação, em carne e osso ele tem lá seu charme. É também efusivo – sobre filmes, cineastas e atores, principalmente – num distinto modo obcecado por detalhes. Pode-se ver por que ele teve problemas na escola. Ele tem um charme esquisito, desajeitado, e um entusiasmo inconsciente que tem quase um aspecto *nerd*. E há essa estranha dicção arrastada da Costa Oeste e a forma como ele oscila para a frente e gesticula loucamente quando fica empolgado sobre seu tema.

Seu primeiro filme, *Cães de Aluguel*, foi uma estreia de baixo orçamento e grande desempenho. Foi rodado inteiramente – salvo alguns *flashbacks* – num armazém soturno de concreto, no qual um bando de bandidos molambentos e briguentos tentam descobrir o que deu errado depois de um assalto malsucedido. Se a ideia básica era simples, a execução não foi nem um pouco: a estrutura intrincada do filme, o diálogo surreal e o elenco de personagens do submundo – cada um com um nome de uma cor e vestido com o devido terno preto de duas peças – tornaram isso um dos maiores filmes *cult* dos anos 1990. (O falecido Kurt Cobain até citou Tarantino na capa do álbum *In Utero*, do Nirvana). A violência ajudou também. É um dos poucos diretores aclamados que teve recusada uma licença de vídeo na Grã-Bretanha. "Gosto disso", diz o diretor. "Foi melhor nos cinemas da Grã-Bretanha do que em qualquer outro lugar do mundo, então a censura foi, de certa forma, bacana."

Cães de Aluguel é provavelmente o primeiro filme no qual um dos personagens principais passa a fita inteira, lenta e ruidosamente, sangrando até a morte. Então agora há a infame cena do "corte da orelha" na qual um devidamente arrepiante Michael Madsen interpreta uma cirurgia psicológica brutal num policial preso, enquanto canta e dança ao som da outrora inócua música pop do Stealer's Wheel, "Stuck in the Middle With You". Já se tornou uma das imagens-chave do cinema dos anos 1990 e, mais do que qualquer outra cena, exemplifica o talento de Tarantino para justaposições surreais e frequentemente perturbadoras.

Se *Cães de Aluguel* assinalou a chegada de um iconoclasta formal com um senso distorcido de humor, *Pulp Fiction* anuncia a presença de um singular, e singularmente precoce, talento de primeiro time. Com duas horas e meia e três histórias separadas, mas entrelaçadas, Tarantino constrói um *film noir* contemporâneo que é, alternadamente, hilário, surreal e chocante. E, como antes, a narrativa formal e a subversão vai de encontro a imagens determinadamente pesadas. O tom é estabelecido desde o começo, quando Vincent e Jules, uma dupla de assassinos contratados mortalmente divertida, interpretados por Travolta e Samuel L. Jackson, discutem as possibilidades eróticas de uma massagem nos pés antes de começar um ataque particularmente brutal. Mais tarde, seu chefe, Marsellus, é amarrado, amordaçado e violentado por um policial caipira. (Tudo isso num filme lançado por um braço da Disney, Buena Vista. Walt sem dúvida está se revirando no túmulo.)

Então há o uso de drogas. A cena de Travolta se injetando acontece no começo do filme, dando início a um episódio surreal, quimicamente aditivado, que culmina com o personagem de Uma Thurman, Mia, tendo uma *overdose* de heroína que ela confunde com cocaína. Quando Tarantino alterna do romance para o terror, ele está numa classe contemporânea própria. A conclusão da cena não é para os fracos de coração, mas a evocação de profundo pânico combinado com a farsa aditivada de drogas torna este o momento mais visceral do filme.

"É minha cena favorita", Tarantino coloca com uma avidez que sugere que ainda está profundamente fascinado pela miríade de possibilidades de sua forma escolhida. "Uma das coisas que mais amo em fazer filmes é poder virar à esquerda na narrativa e de repente estar num filme totalmente novo. Uma comédia pode se transformar em pesadelo numa cena, e a plateia diz: 'Puta merda, cara, o que está acontecendo?'. E muitas vezes os personagens estão sentindo o mesmo. Isso meio que me alucina."

Pergunto a ele se está preparado para as acusações inevitáveis de que estaria glamorizando o uso de drogas pesadas. "Não compro essa ideia de que, se você mostra alguém injetando, é a favor da heroína. Para mim isso é tão tolo quanto as discussões que tive da última vez sobre glamorizar a violência. Já disse antes: violência na vida real é terrível, violência nos filmes pode ser bacana. É só outra cor para se trabalhar. Agora, a razão toda pela qual a cena de *overdose* é angustiante e terrível é porque você está mostrando o que acontece depois de toda a emoção e derramamentos. E, sim, há humor por trás mesmo nas situações mais extremas. É apenas um fato da vida."

Mesmo assim, insisto, ele está retratando assassinos de sangue frio – um dos quais é um conhecedor de heroína – como personagens simpáticos. E, seus críticos vão discutir, glamorizando a brutalidade pelo uso gratuito de violência gráfica. "Preciso dizer que não concordo. Surpresa, surpresa", ele ri. "O que me intriga é quando alguém me diz: 'Ah, Travolta é tão doce, tão amável', e penso comigo mesmo: 'O quê? Quero dizer, ele começa o filme estourando com esses caras sem dar a mínima'."

Talvez, sugiro, seja a questão em si: seus filmes confundem tanto o foco moral que as pessoas deixam o cinema simpatizando com assassinos e seres bizarros e se lembrando da ultraviolência porque é apresentada bem estilizada. Pela primeira vez na entrevista, Tarantino parece ofendido. "Acho que meus filmes são bem morais", ele diz, depois de outra pausa incomum. "Não tento necessariamente fazê-los assim, mas eles meio que terminam assim. Quero dizer, o personagem de Samuel L. Jackson, Jules, tem aquela grande cena de fechamento em que ele muda e decide desistir da vida de gângster. Toda a sua redenção é construída no filme, tijolo por tijolo, por uma série de cortes rentes e raspões. Quero dizer, *Pulp Fiction*, no final das contas, é um filme sobre perdão e misericórdia, ainda que num mundo duro e brutal."

Durante uma discussão do gênero policial *pulp* que inspirou seu filme mais recente, digo a ele que T. S. Eliot colocou Raymond Chandler como um dos maiores romancistas dos Estados Unidos. "Ah, nossa, que bacana", ele diz, de um jeito empolgado que só os californianos tem. Então, sem pausa, ele sai numa citação sobre Chandler. "Pauline Kael disse que Chandler era o conceito de um iletrado da grande escrita. Não concordo, mas entendo a visão dela. Chandler pode descrever uma cena policial melhor do que ninguém, mas quer saber, e daí?"

Nascido e criado em South Bay, Los Angeles, que ele descreve como uma "comunidade de cais perto do aeroporto", Tarantino foi ancorado na cultura de cinema desde cedo. Como um pré-adolescente impressionável, ele já havia visto, com a bênção de sua mãe, filmes como *Meu Ódio Será sua Herança*, de Sam Peckinpah, e *Amargo Pesadelo*, de John Boorman, o que pode explicar de certa forma a violência recorrente em sua própria obra. Mais tarde, seu conhecimento profundo deu a ele um emprego na Video Archives, em Manhattan Beach, onde o gosto da equipe por coisas como Truffaut, Godard e Pasolini tinha preferência perante os gostos mais comuns dos clientes.

O gosto pessoal de Tarantino é eclético, para dizer o mínimo, e um conhecimento profundo de cinema europeu de arte coexiste em seu crânio abarrotado com todo tipo de minúcia esquisita da cultura pop pós-1950. Como John Waters ou David Lynch, ele é um conhecedor da estética *trash*. *Pulp Fiction*, apesar de passado no tempo presente, ressoa com referências de décadas passadas, de *surf music* de Dick Dale dos anos 1970 à lanchonete estilo anos 1950 com funcionários sósias de personalidades de Hollywood servindo hambúrgueres Douglas Sirk e *milk-shakes* Dean Martin. Então há Jules, cujo discurso é apimentado com palavras como *exactimundo* (tirado do herói de TV dos anos 1970, Fonzie), cujo sonho é "andar pela terra – como Caine em *Kung Fu*".

Essa visão ampla da cultura pop e devoção obsessiva para a história do cinema traz informação à obra de Tarantino num nível que causou problemas para alguns críticos. *Amor à Queima-Roupa*, que ele escreveu e deu a Tony Scott, é autorreferente num nível absurdo, enquanto *Pulp Fiction* dividiu os críticos, muitos dos quais acham que tem maneirismos demais para receber a Palma de Ouro em Cannes este ano. Seu amigo e colega cineasta Roger Avary – cuja obra de estreia,

"HAMBÚRGUERES. A BASE DE QUALQUER DESJEJUM NUTRITIVO."

O FAMOSO ÍCONE SITUADO NO MONTE LEE, EM LOS ANGELES, CALIFÓRNIA

Parceiros do Crime, foi produzida por Tarantino – disse à *Vanity Fair*: "O único problema que as pessoas têm com a obra de Quentin é que ela fala de outros filmes, em vez da vida. O grande truque é ter uma vida, então fazer filmes sobre esta vida".

Coloquei para Tarantino que talvez seus filmes tenham uma qualidade irreal, e seus personagens, particularmente os malvados, um aspecto quase cartunesco, porque ele imagina um mundo no qual ele não tem experiência em primeira mão. "Bem, sim e não", ele responde sem se incomodar. "Quero dizer, Richard Burton não teve de ser um minerador galês para interpretar um. Ele se baseou em vários elementos: observação, imaginação, os livros que leu e os filmes a que assistiu. Então, experiência pessoal é apenas um elemento num todo maior."

O mais interessante aqui é que ele se compara não com outro diretor, mas com um ator. Por um longo tempo, enquanto seu primeiro roteiro amargava nas bandejas de rejeição de vários estúdios de Hollywood, Tarantino perseverou com uma carreira de ator de espetacular falta de sucesso. (Ele apareceu num episódio recente de *As Super Gatas* como um imitador bem falso do Elvis.) Não é de surpreender então que ele apareça numa ponta em ambos os seus filmes. A experiência também dá seu método de trabalho, que, considerando que ele não tem instrução formal como diretor, é mais instintivo do que a maioria de seus contemporâneos. Ele é provavelmente o único diretor trabalhando hoje que se recusa a usar um monitor de vídeo no *set* para verificar as tomadas. Esta não é apenas outra medida de sua aparentemente inabalável autoconfiança, mas um entendimento, vindo de seus dias de ator, que o dia a dia de fazer filmes tem uma energia que é diluída quando um diretor passa tempo demais atento a um monitor em vez de com seus atores. "Porque é a única área em que eu tenho treinamento formal, posso falar com os atores na língua deles sobre o tipo de problema deles", diz. "Eu entendo o processo todo porque passei por ele."

Isso também explica seu enfoque excruciante em escolher o elenco. "Conversei com quase toda maldita atriz de Hollywood sobre o papel de Mia, com a ideia de que, quando encontrasse Mia, eu saberia. A Uma veio jantar e em minutos eu sabia que era ela."

Sua escolha dos protagonistas masculinos também foi individual e inspirada. *Cães de Aluguel* ajudou a ressuscitar a carreira de Harvey Keitel, cujo perfil decaiu dramaticamente depois dos anos 1970. Desde então, ele estrelou *O Piano* e *Pulp Fiction*. O mesmo com Bruce Willis – que achou que o roteiro de Tarantino para *Pulp Fiction* era "como Shakespeare" e cujo cachê para *Duro de Matar 2*, de acordo com a *Vanity Fair*, "foi o mesmo que todo o orçamento de *Pulp Fiction*". Como quase todo mundo, ele é colocado à sombra pelo arrepiantemente convincente Samuel L. Jackson – e seu parceiro no crime, John Travolta, outro ator subestimado que Tarantino admira.

Se qualquer filme pode exorcizar os fantasmas de *Nos Tempos da Brilhantina* e *Os Embalos de Sábado à Noite*, para Travolta será este – apesar de Tarantino fazê-lo dançar *twist* numa cena (que, o diretor insiste, foi escrita antes de o ator ter sido escolhido; originalmente o papel foi oferecido a Michael Madsen). Com extensões no cabelo e um terno de *Cães de Aluguel*, Travolta interpreta Vincent Vega com um charme sórdido que totalmente justifica a fé de Tarantino nele. "John e Sam Jackson foram tão elétricos juntos", o diretor diz, "que de fato cogitei fazer um monte de filmes de Vincent e Jules, tipo *As Aventuras Contínuas de...*"

Mal tendo se alongado em seu último grande papel alguns anos atrás na comédia infantil nada interessante *Olhe Quem Está Falando*, as perspectivas da carreira de Travolta estavam pouco promissoras antes de *Pulp Fiction*. Desde então, ofereceram a ele cinco milhões de dólares para interpretar o protagonista na adaptação de Barry "Família Addams" Sonnenfeld de *O Nome do Jogo*, do iminente Elmore

Leonard. "Ele é", declara Tarantino como um fato, "um dos melhores atores americanos por aí. Foi incrível em *Um Tiro na Noite*. Eu costumava assistir aquele filme seguidamente e me perguntar por que os outros diretores não estavam usando ele."

Um Tiro na Noite é um dos três filmes favoritos do Tarantino junto a *Onde Começa o Inferno*, de Howard Hawks, e *Taxi Driver*, de Martin Scorsese. Dos três, a fábula urbana sombria de Scorsese é talvez a influência mais óbvia em seu próprio trabalho, um fato que ao mesmo tempo o lisonjeia e o irrita. "Decidi não falar mais de Scorsese porque todo mundo cita quando fala de mim." Pergunto a ele se entende o porquê. "Acho que sim. Acho que é injusto, mas entendo completamente. Quero dizer, aqui está a coisa: Scorsese trata do gênero gângster; eu também. Scorsese faz filmes violentos; eu também. Scorsese mexe muito a câmera; eu também. Scorsese usa Harvey Keitel, eu uso Harvey Keitel. Scorsese é um grande apaixonado por filmes, eu sou um grande apaixonado por filmes. Quero dizer, e daí? Um cara até disse: você usa muito a palavra com "p", pegou isso do Scorsese? Ocasionalmente, eles fazem uma boa analogia crítica, mas geralmente é muito direto e fácil. O que importa é que o resultado final é bem diferente."

Isso, claro, é verdade. Seria difícil imaginar um filme do Tarantino que tocasse no terreno psicoespiritual – leia-se católico – do Scorsese. Culpa e pecado, pelo menos por enquanto, não são parte da paleta de Tarantino. Em vez disso, ele conseguiu criar um mundo de celuloide que é ao mesmo tempo novo e enfaticamente *agora*, mas também estranhamente familiar – a maior parte vindo de outros filmes. Vimos esses personagens antes, mas não falando assim. (Num ponto, Jules, cujo penteado de cachinhos *jheri* o coloca na era de *blaxpoitation* de filmes como *Shaft*, diz para Vincent: "Vamos entrar no personagem", pouco antes de eles interrogarem e matarem alguns bandidinhos meia-boca. Aqui, até a matança é coberta de ironia.)

"Eu queria subverter os padrões de Hollywood, mas com respeito, não de um jeito pastiche superior", Tarantino diz. "Se você pega um filme como *O Iluminado*, eu sempre achei que Kubrick sentia que estava acima do gênero terror, acima do ato de dar à plateia um bom susto. Agora, Godard, sempre pensei, ficava mais centrado quando trabalhava com um gênero e ia com isso até a lua. *Acossado* é um bom exemplo. Jean-Pierre Melville fez isso com o gênero *thriller*, subvertendo com respeito. Quero dizer, um cinéfilo pode ver esses filmes e teorizar sobre eles, mas um cara normal que quer ver um bom filme pode entrar nessa também. O negócio é contar uma boa história. Minhas estruturas podem ser complexas, mas conto histórias bem simples."

Entretanto, é a forma como ele conta essas histórias que colocou Tarantino na vanguarda do cinema contemporâneo. Seu uso de estrutura de diálogo torna Tarantino um dos diretores atuais mais literários de Hollywood. (Um de seus poucos heróis de fora da cultura do cinema é J. D. Salinger.) "Quando você lê um bom romance", ele diz, quando pergunto por que seus filmes têm estruturas tão intricadas e não lineares, "e começa no meio da história, então salta de volta no tempo, você não acha grande coisa. É tudo parte de uma narrativa que se desdobra. Não sou contra a estrutura linear, mas não é o único jogo possível."

Do começo ao fim também, Tarantino mantém quase controle total de sua visão, escrevendo, escolhendo o elenco, dirigindo e dando instruções detalhadas para todo mundo, do editor ao diretor de fotografia e a seu *designer* de figurino e diretores de arte. Desde que se tornou bem-sucedido, dois de seus roteiros foram transformados em filmes controversos por outros diretores: *Amor à Queima-Roupa*

"MEMORIZEI UMA PASSAGEM QUE AGORA É OPORTUNA. EZEQUIEL 25:17."

▶▶ ▶

IRIS (JODIE FOSTER) E TRAVIS BICKLE (ROBERT DE NIRO) NO SET DE *TAXI DRIVER*, DIRIGIDO POR MARTIN SCORSESE, 1976

"EXERCEREI SOBRE ELES VINGANÇA TERRÍVEL, FURIOSOS CASTIGOS, AOS QUE TENTAREM DESTRUIR MEUS IRMÃOS."

por Tony Scott e *Assassinos por Natureza* por Oliver Stone. Ele achou o primeiro "maravilhoso", mas teve seu crédito como roteirista retirado do segundo antes mesmo de o filme ser produzido. "Nunca vi esse filme. Isso foi só de ler metade do roteiro. Quero dizer, não queria mesmo que ninguém pensasse que eu havia escrito o troço que estava lá!" Ele não tem interesse no momento em dirigir o roteiro de outros. "Isso seria meio assustador", ele diz. "Eu provavelmente iria querer reescrever tanto que o trabalho seria melhor se fosse aproveitado num roteiro original. Tem muitas coisas que quero fazer e quero fazer do meu jeito."

E fazer as coisas do jeito dele, claro, é o que fez o seu nome. "Acho que olho para as coisas de forma diferente", ele fala. "Não acho que meus filmes sejam difíceis de seguir. A única coisa que é necessária é que você tem de se comprometer a assistir, tem de mergulhar neles de cabeça. Não faço filmes para o espectador casual." Como ele gostaria de ser lembrado? "Como um bom contador de histórias. Essa é a frase final. Finalmente, tudo o que estou tentando fazer é juntar uma narração de história sofisticada com um tema pesado. Eu acho", ele diz, sorrindo diante da posteridade, "que isso é uma noite divertida no cinema."

5 TARANTINO SOBRE PULP FICTION

RELATO A MANOHLA DARGIS

Vou fazer um Monte Hellman, fazer dois filmes juntos, dois filmes de três ou quatro milhões de dólares. Filmar um por cinco semanas, tirar uma semana de folga, então começar o próximo, mantendo a equipe. Daí dou um para meu editor e edito o outro. Depois de *Pulp Fiction* eu iria fazer um filme pequeno, depois iria tentar fazer um filme grande. Esse era o plano de jogo para meus quatro primeiros filmes, mas *Pulp Fiction* me consumiu tanto que pareceu uma perda de tempo fazer apenas um filme pequeno em seguida. Eu me diverti muito indo e vindo entre diferentes histórias e senti que podia fazer mais.

Sempre fui apaixonado pela ideia de Roger Corman de sair e fazer dois filmes em locação, ou de Monte, de apenas tocar a coisa tão bem quanto ninguém fez na história do cinema com *Disparo para Matar* e *A Vingança de um Pistoleiro*. Quando terminei *Pulp*, senti que minha equipe e eu estávamos tão juntos que poderíamos ter feito outro filme se tivéssemos outro pronto para rodar; estávamos num ritmo incrível.

Pulp Fiction iria ser minha despedida ao gênero policial, pelo menos por um tempo. É um filme de descarrego, três filmes pelo preço de um. O que eu queria fazer depois era trabalhar em outros gêneros, todos os tipos. Gostaria de fazer um musical algum dia. Estou pensando em fazer um filme que seria muito pessoal, sobre algo que aconteceu comigo, mas, de novo, eu o transformaria num gênero, como um tipo de *A Regra do Jogo/Shampoo*. E isso não é uma conversa como de *O Jogador*, é apenas o meu jeito.

Eu faria outros tipos de filmes, depois revisitaria o gênero policial de tempos em tempos. Não quero ser o cara das armas. Acho que eu me tornaria bem entediante se fosse conhecido apenas como o cara que faz filmes de gângster. Ao mesmo tempo, porra, é o que você quer realmente fazer... É um pequeno debate que estou tendo comigo mesmo porque *Pulp* foi feito como uma despedida.

Para mim, os filmes de John Cassavetes são um gênero, ele é um gênero em si mesmo. Merchant-Ivory é o gênero mais restrito que você pode encontrar, é mais do que filmes de mulheres na prisão. Adoro a ideia de pegar um gênero e levar tudo o que conhecemos e gostamos e devolver de novas formas. Digamos que se *Os Canhões de Navarone* nunca tivesse sido feito e eu lesse o livro de Alistair

Maclean e quisesse fazer. Gostaria de entregar todas as emoções e reviravoltas, o prazer e a diversão, exceto que aqueles caras iriam falar como meus caras. Eles não seriam personagens padrão, seriam seres humanos com um coração pulsante que podiam falar sobre outras coisas além de explodir com canhões. Quero montar uma situação que você já tenha visto um zilhão de vezes e jogá-la na vida real, chutando e gritando, para que foda com os planos de todo mundo. Não apenas vir com uma montanha mais alta que esses caras tenham de escalar, ou jogar uma tempestade ou uma tropa de nazistas, mas buracos reais da vida em que eles possam cair.

O SET

Tudo em Los Angeles gira em torno de restaurantes. Você vai a restaurantes com os amigos, marca encontros em restaurantes, faz reuniões de negócio em restaurantes. Em muitas outras cidades, tem de ter uma certa grana para ir a restaurantes, mas em Los Angeles há cafés que ficam abertos a noite toda. Então, você pode não ter um penico mas ainda ter uma graninha para ir a um café e ficar por lá. Eu e meus amigos íamos a cafés tarde da noite e ficávamos lá por horas, como uma versão nossa de um café parisiense onde se discute existencialismo, só que falávamos sobre a New World Pictures e se algum dia arranjaríamos uma mulher.

FIGURINO

Quando Jean-Pierre Melville fazia seus filmes policiais, ele falava sobre como era importante seus personagens terem uma vestimenta como uma armadura. A sua era o chapéu fedora de aba virada e um sobretudo tipo Bogart. Leone tinha um casacão, Eastwood, o poncho. Eu sempre disse que a marca de qualquer bom filme de ação é quando você consegue enxergá-lo e quer se vestir como o personagem. É totalmente o caso, por exemplo, com o guarda-roupa de Chow Yun-Fat nos filmes *Alvo Duplo*. Os ternos pretos em *Pulp Fiction* são minha armadura. Os caras ficam descolados em terno preto, mas o que é mais interessante é como eles são reconstruídos durante o filme. Quando você vê inicialmente Vincent e Jules, seus ternos são bem alinhados, eles parecem mesmo os fodões. Mas conforme o filme avança seus ternos ficam cada vez mais fodidos, até que são despidos e os dois estão vestidos com a antítese exata – roupa de vôlei, que não é bacana. Quanto ao *jheri* de Sam Jackson, isso foi um erro. Sempre gostei de penteado afro – se eu fosse negro, teria um. Falei com o Sam sobre usar um afro e ele topou. A mulher da maquiagem foi comprar umas perucas, mas como ela não sabia a diferença, ela apareceu com a peruca *jheri-curl*. Sam vestiu e ficou ótimo. Era o Jules.

JACKRABBIT SLIM'S

Toda cidade grande tem uns desses, esses restaurantes retrô dos anos 1950. Não gosto muito deles, para mim eles sempre exageram. Na verdade, o roteiro até diz: "Ou o melhor ou o pior desses lugares, dependendo do seu ponto de vista". É um cruzamento entre um restaurante dos anos 1950 que existe, a boate onde Elvis Presley e os pilotos de carro frequentam em *O Bacana do Volante*, e o bar que todos os motoristas curtem em *Red Line 7000*, de Howard Hawks. A coisa que faz funcionar é o motivo de carros de corrida. A pista de dança é feita como um velocímetro, e joguei algumas coisas, como se eu tivesse um restaurante. A maioria dos pôsteres não são de quaisquer filmes dos anos 1950, foram dirigidos por Roger

Corman. E se eu fosse ter ícones da época no menu, seria um filé Douglas Sirk. Eu não os deixaria alugar um restaurante real, queria fazer um do zero. Mas quando você tem um *set* bom assim, fica intimidado. Oh, meu Deus, como fazer dar certo? O que tentei fazer foi apresentar pelos olhos de Vincent enquanto ele anda por lá. Mas a cena não é sobre o restaurante. Então, depois que consegui levar tudo para lá, desencanei. Mostre aquilo e depois que se foda, pensei.

DANÇA

Sempre adorei as cenas musicais em filmes, particularmente adoro quando os filmes não são musicais. Minhas cenas musicais favoritas sempre foram as de Godard, porque elas vêm do nada. É tão contagiante, tão simpático. E o fato de que não é um musical e ele para o filme para ter uma cena musical, torna tudo mais doce. O último filme em que vi algo assim foi *The Hours and the Times*, de Christopher Munch, em que, de repente, Lennon coloca o disco 45rpm do Little Richard e começa a dançar. Sempre que vejo essas cenas num filme do Godard, gostaria de poder retroceder o filme no cinema. Às vezes, elas quase destroem o filme, porque você gosta tanto delas que quer ver de novo e de novo. Como em *Le Petit Soldat*, quando ela estava fazendo a entrevista, tirando fotos e, de repente, coloca uma música clássica e dança ao redor da sala. Quando ela desliga a música, é tipo: "Ah, acabou". Aprendi isso com esse filme, não deixe que dure muito.

O RELÓGIO DE OURO

Na história original de Roger Avary, o fato de que Butch tinha um relógio de ouro veio do nada. Roger passou o tempo todo tentando nos convencer por que Butch tinha de voltar ao perigo, e fez um ótimo trabalho, mas não conseguiu convencer de fato. Pensei, bem, é uma ferramenta, e o que você faz com uma ferramenta no enredo é mostrá-la. Naquele ponto do filme você está desorientado porque a primeira história acabou. Então, temos Christopher Walken falando toda essa coisa sobre o relógio, depois surge o título "O Relógio de Ouro" e há o boxeador, aí você se pergunta: "Que porra isso tem a ver?". Em seguida você entra no quarto de motel e fica lá para sempre. Esquece o relógio de ouro e Walken. E então Butch diz: "Onde está meu relógio de ouro?". Você pode escrever um monólogo de três páginas e com muita sorte encontrar alguém que o fale perfeitamente. Chris Walken é um desses atores que podem fazê-lo mas raramente têm a oportunidade. Eu o chamei e disse: "Chris, tenho um monólogo de três páginas para você e prometo que não corto uma palavra". Planejamos fazer isso no último dia de filmagem: quando ele veio, eu disse que ele tinha o dia todo, que não íamos embora até dar certo. E conseguimos.

DROGAS

Lance é um tipo totalmente de Los Angeles, é seu traficante camarada. Margaret Cho fez uma apresentação insana de *stand-up* sobre o problema em sair e comprar drogas: você tem de simular um relacionamento com seu traficante, como se fosse comprar maconha, está numa visita social e drogas são incidentais. Você tem de se sentar e conversar sobre coisas, em vez de sair com um "aqui está o dinheiro, me dá a merda, me deixe sair daqui". Mia não vai muito bem com as drogas. Um jornalista me disse que eu poderia mostrar toda aquela primeira cena da *overdose* para alunos de escola como um filme antidrogas. As pessoas me perguntam de onde eu tirei a história da *overdose*: o resumo é que cada *junkie*, ou pessoa que experimentou heroína para valer, tem uma versão dessa história – eles quase morreram, outra pessoa quase morreu e eles a trouxeram de volta com água salgada ou a colocaram numa banheira, ou a fizeram saltar com uma bateria de carro. O interessante é que a cena é bem angustiante e engraçada ao mesmo tempo, e tanto o aspecto angustiante quanto o engraçado vêm do mesmo lugar, é a realidade disso que é ao mesmo tempo totalmente bizarra e engraçada.

LUZ

Sou bem básico quando se trata de enquadramento, mas meu diretor de fotografia, Andrzej Sekula, trata da luz, é onde ele vai pintar. Nós filmamos em filme 50 ASA, que é o mais lento que existe. A razão pela qual usamos isso é para criar uma imagem quase sem granulagem, lustrosa. É a coisa mais próxima que temos do Technicolor dos anos 1950. Quando conheci Andrzej em *Cães de Aluguel*, eu só sabia que queria uma coisa pop, que os vermelhos fossem vermelhos e os pretos, pretos. Parece ótimo, mas é um pé no saco filmar assim, você precisa de luz vinda de todo canto só para conseguir uma imagem. Mas por causa da forma como escrevo minha cenas, uma vez que se chega em algum lugar, fica-se lá por um tempo. Então, afundamos o lugar com luz, criamos muita textura e brincamos com a profundidade de campo, que é algo que você normalmente não tem, em especial quando está rodando com lentes anamórficas. Carregamos pessoas no pano de fundo e primeiro plano o máximo que já vi num filme com lentes anamórficas. Quando olhamos o que havíamos rodado, senti que estávamos passando dos limites.

SANGUE

Toda vez que você tenta mostrar derramamento de sangue de forma realista, parece absurdo, operístico. As pessoas falam sobre Tim Roth sangrando até a morte em *Cães de Aluguel*, mas é a realidade. Se alguém leva um tiro no estômago, é assim que vai morrer. Coloque-o num ponto da sala e ele vai ter uma poça ao redor. Pode parecer loucura, mas é a verdade, e é por não estarmos acostumados a ver a verdade que parece forçação de barra. Há uma frase em *Pulp Fiction* com Jules e Jimmie que não rodamos. Jimmie pergunta que porra aconteceu com o carro e Jules responde: "Jimmie, se você está dentro de um carro e tem de atirar numa melancia à queima-roupa com uma pistola nove milímetros, sabe o que acontece?". "Não, o quê?" "Você tem melancia por todo lado!" Para mim, mesmo que tenha um pé na vida real, também tem um pé em *Monty Python*. É engraçado. É baseado nas aparências: temos de limpar o carro, temos de nos limpar, temos de tirar a merda da casa para que Jimmie não pareça um criminoso quando sua mulher chegar em casa. A ideia é pegar personagens de um gênero e levá-los para situações da vida real e fazê-los viver as regras da vida real. Em filmes normais, eles estão ocupados demais contando a história para que armas disparem acidentalmente e matem alguém por quem não damos a mínima. Mas acontece, então vamos por aí. E não é só um buraco no peito, é uma ferida zoada com a qual eles têm de lidar, e é um grande problema. O humor para mim vem dessa situação realista, então, traz essa criação completa do filme, o Lobo – Harvey Keitel. Esse astro do cinema chega, salpica um pozinho mágico de cinema e resolve o problema.

6 O PULP FANTÁSTICO DE TARANTINO

POR GEOFFREY O'BRIEN

As duas definições do dicionário de "pulp" que Quentin Tarantino publicou no começo de *Pulp Fiction* têm relação direta com o que se segue. A primeira, uma "massa de matéria macia, úmida e sem forma", lembrando assim a frase "batido até virar papa", invocando o princípio de que essas catástrofes de pele nunca estão longe demais em nenhum momento das duas horas e meia do filme.

Risco físico, a possibilidade de ser ferido severamente (talvez irrevogavelmente) por pistola, punhos, espada, corrente ou agulha hipodérmica, ao cair de um telhado ou bater o carro: esses não são tanto elementos da trama quanto o meio no qual os habitantes de *Pulp Fiction* respiram, o pano de fundo – tão onipresente a ponto de não ser percebido – contra o qual eles proferem seus infinitos ataques de papo mais ou menos furado. A primeira definição serve quase como um aviso de alguns dos perigos do material que aguardam, um gesto apropriado para um filme que até faz graça da remoção de pedaços de cérebro e ossos, restos de uma cabeça explodida, do banco traseiro de um carro.

Apesar de todo o sangue e partes do corpo danificadas, Tarantino sugere que tudo vai ficar bem, mesmo que ele diga isso da maneira de um assaltante apontando a arma à cabeça de alguém. Essa imagem – o homem da violência como a voz da razão pedindo calma – se torna literal na sequência final, na qual o princípio de "ninguém se mexe, ninguém se fere" é levado ao extremo lógico no retrato de um impasse, com uma arma apontada para cada cabeça, que remete a John Woo.

"O que é Fonzie?", pergunta o pistoleiro (Sam L. Jackson) para Amanda Plummer, que está perigosamente próxima de um ataque histérico letal, para conseguir quebrar a concentração dela ao gerar a resposta: fria. Fonzie era *cool*.

Estão todos *cool*: Tarantino pode montar um universo demoníaco, mas para ele não são as emoções demoníacas que se pode esperar que cubram isso. Há dois estados do ser: de medo quando o perigo ameaça, e de relaxamento insensível nos outros momentos. Mais ou menos o contraste entre adrenalina e heroína (ambos os quais têm um papel na sequência mais indelével do filme, a *overdose* de Uma Thurman e seu desdobramento tragicômico). As paixões *noir* dos velhos tempos, a melancolia taciturna e cenas de morte operísticas ficariam fora de lugar no país das maravilhas iluminado que Tarantino forma. Nem um neo-*noir*, nem uma paródia de *noir*, *Pulp Fiction* é mais uma visita guiada a um parque temático infernal decorado com detritos culturais, Buddy Holly e Mamie Van Doren, fragmentos de *blaxpoitation* e *Shogun Assassin* de Roger Corman, música tirada de uma estação de músicas antigas 24 horas, para a qual todas as décadas depois dos anos 1950 existem simultaneamente.

"DEVIA VER O QUE UM IDIOTA FEZ OUTRO DIA. RISCOU COM CHAVE."

A segunda definição – "uma publicação, como uma revista ou livro, contendo tema sensacionalista" – parece anunciar algum tipo de homenagem ou pastiche, e Tarantino apontou que sua intenção original era fazer um "filme *Black Mask* – como a velha história de detetive". Mas, como ele reconhece, "acabou indo para outro lado". Cada um dos episódios curiosamente interligados do filme, na verdade, meio que vão para outro caminho. Se *Cães de Aluguel* poderia, em certo nível, ser uma recombinação de pedaços de filmes já existentes, *Pulp Fiction* lista seus elementos reconhecíveis numa superestrutura de originalidade considerável: a diferença entre os dois é mais ou menos a que existe entre *Era uma Vez no Oeste* e *Por um Punhado de Dólares*.

O resultado final está de fato longe de histórias de detetive *hardboiled* de Dashiell Hammett, Raymond Chandler ou Paul Cain (os astros da linha *Black Mask*). Consegue, entretanto, conectar-se poderosamente com uma tradição *pulp* paralela, os contos de terror e absurdo feitos por autores como Cornell Woolrich, Frederic Brown, Robert Bloch, Charles Beaumont e Richard Matheson, com seus truques diabólicos do destino e finais retorcidos com reviravolta, uma tradição que leva (via Beaumont e Matheson) às emoções baratas mas duradouras de *Além da Imaginação* (cuja música tema interpretada pelos Marketts é habilmente interpolada na trilha sonora de viagem do tempo de *Pulp Ficcion*, junto a Link Wray, Dick Dale, Al Green e Dusty Springfield).

Cornell Woolrich e Frederic Brown são autores que minaram a zona tênue entre o terror extraterrestre sobrenatural (no caso de Brown) e violência policial e loucura: Woolrich, com a intensidade sem humor de um verdadeiro paranoico, Brown com o tipo de devaneio viajante que pode sair do cérebro de um repórter alcoólatra imerso em xadrez e Lewis Carroll. Ambos lidam pesadamente com o reino de improváveis coincidências e piadas cósmicas cruéis, um reino que *Pulp Fiction* toma como seu.

O quão profundamente a visão de "não acredito que isto está acontecendo comigo" de Woolrich permeou a mitologia *noir* é evidente pela lista parcial de filmes baseada em sua obra, incluindo *Janela Indiscreta, The Leopard Man, A Noiva Estava de Preto, A Sereia do Mississippi, The Night Has a Thousand Eyes, Phantom Lady, I Married a Shadow* e o poético média-metragem de Maxwell Shane, *Fear in the Night* (1947). A obra de Brown não foi tão feliz – apenas o veículo de Anita Ekberg pelo inimitavelmente sórdido de Gerd Oswald, *Screaming Mimi*, me vem à mente –, mas a trama com reviravoltas diabolicamente elaboradas de seus romances *The Far Cry* (1951), *The Wench is Dead* (1955), *The Murderers* (1961) e sua obra-prima, *Knock Three-One Two* (1951), mostra uma clara afinidade com as linhas narrativas cruzadas e recursivas de *Pulp Fiction*.

Tarantino não toca exatamente no sobrenatural, mas ele altera tempo e espaço de forma engenhosa e chega ao ponto de sugerir a possibilidade de intervenção divina. Filmes de terror são um ponto constante de referência – a ressurreição de última hora de Uma Thurman poderia ter sido tirada de *The Evil Dead – A Morte do Demônio*, e os sádicos que colocam as garras em Bruce Willis têm em seu arsenal uma motosserra que teria deixado Tobe Hooper orgulhoso. Em todo caso, temos pistas desde o início de que entramos num mundo fantástico quando – num truque visual digno de Frank Tashlin – o gesto da mão pelo qual Uma Thurman mostra como John Travolta não deveria ser quadrado é transformado momentaneamente num retângulo piscante.

Os finais-surpresa de Woolrich e Brown tendem a ter o efeito de uma armadilha se fechando: a porta bate e não há como fugir, o pesadelo acaba sendo real, a esperança de resgate é revelada como uma ilusão de óptica. A ironia da criação de Tarantino é que as reviravoltas no final são positivas, em cada caso redirecionando uma descida a um inferno em direção a um final feliz inesperado. Se *Pulp Fiction* não é bem o "filme mais alto astral do ano", também traz um tipo de alívio no final, o alívio que um refém pode sentir ao ter outro dia para viver.

A comédia – e grande parte do filme consiste de algo longe da comédia – é carregada com um sentimento de "ainda temos tempo para fazer piadas antes que comece a doer". É o gracejo de dois homens matando tempo entre tiros com um diálogo de fluxo livre, envolvendo samoanas, massagem nos pés e o termo francês para "quarteirão com queijo".

A veia de diálogo de Tarantino é ancorada em todo o discurso que vem antes, nas palavras de pretensos esquizoides de Jim Thompson, sociopatas reconfortantes de Charles Willeford, maquinadores lacônicos dos romances com Parker, de Richard Stark (também conhecido como Donald Westlake); prostitutas de David Mamet, caras de pau "pegar ou largar" dos faroestes com Randolph Scott, de Budd Boetticher, e nos filmes de Don Siegel, como *The Line Up* e *The Killers*, e acima de tudo nos toques de associação livre dos variados bandidos e marginais de Elmore Leonard, os assassinos e ladrões variadamente astutos e dementes que povoam *Fifty-Two Pickup*, *Swag*, *The Switch* ou *City Primeval.*

Como Leonard, Tarantino trabalha de ouvido, deixando a narrativa moldar a si mesma ao redor do ritmo dos discursos, como se tivesse todo o tempo do mundo para conversas circulares e repetitivas, como se o fluxo de conversa pudesse em si manter a matança em suspenso. Ou, como John Travolta interpõe com momentos elegantemente modulados, palavras se mostram mais efetivas do que ferramentas, do rápido acordo que Bruce Willis faz com um gângster que salvou ao monólogo prolongado de Samuel L. Jackson durante o assalto final.

Isso se torna música, a música da narrativa que é a base da ficção *pulp* para começar. De Hammett a Woolrich, de Frederic Brown a Elmore Leonard, as velhas mãos trabalharam para criar extensões e um clímax essencial, com as reviravoltas na trama se encaixando tão enfaticamente quanto a música de fundo feita por Miklos Rozsa ou Alex North. Tarantino absorveu tudo isso, mas leva a um novo momento no qual diferentes obstáculos operam, onde o espaço parece mais aberto e vinganças são menos certas. Mas ainda assim é tão perigoso quanto: é sempre perigoso por lá.

7 A SEGUNDA MELHOR COISA...

POR PETER N. CHUMO II

Amante do cinema desde a infância e o mais famoso atendente de locadora dos Estados Unidos, Quentin Tarantino já mostrou um conhecimento quase enciclopédico sobre filmes e cultura popular de uma variedade de épocas e gêneros. Como Richard Corliss aponta, Tarantino levou uma "uma vida de loucos filmes... Ele parece se lembrar de – e entender – tudo o que viu". *Pulp Fiction* (1994), por exemplo, está cheio de alusões à cultura popular, de referências a diálogos (Fonzie da série de TV *Dias Felizes*, o vídeo *Lucky Star* de Madonna) de filmes em que Tarantino busca inspiração (uma sequência antes dos títulos que termina num *frame* congelado reminiscente de *Meu Ódio Será Sua Herança*, de Sam Peckinpah [1969], uma pasta misteriosa tirada de *A Morte num Beijo*, de Robert Aldrich [1955]).

Tarantino até vê o uso de tramas inteiras como um ponto de partida – não uma restrição de sua criatividade – na própria construção de *Pulp Fiction*:

> O bacana nisso é que o que eu queria fazer com as três histórias era começar com as histórias mais batidas do mundo. Você já viu milhões de vezes. Não precisa acompanhar a história porque já sabe. O cara leva a mulher do mafioso para sair – "mas não toque nela". E o que acontece se ele tocar? Você já viu esse triângulo um zilhão de vezes. Ou o boxeador que deveria entregar a luta e não entrega – você já viu um zilhão de vezes também. (Quentin Tarantino sobre *Pulp Fiction*.)

Cada uma das histórias, entretanto, dá viradas estranhas e inesperadas para que a "história mais batida do mundo" seja reciclada em algo novo. O programa com a mulher do mafioso termina com uma emergência de vida ou morte, e a história do boxeador é menos sobre a luta em si do que seus desdobramentos. Mesmo a cronologia alterada do filme dá a velhas histórias um novo contexto. Tarantino, então, não apenas copia velhas tramas, mas muda seus elementos e formas para dar nova vida a elas.

Enquanto a profundidade de seu conhecimento em cinema é evidente em *Pulp Fiction*, o uso de referências de filmes por Tarantino vai além da simples reciclagem pós-moderna de velhos trechos e frases genéricas da trama para um olhar cuidadoso de como as relíquias do passado do cinema podem ganhar vida no presente. Dessa forma, Tarantino está constantemente travando uma batalha com o tempo – enquanto ele adora se basear no passado, ainda deve batalhar para tornar seu filme vivo no presente, para que não se torne uma mera coleção de alusões espertinhas a outros filmes.[1]

Dentro das três narrativas de *Pulp Fiction*, os personagens de Tarantino encenam conflitos que espelham o seu próprio. Vincent ressuscitando Mia, Butch recuperando o relógio de pulso de sua família e depois resgatando Marsellus, e especialmente a limpeza de Vincent e Jules do carro ensanguentado, são todas batalhas essenciais contra o tempo e mais especificamente emergências que requerem que os personagens vivam inteiramente no presente. Mais do que isso, assim como Tarantino recicla o passado para criar o presente, a reciclagem é tematizada no filme em si. Não apenas cada uma das três histórias inclui um lugar onde a reciclagem acontece (Jack Rabbit Slim's, a loja de penhores, Monster Joe's Truck and Tow), como, mais importante, esses personagens que podem reciclar velhos elementos do gênero podem com sucesso sair de seus papéis unidimensionais (Butch como um boxeador desgastado, Jules como matador). Vincent, por outro lado, carece do controle diretorial dos outros personagens: enquanto ele pode ser reciclado por Tarantino pelo valor nostálgico atribuído a John Travolta como uma celebridade, acaba se encontrando descartado (apagado por um reciclador melhor).

O prólogo do filme coloca os temas que Tarantino vai seguir durante o filme. Dois criminosos principiantes, Pumpkin (Tim Roth) e Honey Bunny (Amanda Plummer), sentam-se num café e falam sobre o futuro. Eles discutem o roubo de bancos e de lojas de bebidas (de fato uma mini-história do crime nos antigos filmes de gângster até o presente) e decidem fazer algo novo – roubar um restaurante (já que ninguém rouba restaurantes e todos vão ser pegos de surpresa). No microcosmos, Tarantino está anunciando seu plano para nós – você já viu os crimes-padrão muitas vezes, ele parece estar nos dizendo desde o começo, como os ladrõezinhos que começam seu roubo na lanchonete (e são congelados apenas para serem revisitados mais tarde), que vai fazer algo diferente dentro de uma tradição estabelecida.

Além do mais, durante a cena, é estabelecido um contraste entre o passado e o futuro. Quando Pumpkin declara que está farto de roubar lojas de bebida e Honey Bunny o lembra de que ele sempre se esquece desses planos no dia seguinte, Pumpkin diz: "Os dias de eu esquecer terminaram, e os dias de eu lembrar apenas começaram" – uma epígrafe pertinente para o filme em si, no qual Tarantino vai se lembrar de antigas tramas de filmes, o passado de Hollywood, a era de superestrelato de John Travolta e até a sua própria ascensão como diretor de cinema. Mais importante, o congelamento da cena que para o roubo assim que começa é uma forma de o diretor controlar o tempo, pará-lo e manter a cena em suspensão até que o filme termine. Pumpkin pensa que ele controla seu futuro, mas Tarantino nos mostra que ele, o criador e diretor de Pumpkin, o está realmente controlando, assim como, no final do filme, Jules vai encarnar o papel do diretor substituto e controlar o destino de Pumpkin.

NOSTALGIA, CULTURA POP E A RENOVAÇÃO DA CELEBRIDADE

Na primeira história, "Vincent Vega e a mulher de Marsellus Wallace", um matador *freelancer*, Vincent (John Travolta), acompanha a mulher de seu chefe, Mia (Uma Thurman), num passeio. O primeiro encontro acontece através de um interfone: Vincent chega para pegar Mia, mas em vez de encontrá-la cara a cara eles conversam pelo interfone enquanto ela o observa por uma série de monitores de vídeo. O uso da câmera de vídeo possibilita que Mia inspecione seu acompanhante, veja como ele é antes de encontrá-lo de frente. Isso faz sentido nos termos da história, uma vez que Mia gostaria de ter desde o começo o controle para inspecionar seu acompanhante naquela noite, mas também tem outro nível: a plateia conheceu John Travolta pela primeira vez no seriado dos anos 1970, *Welcome Back, Kotter*, então, de certa forma, estamos vendo a história de Travolta em si.

Como as plateias fizeram anos atrás, Mia o conhece por meio da televisão, então o filme sugere que o *status* de Travolta como ícone, como uma celebridade para ser observada, será investigado. Até o nome "Vincent" é uma versão mais velha e mais madura de "Vinnie", seu personagem estudante na TV.

Eles vão para uma grande lanchonete ambientada no estilo dos anos 1950 chamada Jack Rabbit Slim's, um restaurante nostálgico/palácio lotado de funcionários vestidos como ícones mortos do passado. Uma placa do lado de fora diz: "A Segunda Melhor Coisa Depois de uma Máquina do Tempo", que dá o tema para a sequência. (O filme mais popular de Travolta, *Grease – Nos Tempos da Brilhantina*, de Randal Kleiser [1978], é um musical passado nos anos 1950 – uma máquina do tempo em si –, então Travolta tem, sim, uma ligação com essa época). Ricky Nelson canta na pista de dança, enquanto astros como Marilyn Monroe, Mamie Van Doren e Buddy Holly atendem as mesas.[2] A cena se torna uma reflexão sobre a própria celebridade, já que Travolta, fazendo um retorno em *Pulp Fiction*, é um ícone dos anos 1970 para o qual o grande sucesso esteve distante por anos. (Para equiparar a situação de Travolta como aquele que esteve distante por um tempo, seu personagem acabou de voltar de Amsterdã, depois de estar longe por três anos.)

Enquanto esse homem caminha pelo restaurante com sósias de celebridades ao redor dele e pôsteres de filmes B nas paredes, ele é ao mesmo tempo Vincent Vega, matador viciado em heroína, maravilhado com um espetáculo tão distante dele, e John Travolta, um ícone vendo como os ícones de uma época anterior são reciclados pelo valor nostálgico.[3] Astros de cinema como seres humanos encaram as agressões do tempo, da decadência e morte na vida real, mas o restaurante reverte o inevitável mantendo-os para sempre jovens no corpo de novas pessoas, diferentemente de Travolta, cujo corpo envelheceu desde seu auge.

Quando Mia pergunta o que ele acha do Jack Rabbit Slim's, ele responde que o lugar é como "um museu de cera com pulsação", uma frase estranhamente reminiscente de *waxworks* de *Sunset Boulevard*, de Billy Wilder (1950), um filme que ainda mais explicitamente lida com a perda da celebridade (e, como *Pulp Fiction*, emprega uma narrativa circular, ainda que baseada no mecanismo de um *flashback*). Como Leo Braudy aponta sobre o filme, os camaradas da tela muda de Norman Desmond "são embalsamados com ela no passado, jogando um *bridge* eterno. *Sunset Boulevard*, portanto, documenta a forma como astros do cinema pertencem a épocas particulares e desaparecem, perdendo seu poder". Enquanto que *Sunset Boulevard* sugere que atores estão congelados num papel e numa época, e não podem fazer transições para outras, *Pulp Fiction* sugere que as personalidades do cinema nunca morrem realmente, mas são recicladas, vivendo na pele de seus sósias e em itens do menu, como o filé Douglas Sirk.

Mas quase milagrosamente os astros em si podem também fazer um retorno.[4] Travolta pôde voltar porque Tarantino escreveu um papel que consegue tocar na *persona* de Travolta com segurança, força e ternura enquanto o projeta no gênero de gângster.[5] E se Tony Manero de *Os Embalos de Sábado à Noite* nunca tivesse saído de sua pequena comunidade? *Pulp Fiction* parece perguntar: e se ele tivesse se tornado um pequeno delinquente?

Como a *persona* de John Travolta na tela como jovem se estabeleceu nos anos 1970 em dois musicais, *Os Embalos de Sábado à Noite*, de John Badham, e *Grease – Nos Tempos da Brilhantina* (ambos têm concurso de dança), a entrada de Vincent e Mia num concurso de *twist* se torna um momento autorreflexivo. A música que

"É ASSIM QUE SABE QUE ENCONTROU ALGUÉM ESPECIAL. QUANDO PODE CALAR A BOCA UM MINUTO E SENTIR-SE..."

TONY MANERO (JOHN TRAVOLTA), EM *OS EMBALOS DE SÁBADO À NOITE*, DIRIGIDO POR JOHN BADHAM, 1977

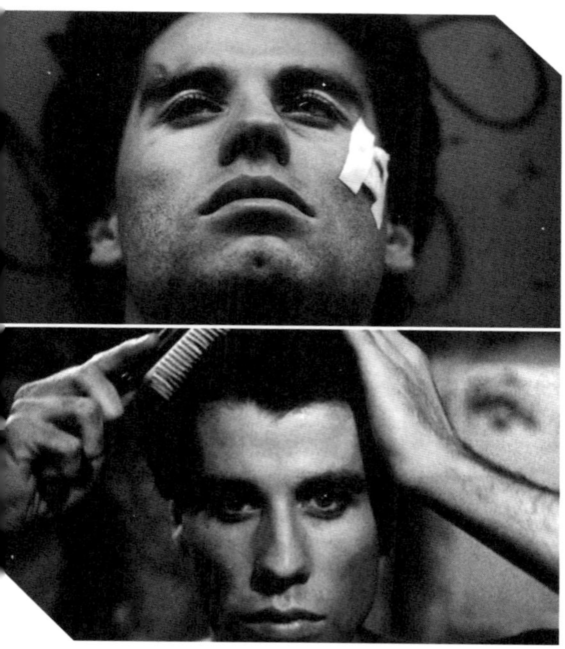

eles dançam, "You Never Can Tell", de Chuck Berry, começa com a frase: "Era um casamento adolescente, e os velhos desejavam o melhor para eles", que monta uma dicotomia entre juventude e idade e faz alusão a inevitável passagem do tempo pela qual os recém-casados da música irão passar. John Travolta, tomando a pista novamente após todos esses anos, invoca memórias de seu auge enquanto chama atenção para os anos que se passaram; enquanto Danny Zuko de *Grease* e Tony Manero de *Os Embalos de Sábado à Noite* são jovens intrépidos que dominam a pista de dança com grandes passos expansivos (pense no famoso gesto de Tony Manero apontando para o céu); em *Pulp Fiction*, o gesto do jovem foi suavizado pela idade. Enquanto Chuck Berry canta na trilha: "Mas quando o sol desceu, o ritmo acelerado da música diminuiu", os movimentos de Vincent são precisos, não são grandiosos nem ostensivos – ele está, afinal, levando a mulher do chefão para sair, então tem de tomar cuidado com seu comportamento, mas, além das motivações do personagem, os movimentos de Travolta parecem sugerir um retorno à pista de dança com cuidado e humildade. Ele está de fato capturando "a essência do musical": "o potencial do indivíduo de se libertar da inibição ao mesmo tempo que retém uma noção de limite e propriedade na própria forma da dança libertadora" (Braudy).

Em *Os Embalos de Sábado à Noite*, a pista parece um santuário para Tony, aquele lugar onde ele pode realmente se expressar longe das amarras do trabalho e da família. Mas, como J. P. Telotte aponta, quando Tony vence um concurso de dança comprado e é forçado a ver que ele não é o maior dançarino, ele percebe que: "A pista de dança não é um santuário para os problemas do mundo real, mas simplesmente um enfeite para disfarçá-los". Em *Pulp Fiction*, entretanto, a pista de dança se torna um verdadeiro santuário para Vincent e Mia. Eles até ganham um troféu, como se corrigisse a vitória injusta de *Os Embalos de Sábado à Noite*.

Porém, mais importante, como em muitos musicais tradicionais do cinema, a dança se torna uma extensão do relacionamento. É um campo de testes para eles enquanto se conhecem. Eles fazem danças moderninhas como o "Swim" e o "Batman" (relíquias da cultura pop de uma era distante que se tornam uma língua mediadora para eles), cada um tentando acompanhar o outro. Para Vincent, a dança se configura em um santuário de sua vida de gângster e uma chance para ele e Mia se conectarem e, para Travolta, o astro, a dança é uma volta aos dias de seu antigo estrelato – um pouco mais pesado, menos atrevido, mas ainda capaz de mostrar sua pegada.[6] Mesmo assim, é uma vitória limitada. Travolta é reciclado por seu valor nostálgico e dá a plateia familiarizada com seus antigos trabalhos um momento cinematográfico emocionante, mas, como Vincent Vega, ele não quebra o papel do jovem Travolta.

Enquanto que John Travolta traz o peso da meia-idade e uma ideia de juventude perdida ao papel de Vincent Vega, Uma Thurman traz sua própria qualidade única ao papel de Mia – "a tradição da mulher-criança proibida, de Lolita em diante", (Kaylin), uma *persona* vista primeiramente em *Ligações Perigosas* (1989), de Stephen Frears, no qual ela interpretou uma virgem seduzida por um aristocrata ardiloso. De fato, a Mia de Thurman está entre os mundos da infância e da idade adulta. Ela é uma mulher de malandro de fala dura, cheiradora de cocaína, com uma sexualidade forte que supostamente já deixou outro cara em apuros. Ao mesmo tempo, ela é tímida demais para contar a Vincent uma velha piada vaudevilliana ("Você não ia gostar, e eu ia ficar envergonhada", ela admite timidamente), pede um *milk-shake* e impulsivamente os inscreve no concurso de dança. Vincent pode ser seu acompanhante, mas ele também é sua babá, forçado a fazer o que for que a criança mimada queira, ou vai arrumar problemas. Como uma criança precoce, Mia sabe como manipular sua babá: "Acredito que Marsellus, meu marido, seu chefe, te disse para me levar para sair e fazer o que eu quisesse. Agora eu quero dançar. Quero ganhar. Quero esse troféu". Mia então é uma garotinha no corpo de mulher, assim é razoável que, ao voltar para casa, ela dance alegremente ao som de "Girl, You'll Be a Woman Soon", uma música cujo próprio título é uma progressão temporal e resume a *persona* de Thurman. Seus passos de dança vão do refinado e gracioso ao selvagem como uma adolescente. Mais do que isso, a música em si, originalmente interpretada por Neil Diamond em 1967, é tocada por uma banda de rock alternativo, Urge Orverkill. Como as "celebridades" no Jack Rabbit Slim's e outros artefatos da cultura pop, essa música pop, mesmo que seja um produto de sua própria época, pode ser reciclada e dada a uma nova vida (com uma nova voz).

A subsequente overdose de Mia ameaça a progressão de "menina a mulher" que a música promete e tem o efeito de parar o tempo quando ela se torna um corpo em coma, aparentemente sem vida. Dando a ela uma injeção de adrenalina direto no coração, Vincent a acorda novamente. Por outro lado, o tempo é a essência dessa sequência. Vincent corre com ela para a casa do seu traficante, em pânico que ela possa morrer a qualquer momento. Ainda assim, Tarantino estende a cena o máximo que pode – há a busca pelo livro médico, a discussão sobre quem vai administrar a injeção, os *close-ups* dos participantes antes de a agulha ser enfiada. O tempo parece se mover rapidamente ("Corra, Lance, estou perdendo ela", Vincent grita em pânico para o traficante) e ainda parece não se mover. Jack Rabbit

Slim's mostra uma forma como o tempo é derrotado, e a *overdose* e a injeção de adrenalina subsequentemente mostram outra. O astro de cinema Travolta é ressuscitado (seu personagem também faz uma volta dos mortos), assim como Mia é ressuscitada – a narrativa em si torna-se um espelho para a cultura pop.

De forma bem apropriada, na próxima história, Butch, um boxeador interpretado por Bruce Willis, mata Vincent. Assim como o filme de ação dos anos 1980 se sobrepôs a era de estrelado de Travolta no final dos anos 1970, é pertinente que um ator conhecido principalmente por seus papéis de ação (nos filmes *Duro de Matar*, em especial) mate o Vincent de Travolta – uma metáfora para a marcha do tempo no sistema de Hollywood e a forma como um astro de cinema suplanta o outro.[7]

O PESO DO TEMPO

O maior acontecimento da história de Butch seria normalmente o "maior acontecimento" em si, a luta que ele deve perder mas que ganha, mas nós não vemos a luta (assim como em *Cães de Aluguel* não vemos o assalto à joalheria). Em vez disso, a história de Butch, "O Relógio de Ouro", se torna sua busca para resgatar a herança de família e a virada estranha que sua aventura toma.

A história começa com o sonho de Butch (pouco antes de sua grande luta) dele mesmo como um garotinho recebendo o relógio do pai morto do Capitão Koons (Christopher Walken), que explica a história da família – como o relógio passou de geração a geração, cada vez que um ancestral foi para a guerra. Assim como Tarantino recicla antigas tramas e convenções, e até John Travolta, a história em si pode ser um grande sistema de reciclagem. Quando o Capitão Koons descreve o avô de Butch indo para a guerra, ele diz que, como seu pai antes dele, ele foi além-mar para "lutar contra os alemães mais uma vez; dessa vez eles chamaram de Segunda Guerra Mundial", como se fosse a mesma que a Primeira Guerra Mundial, simplesmente renomeada. Assim como o escudeiro levando a esposa do chefe para sair ou o boxeador se recusando a entregar uma luta são tramas antigas com novos nomes, e assim como John Travolta é um ator cujo nome pode ser mudado de Tony Manero para Vincent Vega, talvez todas as guerras sejam as mesmas, ou apenas renumeradas, como uma sequência de um filme de sucesso.

Se alguém em *Pulp Fiction* é obcecado pelo tempo, é Butch; afinal, ele é o único personagem com uma história de família – tem uma dívida a uma moldura temporal maior, e também carrega o peso do passado. Se Mia é uma garota no corpo de uma mulher, então Butch quando pequeno pode ser um homem no corpo de um menino; Capitão Koons diz para ele: "Homenzinho, te dou o relógio", como se fosse um artefato que exigisse responsabilidade de um adulto. Butch, afinal, não conhece seu pai e então, em certo sentido, sempre foi o homem da casa. Quando acorda de seu sono detalhando com humor negro como seu pai e depois o Capitão Koons esconderam o relógio de família dentro do cu para protegê-lo, seu treinador entra no vestiário e declara: "É hora, Butch", uma epígrafe que se encaixa no episódio.

Na história do filme, o chefe de Butch, Marsellus (Ving Rhames) tenta persuadi-lo a entregar a luta, enfatizando sua idade:

> A coisa é que agora, Butch, você tem habilidade, mas por mais doloroso que seja, habilidade não dura para sempre, e seus dias estão prestes a acabar... Veja, este negócio está cheio até a borda de filhos da puta pouco realistas, filhos da puta que acham que seus cus vão envelhecer como vinho. Se você acha que vira vinagre, vira. Se você acha que fica melhor com a idade, não fica... Boxeadores não têm um dia como nos velhos tempos. Você chega perto, mas nunca consegue; se fosse fazer, teria feito antes.

Para o duas-caras Marsellus, Butch também está enfrentando o tempo, lutando contra a decadência de seu corpo. Nesse sentido, a vitória de Butch no ringue é comparável a vitória de Vincent na pista de dança. (Para reforçar essa similaridade, as palavras do sósia de Ed Sullivan que apresenta o concurso de dança poderiam facilmente ter apresentado a luta que nunca é mostrada: "Senhoras e senhores, agora o momento pelo qual todos estavam esperando".) Butch, entretanto, ao se tornar um reciclador em si, vai experimentar uma vitória bem mais ampla do que Vincent no Jack Rabbit Slim's.

Butch parece sempre preocupado em ser preciso com o tempo. Quando seu motorista de táxi quer saber como ele se sentiu ao matar seu oponente, Butch é cuidadoso em apontar o contexto do tempo: "Eu não sabia que ele estava morto até você me dizer que ele estava morto, e agora que eu sei que ele está morto você quer saber como eu me sinto?". Quando ele faz um telefonema para descobrir quando suas apostas vão vir, ele diz à pessoa com quem está falando que "na próxima vez que eu te ver será no horário do Tennessee"; ele vê locações geográficas em termos de tempo. Quando sua namorada Fabienne (Maria de Medeiros) anuncia que vai comer um pedaço de torta de café da manhã, ele pergunta: "Torta de café da manhã?", o que sugere que o tempo é um limitador para ele, enquanto que Fabienne responde: "Qualquer hora do dia é uma boa hora para torta", mostrando uma atitude mais livre e relaxada em relação ao tempo.

Em momentos irônicos que relembram heróis *noir* tentando em vão escapar de suas condenações, Butch é trazido mais próximo do mafioso que quer evitar. Ele primeiro encontra Vincent em seu apartamento e o mata antes que ele pegue seu relógio; depois dá literalmente com Marsellus na rua. Ambos se machucam quando Butch acerta Marsellus com seu carro, então ambos cambaleiam para uma loja de penhores onde são mantidos reféns por dois caipiras. O próprio Butch é um refém do tempo, particularmente a grande extensão de tempo histórico, assim, é estranhamente pertinente que, tendo recuperado seu relógio de ouro, ele seja aprisionado num lugar onde a história seja preservada com uma coleção de lixo e antiguidades. Mais do que isso, ele e Marsellus parecem estar revivendo a experiência

"OS SILÊNCIOS ME INCOMODAM. POR QUE TEMOS QUE FALAR DE IDIOTICES PARA NOS SENTIRMOS BEM?"

CENAS DE *PULP FICTION*

de seu pai e Capitão Koons no Vietnã, num campo de prisioneiros: "aquele poço do inferno em Hanoi", como Capitão Koons chama nos sonhos de Butch. Quando Marsellus está sendo estuprado no porão, Butch escapa, mas em vez de ir embora ele volta para salvar seu inimigo. Deparando com um dilema moral, Butch escolhe salvar o homem que momentos antes estava tentando matá-lo. Willis recebe a chance de levar sua *persona* de herói de ação e estender os parâmetros morais do gênero.

Sua busca por uma arma na loja traz uma série de escolhas: um martelo, um bastão de beisebol, uma motosserra e, finalmente, uma espada samurai, que é o que ele usa. As escolhas são um catálogo de armas nos filmes, especialmente a motosserra de um assassino em série e a espada de um guerreiro samurai. A própria loja de penhores é um lugar de reciclagem – coisas que não são mais úteis para alguns são vendidas ou trocadas para que outros possam fazer uso delas. Nesse caso, claro, Butch não apenas está fazendo uso de uma arma, mas de toda uma tradição de filmes de samurai. Se o seu relógio representa as guerras dos tempos modernos e os homens que nelas lutaram, então Butch vai mais atrás para uma antiga tradição de guerra. A espada samurai é outra "máquina do tempo" que dá a Butch um certo peso moral. Em vez de ser escravo da história, ele pode usar a história para lutar sua guerra pessoal e vencer. Quando o episódio acaba, Butch pergunta a Marsellus: "E agora?". Livre do passado, Butch vive o presente. (Incidentalmente, é o estuprador que vai passar o resto da vida no passado; como Marsellus diz para ele: "Vou dar uma de medieval no seu cu".) Tudo o que Butch deve fazer é nunca contar a ninguém sobre o estupro, partir naquela noite e nunca mais voltar.

Quando Butch e Fabienne fogem no final do episódio, estão se encaminhando em direção a Knoxville, Tennessee, onde, de acordo com Capitão Koons, o relógio foi comprado pelo tataravô de Butch. Então Butch está viajando em direção ao seu futuro ao voltar ao passado da família onde o tempo (como representado no relógio) começou. Knoxville também é a cidade onde Quentin Tarantino nasceu. O final cronológico de *Pulp Fiction* volta não apenas para o começo de Butch, mas para o começo do diretor em si, dessa forma, *Pulp Fiction* se torna uma máquina do tempo pessoal para Tarantino.

TEMPO E O DIRETOR

A terceira história, "The Bonnie Situation", volta ao começo do filme – para o resgate da pasta de Marsellus por Vincent e Jules (Samuel L. Jackson) e o assassinato dos criminosos de segunda que tentam traí-los. Pela primeira vez, estamos conscientes de uma verdadeira volta no tempo, e a plateia pode estar momentaneamente desorientada. Afinal, Vincent parece ter voltado dos mortos (cortesia do poder do diretor, como o de Deus, de controlar o tempo), assim como tomar o papel de Vincent metaforicamente ressuscita a carreira de John Travolta.[8] Por que Tarantino faz essa viagem no tempo? Por um motivo, o impasse final na lanchonete, que conclui a história, é mais efetivo no final do filme como uma mudança climática no personagem de Jules do que seria no primeiro terço do filme. Como Gavin Smith sugere: "Ao optar por uma estrutura que mistura cronologia sem *flashbacks*, ele [Tarantino] dá centralidade à transformação do personagem do matador Jules". Mais do que isso, a epifania dupla de Jules (de que Deus salvou sua vida intervindo para parar balas apontadas diretamente para ele, e que agora ele precisa mudar sua atitude criminosa) é ligada a uma aceitação de tempo e eternidade e seu papel meteórico como diretor de cinema. Enquanto o tempo permanece um tema crucial nessa parte (de fato, a pressão do tempo é mais explícita nessa história), o tema da filmagem gradualmente toma o palco central.

Quando Vincent acidentalmente atira e mata um passageiro no carro, Jules dirige para a casa de seu amigo Jimmie (interpretado por Quentin Tarantino), que mora perto dos Estúdios Burbank. A aparição de Tarantino nesse episódio (e especialmente sua amizade com Jules) e a locação dos gângsteres perto da comunidade cinematográfica mostram que a direção do filme é o subtexto do episódio. Quando vemos Jimmie pela primeira vez, ele está em sua cozinha com um relógio na parede atrás. Nesse momento, o tema do tempo é fundido à ideia de Tarantino fazendo filmes; a pressão do tempo, em essência, é ligada ao papel do diretor. Como Jimmie explica, Vincent e Jules devem limpar o carro e partir antes que sua mulher volte para casa:

> Ela vem do trabalho em cerca de uma hora e meia, turno da madrugada no hospital. Vai fazer umas ligações? Vai ligar para um pessoal? Então faça isso e caia fora da minha casa antes que ela chegue aqui.

Tarantino dirige seus atores, e Jimmie dirige seus convidados para que a criação do filme e a narrativa em si de repente se encontrem.

Winston Wolf (Harvey Keitel) é chamado para comandar a limpeza do carro. Ele nota que a casa de Jimmie fica a "trinta minutos; estarei aí em dez". Como uma legenda na tela nos diz, ele chega "nove minutos e trinta e sete segundos depois...". Wolf então é estabelecido como um homem que pode vencer o tempo. Ele pede uma limpeza numa cena que Manohla Dargis chama de "alegremente autorreflexiva, uma vez que a orquestração do expurgo pode facilmente passar por um curso intensivo na arte de criar um espetáculo", quando Wolf se torna "capitão da limpeza e o produtor da cena, negociando os atores e suas ações, entre a matança ('Me dê os nomes principais novamente')". O crime é o tema principal de Tarantino, e, nessa cena retratando o crime em si como uma filmagem, vemos uma reflexão do diretor sobre seu próprio trabalho.

Há um tributo pessoal ao trabalho aqui também, o que dá a essa terceira história um sabor distintamente autobiográfico. Harvey Keitel foi coprodutor de *Cães de Aluguel*, e seu amor pelo roteiro e comprometimento em atuar no filme tornou possível a Tarantino tê-lo realizado e assim lançar sua carreira como diretor.[9] Portanto, Keitel reprisa seu papel de produtor da vida real e mentor de Tarantino quando vem para salvar o casamento de Jimmie. Jimmie cede sua autoridade a Wolf, que não apenas produz, mas também dirige a ação. Mais do que isso, num belo momento de inversão de papéis, o Wolf de Keitel pede ao Jimmie de Tarantino uma xícara de café. Enquanto Tarantino, o diretor de *Pulp Fiction*, dirige seu ator Keitel na criação da cena, dentro da cena em si Tarantino é um tipo de pau para toda obra no *set*, servindo café para o produtor e outros atores. Assim como, de acordo com Gavin Smith, a Jack Rabbit Slim's "inverte a arquetípica lenda de garçonete a superestrela usando sósias para reduzir os ícones mortos dos anos 1950 (Monroe, Dean etc.) a funcionários de mesa", então Tarantino inverte sua própria imagem como diretor nesta cena. Uma tomada de Tarantino e Keitel encarando um ao outro no quarto de Jimmie sugere uma multiplicação como em espelho de possibilidades: o diretor de *Pulp Fiction* e seu ator, o jovem diretor e seu mentor, o produtor assistente e o produtor metafórico, o marido domesticado em seu roupão de banho e o criminoso alinhado em seu *smoking*.

Toda a sequência se torna uma corrida contra o tempo, como Wolf deixa claro:

O LOBO

Se fui informado corretamente, o tempo está correndo. Estou certo, Jimmie?

JIMMIE

Hum, cem por cento.

O LOBO

Sua mulher, Bonnie, vem para casa às 9h30 da manhã, certo?

JIMMIE

Hum-hum.

O LOBO

Fui levado a acreditar que se ela vier para casa e nos encontrar aqui, ela não vai gostar nadinha.

JIMMIE

Não vai.

O LOBO

Isso nos dá 40 minutos para cair fora daqui, que, se você fizer o que eu digo, quando eu digo, devem ser o bastante.

Wolf [o Lobo], como a figura do produtor de cinema, une jargão de faroeste com a pressão do tempo de sua própria produção. Depois que o carro é limpo, Wolf e Jimmie vão limpar Vincent e Jules. Wolf ordena que eles tirem suas roupas (os ternos pretos, gravatas estreitas e camisas brancas que Keitel, Tarantino e o resto do elenco usavam em *Cães de Aluguel*), dá uma lavada neles e os veste com camisetas e bermudas. Tirando a fantasia de gângster e o gênero que representa é o primeiro passo na salvação de Jules, que vai ser completa apenas quando ele dirigir sua própria cena.[10]

Para se livrar do carro e do corpo, Wolf diz a eles: "Alguns toques e mudanças à parte, vamos seguir o Caminho de Hollywood". A jornada de Jules não é simplesmente "o Caminho de Hollywood", mas figurativamente "o Caminho de Hollywood" se ele sobreviver à última cena (e claro que ele deve, já que a cronologia mexida do já nos assegurou que ele sobrevive). Eles levam o carro, o corpo e as roupas encharcadas de sangue para o Monster Joe's Truck and Tow, onde as partes do carro serão presumidamente recicladas. Até a roupa de cama de Jimmie (um presente de casamento), usada para camuflar o estofado do carro, é essencialmente reciclada num novo quarto quando Wolf termina o serviço. Tudo o mais em Hollywood é reciclado: astros de cinema, frases da trama – por que não as evidências de um assassinato? Uma vez que tudo foi feito, Wolf diz que "é como se não tivesse acontecido", o que é uma clara demonstração de poder em reverter o tempo, um poder que Tarantino, assim como seu mentor Wolf/Keitel, exercita na própria estrutura do filme.

Jules e Vincent então tomam café da manhã numa lanchonete, onde Jules toma sua decisão de deixar a vida de gângster e "andar pela Terra":

VINCENT

E quanto tempo você pretende andar pela Terra?

JULES

Até Deus me colocar onde ele quer que eu esteja.

VINCENT

E se ele não fizer isso?

JULES

Se levar uma eternidade, então, andarei pela eternidade.

Assim Jules mostra uma aceitação da eternidade – o tempo como uma jornada infinita – que nenhum outro personagem atinge. É uma rendição ao tempo, mas uma rendição voluntária que permite que ele seja paciente e veja aonde o tempo o levará. Vincent fica perplexo, mas tem de parar de discutir com Jules para ir ao banheiro. Quando ele parte, diz: "a história continua", mas a conversa nunca continuará. Vincent não é um reciclador ou uma figura de diretor – ele não pode parar e recomeçar o tempo a seu bel-prazer. Quando Vincent volta do banheiro, ele encontra Jules num impasse com Pumpkin e Honey Bunny.

O casal executa o roubo que começou na primeira cena do filme. Portanto, Tarantino volta ao comecinho, repetindo um fragmento do que já vimos antes, e descongela o que ele havia originalmente congelado. Jules é capaz de desarmar Pumpkin, mas ainda tem Honey Bunny apontando a arma para ele. Nesse ponto, o tema do diretor vem para a frente. No meio do impasse, a habilidade de Jules como diretor do filme possibilita que todos sobrevivam ao que poderia facilmente ter levado à aniquilação mútua (o clímax de *Cães de Aluguel*, resultado de um impasse similar). A lanchonete é como um *set* caótico de cinema que Jules deve controlar. A outrora segura Honey Bunny (também conhecida como Yolanda) é um monte de nervos quando Jules tem sua arma apontada para Pumpkin, e Vincent é um canhão à solta ameaçando arruinar a direção de Jules.

"EU NÃO COMO NENHUM ANIMAL QUE NÃO SAIBA DISTINGUIR ALIMENTOS DAS PRÓPRIAS FEZES."

Como um bom diretor, Jules primeiro tenta desarmar sua tensão no *set* e relaxar os atores (ao reciclar a linguagem da cultura pop sugerindo que eles todos fiquem "frios"[*cool*], como Fonzie). Ele então monta a cena ("Agora, aqui está a situação") e segue para usar várias técnicas à disposição do diretor para conseguir a interpretação desejada de seus atores. Ele os comanda ("Aponte a arma para mim"), oferece elogio ("Está indo muito bem, estou orgulhoso de você"), segurança ("Está quase no fim") e encorajamento ("Vamos, Yolanda, fique comigo, querida"). Ele rejeita o gênero gângster ("Não quero te matar") e, ao invés de roubar, dá seu dinheiro aos marginais. Finalmente, a passagem bíblica de vingança que ele sempre recitou antes de matar alguém (Ezequiel 25:17) torna-se uma passagem de misericórdia que "eu sou a tirania dos homens perversos, mas estou tentando, Ringo, estou tentando duramente ser o pastor". Enquanto "pastor" pode ter muitas interpretações religiosas e indicar um futuro caminho a Jules agora que foi transformado, no contexto da cena, o diretor é um "pastor" que guia seus atores. Tendo aceitado o tempo e alegado que iria "caminhar para sempre" se necessário, Jules pode parar o tempo durante o impasse climático e, portanto, salvar a vida de todos. Ao terminar com a direção de Jules sobre o impasse (mesmo que aconteça cronologicamente antes do encontro de Vincent e Mia e da história de Butch), Tarantino não apenas confere um peso especial à mudança espiritual de Jules, mas também enfatiza a ligação dessa transformação com o poder do diretor do filme. (Se não estivesse bem claro que esta parte é uma metáfora para a direção do filme, deve ser notado que o produtor de *Pulp Fiction*, Lawrence Bender, faz uma participação especial como um dos reféns na lanchonete.) Se a última parte é um tributo a um "diretor de cinema" e sua habilidade em reciclar seus velhos truques de gângster e a passagem bíblica de vingança numa direção positiva, então o talento de reciclagem de Tarantino tem estado presente o tempo todo, assim como ele tem reciclado fragmentos da tradição *pulp* de Hollywood numa nova direção – uma que nos leva, entre todos os lugares, para uma surpreendente epifania espiritual. Enquanto Vincent e Jules colocam as armas na cintura de suas bermudas e deixam a lanchonete juntos na última tomada do filme, eles estão provavelmente mais próximos do que nunca – eles até andam em sincronia. Entretanto, encontrou-se redenção, e ela está dirigida ao "para sempre", e o outro encontrou outro tipo de "para sempre" através da morte. Jules permanece sujeito ao tempo e ainda assim é capaz de renovar a si mesmo rendendo-se a isso, assim como Tarantino é sujeito a todos os filmes a que assistiu, de fato a maior moldura de tempo da história de Hollywood, e ainda assim é capaz de dar nova vida a velhas formas que ele ama.

DEDICATÓRIA

Gostaria de dedicar este ensaio ao meu amado tio Nick, o falecido Nicholas P. Chumo. Desde que eu era criança, meu tio e eu passamos muitas horas felizes juntos no cinema. A última vez que saímos, vimos *Pulp Fiction*. Foi uma das muitas vezes que curtimos esse filme juntos.

NOTAS

Gostaria de agradecer Andrew Griffin, Douglas McFarland e especialmente Ellen Walkley, por suas contribuições à forma final deste ensaio.

1. A pressão do tempo tem intrigado Tarantino desde sua primeira experiência como diretor, em *Cães de Aluguel* (1992), na qual ele conta a Gavin Smith que estava fascinado com a ideia de pegar esses "personagens de gênero em situações de gênero" e fazê-los "obedecer às regras da vida real", considerando "o fato de que o filme todo acontece em tempo real".

2. Quando "Buddy Holly" atende Vincent e Mia, ele brinca chamando-a de "Peggy Sue", uma referência a uma música de Buddy Holly e também uma possível alusão oblíqua a *Peggy Sue, Seu Passado a Espera* (1986), de Francis Ford Coppola, no qual uma mulher viaja de volta no tempo em seus dias de escola dos anos 1950.

3. O próprio Travolta comenta de um sonho no qual "estava rodando a cena no Jack Rabbit Slim's com Uma Thurman e Quentin gritou corta. Eles saíram, a equipe saiu e fiquei com Marilyn Monroe, James Dean, Elvis Presley – todos esses ícones dos

anos 1950 e 1960. E pensei: 'Meu Deus, isso foi uma armação. Estou morto? É para cá que todos vamos? O paraíso dos ícones?'" (Citado em Gordinier – veja a seguir).

4. Ao escrever sobre como escolheu Travolta para o papel, Tarantino usa a linguagem da reciclagem: "Mas eu estava muito triste sobre a forma como ele estava sendo usado... O que há de errado com esses diretores? Por que eles não veem o que têm – que se apenas tirassem a poeira...?" ("Quentin Tarantino sobre *Pulp Fiction*").

5. Martin Amis ilustra que Tarantino estava comprometido com Travolta desde o começo: "No dia que Quentin terminou *Pulp Fiction*, ele mandou para mim", Travolta resumiu. "Ele disse: 'Olhe para Vincent'." Tarantino escreveu o papel para Travolta, ele acredita em Travolta – "mas ele era o único que pensava assim. Meio que mostra como minha luz havia se apagado. O estúdio queria um ator com... uma temperatura mais alta. Quentin tinha muito mais a perder do que eu. Finalmente ele disse: 'Ou vocês fazem isso com John Travolta ou não fazem'."

6. Uma coincidência interessante de "máquina do tempo" para John Travolta pessoalmente – seu primeiro encontro com Tarantino aconteceu no apartamento do diretor, que por acaso é um antigo apartamento de Travolta: "O que eu aluguei assim que cheguei em Los Angeles, em 1974" (citado em Amis). Então, o retorno de Travolta ao estrelato e respeitabilidade começou onde sua carreira em Hollywood havia começado, vinte anos antes. Todo o processo de *Pulp Fiction* foi em essência uma grande máquina do tempo para ele.

7. De acordo com Amis, Travolta tem uma visão similar da sua carreira: "A forma como ele vê, ele estava mais ou menos naturalmente deslocado por uma nova geração de astros: Hanks, Cruise, Costner".

8. No momento do lançamento de *Pulp Fiction*, muito foi dito sobre o retorno de Travolta. Veja, por exemplo, "The Man in the Plastic Bubble", de Jeff Gordnier e "Travolta's Second Act", de Martin Amis.

9. Para dar uma ideia do papel de Keitel em conseguir que *Cães de Aluguel* fosse realizado, Tarantino declarou a Charlie Rose que Keitel "nos deu legitimidade. Do nada, dois caras que nunca haviam feito nada antes, bem, nós tínhamos Harvey Keitel, tínhamos um bom ator envolvido... e eu sei que a única razão pela qual Richard Gladstein de LIVE, que tinha o poder da caneta, tudo bem, disse 'Sim, vou fazer', a única razão pela qual ele leu o roteiro para começar era porque Harvey Keitel fazia parte".

10. Isso pode ser uma metáfora para a carreira de Tarantino também. Ele comentou com Gavin Smith: "O tempo todo que eu estava escrevendo *Pulp Fiction* pensava: Esse pode ser meu filme de descarrego. Esse pode ser o filme em que digo adeus ao gênero policial, porque não quero ser o próximo Don Siegel – não que eu seja tão bom".

OBRAS CITADAS

Amis, Martin. "Travolta's Second Act". *The New Yorker*, 20-27 de fevereiro de 1995, 212-16+.

Braudy, Leo. *The World in a Frame: What We See in Films*. 1976. University of Chicago Press, 1984.

Corliss, Richard. "A Blast to the Heart". *Time*, 10 de outubro de 1994, 76-78.

Dargis, Manohla. "Pulp Instincts". *Sight and Sound*, maio de 1994, 6-9.

Gordinier, Jeff. "The Man in the Plastic Bubble". *Entertainment Weekly*, 21 de outubro de 1994, 18-21+.

Kaylin, Lucy. "Uma in Bloom". *GQ*, fevereiro de 1995, 146-51.

Tarantino, Quentin. Entrevista para televisão por Charlie Rose. Produtor Nick Dolin. Diretor Bob Morris. Produtor Executivo Charlie Rose. PBS. 14 de outubro de 1994.

Tarantino, Quentin. "Quentin Tarantino on *Pulp Fiction*". *Sight and Sound*, maio de 1994, 10-11.

Tarantino, Quentin. "'When You Know You're in Good Hands': Quentin Tarantino Interviewed", por Gavin Smith. *Film Comment*, 30.4 (1994), 32-36+.

Telotte, J. P. "A Sober Celebration: Song and Dance in The 'New' Musical". *Journal of Popular Film and Television* 8 (1980), 2-14.

8 MENTIRAS VERDADEIRAS

POR JEFF DAWSON

O MITO

De que o filme todo é na verdade uma alegoria religiosa sobre redenção em face do diabo.

A EVIDÊNCIA

Uma ideia que ganhou força na internet, nos Estados Unidos, com devotos que apontam para um filme positivamente carregado com simbolismo religioso. Mas obviamente, é claro, há a citação de Ezequiel 25:1-7 por Jules (Sam Jackson), o "milagre" das balas que passam por ele e Vincent (John Travolta) e o derradeiro arrependimento de Jules quando ele decide "caminhar sobre a Terra" – especialmente significativo quando tomado com sua alegada antipatia por carne "não limpa". E também a forma como esses que abrem a misteriosa pasta brilhante parecem ser tomados por um Poder Superior. Quanto à presença do dito-cujo? O código na fechadura da pasta que Jules e Vincent têm de resgatar é – bem, você não sabe? – 666, assim como também é o código para a casa de Mia Wallace (Uma Thurman.). O diabo, que celebrou a "tirania de homens perversos" na citação de Jules, é reconhecido por esses dígitos, "o número da besta", escrito em sua cabeça, talvez no mesmo ponto onde Marsellus Wallace (Ving Rhames) usa um curativo. Para terminar, Butch (Bruce Willis) guia uma moto chamada Grace.

A EVIDÊNCIA CONTRA

Surpreendentemente pequena. Toda a coisa que Sam Jackson profere está na tela e aberta a interpretações. Mas quanto ao troço do 666? A discagem de tal número foi outrora considerada como um arauto para a chegada de três policiais tomarem conta da situação. Qualquer inexperiente o suficiente para congelar o filme e fazer uma nota disso *merece* um tempo no purgatório. Grace, por sinal, era o nome da namorada de Quentin Tarantino na época.

A VERDADE

Assim como com "Quem atirou no Nice Guy Eddie" de *Cães de Aluguel*, Tarantino adora toda essa conjectura.

"Ouvi num programa de rádio", ele ri. "Na pasta estava 'Esperança' e Jules não é apenas um gângster, ele é um servo do diabo que muda de lado. É uma boa teoria, hahaha."

E quanto ao conteúdo da pasta? Tim Roth (Pumpkin) esclarece essa de uma vez por todas.

"Uma lâmpada e uma bateria..."

FOUR

TARANTINO'S FILM

GRANDE HOTEL

1995

R RESTRICTED
UNDER 17 REQUIRES ACCOMPANYING PARENT OR ADULT GUARDIAN
PERVASIVE STRONG HORROR VIOLENCE AND GORE, LANGUAGE AND SEXUALITY

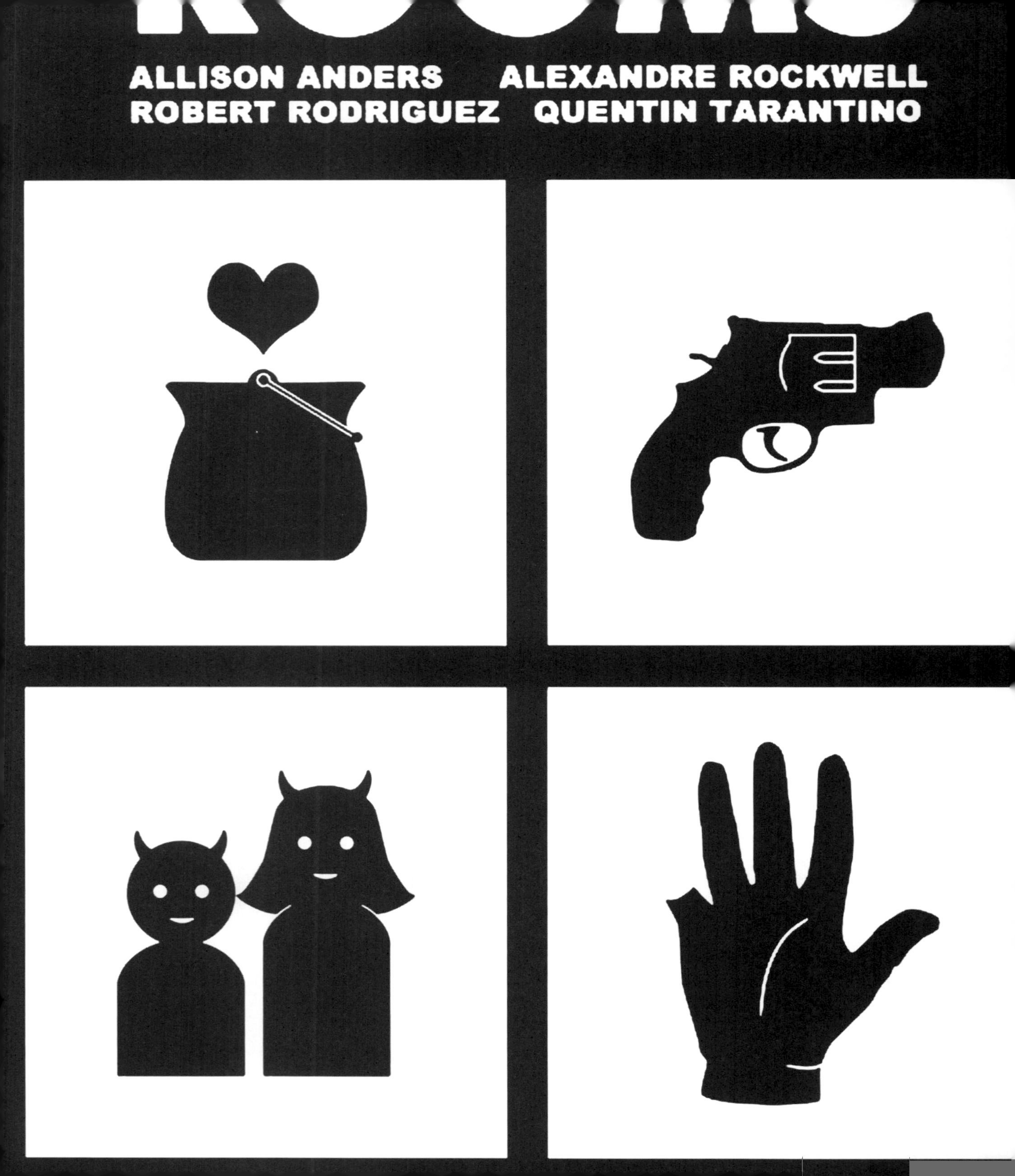
ALLISON ANDERS ALEXANDRE ROCKWELL
ROBERT RODRIGUEZ QUENTIN TARANTINO

1 QUATRO POR QUATRO

POR PETER BISKIND

Dê entrada no *Grande Hotel* e você vai descobrir o que acontece quando quatro dos mais quentes diretores independentes testam sua amizade fazendo um filme juntos.

Grande Hotel é uma experiência incomum em cinema coletivo. Foi feito por Allison Anders, Alexandre Rockwell, Robert Rodriguez e Quentin Tarantino. Cada um dirigiu um "quarto" num hotel ficcional, e os quatro colaboraram numa história que envolve todas, trazendo um mensageiro, interpretado por Tim Roth, que aparece em todos os quartos.

Antologias raramente funcionam, por que vocês quiseram se torturar?

QUENTIN TARANTINO: A coisa mais divertida nisso é fazer um filme que, um, não leva muito tempo para se fazer e, dois, o peso do mundo não está sobre ele. Se eles gostam da sua história, ótimo, se não, não é tão mal.

ROBERT RODRIGUEZ: Eu adoro curtas. *A Balada do Pistoleiro* é como uma série de curtas. A maior parte do meu quarto vai se armando, até os últimos cinco minutos, quando segue num ritmo tremendo que você nem pode manter num filme inteiro.

ALLISON ANDERS: É empolgante quando você está começando a fazer filmes e primeiro aprende sobre a New Wave francesa ou o Cinema Novo alemão – esses caras todos saíam juntos e faziam filmes juntos e eram parte de um tempo.

Cineastas, especialmente os jovens, realmente querem pertencer a algo. Nós éramos meio como a Classe Sundance de 1992 e 1993.

Sobre o que são as histórias em Grande Hotel?

ANDERS: Não havia de fato nenhuma regra, exceto que a ação tinha de acontecer num quarto de hotel na véspera do ano-novo, e de que precisávamos usar o mensageiro. Nós o chamamos de Ted. Eu queria colocar mulheres no meu quarto. Primeiro, elas seriam de uma banda – não, seriam um bando de parteiras. Não, não, não. Finalmente, decido que são uma seita! E o que elas precisam do Ted? O que eu preciso? Esperma! Eu me encontrei escrevendo essa história sobre como elas tentam ressuscitar essa deusa que foi transformada em pedra quarenta anos antes porque foi amaldiçoada em sua noite de casamento, antes que ela pudesse entregar sua virgindade. E eu havia acabado de fazer quarenta anos. Fui estuprada quando era jovem e nunca fui capaz de entregar minha virgindade. Então, para mim, se tornou essa coisa incrivelmente pesada que eu não havia notado.

ALEXANDRE ROCKWELL: A minha é um tipo de psicodrama. É meio como *Days of Our Lives* com *crack* ou algo assim. Uma vez ouvi uma história sobre como Sean Penn amarrou Madonna na véspera do ano-novo, então a ideia é o marido ciumento com uma arma que amarra sua mulher.

RODRIGUEZ: Imaginei que Quentin e Alex seriam bem dramáticos. Então, achei que iria para outro lado, fazer uma comédia familiar.

Quentin, sua história, sobre um astro fora de controle e seu séquito, tem sobretons pessoais, não tem?

TARANTINO: O personagem começou cômico porque achei que eu poderia interpretar muito bem um personagem assim, e então ele terminou carregando parte da minha própria bagagem como – na falta de uma palavra melhor – uma celebridade.

Estou totalmente fervilhando de ansiedade com a expectativa de como as pessoas vão reagir. A mídia está cansada pra caralho de mim. Nunca foi tão evidente quanto ao ler as críticas de *A Balada do Pistoleiro*. Porque cada resenha – acho que estou bem engraçado naquele filme, acho que detono naquela cena – não é sobre eu ser ruim, mas "estamos cansados desse cara. Não queremos ver mais a cara dele". Eles não vão me dar trégua nos próximos anos em relação a isso. Eles quase se ressentem com o fato de eu querer atuar. Até que eu continue fazendo e fazendo e enfie pela goela deles, então talvez eles olhem para isso como é. Acabei de ler três, veja, *três* biografias da minha vida. É como uma experiência com peiote. Eles questionam meu caráter – sou mesmo uma pessoa ruim, fodi com todos os caras da Video Archives, Roger Avary é o verdadeiro gênio por trás do meu trabalho. Todas essas questões sobre o cuzão que eu me tornei, o que eu faço? Venho com um filme em que interpreto um cuzão! Interpreto mais ou menos da pior maneira que eu poderia.

O que foi mais difícil de fazer no filme?

ROCKWELL: No começo, foi basicamente Allison e eu, porque Robert estava fazendo *Balada do Pistoleiro* e Quentin fazia publicidade para *Pulp Fiction*. Mas ninguém queria tomar uma decisão sem aprovação do Quentin. E aqui estava eu, um dos produtores executivos, que se quisesse um palito de dentes ou uma xícara de café na sala costumava ouvir: "Melhor checar com o Quentin". Eu me vi negociando com o terceiro assistente do Quentin. Mas quando finalmente cheguei até ele, foi tudo bem.

"PENSO NA MÚSICA ANTES DE TUDO, ÀS VEZES UMA MÚSICA ME DÁ A IDEIA DE COMO CONSTRUIR SEQUÊNCIAS INTEIRAS."

Quentin quase largou no último minuto?

ROCKWELL: Fiz uma cirurgia no joelho, uma grande reconstrução, e estou na cama com

"ÉRAMOS 50 FUNCIONÁRIOS. AGORA, SOU O ÚNICO. O ÚNICO IDIOTA. O MENSAGEIRO DA NOITE."

CHESTER (TARANTINO), TED, O MENSAGEIRO (TIM ROTH) E NORMAN (PAUL CALDERON), EM *GRANDE HOTEL*, 1995

uma máquina movendo meu joelho. Eu estava voando como uma pipa num derivado da morfina quando recebi esse telefonema. Era a Allison. Ela disse: "Adivinha? Quentin está recuando!". Foi uma semana antes de ela começar a rodar. "Por quê?" "Ele só está totalmente estressado. Ele me disse: 'Apenas não estou empolgado com isso e não quero fazer algo com que não estou empolgado'." Eu disse: "Quer saber? Ele não pode recuar. Não é uma opção. Se ele fizer isso, vou pegar uma arma e atirar nele, daí ele vai experimentar violência de primeira. Não vai ter de assistir a um filme do John Woo". Allison apelou para o senso de lealdade dele. E o humilhou e o fez se envergonhar. Ótimos motivadores. Então, na próxima vez que o vi, ele estava, tipo: "Sabe, eu estava no avião e li de novo, e comecei a ficar mesmo empolgado com isso de novo".

Quando você viu a versão bruta pela primeira vez, qual foi sua reação?

ROCKWELL: Sou o último cara com quem você quer ir a uma versão bruta. Eu queria pular pela janela depois. Fomos todos para o Denny's, em Los Angeles, e estávamos lá pedindo pizzas e sanduíches e enormes refrigerantes. Eu disse: "Bem, pessoalmente, acho que o filme foi mesmo uma merda". Tinha mais de duas horas e meia de duração, pelo menos quarenta e cinco minutos a mais do que deveria. Robert foi o mais enxuto, vinte e quatro minutos, mas senti que o resto do nosso troço era insuportavelmente longo. Quentin disse: "Que é isso, cara, vai. Só temos de voltar e repensar esse troço". Allison estava repensando ela mesma, e ela é bem crítica. É uma coisa feminina. Ela é como um anel de temperamento humano. Com Quentin você sabe exatamente o que ele está pensando, mas não sabe exatamente o que ele está sentindo. Robert é o extremo oposto de Allison. Você não sabe o que ele está pensando ou sentindo. Você não pode dizer se alguém matou o cachorro dele. Se ele te diz alguma coisa, é em frases bem curtas, tipo: "É comprido demais".

Por que não entregou seu quarto para outra pessoa editar?

RODRIGUEZ: Edição é algo tão subjetivo. Se Alex tivesse dado esse filme para eu cortar, eu teria feito do meu jeito, que não seria necessariamente o melhor para o filme ou para seu estilo. No meu quarto, há seiscentos cortes em vinte minutos. O quarto de Quentin têm três cortes nos primeiros dez minutos. Se outra pessoa te diz para cortar algo, você acaba com algo que não é realmente seu, e não é realmente dela.

Qual foi a atitude da Miramax?

ROCKWELL: O maior desafio para nossa amizade e bem-estar no filme era menos baseado em nós mesmos e mais nos poderes superiores. Não estou apontando o dedo e dizendo que eles tentaram nos dividir. É só que... é o trabalho deles. Isso é uma comédia. Coloque-se no lugar dos distribuidores. Você diz: "Uma comédia deve ter cerca de 90, 100 minutos". Eles dizem: "Queremos que vocês cortem". Não dava para cortar mesmo o do Robert, é como uma tira de quadrinhos. Acho que Robert não mudou um *frame* desde a edição bruta. Quentin rodou o seu em longos planos, então é difícil cortar o dele. Então a pressão ficou em mim e na Allison. Olha, eu adoro o trabalho do Quentin e do Robert e da Allison, mas o resumo é, eu tenho de reunir minhas tropas no meu filme. Eu disse a Bob e Harvey [Weinstein, que dirige a Miramax]: "Bem, ok, todo mundo vai cortar um pouco, certo?". E Harvey e Bob caem na gargalhada e dizem: "Quem vai dizer a Quentin que ele tem de cortar?". Harvey diz: "Bem, vou dizer a ele que Alex está cortando, mas daí ele vai pensar que pode acrescentar minutos ao seu quarto".

Foi difícil criticar Quentin?

ANDERS: Quentin, num ponto, queria dirigir uma última parte, a última do filme. E eu disse que não. Ele perguntou por quê. Eu disse: "Porque eu escrevi. É o final da minha história, mesmo que venha no final dos créditos". Ele disse: "Bem, e daí?". E eu disse: "E daí? O que você quer dizer com 'e daí'?". E ele disse: "Sabe, vocês sempre dizem que somos como uma banda, como os Beatles, em que todo mundo discute – 'Não, eu quero cantar o principal, quero cantar o principal' – e fazem um disco e se separam". E eu disse: "Bem, há outros tipos de bandas que fazem um sucesso e desaparecem, como os Buckinghams, em que todo mundo puxa o saco de todo mundo". E ele disse: "Bem, eu gostaria mais do modelo puxa-saco agora". E eu digo: "É, desde que seja o seu o saco puxado". Ganhei essa.

A pressão de conseguir corrompeu vocês, destruiu a amizade?

ROCKWELL: Eu estava sentado lá conversando com Quentin sobre como você tem de proteger sua integridade. Olhe para os anos 1970. Hollywood absorveu um monte de diretores. Um monte de amigos deixaram de ser amigos. Muita gente perdeu sua pegada. Sean Penn uma vez perguntou a Brian De Palma:

"O que houve com vocês? O que aconteceu?". E Brian disse: "Bem, depois de um tempo as pessoas começam a duvidar tanto de você que as vozes delas entram na sua cabeça e você mesmo começa a ter dúvidas. E quando isso acontece, você não consegue fazer nada direito". Então eu disse para o Quentin: "Acredite em mim, eles vão cair sobre você como lobos sobre a carne", o que eles fizeram, você sabe. Quentin estava olhando para mim, e então? Eu me senti como um pamonha. Pensei: Ai, meu Deus, sou o sr. Paranoico Nova York. E aqui está o Sr. É uma Grande Oportunidade para Mim L.A. – ele adora o desafio de ser uma figura pop no meio do círculo pop.

Valeu a pena? Vocês fariam de novo?

ANDERS: Mesmo se fracassamos e terminamos odiando um ao outro, tentamos algo que não havia sido feito. Mas, claro, todos sentimos como o filme funciona como cinema, e que nossa amizade está na verdade muito melhor como resultado de termos passado por isso juntos.

TARANTINO: Não sei. O grande problema de fazer um filme como esse é que, até onde o público sabe, é um concurso de popularidade: quem fez o melhor, quem fez o pior. Que não é de onde viemos. Eu não faria de novo imediatamente. Não quero fazer nada imediatamente. De qualquer forma, ainda somos amigos, melhores amigos do que quando começamos.

TED, O MENSAGEIRO (TIM ROTH) E
CHESTER (TARANTINO), EM
GRANDE HOTEL, 1995

2

GRANDE HOTEL

POR EMANUEL LEVY

Quatro dos mais quentes diretores independentes americanos – Allison Anders, Alexandre Rockwell, Robert Rodriguez e Quentin Tarantino – pegaram uma oportunidade única de mostrar seus talentos idiossincráticos – e grandes loucuras – em *Grande Hotel*, uma decepcionante e entediante antologia de quatro curtas, passados em quartos separados de um outrora grande hotel de Los Angeles. O *status cult* de Tarantino e a recente popularidade de Rodriguez deveriam ajudar o marketing inicial desse curioso item avidamente aguardado, mas a Miramax enfrentou um desafio duro superando resenhas negativas e um boca a boca ruim ao guiar essa extravagância lúgubre ao grande público.

As quatro histórias se passam no mesmo hotel às vésperas do ano-novo (assumidamente uma ideia de Rockwell), com um novo mensageiro a trabalho, Ted (Tim Roth), o único personagem que aparece em todos os segmentos. Na primeira história bem sem sentido, "Strange Brew", uma história sobre o mistério e o poder feminino, Anders procura fazer uma sátira de desconstrução de arquétipos femininos.

Uma seita de bruxas entra numa suíte de lua-de-mel para ressuscitar sua deusa, Diana (Amanda DeCadenet), uma *stripper* dos anos 1950. Entre o grupo está Athena (Valerie Golino), uma sacerdotisa tipo cigana; a glamorosa Elspeth (Madonna), que chega com sua namorada (Alicia Witt), uma delinquente juvenil em condicional; Raven (Lili Taylor) e Jezebel (Sammi Davis). Cada uma traz um fluido corporal (sangue, suor, lágrimas) para o encontro, exceto a novata Eva (Ione Skye), que acidentalmente engoliu sua contribuição – sêmen. Ela é mandada para encontrar um espécime substituto para o ritual, e o mensageiro é sua vítima.

"Two Sides to a Plate", de Rockwell, possivelmente o segmento mais fraco, começa com Ted inocentemente entrando no quarto 404 com um balde de

"DESDE ENTÃO, ENTENDI QUE AS PESSOAS IRIAM AMAR OU ODIAR MEUS FILMES, E ERA MELHOR ME ACOSTUMAR COM ISSO."

MAN (ANTONIO BANDERAS) E ANGELA (JENNIFER BEALS), EM *GRANDE HOTEL*

gelo, apenas para encontrar um homem chamado Siegfried (David Proval) apontando uma Magnum .357 para sua bela esposa, Angela (Jennifer Beals), que está amordaçada e amarrada a uma cadeira. Com essa aventura supostamente psicológica, na qual o maridão testa o amor conjugal ao acusar o mensageiro de ter um caso com sua esposa, o filme afunda a um nível de inconsequência quase irremediável.

O filme recebe uma injeção de energia bem necessária na terceira – e sem dúvida mais divertida – sequência, "The Misbehavers", na qual Rodriguez mostra novamente seu magistral controle bem-humorado de câmera numa história em que duas crianças, Sarah, de nove anos e Juancho, de seis, acabam destruindo um quarto de hotel enquanto seu pai gângster (Antonio Banderas) e sua mãe (Tamlyn Tomita) estão passando a noite na cidade.

No capítulo final, "The Man From Hollywood", Tarantino presta homenagem a Hitchcock. Chester Rush (Tarantino) – o mais novo astro de comédia da cidade – e seus amigos Leo (Bruce Willis) e Norman (Paul Calderon) recriam o episódio "O Homem do Rio", de *Alfred Hitchcock Apresenta*, na qual Peter Lorre aposta que Steve McQueen não consegue acender seu isqueiro dez vezes seguida, com seu dedo mindinho como preço de falhar. O mensageiro Ted é trazido sem escolha para a rixa.

Mais decepcionante é o quão banal e sem imaginação é a maior parte do texto. Não há nada experimental ou diferente na obra, além da novidade de diretores superastros dando uma corridinha esperta, apesar de nem louca nem rapidamente o suficiente. Como um grupo, os diretores se provam mais hábeis atrás da câmera do que como autores; os segmentos de Anders e Rockwell são particularmente mirrados. Mas até os diálogos notoriamente afiados de Tarantino estão em falta aqui.

Num papel que foi concebido para – e teria sido mais bem interpretado por – Steve Buscemi, Roth faz uma imitação barata e inconsistente de Jerry Lewis em seu lado mais neurótico; *O Mensageiro*, de Lewis, de 1960, parece ser a inspiração. Mas Roth não tem frases inteligentes a dizer e seu trabalho é só maneirismos, resultando num desempenho fraco não característico seu.

Considerando o tamanho e o calibre do elenco, é chocante que não haja desempenhos que se destaquem. Os pequenos prazeres que se tem aqui são detectar as diferentes estratégias narrativas e estilos visuais empregados pelo quarteto. Favorecendo mega-*close-ups* e montagens furiosas, o segmento de Rodriguez tem o ritmo mais acelerado e o maior número de cortes. Em contraste, a elaborada *mise en scène* de Tarantino se beneficia de tomadas extremamente longas, que a câmera astuta de Andrzej Sekula registra numa série de pans dentro do episódio de um *set* só.

A sequência de créditos em animação, uma espécie de homenagem às comédias cartunescas e cafonas de Frank Tashlin, assim como à *Pantera Cor de Rosa*, é divertida, e cada episódio é bem filmado e editado por profissionais habilidosos. Mas o brilho da produção conflita estranhamente com a falta de substância do material, só tornando a falta de esperteza e estranheza do filme mais perceptíveis. Os diretores devem ir para seus próximos projetos para deixar essa vergonha para trás o mais rápido possível.

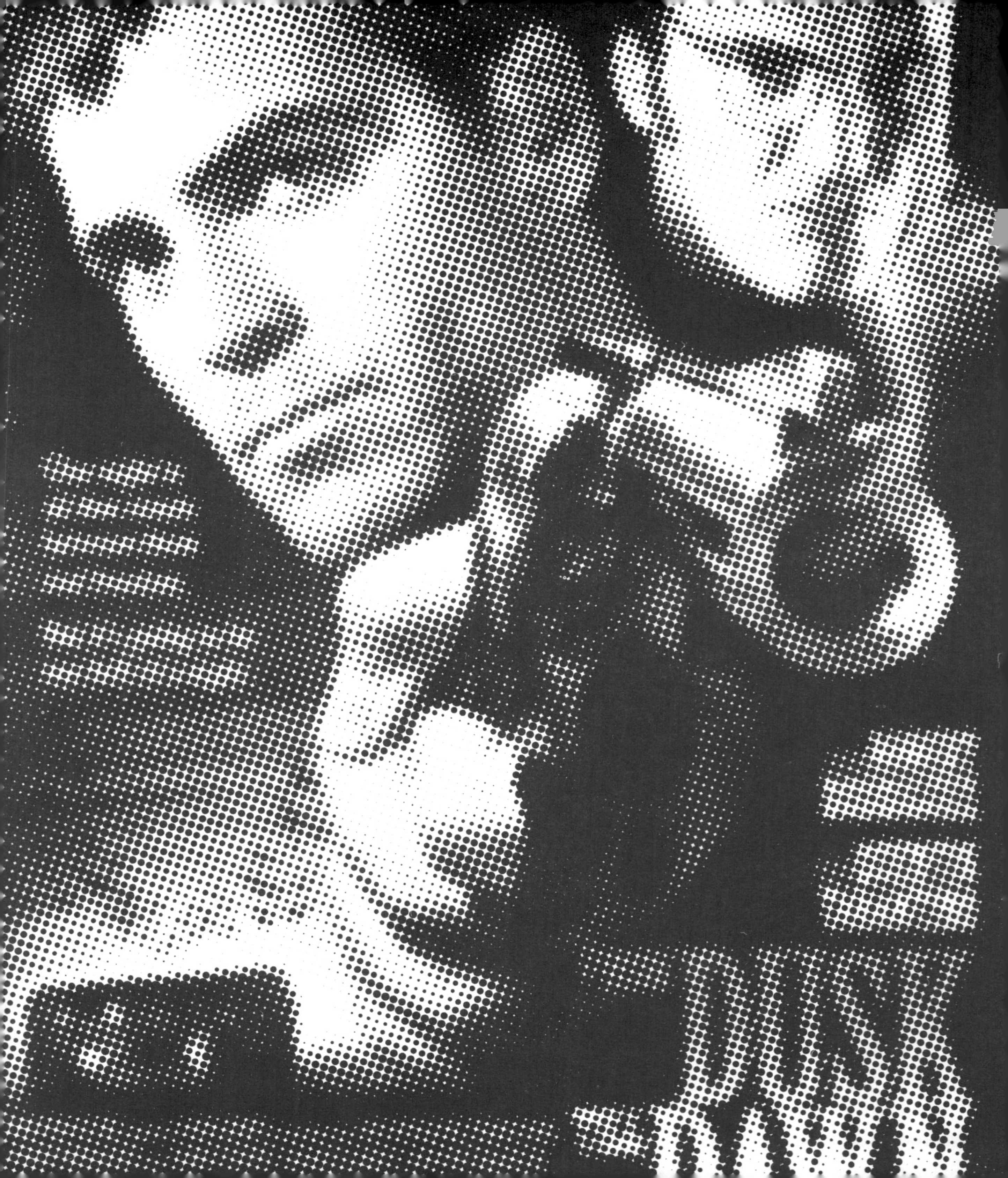

TARANTINO'S FILM

DRINK

UM DRINK NO INFERNO

1996

R RESTRICTED
UNDER 17 REQUIRES ACCOMPANYING PARENT OR ADULT GUARDIAN
PERVASIVE STRONG HORROR VIOLENCE AND GORE, LANGUAGE AND SEXUALITY

SETH GECKO (GEORGE CLOONEY)
E RICHARD GECKO (TARANTINO),
EM *UM DRINK NO INFERNO*, 1996

1 O HORROR PULP DE TARANTINO

POR MICHAEL BEELER

Muito antes de ele batizar a todos em sua comunhão sangrenta de violência e caos generalizado, Quentin Tarantino era apenas mais um trabalhador das nove às cinco. Naquela época, sua escrita era apenas uma coisa meio período, relegada a horários tardios, quando as ruas estavam vazias e o Canal 5 estava fora do ar. Tanto *Amor à Queima-Roupa* quanto *Assassinos por Natureza* foram escritos durante essa época de sua vida, quando os sonhos eram grandes demais e o pagamento pequeno.

Mas tudo mudou quando ele foi procurado por Robert Kurtzman e Jon Esposito, que tinham uma pequena história sobre gângsteres, vampiros e um bar mexicano ao sul da fronteira chamado Titty Twister ["Espremedor de Teta"], que eles queriam que alguém desse corpo num roteiro. "O resumo original de Bob Kurtzman tinha talvez quatro parágrafos ou uma página, e daí eles iam para o Titty Twister e então as próximas seis páginas eram dentro do Titty Twister", disse Tarantino. "Bem, minha ideia era: 'Vamos colocar o Titty Twister bem, bem pra frente! E vamos apenas construindo até o ponto em que eles chegam lá'."

"Então, é um filme total de suspense sem nem um toque de terror. Você não escuta um rádio dizendo: 'Houve alguns desaparecimentos misteriosos no México!'. Não há nenhuma dica de que haverá vampiros. E então, quando eles aparecem, é tipo 'uau'! E a plateia, como os personagens no filme, não pode acreditar no que está na sua frente e com o que ela tem de lidar. O filme realmente faz esse tipo de guinada."

"AQUI, NO TITTY TWISTER, REDUZIMOS OS PREÇOS DAS BUCETAS PELA METADE."

SANTANICO PANDEMONIUM (SALMA HAYEK) E RICHARD GECKO (TARANTINO), EM *UM DRINK NO INFERNO*

Tarantino escreveu o roteiro em menos de um mês, e com o dinheiro que recebeu pôde finalmente largar o trabalho e realizar seu sonho de se tornar um autor. "Esse foi o primeiro dinheiro que recebi para fazer minha arte, para fazer o que faço", disse Tarantino. "Larguei meu emprego diário por aqueles mil e quinhentos dólares. Bem, não era muito dinheiro para levar uma nova vida, mas funcionou bem. Acabei nunca mais tendo de arrumar um trabalho diário novamente porque desse trabalho consegui sete mil dólares para reescrever esse pequeno filme e dez mil para escrever outro pequeno filme. Eu estava de fato me sustentando. No começo não foi lindo, mas foi bom o suficiente. Na verdade, eu estava melhor do que jamais havia estado."

Aproximadamente, pelos próximos cinco anos, o roteiro de Tarantino para *Um Drink no Inferno* seguiu o caminho de muitos roteiros em Hollywood que vão para desenvolvimento e acabam nunca vendo a luz do dia. "O roteiro de *Um Drink no Inferno* nunca ficou realmente engavetado, estava no purgatório", diz Kurtzman, o K da KNB EFX, que esperava transformar o roteiro em seu filme de estreia como diretor. "Eu tinha combinado que iríamos fazer como um filme de [*Contos da*] *Cripta*. Estávamos nas negociações finais para fazer como o primeiro filme. Teria sido *Os Demônios da Noite*. E as negociações fracassaram. Foi como um pesadelo."

"Após cinco anos, decidi desistir como diretor e fiquei desligado disso por um tempo. Então, quando Quentin Tarantino ficou grande, o projeto se tornou maior. As pessoas queriam fazer o filme por mais dinheiro e porque eu não havia dirigido nada eles não queriam que eu dirigisse com um orçamento de dez milhões de dólares, porque eu era um iniciante. Lutei contra isso por um tempo, então decidi que era hora de seguir em frente e só tirar o filme do chão. Recebi crédito de produtor e de história e fiz os efeitos."

Foi por essa época que Robert Rodriguez (*El Mariachi*, *A Balada do Pistoleiro*) foi trazido ao projeto como diretor e Tarantino concordou em reescrever seu primeiro roteiro. "Robert foi de fato a verdadeira razão pela qual o projeto seguiu", disse Kurtzman. "Passei o roteiro para alguns produtores e eles chamaram Robert, que eu nunca tinha encontrado antes. Robert levou de volta a Tarantino e disse: 'Acho que quero fazer isso'. E Quentin disse: 'Ótimo, então me envolvo!'."

Kurtzman aponta: "O roteiro realmente não mudou tanto. Quando Quentin veio para reescrever, ele apenas poliu um pouco os diálogos e coisas com que ele queria brincar, mas é o mesmo filme".

A maior parte da reescrita de Tarantino no roteiro concentrou-se em levar o que ele descrevia como os personagens bidimensionais de filmes apelativos e dar a eles uma sensação mais tridimensional. "Escrevi o roteiro há muito tempo", admitiu Tarantino. "Escrevi para ser um filme apelativo, e era exatamente o que deveria ser. Não era um filme conceitual artístico."

"Então olhei para o roteiro de novo que escrevi originalmente sem dinheiro e em três semanas. Senti que podia melhorá-lo porque agora tinha um pouco mais de tempo e havia me tornado um escritor melhor. Mantive a estrutura praticamente a mesma. Na verdade, cada vez que eu tentava acrescentar uma cena, percebia como era boa a estrutura porque de repente as coisas não faziam sentido, as coisas não funcionavam tão bem quanto funcionavam. Mas o que eu realmente poderia fazer era investir nos personagens."

A personagem adolescente Kate Fuller foi melhorada quando Tarantino descobriu que Juliette Lewis ia interpretar o papel. "Sou amigo da Juliette, e ela me ligou", diz Tarantino. "Ela disse que leu o roteiro original e estava interessada em fazer. Ela é uma das jovens atrizes mais bacanas dos Estados Unidos, e achei que seria melhor tornar o papel digno dela. Aumentei o papel um pouco, só para que valesse a pena fazer."

Mas o investimento de Tarantino nos personagens não incluía pintar os vampiros do filme como forasteiros melancólicos e sensíveis lidando com a culpa e o horror de seu estado de mortos-vivos. "Acho muito falso chamar esse de um filme de vampiros", disse Tarantino. "E é por causa da forma como os filmes de vampiro são feitos hoje em dia. São revisionistas. Tudo é revisionista. Filmes de vampiro agora entram na psique da dor do vampiro por matar todas essas pessoas e a tortura de ter de viver por milhares de anos."

"Esse não é assim! Esses vampiros são um bando de monstros da porra! Eles não têm alma! Eles não dão a mínima! São vampiros porque vivem de sangue e, se te mordem, você vira vampiro. São morcegos, ratos, sujos, criaturas fedidas, monstros nojentos. Nunca nos identificamos ou os respeitamos e não temos remorso em matá-los."

Tarantino confessa que há um significado maior no roteiro do que só uma festa de sangue mexicana. O subtexto, ele acha, pode não ser para todos. "Há subtexto em toda minha obra", disse Tarantino. "Há definitivamente um segundo drama acontecendo por baixo. É o que o torna especial. Está lá para quem quiser entrar na discussão sobre a perda de fé. É tratado seriamente,

"ERA PARA NÃO FAZER MAIS GAROTAS COMO REFÉNS."

mas é subtexto. É o que faz valer a pena. Não gosto de sublinhar isso. Não estou fazendo um filme de mensagem."

Em retrospecto, o roteiro e o processo de realmente trazê-lo para a tela teve um impacto dramático na vida de Tarantino. Foi o projeto que finalmente o possibilitou de trazer sua energética forma de contar história às portas do mundo. "Mais até do que dirigir meu primeiro filme, escrever *Um Drink no Inferno* foi a coisa mais empolgante da minha vida", diz Tarantino. "Quando sua vida muda de escrever no tempo livre e trabalhar diariamente para quando você realmente pode se sustentar fazendo o que faz, isso é magnífico. Estou arrepiado só de pensar. Não houve outro grande salto como esse na minha vida."

2 TARANTINO REESCREVE TARANTINO

POR CYNTHIA BAUGHMAN

No final de 1990, Robert Kurtzman, um maquiador e técnico de efeitos especiais e sócio da empresa de efeitos KNB EFX Group, estava procurando um roteirista para dar corpo em roteiro para uma história que ele escrevera com John Esposito e queria dirigir. Com base em dois roteiros não produzidos enviados a ele como amostras de escrita, *Amor à Queima-Roupa* e *Assassinos por Natureza*, Kurtzman contratou um autor por mil e quinhentos dólares, tornando-se assim a primeira pessoa a pagar ao então desconhecido Quentin Tarantino para escrever. Em certo ponto cogitado para o *Contos da Cripta*, o roteiro foi passado de um lado para o outro por anos, enquanto Kurtzman tentava, como um diretor ainda não testado, conseguir financiamento e Tarantino se tornava famoso. Depois do sucesso de *Pulp Fiction*, Tarantino recebeu a chance de dirigir seu velho roteiro, mas recusou; concordou, entretanto, em entregar o roteiro de oitenta e oito páginas de *Um Drink no Inferno*

"EU NÃO QUERO FAZER ISSO, MAS VOU TRANSFORMAR ESSE LUGAR NUM INFERNO DE SANGUE SE VOCÊ..."

SETH GECKO (GEORGE CLOONEY), SEX MACHINE (TOM SAVINI) E RAZOR CHARLIE (DANNY TREJO), EM *UM DRINK NO INFERNO*

para Robert Rodriguez (*El Mariachi*) dirigir.[1] Tarantino ficou com os personagens originais, história, estrutura e muitos dos diálogos originais, mas acrescentou cerca de vinte e cinco páginas que desenvolvem os personagens e aumentam o suspense. Comparando as duas versões do roteiro, escritas com uns cinco anos de diferença, revelam-se aspectos do processo de revisão de Tarantino que podem ser instrutivos em entender como ele desenvolve sua obra e seus temas, incluindo exploração de fantasias de violência e particularmente de violência sexual.

Um Drink no Inferno começa como um filme de ação/*thriller* de Tarantino, com dois caras malvados de terno preto, dessa vez irmãos, numa situação tensa. Seth e Richard Gecko acabaram de roubar um banco em Abilene, e na cena de abertura do roteiro o psicopata Richard transforma uma visita a uma loja de conveniência num banho de sangue. "O que eu te disse? O que eu te disse? Compre o mapa da estrada e saia", explode o mais controlado Seth quando eles deixam a loja de bebidas em chamas com dois corpos, incluindo um guarda texano, no chão.[2] Agora eles têm de correr até o México onde um contato, Carlos, vai abrigá-los. Num motel vagabundo no meio do caminho, eles cruzam com um viúvo que outrora fora pastor,

Jacob Fuller, seu filho adolescente Scott e a filha Kate, e forçam toda a família a passá-los para o outro lado da fronteira em seu Winnebago, para um bar de motoqueiros e caminhoneiros, aberto a noite toda, onde Carlos vai se unir a eles de madrugada. Depois de uma briga no bar, no final do dia, quase dois terços já passados do roteiro, o *thriller* de repente muda de gênero, se transformando num filme de terror, quando os cidadãos do bar, literalmente sentindo cheiro de sangue, transformam-se em vampiros e trancam as portas. Os malvados e os reféns se unem, enquanto tentam manter os vampiros longe até de manhã, quando Carlos vai aparecer e, o mais crucial, o sol vencer os mortos-vivos. No final de uma longa noite, apenas Seth e Kate, que parece ter encontrado sua vocação como matadora de vampiros, permanecem para sair no Winnebago com a grana de Abilene; eles poderiam renascer como Mickey e Mallory (*Assassinos por Natureza*) ou Clarence e Alabama (*Amor à Queima-Roupa*) ou Butch e Fabienne (*Pulp Fiction*).

As revisões mais extensas de Tarantino sobre sua primeira versão envolvem o desenvolvimento do irmão malvado Richard de um simples sequestrador/ladrão perverso a um predador sexual. Em ambos os roteiros, os dois irmãos pegam Jacob e o filho Scott como reféns no quarto de motel, e, quando a irmã Kate volta da piscina, pingando de maiô, Richard começa a observá-la ameaçadoramente. Na versão revista de 1995, num momento assustador e eficiente, Richard alucina que Kate o convida a "me faça um favor e coma minha boceta" (1995, p. 35) e o roteiro deixa claro que ele acredita de fato ter ouvido essa voz: mais tarde, enquanto ele guarda Kate e Scott atrás do Winnebago, ele pergunta suavemente, para completa perplexidade dela: "Você falava sério lá atrás...? Estava falando sério ou estava brincando? Só estou falando isso porque se você quiser mesmo que eu faça isso por você, eu faço" (1995, p. 45).[3] Enquanto Richard está atrás da Winnebago vivendo essas ilusões, Seth senta-se na frente com Jacob, dirigindo em direção ao México e fechando um acordo. A seguinte conversa vem da versão de 1991 do roteiro, mas os termos do acordo estão em ambas.

SETH:

[...] Você nos leva ao México e não tenta fugir, eu mantenho meu irmão longe da sua filha e te solto de manhã.

JACOB

Não vai deixá-lo tocar nela?

SETH

Eu posso cuidar do Richie, não se preocupe. (1991, p. 29)

A versão de 1995 acrescenta a seguinte alegação de Seth sobre cuidar de Richie.

SETH

[...] Te dou minha palavra.

Seth não pode evitar de pensar sobre a última vez que deu sua palavra (1995 p. 42)

A tensão da versão de 1995 do roteiro é consideravelmente aumentada pelo acréscimo da sequência composta dos acontecimentos que Seth se lembra aqui, "a última vez que ele deu sua palavra". Na versão de 1995 do roteiro, quando os irmãos Gecko chegam ao motel, num momento reminiscente da chegada do sr. Blonde ao depósito em *Cães de Aluguel*, eles abrem o porta-malas do carro para revelar que uma "mulher de quase cinquenta anos está deitada, amarrotada no porta-malas. Ela é a CAIXA DE BANCO REFÉM de Abilene. Está dura, machucada e totalmente acabada" (1995; pp. 14-15). No quarto de motel, "Seth se vira para a refém, pega uma cadeira e desliza para a frente dela".

SETH

Agora precisamos conversar. Qual é seu nome?

REFÉM

Gloria.

Ele a cumprimenta com um aperto de mão.

SETH

Olá, Gloria. Sou Seth, e aquele é meu irmão Richie. Vamos ao que interessa. Vou te fazer uma pergunta e só quero uma resposta de sim ou não. Quer sobreviver a isso?

GLORIA

Sim.

SETH

Bom. Então me deixe explicar as regras da casa. Siga as regras, nós nos damos bem, como uma casa em chamas. Regra número um: sem barulho, sem perguntas. Você faz barulho... (ele levanta seu .45)
...O sr. .45 faz um barulho. Você faz uma pergunta, o sr. .45 responde. Agora, você está bem certa sobre a regra número um?

Seth continua explicando as regras e então promete:

SETH

Gloria, você aguenta aí, segue as regras e não fode com a gente, você sairá com vida. Te dou minha palavra, ok?

Ela assente com a cabeça. (1995, pp. 17-18)

Seth deixa o quarto de motel e, depois que se vai, Richard olha para a TV, então olha para Gloria sentada do outro lado do quarto numa cadeira.

RICHARD

Quer vir aqui ver TV comigo?

Vê-se que ela não quer.

Ele bate no espaço vazio ao seu lado.

RICHARD

Vem.

Ela levanta da cadeira, anda até a cama e se senta ao lado dele (1995, pp. 18-19).

A cena termina e essa é a última vez que vimos Gloria com vida. Seth faz negócios fora do motel, e voltamos para o quarto onde Richard está fumando maconha e vendo reportagens de TV sobre as histórias criminosas dos irmãos Gecko e a farra recente. Pela televisão ficamos sabendo que Richard acabou de tirar Seth da prisão onde ele cumpria pena por assalto à mão armada e que Richard é um "conhecido assaltante e estuprador" (1995, p. 20).

Finalmente Seth volta com cervejas e dois sacos de hambúrgueres Big Kahuna (um mau presságio de *Pulp Fiction*). Seth e Richard começam a jantar e conversam sobre seus planos, até que Seth para de falar e olha ao redor.

SETH

Cadê a mulher?

RICHARD

Quê?

Seth levanta da cadeira.

SETH

O que quer dizer com o quê? A porra da mulher, a refém. Cadê ela, porra?

RICHARD
Está no outro quarto.

SETH
Que porra ela está fazendo lá?

Ele vai para a porta do quarto adjunto.

RICHARD
Seth, antes de você abrir a porta, deixa eu explicar o que aconteceu.

Seth para e olha para seu irmão mais novo. Sabe o que ele quer dizer. Ele não pode dizer nada, apenas aponta para o irmão. Então, de uma vez, ele violentamente abre a porta.

O corpo nu, morto, de Gloria Hill está na cama. É óbvio que Richard a estuprou e a matou.

Seth cobre os olhos com as mãos. Ele lentamente entra no quarto onde está o corpo morto.

SETH (para si mesmo)
Ah, Richard, o que há de errado com você? (1995, pp. 26-27)

Richard tenta convencer Seth de que Gloria tentou escapar, e que ele não teve escolha a não ser matá-la, mas Seth não compra a desculpa.

SETH (aproximando-se lentamente)
Sou eu? A culpa é minha?

RICHARD
Não é culpa sua, é culpa dela!

Seth agarra Richard e o JOGA no canto do quarto, segurando firmemente seus pulsos.

SETH

A culpa é minha? Você acha que é isso que eu sou?

SETH

Este não sou eu! Eu sou a porra de um ladrão profissional. Eu roubo dinheiro. Tente me deter, e Deus te ajude. Mas eu não mato gente. Eu não preciso, e não estupro mulheres. O que você está fazendo não é como se faz, entendeu?

RICHARD

Seth, se você fosse eu...

SETH

Apenas diga sim! Nada mais, só diga sim.

RICHARD

Sim.

SETH

Sim, Seth, eu entendi.

RICHARD

Sim, Seth, eu entendi.

Seth abraça forte seu irmão mais novo.

SETH (cochicha no ouvido de Richie)

Chegamos ao México, vai ser sopa no mel, bebidas 100%, e arroz e feijão. Nada dessa porra vai importar. (1995, pp. 25-29)

E com essas palavras Seth faz a segunda promessa que será quebrada no roteiro.

Os fatos terríveis da morte de Gloria pairam sobre a cena em que Seth faz com Jacob o mesmo acordo que fez com Gloria, da proteção em troca de cooperação. Ao desenvolver Richard como um agressor sexual psicótico, mostrando-nos graficamente que Seth promete proteger Kate, pode não significar nada, Tarantino intensifica consideravelmente o nível de suspense no roteiro. Discute-se também que, com esse desenvolvimento, Tarantino dá certa lógica psíquica à abrupta mudança no gênero que marca o roteiro. Assim como o destino miserável de Marion Crane na metade terror de *Psicose* pode ser lida como um tipo de resposta à sua transgressão na metade drama/*thriller* do filme, ou o romance de Melanie com os passarinhos na abertura de comédia romântica parece provocar a subsequente fúria de *Os Pássaros*, talvez seja o derramamento gratuito de sangue na loja de conveniência e, mais importante, o ataque sexual à refém Gloria Hill (cujo nome, uma vulgarização de *mons veneris*, sugere que ela representa a sexualidade feminina em geral) que provoquem a vingança dos vampiros. Portanto, o roteiro inteiro pode ser lido como uma fantasia de vingança feminina pelo abuso masculino.

O bar onde os irmãos Gecko esperam encontrar seu protetor é chamado de "The Titty Twister", e as diretrizes de cenário nos dizem que:

> Abaixo do orgulhoso letreiro com o nome do local, e sobre o "Bar de motoqueiros/caminheiros, do Fim do Dia Até o Amanhecer", está uma mulher bem-dotada, cujos peitos estão sendo torcidos por uma mão de néon. (1995, p. 56)

Portanto, a placa anuncia o lugar como um palácio de ataque sexual de mulheres. Um anunciante na frente divulga as mulheres à venda com um repugnante senso de propriedade: "Liquidando todas as xoxotas [...] estamos cortando as bocetas ao meio! É a limpa das xoxotas! Faça uma oferta para nossa vasta seleção [...]" (1995, p. 57).

Dentro do bar, garçonetes, prostitutas e artistas são agarradas vorazmente, mas a dançarina Santanico Pandemonium apresenta um novo espírito de agressão feminina. Um anunciante proclama:

RAZOR CHARLIE

E agora, para seu prazer visual, a Rainha do Macabro, o Epítome do Mal. A mulher mais sinistra a dançar sobre a face da Terra. Seus cachorros, fiquem de joelhos, abaixem as cabeças e venerem os pés de SANTANICO PANDEMONIUM! (1995, p. 70)

A direção de cena nos diz que essa "deusa mexicana" tem "a beleza da sereia que leva os homens à sua perdição" e, quando ela vê a mesa dos Fuller/Gecko, ela "foca no nosso garoto Richard" (1995, pp. 70-71). Santanico dança ao redor de Richard, derrama uísque na perna e o deixa sugar de seus dedos do pé; Richard está hipnotizado, e "Kate, estranhamente, está fascinada pelo poder controlador que essa mulher tem sobre um homem de quem ela morre de medo" – Santanico parece estar atingindo um tipo de vingança para Kate. A música termina e Santanico agarra o cabelo de Richard, puxa sua cabeça para trás, dolorosamente, e pinga uísque de sua boca para a dele. Com o incentivo de Seth, Richard a convida para sentar-se com eles, e ela aceita, até que uma briga entre os irmãos e os proprietários do bar abre uma ferida no ombro de Richard e Santanico sente cheiro de sangue. "Um aroma especial preenche suas narinas. Seus olhos se fixam em Richard. O olhar em seu rosto pode ser facilmente lido como um desejo sexual intenso." Então Santanico salta para Richard, no que pode ser uma metáfora de estupro.

[...] ATERRISSA nas COSTAS dele e CRAVA suas PRESAS no OMBRO ferido de Richie.

Richard solta um GRITO agonizante.

Seth se vira para o irmão.

Ele vê SANTANICO PANDEMONIUM, como um mangusto preso a uma cobra, pernas enroladas ao redor da cintura de Richard, presas enfiadas fundo em seu ombro, e Richard gritando e se debatendo, tentando arrancá-la. (1995, pp. 75-76)

Richard morre e

Os motoqueiros e caminhoneiros que estavam hipnotizados, assistindo ao impossível, percebem que as garçonetes, dançarinas nuas e putas que eles estavam bolinando havia apenas cinco minutos se transformaram em vampiros de olhos amarelos, dentes de navalha, babando (1995, p. 76).

Certamente Santanico não sabe sobre a história dos crimes sexuais de Richard contra mulheres, mas seu ataque sobre ele parece ser uma resposta que aparece frequentemente em filmes de terror: o crime não é abertamente condenado, mas as forças negras da natureza parecem responder e punir mesmo assim.[4] Mas argumentar que o segmento dos vampiros em *Um Drink no Inferno* é em parte uma fantasia de vingança feminina sobre a agressão masculina não significa dizer que esse é um roteiro com uma animosidade feminista.

Parece-me ser uma fantasia masculina de vingança feminina, na qual a raiva transforma as mulheres em monstros, ou na qual mulheres em fúria revelam que eram monstros disfarçados o tempo todo, e em face ao ódio, homens se tornam vítimas inocentes de putas malvadas. É uma fantasia temerosa do que pode acontecer se mulheres abusadas se vingarem, mas também uma fantasia reconfortante na qual as mulheres vingativas acabam

"ESSE LUGAR VAI SE TRANSFORMAR NO CENTRO DE UMA CHACINA."

derrotadas. A única mulher que permanece de pé no final do roteiro é Kate, para a qual a experiência com os irmãos Gecko parece ser uma passagem da inocente adolescência de carola para a idade adulta feminina heterossexual.[5]

O desenvolvimento da personalidade de Kate é outro acréscimo no roteiro de 1995, e ocorre primariamente através de outra nova sequência que aumenta o suspense do filme. No roteiro de 1991, quando o Winnebago se aproxima da fronteira mexicana, Seth pede que Scott se sente na frente com seu pai, e mete a si mesmo, Richard e Kate no banheiro. Quando o trailer para na fronteira, Richard cochicha que tem certeza de que Jacob está pedindo ajuda ao guarda da fronteira; Seth o silencia; Kate chora silenciosamente e depois de um momento tenso, o trailer começa a se mover novamente e Scott vai até a porta para dizer que está tudo limpo. Na versão de 1995, a sequência da fronteira é muito mais complexa e cheia de suspense. Não apenas o precedente do tratamento de Richard com Gloria nos faz temer pelo seu tratamento com Kate trancados no banheiro, nessa versão, a suspeita de Richard de que Jacob vai denunciá-los é muito mais forte, e ele e Seth discutem a questão intensamente enquanto Scott, na frente, insiste baixinho que o pai de fato denuncie: "Pai, eu assisto àqueles *reality shows*... Todo mundo vai te dizer que, numa situação assim, se você tem uma chance, você salta nela... Se não contar aos policiais, eu conto" (1995, p. 49). Quando o trailer para na fronteira, não sabemos se Scott vai obedecer ao pai e ficar de boca fechada, mas na verdade ele fica, enquanto Jacob calmamente diz ao guarda da fronteira que ele só está com seu filho a bordo. Naquele momento, para calar Richard, Seth dá um soco nele e o guarda escuta um barulho no banheiro. Jacob atribui o barulho à filha no banheiro, que ele diz ter esquecido de mencionar antes, e o guarda, agora desconfiado, diz que vai entrar. O roteiro corta para o banheiro, onde vemos o rosto assustado de Kate. O guarda bate; Kate diz a ele que ela está no banheiro, e o guarda abre a porta vendo apenas Kate sentada na privada. "Dá licença?", ela diz. "Feche a porra da porta." O guarda se desculpa e parte, e descobrimos que Seth está escondido no chuveiro, com Richard caído no chão. O trailer consegue cruzar a fronteira, e Seth e Kate saem do banheiro.

Essa sequência não só tem mais suspense do que a cruzada de fronteira relativamente suave no roteiro anterior, mas também dá um novo tom aos personagens de Kate e Seth, e os prepara para a parceria em liquidar vampiros. Depois que o guarda da fronteira deixa o Winnebago, Seth aparece:

SETH (para Kate)

Você foi magnífica! Você disse para ele fechar a porra da porta. Eu estava escondido no chuveiro e pensava: Eu ouvi a porra que acabei de ouvir?. E o que ele faz? Fecha a porra da porta!

Kate meio que sorri.

SETH

Se eu fosse um pouco mais novo, baby, eu casaria com você!

Seth vai para a frente e bate nas costas de Jacob.

SETH

Tenho de dar o braço a torcer, paizão, você criou uma mulher do caralho (1995, pp. 52-53).

E que tipo de mulher é essa? Uma mulher que é corajosa e decidida, mas que usa essas qualidades a serviço de homens que a mantém refém. Pouco antes de Santanico Pandemonium saltar em Richard, Kate os alerta para tomar cuidado; ela se une a um esquadrão de homens para aniquilar essas aparições de vingança feminina, e o roteiro termina com ela presa a Seth: "Você é minha família agora" (1991, p. 88), ela diz.

Em outro ponto, argumentei que Tarantino é capaz de explorar fantasias de violência e estupro profunda e reveladoramente.[6] Mas Tarantino não cerca a violência sexual de *Um Drink no Inferno* que cobre a estrutura que engloba reveladoras explorações do território psíquico em *Pulp Fiction.* Enquanto argumento que *Um Drink no Inferno* explora, sim, fantasias de estupro e violência, esse roteiro sugere para mim que a violência entre homens é o assunto que realmente ferve em Tarantino, e que traz o melhor dele.

Um Drink no Inferno favorece muitos dos prazeres familiares do roteiro de Tarantino: usos inventivos do gênero; conversa hilariantemente obsessiva sobre pontos triviais ou referências de cultura *pop*, no meio de uma crise; um ritmo brilhante e, para aqueles familiares com a obra de Tarantino, a recorrência de nomes e temas. Assim como em *Pulp Fiction* o encontro de Jules com a morte o leva a uma renovação espiritual e uma nova apreciação de seu verso favorito da Bíblia, o confronto de Jacob com os vampiros restaura sua fé perdida. No começo do roteiro, ficamos sabendo que Jacob é um antigo pastor que perdeu a fé depois da morte de sua esposa e por isso abandonou a pregação. Em confronto com os vampiros, se torna claro que cruzes de fato funcionam, e que a fé é uma arma útil.[7] Na versão de 1991, Jacob Fuller caminha por um bar que está cheio de vampiros, tentando pegar seus filhos, reunidos na sala dos fundos.

Então eles ouvem a voz de Jacob no bar, gritando.

JACOB (OFF)

O caminho do homem honrado e defensor é cercado por todos os lados pelas iniquidades do egoísmo e da tirania de homens perversos.

INT. BAR - NOITE

Jacob, segurando uma cruz feita de duas varetas e recitando o apropriado verso da Bíblia, mantém os vampiros afastados. Mas como Seth previu, é o poder resplandecente de sua fé restaurada sua arma mais potente [...] Jacob recita

o verso da Bíblia num tom ameaçador, maligno, um servidor de Deus fodão. Enquanto ele fala com autoridade e respeito, ele vê Frost deitado no chão, com morcegos sobre ele como formigas num pedaço de doce. Mas Jacob está bem no controle para se deixar vencer por essa imagem repugnante.

JACOB

Abençoado aquele que em nome da caridade e do bem conduz o fraco pelo vale das sombras. Pois esse é realmente protetor de seu irmão e o pai das crianças perdidas. E eu vou executar vingança sobre eles, com uma ira furiosa, que envenena e destrói meus irmãos. E eles saberão que eu sou o senhor quando eu erguer minha vingança sobre eles.

Jacob vai até a porta.

JACOB

Abra a porta.

A porta se abre na mesma hora. Jacob salta para dentro.

A porta bate fechando.

INT. DEPÓSITO - NOITE

Kate e Scott abraçam o pai. Jacob olha para Seth.

JACOB

Ezequiel 25:17 (1991, pp. 65-66).

A versão de 1995 do roteiro não inclui o verso da Bíblia referência de *Pulp Fiction*; a direção de cena simplesmente nos diz que Jacob recita um "verso da Bíblia [sic] de maneira ameaçadora, num tom perverso, fodão, de servo de deus [sic]" – o tom de um "fodão perverso"? Com ou sem o verso de Ezequiel, entretanto, a restauração da fé por Jacob Fuller não é tão profunda e reflexiva como a de Jules em *Pulp Fiction*. *Um Drink no Inferno* também não tem a complexidade estrutural e emocional de *Cães de Aluguel* ou *Pulp Fiction*. A narrativa marcha em frente em ordem cronológica, cobrindo um período de cerca de vinte horas, e o desenvolvimento emocional dos personagens é limitado; deparando com vampiros, Jacob Fuller recobra parte da fé que havia perdido quando sua esposa morreu, e Kate nos surpreende com sua capacidade de matar vampiros. No melhor trabalho de Tarantino, pelo menos algumas das mortes são prolongadas – contamos os momentos enquanto o sr. Orange sangra, e sofremos com as vítimas de tortura de *Cães de Aluguel* e *Pulp Fiction*. Mas Seth diz para Kate quando seu pai morre: "Lute agora, chore depois" – e aquele momento de luto nunca vem (1995, p. 105). *Um Drink no Inferno* não aspira ter a complexidade de *Cães de Aluguel* ou *Pulp Fiction*. Aspira ser um roteiro de terror efetivo, e tem sucesso nisso, enquanto brinca com um gênero e explora a estrutura psíquica do terror. Tarantino tem bom gosto combinado com boa sorte em seus próprios roteiros, mantendo os mais ricos para ele mesmo dirigir, e deixando outras pessoas ficarem com os aventureiros.

Agradeço a Jane Parry, Jill Schuman, Michel Theriot e Deborah Fort e o Department of Moving Image Arts, College of Santa Fe, pela ajuda no desenvolvimento e preparação deste ensaio. Agradeço também a Richard Moran por nossa conversa contínua sobre Tarantino.

Notas

1. Jami Bernard, *Quentin Tarantino: The Man and His Movies*. Nova York: Harper--Collins, 1995, pp. 105-113, e Anthony C. Ferrante, "The Bad Boys of Horror", *Fangoria*, n. 149, janeiro de 1996, pp. 32-37; 76.

2. Quentin Tarantino, *From Dusk Till Dawn*, 1995, p. 9. Neste ensaio cito duas versões do roteiro. A página do título da versão de 1991 coloca: "FROM DUSK TILL DAWN por Quentin Tarantino; história de Robert Kurtzman"; e a página

do título da versão de 1995 diz: "FROM DUSK TILL DAWN; roteiro de Quentin Tarantino; história de Robert Kurtzman; Dirigido por Robert Rodriguez". Referências subsequentes aparecem em parênteses no texto, com a data do roteiro seguida pelo número de página "1995, p. 9". Quando esse ensaio entrou em publicação, o filme da Miramax ainda não havia sido lançado, portanto, não estava disponível para resenha.

3. Muito depois, no roteiro, quando humanos mordidos se transformam em vampiros, a transformação é anunciada por uma voz enquanto eles clamam alucinadamente: "Sede, sede". Portanto, o roteiro sugere alguma equação entre objeto das fantasias do predador sexual e o objeto do vampiro sedento por sangue.

4. Em seu belo e extenso livro sobre a poética do gênero de terror, *A filosofia do terror*, Noel Carrol discute uma interpretação psicanalítica do mito do vampiro que argumenta que a crença na volta da morte sugada de sangue mascara um desejo de visitas sexuais incestuosas de ancestrais/parentes e uma passividade sem culpa em face da moléstia (Nova York: Routledge, 1990), p. 168-70.

5. Nos últimos momentos de relaxamento antes que Santanico salte em Richard, Seth nos conta uma piada que engloba outra fantasia reconfortante da vingança feminina sobre a violência feminina.

SETH

O que me lembra uma piada. Chapeuzinho Vermelho está andando por uma floresta e ela dá com Little Bo Peep, e a Little Bo Peep diz: Chapeuzinho Vermelho, está louca? Não sabe que o Lobo Mau anda por esses bosques e que se ele te encontrar vai tirar seu vestido e apertar suas tetinhas? Então Chapeuzinho levanta a saia e bate numa Magnum .357 enfiada na cintura e diz: Não, não vai não. [...] Então ela finalmente dá com o Lobo Mau e o Lobo Mau ri e diz: Chapeuzinho Vermelho, você sabe que não devia andar por esses bosques sozinha. Sabe que vou ter de puxar seu vestido e apertar suas tetinhas. Então Chapeuzinho Vermelho tira seu .357, engatilha, enfia na cara do Lobo Mau e diz: Não, não vai. Você vai comer minha boceta, como a história diz. (1995, pp. 72-73)

Na versão de Seth do conto de fada, uma garota ameaçada com a alardeada atuação de um "Apertador de Tetas" em si, se revela como uma mulher fálica agressiva, mas o que ela faz com a arma enfiada na coxa? Ela não derruba o lobo, e sim faz o pedido que Richard fantasiou que Kate pedia no começo do roteiro.

6. Richard Moran e eu discutimos, num artigo anterior, que o estupro/tortura de Marsellus ocorre num contexto de uma reflexiva exploração de proximidade masculina, fantasias sobre o coro masculino/paterno, e sobre o sofrimento de prisioneiros de guerra americanos. Veja "A Moment of Clarity: Retrieval, Redemption, Ressurrection, and Narrative Time in *Pulp Fiction*", *Creative Screenwriting*, v. 1, n. 4, inverno de 1994, número especial sobre Quentin Tarantino, p. 108-18.

7. Tarantino espertamente reconhece que sua familiaridade com a mitologia do vampiro vem principalmente de outros filmes de vampiro – enquanto que *Um Drink no Inferno* não está cheio de referências da cultura pop como os outros roteiros de Tarantino, o seguinte diálogo reconhece seu lugar no gênero do filme:

JACOB

Alguém aqui leu um verdadeiro livro sobre vampiros, ou só lembramos do que algum filme disse? Quero dizer, um livro de verdade.

SEX MACHINE

Você quer dizer, como um livro Time-Life? (1995, p. 90)

3

TARANTINO E JULIETTE

POR MIM UDOVITCH

Quentin Tarantino tem uma gripe, e como é dele, é uma gripe foda da porra; ele está com a barba por fazer, usando jeans e camiseta e, mesmo enfraquecido, é capaz de projetar um egotismo animado tão enorme que quase passa como generosidade, um tipo de casa aberta do eu. Juliette Lewis está cansada, esbelta e chique numa jaqueta preta ajustada com barra desfiada, uma camisa azul sintética e um ar levemente cômico. Juntos, no Hamburger Hamlet, eles curtem, como apontam, um clima vibrante. Tarantino é expansivo, reflexivo e hiperativo em seu trabalho e como pessoa, enquanto Lewis é fechada, instintiva e serenamente sensual. Os dois se aproximaram no *set* de *Um Drink no Inferno* (que estreia no próximo mês), escrito por Tarantino e dirigido por Robert Rodriguez, e no qual os dois atuam – numa impressionante inversão da velha caricatura, Tarantino é um diretor que *realmente quer atuar*.

Por mais diferentes que sejam suas rotas, Lewis e Tarantino estão ambos vivendo no coração do *Mondo* Hollywood: são bem-sucedidos por seus próprios méritos dentro da estrutura da indústria; o trabalho de cada um é inimitável em sua individualidade; e numa forma que tem menos a ver com seu trabalho do que com as estranhas exigências psíquicas que os Estados Unidos colocam em celebridades, ambos são conhecidos por tirar a paciência das pessoas. (Especialmente Tarantino, cuja imagem foi de semideus a déspota nos últimos tempos; recentemente, os críticos começaram a atacá-lo por filmes – *Os Suspeitos, Coisas para se Fazer em Denver Quando Você Está Morto* – com os quais ele não tem absolutamente nada a ver. "É natural, vai acontecer", diz Tarantino da onda contra que vem em sua direção. "Se você não lê, não te afeta. E se as pessoas pensam que sou um ególatra desbocado e idiota, então, sim, estão erradas".)

"VOCÊ NÃO ACREDITA MAIS EM DEUS?"

KATE FULLER (JULIETTE LEWIS),
EM *UM DRINK NO INFERNO*

Mesmo assim, numa era de celebridades ranzinzas, ambos amam seus trabalhos. "Cada cineasta independente com quem você fala vai tagarelar sobre como as coisas estão uma merda", diz Tarantino. "E assim, bem, se estão tão ruim, por que está fazendo isso? Se a vida é tão dura para você, pare de fazer filmes!" "Atuar para mim é uma libertação algumas vezes", diz Lewis. "Eu quase fico boba, e é impressionante porque estou saindo e criando todo esse outro mundo não existente na frente de uma pequena câmera. E outras vezes", ela acrescenta, pragmática, "é apenas trabalho".

 Tudo bem. Estão prontos?

JULIETTE LEWIS: Oh, Deus, vamos fazer o jogo da verdade.

Por que os filmes são tão ruins?

LEWIS: Acho que é a grande guerra entre gente da grana e os artistas. E essa gente da grana tem essa ideia de que ou é independente-artístico ou comercial--ruim. Mas os filmes podem ter as duas coisas.

Então por que eles se prendem à ideia de que não podem?

QUENTIN TARANTINO: Bem, não acho que ainda se prendam. As regras com as quais eles vinham jogando não funcionam muito mais, e todo mundo está meio que percebendo agora. É porque basicamente toda a fórmula de referência que existia nos anos 1980, que não poderia dar errado, está dando agora. Não funciona.

LEWIS: Sim! Como em *Esqueceram de Mim*, que foi um grande sucesso e ninguém previa. Ninguém pode prever *Congo*.

TARANTINO: É, as fórmulas dos últimos dez anos não funcionam mais. Os filmes que são como sequências dos grandões funcionam porque a plateia tem um investimento naquela franquia. Mas mesmo os filmes que costumavam fazer cem milhões de dólares mal estão fazendo vinte milhões, ou nem isso. Acho que agora é a época mais empolgante em Hollywood desde 1971. Porque Hollywood nunca é mais empolgante do que quando você não sabe o que vai acontecer.

É como o rock alternativo, que é uma alternativa a que, na verdade?

TARANTINO: Exato. Fiz aquele programa na MTV, *Alternative Nation*, a semana toda quando *Pulp Fiction* estreou e disse: "Alternativa a quê?". É a merda que mais vende por lá.

Você tem de deixar a Juliette falar mais...

TARANTINO: Era ela quem mais estava falando!

Ok, vamos de *Um Drink no Inferno*. O que você interpreta?

LEWIS: Interpreto a filha de um pastor, filha de Harvey Keitel. Ele leva os filhos para umas férias, no trailer deles, e ele questiona sua fé porque a esposa morreu, então está meio bravo com Deus, e no meio disso encontramos esses dois marginais – que são Quentin e George Clooney – e eles sequestram a família. Claro que os dois bandidos entram numa briga e começa o inferno dos vampiros.

TARANTINO: Uma das coisas bacanas dos vampiros no filme é que eles são um bando de bestas carnívoras, são como ratos, são essas coisas horríveis. Não tem nada dessa busca pela alma ou a angústia de viver para sempre e ter de sugar o sangue dos outros, todo esse troço revisionista dos vampiros. São só um bando de monstros e você deve matar o máximo possível deles, porque eles vão tentar matar você.

LEWIS: E meu personagem se torna uma fodona de verdade, o que é bacana. Ela tem de se transformar numa guerreira para matar esses monstros.

Então basicamente ela entra em contato com seu lado foda interior. Um aspecto subestimado do personagem.

LEWIS: É! Bem, você não é muito desafiada na vida.

Bem, você parece estar em contato com seu lado foda interior. E como é George Clooney? Ele é um baita gostosão, na minha opinião.

LEWIS: Acho que sim. Ele é *cool*, e muita gente assim tem seu charme. Eu me lembro de achar o Scorsese sexy de perto.

Sabe, nem de longe isso me ocorre, mas vou acreditar em você. Você tem uma queda por diretores?

LEWIS: Não por diretores. Tenho essas quedas de cinco minutos por caras do serviço de quarto, manobristas, técnicos de cinema, atores – mas não de verdade, só por cinco minutos.

O garçom de serviço de quarto eu entendo bem.

LEWIS: Na verdade, o que é mais desafiador é o mensageiro, porque ele é mais silencioso. Eu não tomo iniciativa, porque não posso, sou tão protegida. E os caras não dão em cima de mim.
LEWIS: Ah, aqui está a grande observação! Gosto dessa.
TARANTINO: Juliette é uma verdadeira camaleoa. Se ela estivesse andando pela Redwood Fortes, de repente iria parecer um lagarto numa árvore. Então andamos por esse *shopping* e percebemos que nossa demografia é assim. E vou nesse lugar badalado e a menina do caixa diz: "Ah, meu Deus, é Quentin Tarantino!". E quando entramos num lugar tipo K-Mart, todas essas mulheres, essas gordas em calças *stretch*, dizem: "George Clooney! Dr. Ross!". Mas Juliette raramente é reconhecida, e não porque ela não é famosa.

LEWIS: Porque eu estava usando bermuda vermelha, um top vermelho e branco e sandálias.

TARANTINO: E ela parecia uma nativa. As pessoas nem remotamente viram a cabeça. Se eles a reconhecem, acham que estudaram na mesma escola que ela.

LEWIS: É, mas se eu usasse algo assim...

TARANTINO: Daí você iria se destacar. Você é fodona. E eu estou aqui, doente o dia todo, usando uma camiseta.

LEWIS: Mas Quentin tem roupas bacanas.

TARANTINO: Mas você é *foda*. Fodona. Mas enfim...

LEWIS: A garçonete tem que vir, Quentin, porque precisamos pegar nossos hambúrgueres.

E eu tenho assuntos a tratar.

TARANTINO: Ok, bem, espere, espere, não terminei minha história ainda. Então toda essa gente jovem metida a descolada, eles sabiam quem eu era, o povo bagaceiro sabia quem George era...

LEWIS: Ai, cara...

TARANTINO: ... e Juliette apenas *parecia* bagaceira...

LEWIS: Tá, tá...

TARANTINO: ...*mas*, nós todos parecíamos com Bobby Sherman comparado com Cheech Marin. Cheech é o cara mais famoso na porra do planeta. É tipo como se ele viesse aqui e as pessoas pisassem na nossa cara para chegar no Cheech. Entramos no Dairy Queen e Cheech estava ocupado, cara. Há tipo uma fila. Motoristas de caminhão...

LEWIS: É, e crianças, por causa de *O Rei Leão*.

TARANTINO: É, é, isso mesmo! E é tipo: "Eeeei, Cheech, dá uns pegas! Cheech! Sr. Marin, consigo seu autógrafo? Cheech, onde está Chong?". Ele é o cara mais famoso nos Estados Unidos!

Quais vocês acham que são as fantasias das pessoas sobre Hollywood? Qual é o mito de Hollywood?

TARANTINO: Não sei. Para mim esse é o problema com pesquisa de marketing e executivos – todo mundo acha que eles sabem o que o público pensa. Eu sei o que *eu* penso.
LEWIS: O público tem de ser consultado.
TARANTINO: Eu sei o que eu estou pensando. Quando faço um filme, sei o que quero ver e aposto que há outras pessoas lá como eu. Não sei se há mais um grande mito de Hollywood. Mas o que acho interessante é algo como o canal E!. Toda a coisa de desmistificar celebridades e fazer as pessoas que veem o canal E! acharem que são amigas das celebridades, porque você está apenas vendo constantemente uma barragem todo o tempo que está assistindo.

Mas você não acha que é a mesma coisa com a intimidade dos astros da antiga tipo quando Joan Crawford ficava com seus filhos lendo *The Night Before Christmas* no rádio na véspera de Natal? É como essa realidade altamente manipulada.

LEWIS: Acho. Acho que a mídia...
TARANTINO: Não, posso interromper você só por dois segundos? Acho que é exatamente o oposto. Porque é como se pegasse todas as celebridades do planeta e tentasse fazer como se elas fossem seus vizinhos. Enquanto que nos velhos tempos eles queriam transformar os astros em deuses. Eles não se *identificavam* com Joan Crawford ou Clark Gable, eles os *veneravam*. Isso existe em Hong Kong, a indústria do cinema de lá. Os astros de Hong Kong são como astros dos anos 1930 e 1940, cara. Quero dizer, são *deuses*. De um jeito esquisito, como os astros da antiga, são quase como se não fossem gente real, eles existem na tela.
LEWIS: Eu acho que o E! é a versão dos anos 1990 de fazer sensacionalismo com astros de cinema. A *normalidade* é sensacionalista, tipo: "Olhe, ela come batatas

fritas com as mãos!". E como nos artigos: "E ela cruza as pernas e olha para o teto e descansa a cabeça na porra da mão". Você só chama a atenção para um comportamento tão normal que é sensacionalista. Todas as pessoas têm seus maneirismos, então não vejo por que maneirismos de astros de cinema são mais interessantes.

TARANTINO: É engraçado, porque a coisa que eu acho bem bizarro quando leio entrevistas comigo mesmo é que eu começo a ficar ridiculamente autoconsciente em ser eu. Vinte artigos falando sobre o quão rápido eu falo e que falo com as mãos e de repente fico: "Ah, talvez eu não devesse falar tão rápido. Talvez eu devesse pentear o cabelo. Talvez eu não devesse falar tanto com as mãos". Sou obsessivo. Sou bizarro.

Não mude.

TARANTINO: Mas ninguém pode lidar com esse tipo de autoconsciência, e de repente você tem medo de ser quem é. Normalmente vou tirar fotos e sou tão defensivo, como se eu fosse lá para ter uma briga com o cara ou a mina que está fazendo o troço. Tipo: "Não, não, não, não vou deitar num balde de sangue e não vou colocar minha cara num tijolo e não vai me fotografar com uma gilete na boca ou pregos na cara. Vai tirar uma foto como se eu fosse Sharon Stone. Quero ficar bonito nessa foto, tá bom?".

LEWIS: *(Olha para o teto e suspira e descansa a cabeça na porra da mão.)* Até eu tenho culpa nisso. Você não consegue entender como alguém pode fazer um papel intenso e não ter um tipo de neurose. É a única coisa que é uma merda às vezes, você pode falar com alguém e está sendo normal, mas eles acham que a qualquer momento sua cabeça vai virar, como em *O Exorcista*.

TARANTINO: Todo mundo faz todas essas piadas ou observações sobre como estou de mentor do John Travolta sobre suas escolhas de carreira em outros filmes. Bem, ele está como *meu* mentor em ensaios de fotos.

Ok, a próxima pergunta é, Joe Eszterhas: Por quê?

LEWIS: Quem é Joe Ezterhas?
TARANTINO: É um roteirista. Ele na verdade falou mal de mim algumas vezes. Não sei quantas, mas...
LEWIS: Vou lá quebrar a pernas dele para você.
TARANTINO: ...ele fez esse perfil na TV, que eu nunca vi, mas aparentemente ele passou dez minutos dos vinte falando como escreve roteiros de verdade e é um verdadeiro roteirista, e eu só estou punhetando.

Mas ele escreveu *Jade*, *Instinto Selvagem* e *Showgirls*. Esses não são punhetas?

LEWIS: Oh, meu Deus! E ele disse isso sobre você? Você não pode nem responder uma coisa dessas!
TARANTINO: Para dizer a verdade, achei *Showgirls* bom pra caralho. Estou pensando em escrever um artigo no *Film Comment* defendendo completamente *Showgirls*.

O que você gostou nele?

TARANTINO: Vou te dizer exatamente do que gostei. O roteiro de Joe Eszterhas foi o de menos. Acho que Sharon Stone o transformou num astro, ela está bem bacana em *Instinto Selvagem*. Mas o que é ótimo em *Showgirls*, e digo ótimo com "O" maiúsculo, é que só uma outra vez nos últimos vinte anos um grande estúdio fez um enorme filme apelativo com grande orçamento.

E qual foi?

TARANTINO: *Mandingo – O Fruto da Vingança*, que é um dos meus filmes favoritos. *Showgirls* é o *Mandingo* dos anos 1990.
LEWIS: Quentin tem essas ideias.

TARANTINO: E a coisa é, o que é tão legal nisso é que ninguém além de Paul Verhoeven teria colhão para filmar como tinha de ser filmado. Ele sabia que estava fazendo um filme apelativo. Roger Corman começou com esse subgênero em filmes de *exploitation* para vídeo – *Striptease da Morte* foi o primeiro – e são sempre sobre um bando de dançarinas em *topless* e geralmente há um assassino apagando-as. O melhor é um filme chamado *Naked Obsession*, com William Katt. E *Showgirls* é uma versão de quarenta milhões de dólares disso. A coisa que foi bem legal é que o sexo de *Showgirls* é sujo. Não há nada de bonito. A única cena que não funcionou para mim mesmo foi quando Elizabeth Berkley e Kyle MacLachlan fazem sexo naquela piscina. Mas a cena em que ela dança no colo dele e se esfrega nele foi uma boa cena, cara.

LEWIS: Só acho que toda essa merda é entediante.

TARANTINO: Mas em *Showgirls*, assim que o sexo começa a ficar entediante nos últimos quinze minutos, eles colocam violência. E Elizabeth Berkley se transforma em Pam Grier e fode com esse vilão e faz um ótimo trabalho. E o filme termina em alta.

LEWIS: Como ela o mata?

TARANTINO: Ela não mata, ela só dá uma surra nele.

LEWIS: Com as mãos?

TARANTINO: Bem, ela é alta, é como uma árvore, e ela tem essas botonas, e ele estuprou a melhor amiga dela. Quero dizer, terrivelmente. Então ela tira um canivete.

LEWIS: Bacana, facas são legais.

TARANTINO: Infelizmente, ela não o retalha com a faca...

LEWIS: ... Aaah, por que ela não usa a faca?

TARANTINO: ... mas o cara é bem grande e ela dá uma surra nele, quase mata!

LEWIS: Ele tira a faca dela?

TARANTINO: Não. Ela o derruba para ele não dizer nada e começa com esses chutes intensos com essas botonas.

LEWIS: Kick boxing. Eu sabia.
TARANTINO: E ela ferra com ele, cara! É bem legal.
LEWIS: Uau. Sabe o que eu gostaria de saber? Queria saber todos os boatos sobre mim.

Acho que nunca ouvi nenhum. Acho que você satisfez a necessidade de boatos por coincidentemente morar com Brad Pitt, outra pessoa famosa, no alto da fama. Isso preencheu o buraco.

LEWIS: E boatos depois disso, sobre estar com outra pessoa famosa? Eu nunca estive com mais ninguém famoso. Só porque você tem a mesma faixa etária de Johnny Depp e Leonardo DiCaprio não significa que a gente trepa.

E você costuma ouvir boatos de que quase todo mundo é gay.

LEWIS: O boato de gay é uma loucura. Para todo mundo. Tipo com o Leo, ele disse: "Brad é gay?" E eu disse: "Leo, *você* é gay, não sabe? Não ouviu?".
TARANTINO: Sempre achei que foi bem legal quando Jami Bernard me entrevistou para o livro dela. Ela diz: "O que você acha dos (1) boatos de que é gay e (2) do fato de que a comunidade gay aceitou seus filmes e tomou você como um deles?".
LEWIS: Uau! Quentin também tem o boato de gay!
TARANTINO: E eu digo: "Sério? Que bacana, cara. Gostei muito".
LEWIS: Porque eles são marginalizados ou o que seja. Eu tenho também uma conotação marginal.
TARANTINO: Você meio que parece marginal.

Ok. A última pergunta é: pelo que vocês esperam?

LEWIS: Apenas o futuro. O futuro como um todo.
TARANTINO: Eu gostaria de estar numa situação em que eu pudesse dirigir um filme, daí atuar num filme, dirigir um filme, daí atuar num filme. Porque um dos

grandes problemas em dirigir é que leva tempo pra caralho. É ótimo dar meu coração e alma para alguma coisa e daí, quando a filmagem termina, pronto. E gosto de ser outra pessoa, e pensar com os pensamentos dos outros.

LEWIS: E ele é bem ameaçador e perigoso e pervertido, bem perverso.

TARANTINO: Além disso, acho que sou muito auto-obcecado para pensar em qualquer outra coisa que não seja pessoal. Havia diretores de que eu costumava contar os dias para ver os filmes novos, mas não penso mais assim. Espero poder dormir hoje em dia.

LEWIS: Eu espero para ver quem será o amor da minha vida.

Espero por isso também. Quero dizer, não quem se tornará o amor da sua vida, apesar de que, claro, quero saber isso também.

TARANTINO: Toda a América espera por isso.

TARANTINO'S FILM

TARAN
TINISMO

TARANTINISMO

R
RESTRICTED
UNDER 17 REQUIRES ACCOMPANYING PARENT OR ADULT GUARDIAN
PERVASIVE STRONG HORROR VIOLENCE AND GORE, LANGUAGE AND SEXUALITY

O DIRETOR, NO FESTIVAL DE CANNES, FRANÇA, EM 2008

1

O PREÇO DA FAMA

POR MICHAEL BEELER

A fama é uma serpente difícil de encantar, e neste momento ninguém sabe disso melhor do que Quentin Tarantino. Antigo atendente de uma locadora de vídeo no sul da Califórnia, ele explodiu em sucesso de crítica e de público com o lançamento de *Pulp Fiction*, apenas o segundo filme que dirigiu. Desde aquela época, Tarantino começou o processo de aprender a viver sob pesada inspeção dos autoproclamados cães de Hollywood. Não tem sido fácil.

Críticos foram rápidos em enaltecer o talento de Tarantino na direção de *Cães de Aluguel* e *Pulp Fiction*, e muitos deles elogiaram as habilidades do roteiro de *Amor à Queima-Roupa* e *Assassinos por Natureza*. Mas quando se trata de seu talento como ator, a maioria dos críticos não é gentil. Tarantino provavelmente recebeu as pancadas mais fortes por sua experiência em *Johnny Destino*, uma pancada que Tarantino acha que pode ser justificada. "Eu não poderia estar mais distraído na época que fiz [*Johnny Destino*] e acho que é aparente", admite Tarantino. "Não acho que foi ruim como alguns críticos colocaram, mas fui medíocre."

"Alguns críticos escreveram que fui uma merda. E você pode fazer a analogia de que medíocre é merda. Eu aceito isso. Tudo bem. Mas não quero ser medíocre. Então é isso, fui a pior forma de merda, até onde eu sei. Mas parte disso foi porque eu estava distraído. Comecei a filmar aquele filme uma semana antes de *Pulp Fiction* estrear. Eu não poderia estar mais distante."

"Mas o legal nisso foi que quando eu me vi no filme, foi tipo: 'Ok, não posso nunca mais fazer isso!'. Se vou fazer, preciso me comprometer cem por cento. Isso não é um *show* de celebridades. Não sou Charro. Sou um ator. De certa forma, a lição que aprendi daquele filme, com sorte, vai dar frutos."

Independente de como os críticos podem vê-lo, Tarantino é amado pelas plateias. Tornou-se um bem estabelecido membro da geração MTV, a nova, jovem e esperta Hollywood que está rapidamente se apossando do cenário sagrado do cinema. Na Europa, os pôsteres de *Pulp Fiction* mostram mais fotos de Tarantino do que do seu elenco extraordinário.

"É bem bacana", diz Tarantino. "Você escuta antigos vaudevillianos dizerem: 'Eu os mato em Omaha! Uma grande entrada no cinema e filas dando a volta no quarteirão'. Eu sou assim na Inglaterra. É ótimo. Como não amar?"

Tarantino admite que a fama tem seu preço e que há alguns inconvenientes em ser tão popular e conhecido. Ele nota: "Um dos problemas é que eu gosto de andar. Sou das poucas pessoas em Los Angeles que gostam de andar. E a vizinhança onde moro – West Hollywood – é uma das poucas áreas que são meio como uma vila, onde você pode de fato caminhar. E vejo que faço menos contato visual com as pessoas nas ruas. Basicamente todo mundo se torna um sem-teto. Você faz contato visual com um sem-teto e ele começa a vir na sua direção. É meio como todo mundo é agora".

"Também é meio broxante quando estou com minha namorada e saímos para jantar ou tentamos ter uma noite juntos e as pessoas não param de vir. Eu nunca perco a calma, mas é a única hora em que digo: 'Você tem olhos, se eu fosse você, veria que estou com minha garota e saberia respeitar isso'."

O outro problema com que Tarantino está aprendendo a lidar é o fato de que está se tornando cada vez mais difícil para ele frequentar os lugares que costumava adorar. "Os dias de ir a uma loja de discos usados e apenas ficar lá, vendo discos por três horas, se foram", lamenta Tarantino. "Ir para a loja de vídeo e passar pelas prateleiras, olhando cada título que eles têm, tentando encontrar algum faroeste antigo, isso se foi. [Fazendo uma voz meio de *hippie* descolado] 'Você pode, tipo, assinar esse pôster, cara?'."

"Ainda faço isso, mas não é como eu costumava fazer. Tenho de lidar com pessoas. Ou estou autografando ou, às vezes, apenas digo: 'É meu dia de folga'. E eles respeitam isso. Cumprimento com aperto de mãos porque não quero fazer ninguém se sentir mal. Mas quero viver minha vida também. Não vou desistir da minha vida, mas não vou deixar a cortesia também. Então é preciso encontrar o equilíbrio."

2 TOURANTINO!

POR JAYNE JAIN KENNEDY

Los Angeles. A cidade dos Anjos. A Capital do Cinema Mundial. O centro da cirurgia plástica do universo. Uma cidade de um milhão de contradições. Para apreciar melhor aquele glamour corrompido de Los Angeles, uma cidade que Quentin Tarantino ama como apenas um nativo pode amar, esqueça as regulares turnês pelas casas de astros ou as outras incontáveis visitas oferecidas e faça um "tourantino" pelas lanchonetes, terrenos baldios, alojamentos e zonas de assassinato de *Amor à Queima-Roupa*, *Cães de Aluguel* e *Pulp Fiction.*

Comece com um café da manhã reforçado e várias doses de café no Pat and Lorraine's, na 4720 Eagle Rock Boulevard, a lanchonete onde a maior parte dos personagens de *Cães de Aluguel* com codinome de cores comeu o que acabou sendo sua última refeição.

"Há clientes que vêm porque viram o filme e gostam da comida, porque o serviço é bom", diz a garçonete Leslie Harwood, que não viu *Cães*, mas insiste que as gorjetas sempre vêm, apesar da recusa apaixonada do sr. Pink. Ela também nunca

"SERÁ QUE SOU TOLO? EU NÃO ESTOU PASSANDO POR UMA FASE..."

CENAS DE
UM DRINK NO INFERNO

viu um grupo de homens de terno preto e gravata preta chegar cedo em uma manhã, tagarelando sobre o conteúdo das letras das músicas de Madonna. Mas e se acontecer?

"Eu pensaria que é uma pegadinha para a TV", ela brinca.

Enquanto estiver na vizinhança, certifique-se de verificar muitos dos lugares encharcados de sangue que se destacam em *Cães de Aluguel*. Depois que a filmagem foi completada, o necrotério desocupado que passou pelo depósito onde os Cães se reuniram depois do malsucedido roubo dos diamantes foi considerado um lugar para um programa de arte pós-escola. Jovens das áreas pobres teriam feito artesanato no mesmo local em que o sr. Blonde fez sua mágica de corte e recorte. Quando o plano não deu certo, o prédio foi demolido.

Entretanto, você ainda pode aproveitar o beco onde a bala que acertou o sr. Brown finalmente fez efeito e o sr. White descarregou munição num carro de polícia, matando dois policiais: é entre as avenidas 55 e 56. Apenas a um tiro aleatório de distância fica o trecho da rua onde o sr. Orange atirou na mulher do Mustang branco que atirou nele na 5518 Marmion Way.

Agora é hora de se fixar propriamente em Los Angeles, então siga a oeste para Figueroa, passando pelas lojas que o sr. Pink passou enquanto fugia da polícia com a grana, para a Riverside Avenue. Siga até Glendale, local do River Glen Motel, onde Butch e Fabienne se escondem em *Pulp Fiction*. Apenas viajantes de segunda ou aqueles com um orçamento bem apertado vão optar por ficar aqui já que foi atacado por uma gangue de pichadores, danificado por terremoto, inundações e toda sorte de desastres bíblicos a que Los Angeles é sujeita pelas condições naturais. Uma boa oportunidade para um crime de fato se apresenta aqui: os colecionadores de relíquias costumam saltar a cerca e arrancar um pedaço do carpete do quarto de Butch e Fabienne.

Para pontos mais graciosos, tente o Safari Inn, 1911 Olive Boulevard com Buena Vista, em Burbank, onde os jovens namorados Christian Slater e Patricia Arquette ficaram em *Amor à Queima-Roupa*, e a decoração é mais cafona do que um Big Kahuna Burger. Os preços vão de 60 a 120 dólares por noite, com vista para a piscina e as montanhas cobertas de poluição.

"As pessoas vêm e ficam porque viram o vídeo", admite o gerente do Safari, Johnny De Lesley Jr. "Até tiveram alguns de treze anos que vieram. Eles disseram que queriam estar onde *Amor à Queima-Roupa* foi filmado. Queriam sentar no deque."

De acordo com De Lesley Jr., a pousada foi uma locação de filmes muito popular no decorrer dos anos e foi usada em todo tipo de coisa, de *A Família Dó-Ré-Mi* e *Projeto X* até *Carro Comando*, ironicamente. Mas por que o Safari?

"Tem uma aparência limpa. Você pega algo básico e constrói em cima. Eles trouxeram palmeiras e deram um visual mais Hollywood, mesmo que seja em Burbank. Vai estar em *Apollo 13* também", ele continua, "vai ser como se fosse na Flórida de 1970. Temos quartos com vista para o mar, mesmo que estejamos a 35 minutos de distância."

De Lesley Jr. diz que a equipe de *Amor à Queima-Roupa* passou um dia inteiro na pousada, filmando no escritório, *lobby*, estacionamento, na piscina e escada.

O quarto em que Slater e Arquette ficam não pertence de fato à pousada. "Não temos quartos com estampa de oncinha, sabe", ele insiste.

Com fome? O almoço pode ser feito no Johnie's Coffee Shop, no 6101, Wiltshire Boulevard, em Fairfax, onde o sr. Orange de Tim Roth encontra seu mentor policial em *Cães de Aluguel*. Usado em vários filmes – Lily Tomlin trabalhava aqui em *Short Cuts* – os proprietários reformaram o lugar recentemente e a nova área do pátio é chamada carinhosamente de anexo Altman. Durante uma noite de filmagem, a equipe de *Cães* passou doze horas no Johnie's, a mágica do filme ressaltada pelo proprietário George Medenas, que ligou as luzes pulsantes raramente usadas que cercam o telhado da lanchonete, que costuma fechar no final da tarde.

"Muitos filmes foram feitos aqui", diz Medenas. "*Miracle Mile*, *A Amante*, *Short Cuts*... Eles gostam porque é antigo. Foi construído em 1950."

Garçonetes e a gerente Barbara Castro trabalham na lanchonete há vinte e quatro anos.

"Muita gente vem e pergunta sobre os filmes que foram feitos aqui", ela diz. "Vi muitos deles."

Então, ela viu mestre Quentin trabalhando?

"Naquele eu estava de férias. Desculpe."

Ei, sem problemas.

Do Johnie's é uma viagem rápida por Beverly Boulevard, virando à direita no terreno baldio na Second Street, em Toluca, onde o sr. Orange ensaia sua história em *Cães de Aluguel*. Há muito um ponto de encontro para os sem posses de Los Angeles, o local é melhor de ser visto à luz do dia, para apreciar as cores berrantes da pichação – e, devo dizer, para evitar que você mesmo saia berrando.

Enquanto a maioria dos autores em crise de Hollywood faz do local uma terra de fantasia de néons, estuque salmão e palmeiras verde-limão, o garoto durão da cidade, Tarantino, registra apaixonadamente os marrons cogumelo, beges sujos e laranja queimado da maior parte de Los Angeles. Procurando um pouco, você pode achar o prédio de apartamentos onde Jules e Vince apagam os jovens criminosos que traíram Marsellus Wallace em *Pulp Fiction*, em Van Ness, sobre Sunset Boulevard. Você sabe que está no lugar certo quando pode sentir a fumaça da rodovia 101.

A decoração delirante do restaurante Jack Rabbit Slim's, cenário do interlúdio de John Travolta e Uma Thurman requebrando em *Pulp Fiction*, foi um *set* construído especialmente para o filme pelo designer de produção David Wasco – mas você pode visitar sua inspiração mais óbvia, Ed Devebic's, 134 North La Cienega. Os caros hambúrgueres são servidos por garçons vestidos como ícones da indústria, como James Dean e Marilyn Monroe, enquanto Donny Weaver, um membro da equipe superanimadinha do Ed, atende o telefone com uma estridente locução de apresentador de circo: "Comida para encher a pança, não os olhos! O homem que mais trabalha pela comida, Ed Devebic!". Donny diz que, ainda que a equipe tenha gostado do filme, "no fundo sabíamos que eles estavam roubando da gente".

Ou você poderia comer no Hawthorne Grill, em Hawthorne Boulevard saindo de El Segundo Avenue, onde Honey Bunny e Pumpkin fazem o cerco em *Pulp Fiction* até que Jules e Vincent os ensinam uma lição de etiqueta criminosa.

A caminho de volta para o aeroporto, faça um esforço extra e pegue um desvio para prestar homenagem ao local de nascimento de tudo o que é Tarantino – o antigo ponto do original e agora lendário Video Archives. Uma galeria de lojas em Pacific Coast Highway com Manhattan Beach Boulevard, em Manhattan Beach, é onde Quent aprendeu seus truques vendo os vídeos que ele deveria estar alugando. Agora é uma padaria oriental, mas você pode prestar tributo ao Príncipe das Homenagens com um saboroso bolo de feijão vermelho com coalhada enquanto encerra sua tempestuosa Tourantino da Los Angeles *pulp*...

PULP

3

NÃO TENTE ISSO EM CASA

POR IAN PENMAN

Quentin Tarantino diz que o *frisson* da fissão da ficção de seus filmes sabor *pulp* vem de um conceito básico: "Quero pegar esses personagens de gênero e colocá-los numa situação de vida real". O que, quando se pensa sobre isso (o que você não deve fazer), é de fato apenas um tipo pseudoadulto de *Roger Rabbit* com armas.

Então, você vê – pessoas não reais em situações reais – que é o motivo pelo qual, apesar de sua violência masculina com chiado de desenho animado modernoso com Uzi, esses são filmes para "se sentir bem". (Ou apenas meio real: meio real e meio cinema). Um verdadeiro acordo de bem-estar para Pessoas Como Nós. Pessoas que podem identificar as referências de pop-*trash* da mesma forma que costumavam identificar flores silvestres e quero-queros. Pessoas espertinhas demais para terem bem-estar com *Forrest Gump*, mas ainda com miolo mole demais para se esforçarem em ser assombradas por uma reflexão de Kieslowski sobre a fragmentação da identidade no final do século XX. Porque nos dias (finais) de hoje, Gente como Nós quer suas identidades fragmentadas seladas, assinadas e entregues dentro de um pacote pop-*cult* de *fast-food* – veja, não queremos ser perturbados; não queremos acordar tarde da noite com estranhas visões tomando o quarto vazio da nossa inconsciência, ou lágrimas de trepidação pedindo para serem choradas; não queremos que perguntem demais sobre o fracasso de nossa vida amorosa e a febre de decepção que nos assola diariamente. Não, estamos bem mais seguros em San Quentin, o parque temático adulto onde tudo é apenas uma versão atualizada levemente selvagem, meio adolescente, meio cartunesca de velhas referências perversas *noir*, onde caras-pálidas em ternos pretos são nossa versão de Mickeys e Patetas gigantes que tocam nossa cabeça, que assentem a caminho da saída enquanto dizem: Tudo certo, criançada, vão para casa em segurança em suas fan-fan-fantasias...

(Então, como vê, não sou um grande fã de Tarantino.)

(Mas, veja, é mais do que isso: porque fui fatalmente seduzido quando jovem pela tragédia séria e redemoinho sensual do cinema, eu cambaleio e tremo como um católico não praticante ou padre decaído no uísque através de um deserto de almas vindas da terra de Graham Greene: acho que o cinema fede a decadência hoje em dia, mas ainda estou preso a ele com sua fervorosa feiura maldita de um acólito despencado, e não aguento essa versão-parábola suavizada com a qual as pessoas agora se acomodam. Então, sabe... não é tão simples.)

Se é assim, o que você consegue ver quando não enxerga nada através de Tarantino?

A coisa é que, bem, apesar de esses filmes serem povoados pela escória na terra, gente que não tem nada em comum com ninguém que você conhece e tudo em comum com um Nada que você pessoalmente nunca conheceu, você ainda sai de Tarantino sentindo como se – epa! – finalmente eu tive uma Boa Noite no Cinema: tipo, é assim que os filmes deveriam ser (e tanta gente me diz quando discordo infinita e apaixonadamente dessas discussões calorosas com bebidas geladas demais), é por isso que você deu seu tempo e dinheiro ao cinema, para começar. Porque, se o docinho de coco QT é alguma coisa, é um vendedor bom pra danar; um caixeiro-viajante narcisista de uma longa tradição americana, de uma longa fila de caras que podem não ter nenhum visual ou graça ou visão grandiosa, mas têm uma pegada para a grande oportunidade, e a audácia, e às vezes colhão, e fazem alquimia com essa própria falta de graça, de astúcia e de manha – transformam isso no que acabam vendendo: eles mesmos. Esses filmes são, na verdade – se você olhar só um pouquinho mais de perto –, hinos violentamente apaixonados... para Quentin Tarantino.

Agora, veja só, o Garoto Prodígio vende confiança: confiança em si mesmo e nos filmes como uma forma menos corrompida de redenção; e em sua habilidade projetada no público de curtir a mesma coisa que ele, entalhada na mesma piada interna das brechas da cultura pop – que é, vamos encarar, uma ideia bem atraente depois de uma década de apatia, o que é basicamente (em termos relativos) o que os anos 1980 foram para o cinema. Podem ter havido cenas isoladas de loucos por cinema (exemplo: *Veludo Azul*), mas nada como a pancada coletiva entregue por toda a conexão Altman-Scorsese-Schrader-etc. dos anos 1970.

E aí está o atrito: se esses filmes dos anos 1970 eram sobre alienação – uma nação inteira agora perdida em si mesma depois de Watergate e Vietnã – e sobre uma nação de homens agora estranhos a um antigo legado de certeza sobre a masculinidade do Velho Oeste americano –, então QT está num campo completamente diferente: seu cinema é de uma falsa intimidade. Esse balé fodão sem ética e sem sentimentos, supostamente modernoso, de papo-furado de cinema loucamente fluente, é, na verdade, uma pequena terapia de grupo animada para provocar bem-estar numa plateia distanciada de suas próprias emoções, mas que ainda quer (precisa?) se congratular por ter uma resposta básica sobrando: rir em uníssono. Uma plateia que vê o passado cultural – seu, ou qualquer outro – como uma *bombonière* para se servir a gosto – até que estejamos complacentemente imbecilizados juntos nesse estranho brilho unidimensional projetado por esses filmes, porque o que eles acabam fazendo é nos dizer tão doce e seguramente como Gente como Nós gosta das mesmas coisas.

Quando você compra a estética Tarantino, não é como alguns filmes que cutucam sombriamente áreas suas que você nunca viu antes (ou espetam você de volta a lugares a que você não deveria ter ido, mas foi). Os filmes *QED* de QT são uma celebração do fato de que somos todos os mesmos, que – não se preocupe, tudo bem – nós entendemos – e tudo bem! (Nada de choques póstumos ou efeitos retardados que permanecem por dias e noites e semanas e meses.) – porque seu sucesso fala conosco dessa forma: se eu posso ser *cool*, você também pode ser por curtir meu filme e repetir as frases depois com seus amigos no bar onde eles tocam o CD de *Pulp Fiction* sem parar no *jukebox*...

"VOU DIZER SEUS NOMES. SR. WHITE. SR. BLONDE. SR. PINK."

(Entra aquele instrumental de surfe pavoroso que ninguém em sã consciência iria querer ouvir de novo; ou "Stuck in the Bloody Middle of the Road With You", por exemplo.)

Ele não nos leva a nenhum lugar sombrio ou improvável, ou a lugares realmente cruéis da lamentável alma americana do final do século XX; em vez disso, ele nos dá versões de desenho animado dos espectros que assombram nossas cidades. (*Cães de Aluguel* algumas vezes é como *Caminhos Perigosos* refeito pela equipe do desenho *O Manda-Chuva*). Um pouco como Oliver Stone (ainda que não na mesma escala de piada), realmente, e, quanto mais você pensa nesses dois, mais Tarantino começa a parecer como o gêmeo polar/caçula de Stone. Pelo menos Stone tem a desculpa de que viveu grande parte desse troço, e que seu cinema é como uma psicoterapia obsessiva sobre certas nuvens negras pessoais e coletivas. QT é, obviamente, apenas dependente e defensivamente "pós-moderno", qualquer que seja o inferno com ou sem sentido que isso signifique hoje em dia. Esses dois *thrillers* por natureza são amadorismos imensos que aprenderam o truque de transformar o que é um defeito – a fala compulsiva, a falta de habilidade em moldar, sublimar e economizar – numa suposta virtude. É como se um grande deus dos roteiristas no céu desse a eles tudo, exceto a edição. Você pode dizer: Stone é todo subtexto e Tarantino não tem nada disso. A rapidez apocalíptica voraz de Stone é apenas uma desculpa para nos converter. A suposta "subversão do gênero" de QT é apenas uma desculpa para nos deslumbrar de forma berrante.

QT parece estar buscando roubar cenas bem além da sua limitada experiência de vida limitada. (Se suas experiências de vida são limitadas, sua experiência de alma parece ser menos do que microscópica: mesmo que seus filmes sejam de ação, Tarantino é, na verdade, um homem antiexistencialista.) Ao reduzir sua gama de objetos (amados) para o nível degradado de repetição e conversa fiada do *pulp*, vídeo e da programação de TV da madrugada, ele torna a coisa fácil para si mesmo... nada nunca se desenvolve aqui, tudo permanece num nível limitadamente artificial de diálogo.

(Certas horas acho que eu o vejo como um macaco amestrado: tudo o que ele fez foi transferir filmes que deveriam se passar nos confins mondrianescos de Nova York e realojá-los nos amplos bulevares iluminados de Los Angeles.)

Veja só, ele é entrevistado e você nota que ele parece não conseguir responder nenhuma pergunta – séria ou trivial – sem buscar um apoio, um iô-iô da cultura pop, pula-pula ou pedra de estimação... é tipo, uau, veja esse filme do Jean-Luc Godard, é TÃO bacana e eu peguei a cor vermelha dessa cena e veja esse carro dos anos 1950, é TÃO bacana e foi de onde eu tirei a ideia desse templo do hambúrguer, e veja esse pôster do Sam Fuller, é tipo TÃO bacana e... é tipo... é como se ele fizesse seu filme do mesmo modo: apenas jogando pedaços e cenários como o equivalente de um diretor a um daqueles estudos de caso de Oliver Sacks: *O Homem que Confundiu sua Vida com um Mapa;* ou *O Homem que Confundiu uma Coleção de Vídeos com Sua Vida.*

Porque a verdade verdadeira é que a carreira de QT se baseia em supostamente pegar um personagem "real" (ele mesmo) e colocá-lo em todas essas situações bem, bem, bem distantes – das quais ele nunca esteve próximo na vida real nem nunca vai estar. (O único filme que ele poderia fazer de forma convincente seria sobre o circuito de festivais de cinema.) É por isso que suspeito que eles representam uma enorme evasão – o que costumava ser chamado de "má-fé". Porque, se você verificar todos os filmes B de gente como Sam Fuller, que QT tanto adora, vai encontrar uma verdadeira escuridão e dúvida e sonhos negros e dívidas – sexo, loucura, culpa, os grandes temas. (Com Quentin, nós temos diálogos "celebrados" sobre como os hambúrgueres são chamados na Europa.) O *mise-en-*

-scène não parece acontecer em nenhuma época particular ou em qualquer época particular: pegue qualquer cena em questão e sem pistas prévias e você poderia adivinhar com precisão que "deveria" se passar nos anos 1940 ou 50 ou nos 80 ou, em outras palavras, inteiramente na mente de QT: não importa, é tudo Letraset para o Moleque Modernoso Insolente.

Ok, dificilmente podemos exigir que cada cineasta retrate o que já viveu – isso iria tornar *Robocop*, *Jurassic Park* e *Mary Poppins*, entre outros, projetos bem inviáveis. Mas acho que há uma forma profundamente arraigada na qual a falta de interesse(s) de QT fora de sua própria estética espantadinha projeta uma sombra bem específica sobre seus filmes. Para começar, eu não saberia dizer por que os filmes dele me fazem sentir tão enjoado e insatisfeito em vez de empolgado como todos ao meu redor. Sinto como se tivesse me alimentado, de um final de semana até o outro, com nada além de *cheeseburguer* e *milk-shake* rápidos e baratos: uma dieta constante de algo simultaneamente pesado e subnutritivo. E talvez o motivo – ou o grande símbolo para a razão por trás – seja esse: se você se separa por um momento, pode notar que cada um dos personagens de QT fala com a mesma voz: a sua. Ele pode escrever, cara, pode escrever, escrever e escrever, mas

"VAI MORDE CACHORRINHO, OU VAI FICAR AÍ LATINDO O DIA TODO."

é tudo direto do pântano borbulhante de sua mente para a página e para a tela. Assim, em *Pulp Fiction* nós temos um assassino negro *supercool* de mais de um metro e oitenta que... fala com a voz de um branco nerd, gerente de uma locadora de vídeo. O sangue-frio Isaac Hayes dos confins fala sobre coisas como *A Família Brady* e *A Família Do-Ré-Mi* e *A Flock of Seagulls* e coisas de que ninguém fala – branco ou negro – a não ser que seja um tipo de *cult* pop entediante *à la* QT; a não ser que seja QT em OD.

E então, diferentemente de qualquer um, de Travis Bickle a Bad Lieutenant, ou qualquer um em qualquer livro de uma linhagem que se estende de Jim Thompson a James Ellroy – que pertence à mesma veia de niilismo urbano implacável de Tarantino –, os vilões de QT são apenas paródias unidimensionais de malvadeza: moleques encarando dilemas *pulp* irreais. Em certo nível – como muitos da sociedade – QT é ao mesmo tempo fascinado pelo brilho de "homens maus" e assustado pelo verdadeiro mal que se espreita nos corações de nossas ruas.

Ok, ok, ok. O problema com Quentin é que parece não haver um meio-termo sensato: as pessoas ou deliram sem parar e sem crítica sobre sua glória sangrenta ou (como eu) Apenas Não Entenderam. Nos meus momentos de fraqueza, posso ter de concordar que o que há de errado com QT não está tão errado com QT quanto com a cena cultural. Em qualquer época decente de espectadores de cinema, QT não estaria no palco central – estaria só se preparando para fazer algo melhor sendo ajudado por críticos em vez de bajuladores. Como um jogador menor; um entretenimento marginal. Então pode ser que aquele pobrezinho irremediavelmente sem objetivos do Quentin esteja apenas recebendo toda a ira da minha reprovação monumental e que o pobre bebê é culpado – ou desesperadamente e desprezivelmente inocente – de nada mais do que ser o cara errado no lugar errado na hora errada.

Igualzinho a um de seus – realmente palermas, palermas irreais – personagens.

Insert this side into recorder

TARANTINO'S FILM

FILME FANATIC

FANÁTICO POR FILMES

R RESTRICTED
UNDER 17 REQUIRES ACCOMPANYING PARENT OR ADULT GUARDIAN
PERVASIVE STRONG HORROR VIOLENCE AND GORE, LANGUAGE AND SEXUALITY

MARLON BRANDO DIRIGINDO
A FACE OCULTA, ONDE TAMBÉM ATUOU
COMO O PROTAGONISTA RIO, EM 1961

1 UMA RARA TRISTEZA

POR QUENTIN TARANTINO

Se eu tivesse de escolher os cinco maiores diretores de faroeste de todos os tempos, o problema não seria escolher cinco, mas descobrir quantos faroestes um diretor tem de fazer para ser considerado um diretor de faroestes. Um filme basta? Posso considerar Marlon Brando, já que *A Face Oculta* é um dos meus cinco faroestes favoritos? Que tal Phillip Kaufman? Posso, em sã consciência, colocá-lo na lista acima de King Vidor, Henry Hathaway e Sam Peckinpah, pela força de *Sem Lei e Sem Esperança* (o melhor desses filmes de Jesse James, com Robert Duvall, o mais assustador e mais psicótico Jesse do cinema), e ao escrever o roteiro (e dirigir por cerca de uma semana) de *Josey Wales – o Fora da Lei*?

O dilema se resolveu quando cheguei a Monte Hellman. Não tem jeito nenhum de Monte não estar na lista. Não me importa se ele só fez três, mas dois deles – *A Vingança de um Pistoleiro* e *Disparo para Matar* – exigem essa honra. Monte também me fez resolver todo o problema de Marlon Brando/*A Face Oculta*, porque, por mais que eu goste de *Disparo para Matar*, se ele só tivesse feito *A Vingança*, teria sido suficiente para mim.

O produtor Fred Roos, que posteriormente produziria *Apocalypse Now*, tinha um contrato para fazer dois filmes nas Filipinas para serem rodados consecutivamente. Ele havia visto *Sombras do Terror*, de Roger Corman, estrelando Boris Karloff e Jack Nicholson, e soubera que os dois jovens diretores haviam dirigido a maior parte dele. Seus nomes eram Monte Hellman e Francis Ford

Coppola. A resposta de Roos foi "me mande qualquer um dos dois". Monte conseguiu o emprego.

O acordo era simples. Roos tinha de fazer dois filmes baratos de ação-aventura passados nas Filipinas. Ele tinha o roteiro para um, que era um filme de guerra chamado *Guerrilheiros do Pacífico*, mas o segundo estava em aberto. Monte sugeriu eles usassem o jovem ator de *Sombras do Terror*, Jack Nicholson, que ele sabia ser também roteirista. A ideia era que Jack pudesse atuar em *Guerrilheiros do Pacífico*, escrever o roteiro do segundo filme e atuar nesse também. O roteiro escrito

por Nicholson foi *Flight to Fury*.

O primeiro filme de Monte, *A Besta da Caverna Assombrada*, escrito pelo grande Charles Griffith, foi bem divertido. *Guerrilheiros do Pacífico* é bem bom, mas *Flight to Fury* foi o primeiro dos grandes filmes de Monte Hellman e, tirando *A Pequena Loja de Horrores*, o primeiro filme no qual Jack Nicholson realmente se mostrou como ator. Nicholson, num papel que escreveu para si mesmo, finalmente tinha a segurança, a experiência, as palavras e o diretor para entregar a performance que ainda não havia se revelado nele.

O outro protagonista do filme era o astro frequente de Howard Hawks, Dewey Martin (*The Big Sky*, *O Monstro do Ártico*), um ator subestimado que deveria ter ido melhor nos anos 1950 do que foi. O estilo ferino, descolado e cerebral dos anos 1960 de atuar de Nicholson vai bem com o estilo *cool* e durão dos anos 1950 de Martin. (Pessoalmente, gosto muito de assisti-los porque Martin me lembra de Michael Madsen no meu filme *Cães de Aluguel*, e Nicholson lembra o ator Steve Buscemi.)

A parceria de Hellman e Nicholson também deu liga. Como se pode ver no filme que fiz, *Cães de Aluguel*, gosto do que chamo de "filmes da pia da cozinha", o que significa que "há um pouco de tudo neles, menos...", e há cerca de quatro filmes enfiados dentro de *Flight to Fury*. Os primeiros quinze minutos são uma aventura de assassinato de mistério e ação cheia de locações exóticas (as Filipinas), um herói rude (Martin), uma *femme fatale* oriental sexy (que estará morta na quarta cena) e personagens oscilantes que não são o que parecem (Nicholson primeiramente parece ser um simpático *nerd*, então é revelado rapidamente que é um assassino sangue-frio com um plano escondido). Então Martin e Nicholson embarcam num avião, onde somos apresentados a todo um novo lote de personagens interessantes e suspeitos. Depois de voar pelos céus amigos com eles por cerca de vinte minutos, quando eles farejam uns aos outros e filosofam (a conversa de Nicholson sobre morte com uma colega passageira, a falecida Jacqueline Hellman, parece ter vindo direto de um filme do Hal Hartley), no que parece ser o melhor e mais estranho filme de *Aeroporto* já feito, o avião cai. O que transforma o filme numa versão distorcida do romance de Max Frisch, *Homo Faber*, já que os sobreviventes perdidos na selva lutam para ficar vivos, enfrentam bandos de piratas saqueadores e brigam e matam uns aos outros.

Hellman e Nicholson fizeram um pequeno filme esplêndido e um time esplêndido, então uma parceria entre os dois foi acertada. Nicholson escreveu um roteiro para um faroeste que os dois poderiam fazer barato e eles levaram esse roteiro – *A Vingança de um Pistoleiro* – para Roger Corman. Corman gostou muito do roteiro de Nicholson e concordou em fazê-lo. Então acrescentou, daquela forma que tornou o homem uma lenda: "Já que vocês vão estar lá numa locação, por que não fazem dois filmes?". Então os dois parceiros repetiram as tarefas que acabaram de fazer com Fred Roods nas Filipinas: rodar dois filmes simultaneamente com a mesma equipe, com Nicholson escrevendo e estrelando um, atuando no outro, e Hellman dirigindo ambos. Entretanto, dessa vez Nicholson iria produzir os dois filmes também.

Esse outro filme era *Disparo para Matar*, estrelando Warren Oates, Millie Perkins, Will Hutchins (então astro do programa de televisão *Sugarfoot*) e Nicholson como um pistoleiro inspirado em Jack Palance chamado Billy Spear. O roteiro foi escrito por uma amiga de Nicholson da escola de interpretação de Jeff

"SEMPRE PENSEI QUE O CINEMA FOI INVENTADO PARA MOSTRAR GENTE SE MATANDO E SE BEIJANDO."

JACK NICHOLSON COMO WES, EM *A VINGANÇA DE UM PISTOLEIRO*, DIRIGIDO POR MONTE HELLMAN, DE 1965

Corey, Carole Eastman, que iria escrever *Cada um Vive como Quer*, *O Golpe do Baú* e *O Cão de Guarda* para Nicholson. Seu roteiro, escrito sob o pseudônimo de Adrian Joyce, é como uma versão metafísica de *O Homem que Luta Só*, de Budd Boetticher. Corman aparentemente odiou, mas topou mesmo assim, porque era o único pronto para rodar, e esse preço ele não poderia perder.

Hoje, *Disparo para Matar* é considerado amplamente a obra-prima dos dois. Kevin Thomas, crítico de cinema do *Los Angeles Times*, escreveu: "O que distingue os dois [*A Vingança de um Pistoleiro* e *Disparo para Matar*] é a diferença entre o definitivamente bom e o discutivelmente ótimo". A maioria dos críticos na França e nos Estados Unidos concorda (com Michel Ciment sendo uma exceção importante), e o próprio Monte prefere *Disparo para Matar*. Mas para mim é a simplicidade, o tom naturalista, o estranho som (porque é tão autêntico) do vernáculo caubói, o sentimento de tristeza que está entre cada frase, a explosão de momentos cômicos ridículos, a beleza sutil da interpretação de Nicholson e Cameron Mitchell, tudo embalado numa trama empolgante, que faz *A Vingança de um Pistoleiro* um dos faroestes mais autênticos e brilhantes já feitos.

Monte fez faroestes diferentes de qualquer um antes ou depois. Ele desacelerou a ação para que as cenas acontecessem num tempo real ainda não visto num faroeste. O efeito é como se Monte estivesse na cabine de projeção, agarrando um punhado do filme enquanto passava em frente à luz, segurando-o, e então cada *frame* é iluminado mais tempo para ser examinado melhor. O filme abre com um assalto a uma diligência que provoca risos devido à maneira lacônica preguiçosa dos ladrões. É o exato oposto da cena de ação acelerada a que estamos acostumados (um ladrão recebe uma risada minha toda vez pela forma sem pressa que ele se move fora da diligência). Em direto contraste com o tom de Monte está o argumento de Nicholson, que está longe de ser existencial. Na verdade, poderia facilmente ser um grande episódio vigoroso de *Bonanza*.

Três vaqueiros cavalgando juntos, Wes (Nicholson), Vern (Mitchell) e Otis (Tom Filer) dão com uma gangue de bandidos entocados num barraco. Os bandidos acabaram de roubar a diligência e estão escondidos. Os fora da lei percebem que esses cavaleiros errantes não querem nada além de descansar (estão certos), então eles os convidam a ficar. Os vaqueiros juntam dois mais dois bem rápido e percebem que esses homens são maus e "ficam ansiosos para se separar desses camaradas" de manhã, entretanto, a manhã traz patrulheiros determinados atirando e enforcando todo mundo. Filer leva um tiro, e Nicholson e Mitchell fogem com a patrulha no encalço. Os dois homens, assustados e pesarosos (pela morte do amigo, o que é lindamente transmitido pela forma como Nicholson apenas se dobra de dor depois de descer de seu cavalo), agora devem seguir para fora do território à pé, enquanto tentam se manter dois passos à frente da patrulha, que está cada vez mais próxima. "Se pegarmos uns cavalos, estamos livres", diz Nicholson.

Então, para isso, eles tomam um rancho administrado por um velho (George Mitchell), sua esposa (Katherine Squire) e a filha de dezenove anos (Millie Perkins). Ao manter a família refém e roubar seus animais, os dois inocentes se transformam nos fora da lei que a patrulha acredita que eles sejam. Uma das coisas realmente brilhantes no filme é o diálogo esparso e autenticamente faroeste de Nicholson, tirado de cartas e diários da época. Aquelas são pessoas desarticuladas levando uma vida simples, usando um vocabulário esparso. Às vezes a linguagem é engraçada, como quando os três vaqueiros dão com um homem enforcado e, depois de olhar para ele por um bom tempo, Nicholson diz: "Homem enforcado". Em outras é emocionante, por exemplo, quando em vez de seguir falando sobre como são inocentes e que não é justo, ou o quão assustados eles estão, Nicholson diz para Mitchell na fuga, apenas com o toque certo de emoção: "Ninguém vai colocar um nome em mim, só isso".

Tentativas de explicar a inocência para a família vão por água abaixo. A existência dessa família parece ser da mão para a boca: eles vivem num feio pedaço de terra estéril, longe de qualquer outra pessoa (quando alguém se aproxima de seu mundo, eles se sentem ameaçados). O velho não cuida de uma fazenda, ele apenas corta monotonamente, o dia todo, um toco de árvore com um machado. As mulheres parecem só cozinhar gororoba.

Essas pessoas não têm nada, e então esses dois fora da lei perigosos (conforme são descritos anteriormente pela patrulha) pegam o pouco que têm... a dignidade do velho (ele cuida de uma pequena cabana como um rei, mas agora precisa deixar dois outros homens o dominarem em seu reino e suas mulheres) e o pouco que eles têm de valor, o rebanho (cavalos). É numa das tentativas não verbais desses dois homens de articularem sua inocência e desespero para seus reféns inocentes e desesperados que o filme atinge uma rara tristeza. Quando Mitchell e Nicholson sentam-se à mesa depois de comer, e jogam damas enquanto o velho golpeia lá fora o seu formidável toco, Mitchell diz: "Pegamos emprestado o jogo deles, roubamos seus cavalos, parece não haver fim para isso". "Não precisa", Nicholson responde.

A atuação tem uma qualidade estranhamente excêntrica. Harry Dean Stanton, como o líder fora da lei Blind Dick, e Squire e George Mitchell, como os velhinhos, foram a escolha perfeita. Quando conheci Harry Dean Stanton, disse-lhe o quanto amei *A Vingança*. Ele disse: "Foi o melhor faroeste do qual participei, e um dos melhores que já vi". Mas Peter Cannon, representando um fora da lei cabeça quente, e Millie Perkins dão algumas leituras excêntricas das frases. A voz de Cannon tem uma característica estranhamente afeminada: "Eu devia tê-los escolhido desde o princípio". A performance de Perkins é de um clássico esquisitão. Seu "Sim, nós temos" quando eles perguntam se ela tem algo para jogar afetou a forma como eu digo "Sim, eu tenho". Mas Hellman construiu o filme ao redor das performances de Cameron Mitchell e Jack Nicholson, e é fácil ver por quê... esses dois homens são esplêndidos.

Ver Mitchell, que depois disso infelizmente seguiu o caminho de Aldo Ray (outro ator talentoso dos anos 1950), aparecendo em qualquer coisa, incluindo filmes pornôs, que pagam seu preço, fazendo seu trabalho pessoal sutil e sem maneirismo que ele faz aqui, é derramar uma lágrima por todos os atores maravilhosos que nunca tiveram a oportunidade de voar aonde seu talento os poderia ter levado. Quando um belo ator, que manteve seus instintos mesmo depois de aparecer em lixo por muito tempo, consegue um papel de verdade com algo para interpretar, uma luz especial se acende em seus olhos. Você pode ver a performance de Martin Landau em *Tucker – Um Homem e Seu Sonho*, Joe Don Baker roubando a cena em *Um Homem Fora de Série*, e a ameaçadora conversa à mesa de jantar de Richard Crenna em *Corpos Ardentes* – todas performances em grandes filmes que evitaram ou salvaram esses atores de afundar num inferno de filmes apelativos. Essa mesma luz brilha nos olhos de Mitchell em *A Vingança de um Pistoleiro*, e é essa luz que transmite o que deve ser a melhor performance de sua longa carreira.

"ROUBO IDEIAS DE TODOS OS FILMES JÁ FEITOS."

"ADORO A VIOLÊNCIA. ÀS VEZES EU ACHO QUE THOMAS EDISON INVENTOU A CÂMERA SÓ PARA QUE PUDÉSSEMOS FILMÁ-LA."

MILLIE PERKINS E JACK NICHOLSON EM *DISPARO PARA MATAR*, DIRIGIDO POR MONTE HELLMAN, DE 1966

Jack Nicholson, por outro lado, seguiu para se tornar um dos maiores astros da história do cinema. Um grande astro e um grande ator ao mesmo tempo, porém mais do que isso, Nicholson ganhou *status* de ícone *cult*, como Bogart, John Wayne, James Dean, Marilyn Monroe e Madonna (note as referências a ele em *Aladdin*, da Disney, a homenagem de Christian Slater em *Atração Mortal*). Qualquer um que pegar *A Vingança de um Pistoleiro* por curiosidade em ver o trabalho de um astro em formação vai ficar chocado.

O trabalho de Nicholson em *A Vingança* está entre suas melhores performances, assim como o trabalho de Robert De Niro em *Caminhos Perigosos*. Não apenas Nicholson é maravilhoso como Wes, mas também faz o tipo de trabalho sem *nonsense* básico feijão com arroz que eu adoraria vê-lo fazer novamente (o mais próximo a que ele chegou disso é seu trabalho no amplamente difamado *A Chave do Enigma*, que, por acaso, adorei). Ver Nicholson interpretando sutilmente, depois de uma década interpretando grandiosamente, nos lembra que ele se tornou o ícone que é não apenas por ser um grande Nicholson, mas por ser um grande ator.

Se alguma vez um diretor necessitou de uma redescoberta da crítica, seria Monte Hellman. Com seu estilo naturalista e andamento, seu ritmo de edição invisivelmente concisa, e as jornadas que seus personagens inevitavelmente percorrem, sua influência pode ser encontrada na obra de diretores como Hartley, Wim Wenders, Jim Jarmusch e Terrence Malick (como Pauline Kael apontou, apesar de ser de forma desfavorável, em sua crítica de *Terra de Ninguém*). Este ano Monte começa um novo filme, *Dark Passion*, baseado no romance de Lionel White, *Obsession*, que Godard usou como ponto de partida para *O Demônio das Onze Horas*. As salas de cinema seriam lugares muito mais felizes com um novo filme de Monte Hellman.

2 AO INFERNO E ALÉM

POR ANTHONY TIMPONE

*Quentin Tarantino tem feito seus sonhos se tornarem realidade já há algum tempo. Ele escreveu e dirigiu três filmes elogiados pela crítica (*Cães de Aluguel, Pulp Fiction *e* Jackie Brown*); trabalhou com muitos de seus atores favoritos e relançou suas carreiras (Harvey Keitel, John Travolta, Pam Grier, Robert Foster etc.); tirou a poeira de seu primeiro roteiro e estrelou o filme resultante (*Um Drink no Inferno*) e até invadiu a Broadway em sua estreia nos palcos (*Wait Until Dark). *Então o que sobrou?*

Como muitos fãs dos filmes sangrentos dos anos 1980, o Tarantino de trinta e cinco anos quer reviver os velhos tempos quando se podia ver um filme sangrento italiano na tela grande – e como todos os outros objetivos que ele estabeleceu para si mesmo, ele fez acontecer. Graças à empresa especializada de Tarantino, Rolling Thunder, em parceria com Grindhouse Releasing e Cowboy Booking International, o clássico de Lucio Fulci de 1981, Terror nas Trevas, *começou um novo assalto nos cinemas este verão [1998]. Nesta entrevista exclusiva, Tarantino fala de sua fascinação por Fulci, a diversão que ele teve ameaçando Marisa Tomei em* Wait Until Dark *e sua participação em dois novos filmes de* Um Drink no Inferno.

Você sempre foi fã da obra de Lucio Fulci?

QUENTIN TARANTINO: A primeira coisa que ele fez desde que realmente me lembro foi *Zombie.* Fui a um *drive-in* algumas vezes nos anos 1980 e assisti. Sou fã dele já há algum tempo, na verdade. *Gates of Hell* sempre foi meu filme favorito dele. Então vi *Terror nas Trevas* e gostei, mas só vi aquela versão pirata vagabunda de um *laserdisc* japonês. Vi muitos de seus faroestes-espaguete e filmes de máfia. Eu era um grande fã de *Premonição* [também conhecido como *Seven Notes in Black*] e tentei lançá-lo nos Estados Unidos. Trabalhamos seis meses tentando fazer isso; queríamos lançar em italiano com legendas em inglês, porque vi em italiano e fica bem assim. Mas é bem difícil conseguir os direitos dessas coisas italianas porque as pessoas lá nem se importam. Tentamos conseguir os direitos para *Blood and Black Lace*, o filme do Mario Bava, e lançar em italiano com legendas em inglês. Não pudemos fazer isso. Não é nem questão de dinheiro; eles não se importam, eles não querem ter o trabalho.

O que o fez escolher *Terror nas Trevas* entre os filmes de terror do Fulci para relançar?

TARANTINO: O que me fez escolher *Terror nas Trevas* foi que se encaixa muito bem por causa do interesse em Fulci. O filme tem um grande *status cult*. Tem um grande número de seguidores entre fãs de terror, fãs de violência e filmes italianos. [Os distribuidores] Bob Murawski e Sage Stallone foram à Itália e obtiveram os direitos. Não apenas isso, mas também conseguiram uma cópia novinha. Levaram o diretor de fotografia [Servio Salvati] e restauraram. Então passaram para mim a verdadeira cópia completa de *Terror nas Trevas*, com cores lindas, som estéreo, e eu tipo: "Uau, isso é fantástico!". Fãs de terror vão enlouquecer só de ver essa coisa na tela grande em toda sua glória. Você sabe, sem cortes, sem nada. Passei para Bob Weinstein e um pessoal da Dimension. Disse a ele: "Isso vai receber um NC-17". Não tinha planos de cortar ou mexer nele. Não saiu como um filme da Dimension, mas um filme Rolling Thunder. Eu queria mostrar a ele, e se ele gostasse e dissesse "Ok, não vamos cortar", iríamos em frente com aquilo. E ele gostou. Achou que era sangrento e louco e tudo o mais, mas se empolgou mesmo.

Então fizemos nossa própria exibição de pesquisa de marketing em Austin. Tenho um monte de rolos de filme e faço [minhas próprias projeções] por meio da Austin Film Society, de Rich Linklater. Tenho essa coisa chamada QTAFF – Quentin Tarantino Austin Film Fest. Pego um monte de filmes e passo apenas para os fãs em Austin. Temos maratonas de terror durante noites inteiras e coisas assim. Então, na última noite do festival, exibimos *Terror nas Trevas*. Foi uma plateia abarrotada de gente. A resposta foi fantástica. Eles simplesmente amaram. Acompanharam com o espírito certo. Então seguimos nisso. Nossa ideia era de fato lançar como um filme de meia-noite. E donos de cinema ficaram bem tranquilos com essa ideia.

Qual é o elemento mais distinto da obra de Fulci e também de *Terror nas Trevas*?

TARANTINO: Acho que o elemento mais distinto de *Terror nas Trevas* é que tem uma característica extremamente de pesadelo. É engraçado porque há todo tipo de troço esquisito nisso, e com filmes italianos você meio que tem de saber onde está entrando, porque parte disso soaria tão louco e ultrajante se não soubesse. Dito isso, há uma genuína estranheza e bizarrice em todo o clima de *Terror nas Trevas*. É um filme bem perturbador. É como se tudo acontecesse dentro de um pesadelo, e tem a lógica de um pesadelo. Tem um tom bem assustador e perturbador que acaba com você conforme o filme segue. E isso é bem bacana; esse tipo de atmosfera é muito difícil de criar, e Fulci basicamente a mantém durante o filme.

Alguns críticos sentem que as cenas de efeitos especiais de *Terror nas Trevas* são um pouco excessivas. Por exemplo, closes de tarântulas mordendo os lábios do cara. O que acha disso?

TARANTINO: É o que você recebe quando vê um filme do Lucio Fulci. Quero dizer, é um filme de terror italiano. É claramente apresentado assim. É como eles fazem seus filmes violentos.

O tempo para esse tipo de filme já passou?

TARANTINO: Sim. Eles mal estão fazendo na Itália. E infelizmente os dias de terem lançamento no cinema praticamente acabaram. Por isso que é bacana lançar isso. Não estão fazendo mais, e mesmo se estiverem eles vão direto para o vídeo.

KATHERINE MacCOLL · DAVID WARBECK
SARAH KELLER · ANTOINE SAINT JOHN
e con VERONICA LAZAR
Prodotto da FABRIZIO DE ANGELIS per la FULVIA FILM srl
Regia di LUCIO FULCI
L'ALDILÀ
Techni

Eles podem nem ser lançados aqui em vídeo. É por isso que é tão empolgante ir ao cinema e ver *Terror nas Trevas*.

Você dirigiria um filme como *Terror nas Trevas*?

TARANTINO: Não sei se dirigiria. Eu tendo a me orientar mais pela história do que o Fulci fazia. Mas eu gostaria de fazer um filme de terror algum dia.

Qual é seu envolvimento com as sequências de *Um Drink no Inferno*?

TARANTINO: Não são realmente *Um Drink no Inferno 2* e *3*. São apenas dois outros filmes que são um tipo de série. O que Robert Rodriguez está fazendo, ou melhor, o que ele desenvolveu com seu primo Alvaro, é *Um Drink no Inferno: A Filha do Carrasco*. Sonia Braga e Michael Park estrelam. A história se passa cem anos antes de *Um Drink no Inferno*, no velho oeste. Lida com a origem de Santanica Pandemonium, como ela se envolveu com o Titty Twister e como ela se tornou rainha dos vampiros.

O outro filme é um que Scott Spiegel está dirigindo; ele escreveu com Duane Whitaker, que interpretou Maynard em *Pulp Fiction*. Eu, Scott e Boaz Yakin viemos com a história, e é chamada *Um Drink no Inferno: Texas Sangrento*. Esse acontece duas semanas depois do primeiro filme. É sobre um bando de ladrões de banco do Texas. Um deles, a caminho do encontro para roubar o banco, vai para o que sobrou do Titty Twister e é mordido por um dos vampiros. Ele então vai para o encontro e, pouco a pouco, morde os outros ladrões. Enquanto eles roubam o banco, são transformados em vampiros.

Então seu personagem não aparece nos novos filmes?

TARANTINO: Não, não, Richard foi morto. Vão tentar resolver...

... como um tipo de *flashback* com seu personagem?

TARANTINO: Teria arruinado a integridade disso. Se Richard devesse estar vivo, eu não o teria matado.

O primeiro *Um Drink no Inferno* atingiu o que você queria?

TARANTINO: Adoro o primeiro filme. Estou feliz com ele. Fica em segundo, só atrás de *Pulp Fiction*, como o filme sobre o qual as pessoas vêm falar comigo na rua. Foi superbem no cinema, mas encontrou um grande público no vídeo e na TV a cabo.

Foi divertido assustar plateias ao vivo com *Wait Until Dark*?

TARANTINO: Sim. É uma coisa totalmente diferente. É bem bacana, porque a peça é realmente assustadora. E os pega de jeito. É uma coisa diferente quando você está lá ao vivo no teatro e ouve a plateia reagindo. Há um ponto no espetáculo em que tento matar a garota [Marisa Tomei] e ela desliga todas as luzes, e você está sentado lá com aqueles estranhos naquele teatro enorme, sem enxergar um palmo adiante do nariz. A plateia não está acostumada a ficar na escuridão total.

Alguma chance de você fazer uma versão para cinema?

TARANTINO: Há conversas sobre isso para Showtime ou algo assim. Mas não estamos certos ainda.

Depois da Broadway, quais são seus planos futuros?

TARANTINO: Não estou certo agora. Estou fazendo a peça, mas em algum ponto vou escrever o que planejo fazer em seguida.

Viu algum filme de terror bom no ano passado?

TARANTINO: Vi *Pânico 2* assim que estreou.

O que acha de todo o fenômeno *Pânico*?

TARANTINO: Ah, acho que Kevin Williamson é provavelmente o roteirista mais talentoso a surgir desde que me tornei profissional. O primeiro *Pânico* era um roteiro perfeito. Foi magnífico, e ele fez um grande trabalho em *Pânico 2*. Eu gostei do roteiro de *Eu Sei o Que Vocês Fizeram no Verão Passado* também.

Para onde você vê o futuro do horror indo neste ponto?

TARANTINO: Não sei. Mas Williamson fez com *Pânico* o que fiz com filmes de gângster. O terror estava basicamente morto quando ele fez isso. Não apenas ele revitalizou e deu algum respeito ao gênero *slasher*, como até comentou por que todos esses outros filmes de terror foram tão ruins. Incontáveis sequências, uma atrás da outra. Foi por isso que Bob Weinstein disse: "*Um Drink no Inferno* foi muito bom para nós. Se temos um que vai bem, fazemos seis dele". [Risadas]

Então, além dos dois, há mais vindo?

TARANTINO: Não, não, não. Só estava brincando, sabe. Como *Colheita Maldita 9*, ou algo assim.

Fiquei surpreso de eles não terem decidido lançar as sequências/prequels de *Um Drink* no cinema.

TARANTINO: Bem, a ideia toda é... como quando eles vieram com a sequência do *Darkman* direto para o vídeo. Bom, eu não assisti, mas aparentemente fizeram um ótimo trabalho com esse filme. E foi muito bem, e a ideia era preparar para

"POR QUE VAMOS PARA O MÉXICO? O QUE É QUE TEM LÁ?"

lançar direto no vídeo, mas fazer bem bom. Não tipo: "Ah, temos essa merda aqui, vamos jogar pra vídeo" – não, vamos tomar a decisão agora de fazer bem bom e lançar. Você não tem de se preocupar com as resenhas e tudo o mais, é só o que há para os fãs. Estamos falando em talvez ter alguns lançamentos especiais quando mostrarmos os três juntos. Tivemos uma reunião sobre isso com Bob, e ele disse: "Se os filmes ficarem bem bons, podemos lançá-los no cinema". Robert Rodriguez entrou e disse: "Bom, se eles forem bem, *bem* bons, deveríamos fazer questão de só lançar em vídeo. Vamos fazer um filme bem bom para os fãs de terror no vídeo. E que se foda lidar com os críticos". Vai ser lançado no cinema loucamente além-mar.

Recentemente houve muita controvérsia em relação ao marketing de filmes de monstros e terror, se deveria mostrar o monstro (ex: Godzilla) até o filme ser lançado. Mesmo o primeiro *Um Drink no Inferno* não mostrava nenhum vampiro nos anúncios impressos. O que você acha dessa estratégia, onde eles mantém o monstro na moita e escondem o fato de que é um filme de terror?

TARANTINO: *Pânico* meio que invalidou a ideia de que o terror tem um limite [de bilheteria] e ficção científica não. Veja *A Experiência*: não foi vendido como um filme de terror, foi vendido como ficção científica. Bem, pode ser isso, acho, e foi o que fizeram com *Mutação*, não apenas em todos os *trailers*, mas sempre que alguém do filme faz uma aparição num *talk show*. Eles mostraram a criatura levando Mira [Sorvino] da plataforma do metrô, que é meio a cena principal do filme. E nunca vai ser tão eficiente quanto a primeira cena que vi, porque eu não sabia que aquela merda ia acontecer. Isso me enlouqueceu. Eu me lembro que estávamos fazendo *Jackie Brown*, eu estava, tipo: "Não quero droga de pôster de *Pânico* em que é só todo mundo alinhado, parecendo um ensaio da *Vanity Fair*".

Mas foi meio o que eles fizeram, não foi?

TARANTINO: Não, não, o nosso foi como um pôster de ação dos anos 1970. Era todo mundo com atitude; não parecia uma foto de *Fantasmas/Pânico*.

O que vem depois de *Terror nas Trevas* para a Rolling Thunder?

TARANTINO: Quero ir além com isso. Eles não estão mais lançando filmes de terror italianos nos cinemas. Essa é uma grande coisa para tela grande. Pode ser uma das últimas vezes, a não ser que *Terror nas Trevas* vá bem.

Estamos procurando outras coisas. Outro que comprei que queremos que saia nessa base de filme de meia-noite é um de Hong Kong dos anos 1970 chamado *Mighty Peking Man*, [anteriormente] lançado nos Estados Unidos como *Goliathon*. É um filme bem louco. É basicamente a resposta de Hong Kong para *King Kong*. Foi a tentativa deles de duplicar o sucesso que os japoneses tiveram com seus filmes de monstro. É fantástico. Os irmãos Shaw fizeram em ShawScope e som estereofônico, e será uma louca noite nos cinemas se lançarmos da mesma forma.

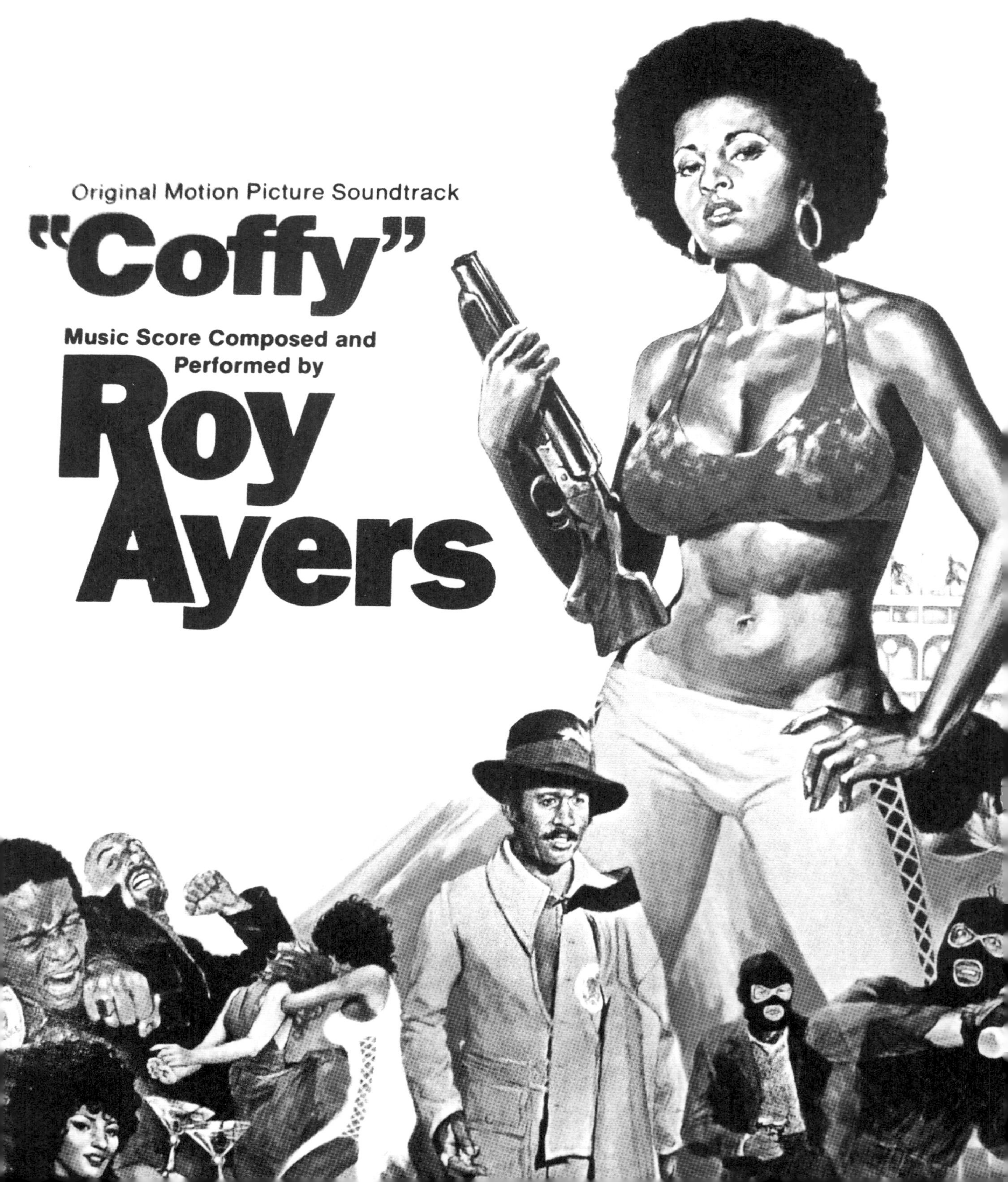
Original Motion Picture Soundtrack
"Coffy"
Music Score Composed and
Performed by
Roy
Ayers

3

BLAXPLOITATION: O QUE É... O QUE ERA!

POR QUENTIN TARANTINO

Quando eu era moleque, filmes de *exploitation* [apelativos] em geral realmente me empolgavam. Eu gostava mesmo. Via de tudo, de filmes de arte estrangeiros a toda a coisa *mainstream*. Mas havia uma crueza, um ultraje e uma malandragem em filmes de *exploitation*. Fossem filmes de *exploitation* de negros, ou de caipiras, os velhos filmes de macho, ou filmes de garotas pom-pom. Os filmes de *exploitation* foram um pouco além porque é o que eles tinham a oferecer. Eles não tinham Paul Newman, certo? Eles tinham de oferecer algo que os filmes do *mainstream* não podiam oferecer. Acho que se você olhar para a minha obra, não está pegando muito do cinema *mainstream*. O que peguei dos filmes *exploitation* em geral é que qualquer coisa pode acontecer. Você não vê mais muito no cinema, é o que mata os filmes, você já viu de tudo.

De fato, olhei para filmes negros de *exploitation* em termos de ficção – como filmes de faroeste-espaguete negros.

As pessoas que cresceram nos anos 1970 estão agora revendo com o que cresceram. Os anos 1970 foram menosprezados por muito tempo. Você nunca tem o respeito por ter crescido nos anos 1970, sempre ouve que perdeu os 1960. Como estava acontecendo a música e você perdeu. Nos 1970, você teve Elton John e esse tipo de coisa. Música pop de branco, depois de abrir novos campos na década, se tornaram bem sem graça. Não havia novos álbuns do Bob Dylan ou *Blonde on Blonde*.

Mas para a música negra os anos 1970 foram uma verdadeira explosão, como uma grande forma de arte provocadora. Foi de Chuck Berry e os Five Satins e todo esse tipo de música dos anos 1950 e 1960 com a explosão da Motown e dos R&B para os 1970, em que se transformou na música *soul*. Isso foi, para meu dinheiro, a melhor época na história da música negra – os anos 1970.

Nunca senti falta dos anos 1960 porque tive os 1970 dos negros, e prefiro isso à década dos *hippies*.

Na música *soul*, havia *What's Going On* do Marvin Gaye, que foi o álbum *Blonde on Blonde* da música *soul*. Foi um dos primeiros álbuns conceituais que saíram.

Cresci na área South Bay, de Los Angeles, escutando a estação de rádio KDAY. Cresci numa casa onde todo sábado via-se *Soul Train*. Vivia com minha mãe e duas amigas dela. Minha mãe tinha cerca de vinte anos e era bem bonita e tinha muitos amigos. Vivíamos com Jackie, uma negra que também era bonita, e uma mexicana chamada Lillian. Elas tinham vinte e poucos anos e eram três jovens atraentes falando sobre seus namoros e se arrumando enquanto assistiam a *Soul Train*. Como um menino assistindo a *Soul Train*, sempre achei que era bem bacana. Quase todos os comerciais eram de Afro Sheen com atores negros. Era um mundo negro. Você não via nada além de rostos negros. Crescendo e vendo o programa, sempre achei que seria uma coisa superbacana ser uma pessoa branca em *Soul Train*, que seria a maior honra. Achava que, talvez algum dia, eu seria o primeiro membro branco da gangue *Soul Train*. Eu estaria lá, fechando com chave de ouro. O tempo passou e eu não via *Soul Train* havia uns dez ou quinze anos, sabe-se lá quantos. Mas um dia liguei a TV e não pude acreditar em como o cabelo afro do Don Cornelius estava curto. Pensei: O que ele fez? Ele não é mais Don Cornelius. Eles tinham gente branca dançando no programa, e era uma droga.

Você olha os filmes de *blaxploitation* hoje e vê todos os cabelões afro e os figurinos de uma peça só com zíper nas costas e os sapatos de plataforma alta, e os casacões com os colarinhos de pele de animais em extinção. Não digo que todo mundo era assim, mas é adotar uma cultura e uma identidade.

O filme que mais fez minha cabeça foi *Coffy*, de Jack Hill, do momento em que ela atira na cabeça do cara com espingarda e a cabeça explode como um melão. Eu nunca tinha visto isso antes e só ficou melhor daí. Pam Grier era uma mulher fodona incrível, ela era tão boa. *Coffy* é um dos maiores filmes de vingança já feitos.

Os filmes de vingança eram grandes nos anos 1970. Eles funcionavam. Você via um e era fisgado. É quase impossível assistir a *Coffy* com uma plateia e ela não ser fisgada. Quando estreou, as pessoas ficavam de pé e gritavam a plenos pulmões para que ela explodisse aqueles caras. Filmes de vingança foram os primeiros em que fui totalmente tomado dessa forma. *Coffy* simplesmente funciona. É bem legal quando você tem uma resposta visceral de um filme ainda bem novo. E, na verdade, acho que gosto de *Coffy* ainda mais agora. Ainda me pega. Eu me lembro quando eu era novo, as pessoas ridicularizavam os filmes e diziam que eram vagabundos. Nunca os vi assim. Sempre soube que os filmes de kung fu eram meio remendados e eu sabia que os filmes de Godzilla eram meio idiotas. Mas os filmes de *blaxplotation* eram ótimos. Eles não pareciam nada vagabundos para mim. Eu não sabia o que era um filme de *exploitation*. Sabia apenas que eles tinham mais sexo do que os outros filmes, o que era uma coisa boa para mim.

Em termos do que é o cinema de "apelação", simplesmente significa que há um elemento num filme que você pode explorar. É o que filmes de baixo orçamento têm para oferecer. A forma como os filmes de Hollywood funcionam e sempre vão funcionar é que existe um sistema de astros, e é por isso que gente de todo o mundo gosta de ver filmes de Hollywood. Isso mantém a máquina correndo. Quando você faz um filme de Harrison Ford, está explorando horrores a imagem do ator. Você vê pôsteres de *Força Aérea Um* por toda cidade, fotos gigantes de um avião no rosto de Harrison Ford. Em grandes filmes de estúdio, eles exploram a presença de um astro, é como eles fazem. Filmes de *exploitation* não têm astros que eles podem explorar assim, e o que eles têm de explorar são sexo, violência e nudez e perseguições de carro ou ação em filmes de motocicleta, em filmes de kung fu são as pessoas lutando, é o que eles exploram. Por isso que os pôsteres de filmes de *exploitation* são muito mais interesses e divertidos de olhar do que os de *mainstream*, porque um pôster de um filme do Paul Newman vai ter uma foto do Paul Newman e pronto. Um filme de motocicleta vai ter todo tipo de ação e motocicletas e

> "É MUITO FÁCIL PARA QUALQUER PESSOA CRIADA NUMA DETERMINADA SOCIEDADE DE ASSIMILAR TRAÇOS DAQUELA CULTURA."

meninas de shorts e toda essa *memorabilia* de Hell's Angels na sua cara. O termo significa que podemos não ter um grande orçamento nem astros, mas temos ação e sexo e um grande monstro sangrento. É o que eles estão vendendo.

Quando você fala de Jim Kelly, Pam Grier, Jim Brown e Fred Williamson, está falando do mesmo; eles são grandes astros naquele mundo. Então suas imagens são exploradas ao máximo. Burt Reynolds era um Fred Williamson caipira para o mercado sulista de *drive-ins*. Quando ele fazia seus filmes de carros velozes ilegais, era da mesma forma que um filme da Pam Grier era feito para o mercado negro.

Gosto do termo *blaxploitation*, assim como gosto do termo filme de kung fu mesmo que seja sobre caratê ou seja um faroeste-espaguete. Não se encaixa em tudo. *Cornbread, Earl and Me* não é apelativo de forma alguma. Pode ser manipulador em relação à plateia, mas não apelativo. A base de filmes de *blaxploitation* é basicamente malandros e criminosos. A coisa é que muitos dos filmes de negros eram basicamente a mesma coisa que filmes de gângsteres brancos, do James Cagney ou Humphrey Bogart refeitos e passados no Harlem. O argumento básico é *Scarface*, de Howard Hawks. É *Black Cesar* e é *The Mack*, é a mesma coisa sobre a boa mãe que não aceita o dinheiro sujo que o filho traz, interpretada, entre tantas pessoas, por Juanita Moore. Ela interpretou a boa mãe sofredora temente a Deus em *Imitação da Vida*.

O triste desse gênero é que, quando acabou, nada mais o substituiu. Os filmes foram feitos para uma plateia negra. Depois de *Shaft*, não houve realmente muito interesse em direção a uma junção. Foi muito interessante, porque estou sempre querendo personagens que podem ser quem eles são; é algo que romances sempre foram capazes de fazer. É uma das boas brigas que sempre compro; os personagens não têm de ser sempre perfeitos. Em romances você pode escrever sobre um cara que é um completo canalha e tudo bem. Os filmes basicamente perderam isso nos anos 1980; estamos recuperando isso nos anos 1990. As pessoas podem ter defeitos, errar e ser imbecis e ainda assim pode ser bem pesado hoje para elas assistir a um filme se for *blaxploitation*. Seria difícil.

Se você olhar para *The Mack* e *Superfly*, é claro que são sobre não conformidade. Mack, um cafetão, e Superfly, traficante de cocaína, estão envolvidos em atos criminosos que nunca são vistos realmente como tal. São vistos como uma luta contra o poder... "branco". Eles nunca disseram em *Superfly* que o que ele está fazendo é errado, ele apenas não aceita o que o "Cara" está servindo. Ele não vai entrar no jogo. Escute a letra da música:

O alvo desse disparo é estourar com tudo/ pergunte a ele sobre seu sonho, o que significa/ele não saberia. Não pode ser como o resto/ é o máximo que ele vai confessar/ mas o tempo está acabando/ e não há felicidade. Oh, Superfly, você vai acabar fazendo fortuna...

Para aquela época nos anos 1970, havia um cinema negro bem legítimo acontecendo. Foi focado em toda a conversa sobre cafetões e tudo isso. Grandes estúdios saltaram no trem da alegria assim como o AIP [American International Pictures] em produzir filmes. Warner e MGM estavam lá. MGM fez *Hit Man*, United Artists fez *Cool Breeze* e uma porrada de outras coisas. AIP eram cineastas de *exploitation* que montaram um estúdio e estavam constantemente produzindo essas coisas. Os grandes estúdios tinham seus próprios círculos de filmes apelativos, porque o mercado de filmes B, o mercado de filmes apelativos, o mercado de filmes *grind house* eram bem grandes nos anos 1970: muita coisa podia ser feita.

O cinema atingia todos os gêneros. Havia faroestes e filmes de terror feitos especialmente para uma plateia negra, e era divertido! *The Legend of Nigger Charley* era um filme de ação para negros num cenário de faroeste. Muitos dos filmes policiais de negros eram literalmente os velhos filmes da Warner Brothers refeitos com elenco negro. *Cool Breeze* é um *remake* de *O Falcão Maltês*. *Hit Man* é um *remake* do filme policial britânico com Michael Caine, *Carter – O Vingador*. Havia

Buck and the Preacher, que tinha um clima negro bem apelativo e também um grande orçamento e era estrelado por Sidney Poitier e Harry Belafonte. Havia a louca produção italiana, *Take a Hard Ride*, com Jim Brown, Fred Williamson, Jim Kelly e Lee Van Cleef, com um pouco de faroeste-espaguete jogado no meio.

Então considere *Mandingo – O Fruto da Vingança*, que é *exploitation* negro em todos os sentidos, forma e conteúdo, até onde uma descrição merece ser aplicada a um filme. *Mandingo* foi produzido por um grande estúdio e fez muito sucesso com o público negro. É uma obra-prima apelativa de estúdio. Tem a mesma estética de um filme sobre mulheres na prisão, só que é bem mais horrível. É provavelmente um dos filmes mais violentos e nojentos que existem. É baseado num livro bem famoso que mostrava a verdade sobre o velho sul. Há tanta patifaria em grandes filmes de estúdio. E pensar que *Mandingo* foi feito por um grande estúdio e que gastaram tanto dinheiro nele ainda me deixa embasbacado, é uma das razões por que eu amo tanto esse filme. Nunca vou esquecer. Fica tão destacado, sozinho em 1975.

É muito interessante porque por muitos anos as pessoas vêm menosprezando esses filmes. Foi a ascensão de artistas de *hip-hop* e *rap* falando o quanto eles adoravam filmes *blaxploitation* e quanto eles amavam *The Mack* e *Superfly* e *Willie Dynamite* e usavam Rudy Ray Moore e trechos de som tanto de filmes apelativos negros quanto de kung fu em seus discos. Na música do Public Enemy ["Burn Hollywood Burn"], os caras dizem: "*O que está passando?* Conduzindo Miss Daisy, *ah, cara, foda-se essa merda, cara, vamos para casa assistir* Black Caesar*!"*. Muitos dos astros negros da época tinham vergonha de estar nos filmes dos anos 1970, e uma coisa típica que diziam era: "Bem, pelo menos está dando a bons atores negros uma chance de trabalhar, Rosalind Cash teve chance de trabalhar...". É tão submisso e degradante para o gênero. Artistas de *rap*, vinte anos depois, foram as primeiras pessoas, as primeiras "celebridades" negras a aceitar esses filmes. Cresci com esses filmes e adoro. Eu não precisava que mais ninguém me dissesse. Eu falava sobre eles com qualquer um que ouvisse mesmo antes de eu ser conhecido.

Muitos desses filmes são apenas divertidos. Claro, há alguns bem ridículos. Há alguns que você termina rindo bastante porque sabe que eles não envelheceram muito bem. Mas é o mesmo com um monte de filmes *hippies* dos anos 1960. Eles não envelhecem muito bem. Isso não quer dizer que são filmes ruins, só quer dizer que parecem datados; parece que os tempos mudaram. Mas há tantos que simplesmente permanecem como documentos maravilhosos de seu tempo.

Quando coloquei Pam Grier como a principal em *Jackie Brown*, as pessoas disseram: "Oh, você está fazendo pela Pam Grier o que você fez por John Travolta". Bem, não penso assim. Escolho uma boa atriz num papel que é perfeito para ela. Não estou pensando em rir ou redescobrir, não é isso. É uma coisa bacana de se escrever, mas não tem mesmo nada a ver com o trabalho ou o processo envolvido. Isso seria levantado tanto que achei que tinha de levar à Pam desde o começo. É toda essa baboseira da máquina da imprensa que não tem nada a ver com o trabalho. Quando falei com Pam sobre isso, ela disse: "Ah, Quentin, nem pense nisso, não estou pensando nisso, porque não sou um homem branco".

Muito do clima de filmes apelativos de negros que eu gostava trouxe para *Jackie Brown*. É como a dívida que *Pulp Fiction* tem com faroestes-espaguete. *Jack Brown* deve a filmes *blaxploitation*. E a relação que a *surf music* tem com *Pulp Fiction*, a *soul* da velha guarda dos anos 1970 tem com *Jackie Brown*: é o ritmo e a pulsação do filme.

TARANTINO'S FILM

JAKIE BROWN

JACKIE BROWN

1997

R RESTRICTED
UNDER 17 REQUIRES ACCOMPANYING PARENT OR ADULT GUARDIAN
PERVASIVE STRONG HORROR VIOLENCE AND GORE, LANGUAGE AND SEXUALITY

JACKIE BROWN (PAM GRIER),
NO FILME HOMÔNIMO DE 1997

1 A VOLTA DE UMA MAMA GOSTOSONA

POR PETER TRAVERS

Lamento decepcionar aqueles que queriam ver Quentin Tarantino quebrar sua famosa cara, mas o longo e muito indulgente *Jackie Brown* – o primeiro filme do tal Q como autor e diretor desde *Pulp Fiction*, de 1994 – é novamente matador. Repleto de ação, risadas, diálogos espertos e performances potentes, *Jackie Brown* é mais memorável por seu clima inesperado. Tarantino adapta o romance policial de 1992 de Elmore Leonard, *Ponche de rum*, sem perder a compaixão do autor por personagens comprometidos que desafiam as opções reduzidas que vêm com a idade.

O que é isso – uma versão mais antiga de *Cães de Aluguel*, tingido de vulgaridade com lástimas? Um pouco. Mas antes de cair de pau em Tarantino, considere a insinuante premissa: Jackie Burke, a comissária branca do livro, é agora Jackie Brown, e interpretada por aquele ícone dos filmes apelativos de negros dos anos 1970, Pam Grier (*Coffy*, *Foxy Brown*, *Sheba Bay*). Tarantino tinha apenas dez anos de idade em 1973, quando Grier, agora com quarenta e oito, interpretou Coffy, uma enfermeira em guerra com chefões do crime que deixaram sua irmã de onze anos viciada. Heroína. Coffy seduz um traficante babão deixando os seios escaparem atraentemente de sua blusa, então explode a cabeça dele com uma espingarda.

Momentos como esse tiveram claramente um impacto profundo no jovem Quentin. Sua afeição por Grier, com o espírito desbravador que ela trouxe a filmes que a maioria dos críticos desprezava e considerava lixo violento, preenche cada tomada. Jackie ainda é uma gata, mas um trabalho mal remunerado voando ponte aérea entre Los Angeles e o México tirou um pouco de seu brilho. As coisas pioram quando a polícia de Los Angeles e o agente da ATF Ray Nicolet (um espasmódico Michael Keaton) prendem Jackie por trazer dinheiro e cocaína para o traficante de armas Ordell Robbie (Samuel L. Jackson).

E onde está Ordell enquanto sua entregadora está encarando a prisão? Está no apartamento da chapada Melanie Ralston (Bridget Fonda), uma surfista que já não é mais um brotinho e que demonstra atitude a Ordell por mostrar filmes de garota com armas para o ex-condenado Louis Gara (Robert De Niro). Das virtudes de uma AK-47, Ordell diz ao apagado Louis: "Quando você com certeza vai matar cada filho da puta na área, não aceite substitutos". Ordell não aceita que Jackie fique na prisão, então ele arranja para um agente de fiança, Max Cherry (Robert Forster), para soltá-la. Dessa forma, Ordell pode matar Jackie antes que o denuncie aos federais para tirar o dela da reta.

Tarantino deixa esses personagens interpretarem o próprio destino contra uma atmosfera vagabunda de filme B que é habilmente trazida na fotografia de Guillermo Navarro. Jackson é perfeito, combinando charme e ameaça com um brilho inesperado. E Fonda sempre traz surpresas. Interpretar uma vilã a libera. Tarantino, o maior fetichista de pés do cinema desde Luis Buñuel, faz Melanie mexer os dedos do pé para provocar Louis. "Quer foder?", ela pergunta. "Claro", ele diz. TRÊS MINUTOS DEPOIS, uma legenda anuncia, eles terminam. A performance de De Niro é de uma ranzinzice bem calibrada enquanto Louis murcha sob o sarcasmo de Melanie. "Você já roubou um banco, Lou-*is*?", ela pergunta, sibilando naquela sílaba final cada vez que diz o nome dele, fazendo Louis estremecer.

A glória do filme está no romance improvável entre Jackie e Max. Ele ouve música a primeira vez que a vê – é um *soul* dos anos 1970, claro. E ela o apresenta aos Delfonics. "Como se sente em envelhecer?", Jackie pergunta a Max, que admite que ele comprou uma peruca quando o cabelo começou a cair. "Minha bunda não é a mesma", Jackie confessa, ranzinza. "Maior?", Max pergunta, sorrindo. "Não há nada de errado nisso."

Forster (*Medium Cool, Banyon* na TV) começou nos filmes em 1967, como um objeto de luxúria tanto para Elizabeth Taylor quanto para Marlon Brando em *O Pecado de Todos Nós*. Agora, aos cinquenta e seis anos, ele traz um trunfo pessoal como uma maleta estimulando emoções bem soterradas. Estaria Jack usando Max num esquema elaborado para roubar quinhentos mil dólares de Ordell – Tarantino encena o tormento num shopping center e enrola com a troca de dinheiro para manter ao máximo o suspense – ou é amor de verdade? Max tem medo de olhar perto demais, o que dá às cenas de Forster com Grier uma intensidade de cortar o coração.

E Grier, uma gata para a idade, é uma sensação. Jackie pode apertar uma arma no pau de Ordell e olhar para um policial com a mesma frieza. "Tem medo de mim?", Jackie pergunta a Max. "Um pouco", ele responde. Jackie tem medo também. Dirigindo para uma nova vida que ela não pode definir, Jackie canta junto "Across 110th Street", de Bobby Womack, no rádio do carro. É uma música dos anos 1970 saindo dos guetos. Tarantino conhece esse exercício. Em seu filme transicional, ele reconhece sua dívida à elegante ficção policial de Elmore Leonard e a bruta vitalidade dos filmes apelativos com negros. Para Tarantino e sua protagonista, *Jackie Brown* crepita com o medo e a empolgação de seguir em frente.

2 MATANDO-ME SUAVEMENTE

POR PHILIP FRENCH

Saindo de *Jackie Brown*, eu me peguei pensando que passei duas horas e meia no estado feliz que associei minha vida toda a um bom faroeste. Uma trama satisfatória trabalhada com lógica e trazida a uma conclusão satisfatória moral e intelectualmente, interpretada num cenário empolgante e exótico por gente buscando a linguagem certa e marchando com um tambor marcando o ritmo de seu etos particular.

"QUANDO VOCÊ CRESCE CERCADO DE MUITOS NEGROS, VOCÊ ACABA SE SENTINDO COMO UM DELES."

Há quase setenta anos, Edmund Wilson identificou o sul da Califórnia como a última fronteira, o lugar onde "você vê a última efervescência fútil da explosão da aventura americana. Aqui, nossa gente, há tanto tempo mandada a 'seguir para o oeste' para escapar da falta de saúde e pobreza, desajuste e opressão industrial, está descobrindo que, tendo vindo ao oeste, seus problemas e doenças permanecem e que há mais além do oceano".

Elmore Leonard é o último dos grandes romancistas pulp, apesar de que, diferentemente da maioria, ele viveu tempo o suficiente para ser respeitado, premiado e se sentir confortável entre capas duras. Nascido em 1925 no sul profundo, ele viveu em Detroit desde os dez anos de idade e, com exceção de um serviço na Marinha durante a guerra, permaneceu lá, trabalhando como redator para uma agência de publicidade até se tornar escritor em tempo integral nos anos 1960.

Suas primeiras histórias, publicadas em revistas *pulp* ou livros originais em brochura, foram faroestes, e só em 1968 ele se afastou do passado rural estilizado para ouvir os ritmos do presente urbano e escrever os *thrillers* que lhe conferiram a reputação que tem hoje. São sobre gente comum nos dois lados da lei, muitas apenas marginalmente envolvidas em crimes. Seus sonhos são relativamente em pequena escala, o que não significa que eles não estejam ao alcance, mas ao tentar conquistá-los a vida dessas pessoas se torna perdidamente complicada. O tom é amargo, tragicômico, sem julgamentos, realista sem ser cínico. E a ambientação é o eixo indo da fronteira canadense como local de trabalho ao *playground* caribenho, da violenta e decadente Detroit industrial ao norte à violenta, próspera e deslumbrante Flórida no sul. Eles são, com seus diálogos casuais coloquiais e prosa despretensiosa (geralmente um tipo de prosa subjetiva em terceira pessoa), estilística e geograficamente algo entre a tagarelice excessiva da Boston irlandesa-americana de George V. Higgins e a Califórnia sulista espertinha e cheia de metáforas de Raymond Chandler.

Como Chandler, Leonard é muito observador sobre mudanças sociais. Entretanto, ele as registra não como declínio nem como progresso, tampouco como algo que oferece oportunidades ou desafios para seus personagens. Você pode chamá-lo de humanista, mas nunca um pessimista ou otimista.

Três dos faroestes de Leonard se tornaram filmes clássicos como *Galante e Sanguinário*, de Delmer Daves (que retrabalhava a lenda do Santo Graal no Arizona), *O Resgate do Bandoleiro*, de Budd Boetticher, e *Hombre*, de Martin Ritt, todos adaptados por outros nos anos anteriores àqueles em que os faroestes se tornariam moda. Mas ele teve menos sucesso com filmes de livros policiais. Ele colaborou no roteiro de *Nenhum Passo em Falso*, de John Frankenheimer, *Stick*, de Burt Reynolds, e *Cat Chaser*, de Abel Ferrara, mas eles terminaram bem normais, e os dois primeiros foram direto para o vídeo na Inglaterra. A adaptação de Barry Sonnenfeld de *O Nome do Jogo* foi um grande avanço, pegando muito do humor extravagante de Leonard, apesar de terminar como uma comédia astuta de Hollywood sobre Hollywood. Agora ele encontrou seu intérprete mais simpático até agora, e *Jackie Brown* de Quentin Tarantino, baseado num romance de 1992, *Ponche de rum*, é tipicamente Leonard.

A não ser que você conte *Um Drink no Inferno* como uma versão não reconhecida de *The Getaway*, de Jim Thompson, esta é a primeira vez que Tarantino adaptou o material de outra pessoa sem fazer grandes mudanças – as principais são na ambientação de Palm Beach para Los Angeles, na cor da pele da heroína branca, simplificar levemente o argumento, introduzir profanidades adicionais e (surpreendentemente) reduzir a violência. A personagem central, Jackie Brown (Pam Grier), é primeiro vista de perfil, uma figura confiante em seu uniforme de comissária de bordo. Aparentemente voando pelo espaço, mas na verdade numa esteira rolante no aeroporto de Los Angeles. Sua pose é desmontada por uma prisão e uma noite no xilindró. Um agente federal (Michael Keaton) e um policial de Los Angeles (Michael Bowen) a pegam no estacionamento com cinquenta mil dólares em sua mala de viagem junto com alguns gramas de cocaína.

Estão atrás do homem para o qual ela está trazendo o dinheiro do México, o traficante de armas negro Ordell Robbie (Samuel L. Jackson), e a cocaína (da qual Jackie não sabe) dá a oportunidade de armar uma fiança de dez mil dólares. Uma condenação anterior por posse de drogas (protegendo seu antigo marido) custou a Jackie sua posição na Delta e agora, com quarenta e quatro anos de idade, ela se arrisca a ser despedida de seu trabalho podre de dezesseis mil dólares por ano numa linha aérea mexicana vagabunda. Por outro lado, se ela colaborar com a polícia, o cruel Ordell pode apagá-la, o que ele de fato pretende fazer enquanto se prepara para pagar a fiança dela.

Mas Jackie descobre um novo aliado em Max Cherry (Robert Forster), um ex-policial de cinquenta e seis anos que vive uma vida razoável, ainda que insatisfatória, como um agente de fiança profissional, trabalhando perdido entre criminosos e a lei. Como o oficial de justiça alcoólatra no magistral *Unknow Man No. 89*, Max é uma dessas figuras recorrentes na obra de Leonard, um homem decente, inerentemente perturbado com um senso de cavalheirismo antiquado em relação às mulheres. Então, numa trama sabiamente organizada, Jackie é a isca viva num jogo de gato e rato entre policiais e bandidos, com Max ajudando-a a jogar um lado contra o outro.

A ação do filme acontece abaixo de céus brancos, opacos, na anônima área pouco glamorosa de South Bay, em Los Angeles, uma das cidadezinhas ao sul do aeroporto de Los Angeles, como Carson, Hawthorne, Torrance e Compton, que estrangeiros apenas passam por cima ou dirigem por lá por acidente. Torrance, entretanto, se gaba de ter o maior shopping center da América, um reluzente templo do consumismo no qual a cena climática do filme é encenada. Em seu meio inerte, os personagens passam muito tempo sentados ao redor, comendo, bebendo e conversando. O criminoso soberbo Ordell tem um colaborador passivo em Louis Gara (Robert De Niro), um ladrão de bancos incompetente cuja amizade com Ordell foi formada em Detroit. O romance de Leonard de 1978, *The Switch*, reconta seu envolvimento com um esquema de sequestro malsucedido. Ordell também tem três mulheres: uma branca e duas negras, que ficam em casa em três *ménages*, prontas para providenciar os serviços sexuais e profissionais de que ele precisa – a desocupada cheiradora de coca Melanie (Bridget Fonda), que o despreza; Simone (Hattie Winston), de meia-idade, que se veste para imitar discos da Motown; e Sherdona (Lisa Gay Hamilton), uma adolescente cabeça de vento fugitiva da Geórgia, que acha que está a poucos passos de Hollywood. Ordell é um desprezível psicopata misógino, mas mostra uma triste humanidade, assim como seu colega psicopata Louis, apesar da remoção de um elenco-chave da subtrama tornar o papel de Louis no filme menos significativo do que no romance.

Jackie Brown, como *Cães de Aluguel* e *Pulp Fiction*, é uma obra de conjunto. Mas o foco final é no relacionamento entre Jackie e Max, o par de meia-idade ferido e desesperado, e Tarantino exibe seu dom em reviver carreiras ao escalar dois rostos familiares do passado, que vimos pouco recentemente. A Grier de quarenta e nove anos, uma bela estrela de filmes apelativos dos anos 1970, está maravilhosamente segura como Jackie, e o Forster de cinquenta e seis anos, cujo único grande protagonista memorável foi em *Medium Cool*, de Haskell Wexler (de 1969), transmite uma probidade testada como Max, um homem com uma história de vida escrita nas linhas do rosto.

Um ritmo deliberadamente sossegado permite que Tarantino desenvolva os personagens. Muitos dos diálogos vêm direto de Leonard, e não há frases intrusas. Max comenta sobre o trabalho de seu assistente: "É o que ele faz, ele encontra gente que não quer ser encontrada", e o comentário de Ordell – "Você atirou em Melanie? Duas vezes?" – traz risadas de prazer ao cinema, mas não tem sentido fora de contexto.

A ação nunca é enfeitada por cortes bruscos. Um dos poucos efeitos de bravura é um longo *take* de Jackie ficando cada vez mais em pânico enquanto anda pelo shopping center, mas isso se justifica porque depois descobrimos que ela estava atuando para benefício da vigilância policial. Há também comparativamente pouca violência – apenas quatro mortes, cada uma feita obliquamente. Num caso, a câmera está a centenas de metros de distância, enquanto dois flashes de uma pistola no escuro indicam a morte de um potencial informante; em outra, a vítima está fora de quadro, à direita da câmera. Tarantino também pega leve nas referências ao cinema. Há um vislumbre do pai de Bridget Fonda, Peter, na televisão em *Fuga Alucinada* (um filme há muito esquecido sobre dois homens loucos e uma bagaceira roubando supermercados), e um empréstimo de *O Grande Golpe*, de Kubrick, do esquema de um assalto no momento de um grande suspense para retroceder e apresentar uma cena crucial de dois outros pontos de vista. Mas só isso.

Se formos fazer uma crítica de estilo, é a de um mapa redundante, mostrando que o avião de Jackie está voando de Baja Califórnia para Los Angeles.

Jackie Brown é a melhor coisa que Tarantino fez até agora, uma obra de primeira, que faz por Elmore Leonard o que *Los Angeles Cidade Proibida*, de Curtis Hanson, fez por outro formidável autor policial contemporâneo, James Ellroy. Aos trinta e cinco anos de idade, Tarantino tem a mesma idade que John Huston tinha quando adaptou e dirigiu *O Falcão Maltês*, de Dashiell Hammett. Huston tem quase cinquenta anos de trabalho à frente dele então.

3

O MUNDO "N"

POR PASCOE SAWYER

A recente explosão de Spike Lee contra Quentin Tarantino por usar a palavra com "n" abriu um debate há muito adiado sobre o uso cada vez mais liberal da palavra. Lee alega que Tarantino está "obcecado" com ela. Por isso ele usou vinte e oito vezes em seu grande sucesso, *Pulp Fiction*, e trinta e oito vezes em seu novo filme, *Jackie Brown*.

Lee aponta que, se ele tivesse usado uma palavra como "*kike*" [pejorativo para "judeu"] trinta e oito vezes em um de seus filmes, o simples peso dos protestos do público teria acabado com sua carreira de cineasta. Isso provavelmente é verdade, mas a tentativa de Lee de lutar pela causa negra parece menos considerada se lembrarmos que a palavra *nigger* [ou "crioulo", pejorativo de "negro"] aparece em destaque em praticamente todo filme em que ele se envolveu.

Nigger também é usado em filmes dirigidos por negros, aclamados pela crítica (na comunidade negra, pelo menos), como *Os Donos da Rua* (John Singleton) e *Perigo para a Sociedade* (Albert e Allen Hughes), aparentemente com a aprovação de Spike. Isso porque o problema de Lee com Tarantino tem menos a ver com o uso da palavra *nigger* em seus filmes e mais com o fato de ser um diretor branco a usá-la. Tarantino, que alega ter sido criado entre a cultura negra, não se arrepende. Defendendo firmemente sua posição numa entrevista recente, ele disse: "Sou um cara branco que não tem medo da palavra. Apenas não sinto toda a culpa branca e não piso em ovos com toda essa questão racial".

Samuel L. Jackson, um ator cuja ascensão a "grande astro" deve muito às suas aparições em filmes do Tarantino, também foi rápido em defender o direito do diretor de retratar realisticamente o estilo de vida dos negros e declara que ele não tem problema em ser chamado de *nigger* ou chamar outras pessoas de *nigger* na tela, desde que dentro de um contexto.

"FALO DE MIM, DE COMO ME SINTO EM RELAÇÃO AOS NEGROS... DO PONTO DE VISTA DO CORAÇÃO."

RICHARD PRYOR, COMEDIANTE, ESCRITOR E ATOR, EM 1976

Diran Adebayo, autor do romance vencedor do prêmio Sega, *Some Kind of Black*, concorda com Jackson. Comentando sobre *Jackie Brown*, ele disse: "Não acho que o filme vai afetar de forma alguma o estado mental dos negros. É uma homenagem de Tarantino que ele conheceu enquanto crescia, e o filme vem de sua perspectiva, não há nada de errado com isso. A única questão para debate é se o filme é bom ou não. E eu acho que é".

É uma das muitas ironias da situação em que negros americanos de fato introduziram o uso de *nigger* como uma palavra popular de gíria. A primeira vez que a ouvi foi através do comediante Richard Pryor. Eu me lembro de ver vídeos de suas apresentações de *stand-up* no começo dos anos 1980 e, devo admitir, na época achava que ele era insanamente brilhante. Pryor não foi o primeiro ícone americano negro daquela época a se chamar publicamente de *nigger* com orgulho. A palavra também aparece fortemente nos filmes *blaxploitation* dos anos 1970.

Tudo começou a dar errado em 1989, quando um jovem grupo de gangsta rap com base em Los Angeles entrou em cena, com um nome que deve ter trazido um brilho nos olhos do assessor de imprensa que recebeu a tarefa de fazer o marketing deles. Sem dúvida, o Niggaz Wit' Attitude

(NWA) era um grupo extremamente talentoso e inovador, mas as letras de seus discos de sucesso ajudaram a fazer de "nigga" uma coisa bacana, e jovens negros foram praticamente atraídos ao rótulo.

Entretanto, outros *rappers* tentaram acentuar o sentido positivo da palavra. O infame Tupac Shakur, numa faixa de seu primeiro álbum *2Pacalypse Now*, define "nigger" como uma abreviação de "Never Ignorant Getting Goals Accomplished" (nunca ignorante em ter os objetivos conquistados). Mas trocar a forma de escrita e até o sentido de uma palavra tão carregada necessariamente muda a imagem mental que de forma subconsciente vem à cabeça quando é usada?

Enquanto artistas negros continuam a promover o uso da palavra na cultura popular, estudos nos Estados Unidos mostram que a palavra *nigger* é ainda o insulto mais comumente usado em ataques raciais sobre os negros, o que nos leva ao coração da questão. Para a maioria das pessoas brancas e negras, *nigger* ainda significa o que sempre significou: o mais baixo possível.

Essa questão é lindamente ilustrada numa cena do filme *Amor à Queima-Roupa*. Um grupo de gângsteres sicilianos estão torturando e prestes a matar um velho, Clifford Worley (Dennis Hopper). Quando o personagem percebe seu destino, ele decide retaliar:

WORLEY

Sabia que os sicilianos foram inseminados por crioulos? É um fato. Sicilianos têm sangue de crioulo bombeando no coração. Se você não acredita em mim, dê uma olhada... Há centenas de anos os mouros conquistaram a Sicília... os mouros são crioulos. Naquela época, os sicilianos eram como os carcamanos do norte da Itália. Cabelo loiro, olhos azuis. Daí os mouros chegaram lá... Eles treparam tanto com as mulheres sicilianas, que mudaram a linhagem de sangue para sempre. Foi como o cabelo loiro e os olhos azuis se tornaram cabelo preto e pele escura. E sempre me impressionou que centenas de anos depois vocês sicilianos ainda carregam o gene de crioulos.

JACKIE BROWN (PAM GRIER) E ORDELL ROBBIE (SAMUEL L. JACKSON), EM *JACKIE BROWN*

O chefe da máfia, que geralmente não suja as mãos fazendo ele mesmo a execução, fica tão furioso com o insulto que atira repetidamente na cabeça de Worley. O roteiro para *Amor à Queima-Roupa* foi escrito por Quentin Tarantino.

Hoje, a cultura negra de rua e seu vocabulário estão no coração do grande público, então, se os negros insistem em usar a palavra publicamente, não há razão lógica ou justificativa para que gente de outras raças não possa fazer o mesmo. Os negros americanos abriram uma caixa de Pandora que só eles podem fechar.

4 CRIMINOSOS DIVERTIDOS

POR TOM CHARITY

Eu era o terceiro irmão de cinco, fazendo o que eu precisava para sobreviver. Não vou dizer que o que fiz foi certo, tentar sair do gueto foi uma luta diária... Você não sabe o que fez até ser colocado sob pressão. Do outro lado da 110th Street é um teste dos infernos... Do outro lado da 110th Street. Você pode encontrar tudo na rua... Olhe ao seu redor, olhe ao seu redor...

Bobby Womack

O grande mago está de volta! Faz três anos e nove meses que *Pulp Fiction* fez cair o queixo do mundo do cinema em Cannes... um período de ausência que fez a reputação profissional e pessoal de Tarantino despencar. Houve a bem divulgada rixa com o coautor Roger Avary; alegações de plágio em relação a *Cães de Aluguel*; insultos por aparições na tela em *Johnny Destino*, *A Balada do Pistoleiro* e outros; o fiasco de *Grande Hotel*; e a adolescência roubada que se evidenciou pela tão postergada produção do roteiro de *Um Drink no Inferno*. Como o próprio Tarantino observou, ele já se tornou um adjetivo aos trinta anos de idade. O que ele deixou de mencionar foi que "tarantinesco" se tornou uma crítica sucinta para *thrillers* policiais banais, metidos a descolados de baixo orçamento. Se ele deu energia aos filmes americanos, também trouxe alguma responsabilidade pela onda que tomou o cinema de assalto. Seus imitadores não estavam seguindo suas estruturas de história virtuosas, escolhas sábias de elenco ou a contenção que deu a seus efeitos de choque seu impacto. Eles estavam apenas salpicando ideias de efeitos com atores do passado, referências pop gratuitas e violência irônica da moda. Tarantino tornou-se o cineasta mais influente da sua geração, mas principalmente pelas razões erradas. Para coroar tudo isso, no final do ano passado, o campeão de vendas

do trabalho sujo de Jane Hamsher sobre o *making of* de *Assassinos por Natureza*, *Killer Instinct*, o retratou como um iletrado, chauvinista egocêntrico, que esfaqueia pelas costas... um retrato que o próprio Tarantino não fez nada para suavizar ao atacar fisicamente o sócio de Hamsher, Don Murphy. ("Só dei uns tabefes nele", Tarantino alegou, encantadoramente.)

Teria a pressão o vencido? O mais quente talento de Hollywood já teria se queimado? Depois de toda a especulação, uma pré-estreia de *Jackie Brown* no National Film Theatre, em janeiro, provou que pelo menos Tarantino não perdeu nada do seu poder de atração. Entre a plateia estavam talentos diversos como Terry Gilliam, Sally Potter, Andrew MacDonald, David Thewlis e Jonny Lee Miller, assim como Sharleen do Texas e o outro irmão Gallagher. Tão significativamente, talvez, havia mais rostos jovens negros do que o NFT via há muito tempo. "Para mim, este é um filme de negros para uma plateia de negros", um Tarantino calmo e sociável disse a eles. "Não deixe a pigmentação te enganar. É uma questão mental..."

Jackie Brown é baseado no romance de Elmore Leonard, *Ponche de rum*. Enquanto tem a trama da típica complexidade de Leonard, a premissa é bem simples. Pegue meia dúzia de personagens que sabem que estão com as cartas marcadas e dê a eles meio milhão de dólares para disputar. Do lado errado da lei temos o cruel contrabandista de armas, Ordell (Samuel L. Jackson), seu amigo saído da prisão,

Louis (Robert De Niro) e a confiavelmente dúbia Melanie (Bridget Fonda). "Não tenho de confiar na Melanie, eu a conheço", Ordell diz a Louis, que não entende nada. Do outro lado, há um policial astuto, ávido, Ray Nicolet (Michael Keaton), e o desgastado agente de fiança Max Cherry (Robert Forster). Enquanto isso, Jackie Brown (Pam Grier) está presa no meio com o dinheiro, perguntando-se se pode jogar um lado contra o outro e sair livre dessa.

No mundo de Elmore Leonard, sempre se termina com a sobrevivência do mais esperto. É o que faz os livros tão sedutores: vívidos e hábeis, eles trazem a sabedoria das ruas para leitores que não saberiam a diferença entre uma M-16 e um congestionamento. ("Essa TEC-9? Eles anunciam como sendo 'durona como seu cliente mais durão'. Dizem que é a 'arma mais popular no crime americano'. Sem brincadeira, eles de fato dizem isso.") Se Hemingway tivesse se aposentado na Flórida, adotado o golfe e encontrado o amor verdadeiro, em vez de ter explodido o cérebro, ele poderia ter escrito esses livros. É vagabundagem literária de um tipo peculiarmente descolado e elegante, mas os livros também têm sabedoria, ingenuidade e um ouvido incomparavelmente afiado para a cadência da América marginalizada. Leonard é um aliado natural para um cineasta que sempre mostrou suas credenciais das ruas, suprimindo o que seria um passado de classe média. De acordo com Tarantino, seu primeiro encontro com a obra do romancista foi quando ele foi pego em flagrante roubando uma cópia de *The Switch*, aos quinze anos – uma história que confere certa credibilidade fora da lei ao relacionamento, e que de fato parece ser verdade. (Por uma feliz coincidência, *The Switch* apresenta os personagens de Ordell, Louis e Melanie.) Duas décadas depois, ele estava na posição de pressionar John Travolta a aceitar o papel principal em *O Nome do Jogo* e adquirir os direitos de opção de mais quatro títulos de Leonard.

"Seus faroestes podem ser adaptados tipo 'Bangue!', sem problemas", Tarantino observa, atraindo sua corte numa suíte em Dorchester. Está vestido de preto, é claro: jeans preto, jaqueta de couro preta, tênis informal. É um degrau acima na

"NA ÉPOCA DOS FILMES DE HONG KONG, TODOS QUERIAM UMA .45."

CENAS DE *JACKIE BROWN*

escada de estilo do moletom que ele usava no NFT algumas noites antes. "O problema com os filmes policiais é que muitos deles apenas tentam transformar o livro num filme padrão, enquanto o que há de único nos *thrillers* de Elmore é a rica ênfase na caracterização. Eles têm essas histórias maravilhosas, então a vida entra no meio e fode com tudo."

Apesar de ser opressivamente fiel ao romance, *Jackie Brown* é passado na Los Angeles nativa do diretor em vez de em Miami, e transforma a comissária caucasiana de quarenta e quatro anos de Leonard, Jackie Burke, na ostensivamente negra Pam Grier de meia-idade do título (Grier tem quarenta e oito). É uma brilhante virada de elenco, jogando na cara das convenções de Hollywood – qualquer outra pessoa teria pego Julia Roberts se pudesse – investindo no material com peso e profundidade, além de ser o tipo de aura de retorno da vira-lata que rendeu tão bem para John Travolta. Se *O Nome do Jogo* trouxe o lado cômico de Leonard, essa é certamente a mais substancial adaptação de sua obra, mais séria até do que o romance em si. "Há um peso nos personagens, concordo com você", Tarantino assente, acendendo uma cigarrilha. "Não é uma situação melhor ou pior, mas sinto que o romance é um pouquinho mais leve do que o filme. Acho que o elenco de Robert a Pam tem muito a ver com isso. Tem essa coisa célebre de que você termina tirando cenas na edição porque o roteiro precisava delas, mas o filme não. Você vai além com informações visuais do que quando você lê. Ver Robert por trás daquela mesa e saber que ele esteve lá por dezenove anos te conta tudo o que você precisa saber."

É fácil fazer uma caricatura de Tarantino como o fanático por cinema encapsulado no ABC do cinema, mas é difícil pensar em outra forma de arte na qual o conhecimento do meio seria menosprezado assim. Não há como negar que os roteiros de *Amor à Queima-Roupa*, *Assassinos por Natureza* e *Um Drink no Inferno* funcionam primariamente como escapatórias indiretas para a imaginação adolescente desenfreada (não é uma função inválida, mas limitada), e é bem verdade que a exuberância de *Pulp Fiction* camufla um vácuo emocional no seu cerne – certamente há algo ridículo em Tarantino falando do ângulo pessoal porque ele esteve uma vez em Amsterdã. Mas, do mesmo modo, aquele sofisticado jogo ético do filme foi amplamente desprezado, e a dor da traição em *Cães de Aluguel* é tão emocional quanto física.

Digo a ele como sinto que o termo "tarantinesco" tornou-se degradado, e mais uma vez ele concorda prontamente. (Apesar de não ser dotado de falsa modéstia, Tarantino tem o hábito de concordar com sua ideia antes de seguir pelo próprio caminho. Isso o faz parecer mais afável e inteligente do que você esperaria.) "É, sinto isso. Nunca entendi realmente o que significa 'tarantinesco'. Quando escuto isso aplicado, nunca me soa como uma coisa lisonjeira, porque é tão restrito a ternos pretos, diálogos hiperativos e gente falando de programas de TV. Não sou eu. Sinto que há muito mais no meu trabalho do que isso. A grande coisa em Hollywood é que você pode fazer muito dinheiro polindo roteiros, e só fiz isso uma vez, e nunca mais vou fazer, mas fiz em *Maré Vermelha*, como um favor para Tony Scott. Eu estava muito orgulhoso do que fiz, porque, com exceção de algumas cenas, os primeiros quarenta e cinco minutos do filme são meu diálogo, toda vez que alguém abre a boca, é meu diálogo. E todo mundo supõe que tudo o que fiz foi colocar referências de *Surfista Prateado*, piadas de *Jornada nas Estrelas*, o que me irrita sempre..."

Nesse sentido, *Jackie Brown* pareceria conscientemente antitarantinesco. Não espere os fogos de artifício espetaculares de *Pulp Fiction*. Ele não está mirando tanto na moda dessa vez. Na verdade, ele está jogando relativamente de forma objetiva. Ele refreou sua habilidade com enigmas pós-modernos deslumbrantes (salvo por um golpe climático de bravura), guardou suas citações de nomes da cultura pop e repensou sua exagerada sensibilidade irônica. Enquanto se pode apontar várias influências cinematográficas (a abstração genérica de Jean-Pierre Melville, a tela dividida de Brian De Palma, a camaradagem de Howard Hawks, o distanciamento de Takeshi Kitano, a música e o músculo de toda a era de *blaxploitation*), Tarantino as usa com muita graça. "Quentin é um ladrão consumado", como Samuel L. Jackson coloca. "Ele rouba o melhor."

A primeira uma hora e meia é amplamente rodada em closes e dois enquadramentos bem convencionais com longas cenas de diálogos unindo tradicionais temas de Tarantino: obrigações, negociações e responsabilidade. Na hora final, a câmera se torna mais proativa, a Steadicam vai para a frente enquanto a trama ganha ritmo e as coisas despencam. "Pela primeira hora, não interessa mesmo a trama, interessam os personagens. No pano de fundo, uma trama está sendo armada, mas quando ela assume, você já conhece essas pessoas. Todos os romances de Elmore funcionam assim", o diretor aponta. "Eu poderia ter tirado meia hora do filme, e poderia ter um tipo de montanha-russa bem mais agitada, do tipo de *O Nome do Jogo*, mas não era o que eu queria."

Sintomaticamente, quando Max Cherry vai ao cinema, ele opta por "algo que parece bom e que comece logo", um pronunciamento impensável para qualquer herói anterior de Tarantino. De forma similar, enquanto Mia Wallace (Uma Thurman) sentia a necessidade de comentar sobre silêncios desconfortáveis em *Pulp Fiction*, aqui, Tarantino deixa o silêncio se prolongar – como é raro para um cineasta confiar num momento como esse e nos permitir observar um personagem pensar. *Jackie Brown* não incendiou exatamente os Estados Unidos (trinta e oito mil dólares em sete semanas e apenas uma indicação para o Oscar), mas, até aí, é aquela coisa rara nos filmes, vai conquistando sucesso aos poucos. Droga, se a fascinação pelo moleque não tivesse passado.

"Quentin se livrou de todo aquele troço de astro de que ele gostava tanto", Sam Jackson me conta posteriormente. "Quando ele começou a escrever roteiros era porque ele queria ser um astro de cinema, como muita gente quer. Então, quando ele se tornou Quentin Tarantino, o cineasta astro, ele aproveitou isso. As pessoas o criticaram porque ele estava curtindo, mas e daí? Ele devia mesmo. Vocês dizem que ele é *tudo aquilo*, e ele comprou por um tempo, se divertiu um pouco, e agora está calejado. Ele aprendeu com isso. Ele cresceu."

"Acho que o filme tem um senso de maturidade nele que nem tem nada a ver necessariamente comigo pessoalmente, mas todo mundo no filme está ficando velho", Tarantino diz. "Pam tem, tipo, 45 no filme, Max está nos seus 50, Robert De Niro está nos 50, Sam Jackson também. Bridget tem 33, mas é muito velha para o que faz. Está além da dose para viver à custa de um cara, uma namorada profissional. Estão no final da corda. Adoro a ideia de fazer um filme com uma sensibilidade mais velha, o desespero de você não ter feito o que queria nos últimos vinte e cinco anos, e agora ter uma janela muito pequena para fazer algo."

"Se *Jackie Brown* tem uma estrutura", Tarantino disse à plateia no NFT, "então é a estrutura de um lápis. Você segue pela duração do filme e, quando chega à ponta, é o close final de Robert. Daí a ponta, o fim, é o close final de Pam." Então, no final, se resume a isto: a ressonância, a promessa e a melancolia desses dois rostos... As pessoas vão dizer que o filme é longo demais, mas é

"ANTES DE TRABALHAR PARA MIM, ELE NÃO TINHA UM PENICO PRA MIJAR."

"A ARMA MAIS POPULAR DO CRIME NOS EUA. É MOTIVO DE ORGULHO."

LOUIS GARA (ROBERT DE NIRO) E MELANIE RALSTON (BRIDGET FONDA), EM *JACKIE BROWN*

longo demais no comportamento humano, curto em fraudulência. Não há uma nota falsa em nenhuma das performances. Na grande armação final, a virada, Tarantino mostra o mesmo acontecimento três vezes, de três pontos de vista diferentes – com três temas sonoros diferentes. Mais do que apenas um truque, cristaliza uma impressão que você também recebe ao ler Leonard, que cada personagem estrela seu próprio filme, ninguém se dá conta da informação de que eles são apenas personagens coadjuvantes num esquema maior. Aí é que o respeito de Tarantino pelos atores realmente paga ao ponto em que quase se torna um princípio filosófico. Ele é, afinal, o grande redentor, o salvador de personagens perdidos; escolhendo o ator para seu Max Cherry, Tarantino diz que considerou Gene Hackman, Paul Newman, John Saxon e Robert Forster. Quem mais teria sonhado com uma lista de pretendentes tão igualitária? Forster está soberbo no papel, incidentalmente, estoico, com coração partido, perdido... quase transcende a performance.

"Há um aspecto maravilhoso", Tarantino sorri. "Sei quem é Robert Forster, mas muito da minha plateia não sabe. Ele não tem histórico algum. Gene Hackman é um dos meus atores favoritos, mas me lembro na época da escolha do elenco para *Maré Vermelha*, em que pensei: Ai, cara, já vi Gene Hackman fazendo isso. Então vi o filme e ele foi tão excelente que fez eu me sentir como um traste só de pensar naquilo. Mas, tendo dito isso, há algo especial em apresentar um ator da idade do Robert para toda uma plateia nova. É muito bacana quando as pessoas me dizem: 'Ah, gosto bastante do De Niro e gosto muito da Pam, ah, e Max Cherry!' Ou 'aquele cara que interpretou Max Cherry'. É quem ele é para eles. Ele conquistou isso, com o tipo de homem que ele é. Ele não tem essa coisa de ator. Se você entrar num escritório de finanças em Los Angeles, você vai ver alguém que se parece com o Max. O mesmo com a Pam. Ela parece uma comissária que esteve no cargo tempo demais. Ela é uma das mulheres mais bonitas do cinema de todos os tempos, mas, quando sai da prisão, parece que esteve na prisão por dois dias. Uma diretora amiga minha me disse algo tão maravilhoso, ela disse que o filme parecia 'vivido'. Era o que eu queria. Não queria personagens de filme."

PAM GRIER

Ficha criminal

CODINOME: Jackie Brown (comissária de bordo)

IDADE: 48

TRAÇOS DISTINTOS: Um corpo magnífico, cabelo comprido, grande risada de gângster. Ela parece dez anos mais nova. "Eu estive por aí. Isso não é um hobby para mim. Só porque tenho 48, as pessoas esperam que eu empurre uma cadeira de rodas e coloque minha dentadura num copo. Algumas pessoas não acreditam, acham que é tudo um plano de marketing. Tive de mostrar minha carteira de motorista! Mas é a energia, como você se sente. Encontro fãs de vinte anos do Quentin e digo a eles: 'Ei, você vai ter quarenta anos, se viver. Vai perder cabelo, ereção, seu trabalho, daí vai saber do que Quentin está falando'."

MÚSICA TEMA: "Across 110th Street" (Bobby Womack), "Street Life", (Randy Crawford), "Long Time Woman" (Pam Grier).

ANTECEDENTES: *De Volta ao Vale das Bonecas* (1970), *Coffy* (1974), *Foxy Brown* (1974), *Sheba Baby* (1975), *Fuga de Los Angeles* (1996), *Marte Ataca!* (1997).

CONEXÃO COM TARANTINO: Grier tem o nome mencionado em *Cães de Aluguel*. Ela também fez o teste para o papel de Rosana Arquette em *Pulp Fiction*. "Fui conhecer o Quentin e havia esses pôsteres dos meus filmes dos anos 1970 na parede. Perguntei se ele os havia pregado especialmente porque eu estava indo e ele disse que não, que ia tirá-los porque eu estava vindo..."

VAMOS ENTRAR NO PERSONAGEM: "Estávamos fazendo cenas de nove minutos, às vezes sem cortes, e fazíamos cinco lentes, cinco vezes. Fazíamos uma cena por dia. Às vezes eu ficava tão cansada de noite que só sentava na banheira e chorava. Mas eu tinha um esquema pregado na parede do meu quarto de hotel, com cerca de quatro metros de comprimento, de todas as cenas, comigo e todos os personagens. Filmávamos fora de sequência, então eu precisava saber onde eu estava no arco – Onde eu estive? O que estou fazendo? Como eu me relaciono com Robert ou Michael ou Sam nesse ponto? É assim que eu trabalho... É mapeado em diferentes cores na minha parede. Desafios como esse não aparecem com muita frequência, talvez uma vez na carreira. É uma provação."

COR: "O elenco não tinha cores por acaso. Uma mulher negra tem mais obstáculos políticos. Ela pode entrar numa loja e os seguranças vão ponderar se ela vai roubar. Uma mulher branca não chamaria essa atenção. Então é uma consciência social e política. Não deveríamos pensar assim, mas fica no fundo da cabeça das pessoas. Jackie não tem privilégios. Ela tem mais obstáculos. Com o ATF, a polícia de Los Angeles. Ela não é uma comissária de bordo sênior com uma linda casa na praia, ela vive de dezesseis mil dólares e benefícios. Ela deveria estar em outro nível econômico."

O EFEITO JACKIE BROWN: "Comecei a contar para as pessoas que eu estava fazendo esse projeto com Quentin Tarantino, Samuel L. Jackson, Robert De Niro, Michael Keaton... temos *Pulp Fiction*, *Touro Indomável*, *Batman*, tudo num filme. Eles acharam que eu havia tomado ácido. Agora que o filme saiu, eles me mandam roupas e carros – carros de que eu nunca tinha ouvido falar, tipo carros Munchkin. Eu digo: 'obrigada, mas vou dirigir meu caminhão'. Tenho cachorros. Oh, estão mandando roteiros incríveis também."

ROBERT FORSTER

Ficha criminal

CODINOME: Max Cherry (agente de fiança)

IDADE: 56

TRAÇOS CARACTERÍSTICOS: Meio precário no cocuruto. "Em *Alligator* fiz algumas piadas sobre perder o cabelo, que mantive porque eu estava naquela posição naquela época. Logo depois, eu estava na drogaria Schwabs e um cara lá me puxou para um canto. Ele disse: 'Robert, sabe que sou seu amigo, mas tenho de te dizer, você não conseguiu ainda, você fica melhor de cabelo, e é melhor fazer algo a respeito disso'. Então foi o que eu fiz."

MÚSICA TEMA: "Didn't I (Blow Your Mind This Time)", (The Delfonics).

ANTECEDENTES: *Medium Cool* (1969), *Banyon* (TV, 1972), *Stunts* (1977), *Alligator* (1980), *Comando Delta* (1986). "Onde eu estive? Você sabe, minhas ex-mulheres querem saber a mesma coisa. Eu tive um primeiro ato de cinco anos e um segundo ato de vinte e cinco. Tenho deslizado por um belo tempo."

CONEXÃO COM TARANTINO: QT o recomendou para o papel de Christopher Walken quando ele vendeu *Amor à Queima-Roupa*, antes de Tony Scott assumir o projeto. Posteriormente, Forster fez um teste para o papel de Lawrence Tierney em *Cães de Aluguel*. "Eu tinha esperanças porque esse cara obviamente gostava de mim, e eu precisava muito de um trabalho naquela época, estava descendo rapidinho. Depois da leitura, ele me puxou para um canto e disse: 'Escute, isso pode não funcionar, mas não se preocupe, um dia desses vou usar você.' O cara é diretaço, mas nunca se sabe. Então, dezoito meses atrás, encontrei-o num restaurante onde eu geralmente tomo café da manhã e ele diz que está adaptando *Ponche de rum* e que eu deveria ler, o que fiz. Quatro ou cinco meses depois, aqui está ele, no meu lugar de sempre, e ele me passa um roteiro."

VAMOS ENTRAR NO PERSONAGEM: "Quentin disse: 'Não se pressione demais. Só se prepare da forma que você geralmente se prepara, e não se esqueça, tenho muito filme, então, se eu precisar ir só daqui até a porta, eu posso dar uma volta ao mundo pra fazer isso'. Sabendo que eu não tinha uma oportunidade dessas havia vinte e cinco anos, ele tornou fácil para mim. Mas me identifiquei com Max. Ele é apenas um cara como todos nós, procurando amor, esperando que neste ou naquele rosto ele vá encontrar o que é para ele. Atuar não é difícil, arrumar um emprego sim. Posso atuar. Crianças podem atuar. Depois de tanto tempo, você sabe o que está fazendo, não é mais um mistério. O que faz de você um ser humano é o que te leva ao set. Se o papel pede algo mais, então mostre uma parte diferente de si mesmo, mas, se realmente pede quem você é, então é quem você vê de manhã quando faz a barba, não é um mistério. Eu disse ao Quentin que gostei de ser o cara bonzinho de novo, porque fiz um malvado em *Comando Delta*, em 1985, e não faço um bonzinho desde então. Meus filhos estão se cansando de me ver matando gente. Quando saí, ele disse: 'Não se preocupe, você vai ser um mocinho novamente'."

O EFEITO JACKIE BROWN: "Esse filme ultrapassa tudo que já fiz. Não sei a dimensão disso ainda, mas com sorte vai me dar oportunidade de trabalhar – que as pessoas tenham consciência o suficiente sobre mim para me oferecer papéis. É o que o ator espera, que ele não apenas brilhe, mas que continue a trabalhar e tenha uma vida decente com isso. Gosto disso. Meus filhos e minhas ex-mulheres estão esperando por isso também. Agora que o filme está passando nos Estados Unidos, o vapor está acumulando, se é a metáfora certa. A água está fervendo e o apito está soando e o chá vai estar pronto num minuto."

Robert Forster foi indicado ao Oscar de Melhor Ator Coadjuvante

SAMUEL L. JACKSON

Ficha criminal

CODINOME: Ordell Robbie (traficante de armas)

IDADE: 47

TRAÇOS DISTINTOS: Peruca duvidosa. Olhar matador. Barba oriental trançada no queixo. "Sou um grande fã de filmes de Hong Kong, então vim com a peruca e a barbicha. Quentin achou ótimo. Se encaixa bem na homenagem que ele está fazendo aos filmes *blaxploitation*, é um verdadeiro visual de gângster de Hong Kong clonado de *Superfly*, o que é uma coisa totalmente *cool* para mim. A barba é só uma coisa para brincar. Como contas de um rosário."

MÚSICA TEMA: "The Lions and the Cucumber" (The Vampire Sound Inc).

ANTECEDENTES: *Febre da Selva* (1991), *Fresh* (1994), *Pulp Fiction* (1994), *Duro de Matar – A Vingança* (1995), *Despertar de um Pesadeio* (1996), *Jogada de Risco* (1997).

CONEXÃO COM TARANTINO: Jackson foi indicado ao Oscar por sua performance como Jules em *Pulp Fiction*.

VAMOS ENTRAR NO PERSONAGEM: "Você começa lendo os dois romances que Elmore escreveu sobre Ordell, Louis e Melanie, e tem toda a informação sobre quem são esses caras. Daí descobre as características físicas. Ordell é um cara com objetivos. Ele quer fazer um milhão de dólares e se aposentar, e está disposto a tudo

para isso. Ele tem suas próprias regras e vive por elas – veementemente. Não tenho medo de tocar no meu lado negro. Não tenho pudores. Não é minha vida, é a de outro. Sempre posso parar e ser eu mesmo. Não mato ninguém já há um tempinho."

COR: Spike Lee repreendeu publicamente Tarantino pelo uso da palavra *nigger* no filme – Ordell a usa a cada duas palavras. "Spike tem alguma rixa por algum motivo. Na minha opinião, é mais ou menos sobre o fato de que Quentin foi capaz de fazer seu próprio filme negro, bom e interessante, e Spike não consegue fazer isso há um tempo. Spike não é o porta-voz da raça nem eu, mas é a última pessoa que deveria estar lidando com censura a artistas. Ordell comenta sobre a forma que Ordell fala. É quem ele é. Eu falo dessa forma em certos dias, dependendo de com quem estou falando, e Spike admite que ele também, o que é tão bizarro – então, qual é o ponto? Quentin não tem direito de deixar seus personagens falarem assim? É uma asneira completa. Cineastas são contadores de histórias, e se é essa história que você tem em você, e conta de coração, então tem o direito de fazer. Eu o respeito por isso."

5

EU, QUENTIN

POR SIMON HATTENSTONE

Quentin Tarantino segue dançando para o palco do National Film Theatre. Sua cabeça assente como uma galinha hiperativa. Ele anda rebolando aquela famosa bundona, preparando-se para falar. Ele levanta o olhar e acena para a plateia, tímido, contido, quase *cool*. Ele podia estar acertando uma mosca.

Tarantino lotou pela primeira vez o NFT logo depois de *Pulp Fiction*. Os ingressos desapareceram em tempo recorde. Dessa vez, para a pré-estreia de *Jackie*

Brown, disseram que foi ainda mais rápido. Lá em 1994, Tarantino era o menino, o garoto prodígio. E tarantinesco era um adjetivo incipiente que agregava música descolada como Dick Dale e Stealer's Wheel (aquilo estava fora de moda até ser redescoberto por Tarantino), atores da moda como John Travolta (que estava fora de moda até ser redescoberto por Tarantino), conversa, conversa, conversa e a mesma quantidade de sangue. Os grandes papas da cultura pop o taxaram de pós-modernista porque ele recortava o tempo e seus tiroteios sangrentos eram misturados com uma sede pelo coloquial – muito papo-furado sobre Madonna seguido por uma salva de tiros, mais tagarelice sobre hambúrgueres chamados de Royales seguido por outra salva de tiros.

"Eu me tornei um adjetivo mais cedo do que pensei que seria... a cada três roteiros, aí um é descrito como tarantinesco", ele dizia. Hoje, a arrogância de Tarantino é inabalável.

Perguntam a ele o que Elmore Leonard achou do filme. E ele nos diz que Leonard não apenas achou bom, nem apenas bem bom, nem apenas a melhor adaptação de sua obra que ele teve o prazer de ver. Não, diz Tarantino, agora ganhando a plateia, "ele disse que foi o melhor roteiro que ele já leu". Ele fala rapidamente, pontuando suas frases com uma variante esmorecida de "all right" ["tudo bem"] – "ahrite".

As perguntas o convidam a reafirmar sua genialidade – sim, estava inspirado ao escolher a heroína de filme *blaxploitation*, Pam Grier; ele concorda que, se você é um cineasta bom o suficiente, um filme de duas horas passa rapidinho; com certeza ele sabe que havia mais para ele do que dois filmes, e é ótimo calar os céticos. Obrigado a todos.

Mas Tarantino é um cineasta controverso, e ele deve esperar perguntas difíceis. Seus filmes foram chamados de banhos de sangue amorais. *Cães de Aluguel* não pôde receber um certificado para vídeo por dezoito meses. Sua história de dois assassinos em série, que se tornou o filme de Oliver Stone, *Assassinos por Natureza*, foi acusado de gerar assassinatos de imitação. Spike Lee protestou contra sua exploração do gênero *blaxploitation* e por colonizar a palavra *nigger*. Até mesmo os fãs de Tarantino na plateia devem estar ansiosos por perguntas desafiadoras.

Um homem negro diz a Tarantino que *Jackie Brown* é um filme incrível, mas, ele diz, não dá para se safar de todas essas referências ofensivas a "nigger". Nós nos preparamos para a coisa esquentar e tirar a poeira do debate. Bem, Tarantino diz pausando para um melhor efeito, "bem, eu me safo". Seus lábios finos, elásticos, se alargam no mais cafona dos sorrisos. A plateia comemora e se une à risada. Alguns de nós estão ardendo pela presunção de Tarantino e a humilhação pública do homem. Quando fazem uma pergunta difícil a Tarantino, ele se torna o valentão do *playground*, juntando sua gangue antes de dar o golpe matador.

Depois da conversa, há uma pequena festa. Seus assessores de imprensa estão preocupados porque Tarantino está com um resfriado feio. Eles o querem em casa com uma bolsa de água quente. Há vários nomes na festa, mas Tarantino se coloca com a molecada. Ele não pode parar. Ele parece estar falando de filmes e sonhos e você viu aquele e não foi ótimo, e eu noto o cara negro que recebeu o troco na plateia.

No dia seguinte, eu apareço para a entrevista. Os assessores estão exaustos. Você sabe, eles dizem, não saímos antes das duas da manhã. "Ele não ia embora." Pergunto a eles o que ele estava fazendo – se embebedando, falando alto, fazendo coisas de astro de cinema? "Nada disso, grande parte do tempo ele estava falando com aquele cara sobre a palavra *nigger*."

Hoje Tarantino ainda está molambento, mas de alguma forma ele parece diferente, mais expansivo – com um bracelete de ouro gordo, casaco de couro encerado, tênis da última moda, até os fiapos da barba parecem suavizá-lo um pouco. Ele soa diferente também – mais silencioso, menos moleque, como se tivesse ido à aula de autoaperfeiçoamento de Barbara Foilett. Ele bebe água, fuma uma cigarrilha elegante, me diz que é um artista.

Eu vi o filme: Sim, duas vezes. "Ótimo. É ainda melhor da segunda vez, não é?", e ele diz tão gentilmente que não estou certo se ouvi direito.

No seu sentido mais puro, *Jackie Brown* é sobre duas pessoas de meia-idade – um agente de fiança e uma comissária de bordo – encarando suas decepções e solidões. Muitos viciados em Tarantino estão decepcionados. Eles dizem que é lento demais, o diálogo não é afiado o suficiente, o sangue não é tão sangrento. Outros, como eu, dizem que é seu melhor filme porque a história é humana, você pode chorar quando as esperanças dos personagens e seus amores passam por eles, fora do alcance. *Pulp Fiction* e *Cães de Aluguel* tinham um brilho espalhafatoso. Tecnicamente soberbos, lindamente interpretados e bem divertidos de assistir, tinham balas de ferro na alma. Ele sente que *Jackie Brown* é um filme mais humano? "Não acho que dá para ser mais humano do que *Cães de Aluguel.*" Tarantino é impressionantemente defensivo. Se você fizer milhares de elogios mas jogar uma única crítica, ele vai roer esse osso de rixa. "Meus personagens têm uma *tremenda* profundidade. Acho que crio indivíduos muito humanos e é por isso que as pessoas respondem a eles, tudo bem, e você sabe que eles todos são pessoas com esperteza e dor e decisões a tomar."

Se os filmes são tão humanos, por que seus detratores sugerem que eles são amorais? Ele chacoalha seu copo e toma um gole d'água. "Adoro isso porque de fato acho que meus filmes têm um centro moral *extremamente forte*. Está lá no roteiro, não é nem preciso ler nas entrelinhas." Acho que ele quer dizer que os vilões irremediáveis são explodidos de forma bem feia. Apesar das aparências, há algo bem conservador em Quentin Tarantino.

Mas, sugiro, talvez a arte não tenha mesmo de ser moral. Se um filme ou um livro não oferece chavões, se nos perturba e nos força a um pensamento novo, não é o suficiente? "Não, não acho que a arte precise de um foco moral ou uma consciência moral. Na verdade, retiro isso, a arte precisa de um foco moral, mas o foco moral é a verdade disso mesmo, é a única moralidade que conta, a verdade da arte, a verdade do criador, a verdade de quem faz, você não pode mentir." *O Criador! Aquele que Faz!* Ele está entrando cada vez mais no Velho Testamento.

"TEM UM BARCO DE PESCA NO MÉXICO. ELE PEGA A MERCADORIA E FAZ A ENTREGA, NAS VENDAS MAIORES."

CENA DE ABERTURA E MAX CHERRY (ROBERT FORSTER), EM *JACKIE BROWN*

Tendo rejeitado a ideia de que seus dois filmes anteriores são qualquer coisa menos do que um hino para a humanidade, ele reconhece que curte o fato de que *Jackie Brown* está lidando com gente mais velha e temas mais silenciosos. Sua mãe gostou? "Ela amou. É meu filme de que ela mais gosta. É obviamente produto de uma mãe solteira." O que ele quer dizer? "Bem, Jackie Brown é uma mulher forte e uma mulher forte mais velha. Eu pego minha visão de mulheres da minha mãe, pelo exemplo de ela ser tanto pai quanto mãe e ser uma mulher trabalhadora, provando a si mesma que era um sucesso e crescendo sozinha. No final das contas, sim, um pai teria sido ótimo, mas não sinto realmente *falta*."

A mãe de Tarantino, Connie Zastoupil, deu-o à luz no Tennessee, quando tinha apenas dezesseis anos. Ela havia se casado e sido abandonada pelo pai dele, um ator ítalo-americano chamado Tony Tarantino. Ela se mudou para a Califórnia e trabalhou como enfermeira nos primeiros anos e gradualmente saiu da pobreza, tornando-se uma executiva no ramo de seguro-saúde.

Sua mãe se mudava muito, então ele mudava frequentemente de escola antes de fazer amigos. Uma vez Connie trouxe a ele um cachorrinho e alguns dias depois o encontrou batendo a cabeça do cachorro contra um muro de tijolos – o jovem Quentin disse que só estava tentando ser carinhoso. No NFT, ele disse que havia ido para um colégio só de negros, o que fez alguns membros da plateia rirem entre os dentes. Com certeza não eram *só* negros. "Tinha uma porcentagem bem pequena de brancos e uma grande porcentagem de negros. Eu naturalmente ficava com os negros." Ele se sentia um *outsider*? "Não, nada, porque eu me identificava completamente com a cultura negra. Minha casa era como um tipo de reunião das Nações Unidas, minha mãe saía com muitos caras negros, a melhor amiga da minha mãe é uma mulher chamada Jackie e era como minha segunda mãe, e sua filha é como minha irmã."

Conversando com Tarantino, sou lembrado do personagem absurdo de Gary Oldman no filme escrito por ele, *Amor à Queima-Roupa* – um branco de *dreadlocks* conversando em gírias, o arquétipo do "crioulo branco". Então, ele é metido a negão?

"Eu não compro essa de fato", ele diz, franzindo a testa. Mas mesmo seus amigos, como o ator Samuel L. Jackson, dizem que ele preferiria ser negro? "Não, essa expressão não soa autêntica para mim. Soa como uma frase de filme para mim, então não compro mesmo. Não é tanto que eu queira ser negro... todos nós temos partes diferentes e uma parte de mim é negra, tá certo, até onde minha criação e afinidades vão. É meu coração, apenas um tom meu, não é todo meu ser."

Os últimos anos devem ter sido maravilhosos e irritantes para Tarantino. Não posso pensar em outro cineasta que foi simultaneamente enaltecido e criticado em tamanha escala. Por cada Adrian Noble agradecendo-o "pelo renascimento do cinema shakespeareano" havia uma voz o atacando como se fosse um cachorro que só sabe um truque com um gosto por violência de desenho animado. Para cada ator dizendo que ele "inspira lealdade... todo mundo ri, não apenas os grandes, a equipe toda o adora" (o indicado ao Oscar, Robert Forster), um antigo colaborador o criticando, como um que saiu da carpintaria para sugerir que Tarantino deve seu sucesso a roubar antigos amigos. E quando ele toma papéis pequenos, em filmes pequenos como *A Balada do Pistoleiro* e *Johnny Destino*, os críticos obviamente dizem que ele perdeu a pegada como diretor e que, quanto à sua interpretação, bem, ele *nunca* soube interpretar.

Tarantino diz que acha louco que as pessoas pensem assim. "Quando eu tiver feito seis filmes, você pode começar a ter suas conclusões. Fiz três filmes e todos foram massivamente diferentes uns dos outros." Ele diz que o adjetivo tarantinesco é usado para indicar "pessoas em ternos pretos, violência, palavrões ou um certo tipo de linguagem" e que isso não é lisonjeiro, é uma interpretação degradante do que ele faz. Diminui sua arte.

"Você pode definitivamente dizer que fiz três filmes que estão tentando fazer três coisas diferentes. Não são filmes de Woody Allen ou de Spike Lee ou Robert Altman, em que há certa semelhança neles. Isso não quer dizer que estou menosprezando esses caras..." Mas claro que está. Ele diz que, se for para comparar, tente Scorsese, porque seus filmes são, da mesma forma, individuais e reconhecíveis ao mesmo tempo.

Não apenas a mídia entendeu errado seus filmes, diz Tarantino, eles também *o* entenderam errado. Por exemplo, o nerd que saiu do nada, simplesmente não é verdade. Quando ele disse que "me tornei um adjetivo antes que eu esperasse", ele fala sério – sempre esperou se tornar um, assim como sempre imaginou que "teria meu lugar na história do cinema". Ele explica o que ele quis dizer por um adjetivo, dizendo que você fala de Allen ou Scorsese ou Coppola, mas você nunca fala de fato sobre a pessoa. Digo que é levemente diferente, um avanço para falar do "tarantinesco" assim como "wellesiano". "... Bem, não sei se é um passo à frente de wellesiano..." Que não foi o que eu disse. O que deu a ele sua confiança? "Sempre achei que poderia fazer o que eu quisesse porque minha mãe veio de raízes caipiras e conquistou muito sucesso no campo em que escolheu. Você não tem realmente um sistema de classes nos Estados Unidos, as pessoas podem ascender. Você não tem uma situação fixa. Só são necessários ambição, desejo, coragem para sair dessa." Então há a percepção de Tarantino, o *geek*, o homem que vive, respira e grita sobre filmes. Errado, ele diz, bem, bem errado. "Uma vez me descrevi como um *geek* de cinema numa entrevista: e eu não tinha ideia de quão sério os jornalistas tomariam isso, um pouco de humor autodepreciativo. E de repente eles criam uma história de Cinderela. Verdade, eu trabalhava numa locadora de vídeo quatro anos antes, mas muita ênfase foi colocada nisso, que não tem nada a ver comigo como artista. Eu estava trabalhando numa locadora de vídeo porque era melhor do que trabalhar numa lanchonete, tá certo."

O "tá certo" se torna um tique quando ele fica empolgado. "Eu já tinha conhecimento sobre filmes antes de trabalhar numa locadora, tá certo, foi assim que consegui o emprego. Então, tipo, não aprendi minha estética trabalhando atrás do balcão. Essa coisa toda de um cara que não vive, que apenas adora filmes e é tudo o que ele faz, não tem correlação com minha vida de fato. O apaixonado por filmes é uma das facetas da minha personalidade, uma das cabeças do dragão, e é um cara legal, é um *cara legal*, não é quem eu sou", ele diz, como o nerd mais pretensioso da locadora de vídeos.

E quanto a outra frase comum sobre Tarantino? O merdinha completo que colocaria sua vovozinha numa máquina de lavar se rendesse uma boa tomada? Seu antigo amigo e colaborador Roger Avary o acusou de roubar suas histórias. A produtora de *Assassinos por Natureza*, Jane Hamsher, escreveu aquele livro célebre em fodê-lo, *Killer Instinct*, no qual, entre outras coisas, Tarantino foi acusado de fazer jogo duplo, de ser um tarado iletrado – uma carta foi impressa como evidência, na qual o *prodígio* elogiava Jane por suas lindas "leggs" [grafia incorreta de "legs", pernas].

"AGORA O FILHO DA PUTA NADA EM DINHEIRO! UM IATE COM EQUIPAMENTO DE NAVEGAÇÃO DE PRIMEIRA."

Agora, esta não é uma pergunta fácil para fazer a ninguém, quanto mais para o hipersensível Tarantino. Estou tentando pensar em maneiras de suavizar o golpe, mas sai errado. Então é verdade, Quentin, que você sistematicamente fodeu com seus amigos para chegar ao topo? A sala fica bem quieta, como um bar de faroeste antes de o bandido com pistolas irromper pela porta bangue-bangue. "Apenas pense no que você me perguntou. Você acaba de me perguntar se sou uma pessoa má." Mas só estou dando a oportunidade de você esclarecer as coisas, resmungo.

"Você acaba de me perguntar... *quem tem de lidar com uma porra de uma pergunta dessas na vida*, alguém diz que você é uma má pessoa, que fodeu com seus amigos? Eu tento ser a melhor pessoa que posso. E fiz muito para ajudar muita gente, e as pessoas que não pude ajudar, bem, não é exatamente meu cargo, tá certo, viver a vida dos outros para eles, tá certo. Você sabe como é quando escuto Roger Avary falando, a única coisa que posso fazer é cantar "Positively Fourth Street" do Bob Dylan ["Você tem muita coragem de dizer que é meu amigo"], daí me sinto bem melhor."

Ano passado foi noticiado que Tarantino deu uma bela surra no parceiro e colega produtor de Hamsher, Don Murphy, que agora o está processando por cinco milhões de dólares. Sentiu-se melhor depois? "Hum-hum, bem, nessa eu *sempre me senti bem*." Faz isso com frequência? "Bem, eu não sou provocado em tal nível com tanta frequência." O que o provocou, o livro *Killer Instinct*? "Não, eu nem li o livro, não posso entrar em muitos detalhes porque há um processo em andamento." Ele alega que Murphy o perseguiu por três anos. "Eu tinha três formas de responder. Podia ser um gângster e dar um jeito nele, tá certo, foder com ele. Ou podia falar mal dele para a imprensa, bem, era o que ele queria, não vou dar esse tipo de poder a ele; ou ainda podia apenas esperar. Hollywood é uma cidade pequena, um dia eu poderia

"QUEREM UMA .45. SE O MATADOR TEM UMA, ELES TAMBÉM QUEREM."

entrar num lugar e ele estaria lá, e eu então lidaria com isso." Ele venceu? "Não foi nem uma briga, hum-hum, duas pessoas têm de estar brigando para ser uma briga, hum-hum, foi um chute na bunda, não uma briga", e ele ri como Mutley, o cachorro do desenho.

Falamos sobre a vida fora dos filmes, mas invariavelmente volta ao cinema. Ele ainda está morando com a atriz Mira Sorvino? "Oh, sim, com certeza estou, com *certeza estou*", e seu rosto se ilumina como se ele ainda não pudesse acreditar na sua sorte. Ele é político? Bem, ele diz, anos atrás ele era um militante. "Uma grande parte dos meus vinte anos eu tive muita raiva dentro de mim. Tenho muita raiva agora, mas com vinte e poucos, eu agia com essa raiva. Era o dobro. Eu sentia que era um artista cuja voz não estava sendo expressa." Segundo, ele diz, como um depauperado cineasta aspirante, ele afundou de volta na subclasse branca, "e você sabe que a subclasse branca não é diferente da subclasse negra".

Ele diz que votou em Clinton, mas que não se considera mais um agitador político. "A não ser que seja uma injustiça ridícula que pessoalmente me afete, prefiro não ser um cidadão ultrajado minha vida toda." Isso me lembra de uma famosa citação, quando ele despediu seu empresário de longo tempo. "Minha carreira foi lançada e seu trabalho está feito. Não preciso mais de você."

Quentin Tarantino é o homem mais arrogante, preciosista, pretensioso, irrestrito, solipsista, autoiludido que já conheci. Então não consigo entender por que gosto dele. Talvez seja porque não acredito que ele tenha forjado seu gênio. Talvez seja porque ele apenas diz o que pensa e por acaso pensa que é o maior. Quando ouço novamente a fita e o escuto dizendo: "*Jackie Brown* é ainda melhor na segunda vez que você vê", e que ele não está tão certo que tarantinesco é melhor do que wellesiano, e quão profundos são seus personagens, e quão doloroso foi quando ele não era reconhecido como artista, eu quero voltar e dizer: Quentin, você não pode sair impune com essas coisas, não pode mesmo. Porém, sei o que ele diria. "Mas eu saio... eu *saio*." E ele estaria certo.

KILL BILL

TARANTINO'S FILM

KILL BILL

KILL BILL

2003 e 2004

R RESTRICTED
UNDER 17 REQUIRES ACCOMPANYING PARENT OR ADULT GUARDIAN
PERVASIVE STRONG HORROR VIOLENCE AND GORE, LANGUAGE AND SEXUALITY

TARANTINO EM AÇÃO, N' *A BALADA DO PISTOLEIRO*, DIRIGIDO POR ROBERT RODRIGUEZ, EM 1994

1 QUENTIN, BLOODY QUENTIN

POR HENRY CABOT BECK

No começo de *Kill Bill, Volume 1*, a Noiva – como a personagem de Uma Thurman é conhecida no novo filme de Quentin Tarantino – está deitada no chão de uma capela de casamento dilapidada, paralisada de dor. Um homem fala com ela de fora da tela de uma maneira gentil, desculpando-se, antes de atirar em sua cabeça.

Quando a Noiva acorda do coma, quatro anos depois, determinada a encontrar o homem, Bill (David Carradine), e as venenosas assassinas que o ajudaram a apagá-la, ela não é nem gentil nem se desculpa. Ela embarca numa matança sangrenta diferente de qualquer outra vista antes num filme de Hollywood.

"É o que eu penso do gênero de meninas fodonas", diz Tarantino, "que é uma peça básica do cinema asiático, que realmente adoro. Estou meio torcendo secretamente para que *Kill Bill* inspire alguma menina de treze anos a colocar um pôster de Uma Thurman em seu macacão brilhante, ou talvez faça com que alguma adolescente asiática que não tem nenhum modelo a seguir se inspire por Lucy Liu na tela e se sinta fortalecida."

Liu, Daryl Hannah e Vivica A. Fox interpretam os outros alvos da vingança da Noiva, cada uma tão mortífera quanto a cobra da qual ela recebeu o nome. Quanto a Bill, a plateia vai ter de esperar até o lançamento em fevereiro de *Kill Bill Volume 2* – não uma sequência, mas a segunda parte do filme – para descobrir o que acontece com ele.

"É realmente uma história de amor entre mim e Uma", diz Carradine, "como em *Duelo ao Sol*. Mas Bill não é realmente um vilão, ao contrário da impressão que as pessoas podem ter na primeira metade. Como a maioria dos personagens principais de Tarantino, ninguém é totalmente mau ou bom."

"*Kill Bill*", diz Tarantino, "sou eu levando os filmes que amo – filmes de kung fu, de samurai, faroestes-espaguete italianos e alguns animés japoneses – e fazendo-os do meu modo, do jeito que sempre quis ver o material.

"Vejo o filme como muito parecido com *Guerra nas Estrelas* e *Indiana Jones*, que [Steven] Spielberg e [George] Lucas fizeram quando eles voltaram no passado para esses seriados antigos e filmes de aventura e ficção científica, os filmes pelos quais eles tinham afeto."

Apesar de ter dirigido apenas três longas – *Cães de Aluguel* (1992), *Pulp Fiction* (1994) e *Jackie Brown* (1997) –, Tarantino é uma marca de um dos cultos mais notáveis na história recente do cinema. Ele é o equivalente cinematográfico do elefante na famosa parábola indiana, aquele que homens cegos acham impossível definir, uma vez que é mais do que a soma de suas suposições. Em outras formas, ele é o gorila de quatrocentos quilos que se senta onde quer.

"Ele é possivelmente o cineasta mais influente dos anos 1990", diz Emanuel Levy, autor de *Cinema of Outsider: The Rise of American Independent Film*. "Ele popularizou o cinema independente mais do que qualquer outro diretor. Como resultado, todos os críticos ficaram cansados de ter de dizer: 'Este é mais um filme tarantinesco'."

Por exemplo, Levy acrescenta: "*Os Suspeitos*, de Bryan Singer, deve toda a sua existência a Quentin Tarantino. Não teria sido feito, ou não teria tido tanto sucesso se não fosse por ele. Acho que essa influência chega até filmes mais recentes, como *Amnésia* [2000]".

"Tenho de dizer, a parte egocêntrica de mim como artista adora que eu tenha entrado nessa posição tão cedo na vida. Não esperava isso, mas amo", Tarantino admite.

A história de Tarantino – criado por sua mãe em Los Angeles e no Tennessee, ele ficou obcecado com obras descartáveis de baixo orçamento e filmes apelativos em sua adolescência e trabalhou numa locadora de vídeos da Califórnia – tornou-se parte de uma lenda. Uma geração de fãs pode recitar os eventos na vida de Tarantino como se eles fossem as lorotas de Davy Crockett sobre seus encontros na floresta com ursos-pardos.

O que fez Tarantino significativo como cineasta foi que ele teve a audácia de criar um novo tipo incomum de filme de pedaços desmembrados de velhos gêneros. Fazendo isso, ele acertou o público de cinema bem nos olhos num momento em que eles estavam famintos por algo único – e ainda assim estranhamente familiar.

"Com *Cães de Aluguel*, ele trouxe de volta o *film noir* e o gênero policial", diz Levy. "Apesar de outros cineastas, como os irmãos Coen, também estarem no mesmo campo, Tarantino enfatizou a caracterização, assim como a trama, através de uma sensibilidade bem única que também trazia humor negro. Mesmo se você tirar a violência de *Cães de Aluguel* e *Pulp Fiction*, você ainda tem narrativas bem fortes. Ele é um bom escritor."

Quando *Pulp Fiction* se tornou o primeiro de uma nova geração de filmes independentes a faturar mais de cem milhões de dólares nas bilheterias, as regras foram mudadas.

"É indiscutível que houve uma verdadeira mágica para o dinheiro que *Pulp Fiction* fez, e isso mudou para sempre o mundo do cinema independente", diz John Pierson, autor de *Spike, Mike, Slackers & Dykes: A Guided Tour Across a Decade of American Independent Cinema*. "Bem ou mal, a Miramax Films é realmente uma casa feita por Quentin, e o resultado é que todos os outros grandes estúdios começaram a fazer seus próprios [novos] negócios de maneira a competir por filmes independentes que poderiam conseguir o mesmo resultado."

Enquanto as placas tectônicas estavam se movimentando no mundo do cinema, Tarantino fez um filme que não ultrapassou – de fato não poderia – a sombra que

"O QUE ME FALTA É COMPAIXÃO E PIEDADE, NÃO RACIONALIDADE."

A NOIVA (UMA THURMAN), EM *KILL BILL, VOL. 1*, DE 2003

ele próprio provocou. *Jackie Brown*, baseado num romance policial de Elmore Leonard, foi tratado com indiferença e zombaria por muitas das pessoas que haviam saudado Tarantino como gênio.

"É engraçado", diz Tarantino, "mas as pessoas ficavam sugerindo que eu tentasse fazer algo menos centrado num gênero, um pouco mais sério e motivado por relacionamentos, o que acho que fiz em *Jackie Brown*. Tinha algumas das armadilhas de filmes *blaxploitation*, mas é mais baseado na vida real do que em qualquer coisa. Acho que abandonou um gênero e se voltou para os personagens, mais do que em reviravoltas da trama e tudo o mais.

"Tenho de dizer que é impressionante que os críticos estejam agora trazendo *Jackie Brown* com o tipo de perspectiva revisionista", ele acrescenta. "Acho que deve ter a ver com o fato de que a maioria dos críticos viu os dois filmes anteriores três, às vezes quatro vezes, em festivais antes de escreverem suas resenhas."

O retrocesso crítico colocou Tarantino numa semirreclusão. Sempre faminto por atuar, assim como dirigir, ele se aventurou em interpretar o vilão de *Wait Until Dark* na Broadway, com Marisa Tomei. Mas os críticos estavam esperando por ele, e seus ataques quase unânimes acrescentaram insulto à injúria, e só serviram para afundá-lo ainda mais.

Mas Tarantino silenciosamente foi reexaminar os filmes de gênero que amava quando garoto – e compactou suas descobertas num único pacote explosivo: *Kill Bill.* É um tipo de comédia, apesar de ficar em aberto se as plateias vão perceber o humor, especialmente por gerar controvérsias sobre sua violência e sangue extremos.

"Quentin está constantemente contando piadas através do filme", diz Liu. "Há uma cena em que eu corto a cabeça de um cara e há um borrifo incrível de sangue seguido por alguns jatos finais e algumas pessoas não percebem que há humor nisso."

Tarantino diz sem remorso: "Tive de dizer a Harvey Weinstein [copresidente da Miramax]: 'Harvey, entenda, quando alguém tem o braço cortado fora e tem mangueiras de jardim como veias e há esse chafariz absurdo de sangue, é apenas pessoas se divertindo'".

"Algum dia eu vou ter os direitos para fazer *Cassino Royale,* o primeiro romance de James Bond, e vou fazer da forma certa. Realmente queria que fosse minha sequência a *Pulp Fiction* e fazer com Pierce Brosnan, mas fazer se passar depois dos acontecimentos de *A Serviço de Sua Majestade* – depois que a esposa de Bond, Tracy, foi morta. "Quero que Bond esteja de luto quando ele se apaixona por Vesper Lynd, a mulher do romance. Pelo que sei de Brosnan e leio nas entrevistas, acho que ele gostaria de ir nessa direção que quero levar Bond, apesar de eu não saber se os produtores da série concordariam.

"Quando finalmente fizer meu filme da Segunda Guerra Mundial, *Bastardos Inglórios,* vou usar *Os Doze Condenados* de Robert Aldrich, e muito desses filmes épicos de guerra do final dos anos 1960/começo dos 1970 como ponto de partida – filmes como *O Desafio das Águias.*

"Mais ainda do que *Kill Bill* – será meu verdadeiro filme influenciado por faroeste-espaguete, mas passado na França ocupada pelos nazistas em vez de o Velho Oeste. Vejo como num tempo quando você tem essas terras de ninguém na Europa, que realmente lembram cenários de faroeste de Sergio Leone (diretor da trilogia de Clint Eastwood, *Dollars*)."

UMA THURMAN COMO A NOIVA,
EM *KILL BILL, VOL. 1*

2

KILL BILL, VOLUME UM

RESENHA DE WESLEY MORRIS

A pior coisa sobre o primeiro filme de Quentin Tarantino em cinco anos é que, depois de 93 minutos de parte da violência mais lasciva e narrativa alucinante que você deve ver este ano, *Kill Bill* termina.

Qualquer um que esteja ávido por saber como a Noiva (Uma Thurman) de fato mata Bill, seu noivo perverso, vai ter de esperar até fevereiro. Então, queridos Miramax e Quentin Tarantino: *tsc-tsc*. *Kill Bill* que estreia nacionalmente hoje é na verdade *Kill Bill, Volume 1*, e Tarantino, que escreveu e dirigiu essa *magnum opus* de acelerar o coração de artes marciais, decidiu em algum ponto da produção dividir o filme estilo quadrinhos numa série com duas partes – deixando-os, assim, com gosto de quero mais.

Volume 1 é dividido em cinco capítulos e contado fora de sequência. O efeito é menos surpreendente do que foi em *Pulp Fiction*, em que Tarantino bagunçou com a temporalidade para criar um cosmos cármico colorido por pecado e arrependimento. *Kill Bill* usa o tempo como um instrumento para elevar o suspense.

A história é simples e bem triste. Uma mulher, que Tarantino chama de a Noiva, leva um tiro do marido (David Carradine, que é ouvido, mas nunca visto realmente) e é surrada por quatro assassinos – Vivica A. Fox, Lucy Liu, Daryl Hannah e Michael Madsen. Bem grávida e em seu casamento também! Bill mete uma bala na cabeça dela, deixando-a como carniça, mas de alguma forma ela acorda hospitalizada de um coma quatro anos depois, com seu bebê morto, uma placa de metal no crânio, e noite após noite com enfermeiros deixando estranhos a molestarem em sua cama. O filme é uma música country estendida numa aventura belicosa em retribuição – Bobbie Gentry honradamente jogado dentro de *Operação Drago*. Thurman, em seu papel, é sujeita a ser arrastada aos

"NESSA LUTA ATÉ DEUS SAIRÁ CORTADO."

CENAS DE ANIME (DESENHO ANIMADO JAPONÊS) QUE APARECEM EM *KILL BILL*

confins do inferno. Sua performance seca, física, é equilibrada com uma esperteza de comediante. A única coisa convencional sobre seu personagem é a decisão tola de Tarantino de manter o rastro de seus assassinatos através de uma lista – como se ela tivesse se esquecido do nome do filme. Foram tolos trinta e cinco anos atrás, quando a equivocada e assassina Jeanne Moreau estava riscando os nomes de sua lista em *A Noiva Estava de Preto*, de François Truffaut, uma farra cuja trama de vingança parece suave pelos padrões de Tarantino. Duas sequências eletrizantes de lutas escoram o filme. *Kill Bill* começa mais ou menos com a primeira, uma valsa de derrubar e arrastar entre a Noiva e o belo nome de Vernita Green (Fox), um quarto do Esquadrão de Assassinato das Víboras Mortais de Bill (DiVAS). Coreografado com brutalidade precisa por Yuen Wo-Pin e editado com uma animação de quebrar o pescoço por Sally Menke, é uma luta de rua passada na sala de estar da Los Angeles suburbana de Vernita: mesas de almoço e boa porcelana destruídas; retratos de família arrancados de suas molduras. Num momento clássico de Tarantino, Vernita e a Noiva se olham loucamente em lados opostos de uma janela, através da qual vemos um ônibus escolar parar e uma garotinha descer, ir até a porta e entrar na casa. É a filha de Vernita, e as senhoras, cobertas de sangue, suor e vidro quebrado, escondem as facas nas costas e fingem pelo bem da menina que são velhas amigas. É difícil pensar em outra sequência que combine ironia, suspense, medo, comédia, surrealismo, violência e rostos inchados com tamanho tempero estupeficante como a que Tarantino armou. Os filmes de ação de Hong Kong são renomados por esse tipo de cenários absurdos, mas *Kill Bill* leva o absurdo à beira do horror ao fazê-lo operar de acordo com fronteiras morais reconhecíveis: *nada de esfaqueamento na frente das crianças.* Ainda assim, apesar dessas regras, as crianças desempenham um papel conscientemente perturbador no filme, sujeitas à violência dos adultos, sempre sem aviso. A pessoa mais definida por um legado de infância destrutiva é O-Ren Ishii, membro das DiVAS que leva a Noiva até o Japão para matá-la. Sua história de vida é contada parcialmente como um interlúdio bem sério de animação japonesa com legendas, que explica como uma garotinha se tornou a improvável rainha do submundo de Tóquio: vingando o assassinato do pai. A passagem comunica a alma sinistra de grandes animés e quadrinhos japoneses. Não é um toque supérfluo também, é a sequência mais gráfica no filme, sabiamente pegando o que, com atores reais, seria essencialmente infilmável (assassinos de onze anos de idade e tudo o mais) e ainda encontrando maneiras de tornar o conflito ao mesmo tempo mais duro de assistir e ressoantemente mais humano do que o material de carne e osso que o cerca. A luta final de espada entre a O-Ren adulta, interpretada por uma fantástica Liu, e a Noiva, ocupa o último terço de *Kill Bill.* E divulgar muito sobre isso seria indelicado. Apenas saiba que a Noiva primeiro tem de dar fim ao considerável séquito de O-Ren e que o sempre

"MAS A MITOLOGIA... A MITOLOGIA NÃO É SÓ INCRÍVEL. É ÚNICA."

imaginativo diretor de fotografia Robert Richardson se supera aqui. A sequência é uma espécie de balé em que se desdobram quatro movimentos distintos – um dos quais é um bolero *disco* com os lutadores contornados contra painéis de luz indigo. Pode ser a sequência mais divertida e ridícula já filmada. Melhor do que quase qualquer diretor americano, Tarantino implementa a história da violência nas telas – de pancadaria tola à destruição completa – para fascinar. Na frase de abertura do filme, Bill pergunta à noiva coberta de sangue: "Você me acha sádico?", e Tarantino deve estar se perguntando se nós achamos o mesmo sobre ele. A resposta é sim. Mas ele também é o laureado sádico do cinema. Sua marca de violência tem a habilidade improvável de seduzir sem anestesiar a dor. (Muito pode ser dito de como grande parte da performance de Thurman é gasta contraindo o rosto e gemendo.)

Com esses primeiros noventa minutos de *Kill Bill*, Tarantino reinventa o filme de ação americano, lançando mão de seu usual arsenal de ilusões e verve para transformar pop arte em bagaceirice *cult*. O filme eleva violência *grind-house* japonesa/de Hong Kong a um raro território operístico, sem deixar o gênero de artes marciais e os filmes de samurai fora do negócio. Ele os fundiu numa única espécie cinematográfica. Não tem nada de surpreendente a dizer sobre a condição humana – apesar de seus filmes sugerirem que ela é soturna. Por enquanto, ele está satisfeito em continuar a derramar seu coração e alma no lixo, fazendo com *Kill Bill* o filme desimportante mais importante do ano.

A cria resultante não é apenas um banho de sangue, é uma casa de banho de sangue, com referências encharcadas de saquê a reis de carnificina como Sonny Chiba, Sergio Leone e Kinji Fukasaku. *Kill Bill* tem mais amostras do que o pacote de estoque de 800 Costcos – só Deus sabe quantas gôndolas você tem de caminhar para provar todas. Mas você terá muito tempo para experimentar. Fevereiro parece ser um ano luz à frente. Aparentemente, a vingança da noiva pode esperar. Mas você pode?

3 TARANTINO REVELA QUASE...

POR TOMOHIRO MACHIYAMA

Preview das próximas atrações

Oi, sou Tomohiro Machiyama, geralmente escrevo apenas para revistas japonesas, mas gostaria que vocês, que não podem ler em japonês, lessem minha entrevista, porque o sr. Tarantino me deu muitas informações que críticos americanos e espectadores podem nunca ter conhecido. Na noite anterior a esta entrevista, falei com o sr. Tarantino numa festa depois da exibição de *Kill Bill*. Infelizmente, eu não havia trazido meu gravador. Estávamos os dois totalmente acabados, mas me lembro dessas coisas que ele me disse.

A farra de matança sangrenta no clímax de *Kill Bill* é um tipo de reencenação de *Shogun Assassin* (Kenji Misumi, 1972, Japão). E ele admitiu acrescentar um toque de *Ichi the Killer* (Takashi Miike, 2001, Japão) aí também. Para o céu de pôr do sol laranja atrás do avião, ele queria evocar o visual das cenas de abertura de *Goke, Body Snatcher from Hell* (Hajime Sato, 1968, Japão). Ele pediu à sua equipe que fizesse um set em miniatura de Tóquio como uma paisagem do filme de monstros gigantes *War of the Gargantuas* (Ishiro Honda, 1966, Japão). Ele até exibiu um vídeo do *Gargantuas* para Daryl Hannah porque, em sua mente, *Kill Bill* era uma espécie de Guerra das Gartantuas Loiras. Então não perguntei sobre essas coisas na entrevista do próximo dia. Estão prontos? Aqui vai.

E agora... nossa grande atração

TOMOHIRO MACHIYAMA: Você pode nos dar alguns comentários sobre alguns dos filmes citados em *Kill Bill*?

QUENTIN TARANTINO: Ok. Bacana, bacana.

A cena em que Go Go Yubari (Chiaki Kuriyama) esfaqueia um cara que se aproxima dela por sexo... isso veio de *Batalha Real* (Kinji Fukasaku, 2000, Japão)?

TARANTINO: Fui jantar com Kinji Fukasaku e Kenta (filho de Kinji) e eu falava: "Cara, adoro esse filme. É tão fantástico!". E disse: "Adoro a cena em que as meninas estão gritando umas com as outras". E Kenta começa a rir. Então pergunto: "Por que está rindo?". Ele diz: "O autor do romance *Batalha Real* ficaria muito feliz de ouvir que você gostou dessa cena". E pergunto: "Por quê?". E ele diz: "Bem, porque veio de *Cães de Aluguel*!". Mesmo quando eu assistia, pensava: "Deus, essas meninas de catorze anos estão gritando umas com as outras como em *Cães de Aluguel*!". E Kenta disse: "Ele tirou isso de *Cães de Aluguel*, então ele vai ficar bem orgulhoso porque você gostou disso!".

Estou me perguntando por que você mudou o nome da força feminina de Fox Force Five, em *Pulp Fiction*, para DiVAS, em *Kill Bill*?

TARANTINO: Bem, a coisa é, por mais parecidas que sejam entre si, são diferentes. Fox Force Five lutam contra o crime. São agentes secretas. As Deadly Vipers NÃO são agentes secretas! São matadoras! Mas a ideia é bem, bem parecida. É como um outro lado.

As DiVAS parecem com o *The Doll Squad* (Ted V. Mikels, 1973, EUA), certo?

TARANTINO: Ah, sim, bem parecidas. Elas definitivamente têm aquele visual *Doll Squad* ou *Modesty Blaise*. Essas meninas ficam bem descoladas de gola rolê. *Honey West* foi um programa de TV americano, e está lá também.

E quanto a *A Noiva Estava de Preto* (1968, François Truffaut, França)?

TARANTINO: Aí está. Na verdade nunca assisti a *A Noiva Estava de Preto*.

Sério?

TARANTINO: Ouvi falar, mas nunca assisti. Todo mundo diz: "Ah, é muito parecido com *A Noiva Estava de Preto*". Já ouvi falar do filme. É baseado num romance de Cornell Woolrich também, mas é um filme que nunca vi. A razão por que nunca vi é porque... simplesmente nunca fui um grande fã do Truffaut. Então foi por isso que nunca fui ver. Não estou rejeitando, só não vi. Sou fã do Godard, não do Truffaut. Então sei do filme, sei toda a coisa, mas é um filme que nunca vi.

Pensei nisso porque a Noiva tem a lista de nomes que ela risca.

TARANTINO: Ah, tem lá também?

E quanto a *Hannie Caulder* (Burt Kennedy, 1971, EUA)?

TARANTINO: Ah, sim. *Hannie Caulder* está definitivamente lá. Com certeza foi um dos filmes de vingança em que eu pensava. Eu tinha toda uma lista de filmes de vingança, especialmente de mulheres, como *Lady Snowblood* (Toshiya Fujita, 1973, Japão). Mas um deles definitivamente foi *Hannie Caulder*. Você sabe que quem amo muito em *Hannie Caulder* é Robert Culp. Ele está tão magnífico naquele filme e eu meio que penso que há certa similaridade entre Sonny Chiba e Uma e Raquel Welch e Robert Culp em *Hannie*.

E quanto a *Os Mortos Vivos* (Gary Sherman, 1981, EUA)?

TARANTINO: Ok, sim, eu vi *Os Mortos Vivos*. Então, qual é a conexão?

Daryl Hannah se disfarça de enfermeira e tenta matar a Noiva em coma com uma seringa.

TARANTINO: Ah, sim! Lisa Blount! A menina de *A Força do Destino*! Sim, exatamente. Na real, para dizer a verdade, há outro filme de onde eu meio que tirei mais ideias.

"O PRINCIPAL DA MITOLOGIA DE UM SUPER-HERÓI É: EXISTE O SUPER--HERÓIS E SEU ALTER EGO."

DETALHE DO CARTAZ DO FILME SUECO *THRILLER*, DE 1974, QUE INSPIROU ELLE DRIVER, A PERSONAGEM DE DARYL HANNAH EM *KILL BILL*

Foi *Black Sunday*, de John Frankenheimer (1977, EUA). Há uma cena em que Marthe Keller entra no hospital e se disfarça de enfermeira para matar Robert Shaw com uma seringa envenenada.

O personagem de Daryl Hannah é baseado em *They Call Her One Eye* (também conhecido como *Thriller*, Bo Arne Vibenius, 1974, Suécia)?

TARANTINO: Ah, com certeza! Adoro Christina Lindberg. E definitivamente é onde o personagem de Daryl Hannah foi baseado. No próximo filme, ela usa principalmente preto. Assim como *They Call Her One Eye*, ela tem algumas cores de tapa-olho combinando. E é isso, de todos os filmes de vingança que já vi, esse é definitivamente o mais brutal. O mais brutal filme de vingança já feito! Nunca houve nada tão durão como esse filme.

Deveria ser um pornô.

TARANTINO: Bem, tem aquelas tomadas inseridas lá. Eu me lembro de mostrar a Uma o trailer de *They Call Her One Eye*, e ela disse: "Quentin, adoro esse trailer... mas não sei se posso ver esse filme! Na verdade estou com medo de assistir. Parece tão pesado". Mostrei a Daryl o filme, dei a ela a fita. Ela viu sem legendas, apenas em sueco. E ela disse: "Quentin! Você me fez assistir um pornô!". Eu disse: "É, mas um bom pornô!". Ela nunca teve um diretor que a deu um pornô como lição de casa!

E quanto a Master Killer (também conhecido como *The 36 Chambers of Shaolin*, Chia-Liang Liu, 1978, Hong Kong)?

TARANTINO: Sou um grande fã de *Master Killer* e de Gordon Liu em particular. Ele é fantástico. Não parece nada diferente do que era na época. E é tão bacana vê-lo junto com Sonny Chiba no mesmo filme. Eles são superastros completos. Lendas vivas. Quando enquadro as tomadas, penso: "Não posso acreditar que Gordon Liu está no meu filme! Não posso acreditar". E por ser tão influenciado por filmes de kung fu dos anos 1970 e ter, até onde eu sei, meus três astros favoritos de kung fu de três países diferentes... Gordon Liu representando Hong Kong. Sonny Chiba representando Japão. E David Carradine representando os Estados Unidos. É uma dose tripla. Uma coroa tripla. Se Bruce Lee ainda estivesse vivo, ele estaria lá. Se Fu Sheng estivesse vivo, ele poderia estar também.

Então David Carradine vai tocar uma flauta na sequência?

TARANTINO: Ah, sim! Toca! Viu o trailer, certo? E é de fato: "A Flauta Silenciosa". É uma flauta que ele fez, entalhada em bambu. E é a flauta silenciosa do filme *Silent Flute* (também conhecido como *Circle of Iron*, Richard Moore, 1978, EUA). Você tem uma ótima coisa com David porque Bill é realmente uma mistura de influências asiáticas e influências genuínas de faroeste americano.

Não apenas ele estava em *Kung Fu*, mas também em *Cavalgada dos Proscritos* (Walter Hill, 1980, EUA).

TARANTINO: É, e quem mais você poderia pegar para fazer isso?

Como você conseguiu os direitos para usar a citação da música de *Masters of Flying Guillotin* (Jimmy Wang Yu, 1975, Hong Kong)?

TARANTINO: Compramos os direitos. Primeiro tivemos de descobrir o que era ('Super 16' do grupo alemão Neu!). Depois de localizarmos, fomos a eles, apenas solicitamos e eles nos deram. Aquele pedacinho de música está até na trilha sonora de *Kill Bill* (imitando a música): "Doing! Doing! Doing!".

Não consigo me lembrar do título, mas há um filme de Hong Kong em que Jimmy Wang Yu luta com cem inimigos. A luta na Casa das Folhas Azuis me lembra isso.

TARANTINO: É *Chinese Boxer* (Jimmy Wang Yu, 1969, Hong Kong). É onde ele criou o punho de ferro. Ele transformou seus punhos em ferro e são queimados, negros. Tem uma máscara cirúrgica no rosto e essas luvas nas mãos, e Lo Lieh é o malvado e vai para o cassino. Bem, sabia que esse é um filme historicamente muito importante? Foi o primeiro filme completo de contato mano a mano em Hong Kong. *Chinese Boxer* é o primeiro filme em que o herói não luta com espadas. Ele apenas luta com as mãos. Foi a primeira vez que foi feito. Quero dizer, houve filmes de kung fu antes disso. Mas esse é, tipo, o que conhecemos hoje como um verdadeiro filme de kung fu. Antes disso, eles estavam fazendo wushu, luta de espadas; e, mesmo fazendo num estilo chinês, eles ainda têm um pé em filmes japoneses de samurai. Mas, com *Chinese Boxer*, eles levaram embora. E aquela cena de luta é tão fantástica. Ela se tornou uma das bases do gênero: um contra uma centena. Bem, essa foi a primeira. Wang Yu dirigiu também. Foi tão legal porque eu me lembro de mostrar a Yuen Woo-Ping aquela cena para que visse algo que eu queria capturar, e Woo-Ping diz: "Ei! É meu pai!". Seu pai é um dos caras no filme. Sabe, quando todos os caras estão rodeando Wang Yu, ele é o cara com a corrente. Seu pai foi Simon Yuen, o velho de *Snake in the Eagle's Shadow* e *Drunken Master*. Esse é o pai de Woo-Ping.

E quanto a *Fudoh*, de Takashi Miike (1996, Japão)?

TARANTINO: Não vi *Fudoh*. Conheço *Fudoh*. Vi o trailer. Não poderia ser mais fã de Miike, mas nunca vi *Fudoh*. Quero ver, mas ainda não vi.

Achei que a ideia dos Crazy 88s tinha sido inspirada pela gangue de adolescentes em Fudoh.

TARANTINO: Eu só pensei que depois que O-Ren se tornou rainha do crime em Tóquio, que é meio uma referência a *Black Lizard* (Kinji Fukasaku, 1968, Japão) porque O-Ren comanda a cidade da forma como Black Lizard fazia... ela não teria muitos ferimentos. Não! Ela teria um bando de *moptops*. Isso não está no filme, porque eu teria de parar e contar à plateia isso, mas os Crazy 88s estão... porque O-Ren é metade chinesa metade japonesa, então é o exército dela. Há 44 chineses e 44 japoneses! Mas é parte da mitologia que eu só entraria se escrevesse um livro. Os ternos negros são de *Cães de Aluguel*. E as máscaras são de Kato. Apenas achei que ficaria bem bacana. Agora, quando digo que não vi *Fudoh*, não estou dizendo que não fui influenciado por Takashi Miike. Pessoalmente, meu cinema favorito agora é esse pop violento vindo do Japão. Até onde um grupo de diretores que são meus favoritos... E há muitos diretores americanos de que realmente gosto... meu favorito, de longe, como um grupo, são todos os diretores fazendo esses tipos de filmes no Japão. Obviamente estou falando de Takashi Miike, Takashi Ishii, Sogo Ishii.

E quanto a Teuro Ishii?

TARANTINO: Ah, Teruo Ishii é um diretor fantástico, um grande diretor! Amo Teruo Ishii. Também Kiyoshi Kurosawa. E o outro cara... conheço ele, sou amigo dele, mas sempre esqueço seu nome... o cara que fez *Shark Skin Man* e *Peach Hip Girl* e *Party 7* (Katsuhito Ishii). Ele até trabalhou um pouco em *Kill Bill*. Ele fez o desenho dos caracteres que abrem o animé quando você vê O-Ren aos oito anos

"HÁ CONSEQUÊNCIAS QUANDO SE PARTE O CORAÇÃO DE UM FILHO DA MÃE DE UM ASSASSINO."

A NOIVA (UMA THURMAN),
EM *KIL BILL, VOL. 2*, DE 2004

de idade e depois vê Boss Matsumoto, sabe, sabe, só aqueles dois desenhos? Ele fez aqueles desenhos para mim de presente. Ele não fez nada do animé. Isso foi a Production IG. Mas ele fez o desenho daqueles caracteres e acabei usando no filme. E não apenas isso, ele fez um desenho de Elle Driver (Daryl Hannah) em seu uniforme de enfermeira com uma cruz vermelha no tapa-olho. E achei que era uma ideia tão boa que coloquei no filme. Seu nome está nos créditos, mas ele não foi pago por nada. Foi um presente. Eu o encontrei no Havaí e nos tornamos amigos e eu o encontro sempre que estou no Japão.

De onde veio o nome O-Ren Ishii?

TARANTINO: Não foi bem: "Vou homenagear esse filme ou essa coisa", mas encontrar o nome certo para seu personagem é uma das coisas mais importantes ao escrever. Você quase não pode ir em frente até encontrar o nome certo. E qual é o nome certo? Bem, quem sabe essa porra? Você vai saber quando ouvir. Então, enquanto estou apenas formulando o filme, também estou assistindo muita coisa para me fazer entrar nisso. Eles costumavam passar o programa de TV de Sonny Chiba *Kage no Gundan* (*Shadow Warriors*) num canal de TV japonês aqui em Los Angeles durante os anos 1980. Eu e um bando de amigos costumávamos nos reunir e assistir. E gravávamos. Então passo pelas minhas fitas dos anos 1980 e vejo o show. E uma das mulheres ninjas (interpretada por Etsuko Shihomi, também conhecida como Sister Streetfighter) em *Kage no Gundan 4* se chamava O-Ren. Pensei: "Bom, é um belo nome. E é incomum também". Além disso, achei que a junção de O-Ren com o nome Ishii funcionaria muito bem. Eu não estava necessariamente tentando fazer uma homenagem aberta a *Kage no Gundan*, mesmo amando aquele programa, mas, ao ver aquele nome, segui nisso. Então, aquele se tornou o nome dela. Lucy Liu se apaixonou por ele. Todo mundo respondeu bem a isso. Até o povo japonês foi tipo, "bem... é um nome japonês, um nome bem incomum, mas é um nome". Sobre *Kage no Gundan* um pouco. Há múltiplas sequências. Você sabe, *Kage no Gundan 1, 2, 3, 4*. Toda vez que eles faziam uma nova série, era sempre um Hattori Hanzo diferente. Foi passado um pouco à frente na história. Hattori Hanzo número três, Hattori Hanzo número quatro. Apenas continuou. Então agora Sonny Chiba está interpretando Hattori Hanzo 100 e ainda continua com aquele personagem. A coisa é que a plateia não precisa saber nada disso. Acredito piamente que, se você está criando seu próprio universo e sua própria mitologia, não pode ficar com uma pergunta sem resposta. Mas aqui está: eu não tenho de responder a essas perguntas para a plateia. Você só precisa saber que eu sei a resposta. Posso te contar a história toda de como Hattori Hanzo terminou em Okinawa e por que ele não fez uma espada por trinta anos, e quem é o cara careca. Posso te contar isso. Não preciso te contar isso enquanto você assiste ao filme, mas você precisa saber quão amplo este mundo é. Isso é o que vou contar a você agora, e o que eu não conto, você pode imaginar. Pode criar suas próprias coisas. Sei o que vai acontecer com Nikki (filha de Vivica A. Fox). Ela vai crescer e vai buscar sua vingança. Posso ir para trás. Ao terminarmos tudo isso, estamos falando do conceito de fazer umas *prequels* talvez com a Production IG apenas fazendo animação. Você sabe, a origem de Bill, por exemplo. Mas eu podia fazer com qualquer um dos personagens. Quanto a realmente continuar com a história... novamente, não sei sobre rodar com atores ou fazer animação, ou escrever para um livro, quem sabe? Mas vai ser a cada dez anos. Agora, a Noiva tem trinta. No próximo, ela teria quarenta. O último seria dez anos depois, quando ela tiver cinquenta.

E quanto a citação que foi algo do tipo: Se quer vingança, tem de estar disposto a matar Deus e até Buda?

TARANTINO: Foi de fato parafraseado – reescrevi, como fiz com a Bíblia em *Pulp Fiction* – do discurso do ninja Yagyu que Sonny Chiba repetia no começo

"SOU UM MATADOR. UM BASTARDO MATADOR, E VOCÊ SABE DISSO."

de cada episódio do programa de TV *Yagyu Family Conspiracy* e no final do filme, quando Uma está de capacete fazendo aquele discurso, é o tema de *Yagyu Family Conspiracy* tocando ao fundo.

Teve alguma inspiração em Seijun Suzuki?

TARANTINO: É engraçado... Não fui inspirado pelos filmes dele como um todo, mas por certas tomadas e apenas sua vontade de experimentar completamente a tentativa de pegar imagens que fossem bem bacanas ou psicodélicas. Fui bem inspirado por isso. Para mim, seus filmes... bem, ele é um pouco como Russ Meyer para mim. É mais fácil gostar de partes de seus filmes do que do todo. Não estou falando mal dele, só acho que ele funciona melhor em sequências e cenas. E alguns filmes funcionam melhor do que outros. Quanto a Russ Meyer, *Faster, Pussycat! Kill! Kill!* (1966, EUA), é uma obra-prima completa. Foi um em que tudo funcionou. Suzuki fez isso com *Branded to Kill* (1967, Japão), apesar de eu gostar mais da primeira metade do que da segunda. Quando você traz Suzuki, está pensando mais ou menos sobre a luta Kabuki na Casa das Folhas Azuis com as silhuetas?

O DIRETOR JAPONÊS SEIJUN SUZUKI, EM 1991

Sim.

TARANTINO: Para mim, aquilo foi mais algo na minha cabeça sobre o cinema japonês em geral do que o troço do Suzuki em particular, mas sei do que você está falando. Você vai ver isso de novo no *Volume 2*, quando a Noiva está em seu treinamento com Pai Mei (Gordon Liu), há uma grande sequência de silhuetas contra um grande pano de fundo vermelho gigante. Um em quinze filmes de Hong Kong tem uma sequência de abertura em que os personagens estão fazendo artes marciais na frente de um pano de fundo. Às vezes você os vê, às vezes não. E geralmente a música tema de *Shaft*, Isaac Hayes, está tocando!

Aqui está uma pergunta bem boa. Devo rir desse filme ou não?

TARANTINO: Não acho que você deva rir DELE, deve rir COM ele.

Porque eu o ouvi rindo durante a exibição.

TARANTINO: Não mantenho para uma plateia japonesa a mesma regra que manteria para uma plateia negra. Uma plateia negra é tipo: "Ha ha ha ha!". Vocês japoneses são um pouco mais sutis quando assistem a um filme. Só porque eles não estão indo no "ha ha ha ha" quando assistem, não significa que não estão curtindo. Eu estava curtindo porque podia ver a plateia sem ser intrusivo. Então estava sorrindo o tempo todo. Todos os meus filmes são divertidos, mas também queria subir e descer, subir e descer. Quero que você ria, ria, ria, e então fazer você parar de rir e te mostrar outra coisa. Talvez você comece a chorar, então eu o faço rir de novo. Quero estar constantemente me movendo. Para mim, se assisto a um filme e vou de rir a chorar, estou me divertindo. É quando sei que estou vendo um filme. Estou sendo jogado emocionalmente, e isso é ótimo.

Acho que estou pensando especificamente na cena final do duelo com Lucy Liu.

TARANTINO: É feita para ser meio impressionante e poética ao mesmo tempo. E também só um pouquinho solene. Quando você vê a cabeça dela, é engraçado. Daí a frase dela: "Era mesmo uma espada Hattori Hanzo", é engraçada. Mas então a próxima tomada não é engraçada, quando ela se abaixa e Meiko Kaji está cantando sobre vingança na trilha sonora. É tudo ao mesmo tempo. Engraçado. Solene. Bonito. Nojento. Tudo ao mesmo tempo.

Você acha que o público americano tem esse tipo de gosto?

TARANTINO: Algumas pessoas vão estar vendo coisas que elas nunca viram antes. Em Hong Kong, na China, no Japão, na Coreia, eles vão ter um concurso sobre de onde algumas dessas coisas vieram. Mesmo quando se trata de coisas como faroeste-macaroni (o nome japonês para faroeste-espaguete). A maioria do pessoal jovem nunca viu um faroeste-macaroni. Isso pode de fato ser uma coisa extremamente boa! Você sabe de onde essas coisas estão vindo, mas ainda é meio uma experiência nova ver *Kill Bill*, certo? Bem, para eles, imagine quão novo vai ser.

Sobre o tema musical de Ironside. Aquela música é muito popular no Japão. Esse tema foi usado num programa tabloide estilo Inside Edition.

TARANTINO: A coisa é essa. Eles usam esse tema em *Five Fingers of Death* (Chang Ho Cheng, 1973, Hong Kong) e toda vez a tela brilha em vermelho. Você conhece desse programa tabloide, mas quando eu era moleque, conhecia de *Ironside*. Então, toda vez que a tela brilhava, as pessoas na plateia caíam na gargalhada porque era o tema de *Ironside*. Mas, num certo ponto, eles de fato começaram a gostar mais no filme. Na terceira vez que escuta, a plateia diz: "É! ARREGAÇA LO LIEH!".

Acho que funciona muito bem. E em *Bill*, na terceira vez que você escuta, sabe que ela vai arregaçar! Hum, ei, posso te fazer uma pergunta? Tem uma cena favorita no filme? Posso perguntar qual é?

Acho que é a luta com Go Go Yubari (Chiaki Kuriyama).

TARANTINO: É a minha também. Nunca tinha filmado ação antes, e essa era minha chance de realmente fazer isso, e foi minha primeira cena de ação. Foi como aprendi a fazer, naquela. E acho que pode ser, de longe, a coisa favorita que filmei na vida. Apenas cinematograficamente esperto. Acho que pode ser a melhor coisa que fiz até agora.

Durante a luta, Go Go é meio a Mestre da Guilhotina Voadora.

TARANTINO: Com certeza é. Isso foi Chiaki fazendo a maior parte da coisa. Ela passou três meses aprendendo a mexer naquela bola. As pessoas me perguntam: "De onde tirou essa bola?". Na verdade, não tirei de filme nenhum. Quero dizer, vi filmes de Hong Kong em que eles giram coisas, mas essa eu meio que criei. Então as pessoas dizem: "Como se chama?". E eu digo: "Uma Bola Go Go!".

Você acha que o público japonês vai entender a frase: Coelhinho tolo, Trix são para crianças?

TARANTINO: Ah, sim, o comercial de Trix. Há todas essas coisas japonesas e chinesas no filme que eu não espero que os americanos entendam mesmo, e essa é uma das coisas que não espero que ninguém fora dos Estados Unidos entenda. No meu pensamento, era algo que O-Ren e a Noiva costumavam dizer uma para a outra quando eram Víboras Mortíferas num trabalho. É uma piada particular entre elas.

E quanto às espadas samurais no avião?

TARANTINO: Bem, esse filme todo se passa num universo especial. Não é o mundo real. Engraçado você trazer isso porque no roteiro original Bill ia ter uma apresentação diferente. Isso era quando eu estava escrevendo o papel para Warren Beatty. A ideia era de que Bill iria aparecer nesse cassino carregando uma espada de samurai, e os guarda-costas, que também têm espadas samurais, pedem que ele deixe na chapelaria. Warren diz: "Espere um minuto, espere aí, Quentin. Todo mundo tem uma espada samurai?". Eu digo: "É". Ele diz: "Como é isso?". Eu digo: "É o mundo onde esse filme se passa. Todo mundo tem uma espada samurai". E ele continua: "Ah! Então não é o mundo real?". Eu digo: "Não! É um filme, universo de filme, e nesse universo as pessoas podem carregar espadas samurai". Não apenas carregam espadas samurai, não apenas você pode trazer uma espada samurai no avião, como há um lugar no assento do avião para você colocar sua espada samurai! Agora, não estou dizendo que você pode fazer isso em todo voo, mas em linhas aéreas japonesas é melhor você acreditar que há lugar para você colocar sua espada samurai!

Acho que talvez você devesse ter dirigido *Estrada para a Perdição*, porque foi inspirado em *Lone Wolf and Cub*.

TARANTINO: Não vi de fato isso. Eu me lembro de falar com Samuel L. Jackson: "Ai, merda! Isso é apenas *Lone Wolf and Cub*! Que porra é essa?". Eu não me importaria de ver, mas parece tão artístico. Você sabe, afogado em arte. Foi uma das coisas que eu queria manter bem forte quando se tratava de *Kill Bill*. Não é uma mediação de filme de arte para esses filmes. É o artigo genuíno. A coisa de fato. E foi uma das ideias por trás de dividir em dois. Apenas parece haver algo pretensioso sobre um filme apelativo de três horas. Mas dois! Dois filmes apelativos! Isso é ambicioso.

4

KILL BILL, VOLUME DOIS

RESENHA DE PETER TRAVERS

Uma Thurman não é pregada numa cruz em *Kill Bill, Volume 2*, mas o autor-diretor Quentin Tarantino coloca a personagem acabada dela, chamada de a Noiva, em um desafio que é sangrento o suficiente para fazer Mel Gibson se arrepiar. Não importa. Você vai se empolgar com a ação, saborear os diálogos deliciosos e rir para danar. Tarantino fez mais do que continuar o conto de vingança que ele começou em *Volume 1* – a noiva quer se vingar depois de ser deixada para morrer em seu vestido de casamento por Bill (David Carradine) e quatro outras assassinas em seu Esquadrão de Assassinato das Víboras Mortíferas, do qual outrora ela foi a abelha rainha. *Volume 2* amarra os acontecimentos do *Volume 1*, assim como *O Retorno do Rei* fez pela trilogia *O Senhor dos Anéis*. Você assiste e pensa: "Agora entendi". Tarantino fez a *mix tape* mais quente da história do cinema. Como um DJ mestre, ele pega amostras de cada filme vagabundo B que o formou, de filmes de kung fu e de samurai a animé e faroeste-espaguete, depois filtra através de sua imaginação para criar algo totalmente Tarantino: um prazer de puro oxigênio cinematográfico.

Volume 2 mergulha nas águas emocionais que foram apenas tocadas no brilhante exercício que foi o primeiro filme. Para aqueles que acham que dividir *Bill* pela metade foi um golpe para nos fazer pagar pelo mesmo filme duas vezes, só posso dizer que a soma dos dois filmes é o que torna *Kill Bill* um trunfo. Eu preferiria quatro horas de um Tarantino não domado a um filme editado para duas acessíveis horas num Multiplex.

Ok, então onde *Volume 1* parou? A Noiva viajou para Tóquio para enfrentar O-Ren Ishii (a sublime Lucy Liu) e para Pasadena, Califórnia, para matar Vernita (Vivica A. Fox), duas dos cinco assassinos que varreram sua festa de ensaio de

"EU MENTI PARA VOCÊ, FIZ QUE ACREDITASSE QUE EU ESTAVA MORTA. TENTEI FUGIR COM NOSSA FILHA..."

A NOIVA (UMA THURMAN) E PAI MEI (GORDON LIU), EM *KILL BILL, VOL. 2*

casamento numa capela em El Paso, Texas. A Noiva estava grávida de Bill quando ele atirou na cabeça dela e a colocou em coma por quatro anos. As últimas palavras de *Volume 1* vieram como uma pergunta feita por Bill: "Ela sabe que sua filha ainda está viva?".

É a isca. *Volume 2* começa com a Noiva glamorosa num conversível, dirigindo-se à plateia como um anjo vingador fora de um melodrama de Hollywood dos anos 1940. "Quando chegar ao meu destino, vou matar o Bill."

É o anzol. Mas, primeiro, Tarantino nos leva de volta para a capela de casamento para mostrar os acontecimentos antes do massacre. A Noiva está se casando com um estranho, fugindo de sua antiga vida. Então Bill aparece no ensaio, tocando uma flauta e criando o charme. "Como você me achou?", pergunta a Noiva com um sorriso. "Sou o cara", diz Bill, sorrindo de volta. E ele é. Carradine – reduzido a uma voz sem corpo no *Volume 1* – conquista a tela dessa vez e é um êxito sensacional num papel outrora destinado a Warren Beatty. Bill é um cafetão da morte, com uma longa fila de protegidos. Carradine, o herói da série dos anos 1970, *Kung Fu*, investe nesse vilão com um perigo sedutor, ronronante. Ele e a escaldante Thurman criam a tensão sexual entre Bill e a Noiva palpável. Esta é uma história de amor iluminada por flashes de violência vívida. Tarantino, econômico com os diálogos no *Volume 1*, que tem uma ação louca, dá aos atores palavras em que eles podem se banquetear, cheio de uma esperteza ousada como na forma que a Noiva apresenta Bill a seu noivo. Não é justo dizer como.

Volume 2 nos lança surpresas o tempo todo, incluindo o treino de luta da Noiva sob a cruel tutela de Pai Mei, o monge de barbas brancas interpretado pela lenda chinesa Gordon Liu. Você pode querer se lembrar do truque de explodir o coração com cinco pontos. Tarantino, trabalhando num *tandem* com o conselheiro de artes marciais Yuen Woo-Ping, mantém a ação vindo com vigor enquanto a trilha sonora imperdível explode com suas influências musicais favoritas, incluindo o tema assustador de Ennio Morricone para *Três Homens em Conflito* e Charlie Feathers todo *rockabilly* em "Can't Hardly Stand It".

O bônus dessa vez é que os atores fazem jus a espadas voadoras e punhos de fúria. Michael Madsen é o matador Budd, o amado irmão mais novo de Bill, que se engana achando que pode acabar com a noiva enterrando-a viva. E Daryl Hannah hipnotiza como a mulher de tapa-olho Elle Driver, a substituta da Noiva no coração de Bill, sem falar na oponente durona numa luta de gatas de aplaudir de pé. Claro, todas as estradas em *Kill Bill* levam para o encontro da Noiva com Bill e a filha que ela não sabia que tinha. Bill coloca sua filha para dormir com vídeos de *Shogun Assassin*. Num adorável toque, a Noiva parece gostar. Mas há contas a acertar. Thurman dá uma performance eletrizante que o acerta na cara e parte seu coração sem piedade. Tarantino não faria de nenhum outro modo. Com *Kill Bill*, os dois volumes, ele quer nos levar numa louca viagem pela diversão suja dos filmes, e faz isso tão artisticamente que queremos voltar ao filme para revirar seus segredos. É um golpe certeiro, e Tarantino faz bonito.

A NOIVA (UMA THURMAN), EM *KIL BILL, VOL. 2*, DE 2004

5 TARANTINO FALA SOBRE *KILL BILL 2*

POR FRED TOPEL

Quentin Tarantino dá trabalho durante uma entrevista. Transcrevê-lo dá ainda mais. Se você já viu ou ouviu uma entrevista com ele, sabe quão rápido ele conversa, quantos pensamentos se encaixam dentro de uma frase sem pausa e como ele diz "alright" e "okay" entre cada oração. Ao apresentar esta entrevista, tentamos manter seu coloquialismo o máximo possível, enquanto editamos para dar legibilidade.

Quando *Kill Bill, Volume 1* chegou aos cinemas em outubro, era altamente aguardado porque não víamos um filme de Tarantino desde *Jackie Brown*, de 1997. Também foi controverso porque muitos questionaram por que deveria ser dividido em dois filmes, quando poderia ser apenas um longo épico. Os fãs e críticos ainda debatem essa questão, mas com o *Volume 2* chegando aos cinemas, todo mundo quer saber como a história termina.

Uma Thurman interpreta a Noiva, assassinada por seu próprio esquadrão no dia do seu casamento. Nós a vemos matar Vernita Green e Oren Ishii, mas ainda precisamos vê-la pegar Elle Driver, Budd e, claro, Bill. O final do *Volume 1* também nos dá uma informação vital que pode alterar toda a missão dela. Vamos preservar esse segredo, caso você ainda não tenha visto a primeira parte.

FRED TOPEL: Cortar o filme pela metade mudou a estrutura dramática?

TARANTINO: É, acho que sim, na verdade, em oposição a um filme em que a primeira metade é só ação visceral de esbugalhar os olhos e só pretende te enlouquecer, certo, e então a ressonância vem na segunda metade. E a segunda metade, com mais profundidade e ressonância vindo, acho que mudou porque [o *Volume 1*] é apenas diversão, um filme para curtir, e a segunda parte será uma exploração mais profunda disso. Então acho que sim, é.

E você teria de cortar muito para tornar um filme só, certo?

TARANTINO: Certo, e a coisa é que, se eu realmente achasse que ficaria melhor ou haveria demais do aspecto emocional perdido no filme se eu dividisse no meio, então teria feito. Se fosse um filme melhor sendo menor, mas não achei. A forma como escrevi o roteiro, as coisas que teria perdido no *Volume 1* teria sido o Texas Ranger, a sequência animé teria sido muito cortada e, para mim, é o que a torna especial. Não era um longo épico descontrolado, um filme descontrolado. Estou contando uma história muito simples, mas tem uma tela bem ampla, e precisava de todos esses momentos na tela para fazer funcionar.

O *Volume 2* é menos violento então?

TARANTINO: Bem, quero dizer, é ainda bem violento, mas há uma sequência de catorze minutos lá. Uma das grandes diferenças entre o *Volume 1* e o *Volume 2* é que você se lembra do pequeno discurso de Sonny Chiba que ele faz bem, bem no finalzinho, em que diz: "A vingança nunca é uma linha reta, é uma floresta, é fácil de se perder e se esquecer por onde entrou". Bem, *Volume 1* é a linha reta. Nele foi difícil para ela fazer o que tinha de fazer, mas é tipo: "Mate o velho, pegue o exército, queime Tóquio ao chão, fiz isso, fiz aquilo. Mate Vernita, fiz isso, fiz aquilo". Agora é a floresta. Agora a coisa humana começa a ficar complicada. Fica complexo. Não é tão simples. A melhor forma de descrever é que *Volume 1* é, por falta de um termo melhor, meu filme oriental com uma influência de faroeste. *Volume 2* é meu faroeste-espaguete com uma influência oriental.

O diálogo em *Volume 1* foi muito diferente de seu estilo usual.

TARANTINO: Bem, como eu disse, *Volume 2* tem muito mais do diálogo pelo qual vocês me conhecem, mas não foi uma decisão tipo: "Ok, vou mexer com a cabeça das pessoas. Vou cortar os diálogos". Só foi uma indicação desse tipo de filme.

Há então mais referências pop?

TARANTINO: Não, não é questão de cultura pop. Se você acha que todo meu diálogo é cultura pop, então provavelmente vai ficar decepcionado, mas não, é apenas mais diálogo. Nos meus outros filmes, personagens têm um lugar e ficam por lá por um tempo enquanto eles conversam, e há um pouco mais de monólogos e coisas, mas o troço que realmente amo nos meus diálogos deste filme é, tipo, que é meu diálogo. Só que é em japonês desta vez.

Onde a história teria mudado se você não a tivesse dividido?

TARANTINO: Onde teria terminado mais ou menos se eu não tivesse quebrado ao meio, ok, se fosse apenas uma pausa, ela teria acontecido logo antes de onde você vê meu crédito. Uma [Thurman] dando aquele discurso, Sofie no porta-mala do carro: "E logo elas estariam mortas como o resto". Isso teria sido uma pausa. Então acrescentei uma tarja apenas para dar algo a mais, uma pequena ideia do que iríamos ter para você. Não queria mostrar um pequeno trailer, mesmo que eu sempre tenha gostado disso em *Os Três Mosqueteiros*, porque eu nem sabia que haveria *Os Quatro Mosqueteiros* quando assisti. E você assiste *Os Três Mosqueteiros* e de repente: "Em breve, *Os Quatro Mosqueteiros*", e você vê cenas e pensa: "Uau, isso foi legal. Tentei fazer isso com este, mas não pareceu certo em relação às emoções. Não queria quebrar a emoção que eu já havia estabelecido. Queria aprofundá-la. Então, sim, aquela tarja foi acrescentada lá para isso, mas acho que funciona muito bem. Estou feliz com isso.

"NÓS POSSAMOS PERDOAR UM AO OUTRO POR TUDO ISSO... OU NÃO, MAS AO MENOS... É UMA TENTATIVA..."

Como se originou *Kill Bill*?

TARANTINO: Veio, na sua forma básica, de todos esses filmes de gêneros diferentes de que eu saltava. A Noiva poderia ser facilmente esse personagem caubói de um faroeste-espaguete. Ela poderia facilmente ser um personagem Angela Mao em *Deep Thrust* ou *Broken Oath*. Há dois personagens que a atriz japonesa Meiko Kaji interpretou. Um foi o personagem chamado Scorpion. Ela fez uns quatro filmes com esse, e fez um grande filme de vingança samurai chamado *Lady Snowblood*. Ela poderia ser aquela personagem. Você pode continuar seguindo a lista, mas ela cai na longa fila de personagens sedentos por vingança.

Quanto você revisitou desses filmes enquanto escrevia?

TARANTINO: Bem, eles tiveram uma quantidade imensa de influência porque tenho todos esses filmes. Não essas belas cópias coloridas restauradas, mas, tipo, minha sétima geração de piratas da 42ª Câmara de Shao Lin, Times Square, Nova York. Foi onde comprei todas, e quando eu estava escrevendo este filme tive a infeliz diversão de ser capaz de assistir a pelo menos um filme dos Shaw Brothers por dia, se não três, e o motivo pelo qual fiz isso é porque queria mergulhar tanto naquele estilo de filmagem para que as coisas que eles fizessem fossem uma segunda natureza para mim. Seria meu estilo de filmagem até onde se trata deste filme. Eu não teria de pensar nisso. Não teria de ter consciência sobre isso. Apenas saberia como eles teriam feito e decidiria: quero fazer isso também? Ficar confortável com o zoom, porque ninguém mais faz zoom hoje em dia, não assim. Queria ficar confortável com isso e funcionou tão bem que, para mim, durante todo aquele ano, os filmes que estavam saindo em Hollywood pareciam esses estranhos filmes abusivamente artísticos. Eu era como alguém que vivia em Hong Kong nos anos 1970. Quando você pensa em filmes, pensa em filmes de kung fu. Os Irmãos Shaw, os Shaw Scope Logo e então a coisa de "Apresenta" com que cresci assistindo. Sempre escuto essa música antes de um filme começar. Isso apenas o deixa saber imediatamente de onde venho e apenas se sentar e se divertir e saber, portanto, de onde isso veio.

Isso faz dele um compêndio de todos os filmes que você assistiu na sua vida?

TARANTINO: Sabe, basicamente. A expressão que usei, e não estou tentando desgastá-la, mas apenas cabe muito bem porque é bem precisa em descrever, é como pegar trinta anos dos meus filmes favoritos de *grind-house* e enfiá-los numa prensa e ter este filme. A coisa é: se você é fanático por filmes e gosta desse troço, então vai ver num nível e curtir algumas dessas pedras fundamentais e referências e alusões. E, com sorte, você vai curtir o que acrescentei de novo aí, e a forma como coloquei todas essas coisas e que uso para torná-lo original e diferente. A música de faroeste-espaguete e o animé, se funcionassem apenas daquela forma, seriam uma experiência muito limitante. Você precisa ver o filme e, se nunca tiver visto nenhum desses filmes, talvez porque fosse muito novo para vê-los ou porque não são o tipo de coisa que costuma assistir, provavelmente, você pode gostar ainda mais. Pessoas assim não têm nenhuma referência disso. Então é tudo novo para elas. Estão assimilando tudo. Onde, se você não entende de onde venho, seus pés podem estar plantados mais firmemente no chão quando arremesso minha bola para você, mas você não sabe mesmo de onde vem, então pode mesmo decolar de seus pés e também pode rejeitar e tudo bem.

Por que levou tanto tempo para escrever isso?

TARANTINO: Escrevi as primeiras trinta páginas e a ideia básica no set de *Pulp Fiction*, mas então foi guardado, e não considero realmente como um processo de dez anos porque, quero dizer, é parte de ser um escritor. Você escreve algo, e não está pronto ainda, então simplesmente coloca na incubadora e espera até estar. E aí, quando de fato tiro da incubadora e realmente começa, é quando começa.

Você precisou de seis anos desde Jackie Brown para desenvolver a história?

TARANTINO: Pode de fato haver algo nisso, para dizer a verdade, mas não que estivesse sempre pensando nisso na época. Quero dizer, durante esses seis anos o que eu estava fazendo era escrever. Quero dizer, as pessoas vêm: "Você está recluso?". Eu só não estava fazendo programas de entrevistas e, quando fazia, todo mundo reclamava que eu aparecia. Não achei que iam sentir minha falta, mas acontece que eu estava escrevendo, e escrever é uma experiência mais solitária. Atuar é dar as caras, dirigir é dar as caras. Escritores vão para cabanas na floresta e escrevem.

Você estava escrevendo outros roteiros simultaneamente?

TARANTINO: Ah, sim, escrevia. Eu me perdi de uma forma linda, mas me perdi escrevendo essa grande Segunda Guerra Mundial, um bando de caras numa missão que estava se transformando num romance gigantesco, não num filme, e provavelmente em três filmes, não como este, mas três coisas separadas. Estava tentando fazer malabarismo com todos, talvez por tempo demais, mas também estava amando apenas voltar para completar a escrita em que sou apenas eu e uma caneta e um pedaço de papel em branco. Isso foi maravilhoso, mas uma coisa de que me lembro é que, quando lancei *Cães de Aluguel* já tinha *Amor à Queima-Roupa* escrito, já tinha *Assassinos por Natureza* escrito, já tinha *Um Drink no Inferno* escrito. Sete ou oito meses depois de *Cães de Aluguel*, eu tinha *Pulp Fiction* escrito e eis que todos deram certo. Tudo foi produzido. A coisa é que não gosto de *Assassinos por Natureza*, mas a questão é parte do motivo de você estar sentado aqui conversando comigo. Talvez meu corpo de trabalho pareça com mais do que [apenas o que eu dirigi] porque você conhece bem minha voz, meu talento na escrita ou a falta dele, dependendo de quem você é. Todo esse troço, você vai daí e é porque fui capaz de fazer um grande conjunto da obra. Porém, a realidade é que uma vez que você se torna um autor-diretor, depois que termina seu próximo filme, é sempre tempo de começar do zero novamente. E você começa o processo todo de novo e fica um pouco mais refinado com isso a cada vez, tanto que, se você pensa nisso – obviamente não estou falando de John Sayles ou Woody Allen, mas de muitos autores-diretores –, o que acontece é que em certo ponto para de escrever. É apenas mais fácil comprar um roteiro que você gosta ou que tenha algo de que gosta e depois reescrever, o que não é tão difícil, e às vezes alguns diretores nem reescrevem. Eles apenas contratam gente para fazer isso, então, eles guiam isso. Oliver Stone era um autor-diretor. Ele não é mais um autor-diretor de fato. Há umas nove pessoas em todos os seus roteiros. Robert Zemeckis costumava ser

"SUPONHO QUE O MODO TRADICIONAL DE CONCLUIR ISSO É CRUZARMOS ESPADAS HANZO."

um autor-diretor, ele não é mais. Gosto de seus filmes de quando eram autores-diretores. Então, voltando para tudo isso, o fato é que agora tenho muita coisa para fazer. Agora tenho a mesma pilha de coisas que eu tinha antes, quando vim com *Cães de Aluguel*, e isso foi uns bons seis anos de vida também. Eu estava na melhor parte dos meus trinta anos. Não queria passar todo o tempo num set de filmagem, numa sala de edição. Quero dizer, é divertido, mas se é demais nunca pode ser um trabalho para mim. Tem de ser um chamado. Tem de ser a coisa mais importante da minha vida.

Qual você acha que é a ideia mais errada que fazem de você?

TARANTINO: Acho que a ideia mais errada que fazem de mim é que eu não vivo a vida. Só vejo filmes e é tudo o que eu sei da vida, o que assisti, de assistir outros filmes e é tudo o que eu tenho a oferecer, entende, tendo visto isso, isso e aquilo.

Como você lida com as críticas?

TARANTINO: Bem, quero dizer, há poucos diretores que foram tão bem tratados em sua época pela crítica como eu fui. Não posso realmente reclamar sobre minha percepção disso porque, quero dizer, sempre achei que seria um diretor como todos os diretores que admiro, que algumas pessoas poderiam gostar das minhas coisas, mas a maioria viria atrás com o tempo. Seria rejeitado de primeira porque é sensacionalista demais, mas daí, cinco anos depois, ou dez ou vinte: "Ah, esse cara é fantástico". Sergio Leone não teve essas grandes críticas brilhantes nos Estados Unidos quando suas coisas saíam e, agora, ele é considerado o cara.

A NOIVA (UMA THURMAN)
E PAI MEI (GORDON LIU),
EM *KILL BILL, VOL. 2*

TARANTINO'S FILM

SIN CITY

SIN CITY A CIDADE DO PECADO

2005

R RESTRICTED
UNDER 17 REQUIRES ACCOMPANYING PARENT OR ADULT GUARDIAN
PERVASIVE STRONG HORROR VIOLENCE AND GORE, LANGUAGE AND SEXUALITY

NANCY CALLAHAN (JESSICA ALBA),
EM *SIN CITY*, DE 2005

1 O PECADO DA FIDELIDADE

POR CASSIUS MEDAUAR

Sempre que é anunciada uma adaptação de uma história em quadrinhos para o cinema, os fãs ficam com o pé atrás, ou melhor, com os dois pés atrás, pois em geral os filmes são ruins até que se prove o contrário. A expectativa com *Sin City* começou fraca como sempre, mas aos poucos foi melhorando com as notícias e primeiras imagens que foram surgindo no horizonte.

O diretor seria Robert Rodriguez, um cara já cultuado e grande parceiro de Quentin Tarantino, que também ajudaria com o filme. Frank Miller, o famoso quadrinhista criador da série de *graphic novels Sin City* estaria 100% envolvido na produção e seria uma espécie de codiretor. E as imagens que começaram a surgir eram muitíssimo parecidas com uma história em quadrinhos.

Então o filme foi lançado e foi ainda melhor do que todos esperavam. "Não é uma simples adaptação para o cinema, e sim uma tradução", afirmou Robert Rodriguez, explicando por que não há crédito de roteiro no letreiro. A própria HQ era usada como *storyboard*, e todos ficaram impressionados com o resultado, que era algo jamais visto antes no cinema: visualmente arrebatador e totalmente fiel aos quadrinhos.

E talvez esse tenha sido o único problema, se é que podemos chamar de problema. Algumas pessoas reclamaram que, por ser fiel demais, acabou não havendo nenhuma surpresa para os fãs que já tinham lido as histórias. Já outros acharam o formato "HQ" cansativo demais, mas nenhuma das duas coisas era grande o bastante para atrapalhar o resultado.

"VIOLÊNCIA É UMA DAS COISAS MAIS DIVERTIDAS DE SE ASSISTIR."

CENAS DE *SIN CITY*

O filme é baseado em três *graphic novels*: *A Cidade do Pecado*, *A Grande Matança* e *O Assassino Amarelo*. Temos três personagens principais, Marv (Mickey Rourke), Dwight (Clive Owen) e John Hartigan (Bruce Willis). O primeiro é um brutamontes durão e violento que gasta seu tempo pelas ruas da cidade prestando serviços sujos para várias pessoas. Ele conhece a bela Goldie (Jaime King), a leva para casa e a moça aparece morta em sua cama. Por ter um código de honra cavalheiresco, Marv decide percorrer a cidade em busca de vingança.

Já Dwight é um detetive particular e ex-fotógrafo que tenta superar todos os seus problemas (que são muitos). Mas, depois de um policial ser assassinado, Dwight tentará proteger suas amigas, as damas da noite, pois tem uma enorme dívida de gratidão com elas. E por último vemos a história de John Hartigan, um dos poucos (ou talvez o último) policiais honestos da cidade, que vai se aposentar em uma hora e com isso acha que se livrou do pior, mas acaba tendo de lidar com o sequestro de um garotinho por um criminoso que talvez seja poderoso demais.

Quentin Tarantino é citado nos créditos como diretor convidado. Ele dirige uma cena inteira do filme na qual Dwight e Jackie Boy (Benício Del Toro) estão no carro e são parados por um policial. Rodriguez havia feito a trilha sonora de *Kill Bill 2* por apenas um dólar, e Tarantino retribuiu o favor e cobrou um dólar para ajudar em *Sin City*.

O filme teve orçamento estimado em quarenta milhões de dólares, e apenas no primeiro final de semana de exibição já havia arrecadado vinte e nove milhões. Apesar de uma queda abrupta nas semanas seguintes, a arrecadação total no mundo chegou a 159 milhões, o que foi uma ótima quantia em comparação com o orçamento gasto.

O interessante é que Frank Miller não queria vender os direitos de sua criação para um filme de jeito nenhum, mas Rodriguez, fã assumido da série, não desistiu e resolveu que faria um curta da história *The Costumer Is Always Right* [O Cliente Tem Sempre Razão] por conta própria e mostraria a Miller. Se ele não gostasse, teria um filminho divertido para mostrar aos amigos. Se gostasse, fariam o filme e usariam o curta como sequência de abertura, que foi o que aconteceu.

Além desse começo diferente, *Sin City* está cercado de particularidades e curiosidades, como o fato das personagens Nancy (Jessica Alba) e Wendy (Jamie King) dirigirem carros diferentes com a mesma placa, "LEV 311". Frank Miller usa isso frequentemente em suas histórias com suas "garotas favoritas". O número é uma referência à esposa e colaboradora Lynn E. Varley, cujo aniversário é em 11 de março. Ou o fato de as espadas usadas por Miho (Devon Aoki) serem as mesmas que alguns dos membros do Crazy 88 usaram em *Kill Bill 1*, pois Tarantino as guardava na garagem.

Sin City é um filme violento que se passa literalmente na cidade do pecado, tem cenas muito fortes, é dinâmico e visualmente incrível. Por tudo isso não é uma produção que agrada a todos, e sim é daqueles que, se você não gostou do trailer, dificilmente gostará do filme. Mas foi, até hoje, o que mais se aproximou de transmitir a experiência de ver uma história em quadrinhos na telona. E os fãs aguardam até hoje que seja cumprida a promessa de produzir uma sequência misturando histórias já existentes com outras inéditas.

DEATH
PROOF

TARANTINO'S FILM

À PROVA DE MORTE

À PROVA DE MORTE

2007

R RESTRICTED
UNDER 17 REQUIRES ACCOMPANYING PARENT OR ADULT GUARDIAN
PERVASIVE STRONG HORROR VIOLENCE AND GORE, LANGUAGE AND SEXUALITY

ROBERT RODRIGUEZ, GEORGE CLOONEY E TARANTINO, NO DOCUMENTÁRIO *FULL TILT BOOGIE*, DE SARAH KELLY, DE 1998, SOBRE *UM DRINK NO INFERNO*

1

O DIRETOR À PROVA DE BALAS

POR CASSIUS MEDAUAR

Grindhouse foi um projeto criado pelos amigos e diretores Quentin Tarantino e Robert Rodriguez para homenagear os filmes B de terror que passavam em *drive-in* na década de 1970 (chamados de Grindhouse) nos Estados Unidos e que tinham como temas a exploração do sexo, nudez, kung fu, monstros, carros velozes e muito mais.

E eles fizeram dois filmes, *Planeta Terror*, de Rodriguez, e *À Prova de Morte*, de Tarantino, e, quando *Grindhouse* foi lançado em 2007, a pessoa comprava um ingresso e os dois eram exibidos em sequência, com trailers (quase) falsos entre um e outro (um deles foi *Machete*, que acabou virando filme de verdade), mais ou menos como acontecia nos cinemas baratos de antigamente que exibiam filmes também baratos.

Tudo muito bom, mas a recepção não foi boa, provavelmente a pior da carreira de Tarantino, e os filmes foram relançados de forma separada e com cenas extras em cada um deles. Com isso houve um atraso no lançamento internacional, e aqui no Brasil, especificamente, *Planeta Terror* saiu apenas em DVD e *À Prova de Morte* quase não saiu – acabou sendo lançado nos cinemas apenas em 2010.

Mas isso quer dizer que o filme é ruim? De maneira nenhuma. Algumas pessoas até o consideram um dos melhores trabalhos do diretor. O certo é que todo o estilo tarantinesco está lá, com sua violência, referências a muitos filmes antigos, diálogos afiados e ácidos, mulheres sexies e poderosas se vingando de homens

"AGORA, PRECISO IR BUSCAR MINHAS NAMORADAS."

STUNTMAN MIKE (KURT RUSSELL), EM *À PROVA DE MORTE*, DE 2007

maus, e uma trilha sonora para lá de clássica. E Tarantino tentou seguir à risca o roteiro de um filme antigo utilizando imagens riscadas, cortes descontínuos, planos perdidos, manchas brancas e pretas, interrupções de áudio e falhas de montagem, além de envelhecer a película digitalmente.

À Prova de Morte conta a história clássica de um psicopata, neste caso um dublê, que transforma seu carro em uma máquina à prova de morte e sai por aí perseguindo mulheres gostosas para poder detonar com elas. O personagem principal se chama Stuntman (dublê) Mike e é interpretado magistralmente por Kurt Russel. Tarantino usa o clichê de o cara ter um carrão para compensar o pau pequeno (ou disfuncional), tanto que o vilão tenta penetrar as mulheres com seu Dodge Challenger. Até a metade do filme tudo vai bem, mas então surgem três mulheres da pesada que baterão de frente com o vilão em cenas pra lá de emocionantes e velozes (pois temos até o confronto de um carro preto contra um branco, numa clara alusão do bem contra o mal).

O interessante é que, após os dois diretores terem a ideia de fazer *Grindhouse*, Rodriguez bolou quase todo o *Planeta Terror* primeiro. Tarantino pensou em sua parte quando um dia se lembrou de sua fascinação por dublês e de como eles deixavam seus carros "à prova de morte", pois os caras faziam coisas absurdas e sempre saíam inteiros. Rodriguez conta que quando Tarantino começou a contar sua ideia já tinha bolado o filme todo, e quando falou sobre o carro à prova de morte o próprio Rodriguez retrucou que esse tinha que ser o nome do filme, e assim ficou.

Apesar de ter um orçamento estimado em cinquenta e cinco milhões de dólares e de ter arrecadado apenas vinte e três milhões nos Estados Unidos, o filme acabou sendo um grande sucesso em DVD e Blu-ray, pois ao serem desmembrados os filmes ganharam cenas extras (*À Prova de Morte* teve vinte minutos a mais) e ficaram mais com a cara de cada diretor, além de todos extras a que os fãs tiveram acesso nessas outras mídias.

À Prova de Morte mostrou como Tarantino é uma das maiores forças de Hollywood, pois só ele (e seu parceiro Rodriguez) conseguiria fazer o estúdio aprovar uma produção dessas, com grandes chances de fracasso, o que aconteceu em um primeiro momento, mas ainda vai dar a volta por cima, transformar a coisa em um sucesso e continuar com o mesmo prestígio ou ainda mais do que antes. E, como se isso não bastasse, ele mostra mais uma vez que fazer um filme é uma diversão para ele, e essa diversão é passada aos espectadores. Vida longa a Tarantino.

TARANTINO'S FILM

BASTAR

BASTARDOS INGLÓRIOS

2009

R RESTRICTED UNDER 17 REQUIRES ACCOMPANYING PARENT OR ADULT GUARDIAN
PERVASIVE STRONG HORROR VIOLENCE AND GORE, LANGUAGE AND SEXUALITY

1 OS SACANAS SEM LEI

POR CASSIUS MEDAUAR

Alguns momentos (ou filmes) definem a carreira de um diretor. Para Tarantino, apesar do ótimo *Cães de Aluguel*, foi *Pulp Fiction* que o lançou ao estrelato e a ser cultuado por milhares de fãs. Mas foi com *Bastardos Inglórios* que ganhou o respeito do mercado e de praticamente todo o mundo, mostrando que tinha amadurecido mesmo fazendo um filme que ainda é a sua cara e que contém todas as suas marcas registradas.

Tarantino é um grande fã de cinema, e seus filmes são sempre grandes homenagens e colchas de retalhos de coisas do passado. Aqui ele resolveu fazer um daqueles faroestes italianos se passando na Segunda Guerra Mundial, mas, apesar do pano de fundo histórico, a trama é ficcional e o final também, fazendo com que o espectador sinta aquele conforto de achar que sabe o que está acontecendo para ser surpreendido por desfechos diferentes.

Bastardos Inglórios começou a ser desenvolvido em 1998, quando Tarantino escreveu o roteiro para o filme. Mas ele empacou no final e decidiu adiá-lo para fazer *Kill Bill*. Em 2007, depois de fazer *À Prova de Morte*, Tarantino voltou a trabalhar nos *Bastardos*. As filmagens começaram em outubro de 2008, na Alemanha, e ele fez um cronograma para que o filme pudesse estrear no Festival de Cannes, no dia 20 de maio de 2009. Depois foi lançado nos Estados Unidos e na Europa em agosto de 2009 pela The Weinstein Company e Universal Studios.

"SÓ TEMOS QUE FAZER UMA COISA. MATAR NAZISTAS."

O TENENTE ALDO RAINE (BRAD PITT) E O SARGENTO DONNY DONOVITZ (ELI ROTH), EM *BASTARDOS INGLÓRIOS*, DE 2009

O filme se passa na Europa, e os bastardos do título são um grupo de soldados americanos liderados pelo tenente Aldo Raine (atuação memorável de Brad Pitt), que caça nazistas. Mas o foco é dividido com Shosanna Dreyfus (Melanie Laurent), que foi alvo dos alemães na infância e se tornou dona de cinema em Paris, e com o coronel nazista Hans Landa (Christoph Waltz), o "vilão" e também a pessoa mais inteligente do filme.

A cena inicial ocorre no interior da França ocupada, quando Shosanna é pequena e o coronel Landa surge em sua região. Segue-se um daqueles diálogos dignos de Tarantino que prendem o espectador e o deixam querendo saber que rumo a história tomará. E logo após o diálogo já começa a violência, outra das marcas registradas do diretor, que também permeia a trama toda, mas, como em seus outros trabalhos, Tarantino dá um jeito de transformar as cenas de morte e sangue em coisas engraçadas ou até mesmo épicas, em vez de fazê-las causar repulsa ao espectador (claro que sempre tem quem ainda as ache nojentas).

O que impressiona em *Bastardos Inglórios* é a capacidade de Tarantino de fazer uma história simples se tornar um grande filme, escolhendo os atores certos para os papéis e os tornando caricatos no ponto certo. Brad Pitt tem uma atuação excelente e hilária, principalmente na cena em que se passa por um italiano. Mas é o coronel Landa quem rouba completamente a cena, até causando um desconforto entre a crítica, afinal, o melhor personagem do filme é o nazista.

O sucesso acabou sendo estrondoso, o maior da carreira de Tarantino, e o filme foi aplaudido por público e crítica. O orçamento foi de estimados setenta milhões de dólares e a arrecadação chegou a 321 milhões de dólares no mundo todo, sendo 38 milhões apenas no final de semana de estreia nos Estados Unidos. *Bastardos Inglórios* foi indicado a oito Oscars, três Globos de Ouro e muitos outros prêmios, ganhando o Oscar e o Globo de Ouro de melhor ator coadjuvante com Christoph Waltz.

Bastardos Inglórios é daqueles filmes que sempre que passam na TV você para e assiste, independente de que parte esteja passando. Graças a ele, Tarantino agora é quase endeusado, e todos esperam para ver o que fará a seguir, o que talvez nem seja tão bom assim, porque a expectativa pode acabar sendo alta demais.

E você, caro leitor, vendo que o texto se encaminha para o fim, talvez esteja se perguntando onde estão os Sacanas sem Lei do título? Ora, esse é o nome dos *Bastardos Inglórios* em Portugal. Tão sensacional quanto o filme, não é verdade?

KANGOL

TARANTINO'S FILMS

FILMO

FILMOGRAFIA

1992-2009

R RESTRICTED
UNDER 17 REQUIRES ACCOMPANYING PARENT OR ADULT GUARDIAN
PERVASIVE STRONG HORROR VIOLENCE AND GORE, LANGUAGE AND SEXUALITY

reservoir dogs

1

CÃES DE ALUGUEL (RESERVOIR DOGS)

ESCRITO E DIRIGIDO POR *QUENTIN TARANTINO*

SR. WHITE (LARRY) ....HARVEY KEITEL
SR. ORANGE (FREDDY) ....TIM ROTH
SR. BLONDE (VIC) ....MICHAEL MADSEN
NICE GUY EDDIE ....CHRIS PENN
SR. PINK ....STEVE BUSCEMI
JOE CABOT ....LAWRENCE TIERNEY
HOLDAWAY ....RANDY BROOKS
MARVIN NASH ....KIRK BALTZ
SR. BLUE ....EDDIE BUNKER
SR. BROWN .... QUENTIN TARANTINO
TEDDY ....MICHAEL SOTTILE
POLICIAL ATINGIDO ....ROBERT RUTH
JOVEM POLICIAL ....LAWRENCE BENDER
MULHER EM CHOQUE ....LINDA KAYE
MULHER ATINGIDA ....SUZANNE CELESTE
A VOZ DE K-BILL ....DJ STEVEN WRIGHT

EQUIPE CASTING RONNIE YESKEL | SUPERVISOR MUSICAL KARYN RACHTMAN
DIÁLOGO DE RÁDIO QUENTIN TARANTINO/ROGER AVARY | DESIGNER DE FIGURINO BETSY HEIMANN
EFEITOS ESPECIAIS DE MAQUIAGEM KNB EFX GROUP | DESIGNER DE PRODUÇÃO DAVID WASCO
EDITOR SALLY MENKS | DIRETOR DE FOTOGRAFIA ANDRZEJ SEKULA | PRODUTORES EXECUTIVOS
RICHARD N. GLADSTEIN / RONNA B. WALLACE E MONTE HELLMAN
COPRODUTOR HARVEY KEITEL | PRODUTOR LAWRENCE BENDER

TRUE ROMANCE

2 AMOR À QUEIMA-ROUPA (TRUE ROMANCE)

ESCRITO POR *QUENTIN TARANTINO*

CLARENCE WORLEY .... *CHRISTIAN SLATER*
ALABAMA WHITMAN .... *PATRICIA ARQUETTE*
CLIFFORD WORLEY .... *DENNIS HOPPER*
MENTOR (Elvis) .... *VAL KILMER*
DREXL SPIVEY .... *GARY OLDMAN*
FLOYD .... *BRAD PITT*
VINCENZO COCCOTTI .... *CHRISTOPHER WALKEN*
ELLIOT BLITZER .... *BRONSON PINCHOT*
BIG DON .... *SAMUEL L. JACKSON*
DICK RITCHIE .... *MICHAEL RAPPAPORT*
LEE DONOWITZ .... *SAUL RUBINEK*
MARY LOUISE RAVENCROFT .... *CONCHATA FERRELL*
VIRGIL .... *JAMES GANDOLFINI*
LUCY .... *ANNA THOMSON*
NICKY DIMES .... *CHRIS PENN*
CODY NICHOLSON .... *TOM SIZEMORE*

EQUIPE CASTING RISA BRAMON GARCIA/BILLY HOPKINS | SUPERVISOR MUSICAL MAUREEN CROWE | DESIGNER DE FIGURINO SUSAN BECKER | EFEITOS ESPECIAIS ROBERT HENDERSON/LARRY SHORTS | EFEITOS DE MAQUIAGEM FRANK CARRISOSA | EDITORES MICHAEL TRONICK/CHRISTIAN WAGNER | DIRETOR DE FOTOGRAFIA JEFFREY L. KIMBALL | PRODUTORES EXECUTIVOS JAMES G. ROBINSON/GARY BARBER/BOB WEINSTEIN/HARVEY WEINSTEIN/STANLEY MARGOLIS | COPRODUTORES DON EDMONDS/JAMES W. SKOTCHDOPOLE | PRODUTORES BILL UNGER/STEVE PERRY/SAMUEL HADIDA | DIRIGIDO POR TONY SCOTT | MÚSICA DE HANS ZIMMER | MÚSICA ADICIONAL DE MARK MANCINA/JOHN VAN TONGEREN

1993, 116 min. (Morgan Creek/Warner)

PULP FICTION

10¢ a Quentin Tarantino film

3 PULP FICTION – TEMPO DE VIOLÊNCIA (PULP FICTION)

ESCRITO E DIRIGIDO POR *QUENTIN TARANTINO*

PUMPKIN	*TIM ROTH*
HONEY BUNNY	*AMANDA PLUMMER*
VINCENT VEGA	*JOHN TRAVOLTA*
JULES WINNFIELD	*SAMUEL L. JACKSON*
MIA WALLACE	*UMA THURMAN*
BUTCH COOLIDGE	*BRUCE WILLIS*
THE WOLF	*HARVEY KEITEL*
MARSELLUS WALLACE	*VING RHAMES*
LANCE	*ERIC STOLTZ*
JODY	*ROSANNA ARQUETTE*
FABIENNE	*MARIA DE MEDEIROS*
CAPTAIN KOONS	*CHRISTOPHER WALKEN*
GARÇONETE	*LAURA LOVELACE*
COFFEE SHOP	*ROBERT RUTH*
MARVIN	*PHIL LAMARR*
ROGER	*BURT STEERS*
BRETT	*FRANK WHALEY*
QUARTO HOMEM	*ALEXIS ARQUETTE*
PAUL	*PAUL CALDERON*
TRUDI	*BRONAGH GALLAGHER*
BUDDY HOLLY	*STEVE BUSCEMI*
MÃE DE BUTCH	*BRENDA HILLHOUSE*
KLONDIKE	*SY SHER*
ESMERALDA VILLALOBOS	*ANGELA JONES*
DEAD FLOYD WILSON	*CARL ALLEN*
TREINADOR DE WILSON	*DON BLAKELY*
PEDESTRE/BONNIE	*VENESSIA VALENTINO*

GAWKER .... KAREN MARUYAMA
ELA MESMA .... KATHY GRIFFIN
MAYNARD .... DUANE WHITAKER
ZED .... PETER GREENE
O COXO .... STEPHEN HIBBERT
JIMMIE .... QUENTIN TARANTINO
MONSTER JOE .... DICK MILLER
RAQUEL .... JULIA SWEENEY
JOVEM BUTCH .... CHANDLER LINDAUER
MARILYN MONROE .... SUSAN GRIFFITHS
MAMIE VAN DOREN .... LORELEI LESLIE
JERRY LEWIS .... BRAD PARKER
DEAN MARTIN .... JOSEF PILATE
JAMES DEAN .... ERIC CLARK
ED SULLIVAN .... JEROME PATRICK HOBAN
RICKY NELSON .... GARY SHORELLE
PHILLIP MORRIS PAGE .... MICHAEL GILDEN
MULHER ATINGIDA .... LINDA KAYE
YUPPIE RALÉ CABELUDO .... LAWRENCE BENDER
"DEEM AS MÃOS, POMBINHOS" .... EMIL SITKA
LOCUTORES ESPORTIVOS .... ROBERT RUTH/RICH TURNER

EQUIPE CASTING RONNIE YESKEL/ GARY M. ZUCKERBROD | SUPERVISORES MUSICAIS KARYN RACHTMAN/ KATHY NELSON | DESIGNER DE FIGURINO BETSY HEIMANN | EFEITOS ESPECIAIS WESLEY MATTOX/STEPHEN DELOLLIS/PAT DOMENICO | EFEITOS DE MAQUIAGEM KURTZMAN, NICOTERO E BERGER EFX GROUP | EDITORA SALLY MENKE | DIRETOR DE FOTOGRAFIA ANDRZEJ SEKULA | PRODUTORES EXECUTIVOS DANNY DEVITO/MICHAEL SHAMBERG/STACEY SHER/BOB WEINSTEIN/HARVEY WEINSTEIN/RICHARD N. GLADSTEIN | PRODUTOR LAWRENCE BENDER | HISTÓRIAS QUENTIN TARANTINO / ROGER AVARY

1994, 154 min. (Morgan Creek/Warner)

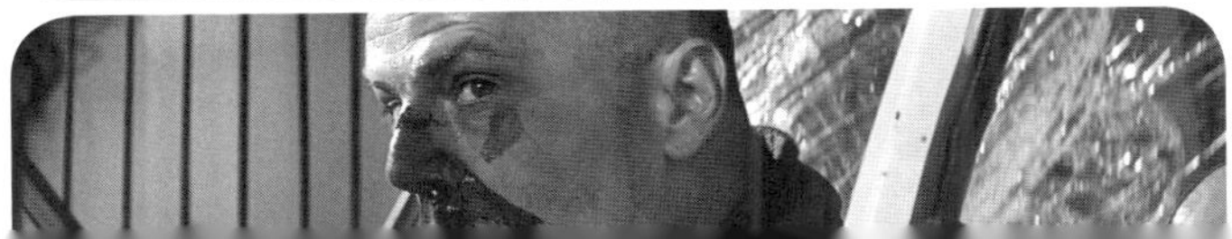

FOUR ROOMS

4

GRANDE HOTEL (FOUR ROOMS)

SEQUÊNCIAS DE LIGAÇÃO

TED, O MENSAGEIRO .... TIM ROTH
BETTY .... KATHY GRIFFIN
SAM, O MENSAGEIRO .... MARC LAWRENCE
MARGARET .... MARISA TOMEI
YUPPIE RALÉ CABELUDO .... LAWRENCE BENDER

EQUIPE ESCRITO E DIRIGIDO POR ALLISON ANDERS/ALEXANDRE ROCKWELL/ROBERT RODRIGUEZ/QUENTIN TARANTINO

O INGREDIENTE QUE FALTA (THE MISSING INGREDIENT)

JEZEBEL .... SAMMI DAVIS
DIANA .... AMANDA DE CADANET
ATHENA .... VALERIA GOLINO
ELSPETH .... MADONNA
EVA .... IONE SKYE
RAVEN .... LILI TAYLOR
KIVA .... ALICIA WITT

EQUIPE EDITOR MARGARET GOODSPEED | DIRETOR DE FOTOGRAFIA RODRIGO GARCIA | ESCRITO E DIRIGIDO POR ALLISON ANDERS

O HOMEM ERRADO (THE WRONG MAN)

ANGELA .... JENNIFER BEALS
SIEGFRIED .... DAVID PROVAL

EQUIPE EDITOR ELENA MAGNANI | DIRETOR DE FOTOGRAFIA PHIL PARMET | ESCRITO E DIRIGIDO POR ALEXANDRE ROCKWELL

OS MALCOMPORTADOS (THE MISBEHAVERS)

MARIDO .... *ANTONIO BANDERAS*
ESPOSA .... *TAMLYN TOMITA*
SARAH .... *LANA McKISSACK*
JUANCHO .... *DANNY VERDUZCO*
DEFUNTA .... *PATRICIA VONNE RODRIGUEZ*
DANÇARINA NA TV .... *SALMA HAYEK*

EQUIPE DIRETOR DE FOTOGRAFIA GUILLERMO NAVARRO | ESCRITO, DIRIGIDO E EDITADO POR ROBERT RODRIGUEZ

O HOMEM DE HOLLYWOOD (THE MAN FROM HOLLYWOOD)

CHESTER .... *QUENTIN TARANTINO*
NORMAN .... *PAUL CALDERON*
LEO .... *BRUCE WILLIS (NÃO CREDITADO)*

EQUIPE EDITOR SALLY MENKE | DIRETOR DE FOTOGRAFIA ANDRZEJ SEKULA | ESCRITO E DIRIGIDO POR QUENTIN TARANTINO

CRÉDITOS GERAIS EFEITOS ESPECIAIS HUNTER GRATZNER INDUSTRIES | DESIGNER DE FIGURINO MARY CLAIRE HANNAN | DESIGNER DE PRODUÇÃO GARY FRUTKOFF | MÚSICA COMPOSTA/INTERPRETADA MARK MOTHERSBAUGH/ESQUIVEL | PRODUTORES EXECUTIVOS ALEXANDRE ROCKWELL/QUENTIN TARANTINO | COPRODUTORES PAUL HELLERMAN/SCOTT LAMBERT/HEIDI VOGEL | PRODUTOR LAWRENCE BENDER

1995, 97 min. (A Band Apart/Miramax)

FROM DUSK TILL DAWN

5 UM DRINK NO INFERNO (FROM DUSK TILL DAWN)

ESCRITO POR *QUENTIN TARANTINO*

JACOB FULLER	HARVEY KEITEL
SETH GECKO	GEORGE CLOONEY
RICHARD GECKO	QUENTIN TARANTINO
KATE FULLER	JULIETTE LEWIS
SCOTT FULLER	ERNEST LIU
POLICIAL DA FRONTEIRA/CHET PUSSY/CARLOS	CHEECH MARIN
FROST	FRED WILLIAMSON
SEX MACHINE	TOM SAVINI
SANTANICO PANDEMONIUM	SALMA HAYEK
OLD TIMER	MARC LAWRENCE
TEXAS RANGER EARL McGRAW	MICHAEL PARKS
LOCUTORA KELLY HOGUE	KELLY PRESTON
AGENTE DO FBI STANLEY CHASE	JOHN SAXON
RAZOR CHARLIE	DANNY TREJO
BIG EMILIO	ERNEST GARCIA
PETE	JOHN HAWKES
REFÉM RUIVA	HEIDI McNEAL
REFÉM LOIRA	AIMEE GRAHAM
REFÉM GLORIA	BRENDA HILLHOUSE
VOCALISTA/GUITARRISTA DO TITTY TWISTER	TITO LARRIVA
SAXOFONISTA DO TITTY TWISTER	PETE ATASANOFF
BATERISTA DO TITTY TWISTER	JOHNNY VATOS HERNANDEZ
DANNY	CRISTOS
MANNY	MIKE MOROFF
DANNY THE WONDER PONY	ELE MESMO

DANNY ....*CRISTOS*
MANNY ....*MIKE MOROFF*
DANNY THE WONDER PONY ....*ELE MESMO*
MONSTROS ....*JON FIDELE/MICHAEL McKAY/*
...................................*WALTER PHELAN/HENRIK VON RYZIN/*
.........................*JAKE McKINNON/JOSH PATTON/WAYNE TOTH*

EQUIPE CASTING JOHANNA RAY ELAINE/J. HUZZAR | DESIGNER DE FIGURINO GRACIELA MAZON | MÚSICA ORIGINAL TITO LARRIVA | EFEITOS ESPECIAIS DE MAQUIAGEM KNB EFX GROUP | DESIGNER DE PRODUÇÃO CECILIA MONTIEL | EDITOR ROBERT RODRIGUEZ | DIRETOR DE FOTOGRAFIA GUILLERMO NAVARRO | PRODUTORES EXECUTIVOS LAWRENCE BENDER/ ROBERT RODRIGUEZ/QUENTIN TARANTINO | COPRODUTORES ELIZABETH AVELLAN/PAUL HELLERMAN/ROBERT KURTZMAN/JOHN ESPOSITO | PRODUTORES GIANNI NUNNARI/MEIR TEPER | HISTÓRIA ROBERT KURTZMAN | DIRIGIDO POR ROBERT RODRIGUEZ

1996, 108 min. (A Banda Apart, em associação com Los Hooligans Productions/Miramax)

Jackie Brown

a Quentin Tarantino film

6 JACKIE BROWN

ESCRITO POR *QUENTIN TARANTINO*

JACKIE BOWN .... PAM GRIER
ORDELL ROBBIE .... SAMUEL L. JACKSON
MAX CHERRY .... ROBERT FORSTER
LOUIS GARA .... ROBERT DE NIRO
MELANIE .... BRIDGET FONDA
RAY NICOLET .... MICHAEL KEATON
MARK DARGUS .... MICHAEL BOWEN
SHERONDA .... LISA GAY HAMILTON
WINSTON .... TOM "TINY" LISTER, JR.
SIMONE .... HATTIE WINSTON
BEAUMONT LIVINGSTON .... CHRIS TUCKER
DEFENSORA PÚBLICA .... DENISE CROSBY
JUIZ .... SID HAIG
VENDEDORA AMY BILLINGSLEY .... AIMEE GRAHAM
BARTENDER .... ELLIS E. WILLIAMS
RAYNELLE .... T'KEYAH 'CRISTAL' KEYMAH
VOZ NA SECRETÁRIA ELETRÔNICA...... QUENTIN TARANTINO (SEM CRÉDITO)

EQUIPE CASTING JAKI BROWN/ROBYN M. MITCHELL | DESIGNER DE FIGURINO MARY CLAIRE HANNAN | DESIGNER DE PRODUÇÃO DAVID WASCO | EDITOR SALLY MENKE | DIRETOR DE FOTOGRAFIA GUILLERMO NAVARRO | PRODUTORES EXECUTIVOS RICHARD N. GLADSTEIN/ELMORE LEONARD/ BOB WEINSTEIN/HARVEY WEINSTEIN | COPRODUTOR PAUL HELLERMAN | PRODUTOR LAWRENCE BENDER | ADAPTADO DO ROMANCE *PONCHE DE RUM* DE ELMORE LEONARD

1997, 154 min. (Lawrence BenderProductions/ Mighty Mighty Afrodite Productions/A Banda Apart/ Miramax)

THE 4TH FILM BY QUENTIN TARANTINO

KILL BILL VOLUME 1

7 KILL BILL, VOLUME UM

ESCRITO E DIRIGIDO POR *QUENTIN TARANTINO*

A NOIVA .... *UMA THURMAN*
O-REN ISHII .... *LUCY LIU*
VERNITA GREEN .... *VIVICA A. FOX*
ELLE DRIVER .... *DARYL HANNAH*
BILL .... *DAVID CARRADINE*
BUDD .... *MICHAEL MADSEN*
SOFIE FATALE .... *JULIE DREYFUS*
GOGO YUBARI .... *CHIAKI KURIYAMA*
HATTORI HANZO .... *SONNY CHIBA*
JOHNNY MO .... *GORDON LIU*
EARL McGRAW .... *MICHAEL PARKS*
BUCK .... *MICHAEL BOWEN*

EQUIPE CASTING KOKO MAEDA/JOHANNA RAY | MÚSICA ORIGINAL THE RZA/D.A. YOUNG | DESIGN DE FIGURINO KUMIKO OGAWA/CATHERINE MARIE THOMAS | DECORAÇÃO DE SET YOSHIHITO AKATSUKA, SANDY REYNOLDS-WASCO | DIRETOR DE ARTE DANIEL BRADFORD | DESIGN DE PRODUÇÃO YOHEI TANEDA/DAVID WASCO | COREOGRAFIA DE LUTA/CONSELHO DE ESPADA SAMURAI SONNY CHIBA | CONSELHEIRO DE ARTES MARCIAIS WOO-PING YUEN | COORDENADOR DE ARTES MARCIAIS KU HUEN CHIU | EFEITOS DE MAQUIAGEM JAKE GARBER/CHRIS NELSON | SUPERVISORES DE EFEITOS DE MAQUIAGEM HOWARD BERGER/GREGORY NICOTERO | SUPERVISOR DE EFEITOS VISUAIS JACK HO (NÃO CREDITADO) | SUPERVISOR DE EFEITOS ESPECIAIS JASON GUSTAFSON | EDITORA SALLY MENKE | DIRETOR DE FOTOGRAFIA ROBERT RICHARDSON | PRODUTORES ASSOCIADOS KOKO MAEDA/DEDE NICKERSON | PRODUTORES EXECUTIVOS ERICA STEINBERG/E. BENNET WALSH/BOB WEINSTEIN/HARVEY WEINSTEIN | PRODUTOR LAWRENCE BENDER | DIÁLOGO PARA A NOIVA Q&U

2003,112 min. (Miramax Films/A Band Apart/Super Cool ManChu)

THE 4TH FILM BY QUENTIN TARANTINO

KILL BILL VOLUME 2

8 KILL BILL, VOLUME DOIS

ESCRITO E DIRIGIDO POR *QUENTIN TARANTINO*

A NOIVA (BEATRIX KIDDO, MAMBA NEGRA, MAMÃE) ..... UMA THURMAN
BILL (ENCANTADOR DE SERPENTES) .... DAVID CARRADINE
O-REN ISHII (BOCA DE ALGODÃO) .... LUCY LIU
VERNITA GREEN (CABEÇA DE COBRE) .... VIVICA A. FOX
PAI MEI .... GORDON LIU
BUDD (SIDEWINDER) .... MICHAEL MADSEN
ELLE DRIVER (SERPENTE MONTANHA DA CALIFÓRNIA) .... DARYL HANNAH
ESTEBAN VIHAIO .... MICHAEL PARKS
REVEREND HARMONY .... BO SVENSON
SRA. HARMONY .... JEANNIE EPPER
JOLEEN .... STEPHANIE L. MOORE
ERICA .... SHANA STEIN
JANEEN .... CAITILIN KEATS
TOMMY PLYMPTON .... CHRIS NELSON
RUFUS .... SAMUEL L. JACKSON
LUCKY .... REDA BEEBE
JAY .... SID HAIG

EQUIPE CASTING KOKO MAEDA/JOHANNA RAY | MÚSICA ORIGINAL THE RZA/ROBERT RODRIGUEZ | DESIGN DE FIGURINO KUMIKO OGAWA/CATHERINE MARIE THOMAS | DECORAÇÃO DE SET SANDY REYNOLDS-WASCO | DIRETOR DE ARTE DANIEL BRADFORD | DESIGN DE PRODUÇÃO CAO JUI PING/DAVID WASCO | COREOGRAFIA DE LUTA YUEN WO-PING | COORDENADOR DE ARTES MARCIAIS KU HUEN CHIU | EFEITOS DE MAQUIAGEM JAKE GARBER/CHRIS NELSON | SUPERVISOR DE PRODUÇÃO DE EFEITOS DE MAQUIAGEM HOWARD BERGER/GREGORY NICOTERO | GERENTE DE PRODUÇÃO DE EFEITOS JAIME NORMAN | SUPERVISOR DE EFEITOS ESPECIAIS JASON GUSTAFSON | EDITORA SALLY MENKE | DIRETOR DE FOTOGRAFIA ROBERT RICHARDSON | PRODUTORES ASSOCIADOS KOKO MAEDA | PRODUTORES EXECUTIVOS ERICA STEINBERG/E. BENNETT WALSH/BOB WEINSTEIN/HARVEY WEINSTEIN | PRODUTOR LAWRENCE BENDER | DIÁLOGO PARA A NOIVA Q&U

2004, 136 min. (Miramax Films/A Band Apart/Super Cool ManChu)

FRANK MILLER'S SIN CITY

9 SIN CITY – A CIDADE DO PECADO (SIN CITY)

HARTIGAN .... BRUCE WILLIS
MARV .... MICKEY ROURKE
NANCY CALLAHAN .... JESSICA ALBA
DWIGHT .... CLIVE OWEN
ROARK JR./CANALHA AMARELO .... NICK STAHL
SENADOR ROARK .... POWERS BOOTHE
CARDEAL ROARK .... RUTGER HAUER
KEVIN .... ELIJAH WOOD
GAIL .... ROSARIO DAWSON
JACKIE BOY .... BENICIO DEL TORO

EQUIPE PRODUTORES FRANK MILLER / ROBERT RODRIGUEZ / ELIZABETH AVOLLAN | ESCRITO POR ROBERT RODRIGUEZ | DIRETOR CONVIDADO QUENTIN TARANTINO | DIRIGIDO POR FRANK MILLER E ROBERT RODRIGUEZ

2005, 124 min. (Troublemaker Studios/Dimension Films)

INGLOURIOUS BASTERDS

10 BASTARDOS INGLÓRIOS (INGLOURIOUS BASTARDS)

ESCRITO E DIRIGIDO POR *QUENTIN TARANTINO*

BRAD PITT .... *ALDO RAINE*
DIANE KRUGER .... *BRIDGET VON HAMMERSMARK*
MÉLANIE LAURENT .... *SHOSANNA*
CHRISTOPH WALTZ .... *HANS LANDA*
DANIEL BRÜHL .... *FREDRICK ZOLLER*
ELI ROTH .... *DONNY DONOWITZ*
SAMM LEVINE .... *GEROLD HIRSCHBERG*
MICHAEL FASSBENDER .... *ARCHIE HICOX*
B. J. NOVAK .... *SMITHSON UTIVICH*
TIL SCHWEIGER .... *HUGO STIGLITZ*

EQUIPE DIRETOR QUENTIN TARANTINO | PRODUÇÃO LAWRENCE BENDER | ROTEIRO QUENTIN TARANTINO | FOTOGRAFIA ROBERT RICHARDSON

2009, 153 min. (The Weinstein Company/ Universal Studios)

Capa *Ruven Afanador/CORBIS OUTLINE/Latinstock* | p.8-9 *Latinstock/© Jeffrey Thurnher/Corbis/Corbis (DC)* | p.10 *Latinstock/© Gregory Pace/Sygma/Corbis* p.14 *Latinstock/© Armando Gallo/Retna Ltd./Corbis* | p.20 *Latinstock/© Frank Trapper/Sygma/Corbis* | p.26 *Latinstock/© Dan Burn-Forti/Sygma/Corbis* | p.40-1 *Latinstock/© Bureau L.A. Collection/Corbis* | p.56 *Latinstock/© Christian Simonpietri/Sygma/Corbis* | p.70 *Latinstock/© CinemaPhoto/Corbis* | p.92 *Latinstock/© Bureau L.A. Collection/Corbis* | p.100 *Latinstock/© Eric Robert/Sygma/Corbis/Corbis (DC)* | p.108-9 *Latinstock/© Frank Trapper/Sygma/Corbis* | p.116 *Latinstock/© Bureau L.A. Collection/Corbis* | p.126-7 *Latinstock/© Sunset Boulevard/Corbis* | p.165 *©Miramax/Courtesy Everett Collection/Everett/Latinstock* | p.176 *©Miramax/Courtesy Everett Collection/Everett/Latinstock* | p.182 *©Dimension Films/Courtesy Everett Collection/Everett/Latinstock* | p.206-7 *Latinstock/© Brian Smith/Corbis* | p.218 *Latinstock/© Armando Gallo/Retna Ltd./Corbis* | p.220 *Latinstock/© Stephane Reix/For Picture/Corbis* | p.238 *Latinstock/© Underwood & Underwood/Corbis* | p.247 *Everett/Latinstock* | p.268 *Latinstock/© Bureau L.A. Collection/Sygma/Corbis* | p.278 *Latinstock/© Bettmann/Corbis* | p.280 *Latinstock/© Bureau L.A. Collection/Sygma/Corbis* | p.288-9 *Latinstock/© Bureau L.A. Collection/Sygma/Corbis* | p.296 *Latinstock/© Armando Gallo/Retna Ltd./Corbis* | p.300 *Latinstock/© Armando Gallo/Retna Ltd./Corbis* | p.310 *Latinstock/© Bureau L.A. Collection/Sygma/Corbis* | p.316 *Latinstock/© Sunset Boulevard/Corbis* | p.32, 54a *Latinstock/© Bureau L.A. Collection/Corbis* | p.328-9 *Latinstock/© Miramax/Bureau L.A. Collection/Corbis* | p.340 *Latinstock/© Miramax/Bureau L.A. Collection/Corbis* | p.349 *Latinstock/© Miramax/Bureau L.A. Collection/Corbis* | p.352 *Latinstock/© Photo courtesy of Dimension Film/Bureau L.A. Collection/Corbis* | p.358 *Latinstock/© Bureau L.A. Collection/Sygma/Corbis* | p.368 *Latinstock/© Jeffrey Thurnher/Corbis*

Dados Internacionais de Catalogação na Publicação (CIP)
(Câmara Brasileira do Livro, SP, Brasil)

Woods, Paul A.
Quentin Tarantino / Paul A. Woods ; [tradução Santiago Nazarian]. -- São Paulo : Leya, 2012.

Título original: Quentin Tarantino : the filme geek files.
ISBN 978-85-8044-457-5

1. Cinema - Resenhas. 2. Tarantino, Quentin. I. Título.

12-06639 CDD 791.4375

Índices para catálogo sistemático:
1. Cinema : Resenhas 791.4375

The End

Este livro é composto pela famílias tipográficas
Bell MT e Franklin Gothic Book para
Texto Editores Ltda., em junho de 2012.

RADIOISÓTOPOS EM BIOQUÍMICA
Teoria e prática

Blucher

Adelar Bracht
Lívia Bracht
Jurandir Fernando Comar
Rosane Marina Peralta
Anacharis Babeto de Sá-Nakanishi

RADIOISÓTOPOS EM BIOQUÍMICA
Teoria e prática

Radioisótopos em Bioquímica: teoria e prática

Publisher Edgard Blücher

Editor Eduardo Blücher

Coordenação editorial Jonatas Eliakim

Produção editorial Kedma Marques

Diagramação Villa d'Artes

Preparação Gabriela Castro

Revisão Bruna Marques

Capa Leandro Cunha

Blucher

Rua Pedroso Alvarenga, 1245, 4º andar
04531-934 – São Paulo – SP – Brasil
Tel.: 55 11 3078-5366
contato@blucher.com.br
www.blucher.com.br

Segundo Novo Acordo Ortográfico, conforme 5. ed. do *Vocabulário Ortográfico da Língua Portuguesa*, Academia Brasileira de Letras, março de 2009.

Dados Internacionais de Catalogação na Publicação (CIP)
Angélica Ilacqua CRB-8/7057

Radioisótopos em bioquímica: teoria e prática / Adelar Bracht...[et al]. - São Paulo: Blucher, 2022.
164 p.

Bibliografia
ISBN 978-65-5506-469-8 (impresso)
ISBN 978-65-5506-470-4 (eletrônico)

1. Bioquímica 2. Radioatividades I. Bracht, Adelar

22-3128 CDD 572

Índice para catálogo sistemático:
1. Bioquímica

Prólogo

A aplicação de radioisótopos nas investigações bioquímicas gerou alguns dos avanços mais espetaculares desta ciência, principalmente no tocante à elucidação das vias metabólicas. As razões para tanto residem em três motivos fundamentais: (a) a radiação emitida pode ser quantificada com precisão e grande sensibilidade, algo importante para uma ciência quantitativa como a bioquímica; (b) a radiação é uma propriedade intrínseca do núcleo dos átomos e, portanto, não tem influência sobre os processos químicos nos organismos, que são, precisamente, os objetos de investigação da bioquímica; (c) as substâncias que contém átomos radioativos podem ser adicionadas em quantidades-traço, sem alterar de modo significativo, portanto, as condições dos sistemas biológicos em termos das concentrações de seus componentes.

Técnicas investigativas baseadas no uso de radioisótopos ganharam ímpeto nas primeiras décadas após a Segunda Guerra Mundial, devido ao rápido crescimento da oferta comercial de isótopos apropriados e de compostos marcados, sendo estes usados intensamente para seguir e deduzir aspectos mecanísticos e de regulação das vias metabólicas. O aparecimento da marcação radioativa em um determinado produto isolado de uma sequência metabólica e a indicação de sua posição permitiram obter inúmeras informações que constam em qualquer livro-texto básico de bioquímica, embora não possam ser percebidos de imediato mesmo por estudantes avançados. Todo o espectro de compostos existentes em uma célula pode ser investigado: carboidratos, lipídeos, aminoácidos-proteínas, nucleotídeos-ácidos nucleicos e metabólitos secundários. Conceitos extremamente importantes foram desenvolvidos e consolidados. A introdução de compostos marcados e sua incorporação ao organismo animal têm demonstrado que componentes corpóreos não são necessariamente inertes apenas porque sua concentração permanece relativamente constante. A existência do chamado equilíbrio dinâmico nos tecidos corpóreos foi amplamente comprovada em estudos com isótopos radioativos. Isótopos também têm sido usados para determinar a velocidade das reações em organismos vivos, em que, apesar da constância de concentração da maioria dos componentes, uma atividade metabólica continua a ocorrer e pode ser medida com técnicas isotópicas. Estas também são muito úteis na investigação da cinética de transporte de compostos orgânicos ou íons através de membranas biológicas e das interações ligante-receptor.

A bioquímica é uma ciência eminentemente quantitativa, embora esta característica seja, muitas vezes, negligenciada nas nossas salas de aula, não apenas na graduação, mas também em parte, infelizmente, na pós-graduação. Poucas das técnicas experimentais da ciência bioquímica enfatizam de modo tão evidente sua natureza quantitativa, como o uso de radioisótopos. Um curso de aplicação de radioisótopos à investigação bioquímica pode muito bem cumprir um papel análogo ao que o ensino do latim (enquanto foi possível ser exercido) proporcionava ao aprendizado do bom português: de modo indireto, induzir ao raciocínio lógico-dedutivo com o rigor quantitativo que a ciência bioquímica exige. Este manual não deixa de refletir este fato: as relações quantitativas são sempre enfatizadas ao longo de todos os capítulos. Critérios dessa natureza têm que ser adotados desde o planejamento dos experimentos até a avaliação final, passando pela correta transformação das medidas brutas nos parâmetros finais com significado biológico. Por isso, no final de cada capítulo (com exceção do Capítulo 5), são apresentados e resolvidos exercícios quase sempre quantitativos. O objetivo da resolução detalhada é triplo: exemplificar o planejamento dos experimentos, demonstrar a aplicabilidade e evidenciar a força explanatória dos resultados obtidos.

Evidentemente, um texto com os objetivos delineados acima não pode começar abordando as aplicações à bioquímica já no primeiro capítulo, de maneira aleatória. Certos conhecimentos prévios são necessários, tanto em termos das leis fundamentais que regem as desintegrações nucleares, como em termos da instrumentação e dos procedimentos de medida que são utilizados. São estes os assuntos tratados na primeira parte deste livro, para posteriormente, na segunda parte, abordar em detalhes as aplicações práticas. No entanto, inicialmente, a maioria dos exercícios discutidos já deixa entrever claramente as finalidades práticas.

É conveniente aqui explicitar aquilo que este livro não é: ele não é um tratado de física nuclear, tampouco uma obra sobre proteção radiológica. Em relação ao primeiro ponto, deve-se ressaltar que os capítulos que tratam das causas e leis da desintegração radioativa e dos tipos de radiação emitidos (Capítulos 1 a 3) são por demais modestos para perfazerem um curso de física nuclear. Esta parte pretende apenas cumprir o objetivo de transmitir ao estudioso o conhecimento indispensável ao entendimento pleno dos assuntos que serão tratados nos capítulos subsequentes. Quanto à proteção radiológica, apenas menções limitadas são feitas ao assunto naquelas passagens que tratam da energia das desintegrações. Os que necessitam informar-se de maneira mais profunda sobre esse assunto devem recorrer à obras especializadas.

Este pequeno manual é uma consolidação das aulas ministradas no âmbito de um curso específico ao longo dos últimos 25 anos a alunos de pós-graduação do Departamento de Bioquímica da Universidade Estadual de Maringá. O manual reflete, portanto, um número significativo de anos de experiência no ensino desta especialidade, além da experiência contínua no uso da instrumentação específica e na interpretação de dados, os quais esperamos ter conseguido transmitir aos possíveis leitores, estudantes e interessados em geral.

Os autores.

Sumário

Capítulo 1

Princípios básicos do decaimento radioativo

O estudo da aplicabilidade dos radioisótopos a questões biológicas deve ser precedido da aquisição de um certo conjunto de conhecimentos básicos fundamentais, que abrirão caminho para um planejamento seguro das atividades experimentais. Este é o objetivo dos capítulos 1, 2 e 3.

DETERMINANTES DA INSTABILIDADE NUCLEAR

Uma questão importante da física nuclear é o motivo pelo qual núcleos de átomos (ou átomos de um modo geral) emitem radiações. Este livro não é um tratado de física nuclear, portanto vamos abordar este assunto do modo mais simplificado possível, porém tentando não incorrer em conceitos errôneos por excesso de simplificações.

Relembrando noções mais antigas, certamente já bem sedimentadas na mente de cada leitor, o núcleo atômico é composto por prótons e nêutrons mantidos juntos por uma forte atração. No entanto, somente certas combinações de número de nêutrons (N) e prótons (Z) são estáveis. Aquilo que chamamos de desintegração radioativa é justamente a quebra de um núcleo instável. Quando um núcleo nessa situação é quebrado, ao menos um novo núcleo é formado, surgindo, portanto, um novo elemento. A quebra resulta também na emissão de partículas e ondas do espectro eletromagnético, que podem ser de natureza bastante diversa, conforme veremos adiante.

Dos mais de mil isótopos conhecidos, apenas cerca de 25% são estáveis. Os demais são, portanto, radioativos e têm vidas médias muito variáveis entre frações de segundo a tempos muito superiores à própria idade do Universo. Quer dizer, as velocidades de desintegração podem variar muito amplamente. A Figura 1-1 mostra um diagrama no qual foram representados todos os núcleos estáveis em termos de números de nêutrons (N) e prótons (Z). Todas as combinações, prováveis e improváveis, que se afastam do envelope dos pontos no gráfico da Figura 1-1 correspondem a núcleos instáveis. Os pontos que representam os núcleos estáveis definem uma região de estabilidade bastante estreita. Para os números de massa pequenos, N/Z é igual ou próximo da unidade. Esta situação está representada pela reta contínua que corre abaixo da linha de estabilidade e que corresponderia à situação N = Z.

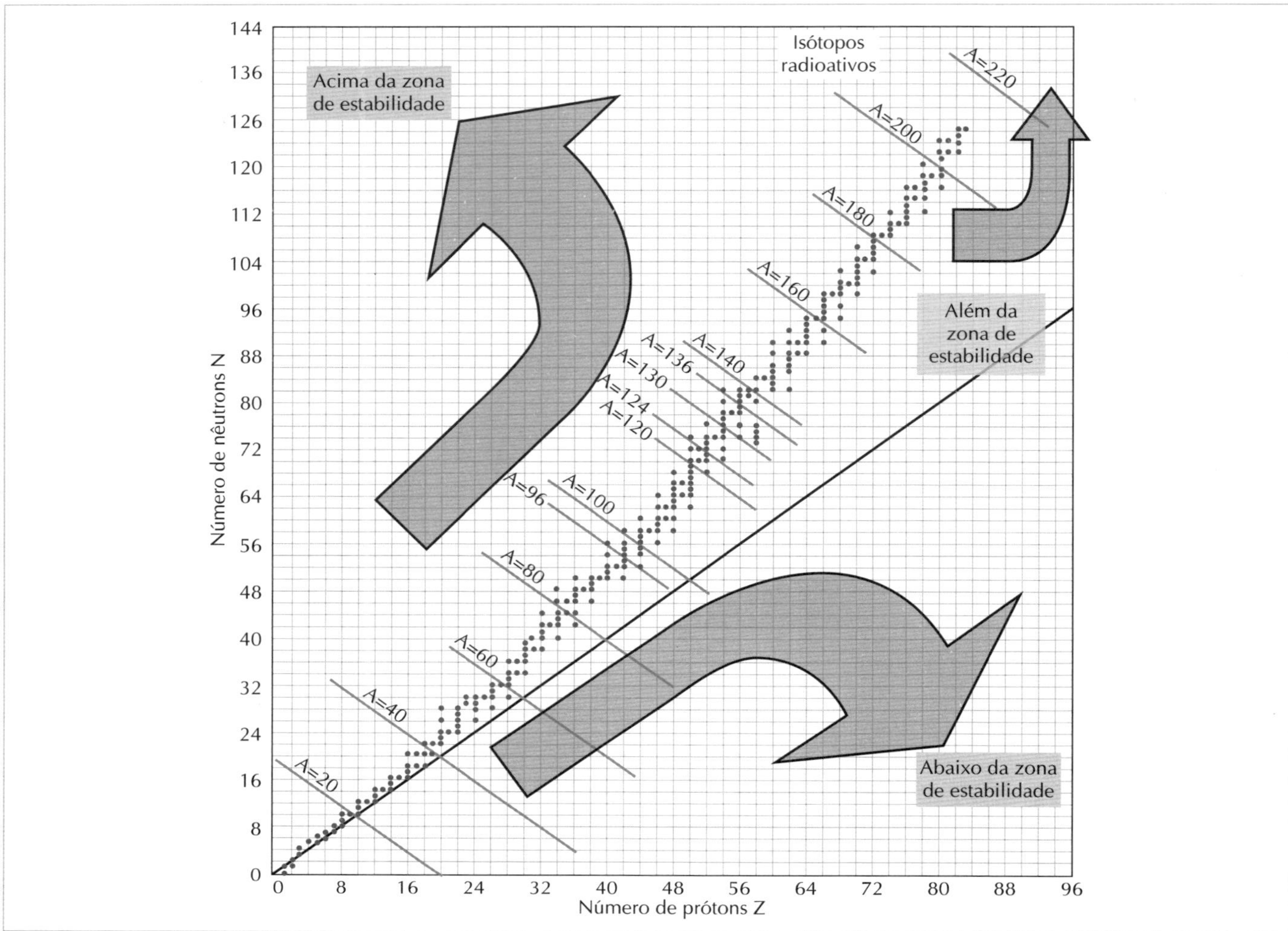

Figura 1-1 Representação gráfica do número de nêutrons (N) em função do número de prótons (Z) dos núcleos estáveis (modificado a partir de um original de Sears e Zemansky, 1966).

Há algumas curiosidades que podem ser ilustradas pelo diagrama da Figura 1-1. Como o número de massa é a soma N + Z, uma curva de número de massa (A) constante é uma reta perpendicular à curva de N = Z, o que não é evidente no diagrama da Figura 1-1, porque as escalas de ambos os eixos foram distorcidas. Em geral, essa reta perpendicular passa por apenas um dos núcleos estáveis, como em A = 20, A = 40 etc. Mas há cinco casos em que as retas passam por três isótopos estáveis: A = 96, A = 100, A = 124, A = 130, A = 136.

$$\begin{matrix}\text{massa} \rightarrow \\ \text{carga} \rightarrow\end{matrix} {}^{5}_{2}\text{He}$$

Figura 1-2 Convenção adotada neste livro para a designação da massa e carga ou número atômico de um núcleo ou partícula. Quando nenhum sinal é agregado à carga, presume-se que ela é positiva. A carga negativa é indicada pelo sinal -.

Os pontos abaixo (ou à direita) da zona de estabilidade são os núcleos que têm um excesso de prótons e uma deficiência de nêutrons. Os que estão acima (ou à esquerda) da linha de estabilidade são aqueles que têm um excesso de nêutrons e uma deficiência de prótons. Finalmente, há também os que estão além da zona de estabilidade: são os núcleos muito pesados que se decompõem de modo bastante complexo.

A utilidade do diagrama da Figura 1-1 é permitir prever até certo ponto a maneira pela qual os núcleos instáveis irão desintegrar-se, conforme veremos a seguir.

NÚCLEOS COM EXCESSO DE NÊUTRONS

O decaimento alfa (α)

Os núcleos com excesso de nêutrons tendem naturalmente a diminuir o número de nêutrons. A maneira mais previsível de fazer isto seria apenas emitir um nêutron (n). É o que ocorre com o hélio-5, que tem dois prótons e três nêutrons no seu núcleo:

$$^{5}_{2}He \longrightarrow {}^{4}_{2}He + {}^{1}_{0}n$$

Ao perder um nêutron, o hélio-5 estabiliza-se no hélio-4. Os números em sobrescrito e subscrito serão usados neste livro para quantificar o número de massa e a carga de determinado nuclídeo ou partícula, respectivamente. O nêutron emitido, portanto, tem número de massa igual a 1, mas nenhuma carga elétrica. Costuma-se expressar a velocidade com que ocorre a desintegração de determinado núcleo pelo chamado tempo de meia-vida. Em geral, ele é representado por $t_{½}$ e definido como o tempo necessário para que 50% dos núcleos originalmente presentes a qualquer tempo sofram desintegração. Quanto menor esse tempo, mais rápida é a desintegração. No caso da desintegração do hélio-5 para o hélio-4, o $t_{½}$ é de apenas 7×10^{-22} segundo.

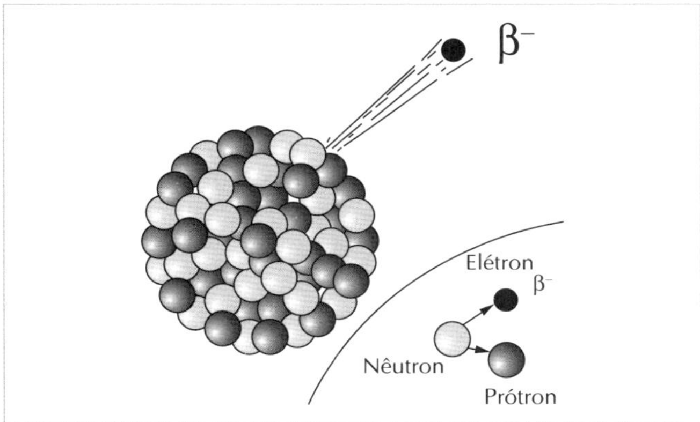

Figura 1-3 Visão esquemática do decaimento β^-.

Tabela 1-1 Tempos de meia-vida de alguns radioisótopos com decaimento β^-.

Isótopo	$t_{1/2}$
$^{14}_{6}C$	5580 anos
$^{3}_{1}H$	12,4 anos
$^{45}_{20}Ca$	162,7 dias
$^{35}_{16}S$	87,51 dias
$^{32}_{15}P$	14,7 dias
$^{22}_{11}Na$	15 horas
$^{136}_{53}I$	86 segundos
$^{19}_{8}O$	29 segundos
$^{16}_{7}O$	7,1 segundos
$^{15}_{8}C$	2,21 segundos

O núcleo do $^{4}_{2}He$ é estável, mas ele surge em muitos decaimentos, principalmente de núcleos mais pesados. O $^{4}_{2}He$ emitido por esses núcleos corresponde à chamada partícula alfa (α). Ela é relativamente pesada e sua velocidade, quando comparada à de outras partículas, é pequena, em torno de 5% da velocidade da luz. Sua energia, no entanto, é bastante alta. Mais tarde, abordaremos a energia da partícula α em conjunto com a energia dos demais tipos de radiação.

Voltando ao decaimento do hélio-5 discutido acima, é bom notar que, além da partícula α, há também a emissão de um nêutron. Excluindo o caso do hélio-5, a emissão de nêutrons é mais comum nos processos de fissão (quebra) de núcleos pesados.

O decaimento beta menos (β^-)

Outra maneira de reduzir o excesso de nêutrons é transformando-os em prótons. Neste caso, os núcleos emitem uma partícula que, em termos de carga elétrica, corresponde ao elétron. Essa partícula costuma ser chamada de beta menos (β^-), em alusão à sua carga.

Podemos antecipar que boa parte dos isótopos radioativos de grande utilidade na bioquímica são emissores β^-. Um exemplo é o decaimento do carbono-14, que se estabiliza como nitrogênio-14:

$$^{14}_{6}C \longrightarrow {}^{14}_{7}N^{+} + {}^{0}_{-1}\beta + \overline{\nu}$$

A perda da carga pelo nêutron transforma-o efetivamente em um próton, gerando um isótopo estável do nitrogênio. A partícula β^- tem a carga do elétron e uma massa muito pequena – pelo menos muito menor do que uma unidade de massa atômica, rotulada como nula (zero). Sua velocidade é praticamente a velocidade da luz. Além da partícula β^-, o decaimento também produz um antineutrino, representado por $\overline{\nu}$. O antineutrino é a antipartícula do neutrino. Sua existência foi postulada teoricamente para explicar a energia variável das partículas β^- (ver Capítulo 2 sobre a energia das emissões β^-). No entanto, estudos recentes confirmaram a existência do neutrino experimentalmente.

Outros decaimentos β^- de importância para a experimentação bioquímica são os seguintes:

$$^{3}_{1}H \longrightarrow {}^{3}_{2}He^{+} + {}^{0}_{-1}\beta + \overline{\nu}$$

$$^{35}_{16}S \longrightarrow {}^{35}_{17}Cl^{+} + {}^{0}_{-1}\beta + \overline{\nu}$$

$$^{32}_{15}P \longrightarrow {}^{32}_{16}N^{+} + {}^{0}_{-1}\beta + \overline{\nu}$$

Estes três últimos e o ^{14}C são importantes não apenas porque o carbono, o hidrogênio, o enxofre e o fósforo são constituintes fundamentais das biomoléculas, mas porque suas meias-vidas são suficientemente longas para que possam ser usados em experimentos, conforme mostra a Tabela 1-1. As meias-vidas do ^{14}C e ^{3}H (trício) são bem diferentes, sendo a do trício muito menor. Mesmo assim, seu $t_{½}$ ainda está na faixa de anos. Já as meias-vidas do ^{45}Ca, ^{35}S e do ^{32}P são da ordem de meses a dias, o que exige correções para o decaimento, caso os experimentos tenham duração de dias ou mesmo horas, principalmente no caso do ^{32}P. Por outro lado, pode-se até imaginar a utilização do ^{22}Na em algum experimento que seja executado rapidamente e que não dure mais do que um dia, desde que o experimentador esteja disposto a fazer as correções necessárias para levar em conta o decaimento. Os demais, a começar pelo ^{136}I, dificilmente terão qualquer utilidade prática, pois é impossível realizar experimentos no curto tempo de alguns segundos ou mesmo minutos. O $t_{½}$, portanto, é um dos fatores cruciais da aplicabilidade de um radioisótopo. Mais adiante, veremos de que forma podem ser feitas as correções para os casos em que haja decaimento significativo durante o tempo de duração de um experimento.

NÚCLEOS COM EXCESSO DE PRÓTONS

A captura de elétrons

Os núcleos instáveis por terem um excesso de prótons, podem estabilizar-se capturando elétrons, quer dizer, uma carga negativa. Ao se fundir com um elétron, o próton acaba sendo transformado em um nêutron. É o que ocorre, por exemplo, com o argônio-37, que se transforma em cloro-37. Os elétrons capturados em geral vêm da camada K:

$$^{37}_{18}Ar + e^{-} \longrightarrow ^{37}_{17}Cl + \nu$$

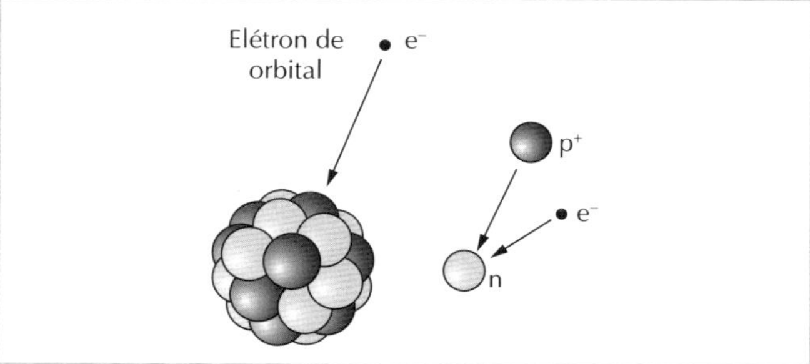

Figura 1-4 A captura de um elétron orbital. No núcleo o elétron e o próton se fundem para dar origem a um nêutron.

A captura de um elétron é sempre acompanhada pela emissão de um neutrino e de raios-X ou gama. O elétron capturado provém dos elétrons do próprio átomo. Após a captura de um elétron das camadas internas, um elétron mais externo terá que substituir o que foi capturado. Este processo será acompanhado caracteristicamente pela emissão de fótons, em geral na faixa dos raios-X. Logo em seguida, o número atômico é reduzido em uma unidade, o número de nêutrons é aumentado em uma unidade e não haverá mudança na massa atômica. A captura é neutra, pois a perda de um elétron é compensada pela perda de um próton.

O decaimento beta mais (β^+)

A captura de elétrons é o modo de decaimento primário para os núcleos com certa abundância de prótons no núcleo, mas nos quais não há diferença de energia suficiente entre o isótopo-pai e o prospectivo isótopo-filho para a emissão do chamado pósitron. O pósitron é uma partícula que possui a mesma massa de um elétron, mas com carga positiva – ou seja, o pósitron é a antipartícula do elétron. Um dos isótopos que decai emitindo um pósitron (e que também tem grande utilidade na área da saúde) é o carbono-11:

$$^{11}_{6}C \longrightarrow ^{11}_{5}B^{-} + ^{0}_{+1}\beta + \nu$$

O carbono-11 é comumente usado como o radioisótopo marcador de moléculas na tomografia de emissão de pósitrons. Mas isótopos emissores de pósitrons quase sempre também decaem por captura de elétrons. No caso do carbono-11, em cerca de 0,2% das vezes há captura de elétrons:

$$^{11}_{6}C + e^{-} \longrightarrow ^{11}_{5}B + \nu$$

Isto ocorre porque energeticamente a emissão de pósitrons não é favorecida de um modo tão absoluto em relação à captura de elétrons a ponto de se tornar improvável.

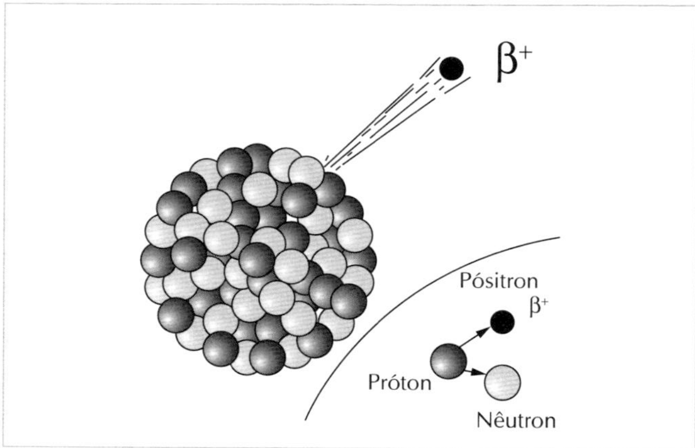

Figura 1-5 Esquema da emissão de um pósitron.

A emissão de neutrinos sempre acompanha tanto a captura de elétrons quanto a emissão β^+. Já falamos também que sua antipartícula, o antineutrino, sempre acompanha a emissão β^-. O neutrino possui características extremas: ele é extremamente leve (centenas de vezes mais que o elétron) e não possui carga elétrica. É incrivelmente abundante, no entanto, menos do que o fóton no Universo. Além disto, interage com a matéria de forma muito fraca. Somos continuamente atravessados por uma quantidade enorme de neutrinos, assim como a própria Terra em sua face voltada para o Sol. Por não possuir carga, os neutrinos não interagem eletromagneticamente, mas apenas por meio de forças fracas, como a força gravitacional. Sua existência, bem como a da sua antipartícula, foi proposta para explicar vários fenômenos, entre eles a energia variável das emissões β. Em 1956, sua existência foi também comprovada experimentalmente. Nos termos dos objetivos deste livro, que pretende detalhar o uso de radioisótopos como ferramenta experimental em bioquímica, os neutrinos e antineutrinos não têm qualquer utilidade prática.

NÚCLEOS ALÉM DA ZONA DE ESTABILIDADE

À medida que o número de prótons e nêutrons em um núcleo cresce acima de certo limite, aumenta também a instabilidade. Para entender os motivos para tanto, convém analisar brevemente o jogo entre as forças que tendem a manter unidos os componentes nucleares e as forças que favorecem sua separação.

Conforme ilustra a Figura 1-6, as duas principais forças em ação no núcleo têm efeitos opostos. As forças elétricas não podem manter os prótons unidos, porque elas agem na direção oposta. A repulsão elétrica entre os prótons tende a desestruturar os núcleos. A ligação entre os dois tipos de núcleons (nome comum que designa nêutrons e prótons) necessita, portanto, de um tipo de atração de natureza não elétrica.

A força que mantém os núcleons unidos chama-se força nuclear (ou força residual forte). Ela tem que superar a repulsão elétrica a curtas distâncias, mas deve enfraquecer a longas distâncias. Caso contrário, todos os núcleos do Universo tenderiam a unir-se uns aos outros. A força nuclear, portanto, não pode ir além dos orbitais eletrônicos. Uma boa analogia são duas barras magnéticas: é difícil separá-las quando encostam uma na outra, mas, uma vez afastadas a uma curta distância, a força entre elas cai a praticamente nada. A distâncias maiores do que $2{,}5 \times 10^{-13}$ cm, a força eletrostática predomina e os prótons repelem-se graças à carga positiva – e cargas iguais, sabidamente, tendem a repelir-se.

Medidas experimentais da força de ligação por núcleon (o conjunto de prótons e nêutrons) dos diversos núcleos atômicos permitiram determinar sua dependência com o número de massa, que é mostrada na Figura 1-7. Em núcleos leves, a energia de ligação aumenta proporcionalmente ao número de massa (A). Pode-se prever isso como consequência da adição de forças, isto é, um determinado núcleon estará mais fortemente ligado se for atraído por vários outros, não apenas por um. Mas, acima de A = 80 mais ou menos, a energia de ligação começa a diminuir com o aumento de A. Os núcleos da região em torno de A = 80 são os mais fortemente ligados. Esta região de maior estabilidade, conforme mostrado na Figura 1-7, é a região dos isótopos do ferro e do níquel.

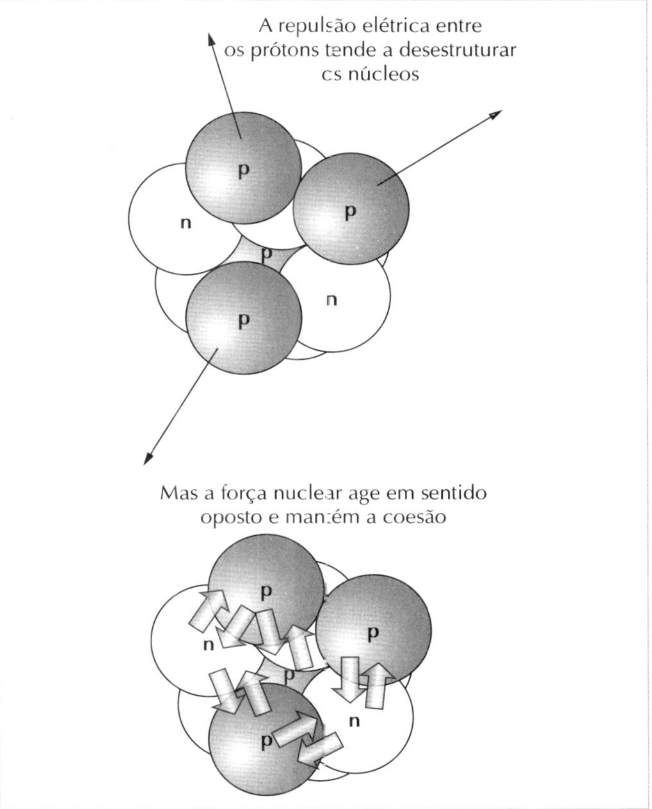

Figura 1-6 Principais forças que agem no núcleo atômico.

As consequências do comportamento da energia de ligação em relação ao número de massa são os fenômenos de fusão e fissão nuclear, conforme indicado pela Figura 1-7. Dois núcleos leves têm mais massa do que se estivessem juntos formando apenas um núcleo. Consequentemente, se puderem ser aproximados, irão adicionar-se em fusão, com uma liberação de energia correspondente à diferença de massa. É bom salientar novamente que isto ocorrerá *se puderem ser aproximados*. Como a força nuclear age apenas a pequenas distâncias, em um balão preenchido com gás hidrogênio, por exemplo, os prótons não se combinam para formar hélio, pois não podem se aproximar suficientemente por causa da repulsão elétrica que age a maiores distâncias. Somente sob condições de pressão extrema e temperaturas muito elevadas, como as que ocorrem no interior de uma estrela, este processo pode ocorrer.

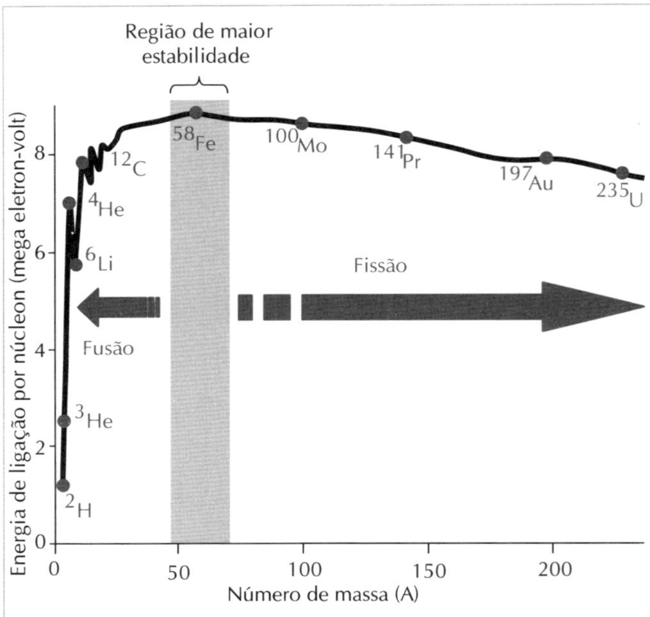

Figura 1-7 Relação entre a energia de ligação por núcleon dos diversos núcleos atômicos e o número de massa.

Por outro lado, se um núcleo pesado romper em dois fragmentos menores, os dois pedaços terão massa menor que o núcleo original. Desta forma, há uma tendência de um núcleo pesado em quebrar em núcleos menores com liberação de energia. Esta é a energia liberada em um reator nuclear. No início deste capítulo, falamos da partícula α, que é na realidade um núcleo de hélio-4. De certa forma, um núcleo original com massa M se rompe em uma partícula α de massa M_α e um núcleo ainda bastante pesado com massa M', resultando em uma fissão bastante assimétrica:

$$^{210}_{84}Po \longrightarrow {}^{206}_{82}Pb + {}^{4}_{2}He$$

ou,

$$^{210}_{84}Po \longrightarrow {}^{206}_{82}Pb + \alpha$$

Esta fissão só será possível se $M > M' + M_\alpha$. A soma das massas das partículas resultantes terá que ser menor do que massa do núcleo original. Esta condição é satisfeita para todos os núcleos com Z > 82 (chumbo), que são, portanto, aqueles situados além da zona de estabilidade. Acima de Z = 92 (urânio), as meias-vidas de desintegração α se tornam significativamente menores do que a idade da Terra. Daí nenhum elemento de número atômico maior do que 92 ocorrer naturalmente na Terra. É possível, no entanto, produzir artificialmente tais elementos.

Os núcleos além da zona de estabilidade com frequência, possuem um decaimento complexo em sequência, na qual podem ocorrer várias emissões α e β^- ou a fissão espontânea. Costuma-se falar em famílias radioativas. Os nuclídeos ^{235}U, ^{238}U e ^{232}Th, por exemplo, são os primeiros membros de três famílias. A Figura 1-8 mostra a sequência de desintegrações da série do urânio-238. Cada desintegração α reduz a massa em quatro unidades. Já as desintegrações β^- conservam o número de massa, porém as conversões nêutron → próton que elas ocasionam podem provocar o reaparecimento de números atômicos (Z) ao longo da série, como é o caso dos valores de Z = 92 (urânio), Z = 90 (tório) etc. O produto é o chumbo-206, cujo número atômico é 82, portanto dentro da zona de estabilidade. As meias-vidas de cada um dos nuclídeos da série do ^{238}U, como de qualquer outra série, variam bastante. A do ^{238}U é bastante alta (4,47 × 10^9 anos), mas a do ^{214}Po é de 163,4 microssegundos! Ao longo da série, há meias-vidas de minutos, dias, anos, milhares de anos, e assim por diante.

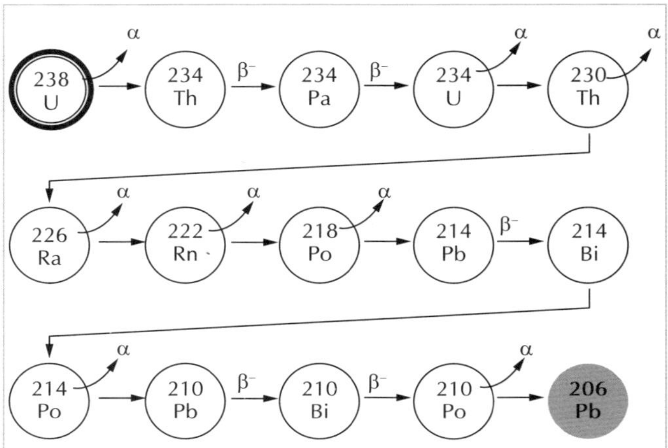

Figura 1-8 A família radioativa do ^{238}U, também chamada de série do uranio-238 ou ainda série do rádio-226.

O ^{235}U também pode originar uma série de desintegrações, que acabam como ^{207}Pb. Ao contrário do ^{238}U, ele é muito menos abundante (0,72%) e é o único nuclídeo físsil encontrado na natureza, ou seja, pode sustentar uma reação em cadeia. A fissão de um núcleo de ^{235}U gera grande quantidade de energia e, por isso, ele pode ser usado para fabricar bombas nucleares ou em usinas produtoras de energia elétrica. Quando o ^{235}U é bombardeado por nêutrons, uma das várias reações de fissão que podem ocorrer é (ver Figura 1-9):

$$^{235}_{92}U + {}^{1}_{0}n \longrightarrow {}^{141}_{56}Ba + {}^{92}_{36}Kr + 3\,{}^{1}_{0}n$$

Cada um dos nêutrons emitidos pode provocar nova fissão e gerar reações em cadeia sucessivamente. Se a cadeia não for controlada, teremos uma explosão, a bomba atômica. O controle é realizado freando a velocidade dos nêutrons. É justamente o que é feito quando se quer aproveitar a energia liberada para aquecer água e produzir vapor para movimentar turbinas elétricas em uma usina nuclear.

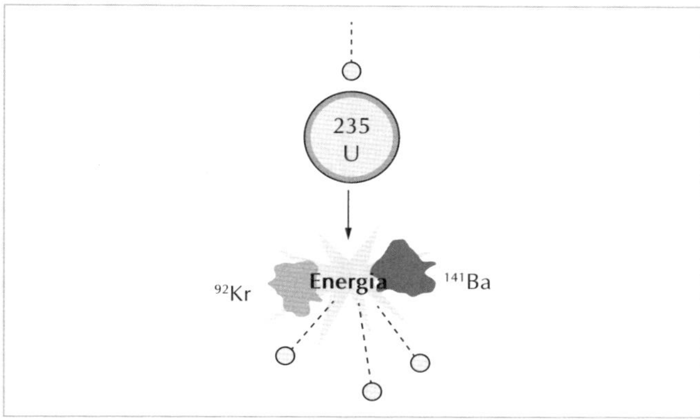

Figura 1-9 A fissão do núcleo de ^{235}U.

A RADIAÇÃO GAMA (γ)

Quando a energia da partícula emitida (α, β^-, β^+) é menor do que a diferença de energia entre o estado inicial e final do núcleo (ΔE), esta diferença é emitida na forma de raios gama (γ). Um exemplo de emissão γ é o decaimento β^- do iodo-131, um isótopo usado em pesquisa e diagnóstico:

$$^{131}_{53}I \longrightarrow {}^{131}_{54}Xe^* + {}^{0}_{-1}\beta + \bar{\nu}$$

$$^{131}_{54}Xe^* \longrightarrow {}^{131}_{54}Xe + \gamma$$

Da maneira como está representado acima, o $^{131}Xe^*$ inicialmente formado possui um excesso de energia (^{31}Xe excitado) que é emitido na forma de raios γ, resultando no ^{131}Xe estável.

Outro exemplo é o iodo-125, que será mencionado nos próximos capítulos. Ele decai por captura de elétrons, transformando-se no telúrio-125:

$$^{125}_{53}I + e^- \longrightarrow {}^{125}_{52}Te^* + \nu$$

$$^{125}_{52}Te^* \longrightarrow {}^{125}_{52}Te + \gamma$$

O telúrio-125 inicialmente formado está excitado, mas logo se estabiliza emitindo raios γ. Os esquemas acima estão bastante simplificados, pois o processo envolve também a emissão de raios-X e outros fenômenos relacionados à acomodação dos elétrons.

Os raios γ fazem parte do espectro eletromagnético da mesma forma que os raios-X, ultravioleta, infravermelho e a luz visível. Portanto, pode-se visualizar os raios γ como fótons de alta energia, desprovidos de carga elétrica. No Capítulo 2, examinaremos mais detalhadamente os aspectos energéticos associados aos raios γ e X.

Tradicionalmente, a distinção entre radiação α, β^- e γ tem sido feita conforme ilustra a Figura 1-10. Partículas decorrentes da radiação α são atraídas pelo polo negativo de um ímã e partículas decorrentes da radiação β^- pelo polo positivo. A radiação γ, no entanto, não é atraída por nenhum dos polos, mantendo a sua trajetória linear.

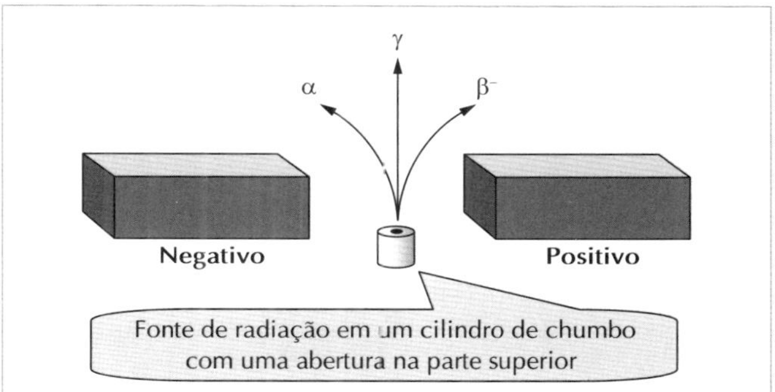

Figura 1-10 Uma distinção simplificada e tradicional das radiações α, β^- e γ, com base nas suas cargas elétricas.

Outra propriedade que distingue nitidamente os raios γ das emissões α e β^- é sua capacidade de penetração. Este aspecto é muito importante também no que tange às medidas de proteção, conforme veremos adiante. A Figura 1-11 ilustra de modo qualitativo as diferenças no poder de penetração de quatro partículas. Já falamos que o neutrino tem poder de penetração quase infinito, pois estamos sendo continuamente atravessados por grande número deles, sem receber danos. A penetração, portanto, não implica necessariamente em riscos aos seres vivos ou ao material. Os

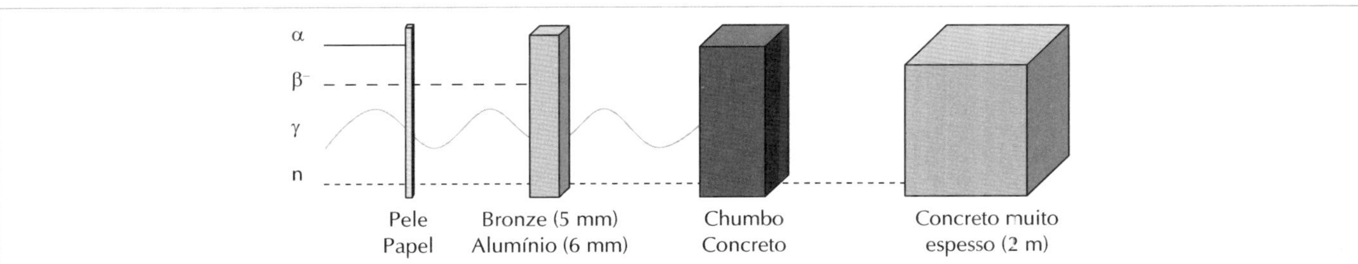

Figura 1-11 Visão aproximada do poder de penetração das diversas radiações.

danos que podem ser causados dependem de vários fatores, entre eles a energia e o tamanho da partícula. A partícula α é bastante pesada (núcleo do hélio-4), portanto, apesar de ter alta energia, seu poder de penetração é muito reduzido. Conforme ilustra a Figura 1-11, ela pode ser detida por uma folha de papel, logo dificilmente irá atravessar a pele humana. Já a radiação β^- pode atravessar uma folha de papel ou a pele humana, dependendo de sua energia. Em comparação com as partículas α e β^-, os raios γ tem um poder de penetração muito maior, não sendo detidos por placas de metais leves. Já metais pesados ou camadas de concreto de espessura relativamente moderada podem absorvê-los completamente. Os nêutrons, por outro lado, superam a radiação γ em termos de poder de penetração, necessitando, por exemplo, de paredes de concreto muito espessas para serem completamente absorvidos.

O verbo "absorver" usado no parágrafo anterior é correto, pois ele descreve o fenômeno que ocorre quando a radiação incide em uma barreira qualquer. A intensidade da absorção é função da natureza do material e da espessura, isto é, do caminho que a radiação terá que percorrer até emergir do lado oposto. Se a absorção for total, nada irá emergir. Se for parcial, a radiação irá emergir atenuada. No caso dos raios γ, a seguinte equação tem sido usada para descrever o fenômeno:

$$I_d = I_o e^{-\mu d} \quad [1\text{-}1]$$

Na equação [1-1], I_d é a intensidade da radiação após ter percorrido a distância *d* e I_o é a intensidade da radiação antes de adentrar o material. Existe, portanto, uma relação exponencial entre a atenuação, que seria igual a I_d/I_o, e a distância percorrida no interior do material.

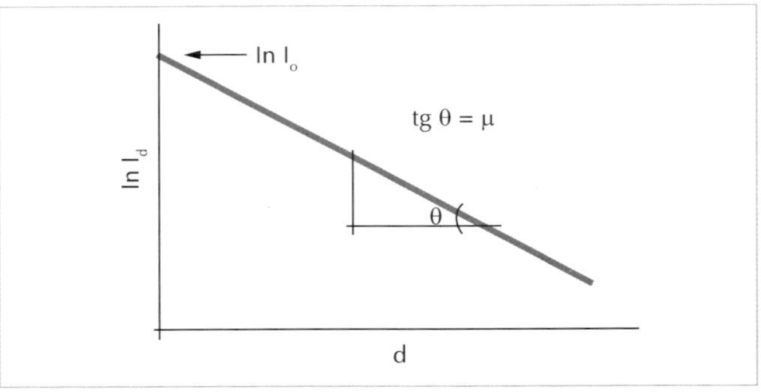

Figura 1-12 Dependência do logaritmo natural da intensidade da radiação γ da espessura (d) de determinado material hipotético. O valor de μ (coeficiente de absorção) pode ser obtido como a tangente da reta.

O outro componente da equação [1-1] é μ, o coeficiente de absorção do material de acordo com sua natureza. Quanto maior a absorção, maior será o valor de μ. É fácil de deduzir, com base no que está ilustrado na Figura 1-11, que μ para o alumínio é bem menor do que para o chumbo. A dimensão de μ é o inverso da distância. Pode-se utilizar, no entanto, o coeficiente de absorção de massa (μ_m), cujas dimensões são $m^2\ kg^{-1}$. Neste caso, no entanto, *d* deverá ser expresso em $kg\ m^{-2}$. A relação entre μ_m e μ é dada por $\mu_m = \mu/\rho$, em que ρ é a densidade do material.

Uma forma mais prática da equação [1-1] pode ser obtida tomando-se logaritmos naturais de cada um dos termos:

$$\ln I_d = \ln I_o - \mu d \quad [1\text{-}2]$$

Conforme mostra a Figura 1-12, haverá uma relação linear entre ln I_d e a distância percorrida *d*. A inclinação da reta poderá fornecer o valor de μ.

EXERCÍCIOS RESOLVIDOS

Exemplos práticos ou exercícios serão apresentados e discutidos sempre que possível. A intenção é ilustrar a teoria e, assim, facilitar o aprendizado e o planejamento de experimentos.

1. Determine o número de prótons, nêutrons e elétrons que têm os seguintes átomos: a) ^{3}He; b) ^{13}C; c) ^{33}P; d) ^{36}Cl. Estarão acima, abaixo ou dentro da linha de estabilidade? Se radioativos, qual o provável tipo de decaimento? Use a Figura 1-1 para a análise e obtenha dados da tabela periódica no final deste livro.

(Sears FW, Zemansky MW, 1955)

Resolução:

a. A tabela periódica nos diz que o número atômico (Z) do He é 2. Logo, o núcleo tem 2 prótons. Como o seu número de massa é 3, seu núcleo terá 3 – 2 = 1 nêutron. O número de elétrons é igual ao número atômico, 2. O ^{3}He está dentro da zona de estabilidade.

b. O número atômico do carbono é 6; assim terá 6 prótons e 6 elétrons. O número de massa é 13, assim o carbono-13 terá 13 – 6 = 7 nêutrons. O carbono-13 está dentro da linha de estabilidade.

c. O número atômico do fósforo (P) é 15, portanto tem 15 prótons e 15 elétrons. Seu número de nêutrons é 33 – 15 = 18. O ^{31}P está acima da linha de estabilidade e provavelmente é um emissor β^-.

d. O ^{36}Cl tem 17 prótons e 17 elétrons. Portanto, tem 36 – 17 = 19 nêutrons, o que o coloca acima da zona de estabilidade, com provável emissão β^-, embora o ^{37}Cl seja estável.

2. Tente completar as seguintes equações nucleares:

a. $^{14}_{7}N + ^{4}_{2}He \longrightarrow ^{17}_{8}O + ...$

b. $^{9}_{4}Be + ^{4}_{2}He \longrightarrow ^{12}_{6}C + ...$

c. $^{30}_{15}P \longrightarrow ^{30}_{14}Si + ...$

d. $^{3}_{1}H \longrightarrow ^{3}_{2}He + ...$

(Schaum D, 1971)

Resolução:

a. A soma das cargas do primeiro membro é 7 + 2 = 9.

No segundo membro, a carga do primeiro termo é 8; falta portanto 1 (uma) carga. A soma das massas do primeiro membro é igual a 14 + 4 = 18; a massa do segundo membro é igual a 17. Falta, portanto, uma unidade de massa.

Uma unidade de massa e uma carga combinados resultam em um próton, quer dizer $^{1}_{1}H$.

b. A soma das cargas do primeiro membro é igual à carga do primeiro termo do segundo membro, portanto procura-se um termo com carga nula. A sua massa, no entanto, será igual a 1, pois 9 + 4 – 12 = 1. Isto corresponde ao nêutron, i.e., $^{1}_{0}n$.

c. A carga do segundo termo do segundo membro é igual a +1, mas seu número de massa é nulo. Trata-se, portanto, de um pósitron, i.e., $^{0}_{+}e$ (ou β^+).

d. A carga da partícula formada deve ser –1 (1 – 2 = –1). Sua massa, porém, é nula. Isto corresponde ao elétron, $^{0}_{-}e$, ou ainda, à partícula β^-.

3. Após percorrer 20 cm no interior de um material, a intensidade dos raios γ reduziu-se a 40% da intensidade que incidiu. Calcule o coeficiente de absorção do material para esta radiação específica.

Resolução:

Podemos usar a equação [1-1], $I_d = I_o e^{-\mu d}$, mas rearranjando para

$$\frac{I_d}{I_o} = e^{-\mu d}.$$

Se a intensidade após 20 cm (I_d) foi reduzida a 40% da intensidade incidente (I_o), é porque I_d/I_o é igual a 0,4 após percorrer essa distância. Substituindo na equação e tomando logaritmos naturais:

$$\ln(0,4) = -\mu \times 20 \text{ cm}$$

$$-0,916 = -\mu d = -\mu \times 20 \text{ cm}^{-1}$$

$$\mu = \frac{0,916}{20} = 0,0458 \text{ cm}^{-1}$$

Capítulo 2

A energia associada ao decaimento radioativo

No Capítulo 1, fizemos várias vezes menção à energia do decaimento radioativo ou das emissões, mas sempre genericamente e sem entrar em detalhes quantitativos. Neste capítulo, no entanto, abordaremos os aspectos energéticos do decaimento de modo mais detalhado e, sobretudo, nos seus aspectos quantitativos. É importante fazer isto, porque a energia associada às emissões que iremos medir tem grande influência sobre o tipo de aparelho a ser utilizado, os procedimentos e a precisão desta quantificação.

UNIDADES E EQUIVALÊNCIA ENTRE ENERGIA E MASSA

A unidade de energia geralmente utilizada na física nuclear é o elétron-volt, abreviado para eV. Às vezes torna-se útil e mesmo necessário fazer conversões para as unidades de energia utilizadas em outros ramos das ciências. A Tabela 2-1 apresenta a equivalência entre eV e três outras unidades. Os números são pequenos, mas é bom frisar que Joule, kilowatt-hora e caloria são unidades que se referem a sistemas macroscópicos. Já o eV refere-se especificamente às partículas subatômicas individuais. Como elas são muitas, um mol corresponde a $6{,}02 \times 10^{23}$ moléculas, por exemplo, as variações de energia podem ser bem grandes quando levamos em conta o número de partículas envolvidas.

Entretanto, a equivalência mostrada na Tabela 2-1 não informa sobre a definição de elétron-volt: *1 elétron-volt corresponde à energia cinética adquirida por um elétron quando sob a influência de um gradiente de potencial elétrico de 1 volt.*

Tabela 2-1 Valores correspondentes a 1 eV em outras unidades de energia.

Unidade	Valor
Joule	$1{,}602 \times 10^{-19}$
Kilowatt-hora	$4{,}450 \times 10^{-26}$
Caloria	$3{,}828 \times 10^{-18}$

No Capítulo 1, falamos que uma fissão (desintegração) só seria possível se a soma das massas das partículas resultantes fosse menor do que a massa do núcleo original. Poderíamos ter dito também que uma desintegração só será permitida quando a *energia* do átomo inicial for maior do que a *energia* do átomo final somada à *energia* das partículas emitidas. Isto porque existe uma equivalência entre massa e energia, conforme estipulado por uma relação universalmente conhecida como equação de Einstein:

$$E = mc^2 \qquad [2\text{-}1]$$

Em que E é a energia, m a massa e c a velocidade da luz no vácuo (299.792.458 m/s). Se tomarmos uma unidade de massa atômica (u.m.a.) como correspondendo a 1/16 da massa do átomo de ^{16}O, então teremos:

$$1 \text{ u.m.a.} = \frac{1}{16} \times \frac{16}{6{,}025 \times 10^{23}} \text{ g} \Rightarrow 1{,}659 \times 10^{-27} \text{ kg}$$

Usando a equação [2-1], podemos agora calcular o equivalente energético de uma unidade de massa atômica ($E_{u.m.a}$):

$$E_{u.m.a} = mc^2 = (1{,}659 \times 10^{-27} \text{ kg})(2{,}997 \times 10^8 \text{ m/s})^2 =$$
$$1{,}49 \times 10^{-10} \text{ J}$$

Este valor em Joule equivale a 931,5 mega elétron-volt (MeV).

Cálculos semelhantes podem ser feitos com as massas das partículas elementares. A Figura 2-1 apresenta as massas de próton, elétron e nêutron e a energia correspondente em MeV. Os números são apresentados com muitos algarismos significativos, porque, apesar das diferenças que iremos calcular serem muito pequenas, são plenamente importantes.

Próton: massa, $1{,}67252 \times 10^{-27}$ kg $\Rightarrow$ 1,00727663 u.m.a. $\Rightarrow$ 938,256 MeV
Elétron: massa, $9{,}10908 \times 10^{-31}$ kg $\Rightarrow$ $5{,}48597 \times 10^{-4}$ u.m.a. $\Rightarrow$ 0,511006 MeV
Nêutron: massa, $1{,}67482 \times 10^{-27}$ kg $\Rightarrow$ 1,0086654 u.m.a. $\Rightarrow$ 939,550 MeV

Figura 2-1 Massas e energias de três partículas elementares.

Em relação às massas dos constituintes de um átomo e sua massa total, existe um enunciado básico que diz: a soma das massas das partículas constituintes de um átomo é sempre maior do que sua massa efetiva. Vejamos o caso do ^4He, por exemplo. Sua massa é igual a 4,0026036 u.m.a., mas, se somarmos as massas dos seus constituintes (prótons, nêutrons e elétrons), teremos:

$$2\ m_p = 2 \times 1{,}00727663 \text{ u.m.a.} = 2{,}01455326 \text{ u.m.a.}$$
$$+\ 2\ m_n = 2 \times 1{,}00866540 \text{ u.m.a.} = 2{,}0173308 \text{ u.m.a.}$$
$$+\ 2\ m_e = 2 \times 0{,}00005486 \text{ u.m.a.} = 0{,}0010972 \text{ u.m.a.}$$

Somando as três, obteremos 4,0329813 u.m.a. A diferença entre a soma das massas das partículas e a massa do átomo será de 4,0329813 – 4,0026036 = 0,0303777 u.m.a. O seu equivalente energético será:

$$0{,}0303777 \text{ u.m.a} \times 931{,}5 \text{ meV/u.m.a.} = 28{,}3 \text{ MeV}$$

Esta diferença corresponde à energia de ligação do átomo de ^4He. É bom salientar novamente que esta é a energia de ligação de um único átomo de He e não de um mol de He. Para obter a energia de um mol, teremos que multiplicar pelo número de Avogadro ($6{,}02 \times 10^{23}$ mol^{-1}). Assim, $28{,}3 \times 6{,}02 \times 10^{23}$ resulta em $170{,}3 \times 10^{23}$ MeV. Ou seja, são nada menos que $7{,}6 \times 10^5$ kilowatt-hora ou $6{,}5 \times 10^{13}$ calorias.

QUANDO UMA DESINTEGRAÇÃO É PERMITIDA OU NÃO

A comparação da massa de um átomo com a soma das massas de suas partículas constituintes é importante por permitir prever se uma desintegração é permitida ou não. Dito isto, voltamos à frase que enunciamos no início deste capítulo: uma desintegração será permitida quando a energia do átomo inicial for maior do que a energia do átomo final somada à energia das partículas emitidas. Vamos aplicar esta noção à desintegração do trício, que já vimos no Capítulo 1:

$$^{3}_{1}H \longrightarrow\ ^{3}_{2}He^{+} +\ ^{0}_{-1}\beta(^{0}_{-1}e) + \bar{\nu}$$

As massas do ^3H e do $^3He^+$, expressas em equivalentes energéticos, são iguais a 2.805,205 MeV e 2.804,676 MeV, respectivamente. A massa de cada elétron é 0,511 MeV, enquanto a do antineutrino é desprezível. Subtraindo a energia dos componentes à direita da seta da energia do componente à esquerda, teremos:

$$M_{^3H} - (M_{^3He} + M_{^0_{-1}e}) = 2.805{,}205 - (2.804{,}676 + 0{,}511)$$
$$= 0{,}018 \text{ MeV}$$

A diferença é positiva, portanto, o decaimento do trício na forma delineada acima é teoricamente previsível e sua energia será igual a 0,018 MeV. O procedimento ilustrado com a desintegração do trício pode ser usado para um sem número de transformações nucleares.

É importante salientar que o fato de uma desintegração ser viável do ponto de vista energético não quer dizer que ela deva ocorrer imediatamente ou sequer que deva ocorrer. O que se pode prever é apenas a viabilidade. Porém, se os cálculos mostrarem a inviabilidade (por exemplo, se o valor calculado para a energia de desintegração do trício fosse negativo), o fenômeno não ocorreria de forma alguma.

AS PARTÍCULAS β NÃO SÃO HOMOENERGÉTICAS

A energia das partículas β emitidas na desintegração do trício deveria ter uma energia de 0,018 MeV. Na prática, porém, essa é apenas a energia máxima (E_{max}). A verdade é que as partículas β emitidas podem ter qualquer energia entre zero e E_{max} (no caso do trício, entre zero e 0,018 MeV). A lei de conservação da energia é obedecida pela emissão simultânea de um antineutrino (ou neutrino) cuja energia é complementar à da partícula β^- (ou β^+), fenômeno que já foi abordado anteriormente no Capítulo 1.

A Figura 2-2 mostra a distribuição da energia da desintegração β do trício. As curvas são também chamadas de espectros de energia. Embora a energia máxima seja igual a 18,4 keV (ou 0,0184 MeV), o valor mais frequente situa-se um pouco abaixo de 8 keV. A Tabela 2-2 relaciona uma série de nuclídeos com decaimento β usada na pesquisa bioquímica e os seus correspondentes valores de E_{max}. Note que os últimos podem variar bastante. Quase uma ordem de grandeza separam, por exemplo, o ^3H do ^{14}C e o ^{32}P do ^{14}C. Isto é bastante conveniente, pois, como veremos adiante, muitas vezes se torna indispensável usar dois ou mesmo três radioisótopos simultaneamente. A distinção entre eles é feita justamente com base nas energias de decaimento. Quanto mais diferentes forem as energias, mais fácil e mais precisa será a diferenciação. Por outro lado, valores semelhantes de E_{max} impedem a discriminação de dois radioisótopos. É o que ocorre, por exemplo, com o ^{14}C e o ^{35}S, cujos E_{max} são muito próximos para uma diferenciação adequada. Já a diferença entre o ^{14}C e o ^{45}Ca já é suficiente, desde que o procedimento seja cuidadoso.

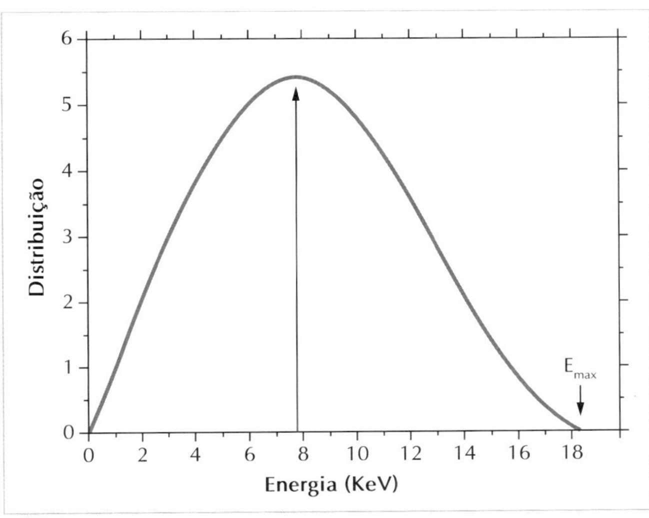

Figura 2-2 A distribuição da energia da partícula β^- emitida no decaimento do trício.

Tabela 2-2 E_{max} de decaimento de alguns isótopos de interesse bioquímico.

Isótopo	E_{max} (MeV)	Raios γ
^3H	0,018	não
^{14}C	0,156	não
^{35}S	0,167	não
^{45}Ca	0,257	não
^{131}I	0,610	sim
^{24}Na	1,390	sim
^{32}P	1,710	não

A Figura 2-3 ilustra outro modo de representar o decaimento dos radioisótopos. Apresentam-se aí os diagramas de energia, com a seta inclinada representando o decaimento β e a seta vertical a radiação γ, quando existe. Como mencionado no Capítulo 1, a emissão γ decorre após a emissão da partícula β, quando o núcleo ainda está em um estado excitado, já que as energias somadas da partícula β e do antineutrino não foram suficientes para levar o núcleo a um estado estável. A energia restante é emitida na forma de um fóton. Os $t_{½}$ também estão anotados em cada diagrama. A comparação entre as energias de desintegração e os $t_{½}$ revelam que não há correlação entre os dois fenômenos. Em outras palavras, a energia do decaimento não guarda relação com a velocidade em que ela ocorre. Neste ponto, há uma analogia que pode ser feita com as reações químicas: a variação de energia livre que acompanha uma reação não tem relação com a velocidade em que ela ocorre; ou ainda, mesmo que apressemos a reação, colocando por exemplo uma enzima, não poderemos alterar a variação de energia livre, que dependerá apenas da diferença no conteúdo de energia

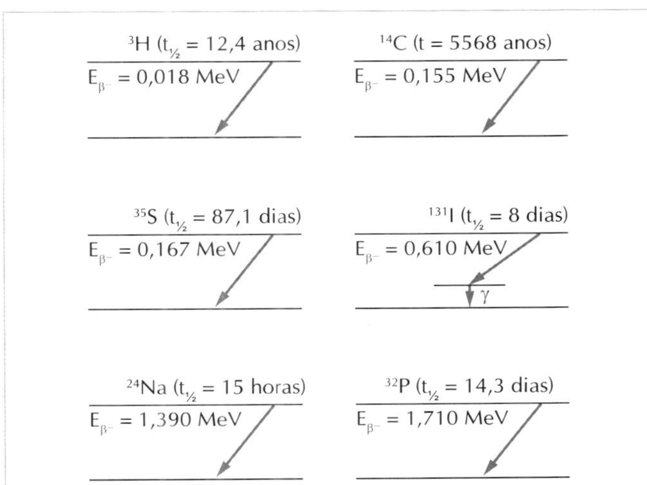

Figura 2-3 Diagramas de energia do decaimento de alguns núcleos.

livre de reagentes e produtos. O mesmo se dá com a energia do decaimento radioativo, que reflete apenas a diferença entre a energia (massa) do estado inicial e a energia (massa) do estado final.

ESPECTROS DE LINHA

O decaimento alfa (α)

Ao contrário do decaimento β, o decaimento α apresenta os assim chamados espectros de linha, quer dizer, todas as partículas emitidas possuem a mesma energia ou as partículas se dividem em grupos com energias bem definidas. Isto está ilustrado nos dois gráficos da Figura 2-4. A desintegração α do polônio-210, por exemplo, apresenta uma única linha em torno de 5,3 MeV, um valor alto quando comparado com a desintegração β. Mas, as desintegrações α sempre apresentam valores acima de 5 MeV. A Figura 2-4 também mostra o exemplo do tório-228, em que o decaimento ocorre com várias energias bem definidas. Há, portanto, várias linhas, porém em proporções diferentes, conforme mostrado.

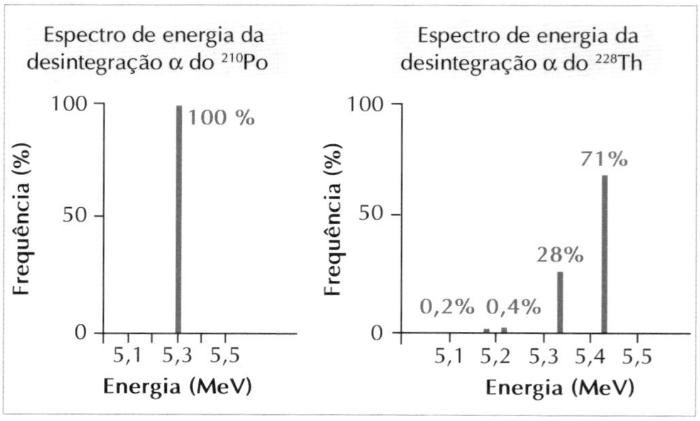

Figura 2-4 Dois exemplos de espectros de linha de decaimento α, no caso do polônio-210 e do tório-228.

Essa diferença entre os decaimentos β e α ocorre porque no caso da última não há uma partição variável de energia entre duas partículas. No caso do decaimento β, os elétrons e os antineutrinos dividem a energia em proporções diferentes. Já a partícula α recebe integralmente um pacote discreto da energia nuclear se houver apenas um estado final para o núcleo filho. Caso haja estados finais múltiplos para o núcleo filho, será possível ocorrer vários níveis de energias α, como é o caso do tório-228.

A energia da radiação gama

As radiações γ associadas às desintegrações β^- e β^+ também apresentam espectros de linha. Isto é válido inclusive para os raios γ das reações de aniquilação decorrentes da interação das partículas β^- e β^+, quer dizer, pósitrons (e^+) e elétrons (e^-) (Figura 2-5). O pósitron emitido acaba se chocando fatalmente contra um elétron na configuração apropriada para que a reação de aniquilação matéria-antimatéria ocorra. Antes da aniquilação, podem ocorrer encontros de espalhamento elástico que levam a mudanças de direção. No mais comum dos casos, dois fótons são criados, cada qual com energia igual ao do elétron em repouso (0,511 MeV). Em geral, os raios γ também são emitidos em direções opostas. O aniquilamento elétron-pósitron é a base da tomografia de emissão de pósitrons, muito usado para certos diagnósticos.

A energia do fóton (E) tem sido tradicionalmente calculada pela equação de Planck:

$$E = \frac{hc}{\lambda} \quad [2\text{-}1]$$

Sendo h a constante de Planck ($6{,}62 \times 10^{-34}$ Joule × segundo), λ o comprimento de onda e c a velocidade da luz no vácuo. Portanto, há uma relação inversa entre a energia e o comprimento de onda. Antigamente, a distinção entre raios-X e raios γ era baseada na energia, considerando os últimos a versão de alta energia da radiação eletromagnética. Assim, de acordo com a equação [2-1], os raios γ teriam também menor comprimento de onda do que os raios-X. No entanto, raios-X de alta energia, produzidos por aceleradores lineares usados no tratamento de câncer, com frequência têm energia maior do que muitos raios γ produzidos no decaimento de radioisótopos. Graças à sobreposição de faixas de energia, os dois tipos de radiação eletromagnética são frequentemente definidos pela sua origem em termos físicos: raios-X são emitidos por elétrons (em órbita fora do núcleo ou quando acelerados), enquanto raios γ são emitidos pelo núcleo ou pelo decaimento de partículas, como nos eventos de aniquilação que ocorrem nas colisões entre partículas e antipartículas. Não se costuma fixar um limite inferior à energia dos fótons produzidos pelas reações nucleares. Desta forma, fótons ultravioletas ou de menor energia produzidos nesses eventos podem também ser definidos como raios γ. Portanto, a convenção geral adotada é a de que a radiação eletromagnética de origem nuclear é chamada de "raios γ" e nunca de "raios-X".

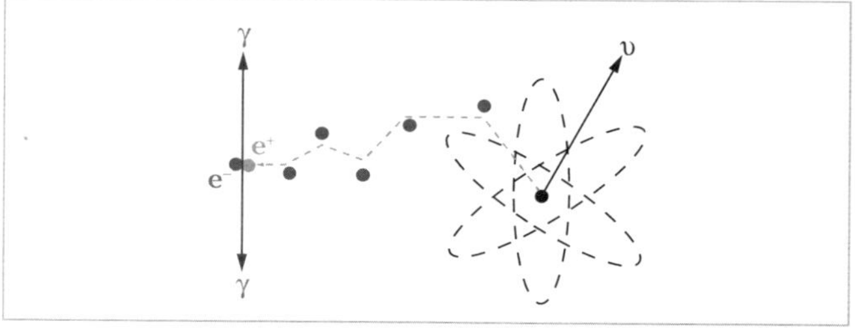

Figura 2-5 A reação de aniquilação entre o elétron e o pósitron.

A detecção das partículas ou fótons emitidos durante o decaimento é sempre feita com base nas suas interações com a matéria. A forma como isso é feito em termos práticos será discutida nos Capítulos 4 e 5. Por ora, basta antecipar que, no caso da partícula β^-, é a sua carga elétrica e/ou a sua capacidade de gerar a produção de luz em consequência de suas interações com a matéria que permitem a sua detecção e quantificação. Os raios γ, como já vimos, não têm carga elétrica. Mesmo assim, podem ser detectados da mesma forma que as partículas β, uma vez que, na sua interação com a matéria, os raios γ acabam arrancando elétrons, cujo comportamento é muito semelhante aos das partículas β^-.

Os raios γ interagem com a matéria através de três mecanismos: o efeito fotoelétrico, o espalhamento Compton e a produção de pares. O efeito fotoelétrico descreve o caso quando o fóton γ interage com um elétron e lhe transfere toda a sua energia, o que faz o elétron ser ejetado do átomo. A energia cinética deste fotoelétron é igual à energia do fóton incidente subtraída a energia que conservava o elétron preso ao átomo. O efeito fotoelétrico é o efeito dominante dos fótons γ (e também X) com energia abaixo de 50 keV.

O espalhamento Compton ocorre quando o fóton γ incidente perde energia suficiente para causar a ejeção de um elétron, mas a energia remanescente é emitida como um novo fóton, que, por sua vez, pode causar a ejeção de outro elétron, e assim por diante. O resultado pode ser a emissão de um bom número de elétrons, conforme ilustrado pela Figura 2-6. Os elétrons ejetados recebem o nome de elétrons Compton. Seu comportamento é muito semelhante ao das partículas β^- e podem ser detectados como tais. Esta é a forma mais comum de detecção da radiação γ. A emissão de elétrons Compton é tida como o principal modo de absorção dos raios γ na faixa de energia entre 100 keV e 10 MeV.

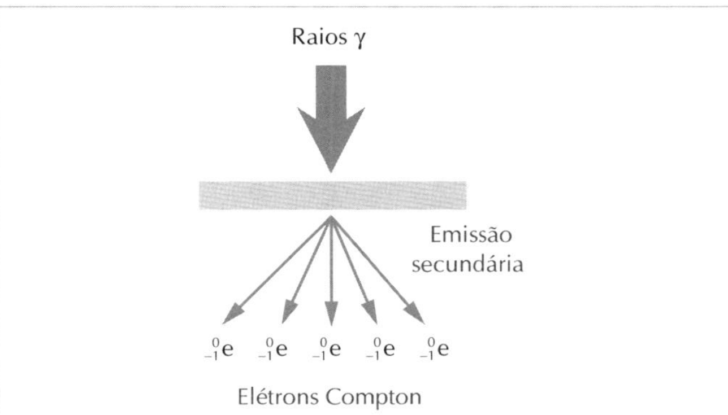

Figura 2-6 A geração de elétrons Compton pela incidência de raios γ.

A produção de pares consiste na formação simultânea de um elétron e de um pósitron, possível a partir de energias γ superiores a 1,02 MeV e importante a partir de energias acima de 5 MeV. Por interação com o campo elétrico nuclear, um fóton incidente é convertido na massa de um par elétron-pósitron, consumindo pelo menos 1,02 MeV. Excessos de energia podem ser adicionados à energia cinética do par. Os dois podem aniquilar-se, evidentemente, reemitindo fótons γ.

ORIGEM DOS NUCLÍDEOS MAIS COMUNS

A Figura 2-7 apresenta dados sobre os diversos isótopos de elementos abundantes nos organismos vivos. Dos que estão apresentados na Figura 2-7, apenas o carbono-14 ocorre naturalmente em quantidades não desprezíveis, embora pequenas (1 a 1,5 átomos por 10^{12} átomos de carbono). Seu $t_{½}$ (5568 anos) é muito menor do que a idade da Terra. Por isso, sua presença é justificada pelo fato de ser continuamente produzido em virtude da ação dos raios cósmicos sobre o ^{14}N nas camadas superiores da atmosfera terrestre. O bombardeamento por nêutrons produz:

$${}^{14}_{7}N + {}^{1}_{0}n \rightarrow {}^{14}_{6}C + {}^{1}_{1}H$$

A altitude na qual a velocidade de formação de ^{14}C é máxima está entre 9 a 15 km. A velocidade de produção, no entanto, pode variar por influência dos raios cósmicos e do campo magnético da Terra. Uma avaliação precisa da influência deste último, no entanto, é difícil por causa do ciclo do carbono. Após sua formação, o carbono-14 reage rapidamente para formar ^{14}CO, que oxida mais lentamente para formar $^{14}CO_2$. Este gás se mistura com a atmosfera em algumas semanas. Evidentemente, também pode dissolver na água, embora seja um processo mais lento. O $t_{½}$ na atmosfera foi estimado em 12 a 16 anos. Na água, pode ser incorporado a carbonatos e na biosfera nos seus constituintes orgânicos por via da fotossíntese. Testes nucleares também levam à produção de ^{14}C. Calcula-se que a quantidade desse isótopo na biosfera aumentou em 5,3% desde o advento da era atômica. Deve-se enfatizar, no entanto, que sua abundância relativa (em relação aos demais isótopos de carbono) é extremamente baixa, algo em torno de $1{,}1 \times 10^{-10}\%$. Portanto, para fins de uso em experimentação, o ^{14}C tem que ser produzido artificialmente em reatores nucleares.

O trício também pode originar-se pela ação da radiação cósmica sobre o ^{14}N nas camadas superiores da atmosfera:

$${}^{14}_{7}N + {}^{1}_{0}n \rightarrow {}^{12}_{6}C + {}^{3}_{1}H$$

Note que esta reação nuclear produz também carbono-12, o isótopo mais comum do carbono. Após oxidação, o trício distribui-se na água do planeta. Antes

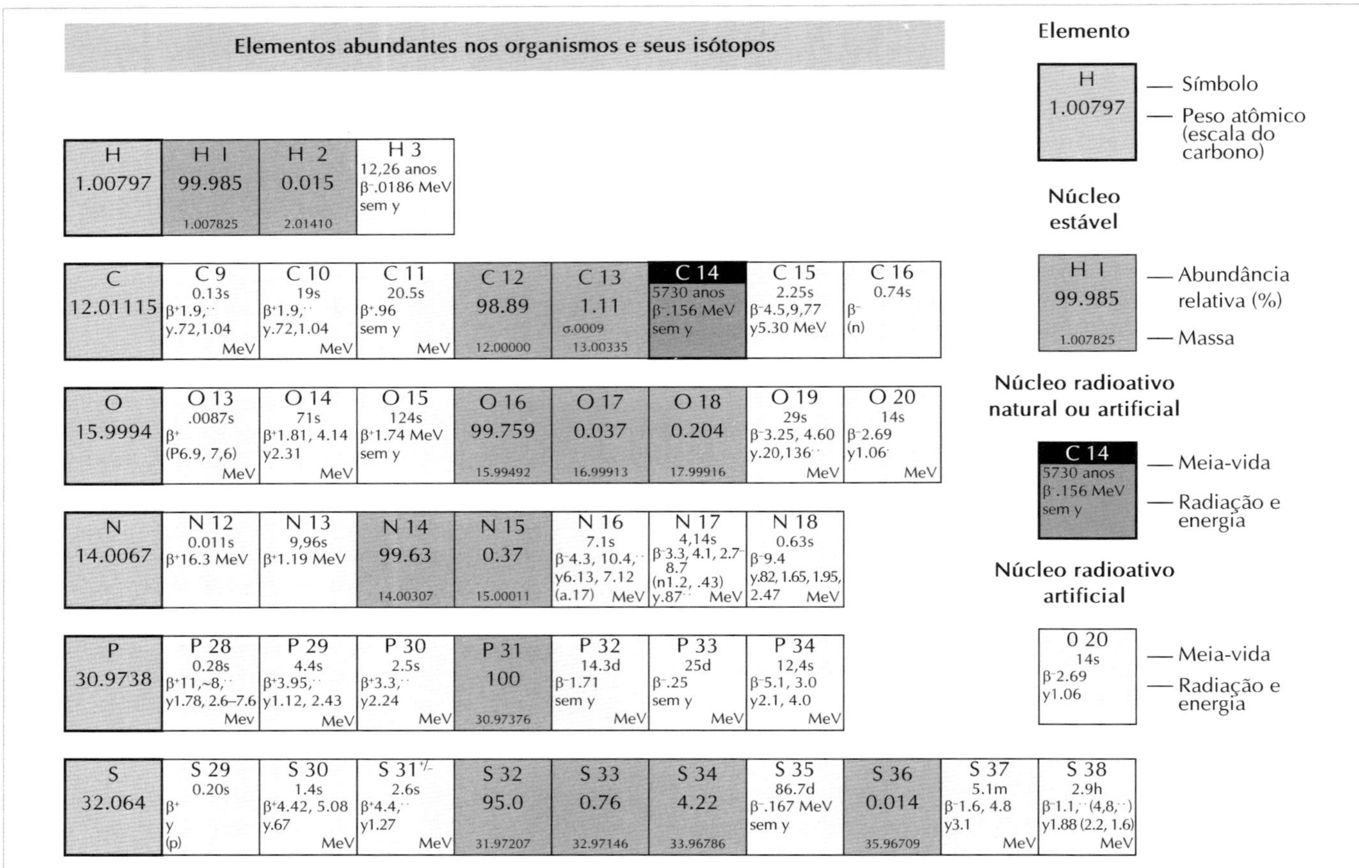

Figura 2-7 Elementos abundantes nos organismos, seus isótopos e os tipos de radiação que emitem.

da era atômica, a concentração de trício na atmosfera e hidrosfera terrestres era extremamente pequena. No entanto, com o advento da era atômica, aumentou em 100 vezes, aproximadamente. As principais fontes são: (a) testes nucleares militares; (b) usinas nucleares, como subproduto da fissão do urânio e do bombardeamento da água de refrigeração com nêutrons; (c) o reprocessamento do combustível nuclear. Como ocorre com o ^{14}C, o trício usado na experimentação é produzido em reatores nucleares.

EXERCÍCIOS RESOLVIDOS

1. Demonstre que o carbono 12 é estável frente às possibilidades de sofrer desintegrações α β^- e β^+. As massas relevantes estão relacionadas na Tabela 2-3.

(Bach SW, 1980).

Tabela 2-3 Massas de isótopos de alguns átomos e partículas.

Átomo ou partícula	Massa (u.m.a.)
^{12}C	12,0000
^{14}C	14,0042419
^{12}N	12,01871
^{14}N	14,0030744
^{8}Be	8,005308
^{12}B	12,014353
^{4}He	4,0026036
e^- ou e^+	0,0005486

Resolução:

Se fosse possível, a desintegração α ocorreria da seguinte forma:

$$^{12}_{6}C \rightarrow {}^{8}_{4}Be + {}^{2}_{2}He$$

O critério que deve ser adotado é que as somas das massas (ou dos seus equivalentes energéticos) do lado esquerdo (m_E) deve superar a soma das massas do lado direito (m_D). Conforme informa a Tabela 2-3:

$$m_E = 12{,}00000 \text{ u.m.a.}$$

$$m_D = m_{Be} + m_{He} = 8{,}0005308 + 4{,}0026036 =$$

$$m_D = 12{,}0079116 \text{ u.m.a.}$$

Sendo $m_E < m_D$, a desintegração α do ^{12}C não é possível.

A desintegração β^-, caso ocorra, terá que proceder da seguinte maneira:

$$^{12}_{6}C \rightarrow {}^{12}_{7}N^+ + {}^{0}_{-1}\beta$$

Novamente, temos m_E = 12,0 u.m.a. No lado direito, temos:

$$m_{^{12}N^+} = (m_{^{12}N} - m_e) = 12{,}01871 - 0{,}0005486 = 12{,}0181614$$

$$m_D = m_{^{12}N^+} + m_e = 12{,}0181614 + 0{,}0005486 =$$

$$m_D = 12{,}01871 \text{ u.m.a.}$$

Claramente, $m_E < m_D$, o que torna inviável a desintegração β^- para o ^{12}C. Note que a Tabela 2-3 nos fornece a massa do ^{12}N e não do $^{12}N^+$, de modo que foi necessário subtrair a massa de um elétron da massa do ^{12}N para obter a massa do $^{12}N^+$.

Para a hipotética desintegração β^+ pode-se escrever:

$$^{12}_{6}C \rightarrow {}^{12}_{5}B^- + {}^{0}_{-1}\beta$$

A massa do lado direito terá que levar em conta a formação do íon B^-. Portanto, temos:

$$m_D = m_{^{8}B} + 2m_e = 12{,}014353 + 2 \times 0{,}0005486 =$$

$$m_D = 12{,}0154502 \text{ u.m.a.}$$

Neste caso, também $m_E < m_D$, tornando impossível esta desintegração.

2. Demonstre que o carbono-14 pode sofrer desintegração β^-.

(Bach SW, 1980).

Resolução:

A desintegração β^- do ^{14}C já foi discutida no Capítulo 1:

$$^{14}_{6}C \longrightarrow {}^{14}_{7}N^+ + {}^{0}_{-1}\beta + \overline{\nu}$$

A partir da Tabela 2-3, obtemos o valor de m_E = 14,0042419 u.m.a. Para as massas do lado direito, podemos escrever, consultando a mesma tabela:

$$m_{^{14}N^+} = (m_{^{14}N} - m_e) = 14{,}0030744 - 0{,}0005486$$

$$m_{^{14}N^+} = 14{,}0025258$$

$$m_D = m_{^{14}N^+} + m_e = 14{,}0025258 + 0{,}0005486 = m_D = 14{,}0030744 \text{ u.m.a.}$$

Assim, $m_E > m_D$, o que demonstra a viabilidade da desintegração. Note-se que $m_E - m_D$ = 0,0001675. Calculando a energia equivalente (E):

$$E = 0{,}0001675 \times 931{,}4 = 0{,}156 \text{ MeV}$$

Valor constante da Tabela 2-3 como a energia máxima da desintegração β^- do ^{14}C.

Capítulo 3

Unidades de medida e cinética do decaimento

UNIDADES DE MEDIDA

Radioisótopos são usualmente quantificados pela sua velocidade de desintegração. Mede-se, portanto, a quantidade de desintegrações que ocorrem por unidade de tempo. Se N é o número de núcleos desintegráveis em um dado momento, a velocidade de desintegração pode ser expressa pelo diferencial $-dN/dt$, no qual t é o tempo.

A velocidade de desintegração dos radioisótopos pode ser usada como medida de quantidade apenas porque ela é diretamente proporcional à quantidade. Por isso, as unidades utilizadas refletem a velocidade de desintegração. Uma das mais antigas é o Curie, cujo símbolo é Ci. O nome deriva do casal Pierre e Marie Curie, pioneiros no estudo da radiologia. 1 Ci corresponde à quantidade necessária de determinado isótopo radioativo para produzir o mesmo número de desintegrações que ocorrem em 1 g de rádio-226, ou seja, $2{,}22 \times 10^{12}$ desintegrações por minuto (dpm). Em resumo, 1 Ci equivale a $2{,}22 \times 10^{12}$ dpm. Este é um valor bastante alto, e os ensaios bioquímicos usam em geral muito menos radioatividade. Por isso, costuma-se usar submúltiplos, como:

$$1 \text{ miliCurie} = 1 \text{ mCi} = 2{,}22 \times 10^{9} \text{ dpm}$$

ou

$$1 \text{ microCurie} = 1\ \mu\text{Ci} = 2{,}22 \times 10^{6} \text{ dpm}$$

Embora o Curie continue sendo utilizado, inclusive comercialmente, a unidade oficial do sistema internacional de unidades (SI) é o Becquerel, cujo símbolo é Bq. O Becquerel tem as dimensões de desintegrações por segundo (dps). O nome foi uma homenagem ao físico francês Henri Becquerel. Como qualquer unidade SI, o Bq admite o uso de múltiplos, usando os prefixos quilo (kBq), giga (GBq), mega (MBq) etc. Em termos práticos, 1 Bq é uma unidade pequena, por isso os múltiplos são comuns. Por exemplo, as aproximadas 0,0169 gramas de ^{40}K que cada corpo humano possui em média produzem 4.400 desintegrações por segundo, portanto, 4,4 kBq. Como o Curie continua sendo usado, é interessante saber a equivalência, portanto alguns exemplos estão listados na Tabela 3-1.

Tabela 3-1 Algumas equivalências entre Curie e Becquerel.

Curie	Becquerel
1 Ci	$3{,}7 \times 10^{10}$ Bq
1 μCi	37 kBq
$2{,}7 \times 10^{-5}$ μCi	1 Bq
0,027 mCi	1 MBq

Na prática diária dos laboratórios de bioquímica, costuma-se expressar com frequência a velocidade de desintegração como desintegrações por minuto, quer dizer, dpm. Por outro lado, estreitamente vinculado ao significado de dpm, surge o termo *contagens por minuto*, que é abreviado para cpm. Esta é uma maneira muito comum de expressar a radioatividade na prática diária dos laboratórios e mesmo em trabalhos científicos. As cpm são aquelas desintegrações que o aparelho de medida consegue efetivamente ver ou contar. Esta definição por si só já antevê o fato de que os aparelhos podem não conseguir detectar todas as desintegrações que de fato ocorrem, mas apenas uma fração delas. Na verdade, nos trabalhos com amostras biológicas, conforme veremos nos próximos capítulos, quase nunca é possível detectar todas as desintegrações, o que faz surgir o conceito de *eficiência da contagem* (ef_C). Este parâmetro , que podemos representar por ef_C, relaciona cpm e dpm da seguinte maneira:

$$-\frac{dN}{dt} = dpm = \frac{cpm}{ef_c} \qquad [3\text{-}1]$$

Se a ef_C de uma série de amostras é constante, pode não ser indispensável determiná-la. Mas quando uma série de amostras apresenta ef_C diferentes, a única forma de relacioná-las é determinar as eficiências de cada uma.

Há uma unidade obsoleta que merece ser mencionada aqui devido à sua popularidade entre os amantes das águas minerais radioativas (veja Figura 3-1).

Figura 3-1 Um rótulo de água mineral indicando o teor de radioatividade na fonte em unidades Mache.

A unidade em questão é o Mache, nome derivado do físico austríaco Heinrich Mache. O Mache foi definido originalmente como a quantidade de radônio radioativo (^{222}Rd) por litro de ar que ioniza uma corrente sustentável de 0,001 stat-ampéres. Com isto, 1 Mache equivale a $3{,}64 \times 10^{-10}$ Ci/L ou 13,4545 Bq/L.

UNIDADES PARA AVALIAR O DANO RADIOATIVO

Para o uso corrente de radioisótopos na pesquisa bioquímica, as unidades que refletem a velocidade de desintegração são plenamente satisfatórias. No tocante à proteção radiológica, no entanto, estas unidades de medida (dpm, Curie, dps, Becquerel etc.) não são suficientemente informativas, sobretudo, em relação à energia da desintegração, que é um dos fatores de danos mais importantes. Já vimos que as energias de desintegração variam muito. Assim, 1 mCi de ^{14}C deve causar mais danos do que 1 mCi de ^{3}H, já que a energia de desintegração deste último é aproximadamente 10 vezes menor do que a do primeiro. O poder de penetração também deve ser levado em conta. No Capítulo 2, vimos também que os raios γ têm um poder de penetração incomparavelmente maior do que as emissões β. Desta forma, a segurança frente à presença de fontes radioativas em um laboratório deve levar em conta, além da quantidade, pelo menos mais três fatores: a energia da desintegração, a natureza da emissão e o tempo de exposição. Com todas estas variáveis envolvidas, o assunto não deixa de ser bastante complexo.

Uma das unidades utilizada para medir a dose de radiação absorvida pelos organismos é o rad, estabelecida em 1953; 1 rad é a dose de radiação que dá origem à absorção de 100 erg de energia por grama de matéria. Contudo, desde 1974 usa-se também o gray, a unidade SI, que corresponde à absorção de 1 Joule de energia por kg de matéria. Como os danos causados pela radiação não dependem apenas da energia dissipada, surgiu o conceito da dose equivalente (D_{eq}). Quando a dose absorvida é expressa em rads, fala-se em unidades rem (*rad equivalent man*). A dose equivalente (D_{eq}) pode ser definida como:

$$D_{eq} = D_{absorvida}(\text{em rad}) \times F_{qualidade} \times F_{distribuição} \ldots \quad [3\text{-}2]$$

O fator de qualidade ($F_{qualidade}$) varia com o tipo de radiação. De acordo com a Comissão Nacional de Energia Nuclear (CNEN), ele seria igual a 1,0 para radiação X, γ e β; igual a 3 para nêutrons com $E \leq 3$ keV; e igual a 10 para a radiação α. O fator de distribuição ($F_{distribuição}$) leva em conta a distribuição não uniforme da radiação nos diversos órgãos, a diferente sensibilidade deles etc.

O cálculo das doses equivalentes absorvidas é complexo e nem sempre destituído de certo grau de subjetividade. Seus detalhes fogem dos objetivos deste livro, já que pertencem ao âmbito da proteção radiológica.

ATIVIDADE ESPECÍFICA

A *atividade específica* (A_{esp}) é um parâmetro de importância fundamental no uso de radioisótopos na pesquisa bioquímica. Este parâmetro é definido como:

$$A_{esp} = \frac{\text{número de átomos radioativos}}{\text{número total de átomos}} \quad [3\text{-}3]$$

de determinada amostra. Por exemplo, a atividade específica do ^{35}S em uma amostra seria:

$$A_{esp}(^{35}S) = \frac{[^{35}S]}{[S] + [^{35}S]} \quad [3\text{-}4]$$

Na qual [S] representa a concentração dos átomos não radioativos de enxofre e $[^{35}S]$ a concentração dos átomos de enxofre-35. Com frequência ocorre $[S] > [^{35}S]$, e, neste caso, a equação [3-4] pode ser reduzida a:

$$A_{esp}(^{35}S) = \frac{[^{35}S]}{[S]} \quad [3\text{-}5]$$

Se as concentrações forem expressas em mol/L, a atividade específica não terá unidades. O mesmo irá ocorrer se forem usadas quantidades molares. O mais comum, no entanto, é usar a quantidade de radioatividade no numerador e a quantidade molar no denominador. Portanto, a atividade específica poderá ter as unidades, por exemplo, de Ci/mol, dpm/mol, cpm/mol, e assim por diante, de acordo com as conveniências experimentais do momento.

A grande utilidade prática da atividade específica é que o parâmetro é indispensável para transformar valores expressos como quantidade de radioatividade (*e. g.*, Curie, dpm), em quantidade molar. Nos próximos capítulos, a importância deste parâmetro ficará evidente quando examinarmos casos concretos de incorporação de radioatividade em componentes moleculares da célula. Em vez da atividade específica, conforme definida pelas equações [3-3] ou [3-4], muitas vezes pode ser útil utilizar a *atividade específica relativa*. Trata-se neste caso de uma atividade expressa em relação ou a um estado padrão ou à atividade específica inicial. Neste último caso, seus valores variam entre zero e a unidade.

CINÉTICA DO DECAIMENTO RADIOATIVO

O decaimento de um núcleo radioativo implica na diminuição de sua quantidade ao longo do tempo. Na verdade, mencionamos no Capítulo 1 o conceito de meia-vida de um isótopo ($t_{½}$) como o tempo necessário para que ocorra o decaimento de 50% da quantidade presente inicialmente. Pode-se inferir intuitivamente que, quanto menor o valor de $t_{½}$, mais rapidamente ocorre o decaimento de determinado núcleo. Será de interesse, no entanto, derivar uma expressão geral que permita calcular a velocidade de desintegração e a quantidade de determinado núcleo radioativo a qualquer tempo, dado pela, assim chamada, lei de desintegração radioativa, que foi derivada pela primeira vez por Schwindler em 1905. A desintegração é um fenômeno aleatório e por isto a probabilidade (p) de um núcleo se desintegrar no próximo intervalo de tempo (Δt) não depende do passado, mas sim apenas da natureza do núcleo e do tempo. Portanto:

$$p = \lambda \cdot \Delta t \quad [3\text{-}6]$$

Em que λ é uma constante de proporcionalidade, característica do núcleo em questão. A probabilidade de que o núcleo não se desintegre no próximo intervalo de tempo, por outro lado, será:

$$(1 - p) = (1 - \lambda \cdot \Delta t) \quad [3\text{-}7]$$

Agora, a probabilidade de que o núcleo não se desintegre nos próximos n intervalos de tempo será:

$$(1 - \lambda \cdot \Delta t)^n, \text{ ou ainda, } \left(1 - \frac{\lambda t}{n}\right)^n$$

se considerarmos que Δt resulta da soma de *n* intervalos de tempo, i.e., $t = n \times \Delta t$. Para um número infinito de intervalos de tempo, i.e., $n = \infty$, poderemos então escrever:

$$\lim_{n \to \infty} \left(1 - \frac{\lambda t}{n}\right)^n = e^{-\lambda t} \quad [3\text{-}8]$$

Portanto, a probabilidade de que um núcleo não se desintegre no próximo intervalo de tempo é igual a $e^{-\lambda t}$. Se tivermos inicialmente N_0 núcleos, os que ainda restam no tempo t serão:

$$N = N_0 . e^{-\lambda t} \quad [3\text{-}9]$$

A equação [3-9] é a expressão que estávamos procurando, pois permite calcular a quantidade de núcleos restantes a qualquer tempo, desde que o valor de λ seja conhecido.

A determinação do valor de λ pode ser feita, por exemplo, usando uma forma modificada da equação [3-9]. Tomando logaritmos naturais para ambos os lados na equação [3-9], temos:

$$\ln N = \ln N_o - \lambda t \qquad [3\text{-}10]$$

A equação [3-10] nos diz que deverá haver uma relação linear entre ln N e t, conforme ilustrado pela Figura 3–2. A inclinação desta reta é igual a $-\lambda$, cujo valor pode então ser determinado desta forma. Pode-se determinar também N_0, isto é, a quantidade presente no tempo zero. É possível expressar os valores de N em qualquer unidade que seja proporcional à quantidade de núcleos radioativos (dpm, cpm, Curie etc), no entanto, a unidade de λ sempre será o inverso do tempo (t^{-1}).

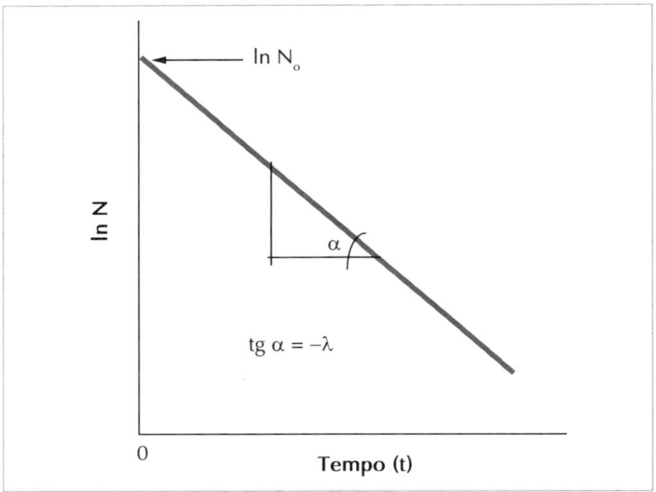

Figura 3-2 Determinação gráfica da constante de desintegração λ.

Cineticamente, o processo de desintegração radioativa é um processo de primeira ordem. Isto é revelado pela linearidade da relação entre ln N e o tempo e pela forma diferencial da equação [3-9], que é:

$$\frac{dN}{dt} = -\lambda N \qquad [3\text{-}11]$$

As equações [3-9] ou [3-10] nos permitem revisitar o conceito de $t_{½}$. Poderemos escrever [3-10] da seguinte forma:

$$\ln \frac{N_o}{N} = \lambda t \qquad [3\text{-}12]$$

Em um tempo igual ao $t_{½}$, $N = N_0/2$. Se substituímos na equação [3-12], temos:

$$\ln \frac{N_o}{N_o/2} = \ln 2 = \lambda t_{1/2} \qquad [3\text{-}13]$$

Ou também:

$$t_{1/2} = \frac{\ln 2}{\lambda} = \frac{0{,}693}{\lambda} \qquad [3\text{-}14]$$

O $t_{½}$, portanto, é uma forma alternativa de expressar a constante de desintegração, pois a interconversão dos dois parâmetros depende de um único fator. É importante salientar que o valor de $t_{½}$ é independente de N_0, quer dizer, da quantidade inicial de núcleos.

Outro parâmetro relacionado que pode ser derivado é o tempo de vida média de um isótopo (θ), que pode ser obtido diretamente do valor da constante de desintegração:

$$\theta = \frac{1}{\lambda} \qquad [3\text{-}15]$$

EXERCÍCIOS RESOLVIDOS

1. O ^{45}Ca tem um $t_{½}$ de 163 dias. Calcule: (a) a constante de desintegração (λ) em termos de dia^{-1} e $segundo^{-1}$, e (b) a porcentagem da radioatividade inicial que resta em uma amostra após 90 dias.

   (Segel, 1979)

   Resolução:

   a. Nós vimos que $t_{½} = 0.693/\lambda$ ou $\lambda = 0.693/t_{½}$. Portanto:

   $$\lambda = \frac{0,693}{t_{1/2}} = \frac{0,693}{163 \text{ dias}} = 0,00425 \text{ dia}^{-1}$$

   1 dia ⇒ 24 horas ⇒ 60 × 24 = 1440 minutos ⇒ 60 × 1440 = 86400 segundos. Portanto, $t_{½}$ em segundos = 163 × 86400 = 14.083.200 segundos

   $$\lambda = \frac{0,693}{t_{1/2}} = \frac{0,693}{14083200 \text{ segundos}} = 4,92 \times 10^{-8} \text{ segundo}^{-1}$$

   b. Pode-se usar a equação [3-9], $N = N_o.e^{-\lambda t}$, sendo N a fração ou porcentagem que resta após o tempo t. Substituindo valores:

   $$N = 100 \times e^{-0,00425 \cdot 90} = 68\%$$

2. O ^{14}C tem $t_{½}$ de 5700 anos aproximadamente. Calcule a fração dos átomos de ^{14}C que se desintegram: (a) por ano, (b) por minuto.

   Resolução:

   a. Se $t_{½}$ é de 5700, o valor de λ será: $\lambda = 0,693/5700 = 1,21 \times 10^{-4}$ ano^{-1}

   A equação que pode ser utilizada é $N = N_o e^{-\lambda t}$; se colocarmos $N_o = 1$ (unidade), o valor calculado de N corresponderá à fração decimal remanescente. A fração desintegrada será igual a 1 – N:

   $$\text{Fração desintegrada} = 1 - N = 1 - N_o e^{-\lambda t} = 1 - 1 \times e^{-(1,21 \times 10^{-4}) \times 1} = 1 - 0,99987 = 0,00013$$

   b. Um ano equivale a 365 dias, a 365 × 24 = 8760 horas e a 60 × 8760 = 525600 minutos. O $t_{½}$ do ^{14}C em minutos será, portanto, igual a 5700 × 525600 = 2,995 × 10^9 minutos. O valor de $\lambda = 0,693/(2,995 \times 10^9) = 2,313 \times 10^{-10}$ $minuto^{-1}$. A fração desintegrada após um minuto será:

   $$\text{Fração desintegrada} = 1 - N = 1 - N_o e^{-\lambda t} = 1 \times e^{-(2,313 \times 10^{-10}) \times 1} = 1 - 0,99999999976 = 0,00000000024$$

3. O ^{40}K ($t_{1/2} = 1,3 \times 10^9$ anos) constitui 0,012% do potássio total na natureza. O corpo humano contém cerca de 0,2% de potássio por peso. Calcule a radioatividade total da desintegração de ^{40}K em um homem de 70 kg em dpm.

   (Segel, 1979)

   Resolução:

   As dpm são desintegrações por minuto e o $t_{½}$ foi dado em anos; no presente caso, torna-se conveniente converter o tempo para minutos, o que pode ser feito observando a seguinte sequência:

   1 ano ⇒ 365 dias ⇒ 365× 24 ⇒ 8760 horas ⇒ 60 × 8760 = 525600 minutos

   $t_{½}$ = 525600 minutos/ano × 1,3 × 10^9 anos = 6,8328 × 10^{14} minutos

   De posse do valor de $t_{½}$, pode-se calcular o da constante de desintegração:

   $$\lambda = \frac{0,693}{6,8328 \times 10^{14}} = 1,0142 \times 10^{-15} \text{ minuto}^{-1}$$

   Um homem de 70 kg (70000 g) tem 0,2% (0,002 décimos) do seu peso em potássio; portanto, ele contém 70000 × 0,002 = 140 g de potássio.

Destas, 0,012% (ou 0,00012 décimos) são potássio-40, o que corresponde a 140 × 0,00012 = 0,0168 gramas.

Um mol de ^{40}K são 40 g; assim, 0,0168 g corresponde a 0,0168/40 = 0,00042 mol.

Um mol tem 6,022 × 10^{23} átomos; temos, portanto, 6,022 × 10^{23} × 0,00042 = 2,529 × 10^{20} átomos.

Esta quantidade de átomos radioativos corresponde a uma velocidade de desintegração (dpm = dN/dt) igual a:

$$\text{dpm} = -\frac{dN}{dt} = \lambda N = 1{,}0142 \times 10^{-15} \times 2{,}529 \times 10^{20} = 256491 \quad \text{dpm}$$

Portanto, em um homem de 70 kg, o ^{40}K é responsável por 256.491 desintegrações por minuto.

4. Todos os compostos contendo carbono normalmente biossintetizados na Terra contêm ^{14}C suficiente para produzir 13 dpm/g de carbono. Depois da morte de um organismo, o ^{14}C se desintegra com um $t_{½}$ de 5700 anos. Calcule: (a) a abundância relativa de ^{14}C no carbono reciclado atualmente na superfície terrestre; (b) a idade de uma amostra de um material biológico que contém 3 dpm/g de carbono.

(Segel, 1979)

Resolução:

a. Devemos lembrar que dpm = dN/dt = λN; se temos dpm, podemos calcular N. No Problema 2, vimos que λ = 2,313 × 10^{-10} minuto^{-1}; assim:

$$N = \text{dpm}/\lambda = (13 \text{ dpm/g})/(2{,}313 \times 10^{-10} \text{ minuto}^{-1}) = 5{,}620 \times 10^{10} \text{ átomos de } ^{14}C/g$$

1 mol tem 6,022 × 10^{23} átomos; assim teremos (5,620 × 10^{10})/(6,022 × 10^{23}) = 9,33 × 10^{-14} mol de ^{14}C por grama de carbono

1 g de carbono corresponde a 1/12 = 0,08333 mol.

Portanto, a abundância relativa do ^{14}C na natureza é de (9,33 × 10^{-14} mol de ^{14}C)/(0,08333 mol de C) = 1,1196 × 10^{-12} décimos ou 1,1196 × 10^{-10} %

b. Para calcular a idade da amostra pode-se aplicar $N = N_o e^{-\lambda t}$, mas na sua forma logarítmica, pois queremos saber o valor de t:

$$\ln \frac{N_o}{N} = \lambda t$$

ou seja

$$t = \frac{\ln(N_o / N)}{\lambda} = \frac{\ln(13/3)}{1{,}21 \times 10^{-4} \text{ano}^{-1}} = \frac{1{,}466}{1{,}21 \times 10^{-4} \text{ano}^{-1}} = 12{,}118 \quad \text{anos}$$

5. Qual é a atividade específica do ^{14}C puro em termos de dpm/g, Ci/g e Ci/átomo-grama?

Resolução:

Um mol de ^{14}C tem 6,022 × 10^{23} átomos; um grama corresponde a 1/14 = 0,0714 mol. Portanto, um grama de ^{14}C tem 0,0714 × 6,022 × 10^{23} = 4,299 × 10^{22} átomos. Assim:

$$\text{dpm / g} \Rightarrow \frac{d(N/g)}{dt} = \lambda(N/g) = 2{,}313 \times 10^{-10} \times 4{,}299 \times 10^{22} = 9{,}94 \times 10^{12} \quad \text{dpm/g}$$

1 Ci corresponde a 2,2 × 10^{12} dpm; portanto, 9,94 × 10^{12} dpm/g significam:

$$\frac{9{,}94 \times 10^{12} \quad \text{dpm/g}}{2{,}2 \times 10^{12} \quad \text{dpm/Curie}} = 4{,}52 \quad \text{Ci/grama}$$

1 átomo-grama de ^{14}C pesa 14 gramas e 1 grama corresponde a 4,52 Ci. Portanto, a atividade específica por átomo-grama será:

14 × 4,52 = 63,2 Ci/átomo-grama

6. Qual é a atividade específica máxima (Ci/mol) com que é possível preparar a L-[U-^{14}C]Phe?

(Segel, 1979)

Resolução:

A letra U na designação L-[U-^{14}C]Phe significa fenilalanina marcada uniformemente. Quer dizer, estatisticamente o ^{14}C pode ser encontrado em qualquer carbono da fenilalanina e fazer marcação específica. Phe marcada no carbono-1 seria L-[1-^{14}C]Phe. Piruvato marcado no carbono-3 seria: [3-^{14}C]piruvato. Glicose marcada nos carbonos-1 e 6 seria: [1,6-^{14}C]glicose. A fenilalanina tem a seguinte estrutura:

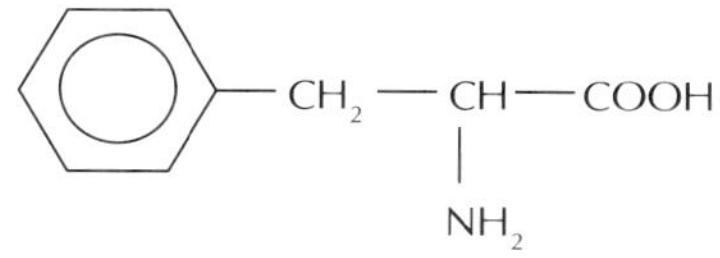

Com 9 átomos de carbono, se todos eles forem ^{14}C, a atividade específica máxima possível é igual à atividade específica máxima do ^{14}C multiplicada por 9. No problema anterior, vimos que a atividade específica máxima do ^{14}C era igual a 62,3 Curie/mol. Portanto, a atividade específica máxima possível da L-[U-^{14}C]Phe é:

$$9 \times 63{,}2 \text{ Ci/átomo-grama} = 568{,}8 \text{ Curie/mol}$$

7. Qual é a proporção de moléculas realmente marcadas em uma preparação de L-[1-^{14}C]fenilalanina (Phe) que apresenta uma atividade específica de 20 mCi/mmol?

(Segel, 1979)

Resolução:

20 mCi/mmol é o mesmo que 20 Ci/mol. A atividade específica máxima da L-[1-^{14}C]Phe é igual à do carbono-14, quer dizer, 62,3 Ci/mol. Com 20 Ci/mol, a porcentagem de marcação é igual a $20/62.5 \times 100 = 32.1\%$.

8. Até poucas décadas atrás (anos 1970), as grandes potências realizavam testes atômicos na atmosfera terrestre, os quais produziam, entre outros, ^{90}Sr, cujo $t_{½}$ é de 28 anos. Levado pelos ventos, muitas vezes o ^{90}Sr deposita-se em lugares distantes do local sobre o qual foi detonada a bomba. Quando o solo fica contaminado, o ^{90}Sr é absorvido pelos ossos dos animais que se alimentam de vegetais que crescem ali. Esta absorção ocorre devido ao fato de o ^{90}Sr assemelhar-se ao cálcio em termos químicos (estrutura eletrônica). O leite desses animais também contém ^{90}Sr, que, ao ser ingerido, acaba por se fixar nos ossos humanos. Vamos supor que uma pastagem esteja contaminada com ^{90}Sr em nível 6 vezes maior do que o máximo tolerável por seres humanos. Quantos anos serão necessários para que esta pastagem volte a apresentar segurança?

(Aguiar et al., 1988)

Resolução:

O $t_{½}$ do ^{90}Sr é de 28 anos; o valor de λ então é $0{,}693/28 = 0{,}02475$ ano^{-1}. Pode-se considerar que um nível 6 vezes acima do máximo tolerável significa um valor de $N_0 = 6$, sendo que teremos que atingir uma razão $N/N_0 = 1/6 = 0{,}167$. O tempo (t) necessário para que isto aconteça pode ser calculado a partir da conhecida fórmula:

$$N/N_0 = e^{-\lambda t}$$

Portanto,

$$\ln (N/N_0) = -\lambda t$$

Ou ainda

$$t = \frac{-\ln(N/N_0)}{\lambda} = \frac{-\ln(0{,}167)}{0{,}02475} = 72{,}31 \text{ anos}$$

9. A idade de uma amostra de água ou de vinho pode ser medida através do seu teor em ^{3}H. O trício está presente em proporções estáveis na natureza. Ele é formado primariamente através da irradiação cósmica do vapor da água nas camadas superiores da atmosfera e decai espontaneamente com um $t_{½}$ de 12,5 anos. A reação de formação não ocorre significativamente no interior da garrafa de vidro armazenada na superfície terrestre. Calcule a idade de um vinho que tem 20% do trício normalmente encontrado em uma garrafa recém-produzida.

Resolução:

Com um $t_{½}$ de 12,5 anos, λ será igual a $0{,}693/12{,}5 = 0{,}05544$ ano^{-1}; 20% de trício significa uma razão $N/N_0 = 0{,}2$ ou $N_0/N = 5$. Da fórmula $\ln \frac{N_0}{N} = \lambda t$, pode-se tirar a idade do vinho:

$$t = \frac{\ln(N_o / N)}{\lambda} = \frac{\ln(5)}{0,05544 \text{ ano}^{-1}} = \frac{1,609}{0,05544 \text{ ano}^{-1}} = 29,022 \text{ anos}$$

10. Descreva a preparação de 75 ml de uma solução 10^{-2} M de cloridrato de L-[^{35}S]cisteína na qual o aminoácido possui uma atividade específica de 3,92 × 10^4 dpm/μmol. Considere que você dispõe de cloridrato de L-cisteína sólida não marcada e uma solução estoque de L-[^{35}S]cisteína (14 mCi/mmol e 1,2 mCi/mL).

(Segel, 1979)

Resolução:

A L-cisteína tem a estrutura SH—CH_2—CH(NH_2)COOH, com peso molecular igual a 121,2. No entanto, o cloridrato tem peso molecular de 157,7.

A atividade específica da solução estoque de L-[^{35}S]-cisteína é igual a 14 mCi/mmol, 14 μCi/μmol ou 14 μCi/μmol × 2,2 × 10^6 dpm/μCi = 3,08 × 10^7 dpm/μmol. A atividade específica final desejada é de 3,92 × 10^4 dpm/μmol ou seja, 3,08 × 10^7/3,92 × 10^4 = 785,7 vezes menor!

Uma solução 10^{-2} M de cisteína é igual a 10 mmol/litro ou 10 μmol/mL. Em 75 mL, teremos 75 mL × 10 μmol/mL = 750 μmol de cisteína.

Por outro lado, a solução estoque de L-[^{35}S]cisteína tem 1,2 mCi/mL, 1,2 × 10^3 μCi/mL ou 1,2 × 10^3 μCi/mL × 2,2 × 10^6 dpm/μCi = 2,64 × 10^9 dpm/mL.

Como a atividade específica terá que ser igual a 3,92 × 10^4 dpm/μmol, teremos que colocar 750 μmol × 3,92 × 10^4 dpm/μmol = 2,94 × 10^7 dpm na solução. Para obter esta quantidade de radioatividade, teremos que tomar 2,94 × 10^7 dpm/2,64 × 10^9 dpm/mL = 0,0111 mL ou 11,1 μL.

Como a atividade específica final é muito menor do que a inicial, certamente a quantidade de cisteína nos 11,1 μL será desprezível. Assim, teremos que nos preocupar apenas com a cisteína não marcada a ser adicionada, que é igual a 750 μmol. Isto corresponde a 750 μmol × 157,7 μg/μmoL = 118275 μg ou 118,27 mg.

Assim, para preparar a solução desejada, será necessário: a) tomar 11,1 μL da solução estoque de L-[^{35}S]cisteína; b) pesar 118,27 mg de cloridrato de cisteína; e c) misturar com água destilada suficiente para completar 75 mL.

11. Descreva a preparação de 50 ml de uma solução 10^{-3} M de [^{14}C]glicose na qual o açúcar possui uma atividade específica de 3 000 dpm/μmol. Considere que você dispõe de uma solução estoque 10^{-2} M, contendo 0,02 μCi/mL e glicose sólida.

Resolução:

A solução estoque de [^{14}C]glicose contém 10^{-2} mol/litro, 10 mmol/litro ou 10 μmol/mL. Esta mesma solução estoque tem 0,02 μCi/mL, ou seja, 0,02 μCi/ml × 2,2 × 10^6 dpm/μCi = 44000 dpm/mL. A atividade específica da solução estoque é (44000 dpm/mL)/10 μmol/mL = 4400 dpm/μmol.

A solução a ser preparada precisa de uma atividade específica de 3000 dpm/μmol e uma concentração de glicose de 10^{-3} M, 1 mM ou 1 μmol/mL. A atividade específica final deverá ser 4400/3000 = 1,477 vezes menor. Com esta diferença relativamente pequena, a quantidade de glicose na solução estoque de [^{14}C]glicose com certeza será significativa. Em 50 mL, haverá 50 mL × 1 μmol/mL = 50 μmol de glicose. Como a atividade específica terá que ser de 3000 dpm/μmol, o número total de dpm na solução de 50 mL será 50 μmol × 3000 dpm/μmol = 150000 dpm.

A solução estoque de [^{14}C]glicose que acabamos de calcular tem 44000 dpm/mL. Assim, para obter 150000 dpm, teremos que tomar:

150000 dpm/(44000 dpm/mL) = 3,409 mL

Ao tomar 3,409 mL da solução estoque de [^{14}C]glicose, estaremos tomando também 10 μmol/mL × 3,409 mL = 34,09 μmol de glicose. Como vimos acima, precisamos de 50 μmol de glicose. Faltam, portanto, 50 – 34,09 = 15,91 μmol. O peso molecular da glicose é 180 μg/μmol. Assim, vamos ter que pesar 180 μg/μmol × 15,91 μmol = 2863,8 μg ou 2,86 mg de glicose.

Para preparar a solução desejada será necessário: a) tomar 3,409 mL da solução estoque de [^{14}C]glicose; b) pesar 2,86 mg de glicose; e c) misturar e adicionar água destilada para completar 50 mL.

12. Uma amostra de [^{14}C,^{32}P]AMP foi preparada com uma atividade específica de 9500 cpm/μmol, com 75% da atividade resultando da desintegração de ^{32}P e 25% da desintegração do ^{14}C. Calcule a atividade específica da amostra: (a) após 5 dias; (b) após 10 dias; e (c) após 25 dias.

(Segel, 1979)

Resolução:

No tempo zero, a parte correspondente ao ^{14}C é igual a 9500 cpm/μmol × 0,25 = 2375 cpm/μmol. E a parte correspondente ao ^{32}P é igual a 9500 com/μmol × 0,75 = 7125 cpm/μmol.

Apenas esta última vai decrescer significativamente nos tempos solicitados, pois o $t_{½}$ do ^{14}C é muito longo. No entanto, o $t_{½}$ do ^{32}P é de 14,7 dias; o valor de λ será igual a 0,693/14,7 dias = 0,0471 dia^{-1}.

Pode-se aplicar a equação $N = N_0e^{-\lambda t}$, substituindo N_o e N pela atividade específica inicial e nos diversos tempos: $A_{espt} = A_{espo}e^{-\lambda t}$. Assim, após 5, 10 e 25 dias, as atividades específicas da parte correspondente ao ^{32}P serão:

$$A_{esp5} = 7125 \times e^{-(0.0471 \times 5)} = 7125 \times e^{-(0.235)} = 7125 \times 0{,}790 = 5628 \text{ cpm/μmol}$$

$$A_{esp10} = 7125 \times e^{-(0.0471 \times 10)} = 7125 \times e^{-(0.471)} = 7125 \times 0{,}624 = 4446 \text{ cpm/μmol}$$

$$A_{esp25} = 7125 \times e^{-(0.0471 \times 25)} = 7125 \times e^{-(1.177)} = 7125 \times 0{,}308 = 2194 \text{ cpm/μmol}$$

E as atividades específicas do [^{14}C,^{32}P]AMP:

5 dias ⇒ 2375 cpm/μmol + 5628 cpm/μmol = 8003 cpm/μmol

10 dias ⇒ 2375 cpm/μmol + 4446 cpm/μmol = 6821 cpm/μmol

25 dias ⇒ 2375 cpm/μmol + 2194 cpm/μmol = 4569 cpm/μmol

Capítulo 4

Detecção fotográfica e por ionização de gás

Falamos sobre unidades de medida no capítulo anterior, no entanto, sem dizer como as medidas são efetivamente feitas. Vamos tratar disso neste e nos próximos capítulos.

A noção básica é que a radioatividade pode ser detectada através de suas interações com a matéria, por exemplo fotograficamente, já que ela tem a capacidade de reduzir os íons de prata das emulsões fotográficas. A detecção fotográfica permite, em geral, medidas apenas semiquantitativas, embora alterações possam ser observadas em função do tempo.

As radiações também têm capacidade de provocar ionizações. Esta propriedade é utilizada nas técnicas de ionização de gás para medidas quantitativas. Atualmente, não são muito usadas na pesquisa bioquímica.

Finalmente, e muito importante para os bioquímicos, as radiações têm capacidade de produzir luz (fótons) ao incidir em certos materiais, chamadas de cintilação. É a técnica mais utilizada atualmente na pesquisa bioquímica, sobretudo por permitir a quantificação de desintegrações de baixa energia.

AUTORRADIOGRAFIA

Assim como a luz visível, a radiação age diretamente sobre os íons de prata das emulsões fotográficas. Esse processo torna possível obter uma imagem que reflita a presença de algum componente radioativo. A Figura 4-1 ilustra o procedimento geral. Uma fatia fina de tecido biológico, apoiado em material inerte (vidro, plástico) é coberto com a emulsão fotográfica. A radiação, ao incidir nos íons de prata da emulsão, gera os filamentos de prata, que são detectados como pequenas manchas escuras, ou grupo de manchas, se a densidade for muito grande. Naturalmente as manchas são microscópicas e devem ser examinadas ao microscópio. A técnica é útil sobretudo para determinar a localização celular de uma substância radioativa, a qual foi previamente introduzida *in vivo* ou *in vitro*.

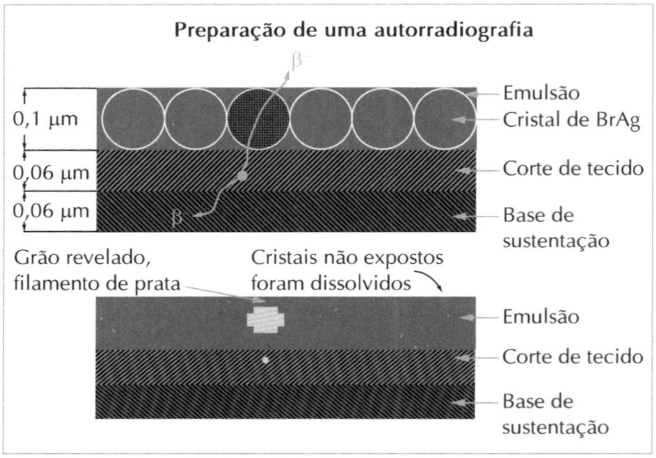

Figura 4-1 Visão esquemática da obteção de uma autorradiografia a partir de um corte de tecido.

Uma sequência típica dos procedimentos seria a seguinte:

1. Exposição das células vivas ou de um organismo inteiro a um material radioativo durante um tempo variável.
2. Preparação das amostras para microscopia de luz ou eletrônica.
3. Dissecção das amostras em seções para cobertura com um fino filme de emulsão fotográfica, seguida de uma incubação no escuro por poucos dias para o decaimento radioativo. O tempo de exposição depende da atividade do isótopo, temperatura e radiação de fundo.
4. Revelação da emulsão fotográfica.
5. Coloração histológica pode ser usada para revelar os detalhes do tecido.
6. Microscopia de luz ou eletrônica é usada para determinar a posição relativa das partículas de prata.
7. Autorradiografias podem ser feitas e submetidas a avaliações qualitativas ou mesmo quantitativas, conforme necessário ou adequado.

Em tese, qualquer isótopo radioativo pode ser utilizado, sejam emissores β^-, sejam emissores γ. Porém, as quantidades mínimas necessárias para serem detectadas em autorradiografia variam muito. A Tabela 4-1 ilustra isto com vários isótopos. A quantidade mínima de ^{125}I necessária é bastante pequena, devido à sua emissão γ, a qual, como já vimos, possui grande poder de penetração. A radiação $\beta-$ é muito menos penetrante, portanto serão necessárias quantidades maiores. Na verdade, de um modo geral, quanto menores forem as energias de desintegração, maiores serão as quantidades necessárias. Isto faz com que as quantidades de ^3H necessárias para uma boa autorradiografia sejam muito maiores do que aquelas com as quais se pode fazer boas autorradiografias usando ^{14}C ou ^{32}P, por exemplo.

Tabela 4-1 Limites de detecção na autorradiografia.

Isótopo	Limite (cpm)
^{14}C	2000
^3H	$>10^7$
^{125}I	10
^{35}S	1000
^{32}P	100

A Figura 4-2 ilustra o exemplo de um experimento clássico no qual acompanhou-se a incorporação de timidina marcada com trício ([^3H]timidina) nas células da parede intestinal de ratos. A [^3H]timidina foi injetada endovenosamente nos ratos e cortes de tecido foram examinados por autorradiografia após 8 e 32 horas. Esperava-se, evidentemente, que a [^3H]timidina fosse incorporada ao DNA à medida que as células se dividiam. Ficou bem visível que, 8 horas após a injeção no rato, a radioatividade apareceu nas células da base das microvilosidades intestinais. Após 36 horas, ela estava quase ausente na base, mas muito proeminente nas células da borda das microvilosidades.

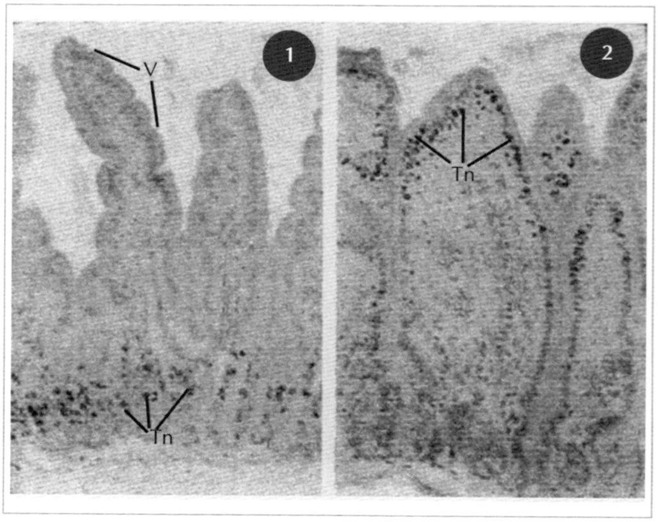

Figura 4-2 Autorradiografias das microvilosidades intestinais de rato injetado com [^3H]timidina após 8 horas (1) e após 36 horas (2).

Esta observação permite inferir sobre a dinâmica da multiplicação celular nas microvilosidades intestinais.

À medida que as células do lúmen vão desgastando e morrendo, são substituídas por outras, resultantes da divisão na região basal. Esta técnica pode ser usada também para localizar traçadores introduzidos em uma via metabólica, ligados a um receptor ou ainda a uma enzima.

Ao uso de ligantes marcados para a localização de receptores, tanto *in vitro* como *in vivo*, tem-se dado o nome de autorradiografia de receptores. Em geral o ligante é injetado na circulação (*in vivo*) ou aplicado a cortes de tecido (*in vitro*). Os isótopos mais comumente utilizados são o tricio (^{3}H) e o iodo-125 (^{125}I). A distribuição de transcritos de RNA em cortes de tecido, chamada de histoquímica de hidridização *in situ*, faz uso de oligonucleotídeos ou ácidos ribonucleicos complementares marcados.

A mesma técnica usada no exemplo da Figura 4-2 para cronometrar os ciclos celulares pode ser usada para estudar os ciclos de reprodução de vírus. Nesse caso, usa-se geralmente traçadores marcados com ^{32}P ou ^{35}S. A Figura 4-3 mostra um exemplo de como fragmentos de DNA marcados com ^{32}P podem ser detectados por autorradiografia após eletroforese em gel. O ^{32}P também é muito útil para localizar fosforilação de proteínas in vitro. A fosforilação de proteínas pode alterar substancialmente sua atividade, para mais ou para menos. Ela se dá pela transferência de um grupo fosfato do ATP, catalisada por uma quinase. O precursor a ser usado é o ATP marcado com ^{32}P no fosfato γ ([γ-^{32}P]ATP).

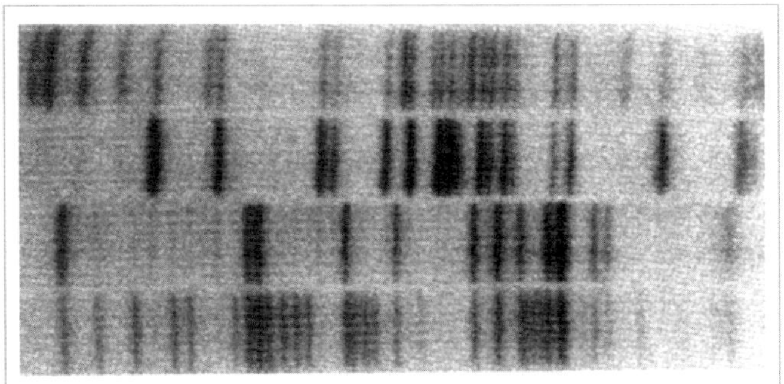

Figura 4-3 Autorradiografias e eletroforeses em gel de várias preparações contendo fragmentos de DNA marcados com ^{32}P.

FLUOROGRAFIA

A fluorografia é uma variante da autorradiografia e consiste em usar uma substância que emite fluorescência em consequência da desintegração radioativa. A fluorescência, que na maior parte das vezes está na faixa do ultravioleta, pode ser detectada fotograficamente. A principal vantagem é um aumento da sensibilidade. Por exemplo, para detectar o ^{3}H por autorradiografia, como foi feito no experimento da Figura 4-2, é necessário aplicar uma quantidade apreciável do isótopo. Se o material for impregnado com uma substância que se torna fluorescente quando atingido pelas partículas β provenientes da desintegração do trício, ele poderá ser detectado com maior sensibilidade em virtude da luz emitida. Uma das substâncias usadas para isto é o 2,5-difeniloxazol (PPO). Deste composto ainda falaremos bastante nas próximas seções, pois é também bastante usado em outras técnicas de detecção do decaimento radioativo.

A IONIZAÇÃO DE GÁS

A detecção e quantificação da radioatividade de determinada fonte por ionização de gás baseia-se na liberação de elétrons, que ocorre quando as partículas emitidas se chocam com as moléculas do gás. Por sua vez, esses elétrons energizados podem levar à liberação de mais elétrons e assim sucessivamente, gerando uma avalanche de elétrons, que poderá ser detectada como uma descarga elétrica se houver um circuito apropriado. Uma vez amplificado, o sinal elétrico é registrado e traduzido para uma indicação visual digital, analógica ou sonora (cliques, por exemplo).

Existem vários tipos de aparelhos que utilizam o princípio da ionização de gás. A técnica permite quantificações até certo ponto, embora tenha muitas desvantagens. Chegou a ser bastante usada nos primórdios do uso de radioisótopos na pesquisa bioquímica, porém, atualmente não é mais utilizada, substituída por métodos mais práticos e eficientes. Vale a pena, no entanto, descrever aqui o assim chamado contador Geiger-Müller, aparelho que continua sendo útil nos laboratórios de bioquímica para detectar contaminações de bancadas, pisos e geladeiras, por exemplo. O aparelho recebeu este nome devido aos seus inventores e aperfeiçoadores (Hans Geiger e Walther Müller, entre 1913 e 1928).

A Figura 4-4 apresenta esquematicamente a aparência, estrutura e princípios de funcionamento de um contador Geiger-Müller. Basicamente o contador compreende duas partes: um tubo de detecção e um sistema de amplificação e registro. O tubo é uma câmara fechada em ambas as extremidades e preenchida por gás a baixa pressão. Uma das extremidades, a detectora, é fechada por uma película fina feita do mineral mica (um silicato), por exemplo. O gás a baixa pressão pode ser neônio ou argônio, portanto inerte. Um limitador da ionização descontrolada do gás é também incluído, por exemplo o vapor de uma substância orgânica. Entre o catódio (a parede da câmara) e o anódio (o fio central), aplica-se uma grande diferença de potencial (1000 volts). Se uma partícula ionizante entra no tubo através da película de mica, o gás é ionizado, formando cátions e elétrons livres.

O campo elétrico acelera os cátions em direção ao catódio. Os elétrons, por sua vez, dependendo de sua energia, tendem a deslocar elétrons de outras moléculas de gás e assim sucessivamente, o que gera uma avalanche que, ao atingir o anódio, provoca um pulso elétrico, i.e., uma queda repentina na tensão elétrica aplicada, que pode ser registrada pelo aparelho. Idealmente, cada partícula ionizante gera um pulso. Se o pulso for traduzido em sinal sonoro, por exemplo através de um alto-falante, cada partícula será ouvida como um "clique". Em filmes de ficção científica antigos, este fenômeno era muito explorado para impressionar o espectador.

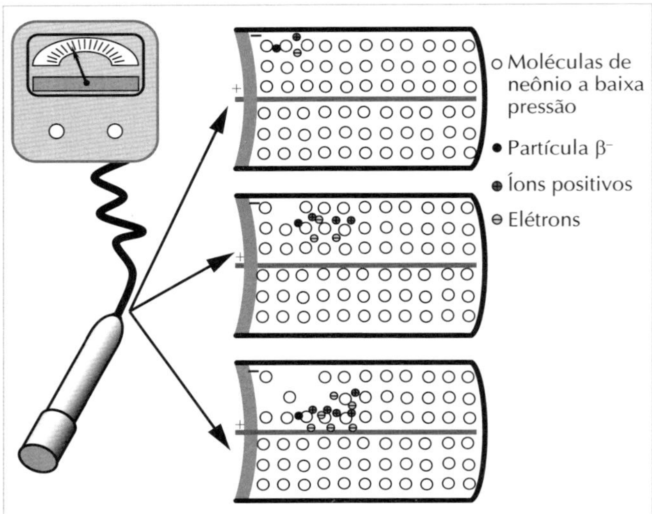

Figura 4-4 O contador Geiger-Müller.

Em termos ideais, as desintegrações podem ser quantificadas contando os pulsos elétricos gerados. Na prática, há muitas limitações que podem resultar em uma baixa eficiência da contagem. Uma delas é o tempo de resolução. Os tubos de Geiger-Müller costumam ficar "mortos" por um período curto após cada evento de ionização. Durante este tempo, qualquer partícula ionizante que penetrá-lo não será detectada. Seguindo o "período morto", há uma fase de recuperação, e, no início desta fase, as desintegrações também não poderão ser detectadas. O tempo de resolução é o tempo morto somado à parte insensível do tempo de recuperação que resulta em uma diminuição do número de desintegrações efetivamente contadas. Na prática, 3000 contagens por minuto podem ter um erro para menos de até 2%, por exemplo. O erro aumenta naturalmente com o número das desintegrações.

O contador Geiger-Müller foi inicialmente usado para detectar partículas α e β. Devido ao pequeno poder de penetração, principalmente das partículas α, é necessária uma parede de mica o mais tênue possível para reter o gás no interior da câmara. Densidades entre 1,5 e 2 mg/cm^2 têm sido utilizadas. Além disto, devido ao curto alcance das partículas α, distâncias acima de 10 mm da fonte de radiação não podem ser usadas. As partículas β, mais penetrantes, principalmente se forem de alta energia, podem ser detectadas. No entanto, isso exclui um isótopo muito importante para a bioquímica: o trício (^3H). Ademais, não há possibilidade de diferenciar as radiações α e β, nem desintegrações pelo seu nível de energia, algo muito importante na pesquisa bioquímica, como veremos adiante.

Medidas de radiação β com o contador Geiger-Müller também apresentam o problema da auto-absorção das emissões. Em uma amostra líquida (solução) ou sólida (um precipitado, por exemplo), as partículas emitidas na superfície têm acesso quase direto à fase gasosa do interior do tubo. As emitidas longe da superfície, no entanto, têm que atravessar várias camadas de material para chegar ao detector. Já as emitidas aquém de uma certa aproximação do tubo podem ser completamente absorvidas pela própria amostra. Neste ponto a fonte é então chamada de "infinitamente espessa", da mesma forma que na superfície ela é considerada como "infinitamente delgada". O problema é ilustrado pela Figura 4-5, que mostra a fração de desintegrações efetivamente detectadas diminuindo com a espessura da fonte. Para uma concentração uniforme da radioatividade na fonte, aumentos na espessura significam maior quantidade de radioatividade. Ou seja, a quantidade de radioatividade que se espera detectar deve aumentar linearmente com a espessura. Na prática, contudo, a fração detectada diminui gradativamente e, depois de certa espessura, o aumento subsequente dela não produz qualquer alteração na radioatividade. As partículas das desintegrações que estão no fundo da amostra simplesmente não atingem o detector.

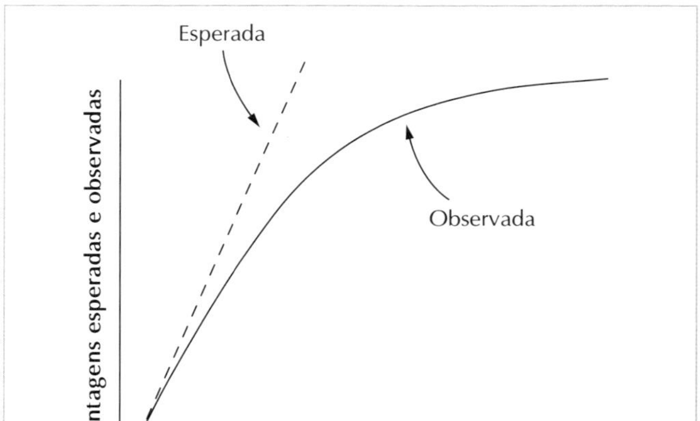

Figura 4-5 Típica curva de auto-absorção mostrando o efeito da espessura da amostra sobre as desintegrações efetivamente observadas.

Além dos problemas arrolados acima, a detecção da radioatividade com um tubo como o de Geiger-Müller tem problemas de geometria. Uma vez que a direção das emissões se distribui aleatoriamente nas três dimensões do espaço, somente aquelas direcionadas ao tubo podem ser detectadas. Veja este fenômeno na Figura 4-6, em termos estritamente bidirecionais para fins de ilustração. Evidentemente, apenas parte das desintegrações que atinge o tubo será detectada. Veremos adiante como outras técnicas de detecção resolvem satisfatoriamente este problema. É fácil deduzir que a reprodutibilidade da contagem em uma situação como a ilustrada pela Figura 4-6 requer um posicionamento extremamente cuidadoso das diversas amostras para reduzir a um mínimo de diferenças de contagem causadas meramente por posicionamentos diversos.

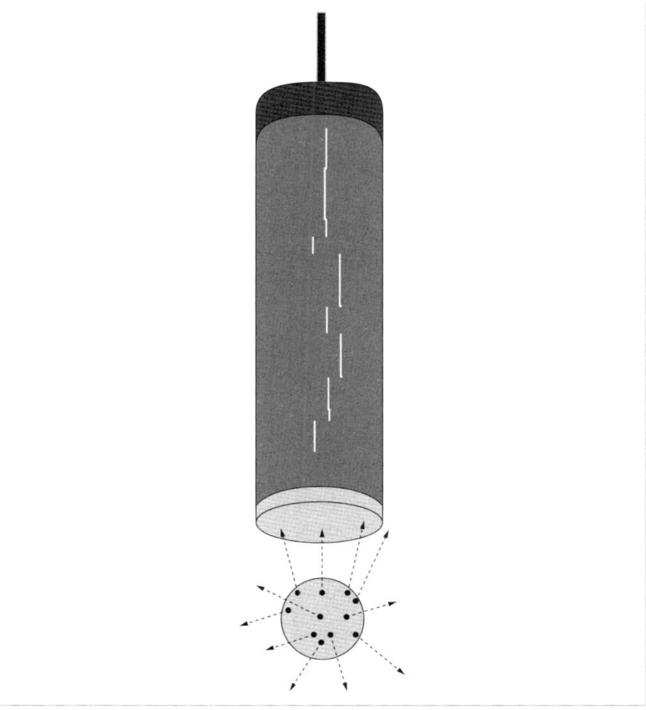

Figura 4-6 O efeito da aleatoriedade da desintegração e do direcionamento sobre a probabilidade de uma partícula resultante da desintegração atingir o tubo de detecção.

Contadores Geiger-Müller e seus análogos aperfeiçoados podem também ser utilizados para a detecção de raios γ. A eficiência, no entanto, é geralmente baixa quando comparada com a contagem de partículas α ou β. Um tubo de aço cromado pode ser usado. As interações dos raios γ de alta energia com este material produzem elétrons que, ao atingir o gás no interior do tubo, podem ionizá-lo. Isto é necessário porque os raios γ de alta energia interagem muito pouco com o gás a baixa pressão do interior do tubo. No entanto, com energia menor, os fótons interagem mais com o gás, e a sua ionização fica facilitada. Com baixa energia, haverá uma combinação de ionizações diretas e através da parede.

O tubo de Geiger-Müller original, contendo um gás inerte, não pode detectar nêutrons. No entanto, atualmente têm sido produzidos tubos capazes de detectar nêutrons, por exemplo com revestimento de boro ou contendo como gás de preenchimento trifluoreto de boro ou hélio-3. Os nêutrons interagem com o núcleo de boro e produzem partículas α. Se houver hélio-3 como gás, a interação com os nêutrons irá produzir hidrogênio, íons trício e elétrons. As partículas carregadas irão disparar a avalanche descrita acima.

A QUANTIFICAÇÃO DE AUTORRADIOGRAFIAS

A autorradiografia é muito útil para demonstrar vários fenômenos em termos qualitativos e semiquantitativos. A quantificação precisa já é um pouco mais problemática, no entanto não significa que não haja métodos que permitem quantificar autoradiografias, mesmo que sua precisão possa ser relativamente limitada.

A contagem dos grânulos de prata é o procedimento mais óbvio a ser seguido, pois quanto maior o número de grânulos, maior a quantidade de radioisótopo incorporada efetivamente. Maior ou menor densidade de grânulos é um fenômeno facilmente perceptível após um exame mesmo que superficial. A contagem das partículas, no entanto, proporciona uma base numérica à simples percepção. O número de grânulos pode ser expresso por unidade de área (por exemplo, por μm^2). Os grânulos não são pontos com densidade uniforme, havendo uma diminuição do centro para a periferia. Se a densidade for medida em função da distância do centro, obtém-se uma curva em forma de boca de sino, com um máximo no centro. Quando os grânulos apresentam um espaçamento relativamente grande entre eles, a contagem pode ser feita sem muitos problemas. À medida que a densidade aumenta, no entanto, surge o problema do "poder de resolução." Se ele for ultrapassado, torna-se difícil afirmar se há um ou mais grânulos em uma determinada posição (Figura 4-7). Assume-se que dois pontos de fonte radioativa em uma secção histológica podem ser distinguidos como duas fontes apenas se a distância entre os seus picos de densidade for maior do que suas larguras a partir da metade de suas densidades máximas. A curva mais escura na Figura 4-7A representa a soma das densidades dos grânulos de prata e mostra dois máximos claramente discerníveis.

Por outro lado, se a distância entre as duas fontes for menor do que as larguras no ponto correspondente à metade de suas densidades máximas, a soma das curvas irá mostrar apenas um máximo bastante amplo, como mostra a Figura 4-7B. Neste caso, não há possibilidade de distinguir os grânulos, e o conjunto terá que ser contado como um único grânulo. Pode ocorrer que vários grânulos se sobreponham dessa forma, o que impossibilita uma contagem precisa e pode exigir muitas repetições dos experimentos em condições distintas. Por outro lado, ao evitar o excesso de densidade de pontos em um local pela diminuição da quantidade de radioisótopo aplicada, corre-se o risco de que em outros pontos de um tecido a densidade se torne muito baixa e a contagem, por consequência, imprecisa. Uma solução seria usar emulsões que produzem grânulos menores, entretanto, evidentemente há limites para tal.

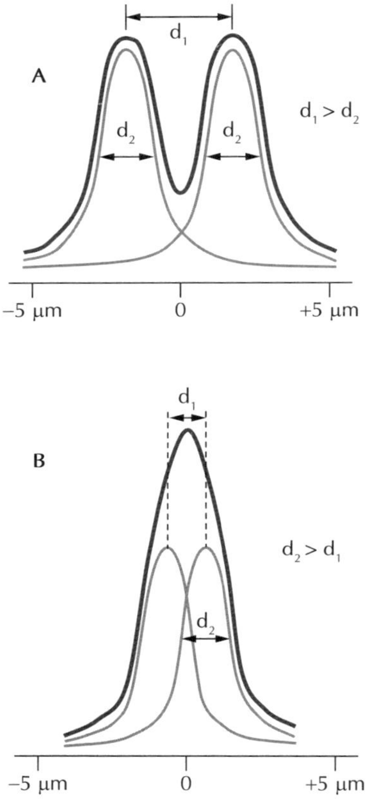

Figura 4-7 Representação esquemática do conceito de poder de resolução na contagem dos grânulos de prata na autorradiografia.

Autorradiografias de cromatogramas ou eletroforeses podem ser quantificadas através de densitometria. Basicamente existem dois tipos de densitômetros: o densitômetro de reflexão mede a quantidade de luz refletida, enquanto o de transmissão analisa a quantidade de luz que atravessa o suporte transparente, de modo semelhante ao espectrofotômetro. Se o suporte for diáfano (um gel, por exemplo) ou puder ser diafanizado (tornado transparente), utiliza-se o densitômetro de transmissão. Se não, usa-se o de reflexão (Figura 4-8).

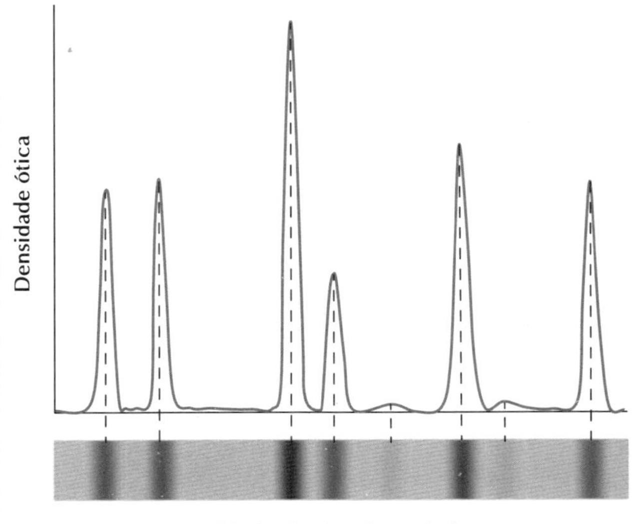

Figura 4-8 Densitometria de um cromatograma (ou uma eletroforese) revelada por autorradiografia, mostrando a transformação das manchas no gel em densidade ótica relativa.

As manchas no cromatograma revelado por autorradiografia têm intensidades diferentes. Quanto mais intensa a coloração, maior a quantidade de material naquela posição. Os valores de pico e, melhor ainda, as áreas sob as curvas são proporcionais à quantidade de radioatividade. Esta, por sua vez, guarda relação com a quantidade de material em cada mancha. Pode-se, inclusive, fazer uma calibração cromatografando ou submetendo à eletroforese quantidades conhecidas. A principal fonte de erro da densitometria é semelhante ao erro das medidas de absorbância. Quando a intensidade da mancha é excessiva, o sistema satura e deixa de responder. No caso da transmitância, se a quantidade de luz que chega ao detector for mínima, aumentos na densidade deixam de ser detectados. Também a reflectância pode tornar-se mínima a partir de uma certa intensidade de cor.

DISTRIBUIÇÃO CORPORAL TOTAL DE RADIOATIVIDADE

A distribuição corporal total de radioatividade consistia originalmente em uma detecção fotográfica da distribuição de um composto de interesse. A designação em inglês é *whole body autoradiography,* daí a sigla WBA. O pioneiro foi Sven Ullberg, que publicou o primeiro estudo a analisar a distribuição da [^{35}S]penicilina em 1954. A técnica básica da WBA consiste na administração da substância de interesse na forma marcada (^{3}H ou ^{14}C, na maioria das vezes) em animais de laboratório. Após certo tempo, é executada a eutanásia e o congelamento das carcaças dos animais em diversos níveis, chamadas criosseccionadas (espessuras de 30-50 μm). O seccionamento é feito de modo a capturar todos os tecidos ou algum de particular interesse. As secções são analisadas pelas técnicas autorradiográficas já descritas.

Em termos de autorradiografia clássica, os resultados são basicamente de natureza qualitativa pelas razões já expostas. No entanto, sempre foi importante saber como agentes terapêuticos, principalmente drogas, se distribuem pelos diversos órgãos. Por isto, as agências reguladoras passaram a exigir que, para qualquer nova droga, fossem feitos estudos sobre sua distribuição corpórea e tecidual antes da liberação para uso terapêutico. A partir de 1980, a quantificação se tornou possível graças ao uso de outras técnicas de detecção que não fossem fotográficas, o que levou ao desenvolvimento da autorradiografia corporal total quantitativa (QWBA, ou *quantitative whole body autoradiography* em inglês). Para entender melhor a maneira como são obtidas imagens que permitem avaliações quantitativas, são importantes os conceitos que serão delineados no próximo capítulo.

EXERCÍCIOS RESOLVIDOS

1. Um aluno impressionou-se com a informação de que um homem de 70 kg possui ^{40}K suficiente para gerar aproximadamente 256000 dpm. O ^{40}K sofre decaimento β^- em 89,28% das vezes (E_{max} de 1310 keV) e, por captura de elétrons, em 10,27% das vezes, com emissão γ de 1460 keV. O aluno pensou imediatamente em detectar esta radioatividade com o contador Geiger-Müller do laboratório, ao qual tinha acesso. Posicionou o detector em diversas partes do próprio corpo, no entanto ficou decepcionado ao constatar que o aparelho continuou acusando praticamente a mesma radiação de fundo do ambiente. Explique esta observação, aparentemente contraditória, com a informação de que o corpo humano possui razoável quantidade de ^{40}K.

Resolução:

O que ocorreu com o procedimento adotado pelo aluno é que apenas uma fração mínima das partículas geradas pela desintegração do ^{40}K no corpo humano atinge o tubo do contador Geiger-Müller. O potássio está distribuído quase que uniformemente nas três dimensões do espaço. Apenas as desintegrações de uma pequena área da superfície mais externa da pele são detectáveis por um contador Geiger-Müller. As demais desintegrações são absorvidas no interior do corpo ou dirigidas para outras direções. E a radiação γ, que também será muito pequena para uma área tão restrita, não pode ser detectada pelo tipo mais usual de contador Geiger-Müller. Assim, não é de admirar que o aluno não tenha conseguido detectar quase nada significativo acima da radiação de fundo. Na verdade, mesmo em uma amostra contendo KCl puro, disponível comercialmente, pouca radioatividade será detectada por um contador Geiger-Müller comum. Uma experiência neste sentido revelou um aumento de apenas 5 cpm acima da radiação de fundo.

2. A mifepristona (também chamada de RU-486) é uma antiprogesterona esteroidal sintética e um fármaco antiglicocorticoide. É um esteroide que apresenta semelhança estrutural com a progesterona ao ser utilizado como abortivo nos primeiros meses de gravidez e, em pequenas doses, como contraceptivo de emergência. Três lotes de ratas (fêmeas) foram injetadas com: (a) [^{3}H]progesterona; (b) [^{3}H]mifepristona; (c) [^{3}H]-progesterona + mifepristona. Em todos os casos, as quantidades das substâncias injetadas, radioativas ou não, foram iguais. Quinze minutos após a injeção, as ratas foram sacrificadas e os úteros removidos. Autorradiografias foram feitas com secções finas da mucosa uterina, e os grânulos de prata revelados foram contados. As quantidades encontradas estão listadas na Tabela 4-2. Interprete os dados e deduza o modo de ação da mifepristona.

(Shi & Zhu, 2009)

Tabela 4-2 Dados experimentais do exercício 2.

Injeções	[^{3}H]Progesterona	[^{3}H]Mifepristona	[^{3}H]Progesterona + mifepristona
Contagem de grânulos de prata por célula	8	8	2

Resolução:

O número médio de grânulos de prata por célula foi o mesmo nas ratas injetadas com [^{3}H]progesterona e [^{3}H]mifepristona, ou seja, os dois compostos ligam da mesma maneira ao receptor nuclear das células da mucosa uterina. No entanto, a ligação da [^{3}H]progesterona diminuiu em 75% quando uma quantidade igual de mifepristona não marcada foi administrada. A mifepristona, portanto, compete favoravelmente com a progesterona pela ligação ao receptor, o que se deve à semelhança estrutural. Limitando o estímulo do receptor pela progesterona, não haverá ativação suficiente na síntese das proteínas necessárias para promover a gravidez. Isto provoca o colapso do endométrio e o surgimento precoce da menstruação.

Capítulo 5

Quantificação por cintilação em líquidos e sólidos

ASPECTOS GERAIS

A detecção de radioatividade por cintilação baseia-se no fenômeno de que a radiação incidente pode provocar pulsos luminosos em certos materiais, que são chamados coletivamente de cintiladores. Estes geram fótons, que um dispositivo detector (fotomultiplicador), converte num pulso elétrico que é adequadamente processado por um circuito eletrônico.

Contadores de cintilação são amplamente utilizados para a proteção radiológica no ensaio de materiais radioativos e em pesquisas de física nuclear, porque podem aliar custo relativamente baixo com boa eficiência. Além disto, permitem medir tanto a intensidade da radiação quanto sua energia. Todas essas virtudes fazem dos contadores de cintilações dispositivos ideais para a pesquisa bioquímica, conforme veremos a seguir.

Os contadores de cintilação podem contar a radioatividade de amostras sólidas ou líquidas. Cada tipo de contagem tem seus campos de aplicação, embora na pesquisa bioquímica a quantificação da cintilação em líquidos predomine.

É importante salientar que a radioatividade foi descoberta em 1896 por Henri Becquerel, justamente através da fosforescência (i.e., emissão de luz) dos sais de urânio. O primeiro sistema para contar cintilações era muito simples: uma fonte de raios α em uma sala escura, um cristal de sulfeto de zinco em frente a um olho humano atento e a disposição para contar as cintilações no cristal. Em um desenvolvimento posterior, a contagem foi facilitada com o auxílio de uma lupa, como no caso do *espintariscópio* de Crooks, idealizado em 1903 (Figura 5-1). No entanto, ao longo do tempo foram desenvolvidos aparelhos cada vez mais práticos, eficientes e sofisticados, que incorporam atualmente todas as facilidades que as modernas eletrônica e informática podem oferecer. O contador de cintilações moderno foi inventado em 1944 por *sir* Samuel Curran, quando trabalhava no projeto Manhattan, na Universidade da Califórnia. O objetivo da invenção era medir pequenas quantidades de urânio, e a novidade foi a utilização dos então recém-inventados tubos fotomultiplicadores, que permitem contar com precisão os instantâneos de luz.

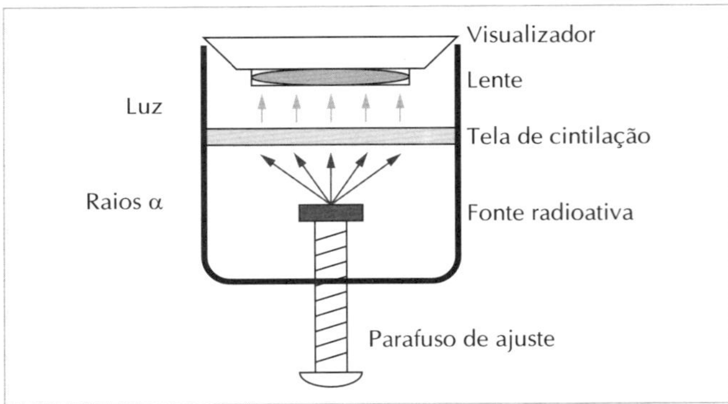

Figura 5-1 Esquema de um espintariscópio, o primeiro dispositivo idealizado para contar cintilações.

CINTILAÇÃO EM LÍQUIDOS

Princípios básicos

Na cintilação líquida, a amostra contendo isótopo ou isótopos radioativos é dissolvida em um líquido em que o cintilador também foi dissolvido. Desta forma, os fótons são gerados dentro da própria amostra – ao contrário do que ocorre com a cintilação sólida, em que os fótons são gerados externamente à amostra, como no caso do espintariscópio. A amostra é adicionada ao líquido contendo o cintilador, e a mistura é colocada em um frasco de vidro, livre de potássio ou de plástico, conforme ilustrado pela Figura 5-2. A ausência de potássio é importante por causa da presença natural do isótopo ^{40}K, cuja desintegração é significativa e poderia interferir nas medidas.

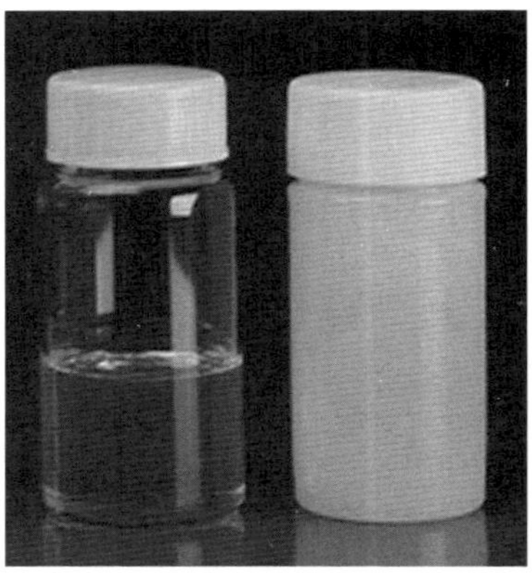

Figura 5-2 Amostras típicas para contagem de cintilação em meio líquido.

Os eventos básicos da cintilação líquida são os seguintes:

1) a energia das partículas emitidas durante a desintegração radioativa é absorvida pelas moléculas do solvente, que ficam excitadas;
2) a energia de excitação é transferida para as moléculas do cintilador (soluto), cujos elétrons sobem para um estado energético superior ($E_{exc} + e \rightarrow e^*$);
3) quando esses elétrons retornam ao estado basal, emitem o excesso de energia na forma de fótons ($e^* \rightarrow e + h\nu$).

O produto hν tem as dimensões de energia, pois *h* é a constante de Planck e ν representa a frequência da onda luminosa (ver Capítulo 2).

A eficiência da contagem líquida depende fundamentalmente da eficiência com a qual a energia da desintegração é transferida ao cintilador. Por sua vez, a eficiência depende da energia da radiação e da natureza do solvente e cintilador. Um sistema solvente-cintilador muito comum é a combinação tolueno (solvente) e difeniloxazol (cintilador). É uma mistura que dissolve bem amostras apolares, o que a torna pouco adequada para amostras biológicas, a menos que outros solventes mais polares sejam adicionados. No Capítulo 6, a problemática relacionada ao líquido de cintilação será abordada de modo mais detalhado, com uma análise dos diversos solventes e cintiladores disponíveis no mercado.

Dependendo das condições, a contagem da cintilação líquida pode ser altamente eficiente, sobretudo para a emissão β^-, sendo possível detectar 100% das desintegrações em muitos casos, devido ao fato de praticamente todas as partículas β^- serem absorvidas dentro do frasco de cintilação, eliminando assim os problemas decorrentes da geometria que ocorrem na contagem com o contador Geiger-Müller e na cintilação em sólidos.

Construindo um contador de cintilações

A peça central de qualquer contador de cintilações é o fotomultiplicador, dispositivo que permite a contagem dos instantâneos de luz gerados na amostra contendo solvente e cintilador. A Figura 5-3 apresenta um esquema enormemente simplificado e hipotético, para facilitar a compreensão do seu funcionamento. O fotomultiplicador consiste em um tubo a vácuo com uma das extremidades fechadas por um material fotossensível, chamado catódio ou fotocatódio. O material mais comumente utilizado é o vidro de borossilicato. Entre o fotocatódio e o anódio, situado interiormente, aplica-se uma grande diferença de potencial, entre 1000 e 2000 volts. Se um pacote de fótons atinge o fotocatódio, elétrons podem ser emitidos em consequência do efeito fotoelétrico e do espalhamento Compton, conforme já discutido no Capítulo 2. Os elétrons tendem a migrar em direção ao anódio. Entretanto, no caminho, o número de elétrons que se movimenta pode ser bastante ampliado pelos dinodos estrategicamente colocados, os quais também estão polarizados positivamente. Isto ocorre, porque os elétrons vindos do fotocatódio podem ter energia suficiente para causar a deslocação de outros elétrons do primeiro dinodo, que, por sua vez, ao serem direcionados ao segundo dinodo, podem levar ao deslocamento de outros elétrons, e assim por diante. Se o fator de multiplicação for igual a 10, conforme o exemplo esquematizado na Figura 5-3, quatro dinodos podem gerar uma avalanche de 10.000 elétrons a partir de um único elétron deslocado pelo fotocatódio, provocando uma queda de potencial no anódio coletor, que pode ser registrada como um pulso. Se cada desintegração gerar um pacote de fótons e posteriormente um pulso elétrico detectável, teremos uma maneira indireta mas eficiente de contar as desintegrações.

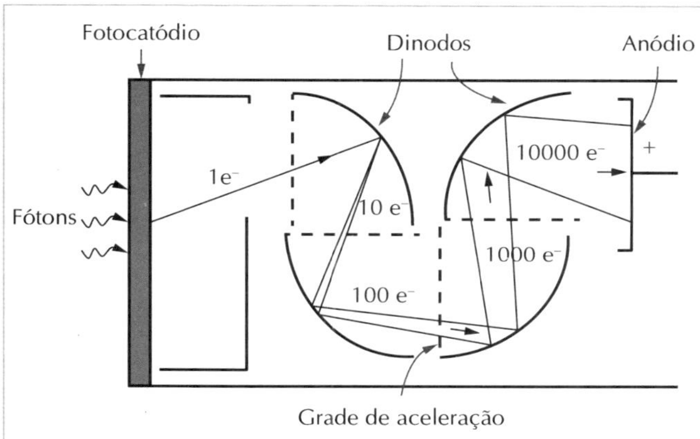

Figura 5-3 Características básicas de um fotomultiplicador consideravelmente simplificado.

O sistema da Figura 5-3 é formado por apenas quatro dinodos, mas usualmente o seu número é consideravelmente maior. Os dinodos são eletrodos feitos de material semicondutor, como AgMg, CuBe ou NiAl, que se tornam emissores secundários eficientes graças aos óxidos que se formam nas superfícies, como MgO, BeO e Al_2O_3. Cada dinodo é mantido com um potencial de aproximadamente 100 volts mais positivo do que o anterior. A sua disposição espacial é de tal ordem que a emissão secundária do anterior atinge a superfície do próximo.

A energia da desintegração irá determinar a quantidade de fótons em cada cintilação. Quanto maior a energia da partícula, maior será a quantidade de fótons gerada no líquido de cintilação. Quanto mais fótons, mais elétrons serão emitidos na janela (fotocatódio) do fotomultiplicador. Isto tornará maior a avalanche de elétrons que atinge o anódio, causando uma queda de potencial mais acentuada. Pode-se concluir que a extensão da queda de potencial (intensidade do pulso) reflete a energia da desintegração, gerando a perspectiva de que, além de contar os pulsos, será possível também medir a sua intensidade enquanto função da energia da desintegração.

Um analisador de intensidade de pulsos tem suas funções esquematizadas na Figura 5-4. Ele poderá rejeitar pulsos muito baixos ou acima de um determinado valor, dependendo das necessidades específicas da experimentação. Como veremos a seguir, essa propriedade terá grande utilidade em experimentos que analisam dois ou mais isótopos, com energias de desintegração diferentes.

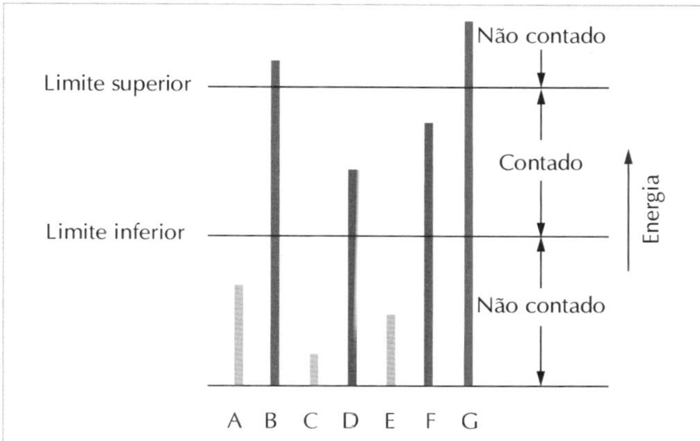

Figura 5-4 A lógica de operação do analisador de pulsos. Os pulsos A, C e E são rejeitados porque não alcançam o limiar inferior. Os pulsos B e G são rejeitados porque ultrapassam o limite superior. Os pulsos D e F são aceitos.

Podemos, neste ponto, propor tentativamente um esquema para um contador de cintilações, incluindo as noções discutidas até agora sobre o fotomultiplicador e a natureza dos pulsos gerados (Figura 5-5). O frasco onde ocorre a cintilação está posicionado próximo ao fotomultiplicador em que é aplicado um alto potencial elétrico. Após amplificação do sinal gerado pelo fotomultiplicador é feita uma análise da altura do pulso. Após isto, o valor é escalado, ou seja, fornecido ao usuário na forma de alguma unidade de medida, como cintilações por minuto (cpm).

Embora seja um esquema atraente pela sua simplicidade, aparelhos construídos dessa forma revelaram-se problemáticos para o uso rotineiro em laboratório, a menos que seja possível manter o fotomultiplicador em temperaturas muito baixas. Isto se deve aos "elétrons térmicos", isto é, aos elétrons que são emitidos espontaneamente pelo fotocatódio e que podem causar as mesmas avalanches direcionadas ao anódio que aqueles emitidos em função do efeito fotoelétrico. Este fenômeno resulta em uma contagem de fundo artificialmente alta, permitindo a contagem correta das desintegrações por unidade de tempo apenas quando estas forem muito altas. Este problema foi resolvido quando se passou a usar dois fotomultiplicadores e um circuito

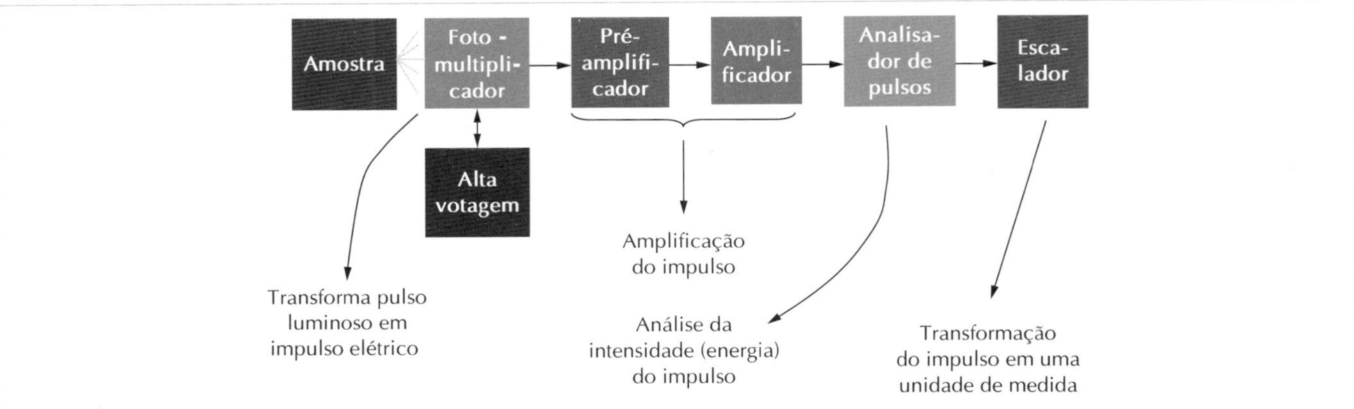

Figura 5-5 Esquema dos possíveis constituintes de um contador de cintilações primitivo.

ou unidade de coincidência, baseado no fato de que há dois tipos de pulsos: (1) os coincidentes no tempo, que resultam das desintegrações na amostra e são vistos por cada um dos foto-multiplicadores como tendo ocorrido em tempos iguais; (2) os não coincidentes no tempo, que são os emitidos no interior de cada um dos foto-multiplicadores e ocorrem aleatoriamente, sendo difícil coincidirem no tempo. Uma unidade de coincidência poderá eliminar a maior parte dos pulsos não coincidentes, dependendo do seu tempo de resolução t_r:

$$P_{nc} = 2 \times N_1 \times N_2 \times t_r \quad [5\text{-}1]$$

Na equação [5-1], P_{nc} representa o número de pulsos não coincidentes detectados por minuto e N_1 e N_2 os pulsos por unidade de tempo devidos ao ruído térmico dos fotomultiplicadores 1 e 2, respectivamente. Com um tempo de resolução de 50 nanosegundos ($8{,}33 \times 10^{-10}$ minutos), $N_1 = 100000$ e $N_2 = 100000$ cpm, P_{nc} será igual a 16,6 cpm, o que representa um ruído de fundo razoavelmente baixo. Note que, sem o circuito de coincidência, o ruído de fundo seria igual a 100000 cpm, caso apenas um foto-multiplicador fosse utilizado – um valor que inviabilizaria totalmente as medidas precisas em sistemas bioquímicos.

Um diagrama de um contador de cintilações com dois fotomultiplicadores, circuito de coincidência e apenas um canal de análise pode ser visto na Figura 5-6. O segundo fotomultiplicador é usado para monitorar coincidência. Quando um sinal chega à unidade de coincidência vindo deste fotomultiplicador, um portal eletrônico é aberto por um intervalo finito de tempo e, a qualquer sinal vindo do fotomultiplicador de análise, é permitida a passagem durante este intervalo. Pulsos provenientes da emissão de uma partícula β^- ou equivalente serão vistos simultaneamente pelo fotomultiplicador monitor e pelo analisador e serão contados, o que não ocorre com os pulsos que se originam dos elétrons térmicos.

Um dispositivo que faz a adição de pulsos e é padrão nos aparelhos de todos os fabricantes permite aumentar bastante a eficiência da contagem nos aparelhos modernos (Figura 5-7). Na situação **A**, um pacote de

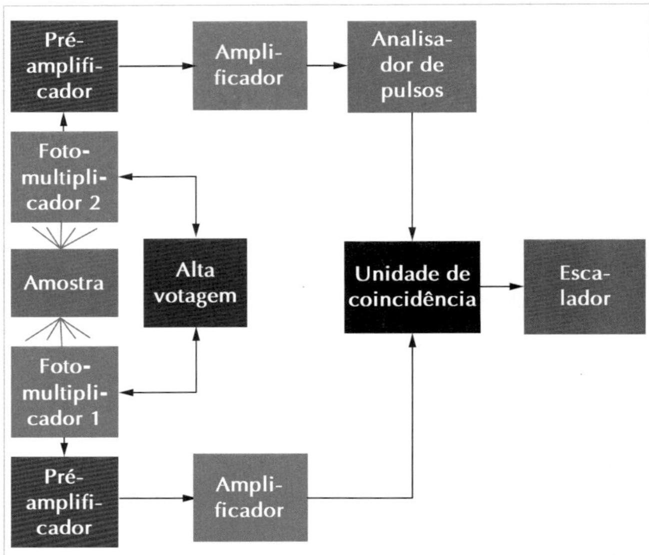

Figura 5-6 Diagrama de um contador de cintilações com dois fotomultiplicadores, unidade de coincidência e apenas um canal de análise.

fótons é emitido no centro da amostra, levando à produção de uma quantidade de fotoelétrons igual em cada um dos fotomultiplicadores. Já se a situação **B** for verificada, o fotomultiplicador 2 recebe mais fótons do que o fotomultiplicador 1 e, consequentemente, mais fotoelétrons serão emitidos naquele. O contrário irá ocorrer no caso **C**, em que o fotomultiplicador 1 irá emitir a maior parte dos fotoelétrons. Se os sinais dos dois fotomultiplicadores forem somados, haverá 100 fotoelétrons para cada pacote de fótons, conforme mostra a ilustração. No entanto, sem essa adição de pulsos, a intensidade total dos sinais resultantes de cada desintegração será igual à metade daquela obtida com a adição de pulsos. Assim, a adição de pulsos aumenta significativamente a capacidade de detecção, sobretudo, de desintegrações de baixa energia como as do trício ou da região de baixa energia de isótopos, como carbono-14 e outros de interesse bioquímico.

Estamos agora em condições de desenvolver um diagrama (Figura 5-8) de um contador de cintilações

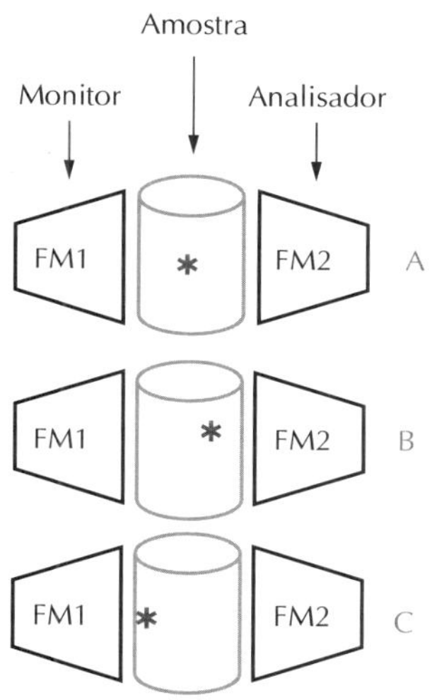

Número de foto-elétrons		Altura relativa de pulso	
FM1	FM2	Não somado (FM2)	Somado (FM1 + FM2)
50	50	50	100
10	90	90	100
90	10	10	100

Figura 5-7 Ilustração do princípio da adição de pulsos em um contador de cintilações com dois fotomultiplicadores (FM1 e FM2). O asterisco na amostra indica o local da desintegração no tubo.

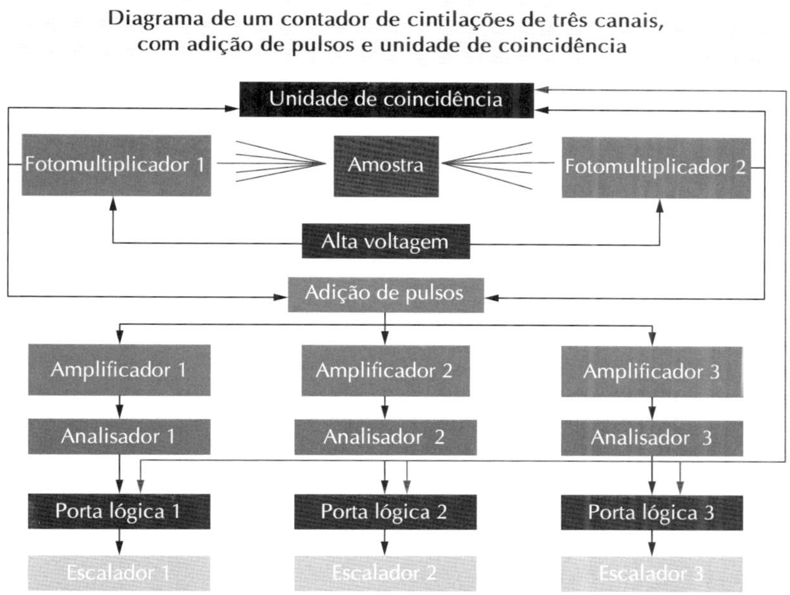

Figura 5-8 Diagrama de um contador funcional de cintilações de três canais.

que incorpora todos os dispositivos discutidos anteriormente, como a adição de pulsos, uma unidade de coincidência e três analisadores de altura de pulso, o que permite a contagem simultânea e a discriminação de três isótopos, desde que suas energias máximas de desintegração sejam significativamente diferentes, como é o caso do trício e do carbono-14, conforme revelam os espectros de energia na Figura 5-9. Veremos em um dos próximos capítulos os procedimentos que podem ser adotados para fazer a discriminação de até três isótopos distintos em uma mesma amostra.

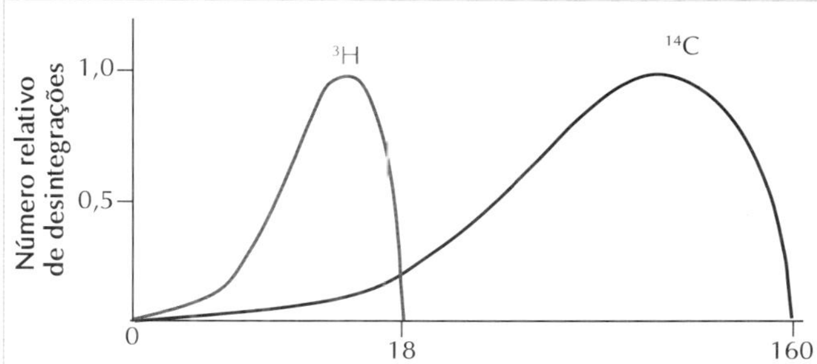

Figura 5-9 Espectros de energia do ^3H e do ^{14}C determinados em cintilação líquida. Note que a escala de energia não é linear, mas sim logarítmica.

CINTILAÇÃO EM SÓLIDOS

A cintilação em sólidos baseia-se no fato de que certos cristais ou compostos inseridos em materiais sintéticos, como o plástico, têm seus elétrons excitados ao serem atingidos por radiação; ao retornarem ao estado basal, estes elétrons liberam a energia extra na forma de fótons. Se forem raios γ, sem carga elétrica, sua energia é convertida em um elétron energético através do efeito fotoelétrico, do espalhamento Compton ou da formação de pares, conforme já mencionado no Capítulo 2. No cintilador a de-excitação (retorno ao estado basal) produz uma variedade de fótons de baixa energia, tipicamente nas cercanias da extremidade azul do espectro visível. O número destes fótons é proporcional à quantidade de energia da partícula ionizante.

O cintilador para a contagem sólida pode consistir em um cristal ou plástico transparente contendo uma substância que emita fluorescência quando atingida pela radiação. A Figura 5-10 mostra um conjunto de cintiladores de plástico. Os quatro blocos, quando justapostos, permitem que uma amostra circular (por exemplo, um frasco contendo um precipitado) seja posicionada no centro. Diferentes materiais servem a diferentes propósitos. O iodeto de césio (CsI), na forma cristalina, é usado como cintilador para a detecção de prótons e partículas α. O iodeto de sódio (NaI), contendo uma pequena quantidade de tálio, é usado como cintilador para a detecção de radiação γ, enquanto o sulfeto de zinco (ZnS) é amplamente utilizado como detector de partículas α. Por fim, o iodeto de lítio é usado para a detecção de nêutrons.

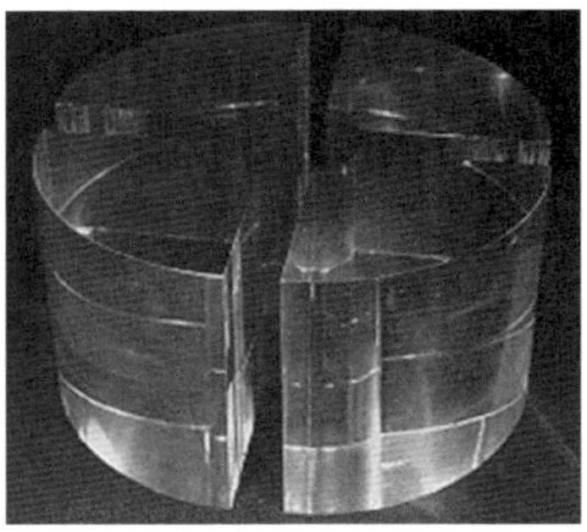

Figura 5-10 Conjunto de cintiladores sólidos de plástico.

A instrumentação para a contagem de amostras sólidas segue os mesmos princípios já descritos para a contagem líquida. Na pesquisa bioquímica, a cintilação sólida é usada sobretudo para medir radiação γ, pois esta tem maior alcance e sofre menos autoabsorção na própria fonte. A contagem sólida será especialmente útil quando o produto final de uma preparação contendo radiação γ for um precipitado pouco solúvel, difícil de dispersar homogeneamente em um líquido de cintilação. A exemplo do que ocorre com a utilização do contador Geiger-Müller, a cintilação sólida também pode ter problemas com a geometria: a radiação emitida para cima e para baixo no conjunto ilustrado pela Figura 5-10, por exemplo, não atinge o cintilador.

A EVOLUÇÃO DA INSTRUMENTAÇÃO

A evolução da instrumentação para a contagem de amostras tanto líquidas quanto sólidas ao longo das décadas se fez em íntima conexão com os progressos da eletrônica e da informática. A Figura 5-11 contrasta aparelhos de duas épocas distintas: um da década de 1960 (painel A) e um que foi oferecido pela indústria a partir da década 1990 (painel B). Os aparelhos antigos eram bem maiores, tinham uma aparência de móvel doméstico e eram equipados com rodinhas para facilitar sua movimentação. Os atuais são em geral aparelhos de bancada, embora a necessidade de blindagem de chumbo para suas fontes internas de raios γ os torne bem pesados.

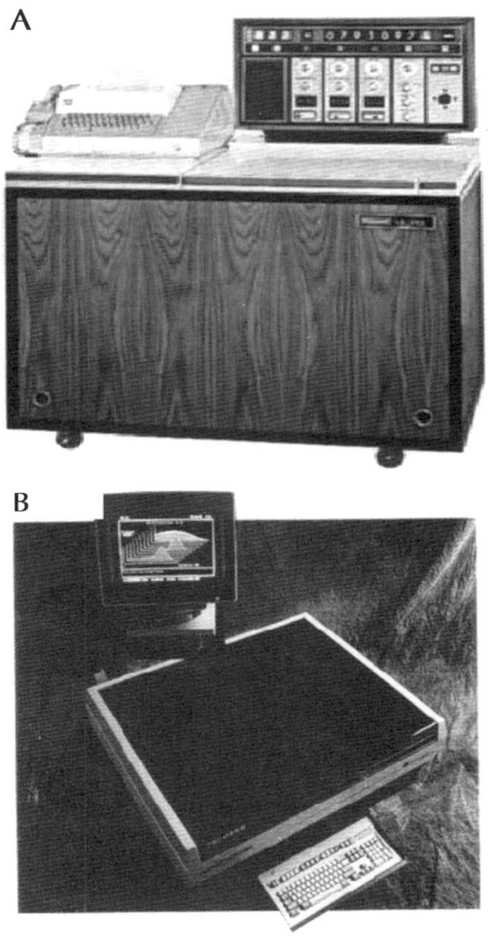

Figura 5-11 Um contador típico de cintilações da década de 1960 (A) comparado com o tipo de aparelho que tem sido produzido a partir da década de 1990.

Note no aparelho antigo (Figura 5-11A) a presença de uma impressora do tipo usado para mensagens de telex com botões analógicos do painel de controle. Estes detalhes refletem o estágio da eletrônica da época. Com o microprocessamento, introduzido a partir da década de 1980, aos poucos os aparelhos foram sendo controlados por microcomputadores, tendo desaparecido a necessidade de impressão imediata dos resultados da contagem. As operações, que inicialmente eram controladas no ambiente DOS (*disk operating system*), passaram em pouco tempo a ser controladas no ambiente Windows ou equivalentes, o que, claro, facilitou enormemente a interação com o usuário. Há um detalhe no qual os aparelhos novos não diferem dos mais antigos, como o da Figura 5-11A: a contagem é totalmente automatizada. Isto é muito necessário para fins práticos, pois a contagem de cada amostra leva obrigatoriamente algum tempo, não sendo incomuns intervalos de 10 minutos. Assim, um dispositivo automatizado de troca de amostras se torna quase indispensável em termos práticos. Um dispositivo muito utilizado é o sistema de esteira (Figura 5-12), que conduz as amostras em sequência até o fosso de um minielevador e este posiciona a amostra corretamente em frente aos fotomultiplicadores. Mas existem sistemas alternativos. A moderna eletrônica facilitou sobremaneira o controle preciso dos movimentos desses sistemas, de acordo com programas de contagem previamente estabelecidos e controlados pelo usuário.

Figura 5-12 Vista superior da esteira trocadora de amostras de um contador de cintilações.

CONTAGEM α E γ EM CINTILAÇÃO LÍQUIDA

Radiação α

Embora o rendimento em termos de fótons seja relativamente baixo, é possível medir emissores α em cintilação líquida. O baixo rendimento é compensado pelas altas energias da desintegração que, como vimos no Capítulo 2, situam-se acima de 5000 keV. Os espectros dos emissores α como também vimos no Capítulo 2, são espectros de linha. Contudo, em cintilação líquida, aparecem espectros bem mais amplos, em forma de sino, com uma energia aparente muito mais baixa (Figura 5-13). A figura mostra o espectro de energia da desintegração α do amerício-241. Note que o pico situa-se abaixo de 500 keV.

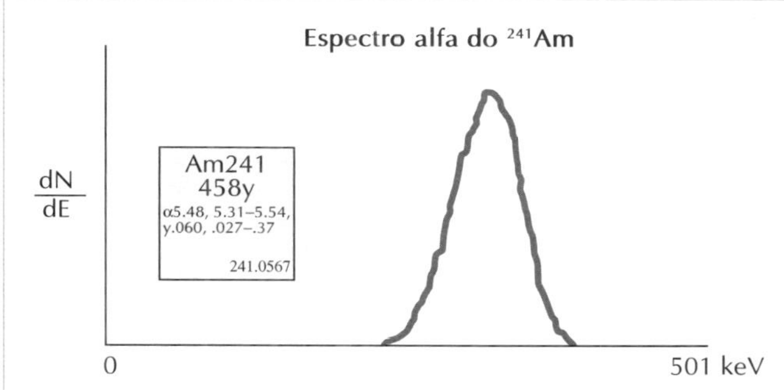

Figura 5-13 Espectro de energia da desintegração α do amerício-241 em cintilação líquida.

Além de ser possível contar desintegrações α com grande precisão, a tecnologia moderna permite discernir desintegrações α de desintegrações β^-, graças aos tempos de decaimento diferentes dos pulsos luminosos gerados pelas respectivas desintegrações no líquido de cintilação. O tempo da radiação α é bem maior do que o tempo da radiação β^-. A Figura 5-14 ilustra o transcurso de tempo de um pulso de luz gerado em cintilação líquida.

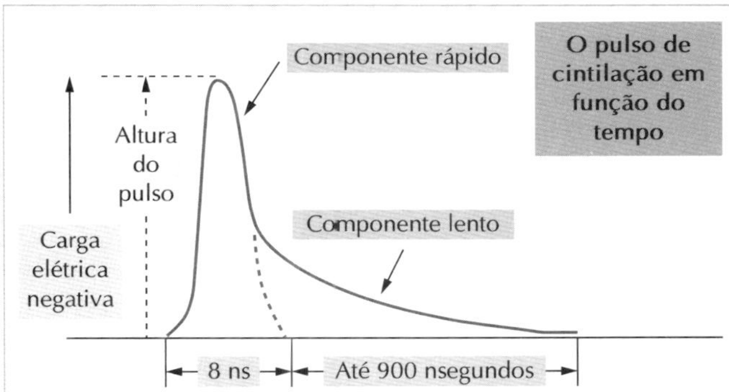

Figura 5-14 Transcurso de tempo de um típico evento de cintilação gerado por uma partícula α.

Este pulso tem tipicamente um componente rápido, que decai na faixa de 8 nsegundos, e um componente lento, cujo decaimento pode estender-se até 900 nsegundos. No caso da radiação α, o segundo componente é muito mais alongado do que o da radiação β^-, o que permite distingui-las. A Figura 5-15 ilustra a diferenciação de uma mistura de emissores α e β^-: o espectro de energia combinado total, apresentado à esquerda em miniatura no frasco de cintilação, foi discriminado no seu componente β^- (acima à direita) e o seu componente α (abaixo, à direita). Isto é possível graças a um dispositivo de análise de decaimento de pulsos, geralmente disponível como um acessório opcional para a maior parte dos aparelhos presentes no mercado.

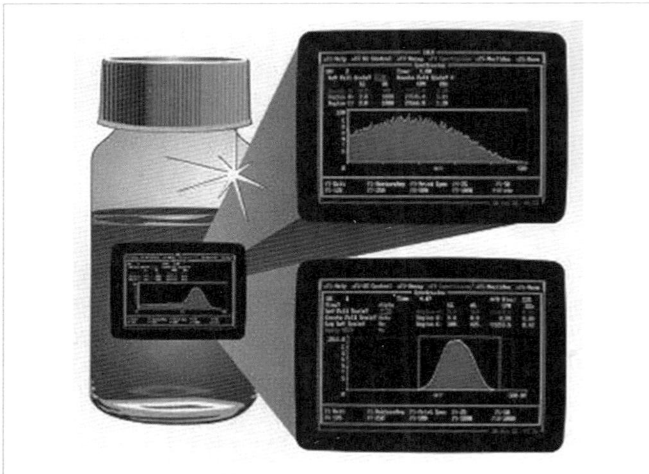

Figura 5-15 Resolução dos espectros de energia da desintegração de um emissor β^- e um emissor α, usando um dispositivo de análise de decaimento de pulsos.

Radiação γ

A radiação γ pode ser medida em cintilação líquida por ser capaz de transferir energia a elétrons ao incidir nos átomos de C, N, O e H do sistema de cintilação, de acordo com o seguinte esquema:

(a) energia < 20 keV, efeito fotoelétrico; toda a energia é transferida para um único elétron;

(b) 20 keV < energia < 100 keV, efeito fotoelétrico e Compton;

(c) 100 keV < energia < 3000 keV, efeito Compton;

(d) energia > 3000 keV, produção de pares de elétrons.

Os elétrons ativados comportam-se de maneira semelhante às partículas β^-, o que acaba gerando fótons, i.e., luz no sistema de cintilação. Esta cintilação, naturalmente, será contada da mesma forma que a cintilação gerada pela desintegração β^-.

A Figura 5-16 mostra um espectro de energia típico de um emissor γ, o ^{125}I, que apresenta dois picos em cintilação líquida. A emissão γ do ^{125}I decorre da captura de elétrons e pode ser, portanto, medida com alta eficiência em cintilação líquida. Embora seja mais prático quantificar a radiação γ em um contador de amostras sólidas, com frequência a cintilação líquida permite uma contagem mais eficiente, conforme revela a Tabela 5-1. Em alguns casos, ela é nitidamente superior. No entanto, a contagem com amostras sólidas tem a grande vantagem de não apresentar necessidade de dissolver a amostra em um líquido de cintilação, principalmente no caso de precipitados de difícil dissolução, como os complexos antígeno-anticorpo, muito frequentes em técnicas de dosagem altamente específicas e sensíveis, conforme veremos em capítulos posteriores.

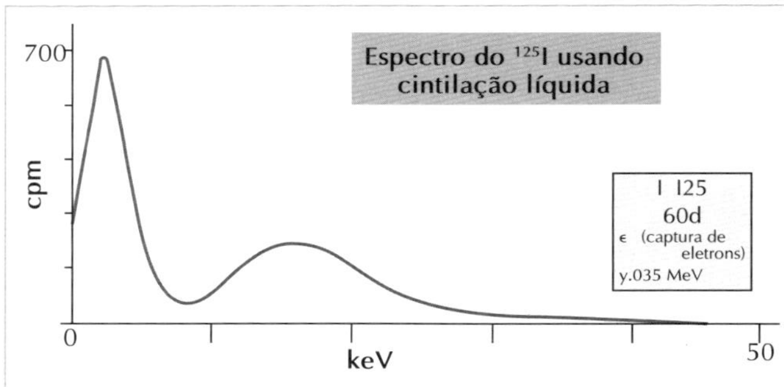

Figura 5-16 O espectro de energia de emissão γ do ^{125}I em cintilação líquida.

Tabela 5-1 Comparação de eficiências de contagem de emissores γ em cintilação líquida e sólida.

Isótopo	Eficiência de contagem (%)	
	Líquida	Sólida
^{22}Na	96	56
^{51}Cr	34	4-5
^{57}Co	71	78
^{59}Fe	95	25
^{125}I	78	78

QUANTIFICAÇÃO DA DISTRIBUIÇÃO CORPÓREA DE RADIAÇÃO

Vimos no Capítulo 4 que a autorradiografia foi muito usada no passado para estudar a distribuição corporal da radioatividade após a administração de drogas e outros reagentes e que o grande problema deste tipo de estudos foi justamente a quantificação, que é difícil de realizar com as técnicas autorradiográficas tradicionais. A questão começou a ser resolvida a partir de 1979, quando se introduziu a tecnologia de imagem por fosforescência (*phosphor imaging technology*), que possibilitou a análise quantitativa de imagens de radiação β em amostras sólidas. Em seu conjunto, a técnica é chamada de autorradiografia quantitativa de corpo inteiro e é conhecida na literatura pela já mencionada sigla QWBA.

Na verdade, a imagem por fosforescência é uma forma de cintilação em estado sólido, no qual o material radioativo pode ser detectado em um campo bidimensional. Similarmente à autorradiografia tradicional, que usa filme fotográfico, a imagem por fosforescência pode reconhecer compostos marcados em uma variedade de preparações. As imagens são retidas eletronicamente após um tempo de exposição relativamente curto e podem ser quantificadas (Figura 5-17). As amostras são essencialmente cortes histológicos preparados de forma similar ao descrito no Capítulo 4. É possível usar outras preparações, como cromatografias e eletroforeses.

Na tecnologia relacionada ao QWBA, em geral não se usa a palavra cintilação ou cintilador, mas *phosphor*, isto é, *fósforo* em português (não se refere ao elemento fósforo). O termo *phosphor* costuma ser aplicado a qualquer um dos vários compostos de metais de transição ou de terras raras que exibem fosforescência. O termo cintilador é mais amplo e refere-se a qualquer substância que emita luz sob a ação de uma partícula de alta energia.

A QWBA foi rapidamente adotada e validada pela indústria farmacêutica e passou a ser exigida pelas agências reguladoras em âmbito mundial como um pré-requisito para o lançamento de novos medicamentos.

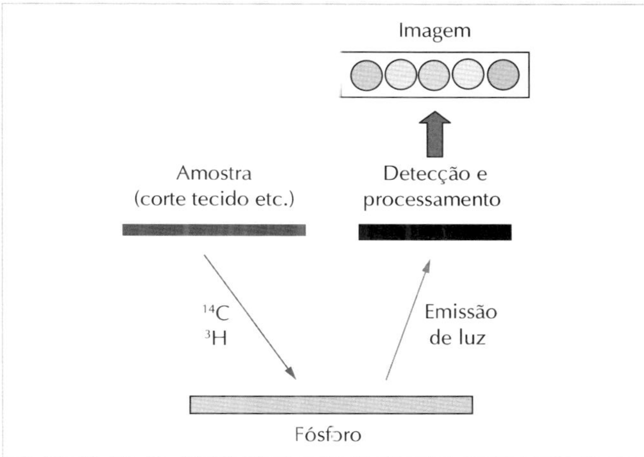

Figura 5-17 Diagrama altamente simplificado de um sistema de obtenção de imagens na tecnologia de autorradiografia quantitativa.

A técnica permite quantificar a distribuição da radioatividade ligada a uma droga marcada de modo muito sensível. A quantificação é feita com base em sistemas de calibração, porém os dados fornecem apenas a marcação total, não a droga especificamente. Ou seja, o sistema não fornece dados sobre a transformação metabólica; consequentemente, a distribuição dos metabólitos não marcados também não pode ser inferida.

Capítulo 6

Eficiência da contagem líquida e erro estatístico

Para que haja 100% de eficiência na contagem das desintegrações em uma amostra líquida de determinado isótopo, é necessário que cada desintegração produza um número suficiente de fótons para ser detectado. Isto, no entanto, nem sempre ocorre. Os motivos são vários, como uma energia de desintegração muito baixa, o que ocorre nas regiões de baixa energia do espectro de desintegração do trício. Desta forma, mesmo em condições ideais, não é possível contar mais do que 65% das desintegrações do trício em cintilação líquida. Por outro lado, em condições ideais no caso do carbono-14, assim como de outros isótopos, é possível contar quase 100% das desintegrações. As condições ideais, porém, não são muito comuns. Na verdade, quase nunca podem ser estabelecidas para uma amostra biológica, pois sua natureza é aquosa e, portanto, polar, enquanto o líquido de cintilação é idealmente apolar, por razões que veremos a seguir. Desta forma, a eficiência da contagem quase nunca será de 100% e é importante fazer algum monitoramento da eficiência da contagem na maioria das vezes – caso contrário, não será possível comparar as avaliações de amostras contadas com eficiências diferentes. A detecção e a correção das eficiências das contagens são problemas centrais do trabalho com radioisótopos. O termo da língua inglesa *quench* ou *quenching* é frequentemente usado no jargão laboratorial para designar a queda de eficiência na contagem provocada por diversos fatores. Neste livro, usaremos predominantemente a palavra *extinção* para designar este fenômeno.

A NATUREZA DA EXTINÇÃO (*QUENCHING*)

Se houver *extinção*, naturalmente é porque algum fator afetou a produção de fótons na mistura de cintilação. Há várias causas possíveis para tal, como a própria amostra ser opaca à luz emitida pelo cintilador quando o líquido de cintilação se apresenta turvo (Figura 6-1). Não havia turbidez antes da adição da amostra, sendo gerada depois, o que ocorre em geral quando líquidos não miscíveis são misturados. No caso da Figura 6-1, o líquido de cintilação, à base de tolueno ou mesmo tolueno puro, não mistura com água. O problema pode ficar mais sério se houver a formação de

Figura 6-1 Contraste entre o frasco contendo apenas tolueno somado a cintilador e um frasco ao qual foi adicionado uma amostra aquosa.

duas fases. Mais adiante, veremos como pode ser solucionado. Além da absorção da luz emitida, a turbidez pode também diminuir a eficiência da transferência da energia de desintegração do solvente para o cintilador. Além disso, a eficiência será afetada quando houver substâncias que absorvam luz no espectro visível (Figura 6-2). A presença de coloração revela a absorção de certos segmentos do espectro eletromagnético, que não atingirão os fotomultiplicadores, resultando em uma queda de eficiência que será proporcionalmente maior à intensidade da cor.

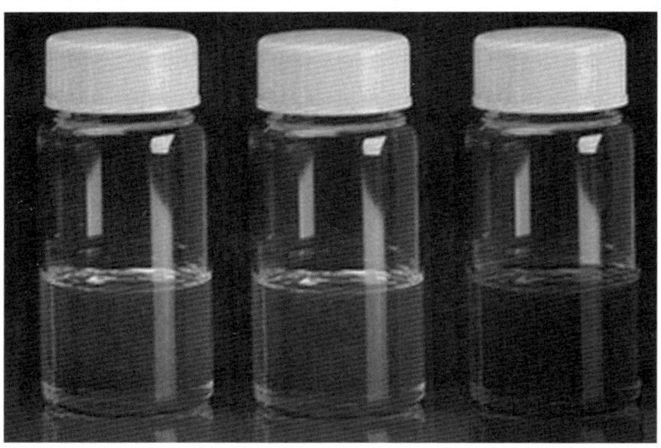

Figura 6-2 Contraste entre a aparência usual do líquido de cintilação (à esquerda) e tons diferenciados gerados pela introdução de amostras coloridas.

Eventualmente, por ação das partículas emitidas ou outros fatores, podem ocorrer reações químicas que produzem fótons. Eles podem ser indistinguíveis daqueles resultantes da desintegração radioativa e, portanto, irão afetar a contagem. Neste caso, haverá uma contagem mais alta do que aquela que efetivamente deveria ocorrer.

Os efeitos da extinção aparecem nitidamente nos espectros de energia dos isótopos. A Figura 6-3 ilustra o fenômeno com o trício e o carbono-14. O primeiro efeito é o deslocamento do valor aparente da energia máxima (E_{max}) naturalmente para uma energia menor. Ao mesmo tempo, haverá uma alteração na forma do espectro de energia, e um segmento maior da curva será deslocado para regiões de baixa energia. Isto vale tanto para o carbono-14 quanto para o trício ou outro isótopo qualquer. Como em regiões de baixa energia muitas desintegrações não podem ser detectadas, a eficiência da contagem diminui. O efeito, em termos gerais, tende a ser maior para isótopos de baixa energia de desintegração, sendo que a contagem do trício pode ser bastante afetada.

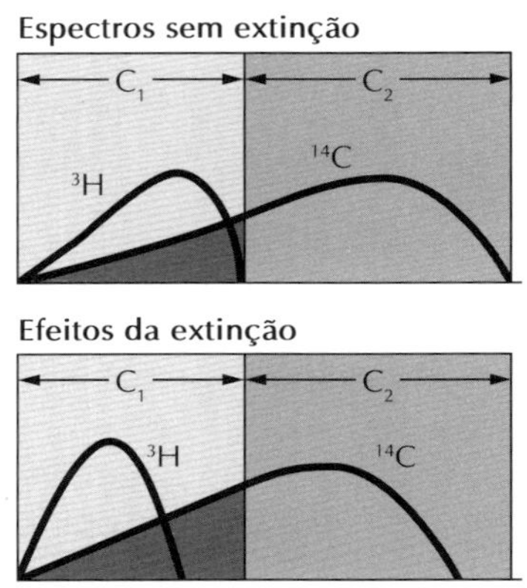

Figura 6-3 Efeitos da extinção sobre os espectros de energia da desintegração do carbono-14 e do trício.

Conforme se pode deduzir a partir da Figura 6-3, a discriminação de isótopos pode ser muito afetada pela extinção. Como veremos no próximo capítulo, a discriminação isotópica depende da exata determinação da fração de cada isótopo em diversas regiões do espectro de energia, que se expressa nos valores dos diversos coeficientes a serem introduzidos nas equações que permitem calcular a quantidade de cada isótopo. A extinção afeta justamente a posição da energia máxima e, portanto, muda os valores dos coeficientes necessários para os cálculos. Desta forma, os coeficientes precisam ser determinados para cada nível de extinção – caso contrário a discriminação isotópica poderá apresentar grandes erros.

COMPONENTES DO SISTEMA DE CONTAGEM

A natureza do solvente

No Capítulo 5, ao delinear o mecanismo que gera luz no líquido de cintilação, foi mencionado que o primeiro evento é a excitação dos elétrons do solvente. Ela é comunicada aos elétrons do cintilador, o que acaba levando à produção de luz (pacotes de fótons). Não é qualquer solvente que pode ser utilizado para isto: apenas alguns são realmente apropriados. Já mencionamos o tolueno como solvente adequado para o líquido de cintilação. Ele se caracteriza por ser uma molécula que possui elétrons π deslocalizados, isto é, tem uma estrutura aromática (Figura 6-4). Os elétrons deslocalizados sofrem com muito mais facilidade transições entre o estado basal de descanso e o estado excitado. O retorno ao estado basal é assegurado quando o excesso de energia pode ser transferido para outra molécula, cujos elétrons também podem sofrer transições. Esta outra molécula é o cintilador, do qual falaremos na próxima seção.

É esperado que solventes cujas moléculas possuam elétrons deslocalizados tenham um comportamento próximo ou semelhante ao do tolueno, como pode ser confirmado pela análise da Tabela 6-1, que lista uma série de solventes com parâmetros relacionados ao seu uso em cintilação líquida. A altura relativa do pulso e a eficiência na contagem são parâmetros relacionados.

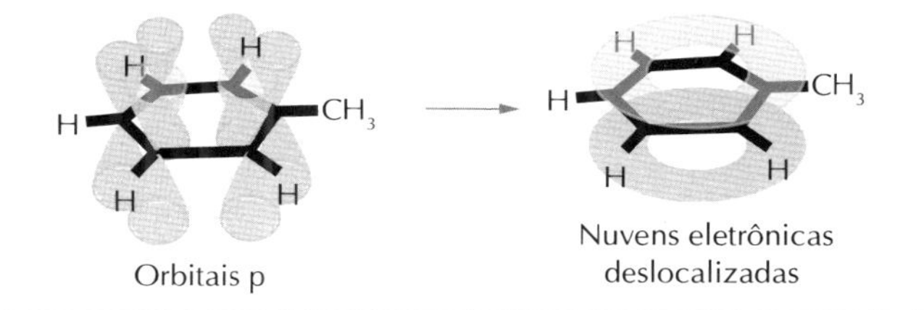

Figura 6-4 Vista esquemática da estrutura eletrônica do tolueno.

Pode-se ver na Tabela 6-1 que, em geral, compostos com estruturas aromáticas são plenamente adequados para cintilação líquida, com eficiência máxima de contagem próxima a 100%. O uso extensivo do tolueno para esta finalidade está associado em boa parte ao seu custo e à sua ampla disponibilidade. Além disso, à medida que a deslocalização de elétrons diminui, a eficiência da contagem igualmente diminui. A introdução de estruturas polares, como grupos hidroxila, também tem um efeito negativo. O exemplo típico é o álcool benzílico, que, se for usado como solvente, irá reduzir a eficiência máxima a 38%. Já álcool etílico ou etilenoglicol são

Tabela 6-1

Solvente	Ponto de congelamento (°C)	Altura relativa do pulso	Eficiência da contagem (%)
p-Xileno	+13	1,12	–
m-Xileno	–47	1,00	–
Xileno (mistura de isômeros)	<–20	1,07	97
Fenilciclohexano	+8	1,02	–
Tolueno	–95	1,00	100
o-Xileno	–25	0,98	–
Etilbenzeno	–94	0,96	–
Trietilbenzeno	–66	0,96	–
Benzeno	+5	0,85	–
Metoxibenzeno (anisol)	–37	0,83	100
1,3-Dimetiletoxibenzeno	–52	–	81
n-Heptano	–90	–	70
1,4-Dioxano	+12	–	70
1,2-Dimetoxietano	–71	–	60
Álcool benzílico	–15	–	38
Éter-dimetilenoglicol-dietílico	44	–	32
Acetona	–94	–	12
Éter etílico	–116	–	4
Álcool etílico	–114	–	0
Etilenoglicol	–13	–	0
N,N-Dimetilformamida	–61	–	0
Ácido 2-etilhexanóico	–117	–	0

totalmente inadequados, pois a eficiência da contagem será nula.

Os solventes aromáticos, por outro lado, possuem uma grande desvantagem: eles não são miscíveis com água, o solvente universal das amostras biológicas. Eventualmente, pode-se extrair substâncias marcadas com isótopos de amostras biológicas aquosas usando solventes orgânicos miscíveis com tolueno. É o caso, claramente, dos lipídeos, que podem ser adicionadas a líquidos de cintilação contendo apenas solventes apolares, como o tolueno. Porém, no caso das soluções aquosas, será necessário tornar o líquido de cintilação mais polar, de modo que ele possa dissolver a água e as substâncias nela dissolvidas. Um procedimento simples e barato é adicionar certa proporção de álcool etílico, por exemplo. Um líquido de cintilação contendo 3 mL de etanol e 7 mL de tolueno irá dispersar até 100 μL de uma solução aquosa. Porém, como a Tabela 6-1 revela, inevitavelmente haverá uma perda na eficiência da contagem.

Pode-se também adicionar agentes emulsificantes, como o detergente Triton X-100. A adição deste e outros detergentes permite a adição de grande volume de água. Atualmente, a indústria especializada coloca à disposição uma grande variedade de líquidos de cintilação para as mais diversas finalidades e sobretudo para relações líquido/amostra muito pequenas (e.g., 1:1). O problema muitas vezes, é o custo, proibitivo em relação aos líquidos de cintilação cujo solvente básico é o tolueno.

Há uma tendência mais recente para o uso dos assim chamados coquetéis de cintilação ecologicamente amigáveis, que são emulsões basicamente aquosas sem os solventes tradicionais, como o tolueno, e que podem ser, inclusive, biodegradáveis. Materiais biodegradáveis trazem menos problemas aos laboratórios na hora do descarte. Há uma gama variada de ofertas na área especializada, porém o problema, mais uma vez, é o alto custo, que pode se tornar proibitivo, dependendo da quantidade processada em cada laboratório.

A natureza do cintilador

Os cintiladores podem ser classificados em dois grupos: os primários e os secundários. Os cintiladores primários são os que interagem com o solvente excitado, enquanto os secundários são aqueles que interagem com os cintiladores primários. A Tabela 6-2 lista alguns dos cintiladores primários, juntamente a várias de suas propriedades. A estrutura do mais comum deles, o já citado 2,5-difeniloxazol (PPO), está mostrada na Figura 6-5.

As características essenciais para um cintilador primário são: (a) alta eficiência de produção de luz quando ativado pela radiação; (b) emissão de luz em um comprimento de onda que esteja dentro da região de maior sensibilidade do fotomultiplicador; (c) estabilidade e solubilidade sob as condições reinantes; e (d) ampla disponibilidade e baixo custo. Dos compostos listados na Tabela 6-2, o PPO é o composto que melhor satisfaz as quatro condições. Sua solubilidade em tolueno é alta e a concentração requerida é relativamente baixa. É verdade que outros podem produzir uma altura relativa de pulso maior (em relação ao *p*-terfenilo), mas outras propriedades sobrepassam em vantagens esta pequena diferença. Em termos gerais, bons cintiladores primários são substâncias com vários anéis, que permitem bastante ressonância eletrônica, do tipo benzeno, naftaleno, furano, pirrol, piridina etc. Substituintes favoráveis são grupos de metila, metoxila, flúor e cloro. Desfavoráveis são bromo, iodo, nitro e hidroxila fenólica.

Tabela 6-2 Cintiladores primários e suas propriedades.

Nome	Abreviatura	Solubilidade em tolueno (g/L) 0 °C	Solubilidade em tolueno (g/L) 20 °C	Concentração usual (g/L)	λ de emissão máxima	Altura relativa de pulso
p-Terfenilo	TP	4	8,6	8	360	1,00
2,5-Difeniloxazol	PPO	238	414	4	365	1,01
5-Fenil-5-(4-bi-fenilil)-1,3,4-oxadiazol	PDB	10	21	9	365	1,28
2-(4-t-Butilfenil)-5-(4-bifenilil)-1,3,4-oxadiazol	Butil-PDB	57	119	7	365	1,28

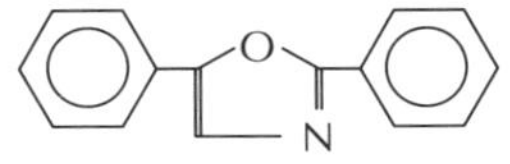

Figura 6-5 Estrutura do 2,5-difenilozaxol, o cintilador mais utilizado.

Cintiladores secundários são muitas vezes adicionados aos coquetéis de cintilação. Sua função seria: (a) absorver a luz emitida pelo cintilador primário para reemissão num comprimento de onda maior, mais próximo dos 440 nm, a região onde os fotomultiplicadores têm em geral maior sensibilidade; (b) aumentar a produção de luz no sistema; e (c) diminuir a extinção. A Tabela 6-3 traz uma lista de cintiladores secundários. Note que o comprimento de onda (λ) da emissão máxima de todos está acima da emissão máxima dos cintiladores primários listados na Tabela 6-2, porém as concentrações usadas são em geral bem menores. Eles são também bem menos solúveis do que os cintiladores primários listados na Tabela 6-2. O mais utilizado é o POPOP. A necessidade do uso de cintiladores secundários tem sido bastante questionada. De fato, os modernos fotomultiplicadores não têm nenhum problema em detectar eficientemente a luz emitida pelos cintiladores primários. Desta forma, a adição de cintiladores secundários justifica-se apenas quando houver acentuada extinção na amostra.

Tabela 6-3 Cintiladores secundários e suas propriedades.

Nome	Abreviatura	Solubilidade em tolueno (g/L)		Concentração usual (g/L)	λ de emissão máxima
		0 °C	25 °C		
1,4-Bis-1-(5-feniloxazilil)-benzeno	POPOP	0,45	0,9	0,5	420
1,4-Bis-2-4-(4-metil-5-feniloxazolil)-benzeno	DMPOPOP	1,4	3,0	1,0	430
p-Bis(o-metilestiril) benzeno	Bis-MSB	1,5	5,5	1,0	416
2-(4′-Bifenilil)-6-fenilbenzoxazol	PBBO	1,6	5,0	1,0	397

A água como líquido de cintilação: radiação Tcherenkov

Quando uma solução contém uma alta concentração de um emissor β^- de alta energia, ela emite uma débil luz azulada, chamada radiação Tcherenkov. Essa luz é gerada sempre que uma partícula com carga elétrica viaja através de um meio qualquer com velocidade maior do que a velocidade da luz naquele meio. Ela é direcional, com um semiângulo ϕ dado pela relação:

$$\cos \phi = 1/\beta n \qquad [6\text{-}1]$$

Onde β é a velocidade da partícula dividida pela velocidade da luz (v/c) e n o índice de refração do meio.

A energia limite mínima (E_{min}) para que haja radiação Tcherenkov pode ser calculada procurando o valor de β que satisfaça a equação:

$$\beta n = 1 \qquad [6\text{-}2]$$

O parâmetro β, por sua vez, está relacionado com a energia E (em keV) pela equação:

$$\beta = \left[1 - \left(\frac{1}{E/511+1}\right)^2\right]^{1/2} \qquad [6\text{-}3]$$

A energia limite mínima (E_{min}) para que haja radiação Tcherenkov é, portanto, aquela que produz um valor de β que satisfaça a equação [6-2]. Em água, cujo índice de refração é n = 1,332, a E_{min} é igual a 263 keV. Portanto, ^{14}C e ^{3}H em água não produzem radiação Tcherenkov. Mas outros radioisótopos de interesse bioquímico podem ser contados usando uma solução aquosa, como é o caso do ^{32}P, cuja E_{max} é de 1770 keV. De fato, nos aparelhos modernos, ^{32}P pode ser contado em água com uma eficiência máxima em torno de 55%, o que não é nada desprezível, considerando a economia em termos de líquido de cintilação. Outros isótopos de interesse bioquímico como o ^{45}Ca e o ^{40}K também podem ser contados em água, evidentemente com menos eficiência.

Deve-se notar que, aumentando o índice de refração n, diminui o valor de β necessário para que $\beta n = 1$. Valores menores de β, por sua vez, serão obtidos com valores de E menores, de acordo com a equação [6-3]. Assim, aumentando o índice de refração do meio, o valor de E_{min} necessário para que haja radiação Tcherenkov também diminui – fenômeno que tem sido utilizado em várias propostas de contagem de isótopos de energia de desintegração relativamente baixa, como o ^{14}C, sem o uso dos líquidos de cintilação tradicionais.

ERRO ESTATÍSTICO E NÍVEIS DE CONFIANÇA DA CONTAGEM

Uma avaliação do erro estatístico da contagem está intimamente ligada ao tempo necessário para que a contagem de cada amostra atinja o nível de confiança desejável. Há amostras que podem ser contadas por apenas um minuto, mas para outras poderá ser necessário estender o tempo para além de dez minutos.

As desintegrações nucleares são eventos inteiramente ao acaso. A probabilidade P de encontrarmos x cintilações durante certo tempo quando o valor médio é m pode ser calculada pela conhecida distribuição de Poisson:

$$P = \frac{m^x e^{-m}}{x!} \qquad [6\text{-}4]$$

Após m determinações sucessivas, a frequência com que ocorre cada observação, ao ser representada contra o valor de x, produzirá uma curva simétrica (Figura 6-6). Pode-se demonstrar que, para a distribuição de Poisson, o desvio padrão (σ), que vem a ser uma medida de dispersão, é igual a:

$$\sigma = \sqrt{m} \qquad [6\text{-}5]$$

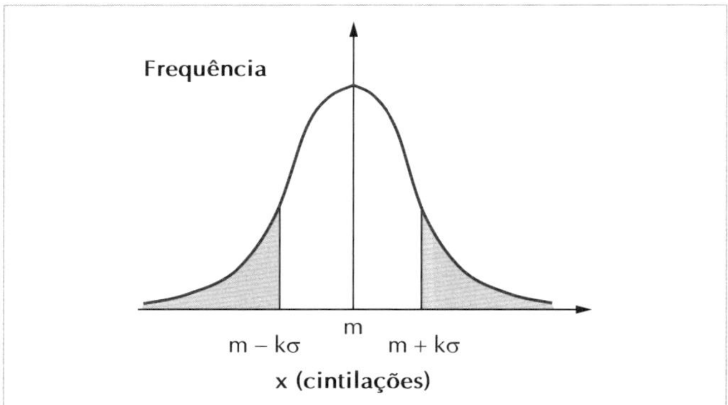

Figura 6-6 Distribuição normal das cintilações detectadas aleatoriamente.

A equação [6-5] pode ser modificada para definir a incerteza U, inerente a um número x de cintilações, da seguinte forma:

$$U = k\sqrt{x} \qquad [6\text{-}6]$$

Nesta nova equação, k é uma constante de proporcionalidade relacionada ao grau de confiança. Quanto maior for x, menor será U em termos proporcionais. Veja que $\sqrt{100} = 10$ (i.e., 10% de 100), mas que $\sqrt{1000} = 31{,}62$ (i.e., 3,16% de 1000). A Tabela 6-5 relaciona os valores de k com os níveis de confiança dos principais parâmetros para o grau de incerteza. Os contadores de cintilações podem fornecer esses parâmetros após cada contagem, especialmente o valor de 2σ.

Os valores dos níveis de confiança, expressos em percentagem, representam as áreas fora dos limites estabelecidos (i.e., as áreas mais escuras na Figura 6-6). Quanto maior for o valor de k, menores elas serão. Para uma distribuição normal, a área marcada (AM) é dada por:

$$AM = 2\int_{-\infty}^{m-k} \frac{1}{\sigma\sqrt{2\pi}} \cdot e^{\frac{-(x-m)^2}{2\sigma^2}} \cdot dx \qquad [6\text{-}7]$$

Alguns exemplos podem facilitar a compreensão do assunto. Se uma amostra revela 100 cintilações acumuladas, o desvio padrão 1σ (1 sigma na Tabela 6-5) é igual a $1 \times \sqrt{100} = 10$; o valor de 2σ (2sigma) é igual a 20. Com esses valores, a Tabela 6-5 prevê que, se a medida é repetida 100 vezes, 68 delas (68%) terão um valor entre 90 e 110 cintilações. Igualmente, 95,5% das medidas terão valor entre 80 e 120 cintilações, i.e., um desvio máximo de 20%.

Tabela 6-5 Níveis de confiança da contagem e os parâmetros que podem ser utilizados.

k	Nível de confiança (%)	Nome usual
0,67	50	Erro provável
1,00	68	1σ (1sigma) = desvio padrão
1,96	95	–
2,00	95,5	2σ (2sigma)
2,58	99	–
3,00	99,7	3σ (3sigma)

No entanto, se uma amostra revela 10000 cintilações acumuladas, o valor de 2σ será igual a $2 \times \sqrt{10000} = 200$; quer dizer, 95,5% das medidas terão valor entre 9800 e 10200 cintilações, o que corresponde a um desvio máximo de 2%. Para 100000 cintilações acumuladas, o valor de 2σ será igual a 632,4. Portanto, 95,5% das medidas terão valor de 99376,6 a 100632,4 cintilações e um desvio máximo de 0,63%.

Em conclusão, quanto maior o número de cintilações acumuladas, menor será o erro. E quanto maior o tempo da contagem, maior será a acumulação de cintilações. Desta forma, amostras que contém pouca radioatividade terão que ser contadas durante tempos maiores para atingir a precisão desejada, quando comparadas a amostras que contém mais radioatividade.

É importante não confundir as cintilações encontradas por unidade de tempo (cpm, por exemplo) com as cintilações acumuladas, representadas por x na equação [6-6], pois as primeiras resultam da divisão das cintilações acumuladas pelo tempo de contagem.

O tempo de contagem necessário para atingir a porcentagem desejada do erro pode ser calculada. Das relações discutidas acima, pode-se deduzir que a porcentagem de erro (E%) é igual a:

$$E\% = \frac{100k\sqrt{x}}{x} = \frac{100k}{\sqrt{x}} \qquad [6\text{-}8]$$

Onde k e x têm os significados já definidos pela equação [6-6]. Mas as cintilações acumuladas (x) podem ser expressas como o produto das cpm da amostra multiplicadas pelo tempo ($cpm_a \times t$), de modo que a equação [6-8] pode ser reescrita:

$$E\% = \frac{100k}{\sqrt{cpm_a \cdot t}} \qquad [6\text{-}9]$$

O tempo de contagem, portanto, para atingir determinada porcentagem de erro, pode ser calculado como:

$$t = \frac{10^4 k^2}{cpm_a \cdot (E\%)^2} \qquad [6\text{-}10]$$

O valor de k inserido na equação [6-10] irá determinar o tipo de erro, conforme definido na Tabela 6-5.

A contagem das amostras é com frequência expurgada da contagem de fundo, mencionada no Capítulo 5, que em geral é baixa em relação à radioatividade da amostra. Mas há ocasiões em que ela pode ser significativa, principalmente quando se está lidando com amostras que contém quantidades relativamente baixas de radioatividade. Neste caso, a contribuição da contagem de fundo para o erro da contagem líquida também poderá ser significativa. Se a amostra e a contagem de fundo (branco) forem contados por um tempo igual, a porcentagem de erro da contagem líquida será dada pela seguinte equação:

$$E\% = \frac{100k\sqrt{x+b}}{x-b} \qquad [6\text{-}11]$$

Onde b é a contagem de fundo acumulada (branco acumulado). A contribuição da contagem de fundo para o erro será proporcionalmente maior ao valor de b em relação ao de x. É possível, no entanto, diminuir sua contribuição, medindo a radiação de fundo por um tempo mais prolongado. Quando isso é feito, a expressão que pode ser usada para a porcentagem de erro é:

$$E\% = \frac{100k\sqrt{\dfrac{cpm_a}{t_a} + \dfrac{cpm_b}{t_b}}}{cpm_a - cpm_b} \qquad [6\text{-}12]$$

Os subscritos a e b referem-se, respectivamente, à amostra e ao branco.

EXERCÍCIOS RESOLVIDOS

1. Calcule a densidade mínima do líquido de cintilação a partir do qual uma solução contendo ^{14}C comece a emitir radiação Tcherenkov. A energia máxima da desintegração β^- do ^{14}C é igual a 155 keV.

Resolução:

Primeiro, temos que aplicar a equação [6-3] para calcular o valor de β correspondente aos 155 keV:

$$\beta = \left[1 - \left(\frac{1}{E/511+1}\right)^2\right]^{1/2} = \left[1 - \left(\frac{1}{155/511+1}\right)^2\right]^{1/2} = 0{,}641$$

Para justificar a igualdade $\beta n = 1$ (equação [6-2]), o valor da densidade n do soluto terá que ser pelo menos:

$$n = 1/\beta = 1/0{,}641 = 1{,}55$$

Este é o valor mínimo. No entanto, para obter alguma radiação Tcherenkov significativa, o solvente terá que ter uma densidade bem acima dele.

2. Uma amostra ao ser contada por 10 minutos apresentou 200 cintilações acumuladas, com uma contagem de fundo de 100 cintilações no mesmo período. Calcule:

   a. O erro da contagem líquida (amostra – branco) neste procedimento.

   b. O erro da contagem líquida ao utilizar como branco o valor de 10 cpm_b obtido de uma contagem que foi estendida por 1000 minutos;

   c. A porcentagem de erro quando, em uma tentativa de diminuir o erro, a amostra foi contada durante 100 minutos, tendo-se obtido 2100 cintilações, ou seja, 21 cpm.

(Dawes EA, 1972).

Resolução:

a. Temos que decidir o nível de confiança com o qual queremos trabalhar. Se decidimos para o nível de confiança 2σ (2sigma) igual a 95,5% e usual nos contadores de cintilação, o valor de k fornecido pela Tabela 6-5 é igual a 2.0. Isto significa que o erro calculado a seguir não será superado em 95,5% das vezes em que a contagem for repetida. Podemos aplicar a equação [6-11]:

$$E\% = \frac{100k\sqrt{x+b}}{x-b} = \frac{100 \times 2 \times \sqrt{100+200}}{200-100} = 34,64\%$$

b. Se usarmos as cpm_b da longa contagem do branco, por meio da equação [6-12]:

$$E\% = \frac{100k\sqrt{\frac{cpm_a}{t_a}+\frac{cpm_b}{t_b}}}{cpm_a - pm_b} = \frac{100 \times 2 \times \sqrt{\frac{20}{10}+\frac{10}{1000}}}{20-10} = 28,57\%$$

Há, portanto, uma diminuição no erro, causado pela contagem mais prolongada do branco.

c. Vamos usar novamente a equação [6-12] para as contagens prolongadas, com *k* correspondente a 2σ:

$$E\% = \frac{100k\sqrt{\frac{cpm_a}{t_a}+\frac{cpm_b}{t_b}}}{cpm_a - cpm_b} = \frac{100 \times 2 \times \sqrt{\frac{21}{100}+\frac{10}{1000}}}{21-10} = 8,52\%$$

Neste último caso, um erro de 8,52% não será superado em 95,5% das vezes em que a contagem for repetida – uma diminuição considerável quando comparado com uma contagem por tempo menor, conforme o item (a).

4. Uma amostra radioativa foi contada por 10 minutos, tendo sido encontradas 2250 cintilações. A radiação de fundo, nesse mesmo período, resultou em 110 cintilações. Ao estender o tempo da contagem de fundo para 1000 minutos, foram encontrados 9 cpm. Calcule a porcentagem de erro para as contagens: (a) curta; e (b) longa do branco para os níveis de confiança de 95% e 99%.

(Dawes EA, 1972).

Resolução:

Os valores de *k* para os níveis de confiança de 95% e 99%, constantes na Tabela 6-5, são iguais a 1,96 e 2,58, respectivamente.

a. Para o nível de 95% com contagens de tempos iguais para a amostra e a radiação de fundo, aplicamos a Equação [6-11]:

$$E\% = \frac{100k\sqrt{x+b}}{x-b} = \frac{100 \times 1,96 \times \sqrt{2250+110}}{2250-110} = 4,45\%$$

Para a contagem mais longa do branco, usando a equação [6-12]:

$$E\% = \frac{100k\sqrt{\frac{cpm_a}{t_a}+\frac{cpm_b}{t_b}}}{cpm_a - cpm_b} = \frac{100 \times 1,96 \times \sqrt{\frac{225}{10}+\frac{9}{1000}}}{225-9} = 4,31\%$$

b. Para o nível de 99% com contagens de tempos iguais para a amostra e a radiação de fundo, aplicamos a Equação [6-11]:

$$E\% = \frac{100 \times 2,58 \times \sqrt{2250+110}}{2250-110} = 5,85\%$$

Para a contagem mais longa do branco, usamos a equação [6-12]:

$$E\% = \frac{100 \times 2,58 \times \sqrt{\frac{225}{10}+\frac{9}{1000}}}{225-9} = 5,67\%$$

Ao contrário do exemplo 2, um aumento do tempo da contagem do branco não trouxe grandes ganhos no tocante ao erro da contagem, porque a contagem de fundo é bem menor do que a contagem da amostra.

Capítulo 7

Correção da extinção e discriminação de isótopos

Neste capítulo, analisaremos vários aspectos essenciais para fazer contagens precisas e explorar a contento todas as possibilidades técnicas oferecidas pelos modernos contadores de cintilação. No Capítulo 6, enfatizamos a importância de sempre monitorar a eficiência da contagem, especialmente quando contagens a serem relacionadas são feitas sob condições distintas. Aqui, discutiremos as estratégias que podem ser adotadas em termos práticos para fazer essas correções. No Capítulo 5, ao descrever o contador de cintilações, mencionamos que uma de suas facilidades era a contagem simultânea de vários isótopos. Neste capítulo, descreveremos os procedimentos básicos a serem adotados para tal.

No entanto, abordaremos antes as principais causas da radiação de fundo, uma interferência que deve ser sempre excluída de qualquer contagem, pois, sob certas condições, ela pode ter uma influência bastante danosa para a precisão das medidas, conforme já vimos no capítulo anterior.

CAUSAS DA RADIAÇÃO DE FUNDO

A radiação de fundo tem pouca influência sobre os resultados das contagens quando as amostras contêm grande quantidade de radioatividade. Mas, conforme vimos na Capítulo 6, a influência da contagem de fundo sobre a precisão das medidas pode aumentar muito quando as amostras contêm pouca radioatividade. Uma das causas da radiação de fundo já foi abordada no Capítulo 5: trata-se dos pulsos resultantes dos "elétrons térmicos", isto é, dos elétrons que são emitidos espontaneamente pelo fotocatódio e podem causar as mesmas avalanches direcionadas ao anódio que os emitidos em função do efeito fotoelétrico. Como vimos, essas contagens já foram satisfatoriamente minimizadas pela utilização de dois fotomultiplicadores e o circuito de coincidência. Mas há outros eventos que geram radiação de fundo que devem ser levados em consideração e minimizados sempre que possível. Entre eles, devem ser mencionados: (a) a presença de radioisótopos contaminantes no material utilizado; (b) eletricidade estática; (c) influência de raios cósmicos; e (d) fosforescência, quimiluminescência ou outros fenômenos análogos.

O contaminante mais óbvio para a contagem em frascos de vidro é o ^{40}K, presente no vidro comum. Se esses frascos forem utilizados, é sempre bom certificar-se de que não contêm potássio – uma regra para os frascos fabricados com a finalidade específica de uso na cintilação líquida. As amostras também podem estar contaminadas, sejam por descuidos no laboratório, seja por sua origem ambiental. Uma simples checagem poderá responder a essa questão.

A eletricidade estática pode causar descargas espúrias geradoras de pulsos de luz que são contados como se fossem decorrentes da desintegração radioativa. O fenômeno é mais comum nos frascos de plástico quando são limpos com papel ou pano secos relativamente ásperos que podem gerar atrito. Como o grau desse atrito pode variar de amostra para amostra, as contagens de fundo correm o grave risco de variarem bastante, fator que pode falsear muito os resultados. Ademais, a estática pode atrair partículas de sujeira que irão acumular-se no poço de contagem. Por isso, convém sempre limpar frascos de cintilação de plástico com pano úmido.

Os raios cósmicos são compostos por partículas de alta anergia que, ao interagirem com a matéria, podem excitar elétrons e produzir raios γ, raios-X etc. Os raios cósmicos são sentidos mais intensamente em locais de alta altitude, e o poço de contagem dos cintiladores está bem protegido deles. No que tange às amostras, os raios cósmicos podem gerar radiação Tcherenkov, que emite luz nos líquidos de cintilação e pode ser contada. Por isso, deve-se evitar expor as amostras à luminosidade natural excessiva. Se acontecer, a manutenção das amostras por um ou dois dias em local escuro pode contribuir significativamente para uma redução da contagem de fundo.

A fosforescência pode ser induzida nas amostras e em geral é contada como uma cintilação decorrente da desintegração. Frascos de vidro podem ser ativados pelos raios ultravioletas da luz solar ou mesmo por lâmpadas de fluorescência, por exemplo. Como no caso da influência dos raios cósmicos, a conservação das amostras no escuro por algum tempo pode resolver satisfatoriamente o problema.

A quimiluminescência é um fenômeno diferente: a luz é gerada por reações químicas entre os componentes da mistura de cintilação. É um fenômeno muito comum, por exemplo, quando há hidrólise alcalina de proteínas. Em geral, é necessário esperar que as reações se completem antes de contar as amostras, mesmo que leve vários dias.

MÉTODOS DE CORREÇÃO DA EXTINÇÃO

Métodos de padrão interno

O termo "interno" refere-se à própria amostra, quer dizer, o padrão é colocado em uma amostra a ser contada. Um procedimento possível seria a seguinte sequência:

a) Primeiro, contar todas as amostras de um experimento que tenham graus de extinção distintos, a contagem C_1.

b) Após a primeira contagem, adicionar quantidades iguais do composto radioativo padrão (ou similar) que está sendo medido a cada uma das amostras anteriores, recontando-as a seguir nas mesmas condições. É a contagem C_2.

c) Em seguida, contar a radioatividade do composto padrão em condições de extinção mínima, o que pode ser feito adicionando um volume de amostra aquosa muito pequeno ao líquido de cintilaçao. É a contagem P.

d) Por fim, determinar a radiação de fundo (*background*, branco) de uma amostra à qual não tenha sido adicionado nenhum composto radioativo, a contagem B_k.

As amostras-padrão, desde que adicionadas em um volume bem pequeno, estarão sujeitas à mesma extinção das amostras testes. Assim, poderemos calcular um fator de correção F_C para cada uma das amostras testes com base na relação:

$$F_C = \frac{P - B_k}{(C_2 - B_k) - (C_1 - B_k)} \qquad [7\text{-}1]$$

Note que a diferença $(C_2 - B_k) - (C_1 - B_k)$ corresponde à contagem do padrão nas condições de extinção da amostra. Se houver aumento na extinção, essa diferença será menor do que o valor de $P - B_k$, e o fator F_C será maior do que a unidade. Se não houver extinção, o valor de F_C será igual à unidade. A correção é feita simplesmente multiplicando o fator F_C pelos resultados da primeira contagem, isto é:

$$\text{Contagem corrigida} = F_C \times (C_1 - B_k) \qquad [7\text{-}2]$$

O procedimento descrito é simples e pode ser adotado sobretudo quando for difícil reproduzir as condições de contagem de cada uma das amostras. Isto ocorre, por exemplo, quando são obtidas amostras de um eluato de cromatografia de coluna, que está sendo eluida com um gradiente salino contínuo. É muito difícil saber exatamente a quantidade de sal contida em cada amostra. No entanto, quando a extinção resulta de condições fáceis de reproduzir, como concentrações salinas discretas ou mesmo água pura, pode-se construir uma curva padrão com amostras que reproduzem as diversas condições de contagem (na Figura 7-1). Nesse esquema, em que a extinção é causada por água, pode-se fazer uma série de amostras contendo: (a) líquido de cintilação; (b) quantidades crescentes de água; e (c) a mesma quantidade de água marcada ([^{3}H]água) em todas as amostras. As amostras são contadas, e uma curva de calibração é construída conforme mostrado na Figura 7-2. Pode-se usar essa curva de extinção para fazer interpolações ou para extrair fatores de correção para cada uma das condições.

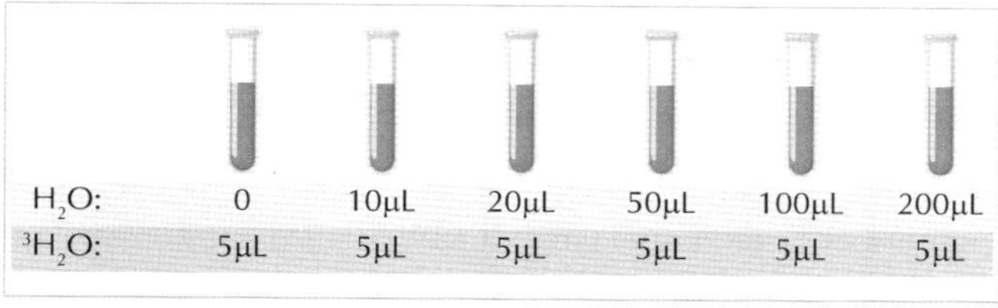

Figura 7-1 Preparação de uma curva padrão para determinar a extinção usando um padrão interno.

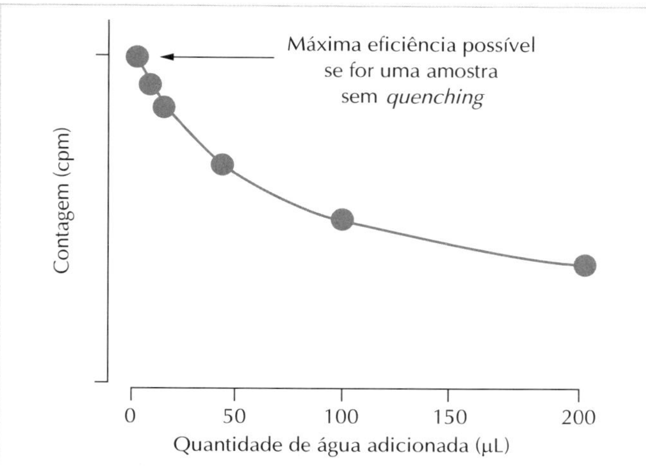

Figura 7-2 Curva de calibração para a queda da eficiência da contagem do ^3H em função da quantidade de água adicionada às amostras.

As correções podem ser absolutas ou relativas. No primeiro caso, o padrão é uma amostra sem extinção, i.e., uma amostra que permite eficiência de contagem de 100% ou próximo a isso. Por exemplo, uma solução de tolueno somada a um cintilador e ao [^{3}H]tolueno ou ao [^{14}C]tolueno será contada com a máxima eficiência possível, que representa em geral 65% para o trício e 100% para o carbono-14. Nesse caso, evidentemente, deve-se usar tolueno marcado como padrão, pois seu uso nessa situação irá permitir a determinação das dpm a partir das cpm medidas.

Entretanto, na maior parte das vezes são feitas correções relativas quando o padrão é uma amostra qualquer, com certo grau de extinção, mas representando a condição mais comum de uma série experimental. Por exemplo, se em um experimento as amostras mais frequentes tiverem 100 μL de água, todas as demais podem ser referidas a ela, a não ser que haja absoluta necessidade de determinar as dpm.

As fontes de erro mais comuns nas correções com o padrão interno são erros de pipetagem ou as amostras preparadas podem não ser exatamente iguais às obtidas nos experimentos. Isso naturalmente não será o caso quando o padrão tiver sido introduzido na própria amostra já contada anteriormente, como é o caso do primeiro procedimento discutido nesta seção.

O método da razão dos canais

O método da razão dos canais baseia-se no deslocamento das curvas de energia que a extinção provoca, conforme já discutido no Capítulo 6 e agora novamente ilustrado na Figura 7-3. Em geral, quanto maior a extinção, maior será o deslocamento do espectro de energia para a esquerda. Em um contador de cintilações moderno, as regiões (canais) de contagem podem ser livremente dispostas pelo operador. Suponha que, em determinado momento, o operador disponibilize três regiões de contagem, como está na Figura 7-3.

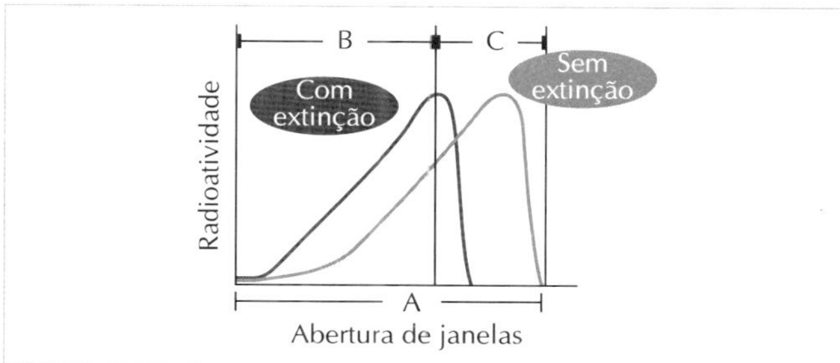

Figura 7-3 O deslocamento do espectro de energia em decorrência da extinção e os canais de contagem.

A contagem no canal C irá diminuir muito com a extinção, enquanto a contagem no canal B irá aumentar bastante. A contagem no canal A, que abrange todo o espectro de zero até a energia máxima, também irá diminuir com a extinção à medida que porções de baixa energia do espectro forem deslocadas para regiões ainda mais baixas, que não são detectáveis porque levam à produção de poucos fótons. Como esses fenômenos se dão por causa da extinção, pode-se extrair das contagens os parâmetros que permitam a construção de uma curva de calibração com a eficiência da contagem. Um exame da Figura 7-3 revela, por exemplo, que a razão das contagens nos canais B para A deve ser pequena quando a extinção é pouco pronunciada e a eficiência da contagem é alta. Mas, se a extinção aumentar e a eficiência diminuir, a razão das contagens nos canais B para A deve aumentar. É exatamente o que revela a curva de calibração da Figura 7-4: com frequência essas curvas de calibração geram uma linha reta ou próximo a isso. Neste caso em particular, ela foi obtida a partir de ^{3}H e acetona como agente causador de extinção. Os contadores de cintilação podem ser programados para fornecer diretamente as razões das contagens nos diversos canais ajustados pelo operador.

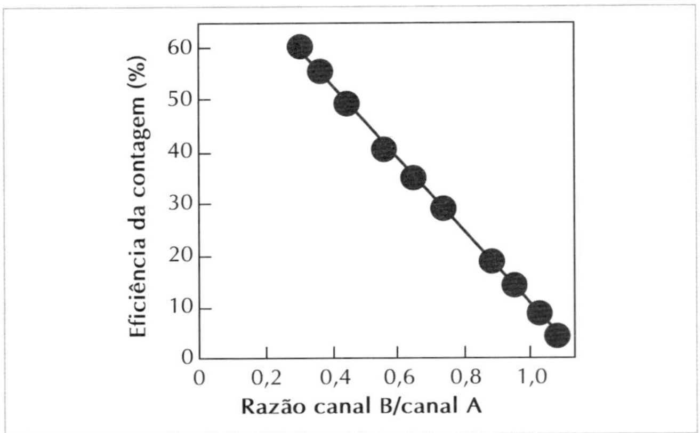

Figura 7-4 Uma curva de calibração relacionando a eficiência da contagem em função da razão das contagens nas regiões B e A, conforme esquematizado na Figura 7-3.

A principal fonte de erro no método da razão dos canais de contagem é a diferença que pode haver entre a extinção causada pelas amostras biológicas e aquela causada pelo agente adicionado para construir a curva de calibração (distribuição diferente de energia, por exemplo).

MÉTODOS DE PADRÃO EXTERNO

Os métodos de padrão externo baseiam-se na produção de elétrons Compton nos frascos de cintilação quando sobre eles incidem raios γ a partir de uma fonte externa. Os contadores de cintilação sempre possuem uma fonte de raios γ localizada próxima ao poço para onde é conduzido o frasco para a contagem e que se situa entre os dois tubos fotomultiplicadores (ver Capítulo 6). Para irradiar a amostra, essa fonte é posicionada adequadamente em frente ao frasco de cintilação durante um certo tempo, podendo ser ^{137}Cs, ^{226}Ra ou ^{133}Ba, por exemplo. Cada fabricante tem suas preferências.

Conforme já vimos, os elétrons Compton gerados pela irradiação com raios γ têm um comportamento muito semelhante ao das partículas β^-, gerando pacotes de fótons com energias variáveis. A Figura 7-5 mostra espectros de energia de elétrons Compton gerados pela irradiação de um frasco de cintilação por ^{137}Cs. É bem evidente o deslocamento do espectro para a esquerda em uma amostra com extinção em comparação à posição do espectro em uma amostra sem extinção. Quanto mais pronunciada a extinção, maior será o deslocamento que se pode esperar. É no deslocamento que se baseiam os vários métodos de correção de extinção utilizados pelos fabricantes de contadores de cintilação.

Um desses métodos, proposto originalmente pela fabricante de aparelhos científicos Beckman, baseia-se no deslocamento do ponto de inflexão da curva, que na Figura 7-5 corresponde ao ponto na escala de energia em que a inclinação se torna mínima antes de começar

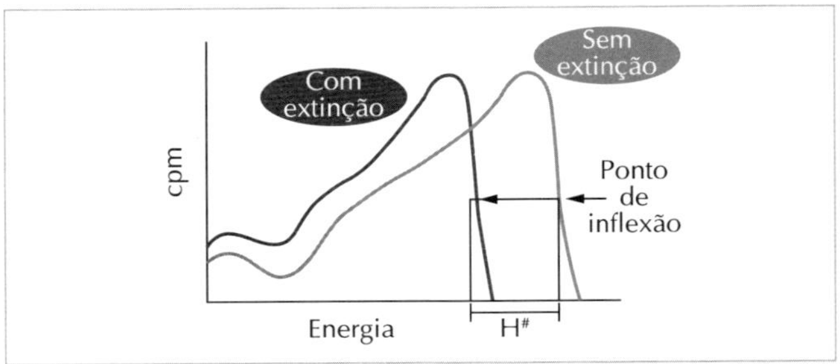

Figura 7-5 Espectros de elétrons Compton gerados pela irradiação de um frasco de cintilação por ^{137}Cs.

a aumentar novamente da direita para a esquerda. Este ponto de inflexão, lido em uma escala em geral arbitrária de energia, é chamado de $H^{\#}$. A Figura 7-6 mostra a relação entre a eficiência da contagem e o número $H^{\#}$.

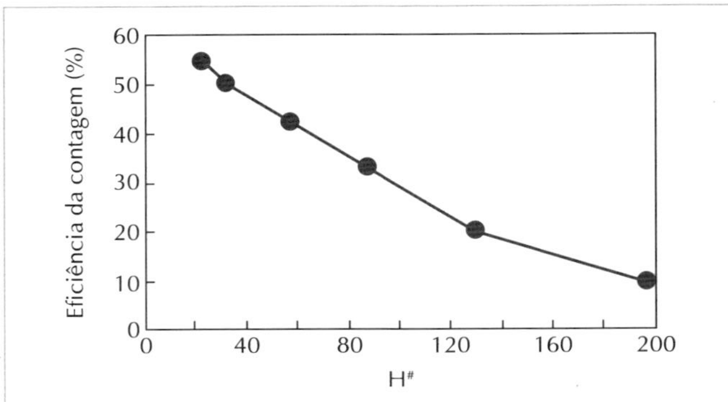

Figura 7-6 Relação entre a eficiência da contagem e o número $H^{\#}$.

Essa relação não costuma ser linear, mas assim mesmo pode ser utilizada para determinar a eficiência por interpolação. Os números $H^{\#}$ são fornecidos automaticamente pelo aparelho, desde que programado para tal pelo operador, o que costuma ser opcional. Como indicado por críticos, há várias fontes de erro que podem atuar em maior ou menor intensidade, dependendo da natureza da amostra. Os elétrons Compton não são exatamente iguais às partículas β^-, o que pode resultar em um número $H^{\#}$ que não corresponde exatamente ao da desintegração que está sendo medida. A exemplo do que ocorre com o método da razão dos canais, a curva padrão é produzida adicionando um agente que produz extinção (acetona, por exemplo), cujo efeito pode induzir distorções no espectro de energia que são diferentes daquelas causadas pela amostra real.

Por fim, há o problema da geometria do sistema, isto é, do posicionamento da fonte de raios γ. Imprecisões no posicionamento podem gerar distorções que, em última análise, afetam a determinação do número $H^{\#}$. Este problema pode surgir, principalmente, em aparelhos com bastante tempo de uso.

Há métodos de padrão externo que levam em conta a forma dos espectros em vez de apenas o seu deslocamento. Um deles é o índice espectral da amostra (*spectral index of the sample*, SIS), que baseia-se na energia média dos isótopos:

$$E_{av} = \frac{\int_0^{E_{max}} E \cdot N(E) \cdot dE}{\int_0^{E_{max}} N(E) \cdot dE} \qquad [7\text{-}3]$$

Na equação [7-3], E é a energia de cada partícula individual, E_{av} é a energia média das partículas, E_{max} é a energia máxima e N(E) é o número de partículas com energia entre E e E +dE. A integral do denominador é o número total de partículas com energia até o valor máximo de E_{max}. Cada isótopo tem o seu valor de E_{av}. Em cintilação líquida, na ausência de extinção, os valores para três isótopos de interesse bioquímico estão listados na Tabela 7-1. A extinção, evidentemente, irá alterar os valores, mas é justamente esta alteração que é levada em conta para quantificar o fenômeno. Em geral, os contadores de cintilação podem ser programados para fornecer um número relacionado a E_{av}, que é justamente o SIS mencionado e que é definido como:

$$SIS = K \frac{\int_0^{U} X \cdot N(X) \cdot dX}{\int_0^{U} N(X) \cdot dX} \qquad [7\text{-}4]$$

Tabela 7-1 Valores de E_{av} para isótopos de interesse bioquímico.

Isótopo	E_{av} (keV)
^{3}H	5,7
^{14}C	49,3
^{32}P	692,9

Os símbolos significam: X, energia aparente de cada partícula; U, a energia máxima aparente no espectro; N(X), o número de partículas com energia aparente entre X e X + dX; e K, um fator de escala intrínseco. Com base no valor de SIS, que é tanto menor quanto maior a extinção, pode-se calcular a eficiência da contagem construindo curvas de calibração. Uma das vantagens do SIS é ser um parâmetro que independe da quantidade de radioatividade.

Outro exemplo de método de correção de extinção é o lançado no mercado pelo fabricante de contadores de cintilação Packard, que se baseia na energia média, mas que também leva em conta outros fatores que podem causar distorções na geração de elétrons Compton, como o efeito da absorção pela parede do frasco de cintilação (*wall effect*) e o volume da amostra. Ao invés do SIS, ele usa o índice espectral transformado do padrão externo (*transformed spectral index of the external standard*, tSIE). O sistema foi patenteado pelo fabricante, e os detalhes exatos dessa transformação não são fornecidos. A fórmula para o cálculo do tSIE é dada como a seguinte:

$$tSIE = \hat{E} - (\hat{E}_2 - \hat{E}_1) \frac{\int_{\hat{E}_{max}}^{\hat{E}} N(\hat{E}) \cdot d\hat{E}}{\int_{\hat{E}_{max}}^{\hat{E}_2} N(\hat{E}) \cdot d\hat{E} - \int_{\hat{E}_{max}}^{\hat{E}_1} N(\hat{E}) \cdot d\hat{E}} \qquad [7\text{-}5]$$

Os significados dos símbolos são: Ê, energia "transformada", escolhida de tal forma que para uma amostra sem extinção tSIE é igual a 1000 e com extinção tSIE < 1000; $\hat{E}_2 - \hat{E}_1$, uma certa região de energia do espectro transformado; e N(Ê), o número de partículas com energia transformada entre Ê e Ê + dÊ.

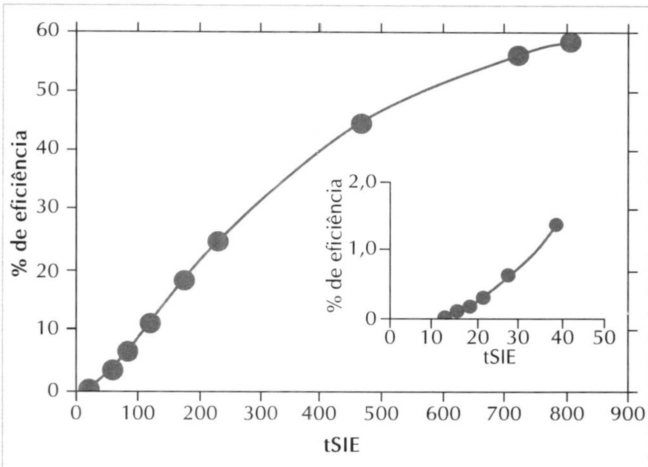

Figura 7-7 Relação entre a eficiência da contagem e o índice espectral transformado do padrão externo (tSIE).

O uso do tSIE como indicador quantitativo da eficiência da contagem depende também da construção de curvas de calibração (Figura 7-7). O aparelho deve ser posto a fornecer o valor de tSIE para todas as contagens. Como nos outros casos, faz-se necessário interpolação numérica para obter a eficiência da contagem para cada amostra com o seu valor de tSIE. Evidentemente, a questão que sempre pode ser colocada é: até que ponto a curva de calibração, gerada com base em amostras onde a extinção é mimetizada, reflete acuradamente a extinção de cada amostra gerada nos experimentos?

DISCRIMINAÇÃO DE ISÓTOPOS

Foi mencionado no Capítulo 5 que a contagem simultânea e a discriminação de até três isótopos, desde que suas energias máximas de desintegração sejam significativamente diferentes, é uma das virtudes dos modernos contadores de cintilação. Veremos agora de que maneira isto é feito. Vamos tratar separadamente a discriminação de dois e três isótopos.

Discriminação de dois isótopos

O gráfico da Figura 7-8 ilustra a distribuição de energia das desintegrações do ^3H e do ^{14}C, como podem ser obtidas em um contador de cintilações. Utilizando as facilidades instrumentais, dois canais de contagem do contador foram utilizados: o canal C_1 conta apenas desintegrações com energia até 18,6 keV, a energia máxima de desintegração do ^3H; e o canal C_2 conta apenas desintegrações com energia acima desse valor. A energia está em escala arbitrária e logarítmica. Esta última faz parecer menor a diferença entre os isótopos, mas, na verdade, a energia máxima do ^{14}C (155 keV) supera em quase dez vezes a do ^3H (18,6 keV). O que deve ser notado no gráfico da Figura 7-8 é a presença de uma interpenetração entre os espectros de energia, quer dizer, uma fração considerável das desintegrações do ^{14}C ocorre com energias dentro da faixa das energias de desintegração do ^3H. No caso de uma mistura de ^3H e ^{14}C, se contarmos apenas as desintegrações contidas na região C_2, estaremos contando apenas parcialmente ^{14}C. Se contarmos apenas as desintegrações contidas na região C_1 estaremos contando todo o ^3H presente e uma fração considerável do ^{14}C. Portanto, teremos que contar as duas regiões e aplicar um método que permita fazer a discriminação para termos as quantidades exatas de ^3H e ^{14}C.

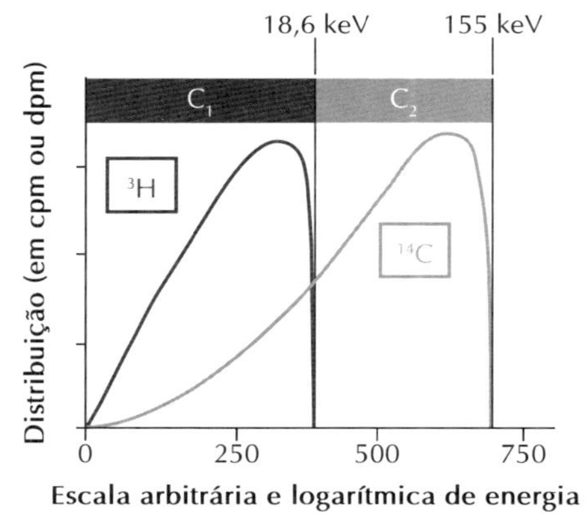

Figura 7-8 Espectros de energia das cintilações devido à desintegração do trício e do carbono-14. A escala de energia é logarítmica e arbitrária.

A discriminação envolve a álgebra descrita a seguir. O que está ilustrado na Figura 7-8 pode ser representado algebricamente da seguinte forma:

$$C_1 = a_1H + b_1C \qquad [7\text{-}6]$$

$$C_2 = a_2H + b_2C \qquad [7\text{-}7]$$

Onde os símbolos têm os seguintes significados:

$C_1 \Rightarrow$ cpm na região C_1

$C_2 \Rightarrow$ cpm na região C_2

$H \Rightarrow$ cpm de ^3H presentes na amostra

$C \Rightarrow$ cpm de ^{14}C presentes na amostra

$a_1 \Rightarrow$ fração de ^3H contada na região C_1

$b_1 \Rightarrow$ fração de ^{14}C contada na região C_1

$a_2 \Rightarrow$ fração de ^3H contada na região C_2

$b_2 \Rightarrow$ fração de ^{14}C contada na região C_2

Como os coeficientes a_1 e a_2 são frações decimais, sua soma é igual à unidade, quer dizer, $a_1 + a_2 = 1$. Analogamente, $b_1 + b_2 = 1$. Temos que determinar seus valores experimentalmente. Como há duas equações ([7-6] e [7-7]) e duas incógnitas, podemos obter expressões que permitem calcular H e C desde que tenhamos determinado os valores de a_1, a_2, b_1 e b_2. Estas expressões, obtidas usando os procedimentos algébricos correntes, são:

$$C = \frac{a_1C_2 - (1-a_1)C_1)}{a_1(1-b_1) - b_1(1-a_1)} \qquad [7\text{-}8]$$

$$H = \frac{C_1 - b_1C}{a_1} \qquad [7\text{-}9]$$

Uma simplificação ocorre quando $a_1 \approx 1$, isto é, quando o ^3H for praticamente excluído da região 2 na Figura 7-7. Nesse caso, as equações correspondentes tornam-se:

$$C = \frac{C_2}{1-b_1} = \frac{C_2}{b_2} \qquad [7\text{-}10]$$

$$H = C_1 - b_1C \qquad [7\text{-}11]$$

O procedimento de manter $a_1 \approx 1$ e, portanto, $a_2 \approx 0$ é uma tática adotada frequentemente, pois faz com que todo o ^3H presente em uma amostra fique contido na região 1 (ver Figura 7-8). Isto é possível porque todos os contadores de cintilação modernos permitem ajustar facilmente as regiões de contagem de acordo com as necessidades específicas do experimentador.

Conforme já mencionado, outra questão é a determinação dos valores de a_1, a_2, b_1 e b_2. Para tal, é necessário fazer uso de amostras-padrão de substâncias marcadas com ^3H e ^{14}C, a serem introduzidas em frascos de cintilação nas mesmas condições das amostras resultantes dos experimentos. Estas amostras-padrão tem que ser contadas igualmente nas regiões C_1 e C_2

de contagem das amostras experimentais. Assim, os valores de a_1 e a_2 poderão ser calculados a partir da contagem de amostras-padrão de ^3H:

$$a_1 = \frac{\text{cpm de } ^3H \text{ em } C_1}{\text{cpm de } ^3H \text{ em } C_1 + \text{cpm de } ^3H \text{ em } C_2} \quad [7\text{-}12]$$

$$a_2 = \frac{\text{cpm de } ^3H \text{ em } C_2}{\text{cpm de } ^3H \text{ em } C_1 + \text{cpm de } ^3H \text{ em } C_2} \quad [7\text{-}13]$$

Os valores de b_1 e b_2, por sua vez, podem ser determinados, analogamente, a partir da contagem de amostras-padrão de ^{14}C:

$$b_1 = \frac{\text{cpm de } ^{14}C \text{ em } C_1}{\text{cpm de } ^{14}C \text{ em } C_1 + \text{cpm de } ^{14}C \text{ em } C_2} \quad [7\text{-}14]$$

$$b_2 = \frac{\text{cpm de } ^{14}C \text{ em } C_2}{\text{cpm de } ^{14}C \text{ em } C_1 + \text{cpm de } ^{14}C \text{ em } C_2} \quad [7\text{-}15]$$

Uma análise do raciocínio desenvolvido acima revela imediatamente que a discriminação de isótopos é possível quando a sobreposição dos espectros é apenas parcial. Se for total ou muito próxima a isso, a discriminação não é possível. É o que ocorre com o ^{14}C (E_{max} de 155 keV) e o ^{35}S (E_{max} de 167 keV).

Discriminação de três isótopos

A discriminação tripla também é possível na maioria dos contadores de cintilações disponíveis no mercado, pois quase todos operam com três canais de contagem. Vale novamente a regra de que os espectros de energia podem sobrepor-se apenas em parte para que a discriminação seja possível. É o caso do trio ^3H, ^{14}C e ^{32}P, cujos espectros estão ilustrados na Figura 7-9.

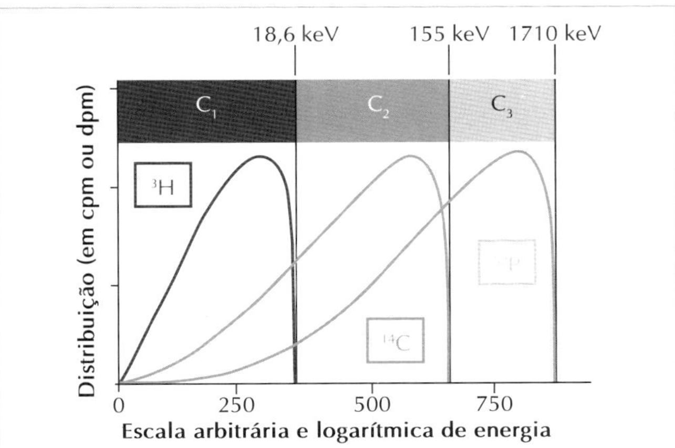

Figura 7-9 Espectros de energia das cintilações devido à desintegração do trício, carbono-14 e fósforo-32. A escala de energia é logarítmica e arbitrária.

A E_{max} do ^{32}P está bem acima daquela do ^{14}C, o que facilita sobremaneira a discriminação dos dois isótopos. Mas a discriminação tripla do ^3H, ^{14}C e ^{45}Ca ou do ^3H, ^{14}C e ^{131}I também é possível, embora as diferenças sejam menores. Apesar da alta energia da desintegração do ^{32}P, uma fração pequena da energia de suas desintegrações cai na faixa até 18,6 keV, a região do ^3H. Para a discriminação, um sistema de três equações se faz necessário:

$$C_1 = a_1H + b_1C + c_1P \quad [7\text{-}16]$$

$$C_2 = (1 - a_1)H + b_2C + c_2P \quad [7\text{-}17]$$

$$C_3 = (1 - b_1 - b_2)C + (1 - c_1 - c_2)P \quad [7\text{-}18]$$

Onde os símbolos têm os seguintes significados:

$C_1 \Rightarrow$ cpm na região C_1

$C_2 \Rightarrow$ cpm na região C_2

$C_3 \Rightarrow$ cpm na região C_3

$H \Rightarrow$ cpm de ^3H presentes na amostra

$C \Rightarrow$ cpm de ^{14}C presentes na amostra

$P \Rightarrow$ cpm de ^{32}P presentes na amostra

$a_1 \Rightarrow$ fração de ^3H contada na região C_1

$b_1 \Rightarrow$ fração de ^{14}C contada na região C_1

$c_1 \Rightarrow$ fração de ^{32}P contada na região C_1

$b_2 \Rightarrow$ fração de ^{14}C contada na região C_2

$c_2 \Rightarrow$ fração de ^{32}P contada na região C_2

Note que um termo contendo H não é necessário na equação [7-18], pois seguramente não haverá nenhum ^3H na região C_3 (Figura 5-13). Soluções para o sistema das equações [5-12] e [5-13] podem ser as seguintes:

$$H = \frac{c_2S_4C_3 - S_3S_4C_2 + c_2S_5C_1 - c_1S_5C_2}{S_1S_5 - S_2S_4} \quad [7\text{-}19]$$

$$C = \frac{c_2C_3 + S_2H - S_3C_2}{S_5} \quad [7\text{-}20]$$

$$P = \frac{C_1 - b_1C - a_1H}{c_1} \quad [7\text{-}21]$$

Os termos S_1, S_2, S_3, S_4 e S_5 foram introduzidos para simplificar as equações [7-19] e [7-20]. Seus valores podem ser calculados de acordo com as fórmulas mostradas na Figura 7-10.

$$S_1 = a_1c_2 - c_1(1 - a_1)$$
$$S_2 = (1 - c_2 - c_1)(1 - a_1)$$
$$S_3 = 1 - c_1 - c_2$$
$$S_4 = b_2c_1 - b_1c_2$$
$$S_5 = c_2(1 - b_2 - b_1) - b_2(1 - c_2 - c_1)$$

Figura 7-10 Fórmulas para o cálculo dos valores de S_1, S_2, S_3, S_4 e S_5, a serem introduzidos nas equações [7-19] e [7-20] para a discriminação de três isótopos.

A determinação dos valores dos coeficientes a_1, b_1 etc. deve seguir os mesmos procedimentos adotados anteriormente para determinar os coeficientes da discriminação de ^3H e ^{14}C. A única diferença agora é contar amostras-padrão de ^3H, ^{14}C e ^{32}P em três regiões diferentes, conforme delineado pela Figura 7-9:

$$a_1 = \frac{\text{cpm de } ^3\text{H em } C_1}{\text{cpm de } ^3\text{H em } C_1 + \text{cpm de } ^3\text{H em } C_2} \quad [7\text{-}22]$$

$$b_1 = \frac{\text{cpm de } ^{14}\text{C em } C_1}{\text{cpm totais de } ^{14}\text{C}} \quad [7\text{-}23]$$

$$b_2 = \frac{\text{cpm de } ^{14}\text{C em } C_2}{\text{cpm totais de } ^{14}\text{C}} \quad [7\text{-}24]$$

$$c_1 = \frac{\text{cpm de } ^{32}\text{P em } C_1}{\text{cpm totais de } ^{32}\text{P}} \quad [7\text{-}25]$$

$$c_2 = \frac{\text{cpm de } ^{32}\text{P em } C_2}{\text{cpm totais de } ^{32}\text{P}} \quad [7\text{-}26]$$

As cpm totais de ^{14}C e de ^{32}P resultam da soma das contagens dos padrões nas regiões C_1, C_2 e C_3.

EXERCÍCIOS RESOLVIDOS

1. Foi realizada uma análise para a determinação de [^{3}H]ATP no eluato de uma coluna cromatográfica. Exatamente 200 µL de cada fração foram submetidos à contagem em 10 mL de líquido de cintilação. A coluna foi eluida com um gradiente linear de NaCl, de modo que a concentração de sal não é constante em cada fração. Para corrigir a extinção em cada fração, 10 µL de uma solução de [^{3}H]ATP foram adicionados a cada frasco após a contagem das amostras, fazendo-se nova contagem. Os resultados estão na Tabela 7-2. Corrija a extinção em cada uma das frações. O branco continha 200 µL de água destilada.

   (Segel, 1979).

Tabela 7-2 Contagem das amostras do exercício 1.

Amostras	1a contagem cpm	2a contagem cpm
Branco	20	2120
Fração 40	22	2081
Fração 50	120	2135
Fração 51	4053	5943
Fração 52	6560	8366
Fração 53	3550	5272
Fração 54	450	2109
Fração 55	75	1650
Fração 56	35	1547

Resolução:

A diferença entre a segunda e a primeira contagem corresponde ao [^{3}H]ATP adicionado, mas a primeira está também sujeita à extinção característica da amostra. A amostra de referência deve ser aquela em que, na segunda contagem, há apenas [^{3}H]ATP adicionado. Esta é também a amostra de menor extinção, pois apenas contém água destilada, sem sais (branco) e que será tomada como referência. Os fatores de correção podem ser calculados dividindo a radioatividade na amostra pelas diferenças entre a primeira e a segunda contagem. Tudo pode ser organizado como na Tabela 7-3.

Tabela 7-3 Contagem das amostras do exercício 1.

Amostras	1a contagem cpm	2a contagem cpm	Segunda – terceira	Fator	Contagem corrigida
Branco	20	2120	2100	–	–
F40	22	2081	2059	1,020	22
F50	120	2135	2015	1,042	125
F51	4053	5943	1890	1,112	4507
F52	6560	8366	1806	1,163	7629
F53	3550	5272	1722	1,219	4327
F54	450	2109	1659	1,266	569
F55	75	1650	1575	1,334	100
F56	35	1547	1512	1,389	48

Note que o fator de correção da extinção proporcionalmente aumenta com a quantidade de NaCl presente nas frações (a eluição foi feita com um gradiente de NaCl). Em outras palavras, o NaCl é o causador da extinção.

2. Cinco amostras contendo [^{3}H]glicose foram contadas em um contador de cintilações para amostras líquidas. A janela de contagem foi posicionada para uma energia máxima de 18,6 keV. O aparelho foi programado para fornecer o valor de tSIE para cada contagem. Os resultados estão relacionados na Tabela 7-4. Sabe-se que cada amostra possui concentrações salinas e de outros compostos diferentes, mas o volume foi sempre de 100 μL. Na avaliação dos resultados, é fundamental transformar as cpm em dpm. Por isso, foi feita uma curva de calibração na qual adicionou-se uma quantidade fixa de [^{3}H]tolueno e quantidades crescentes de nitrometano como agente causador de extinção. Os resultados encontrados constam da Tabela 7-5. A máxima eficiência do aparelho na contagem de ^{3}H é de 64%. Faça uma correção das contagens de [^{3}H]glicose da Tabela 7-4, transformando os valores de cpm em dpm.

Tabela 7-4 Contagem das amostras de [^{3}H]glicose to exercício 2.

Amostras	cpm	tSIE
Branco	35	900
A1	35594	855
A2	31095	650
A3	28940	537
A4	26179	462
A5	22731	415

Resolução:

A primeira tarefa é construir a curva de calibração com os dados da Tabela 7-5. A partir da curva, é possível obter os fatores de correção para cada valor de tSIE na Tabela 7-4. A Figura 7-11 mostra a curva que relaciona os cpm obtidos com o valor de tSIE fornecido pelo aparelho. Não é uma relação linear, portanto é preciso fazer interpolações para obter os diversos fatores necessários para corrigir as contagens de [^{3}H]glicose da Tabela 7-4. Na própria Figura 7-11 está ilustrado o procedimento de interpolação. A um tSIE de 650 (amostra A2 da Tabela 7-4), corresponde uma contagem de C_1 = 20060 cpm na curva de calibração. Essa contagem deve ser comparada à obtida com tSIE igual a 1000, que representa a situação sem extinção, chamada de C_o. Mas fomos informados também que, mesmo na ausência de extinção, a eficiência de contagem do ^{3}H é de 64%. Assim, a equação para calcular o fator multiplicativo que permite transformar a contagem A_2 na Tabela 7-4 em dpm é:

$$F = \frac{C_o}{0{,}64 \times C_1} = \frac{23500}{0{,}64 \times 20060} = 1{,}83 \qquad [7\text{-}27]$$

Este procedimento deve ser repetido para todos os valores de tSIE da Tabela 7-4. Podemos assim construir uma nova tabela, em que constem adicionalmente os valores do fator de correção e os valores em dpm da [^{3}H]glicose na amostra. Os resultados estão na Tabela 7-6. Antes de fazer a correção, foram subtraídos os valores do branco de cada amostra.

Tabela 7-5 Curva de calibração com [^{3}H]tolueno para o exercício 2.

[^{3}H]Tolueno (cpm)	tSIE
23500	1000
23191	912
22277	815
20746	689
18775	576
17167	478
15509	414

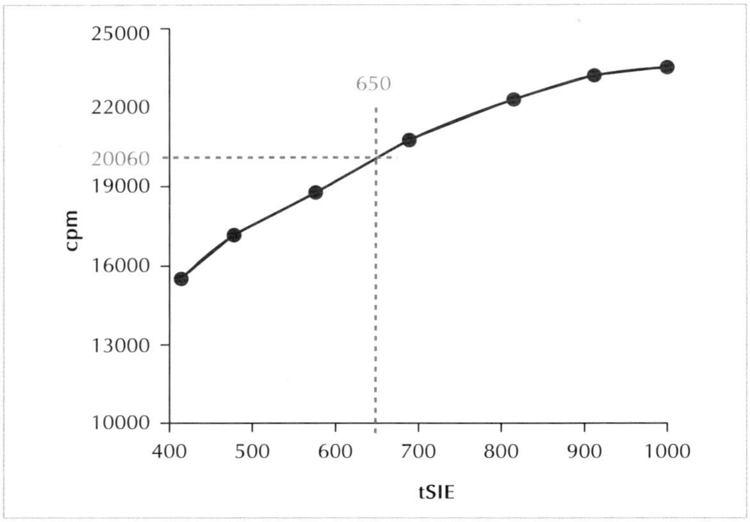

Figura 7-11 Curva construída com os dados da Tabela 7-5.

Tabela 7-6 Fatores de correção e valores de dpm das contagens de [^{3}H]glicose.

Amostras	cpm	tSIE	F	dpm
Branco	35	900	–	–
A1	35594	855	1,62	57606
A2	31095	650	1,83	56840
A3	28940	537	2,01	58101
A4	26179	462	2,19	57256
A5	22731	415	2,51	56970

Os valores da [^{3}H]glicose em dpm nas amostras de A_1 a A_5 praticamente não diferem entre si. O que deve ter mudado são as concentrações salinas ou de outros agentes que causam uma expressiva e crescente extinção.

3. Um experimento de incorporação de ^{45}Ca em um sistema de células isoladas foi conduzido com a adição simultânea de [^{3}H]H_2O e [^{3}H]sacarose. Estes últimos foram adicionados para propiciar uma determinação precisa do espaço celular aquoso e do espaço extracelular (ver Capítulo 12 para detalhes dos procedimentos para a determinação de espaços de distribuição). A [^{3}H]sacarose não tem acesso às células animais. Uma série de amostras foram preparadas. Sugira os procedimentos que podem ser utilizados para fazer:

   a. a discriminação e contagem do ^{45}Ca e do ^{3}H;

   b. a distinção entre o ^{3}H que marca a água e a sacarose.

Resolução:

a. De acordo com a Tabela 2-2 do Capítulo 2, a energia máxima de desintegração do ^3H é igual a 18,6 keV, enquanto a do ^{45}Ca é 256 keV. Assim, fica fácil discriminar os dois isótopos, seguindo os procedimentos descritos na parte teórica deste capítulo e que culminam com as equações [7-10] e [7-11]. Devem ser usadas as regiões de contagem C_1 e C_2 com os limites fixados em 18,6 keV e 256 keV, respectivamente. A discriminação depois da contagem fornecerá os valores da radioatividade devida ao ^{45}Ca das amostras e os valores somados da radioatividade devida ao ^3H da água triciada e da sacarose marcada.

b. Para obter as quantidades de ^3H da água e da sacarose, não existe outro caminho que não seja o de separar as duas substâncias. No caso específico, é algo relativamente simples, pois basta evaporar a água, seja em uma estufa de secagem ou, mais recomendável, por liofilização em sala reservada, seguindo as recomendações de segurança estipuladas pela Comissão Nacional de Energia Nuclear (CNEN). O resíduo deve ser redissolvido e sua radioatividade contada. No presente caso, a contagem corresponde à [^3H]sacarose. A [^3H]água deverá ser obtida por diferença, isto é:

$$\text{cpm } [^3\text{H}]\text{água} = \text{cpm } ^3\text{H total} - \text{cpm } [^3\text{H}]\text{sacarose}$$

4. De um experimento bastante complexo, resultaram amostras que possuem 4 isótopos: ^3H (E_{max} = 18.6 keV), ^{14}C (E_{max} = 156 keV), ^{131}I (E_{max} = 610 keV) e ^{32}P (E_{max} = 1710 keV). O desafio é fazer a determinação das quantidades de cada isótopo sem recorrer a separações e sabendo que os contadores de cintilação não permitem a contagem simultânea de mais do que três regiões. Proponha uma solução experimental para esta situação.

Resolução:

Os contadores de cintilação de fato permitem contar em três regiões distintas no máximo, como bem exemplificado na Figura 7-9. Porém, nada impede que o experimentador imagine um hipotético cintilador que permita a contagem simultânea em 4 regiões diferentes. Esta situação poderia ser esquematizada conforme a Figura 7-12, que mostra de forma esquemática os espectros de energia do ^3H, ^{14}C, ^{131}I e ^{32}P, com suas interpenetrações em direção a valores baixos das energias de desintegração. Os limites das hipotéticas quatro janelas de contagem foram colocados nos valores de energia máxima de desintegração de cada isótopo. Isto posto, nada impede que a contagem seja feita em dois turnos, com dois canais de contagem em cada um deles. Por exemplo: na primeira contagem, pode-se contar conforme esquematizado no primeiro painel da Figura 7-13, isto é, as regiões C_1 e C_3. Uma vez feita esta contagem, reprograma-se o aparelho para fazer então a contagem simultânea nas regiões C_2 e C_4.

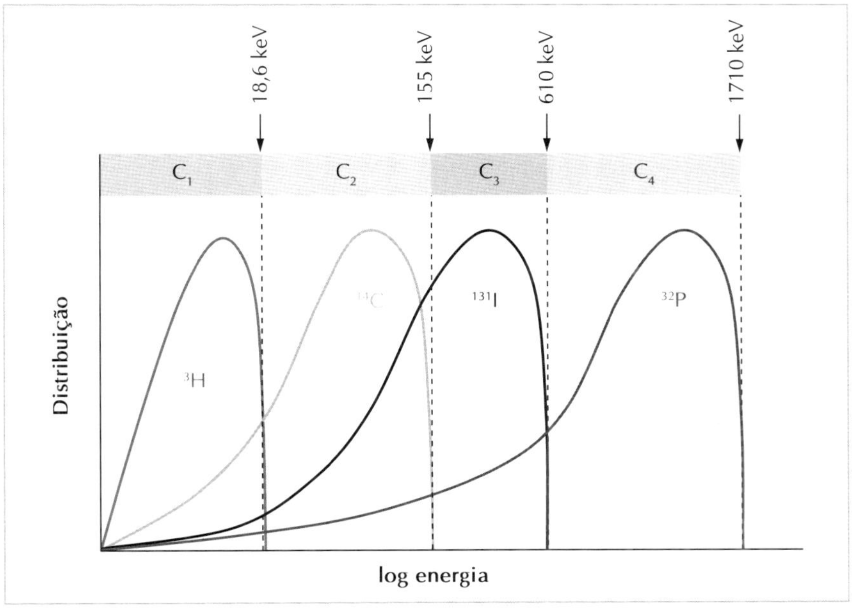

Figura 7-12 Espectros de energia das cintilações devido à desintegração do trício, carbono-14, iodo-131 e fósforo-32. A escala de energia é logarítmica e arbitrária. As quatro regiões de contagem C_1, C_2, C_3 e C_4 foram estipuladas tomando por base a energia máxima de desintegração de cada isótopo.

É claro que a contagem nas diversas regiões implica uma análise numérica para computar a radioatividade correspondente a cada isótopo. Será necessário montar um sistema de equações com quatro incógnitas, cada uma delas correspondendo às cpm de um dos quatro isótopos, por exemplo H, C, I e P, de forma análoga ao que foi feito na parte teórica para a contagem dupla ou tripla. Isto pode ser escrito da seguinte forma:

$$C_1 = a_1H + b_1C + c_1I + d_1P$$

$$C_2 = (1 - a_1)H + b_2C + c_2I + d_2P$$

$$C_3 = (1 - b_1 - b_2)C + c_3I + d_3P$$

$$C_4 = (1 - c_1 - c_2 - c_3)I + (1 - d_1 - d_2 - d_3)P$$

Os coeficientes a_1, b_1 etc. correspondem às frações de cada isótopo nas diversas regiões, que devem ser determinados experimentalmente com amostras-padrão. O sistema de 4 equações terá que ser resolvido para H, C, I e P e pode ser feito analiticamente, o que dá muito trabalho algébrico, ou numericamente, com qualquer um dos muitos *softwares* que atualmente têm ampla disponibilidade. Como os limites das regiões de contagem foram definidos como energias máximas de desintegração, é muito provável que as diferenças $(1 - a_1)$, $(1 - b_1 - b_2)$ e $(1 - c_1 - c_2 - c_3)$ tendam a zero e sejam desprezíveis, o que pode facilitar sobremaneira os cálculos. Note, porém, que a diferença $(1 - d_1 - d_2 - d_3)$ deverá ser bastante significativa, provavelmente maior do que os valores somados de d_1, d_2 e d_3.

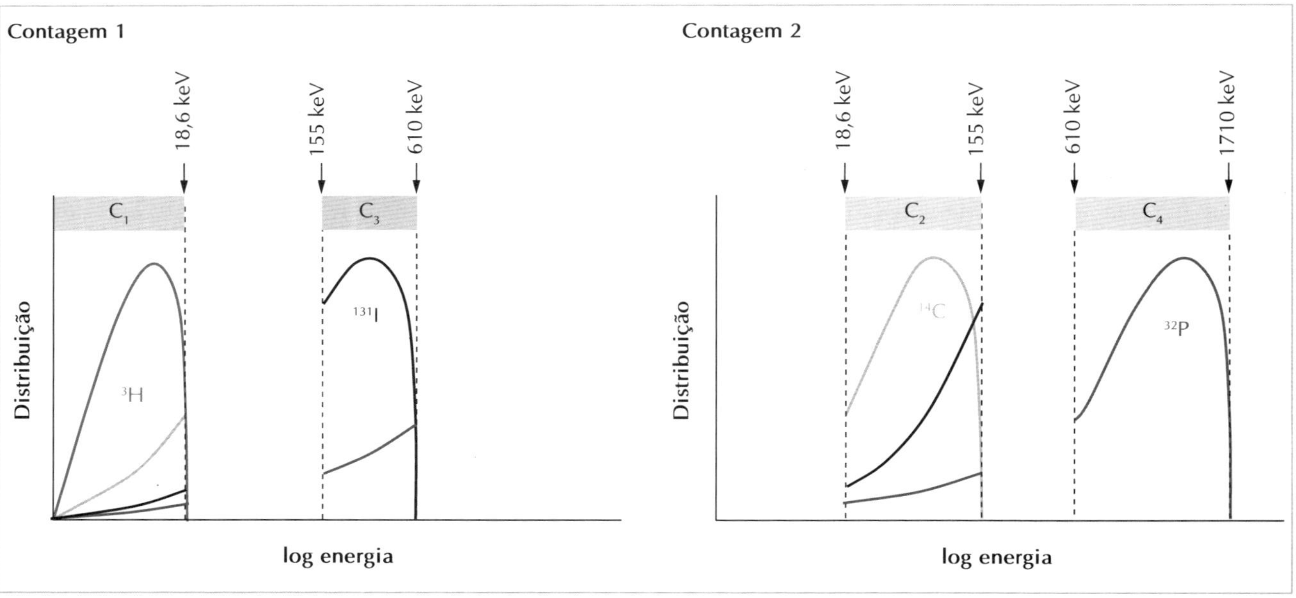

Figura 7-13 Esquematização da contagem em dois turnos de uma amostra contendo 4 isótopos discrimináveis.

Capítulo 8

Análise da diluição isotópica

A análise de diluição isotópica consiste em um conjunto de procedimentos que permitam determinar quantidades de compostos pela adição de análogos radioativos a misturas complexas. A diluição isotópica tem sido classificada como um método de padronização interna, uma vez que o padrão, a substância a ser analisada, enriquecida no nível isotópico, é adicionada diretamente à amostra. Diferente de métodos analíticos tradicionais, que se baseiam na intensidade de grandezas físicas mensuradas, a diluição isotópica utiliza, principalmente, razões entre grandezas. Devido às vantagens proporcionadas por este fato, o método da diluição isotópica é considerado de alto padrão. De uma forma ou de outra, todos os métodos de ensaio com radioisótopos utilizam os princípios da diluição isotópica. No entanto, existem vários graus de complexidade e sofisticação.

MEDIDAS DE RENDIMENTO

A forma mais simples de diluição isotópica é a utilização do traçador em medidas de rendimento (*recovery*) de uma purificação, que pode ser importante por dois motivos principais: (a) conhecendo o rendimento, pode-se calcular a quantidade originalmente presente; (b) conhecendo o rendimento, e este sendo baixo, pode-se procurar desenvolver procedimentos para melhorá-lo. O primeiro caso é importante para aquilatar o papel da substância em funções biológicas, principalmente quando se trata de tecidos e células. A quantidade presente também pode ter importância clínica. No segundo caso, a melhoria do rendimento pode ter importância econômica ou técnica.

As medidas de rendimento usando radioisótopos sempre pressupõem a disponibilidade da substância a ser estudada na forma marcada. Estando disponível, ela poderá ser medida com grande sensibilidade e especificidade, e, quando disponível com alta atividade específica (ver Capítulo 2 para o significado de atividade específica), poderá ser adicionada como traçador, isto é, sua adição não irá alterar significativamente a composição do sistema em termos da massa de seus constituintes.

A Figura 8-1 ilustra o monitoramento de uma purificação pela adição de quantidades-traço da forma radioativa de um componente molecular a ser purificado. O sistema contém nX substâncias, mas pretende-se purificar apenas a substância X_3, que existe na forma radioativa (X_3*), marcada com ^{14}C, ^{3}H ou outro isótopo qualquer. Para acrescentar quantidades-traço detectáveis pela sua radioatividade, a atividade específica terá que ser bastante alta. Não importam as perdas durante o processo de purificação, a razão X_3^*/X_3 continuará sempre a mesma, já que as propriedades físico-químicas de X_3 e X_3*, como solubilidade, carga elétrica etc., não diferem entre si. Em outras palavras, a atividade específica não será alterada. Matematicamente, portanto:

$$A_{espi} = A_{espf} \quad [8\text{-}1]$$

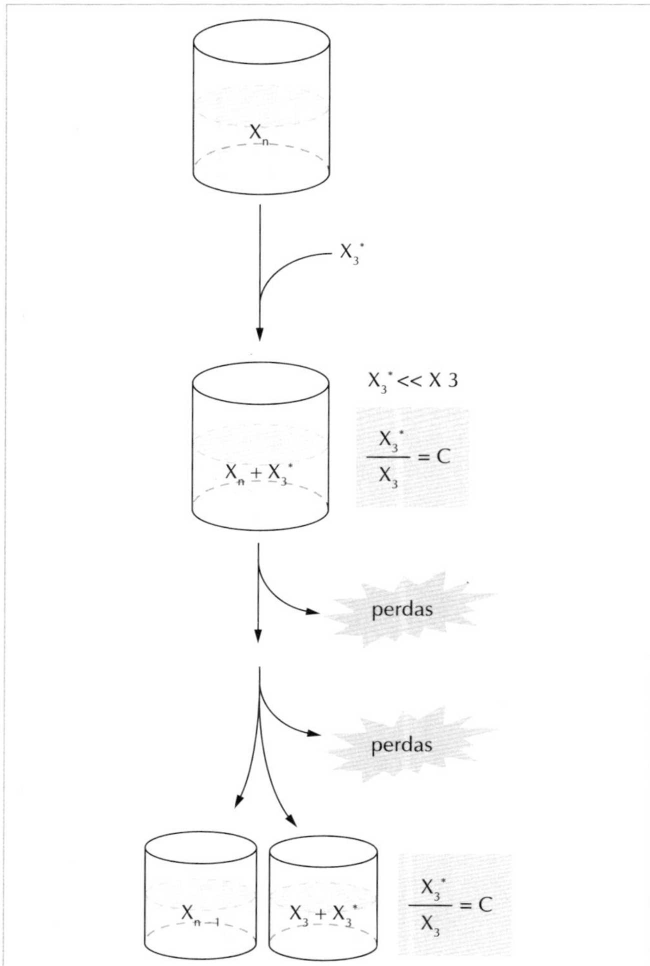

Figura 8-1 Monitorando o rendimento de uma purificação pela adição de quantidades-traço da forma radioativa do componente a ser purificado. C corresponde à razão constante X_3^*/X_3.

A atividade específica inicial (A_{espi}, antes da purificação) será igual à atividade específica final (A_{espf}, depois da purificação). A atividade específica inicial é dada por:

$$A_{espi} = \frac{cpm_{ad}}{Q_{am}} \quad [8\text{-}2]$$

Sendo cpm_{ad} a radioatividade adicionada e Q_{am} a quantidade da substância na amostra inicial. A atividade específica final, por outro lado, será:

$$A_{espf} = \frac{cpm_{rec}}{Q_{rec}} \quad [8\text{-}3]$$

Sendo cpm_{rec} a radioatividade recuperada e Q_{rec} a quantidade da substância recuperada na amostra final. Mas como $A_{espi} = A_{espf}$, igualando as equações [8-2] e [8-3] e rearranjando, pode-se calcular a quantidade da substância X_3 na amostra inicial:

$$Q_{am} = \frac{cpm_{ad}}{cpm_{rec}} \times Q_{rec} = \frac{cpm_{ad}}{A_{espf}} \quad [8\text{-}4]$$

Vamos exemplificar com um experimento imaginário:

- Etapa 1: adicionar 10000 cpm de X_3* (1,0 μg) a uma mistura;
- Etapa 2: isolar $X_3 + X_3^*$ puro;
- Etapa 3: determinar a quantidade de $X_3 + X_3^*$ (por exemplo, 5 mg);
- Etapa 4: determinar as cpm de $X_3 + X_3^*$ (por exemplo, 2500 cpm;
- Etapa 5: aplicar a equação [8-4], o que resulta em uma massa original de X_3 (Q_{am}) igual a 20 mg.

Note, no exemplo acima, que a massa original de X_3 supera em muito a quantidade de X_3* adicionada (1 μg). É por isto que não foi necessário levar em conta a massa de X_3*. No entanto, haverá situações em que a massa do traçador não poderá ser negligenciada. Este caso está ilustrado pela Figura 8-2, que representa um procedimento de hidrólise de uma proteína da qual pretende-se quantificar com precisão a quantidade, e não apenas a porcentagem, de um determinado aminoácido, aqui denominado A_1. Sua forma radioativa (A_1*) não está disponível com atividade específica muito elevada e, por isto, sua massa aumenta significativamente a massa de A_1 presente na forma livre após a hidrólise. Isso não impede, no entanto, que a atividade específica inicial e final sejam as mesmas, quer dizer, a razão A_1^*/A_1 permanece constante:

$$A_{espi} = A_{espf} = \frac{cpm_{ad}}{Q_{A_1^*ad} + Q_{A_1am}} = \frac{cpm_{re}}{Q_{A_1^*re} + Q_{A_1re}} \quad [8\text{-}5]$$

Onde $Q_{A_1^*ad}$ é a quantidade de A_1* adicionada, $Q_{A_1^*re}$ a é a quantidade de A_1* recuperada, Q_{A_1am} é a quantidade de A_1 na amostra (aminoácido da proteína) e Q_{A_1re} é a quantidade de A_1 recuperada. As cpm adicionadas, por outro lado, são dadas por:

$$cpm_{ad} = A_{espA_1^*} \times Q_{A_1^*ad} \qquad [8\text{-}6]$$

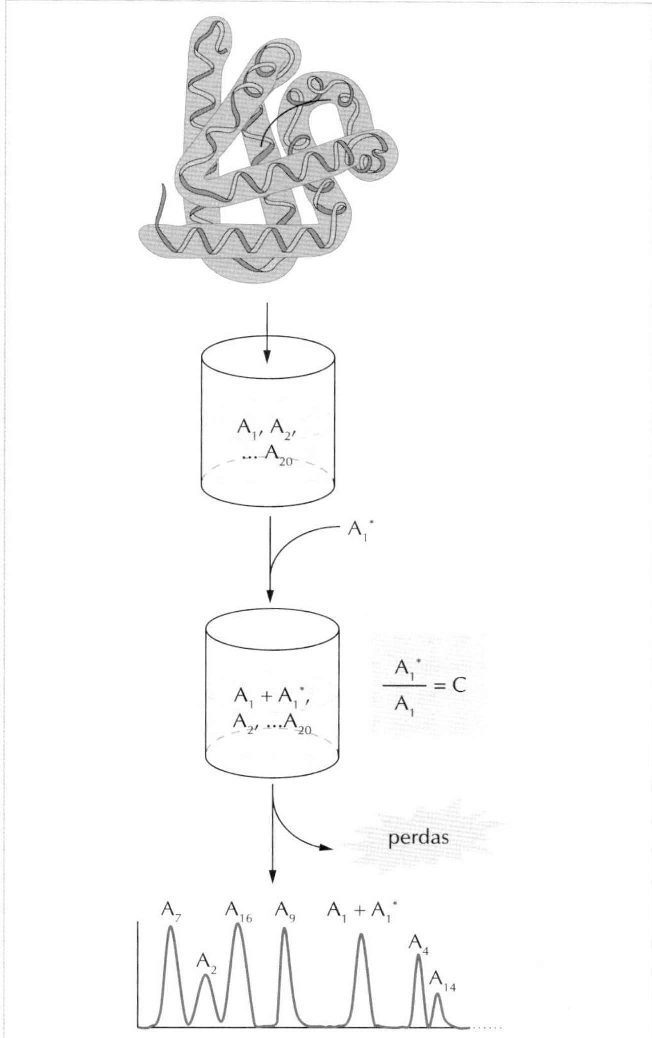

Figura 8-2 Monitorando o rendimento da purificação de um aminoácido resultante da hidrólise de uma proteína pela adição da forma radioativa. C corresponde à razão constante A_1^*/A_1.

Substituindo cpm_{ad} na equação [8-5] pelo seu significado na equação [8-6], obtém-se:

$$A_{espf} = \frac{A_{espA_1^*} \times Q_{A_1^*ad}}{Q_{A_1^*ad} + Q_{A_1am}} \qquad [8\text{-}7]$$

Isolando Q_{A_1am}, a massa de A_1 na proteína:

$$Q_{A_1am} = \frac{Q_{A_1^*ad} \times Q_{espA_1^*}}{A_{espf}} - Q_{A_1^*ad}, \qquad [8\text{-}8]$$

O que ainda pode ser simplificado para, em virtude da igualdade definida pela equação [8-6]:

$$Q_{A_1am} = \frac{cpm_{ad}}{A_{espf}} - Q_{A_1^*ad}$$

A equação final [8-9] pode ser usada para calcular, portanto, a quantidade de A_1 presente na proteína.

Fazendo, como no caso anterior, um experimento imaginário:

- Etapa 1: adicionar 50 mg de A_1* com 100000 cpm a 10 g do hidrolisado;
- Etapa 2: isolar A_1 + A_1* puro;
- Etapa 3: determinar a quantidade de A_1 + A_1* (por exemplo, 80 mg recuperados);
- Etapa 4: determinar a radioatividade de A_1 + A_1* (por exemplo, 12800 cpm);
- Etapa 5: aplicar as equações [8-7] e [8-9], o que resulta em uma massa original de A_1 (Q_{A_1am}) igual a 575 mg. Se tivéssemos simplesmente aplicado a equação [8-4], válida quando a massa do composto radioativo adicionado é desprezível, obteríamos o valor de 625 mg. Portanto, o erro seria de 8,6%, o que é bastante significativo.

ANÁLISE DE DERIVADOS

A análise de derivados consiste em fazer reagir compostos presentes em concentrações muito pequenas para que elas sejam medidas com reagentes marcados, formando assim derivados que podem ser detectados e quantificados graças à alta sensibilidade conferida pela radioatividade. O procedimento mais simples é adicionar apenas o reagente radioativo R*, que reage com a substância A, formando o produto AR*:

$$A + R^* \rightarrow AR^*$$

O reagente R* deverá ser adicionado em excesso em relação a A, de modo a garantir uma transformação quantitativa de A em AR* Se for possível determinar a radioatividade na forma de AR*, pode-se calcular a quantidade de A presente na amostra, pois o produto AR* terá a mesma atividade específica que R*, isto é, $A_{espR^*} = A_{espAR^*}$. Esta última é evidentemente conhecida. Se cpm_{AR^*} é a radioatividade associada a AR*, a quantidade de A na amostra original Q_A poder ser calculada como:

$$Q_A = \frac{cpm_{AR^*}}{A_{espAR^*}} \qquad [8\text{-}10]$$

Por exemplo, se a atividade específica de R* for igual a 100000 cpm/μmol e a radioatividade de AR* isolada for igual a 10000 cpm, a quantidade de A é igual a 0,1 μmol.

No entanto, a aparente simplicidade do raciocínio esconde certas complexidades de cunho experimental. Em primeiro lugar, R* terá que ser adicionado em excesso para garantir a transformação total de A. Após a reação estar completa, será necessário separar AR* do R* que não reagiu. Em segundo lugar, o isolamento de AR* terá que ocorrer sem perdas, pois no procedimento a possibilidade de monitorar o rendimento da purificação está excluída.

Para evitar a necessidade de uma purificação sem perdas do produto radioativo, pode-se recorrer à estratégia da adição do carreador, que nada mais é do que o próprio produto na forma não radioativa, adicionado logo depois de completada a reação de formação de AR*. A Figura 8-3 ilustra o processo quando o carreador é adicionado em um excesso de pelo menos duas ordens de grandeza. As bolinhas representam o composto cuja quantidade se quer determinar. Ele é misturado com um reagente radioativo, os quadradinhos. Após a reação, adiciona-se um grande excesso do produto na forma não radioativa, o carreador. Se adicionado em grande quantidade, a massa do carreador recuperado poderá ser determinada por métodos químicos ou físicos convencionais. A comparação entre o carreador adicionado (Q_{ad}) e o recuperado (Q_{re}) funciona também como uma medida do grau de recuperação da radioatividade, pois AR e AR* comportam-se de maneira idêntica frente a processos de purificação. Quando a quantidade de carreador adicionado está presente em grande excesso, a atividade específica final (A_{espf}) é determinada apenas pelo carreador, não importando as perdas durante o processo de purificação. Mas a atividade específica inicial (A_{espi}) é determinada apenas pela quantidade do reagente radioativo presente antes da adição do carreador. Com base neste raciocínio, a quantidade de A que reagiu com R* (Q_A), de acordo com a reação [8-1], pode ser calculada pela seguinte relação:

$$Q_A = \frac{cpm_{re}\left(\frac{Q_{ad}}{Q_{re}}\right)}{A_{espi}} \qquad [8\text{-}11]$$

A razão do carreador adicionado para o recuperado (Q_{ad}/Q_{re}) representa um fator de recuperação. Para ilustrar, vamos recorrer novamente a um experimento imaginário:

- Etapa 1: fazer a reação A + R* → AR*, tendo R* a atividade específica (A_{espi}) de 100000 cpm/μmol;

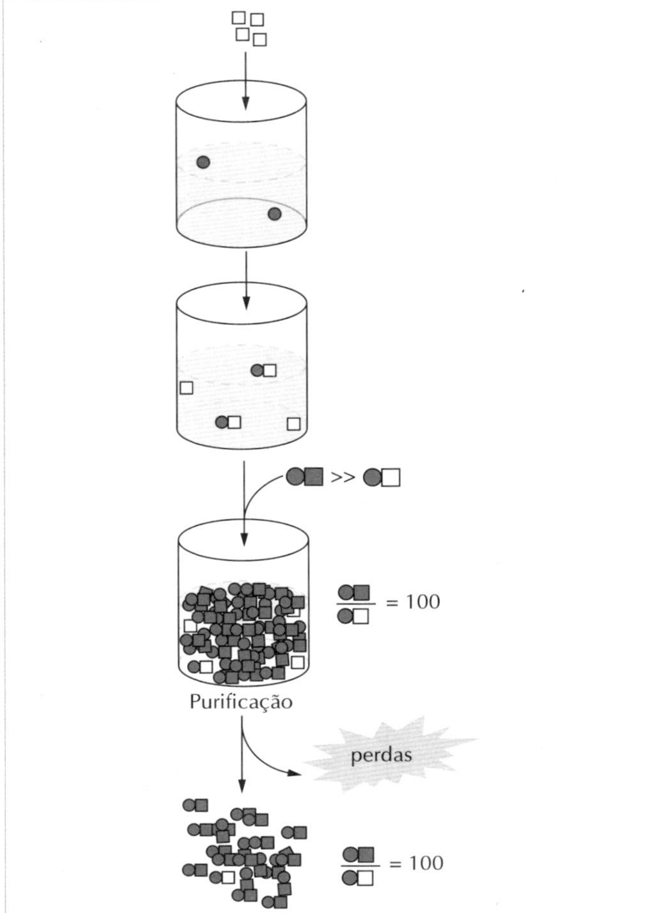

Figura 8-3 Análise de derivados com a adição de um grande excesso de carreador (ao menos duas ordens de grandeza de excesso). Os quadradinhos brancos representam a substância radioativa.

- Etapa 2: completada a reação, adicionar 100 mg de AR (Q_{ad}; grande excesso!);
- Etapa 3: isolar AR + AR* e determinar a quantidade recuperada (Q_{re}) e a radioatividade recuperada (cpm_{re}) (vamos supor que foram iguais a 75 mg e 50000 cpm);
- Etapa 4: substituindo os valores de cada grandeza na equação [8-11] e calculando, vamos obter Q_A = 0,66 μmol. A quantidade de A na amostra era, portanto, muito pequena em comparação com a quantidade de carreador adicionada.

Se o excesso do carreador adicionado não for muito grande, os cálculos se tornam mais complicados, uma vez que o grau de recuperação não pode mais ser calculado simplesmente com base na recuperação total, pois não vale mais a condição $Q_{AR} >> Q_{AR*}$ e a atividade específica final (A_{espf}) vai depender da quantidade adicionada (Q_{ad}) e da presente na amostra (Q_{am}) (Figura 8-4).

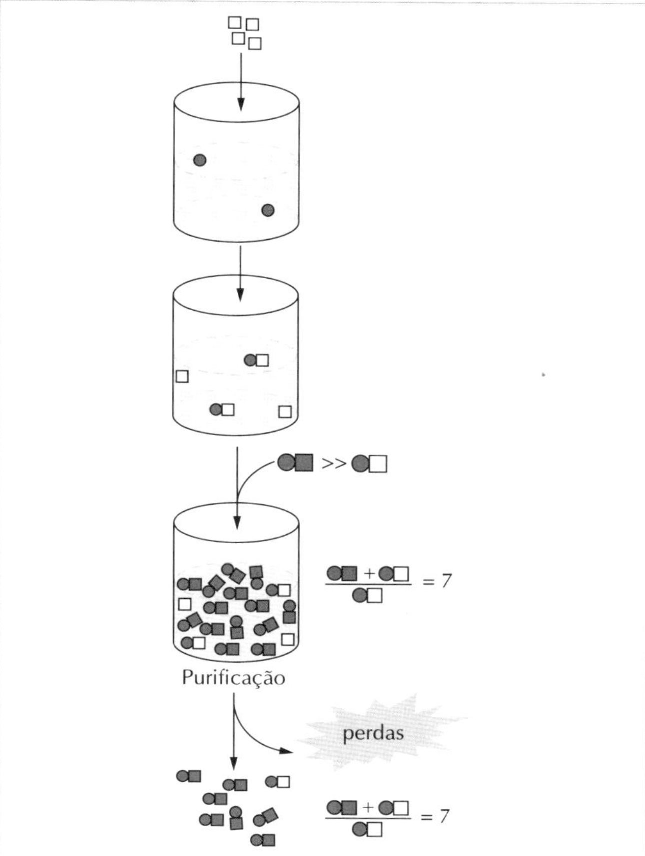

Figura 8-4 Análise de derivados com a adição de um excesso moderado de carreador (menos de duas ordens de grandeza de excesso). Os quadradinhos brancos representam a substância radioativa.

A atividade específica do produto AR* evidentemente muda quando o carreador AR é adicionado, mas continua constante durante o processo de purificação. Esta atividade específica final, portanto, pode ser definida como:

$$A_{espf} = \frac{cpm}{Q_{ad} + Q_{am}} \quad [8\text{-}12]$$

Onde Q_{ad} é a quantidade do carreador adicionado e Q_{am} é a quantidade do composto na amostra. Da expressão [8-12], podemos extrair duas igualdades relacionando a radioatividade incorporada (dada em cpm) com atividades específicas. A primeira delas é:

$$cpm = A_{espi} \times Q_{am} \quad [8\text{-}13]$$

Ou seja, a quantidade de radioatividade incorporada é igual ao produto da quantidade de A na amostra (Q_{am}) com a atividade específica inicial (A_{espi}) do reagente radioativo. A segunda igualdade decorre do fato de que, após a adição de uma quantidade Q_{ad} do carreador, a mesma radioatividade incorporada, i.e. cpm, será agora dada pela expressão:

$$cpm = A_{espf} \times Q_{am} + A_{espf} \times Q_{ad} \quad [8\text{-}14]$$

Podemos então igualar as expressões [8-13] e [8-14] e isolar a quantidade desconhecida que é Q_{am}, quer dizer, a quantidade de A na amostra original (as bolinhas na Figura 8-4):

$$Q_{am} = \frac{A_{espf}}{A_{espi} - A_{espf}} Q_{ad} \quad [8\text{-}15]$$

O notável da equação [8-15] é que a quantidade inicial de A (Q_{am}) pode ser calculada com base apenas nas atividades específicas inicial e final e a quantidade do carreador adicionada. Deve-se acrescentar que, se a quantidade do carreador adicionado for muito grande, como é o caso discutido e ilustrado pela Figura 8-3, a atividade específica final no denominador da equação [8-15] será desprezível em comparação com a atividade específica inicial, i.e., $A_{espf} << A_{espi}$. Isto conduz a uma forma simplificada da equação [8-15]:

$$Q_{am} = \frac{A_{espf}}{A_{espi}} Q_{ad} \quad [8\text{-}16]$$

Esta equação, que remete ao caso ilustrado pela Figura 8-3, é perfeitamente análoga à equação [8-11], devendo dar o mesmo resultado numérico.

ANÁLISE DE DERIVADOS COM DUPLO TRAÇADOR

Em todos os procedimentos descritos anteriormente, apenas um traçador foi adicionado, além de ter sido necessário medir a quantidade final recuperada em termos de massa, exceto quando não havia perdas. Isto pode ser trabalhoso e problemático em muitos casos, mas é possível evitá-los se for possível trabalhar com dois traçadores. Neste caso, cada um dos traçadores terá uma função específica: o primeiro é o reagente e serve para medir a quantidade, e o segundo corresponde ao composto que se quer determinar e sua adição deve servir para monitorar sua perda durante o processo de isolamento. Ele, o segundo traçador, deve estar marcado com um isótopo diferente daquele utilizado para medir a quantidade. Duplas de radioisótopos frequentes são, por exemplo, ^{14}C e ^{3}H, mas em tese quaisquer isótopos podem ser utilizados, desde que preencham os pré-requisitos necessários para serem discriminados, conforme descrito no Capítulo 7.

A reação a ser considerada é a mesma já descrita no início deste capítulo:

$$A + R^* \rightarrow AR^*$$

Vamos ilustrar o procedimento imaginando a determinação do composto A em uma mistura contendo A + B + C ... etc. Um indicador A*, marcado com ^3H, está disponível com atividade específica muito alta de 9×10^7 cpm/mmol; um reagente R*, marcado com ^{14}C, reage com A e tem atividade específica (A_{espA}) igual a 10000 cpm/nmol. As seguintes etapas podem ser consideradas:

- Etapa 1: adicionar 5000 cpm de A* (0,057 pmol) como indicador (A_{ad}*) à mistura de reação;
- Etapa 2: adicionar um excesso do reagente R* (R_{ad}*);
- Etapa 3: remover o excesso de R*;
- Etapa 4: purificar R*A + R*A* (R_{re}*);
- Etapa 5: chegar aos resultados $A_{re}* = {}^3H = 2000$ cpm; $R_{re}* = {}^{14}C = 500$ cpm;
- Etapa 6: calcular a quantidade de A (Q_A).

Note que, por causa da alta atividade específica de A*, sua quantidade adicionada é muito pequena (0,057 pmol), de modo que também a quantidade de A*R* formada é muito menor do que a quantidade de AR*. Desta forma, a quantidade de A original pode ser calculada com base apenas no fator de recuperação, dado pela razão $A_{ad}*/A_{re}*$ na radioatividade recuperada de R (R_{re}*) e na atividade específica de R*:

$$Q_A = \left(\frac{A^*_{ad}}{A^*_{re}}\right) \cdot \left(\frac{R^*_{re}}{A_{espR}}\right) \qquad [8\text{-}17]$$

Substituindo os valores das variáveis mencionadas nas etapas de 1 a 5, obtém-se $Q_A = 0{,}125$ nmol. Observe a grande sensibilidade do procedimento, pois apenas 0,125 nmol foram determinados com grande precisão. Por outro lado, note também que 0,125 nmol é uma quantidade muito maior do que os 0,057 pmol de A* adicionados – na verdade, 2200 vezes maior! Finalmente, vale ressaltar que não houve necessidade de medir quantidades (massas) neste caso, mas apenas valores de radioatividade combinados com a atividade específica do reagente R*, que é conhecida de antemão. Este é um excelente exemplo da grande precisão e sensibilidade que pode ser conferida pelas medidas de radioatividade aos métodos analíticos.

EXERCÍCIOS RESOLVIDOS

1. Bacteriófagos foram crescidos utilizando fosfato de um meio contendo 1,0 mCi de ^{32}P por 100 mg de P na forma de fosfato. Uma amostra de fagos forneceu, após lavagem, 10^9 partículas e 1500 cpm. Quantos átomos de fósforo estão contidos em cada partícula de fago? A eficiência da contagem foi de 75%.

   (Dawes EA, 1972).

   Resolução:

   A quantidade de radioatividade adicionada foi fornecida em mCi, mas a radioatividade encontrada nas partículas foi dada em cpm. Há necessidade, portanto, de uma série de conversões para chegarmos a unidades que são compatíveis entre si.

   A massa atômica média do fósforo é igual a 30,98; 100 mg de fósforo, portanto, correspondem a 100/30,98 = 3,22 mátomos-grama. A atividade específica do fósforo, portanto, é igual a:

$$A_{esp} = \frac{1 \text{ mCi}}{3{,}22 \text{ mátomo-grama}}$$
$$A_{esp} = 0{,}3098 \text{ mCi/mátomo-grama}$$

   1 mCi corresponde a $2{,}2 \times 10^9$ dpm; portanto, a atividade específica em dpm é:

$$A_{esp/dpm} = 2{,}2 \times 10^9 \text{ dpm/mCi} \times 0{,}3098 \text{ mCi/mátomo-grama)} = 6{,}82 \times 10^8 \text{ dpm/mátomo-grama}$$

   A eficiência da contagem foi de 75%. Portanto, a atividade específica em cpm/mátomo-grama é:

$$A_{esp/cpm} = 6{,}82 \times 10^8 \times 0{,}75 = 5{,}115 \times 10^8 \text{ cpm/mátomo-grama}$$

Logo, a quantidade de fósforo (Q_P) correspondente aos 1500 cpm encontrados é:

$$Q_P = \frac{1500 \text{ cpm}}{5{,}115 \times 10^8 \text{ cpm/mátomo-grama}}$$

$$Q_P = 2{,}932 \times 10^{-6} \text{ mátomo-grama}$$

Ou $2{,}932 \times 10^{-6}$ átomo-grama em 10^9 partículas de fago. Em uma única partícula de fago ($Q_{P/fago}$), portanto:

$$Q_{P/fago} = \frac{2{,}932 \times 10^{-6}}{10^9} = 2{,}932 \times 10^{-15} \text{ (átomo-grama de fósforo)/fago}$$

Um átomo-grama (1 mol) de fósforo contém $6{,}022 \times 10^{23}$ átomos; então, cada fago contém $6{,}022 \times 10^{23} \times 2{,}932 \times 10^{-15} = 1{,}76 \times 10^9$ átomos de fósforo. Como o fósforo faz parte dos grupos fosfato dos nucleotídeos que constituem o DNA, pode-se deduzir a partir desse valor o número de pares de bases do DNA do bacteriófago em questão.

2. Uma preparação de *t*-RNAs (RNAs transportadores) foi incubada com ATP, Mg^{2+}, fosfoenolpiruvato, piruvato quinase, uma preparação dialisada de aminoacil transferases, 9,0 µg de DL-alanina não marcada e 1,0 µCi de L-[^{14}C]alanina com atividade específica de 100 mCi por mmol. Amostras contendo 10 µg de *t*-RNA foram retiradas em diversos tempos, tratadas com ácido tricloroacético a 5%, filtradas com filtro de membrana e lavadas com ácido tricloroacético a 5%. A radioatividade em cada filtro foi medida, obtendo os resultados da Tabela 8-1 após subtração da radiação de fundo (branco).

Tabela 8-1 Dados do exercício 2

Tempos das amostras (min)	cpm incorporados
0	30
5	500
10	3900
20	3960
30	3840

Descreva brevemente o que está ocorrendo no sistema de incubação e nos procedimentos subsequentes. A eficiência da contagem foi de 75% e a massa molecular do *t*-RNA é 25.000 g/mol. Qual porcentagem do *t*-RNA total é L-alanil *t*-RNA?

(Dawes EA, 1972).

Resolução:

O sistema de reação permite a ligação de L-alanina ao RNA transportador específico para este aminoácido. Todos os componentes necessários estão presentes, inclusive um sistema regenerador de ATP. Graficamente, temos o que está mostrado na Figura 8-5: aos dez minutos a incorporação já é máxima e não muda mais em termos significativos. Portanto, pode-se concluir que todo o L-alanil *t*-RNA já reagiu. Podemos tirar a média dos três últimos valores e subtrair a incorporação inespecífica, o que dá:

$$\text{Média} = \frac{(3900-30)+(3960-30)+(3840-30)}{3} = \frac{3870+3930+3810}{3} = 3870 \text{ cpm}$$

A que quantidade de L-alanina correspondem 3870 cpm incorporados? Para responder, é necessário determinar a atividade específica da L-[^{14}C]alanina no meio de incubação. Ele continha 9 µg de DL-alanina não marcada (portanto, 4,5 µg de L-alanina, a forma que realmente reage) e 10 µCi de L-alanina, com uma atividade específica de 100 µCi/µmol (100 mCi/mmol). A massa molecular da alanina, cuja fórmula é ($CH_3[NH_2]CH{-}COOH$), é igual a 89 g/mol.

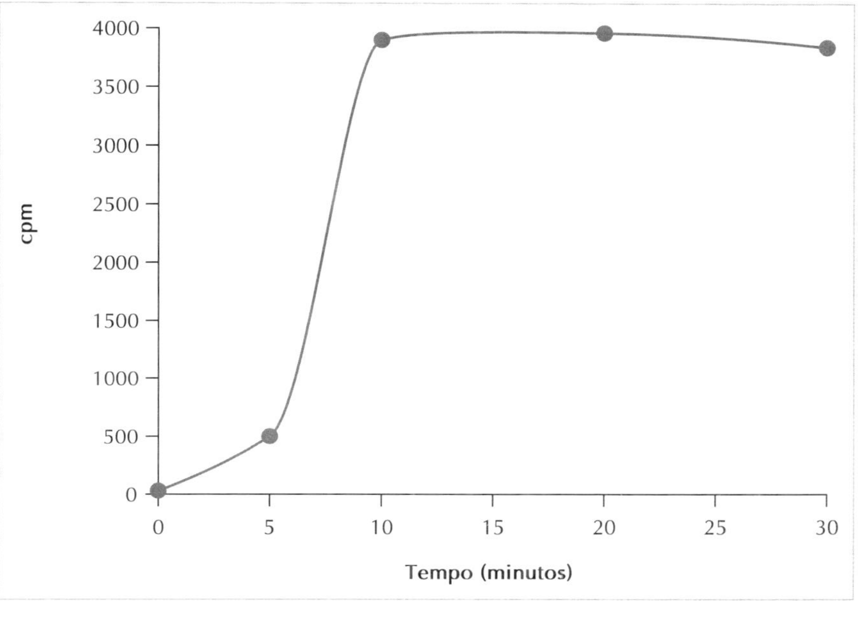

Figura 8-5 Representação gráfica da incorporação de radioatividade proveniente da L-[^{14}C]-alanina no sistema de incubação descrito no exercício 2.

Portanto, 4,5 μg correspondem a:

4,5/89 = 0,0506 μmol de L-alanina no meio de incubação

A L-[^{14}C]alanina (1 μCi) adicionada tinha uma atividade específica de 100 μCi/μmol, mas ela foi diluída pela L-alanina não marcada presente. Se cada 100 μCi de L-[^{14}C]alanina corresponde a 1 μmol de L-alanina, a adição de 1 μCi significa que também foi adicionado 1/100 = 0,01 μmol de alanina. Portanto, a atividade específica final da L-[^{14}C]-alanina ($A_{esp \cdot final}$) no meio de incubação é:

$$A_{esp.final} = \frac{\text{radioatividade adicionada}}{Q_{Ala.não\ marcada} + Q_{Ala.marcada}} = \frac{1\ \mu Ci}{0{,}0506\ \mu mol + 0{,}01\ \mu mol} = 16{,}5\ \mu Ci/\mu mol$$

Sendo que 16,5 μCi/μmol correspondem a:

$$2{,}2 \times 10^6\ dpm/\mu Ci \times 16{,}5\ \mu Ci/\mu mol = 3{,}63 \times 10^7\ dpm/\mu mol$$

Como a eficiência da contagem foi de 75%, isso corresponde a:

$$3{,}63 \times 10^7\ dpm/\mu mol \times 0{,}75 = 2{,}72 \times 10^7\ cpm/\mu mol$$

Portanto, a quantidade de L-alanina (Q_{lig}) que foi ligada ao *t*-RNA é:

$$Q_{lig} = \frac{\text{cpm incorporados}}{\text{atividade específica}} = \frac{3870\ cpm}{2{,}72 \times 10^7\ cpm/\mu mol} = 0{,}000142\ \mu mol$$

Se são incorporados 0,000142 μmol de L-alanina, significa que no meio de incubação existe uma quantidade equivalente de L-alanil-*t*-RNA. A massa molecular de L-alanil-*t*-RNA é igual a 25000 g/mol. Portanto, se um μmol pesa 25000 μg, 0,000142 μmol pesa:

$$0{,}000142 \times 25000 = 3{,}55\ \mu g$$

Há, portanto, 3,55 μg de L-alanil-*t*-RNA na amostra. A quantidade total de tRNAs presente é de 10 μg. Assim:

3,55/10 × 100 = 35,5% são L-alanil *t*-RNA

3. Um microrganismo foi posto a crescer em um meio sintético cuja única fonte de enxofre era o [^{35}S]sulfato de concentração 7×10^{-3} M. Um mL do meio continha 2×10^6 cpm de radioatividade. Após vários dias de crescimento, as células foram coletadas, lavadas e extraídas com água em ebulição. O extrato foi fracionado por cromatografia de troca iônica. Verificou-se que 1 g de peso úmido das células continha 53000 cpm de ^{35}S na fração de L-metionina. Calcule a concentração intracelular de L-metionina no microrganismo, considerando que 1 g de peso úmido contém 0,2 g de matéria seca e 0,8 mL de água intra-celular.

(Segel IH, 1979).

Resolução:

A metionina contém um átomo de enxofre na sua estrutura. Se todo o enxofre vem do sulfato, a atividade específica da [^{35}S]metionina será igual à do [^{35}S]sulfato, que pode ser calculada com os dados disponíveis. A concentração de sulfato era igual a 7×10^{-3} M, 7 mM ou 7 μmol/mL. Como há 2×10^6 cpm/mL, a atividade específica (A_{esp}) será:

$$A_{esp} = \frac{2 \times 10^6\ cpm/mL}{7\ \mu mol/mL} = 285714{,}3\ cpm/\mu mol$$

A quantidade de radioatividade da L-metionina em 1 g de células é de 53000 cpm. Portanto, a quantidade de metionina (Q_{Met}) em um grama de células é igual a:

$$Q_{Met} = \frac{53000\ cpm/g}{285714{,}3\ cpm/\mu mol} = 0{,}185\ \mu mol/g$$

A concentração de metionina na água celular (C_{Met}), finalmente, é igual a:

$$C_{Met} = \frac{0{,}185\ \mu mol/g}{0{,}8\ mL/g} = 0{,}231\ \mu mol/mL \quad \Rightarrow \quad 0{,}231\ mM$$

4. Uma solução contendo 0,5 mg de D-[^{14}C]manose (uniformemente marcada, atividade específica de $3{,}3 \times 10^6$ cpm/µmol) foi adicionada a 50 mL de uma solução contendo uma quantidade desconhecida de manose não marcada. Depois de misturar bem, a D-manose foi isolada novamente na forma de osazona, que possui uma atividade específica de 14200 cpm/µmol. Calcule a concentração de D-manose não marcada na solução original.

   (Segel IH, 1979).

   Resolução:

   A atividade específica da osazona isolada corresponde à atividade específica final da manose. O peso molecular da manose é igual a 180. Portanto, 0,5 mg (ou 500 µg) corresponde a 500 µg/180 µg/µmol = 2,78 µmol. Se a atividade específica era de $3{,}3 \times 10^6$ cpm/µmol e foram adicionados 2,78 µmol, significa que foram adicionados também:

   $$3{,}3 \times 10^6 \text{ cpm/µmol} \times 2{,}78 \text{ µmol} = 9{,}174 \times 10^6 \text{ cpm}$$

   A quantidade de manose presente originalmente pode ser calculada pela equação [8-9], deduzida na parte teórica deste capítulo:

   $$Q_{A_1am} = \frac{cpm_{ad}}{A_{espf}} - Q_{A_1^*ad} \qquad [8\text{-}9]$$

   Onde Q_{A_1am} é a massa original de manose, cpm_{ad} é a radioatividade adicionada, A_{esp} é a atividade específica e $Q_{A_1^*ad}$ é a quantidade de [^{14}C]manose adicionada.

   $$Q_{A_1am} = \frac{9{,}174 \times 10^6 \text{ cpm}}{14200 \text{ cpm/µmol}} - 2{,}78 \text{ µmol} = 646{,}05 - 2{,}78 = 643{,}27 \text{ µmol}$$

   A concentração inicial (C_i) de manose na solução de 50 mL era:

   $$C_i = \frac{643{,}27 \text{ µmol}}{50 \text{ ml}} = 12{,}86 \text{ µmol/mL ou } 12{,}86 \text{ mM}$$

5. Cinquenta e seis microgramas (56 µg) de vitamina B_{12} marcada com ^{60}Co, contendo $7{,}39 \times 10^5$ cpm, foram adicionados a uma amostra contendo uma quantidade desconhecida de vitamina B_{12} não marcada. A amostra foi então extraída, e a vitamina B_{12} foi purificada por cromatografia. O produto final contém 49 µg de vitamina B_{12} e uma radioatividade de $1{,}58 \times 10^5$ cpm. Calcule a quantidade de vitamina B_{12} não marcada na amostra.

   (Segel IH, 1979).

   Resolução:

   A atividade específica final (A_{espf}) é igual a $1{,}58 \times 10^5$ cpm/49 µg = 3224,5 cpm/µg. Aplicando a mesma equação do exercício anterior:

   $$Q_{A_1am} = \frac{cpm_{ad}}{A_{espf}} - Q_{A_1^*ad}$$

   $$Q_{A_1am} = \frac{7{,}39 \times 10^5 \text{ cpm}}{3224{,}5 \text{ cpm/µg}} - 56 = 229{,}2 - 56 = 173{,}2 \text{ µg}$$

   Note que a principal diferença com o exercício anterior está na pequena quantidade de manose adicionada em comparação com a quantidade existente na amostra do exercício 4; já no exercício 5, a quantidade adicionada é relativamente grande em comparação com a quantidade existente na amostra.

6. Uma cultura de levedura foi desenvolvida em um meio sintético contendo [^{35}S]SO_4^{2-} (atividade específica de $4{,}78 \times 10^7$ cpm/µmol) como fonte de enxofre. Após vários dias de crescimento, as células foram coletadas e extraídas. A 50 mL de extrato foram adicionados 500 mg de glutationa reduzida não marcada. A glutationa foi então novamente isolada da mistura. O composto reisolado possui uma atividade específica de $6{,}97 \times 10^6$ cpm/µmol. Calcule a concentração de glutationa no extrato.

   (Segel IH, 1979).

   Resolução:

   Trata-se de uma análise de derivados com adição de carreador. A glutationa possui metionina, que, por sua vez, possui enxofre (γ-glutamil-cisteinil-glutamato). Se todo o enxofre vem do sulfato, a atividade específica da glutationa será a mesma que a do sulfato marcado. A adição de 500 mg de glutationa não marcada reduziu a atividade específica de $4{,}78 \times 10^7$ cpm/μmol para $6{,}97 \times 10^6$ cpm/μmol. Isso significa que os 500 mg adicionados diluem em:

$$\frac{A_{espi}}{A_{espf}} = \frac{4{,}78 \times 10^7}{6{,}97 \times 10^6} = 6{,}85$$

6,85 vezes a glutationa originalmente presente.

A quantidade adicionada é maior do que aquela presente na amostra, mas a diferença não chega a uma ordem de grandeza. Portanto, a quantidade originalmente presente contribui sobremaneira para a atividade específica final. A relação que se aplica a este caso, deduzida na parte teórica, é a equação [8-15]:

$$Q_{am} = \frac{A_{espf}}{A_{espi} - A_{espf}} Q_{ad} \qquad [8\text{-}15]$$

$$Q_{am} = \frac{6{,}97 \times 10^6}{4{,}78 \times 10^7 - 6{,}97 \times 10^6} \times 500 \text{ mg} = 85{,}35 \text{ mg}$$

A concentração da glutationa é de 83,35/50 = 1,71 mg/mL. Se a atividade específica final fosse muito pequena, poderia ser desconsiderada, e a fórmula a ser usada seria a equação [8-16].

7. Uma mistura de ácidos graxos foi tratada com diazometano marcado com ^{14}C (atividade específica de $1{,}93 \times 10^5$ cpm/μmol) para produzir ésteres de metila marcados com ^{14}C de cada ácido presente. Estearato de metila não marcado (2 mmoles) foi adicionado à mistura. Uma pequena quantidade de estearato de metila foi novamente isolada da mistura e apresentou uma atividade específica de $4{,}87 \times 10^3$ cpm/μmol. Calcule a quantidade de ácido esteárico na mistura.

   (Segel IH, 1979).

   Resolução:

   Este exercício é semelhante ao anterior. O carreador adicionado é o estearato de metila (2 mmoles). Veja que a atividade específica cai da faixa de 10^5 para 10^3. É possível que a quantidade adicionada seja muito maior do que aquela existente na amostra. Vamos aplicar a equação [8-15]:

$$Q_{am} = \frac{4{,}87 \times 10^3}{1{,}93 \times 10^5 - 4{,}87 \times 10^3} \times 2 \text{ mmol} = 0{,}0518 \text{ mmol}$$

   Se A_{espf} for desconsiderada no denominador, o resultado será: 0,0504 mmol.

8. A um hidrolisado de proteína adicionou-se 5,1 mg de [^{14}C]arginina, com a finalidade de determinar o teor em arginina da proteína. Essa quantidade forneceu 26080 cpm, já excluída a contagem de fundo. A seguir, isolou-se a arginina contida no hidrolisado, tendo-se conseguido recuperar 12,5 mg, que revelaram 10320 cpm após subtrair a radiação de fundo. Determine a quantidade de arginina no hidrolisado.

   (Dawes EA, 1972).

   Resolução:

   Trata-se do procedimento ilustrado pela Figura 8-2. A quantidade de arginina na amostra pode ser calculada usando a equação [8-9]:

$$Q_{A_1 am} = \frac{cpm_{ad}}{A_{espf}} - Q_{A_1^* ad} \qquad [8\text{-}9]$$

   Precisamos calcular a atividade específica final A_{espf}, que é igual às cpm recuperadas divididas pela quantidade recuperada, quer dizer, 10320 cpm/12,5 mg = 825,60 cpm/mg. Substituindo os valores na equação [8-9]:

$$Q_{A_1 am} = \frac{26080}{825{,}60} - 5{,}1 = 26{,}49 \text{ mg}$$

   Portanto, o hidrolisado contém 26,49 mg de arginina.

9. Um método para o ensaio da testosterona plasmática envolve a adição de quantidades-traço de testosterona radioativa ([^{3}H]testosterona; t_1 dpm) a uma amostra de plasma. Os esteroides são então separados do plasma e postos a reagir com um excesso de tiosemicarbazida radioativa ([^{35}S]tiosemicarbazida; s_1 dpm), para levar a um rendimento quantitativo de tiosemicarbazonas esteroidais. A tiosemicarbazona da testosterona é então isolada sem preocupações com o rendimento e ensaiada para o ^{3}H (t_2 dpm) e para o ^{35}S (s_2 dpm). Derive uma expressão dando x para a quantidade de testosterona inicialmente presente no plasma como função de t_1, t_2, s_1 e s_2.

Resolução:

A testosterona marcada é adicionada ao sistema para monitorar a recuperação, porque, no procedimento de isolamento, alguma fração do material inicial é sempre perdida. Assim, a razão t_1/t_2 é, na realidade, o fator de recuperação. A quantidade de [^{3}H]testosterona adicionada ao sistema não altera significativamente a quantidade de testosterona originalmente presente, já que apenas quantidades-traço de [^{3}H]testosterona são adicionadas. Estas quantidades-traço, no entanto, são altamente radioativas, de modo que podem ser medidas se a instrumentação adequada estiver disponível. Agora, toda a testosterona (radioativa ou não) reage com a tiosemicarbazida, a qual está marcada com outro isótopo radioativo, o ^{35}S, que pode ser facilmente distinguido do ^{3}H. No entanto, a radioatividade recuperada, devida ao ^{35}S e que é representada por s_2, não representa toda a testosterona originalmente presente, porque uma certa quantidade foi perdida durante o processo de purificação. Mas dispomos do fator de recuperação dado por t_1/t_2. Consequentemente, a quantidade x de testosterona originalmente presente na amostra de plasma pode ser calculada como:

$$x = \frac{t_1}{t_2} \times s_2$$

Capítulo 9

Análise da saturação radioquímica

Análises de saturação são procedimentos de dosagem de substâncias nos quais explora-se a capacidade que várias macromoléculas (anticorpos, enzimas e outras proteínas) possuem de ligar especificamente ligantes e seus análogos radioativos. A análise de saturação radioquímica tem duas grandes vantagens em comparação com outros métodos de ensaio: em geral oferecem grande especificidade e muitas vezes permitem a dosagem de quantidades extremamente pequenas. A especificidade é dada pela ligação específica da substância a ser dosada a uma macromolécula. Já a perspectiva de dosagem de quantidades muito pequenas com alta sensibilidade é consequência da alta afinidade das macromoléculas ligantes com determinada substância. Em princípio, a sensibilidade será tanto maior quanto maior for a afinidade da proteína pelo ligante.

BASES TEÓRICAS

A análise da saturação radioquímica baseia-se no deslocamento de um ligante (marcado radioativamente), preso ao seu sítio de ligação numa macromolécula, pelo seu análogo não-marcado. A rigor, o método não deixa de ser uma diluição isotópica, pois o análogo marcado isotopicamente é diluído do seu sítio de ligação pela forma não marcada. Em geral, padroniza-se o deslocamento da forma marcada com diferentes quantidades conhecidas de um padrão não marcado. Estas quantidades variáveis são adicionadas ao sistema de incubação contendo quantidades fixas de um agente ligante (anticorpo, enzima etc.) e de um padrão marcado.

A lei da ação das massas rege todo o processo:

$$A + R \rightleftharpoons A - R$$

$$A^* + R \rightleftharpoons A^* - R$$

Como A e A* são quimicamente iguais, ambos irão competir em condições iguais pelo sítio de ligação na macromolécula R. Há dois equilíbrios simultâneos a considerar:

$$K_d = \frac{[A][R]}{[AR]} \quad [9\text{-}1]$$

$$K_d = \frac{[A^*][R]}{[A^*R]} \quad [9\text{-}2]$$

A constante de equilíbrio K_d é a mesma, mas as concentrações de cada um dos componentes podem variar. A e A* competem pelo mesmo sítio de ligação na proteína R. Se houver um aumento na concentração de A, haverá um deslocamento de A* do seu sítio de ligação. A natureza de R e A pode variar. No radioimunoensaio, R é um anticorpo e A é um antígeno; no ensaio radioenzimático, R é uma enzima e A é um substrato ou outro ligante (ligante alostérico, por exemplo).

A competição entre A e A* pelo mesmo sítio de ligação gera uma situação análoga à competição entre um substrato e um inibidor competitivo, o que, em termos algébricos, pode ser descrito dessa forma:

$$[A^*R] = \frac{[A^*][R_t]}{[A^*] + K_d\left(1 + \frac{[A]}{K_d}\right)} \quad [9\text{-}3]$$

Em que $[R_t]$ é a concentração total da proteína ligante, que também representa a capacidade máxima de ligação. O termo $(1 + [A]/K_d)$, que multiplica K_d, tem o mesmo formato que o termo $(1 + [I]/K_I)$, comum na parte da cinética enzimática que trata da ação dos inibidores, sendo [I] a concentração do inibidor e K_I a constante de inibição. O ligante não radioativo (A) cumpre o papel análogo ao inibidor competitivo de uma enzima, e o ligante radioativo (A*) exerce o papel do substrato. Mas ambos se ligam com afinidade mensurada pela constante K_d, o que no final conduz a uma equação simplificada em relação à equação de inibição competitiva de uma enzima:

$$[A^*R] = \frac{[A^*][R_t]}{[A^*] + K_d + [A]} \quad [9\text{-}4]$$

Em tais bases teóricas, o primeiro passo experimental consiste em encontrar as concentrações ideais do ligante e da proteína. A Figura 9-1 mostra como varia a fração de A ligada em função da diluição da proteína ligante (R). Quanto menos concentrada a proteína, menor será a fração. Quando muito diluída, o grau de ligação tende a zero. A experiência tem mostrado que uma concentração de ligante radioativo A*, de forma a proporcionar cerca de 50% de ligação, é a mais adequada. Na Figura 9-1, esta situação corresponde a uma diluição da proteína em torno de 10^{-5}.

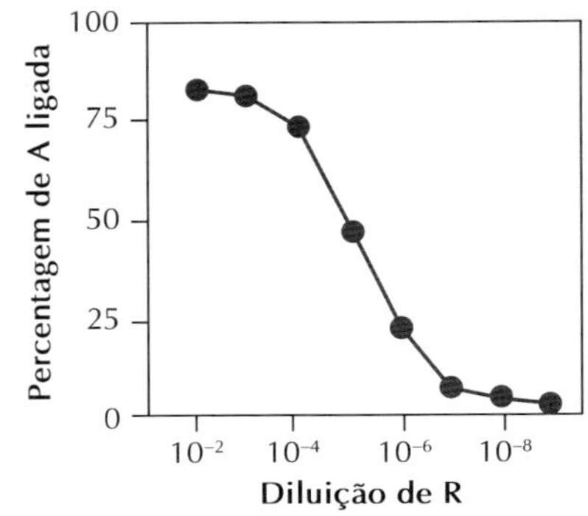

Figura 9-1 Porcentagem de ligação de A em função da concentração da proteína ligante R.

Vamos supor que 50% de ligação é alcançada com 200 unidades arbitrárias de A* por tubo de ensaio (A_t*). Se assim for, no equilíbrio e na ausência de A, teremos a seguinte distribuição:

$$100[A^*R] + 100A^*$$

A razão cpm (A*R)/cpm A_t* será igual a 0,5, sendo este o ponto nulo, isto é, o valor da razão na ausência de A. Para construir a curva padrão, o procedimento será como segue:

1. [R] será mantida constante;
2. [A*] será mantida constante (200 unidades, por exemplo);
3. [A] será variada dentro de determinada faixa.

Com a concentração de A variável, a razão cpm (A*R)/cpm A_t* irá diminuir à medida que [A] aumenta, uma vez que [A] está no denominador da equação [9-4]. Com 200 unidades de A* somadas a 200 unidades de A, por exemplo, poderemos ter a seguinte distribuição se a afinidade de R pelo ligante for muito elevada:

$$50[A^*R] + 50[AR] + 150A^* + 150A$$

Quer dizer, uma razão cpm (A*R)/cpm A_t* igual a 0,25.

Há várias maneiras de representar graficamente a curva padrão neste tipo de ensaio. Convém lembrar que [A] é a concentração de ligante não marcado livre, que não é conhecida. Por outro lado, conhece-se [A] + [AR] = $[A_t]$, que é a quantidade adicionada. Também é possível definir $[A_t^*]$ = [A*] + [A*R]. Matematicamente pode-se obter uma expressão em que $[A^*R]/[A_t^*]$ é função de $[A_t]$, dividindo por $[A_t^*]$ os dois termos na equação [9-4] e substituindo [A] por $[A_t]$ – [AR]. Fazendo isto, obtém-se:

$$\frac{[A^*R]}{[A_t^*]} = \frac{[R_t]([A^*]/[A_t^*])}{[A^*] + K_d - [AR] + [A_t]} \quad [9\text{-}5]$$

Esta relação é complexa, pois $[A^*R]/[A_t^*]$ não é apenas função de $[A_t]$, mas também de $[A^*]$, $[A_t^*]$ e $[AR]$. Por isto, a representação de $[A^*R]/[A_t^*]$ contra $[A_t]$ nunca será linear. Com frequência, obtém-se algo parecido com o que está mostrado na Figura 9-2, quando se representa $[A_t]$ em escala logarítmica, seja em base 2 ou em base 10. A quantidade desconhecida será obtida por interpolação. Para isso, se faz necessário determinar a razão $[A^*R]/[A_t^*]$ da amostra do desconhecido.

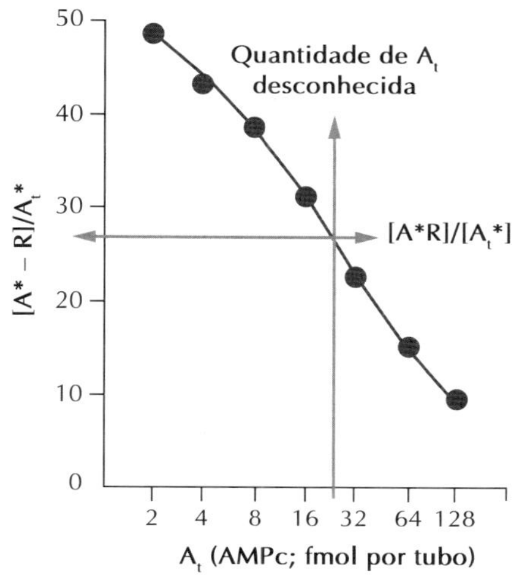

Figura 9-2 Representação gráfica da fração ligada [^{125}I]AMPc contra a quantidade de AMPc adicionada em uma análise de saturação típica.

REFINAMENTO DA ANÁLISE GRÁFICA

Eventualmente, pode-se aplicar alguns truques para linearizar as relações, mas eles nem sempre funcionam. Por exemplo, se a afinidade da proteína pelo ligante for muito alta, K_d será muito pequeno e praticamente toda a proteína estará na forma complexada. Neste caso, a soma $[A^*R] + [AR]$ vai variar muito pouco, mas a razão $[A^*R]/[AR]$ pode variar bastante. Adotando esse princípio, substituindo $[A]$ por $[A_t] - [AR]$ e $[A^*]$ por $[A_t^*] - [A^*R]$ na equação [9-5], rearranjando e tomando a forma duplamente recíproca, obtém-se:

$$\frac{\text{livre}}{\text{ligado}} = \frac{[A^*]}{[A^*R]} = \frac{[A_t^*] + K_d - ([A^*R] + [AR])}{[R_t]} + \frac{[A_t]}{[R_t]} \quad [9\text{-}6]$$

A razão $[A^*]/[A^*R]$, que corresponde ao valor de livre/ligado, deverá ser uma função linear de $[A_t]$, desde que a soma $[A^*R] + [AR]$ seja constante ou pelo menos aproximadamente constante.

A Figura 9-3 exemplifica uma representação da razão livre/ligado contra a concentração total do antígeno adicionado ($[A_t]$), no caso de um radioimunoensaio de AMP cíclico (AMPc). A relação apresenta boa linearidade na faixa analisada. Note também a grande sensibilidade na faixa de picomols, algo importante se levarmos em consideração as baixas concentrações do mensageiro intracelular AMPc. De acordo com a equação [9-6], a inclinação da curva é igual a $1/R_t$, quer dizer, quanto menor a concentração da proteína ligante R, maior será a inclinação. E, quanto maior a inclinação, maior será a sensibilidade. Portanto, dentro de certos limites, uma diminuição da concentração da proteína ligante aumenta a sensibilidade. Embora seja aceito, conforme discutido acima, que uma ligação de 50% no ponto nulo é um bom ponto de partida, muitas vezes é necessário aumentar a sensibilidade. Nestes casos, a primeira coisa a ser tentada é diminuir a concentração da proteína ligante. É bom lembrar, no entanto, que a diminuição da concentração da proteína ligante diminui a capacidade de ligação. Assim, a faixa de concentração de A também deverá ser reduzida, pois pode-se facilmente chegar a uma situação em que a quantidade de proteína se torna fator limitante para que haja ligação.

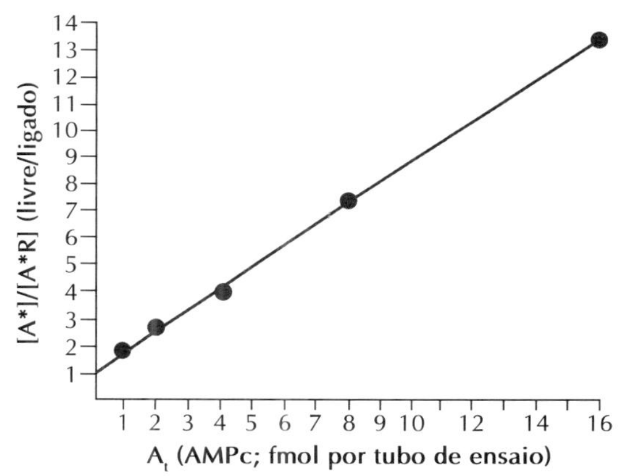

Figura 9-3 Representação gráfica da fração livre/ligada de [^{3}H]AMPc contra a quantidade de AMPc adicionada em um radioimunoensaio típico.

Uma relação linear também pode ser obtida, muitas vezes, representando o assim chamado logit Y contra o log $[A_t]$. O termo logit Y é definido como:

$$\text{logit } Y = \log\left(\frac{Y}{1-Y}\right) \quad [9\text{-}7]$$

No qual Y corresponde à porcentagem de A^* ligada relativamente ao ponto nulo. Por exemplo, se o ponto nulo corresponder a 50% de ligação e a ligação de A^* for igual a 40% para determinada concentração $[A_t]$ da forma não radioativa, o valor de Y é igual a $(40/50) \times 100 = 80$.

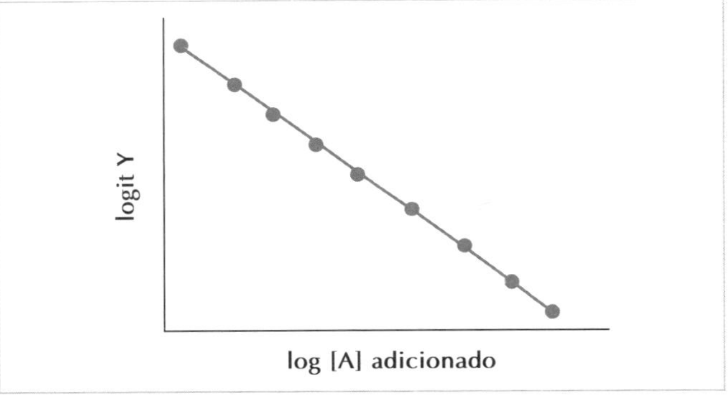

Figura 9-4 Representação gráfica de logit Y contra o logaritmo de [At] (A adicionado).

SEPARAÇÃO DO AGENTE COMPLEXANTE LIVRE DO COMPLEXADO

A separação do agente complexante livre daquele que está complexado é uma etapa fundamental do ensaio de saturação. Isto é justificado pela própria curva de calibração, para a qual as quantidades livre e ligada têm que estar disponíveis. Portanto, esta etapa é crítica para todos os ensaios radioquímicos. Há muitas possibilidades, mas quase todas envolvem a adição de um terceiro agente.

No radioimunoensaio, pode-se adicionar um segundo anticorpo que provoque uma precipitação do complexo antígeno-anticorpo. Isto se o próprio complexo antígeno-anticorpo não for insolúvel, caso em que o precipitado poderá ser compactado por centrifugação, permitindo a drenagem do sobrenadante. No entanto, um precipitado firme, difícil de ser redissolvido, também determina muitas vezes o tipo de contagem da radioatividade (líquida ou sólida), conforme veremos adiante.

Pode-se adicionar adsorventes da forma livre que sejam insolúveis, como talco, silicatos, carvão ativo, resinas de troca iônica etc. Por exemplo, na dosagem radioquímica do AMP cíclico com a proteína quinase A (proteína que liga o composto fortemente), o carvão ativo pode ser usado para precipitar o AMP cíclico não complexado com a proteína. Outros agentes precipitantes de proteínas podem também ser usados, tais com sulfato de amônio e acetona. Outra possibilidade são membranas semipermeáveis que permitam a passagem do soluto não ligado à proteína, permanecendo o soluto ligado no compartimento onde está a proteína.

Uma fase sólida pode ser utilizada para adsorver um anticorpo ou outra proteína – por exemplo, as proteínas podem ser fixadas a paredes de tubos de vidro ou plásticos. A ultrafiltração também pode ser usada se houver grande diferença de tamanho entre o complexo e a forma não complexada, principalmente quando a substância a ser dosada é uma molécula pequena em comparação com a proteína ligante.

Por outro lado, a indústria especializada tem produzido soluções engenhosas, como o chamado ensaio de cintilação por proximidade (*scintillation proximity assay*) (Figura 9-5). O cerne do procedimento é uma esfera de material sintético à qual foi incorporada um cintilador e é processada para se ligar de modo específico à proteína ligante (anticorpo ou outra proteína). Se um ligante radioativo se liga à proteína presa à esfera, ela é colocada em proximidade suficiente para estimular o cintilador e emitir luz. Mede-se, então, a emissão de luz em um medidor de cintilações para amostras líquidas, sem adicionar líquido de cintilação. As vantagens do método residem no fato de que não há necessidade de remover o ligante livre, pois este não gera emissão de luz.

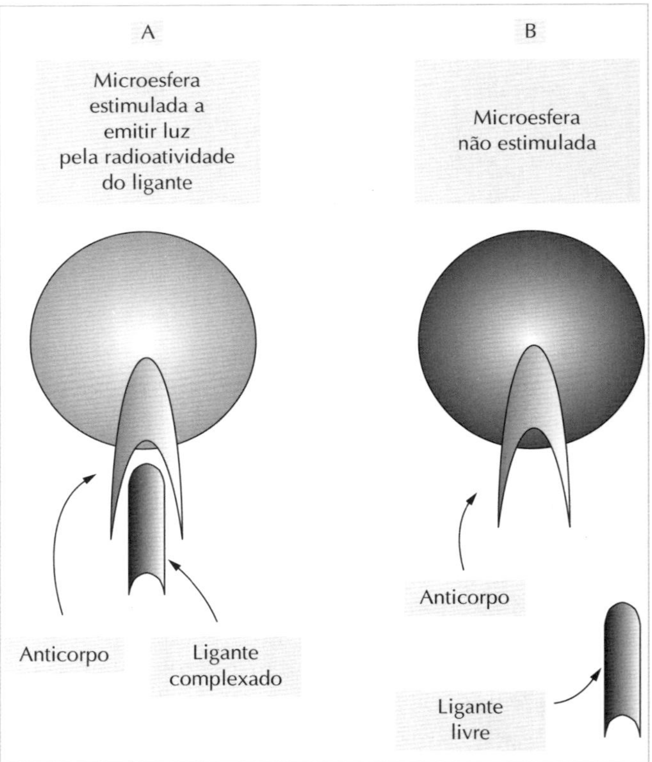

Figura 9-5 Microesfera estimulada a emitir luz pela radioatividade do ligante

OS ISÓTOPOS E INSTRUMENTAÇÃO USADOS EM ENSAIOS RADIOQUÍMICOS

Foi enfatizado desde o Capítulo 1 que o tempo de meia-vida de um isótopo é crucial para o seu uso na experimentação bioquímica. Quando a meia-vida do isótopo é muito curta, seu uso torna-se problemático ou pelo menos haverá necessidade de correções. No caso dos ensaios radioquímicos, um segundo fator tem que ser levado em conta: a máxima atividade específica possível para determinado isótopo. Um dos grandes atrativos do ensaio radioquímico é, a par da especificidade, sua grande sensibilidade, possível apenas quando há um análogo radioativo com grande atividade específica. Infelizmente para a bioquímica e ciências correlatas, um dos isótopos mais úteis no estudo de uma série de questões, o carbono-14, tem pouca utilidade no âmbito do radioensaio. Como mostra a Tabela 9-1, sua atividade específica máxima possível é bastante baixa em comparação com vários outros isótopos frequentemente utilizados, graças à sua velocidade de desintegração baixa ou, se quisermos, à sua alta meia-vida em comparação com as dos outros isótopos, o que pode ser visto na Tabela 1-1. De todos os isótopos listados na Tabela 9-1, o ^{14}C é, portanto, usado apenas quando a sensibilidade requerida não é muito alta.

Tabela 9-1 Atividade específica máxima (A_{espmax}) de alguns radioisótopos.

Isótopo	A_{espmax} (Ci/mmol)
^{3}H (β^-)	29,4
^{14}C (β^-)	0,064
^{32}P (β^-)	9760
^{33}P (β^-)	5280
^{35}S (β^-)	1400
^{125}I (ε^* + γ)	2125
^{131}I (β + γ)	15720

O ^{3}H é usado com frequência quando se trata de moléculas pequenas, já que sua introdução é relativamente fácil. Mesmo quando análogos são usados, como uma substância com dupla ligação que precisou ser modificada por hidrogenação com ^{3}H, com frequência a afinidade da proteína ligante por este análogo é praticamente a mesma que pela substância que se pretende quantificar. Um isótopo muito usado na dosagem de proteínas é o ^{125}I ou o ^{131}I. As proteínas não têm, normalmente, átomos de iodo na sua estrutura, mas, mesmo sendo um átomo volumoso, a introdução do iodo na estrutura macromolecular de uma proteína em geral não se traduz em modificações substanciais na sua afinidade pela proteína ligante (imunoglobulina). É o caso clássico da dosagem de insulina por radioimunoensaio, no qual se usa normalmente insulina marcada com ^{125}I. A Figura 9-6 mostra uma curva de calibração típica, na qual foi representada a razão $[A^*R]/[A_t^*]$ (expressa em porcentagem e chamada de $\%B/B_o$) em função da concentração de insulina, expressa em microunidades por mL. A concentração de insulina em cada amostra desconhecida é obtida por interpolação, o que está ilustrado na Figura 9-6.

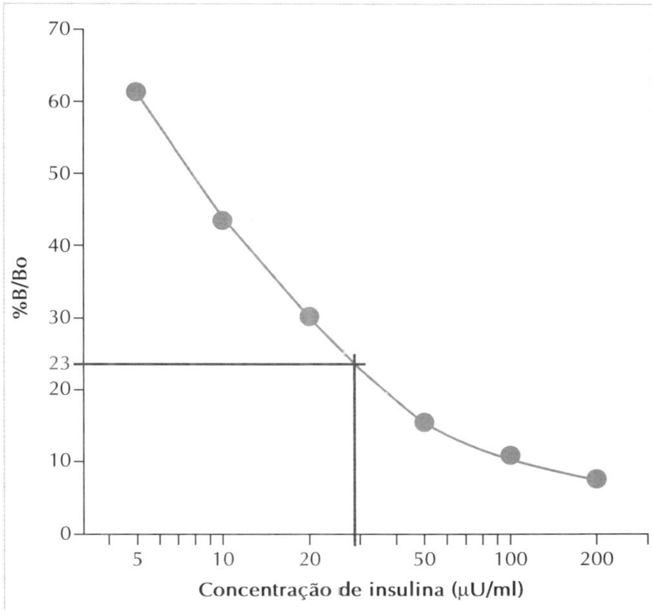

Figura 9-6 Curva de calibraçãc de dosagem de insulina por radioimunoensaio utilizando [^{125}I]insulina.

Para a contagem do ^{125}I e do ^{131}I em radioimunoensaios, o uso de um contador de amostras sólidas é, sem dúvida, recomendável, pois não há necessidade de manipulação das amostras, principalmente quando o produto é um precipitado insolúvel. Contadores para amostras sólidas medem a radiação γ dos dois isótopos (para saber mais detalhes sobre esse tipo de aparelho, retorne ao Capítulo 5). No entanto, a contagem de emissões γ em cintilação líquida é em geral mais eficiente e pode ser usada em radioimunoensaios mesmo com emissores γ, desde que exista um método eficiente de solubilização do precipitado ou complexo anticorpo-antígeno. A este respeito, a Tabela 9-2 faz uma comparação de eficiências de contagem de vários isótopos emissores γ em cintilação líquida ou sólida. Pelo que mostra a Tabela 9-2, a contagem líquida é ou superior ou igual em eficiência à contagem sólida. Em alguns casos, como na contagem do ^{51}Cr e do ^{65}Zn, é nitidamente superior. No caso do ^{125}I, as eficiências são praticamente as mesmas nos dois tipos de contagem, mas a contagem sólida tem a vantagem de não ser necessário dissolver a amostra. Quando se trata de um complexo antígeno-anticorpo, isto pode ser problemático fazendo-se necessário o uso de agentes solubilizantes, como detergentes.

Se não for possível dissolver ou suspender o precipitado sólido até à homogeneidade e um contador de amostras sólidas não estiver disponível, pode-se utilizar o dispositivo prático ilustrado pela Figura 9-7. Neste dispositivo, a amostra contida em um tubo de plástico de microcentrífuga (tipo Eppendorf) é presa à tampa de um frasco de cintilação, o qual contém líquido de cintilação suplementado com acetato de chumbo ($Pb[Ac]_2 \times 3H_2O$). O chumbo aumenta a densidade eletrônica do líquido de cintilação, o que faz com que ele adquira propriedades próximas às de um cintilador cristalino sólido. Em termos de custos, a vantagem reside no fato de que o líquido pode ser utilizado repetidas vezes, desde que se evite contaminação do lado externo dos tubos que forem sendo introduzidos. O dispositivo da Figura 9-7 permite contar ^{125}I com eficiência muito próxima àquela de um contador de amostras sólidas (65% comparado com 70%). No entanto, a contagem de outros isótopos costuma ser bem pouco eficiente. O ^{131}I, particularmente, conta com uma eficiência de apenas 4,5%, comparado com os 60% em contagem sólida e os 87% em contagem líquida com emulsificadores.

Tabela 9-2 Eficiência da contagem de emissores γ em contadores de amostras sólidas e líquidas.

Isótopo	Contagem líquida (%)	Contagem sólida (%)
^{125}I	72	70
^{131}I	87	60
^{51}Cr	30	6
^{57}Co	69	84
^{59}Fe	86	34
^{22}Na	89	76
^{75}Se	74	77
^{65}Zn	50	17

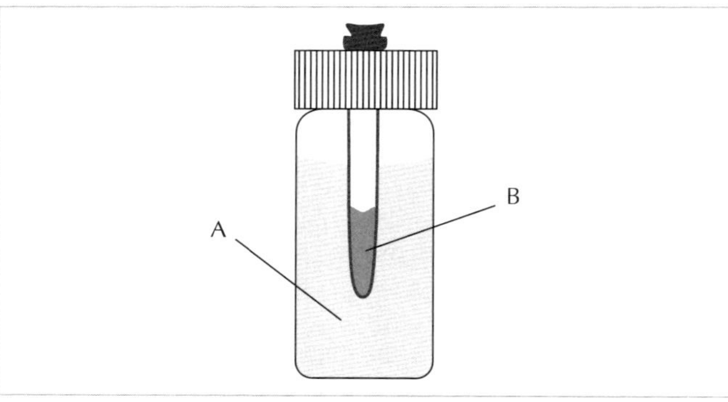

Figura 9-7 Dispositivo para contar amostras sólidas em um aparelho para amostras líquidas. A: líquido de cintilação suplementado com acetato de chumbo; B: tubo de microcentrífuga contendo a amostra sólida emissora de raios γ.

ENSAIOS DE DILUIÇÃO RADIOENZIMÁTICOS

O ensaio radioenzimático também pode ser classificado no grupo dos ensaios de saturação radioquímica. A diferença reside no fato de que não se trata agora apenas da ligação de uma molécula pequena a uma molécula grande, mas também de sua transformação. A base reside no decréscimo da marcação do produto à medida que o substrato radioativo for diluído pelo substrato não radioativo (Figura 9-8). A sensibilidade vai depender bastante da relação entre a concentração do substrato e a constante de Michaelis-Menten (K_M). A relação, que tem utilidade prática, é a seguinte:

$$\frac{P_o}{P_s} = 1 + \frac{S}{K_M + S_o} \qquad [9\text{-}8]$$

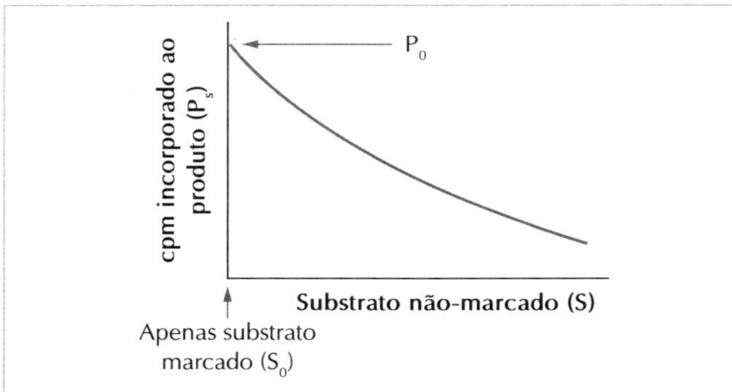

Figura 9-8 Decréscimo de radioatividade incorporada no produto P em função da concentração crescente da forma não radioativa do substrato.

Na equação [9-8], os símbolos têm os seguintes significados:

a. S_o, concentração do substrato marcado;

b. S, concentração do substrato não marcado;

c. P_o, cpm totais incorporadas ao produto na concentração S_o de substrato marcado;

d. P_s, cpm incorporadas ao produto na concentração $S_o + S$;

e. K_M, a constante de Michaelis-Menten.

A equação [9-8] prevê uma relação linear entre P_o/P_s e S. Deve-se lembrar que S é o composto cuja concentração ou quantidade se deseja determinar. Uma curva de calibração hipotética está ilustrada pela Figura 9-9. A concentração desconhecida, como já foi discutido para outros casos, pode ser obtida por interpolação, conforme também ilustrado pela Figura 9-9.

Um exemplo desse tipo de análise é a determinação do teor de L-histidina de um tecido, vegetal ou animal, usando a histidina descarboxilase (enzima bacteriana) e [^{14}C]histidina marcada no carbono da carboxila. Uma descarboxilação irá liberar $^{14}CO_2$:

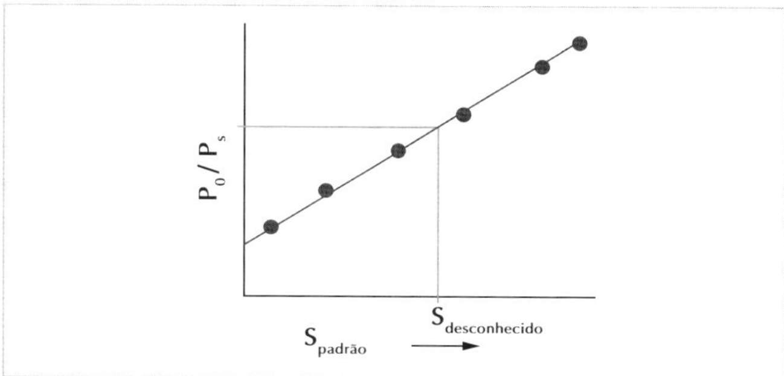

Figura 9-9 Curva de calibração hipotética de um ensaio radioenzimático, baseado nas variáveis dadas pela equação [9-8].

$$[^{14}C]\text{Histidina} \xrightarrow{\textit{Histidina descarboxilase}} [^{14}C]CO_2 + \text{Histidina descarboxilada}$$

$\uparrow$

P_o ou P_s

A curva padrão para esse ensaio deverá ser construída com os seguintes elementos: (a) $[^{14}C]$histidina, em concentrações fixas em cada amostra; (b) enzima, em concentrações fixas; (c) concentrações variáveis de histidina não marcada, começando com concentração nula. A formação do produto, no caso $^{14}CO_2$, terá que ser medida. As descarboxilases são ideais em ensaios radioenzimáticos, porque seu produto pode ser facilmente isolado. Mais especificamente, o $^{14}CO_2$ pode ser captado com base orgânica (feniletilamina, por exemplo) após acidificação do meio de incubação em um frasco fechado hermeticamente. Pode-se usar também uma solução aquosa de uma base forte comum (KOH, por exemplo), mas a solução aquosa alcalina é altamente polar e não irá misturar bem com o líquido de cintilação se ele contiver tolueno ou outro solvente orgânico apolar.

EXERCÍCIOS RESOLVIDOS

1. Em um experimento de radioimunoensaio para a determinação da concentração plasmática de tiroxina (T_4) foi obtida a curva padrão da Tabela 9-3. O isótopo usado para a marcação foi ^{125}I. Duas determinações foram feitas: a primeira forneceu 25550 cpm; a segunda 19331 cpm. Determine, em µg/L, a concentração plasmática de tiroxina nestas duas amostras. Utilize vários tipos de análise gráfica para esta determinação e faça uma comparação entre os resultados obtidos.

Tabela 9-3 Dados experimentais do exercício 1.

Tiroxina padrão (A_t) (µg/L)	cpm de ^{125}I
0	42144
25	35361
50	31558
100	22819
150	19405
300	13486

Resolução:

Com os dados disponíveis, pelo menos três tipos de representação gráfica podem ser feitos: (a) fração ligada de A* em relação ao ponto nulo (B/B_o) *versus* concentração da forma não-marcada (A_t); (b) fração ligada de A* em relação ao ponto nulo (B/B_o) *versus* o logaritmo da concentração da forma não marcada (log A_t); (c) logit Y *versus* log A_t (ver equação [9-7]). A Tabela 9-4 relaciona os valores calculados a partir dos dados experimentais da Tabela 9-3. Os valores de cpm encontrados na ausência de tiroxina padrão correspondem à ligação de ponto nulo (B_o).

Tabela 9-4 Dados transformados para a solução do exercício 1.

Tiroxina padrão (A_t) (µg/L)	Fração de A* ligada em relação ao ponto nulo (B/B_o)	log A_t	logit Y
0	1,00	–	–
25	0,839	1,397	0,7171
50	0,748	1,689	0,4744
100	0,541	2,000	0,0721
150	0,460	2,176	–0,0688
300	0,319	2,477	–0,3273

A Figura 9-10 mostra a relação entre a fração ligada de A* ([^{125}I]tiroxina; B/B_0) e a concentração de tiroxina padrão (A_t). É uma típica curva denotando a competição entre a forma marcada e não marcada do ligante tiroxina, quer dizer, aumentos na concentração da forma não marcada se traduzem em diminuições na fração ligada da forma marcada. A relação não é linear, conforme esperado. Os valores correspondentes de B/B_0 para as amostras desconhecidas de 25550 e 19331 cpm são, respectivamente, 0,606 e 0,458. A interpolação gráfica para obter os valores correspondentes às concentrações é insegura e sujeita a erros inerentes às incertezas ligadas ao traçado subjetivo das linhas que unem os pontos. No entanto, pode-se tornar mais objetiva a avaliação usando uma fórmula de interpolação numérica. Há muitos programas estatísticos e numéricos que oferecem esta possibilidade. No presente caso, a Figura 9-10 mostra a interpolação que foi feita usando a fórmula de Stineman, disponível em muitos programas de análise numérica. Este procedimento levou aos valores de 83,62 e 151,74 μg de tiroxina por litro para cada uma das amostras desconhecidas, respectivamente.

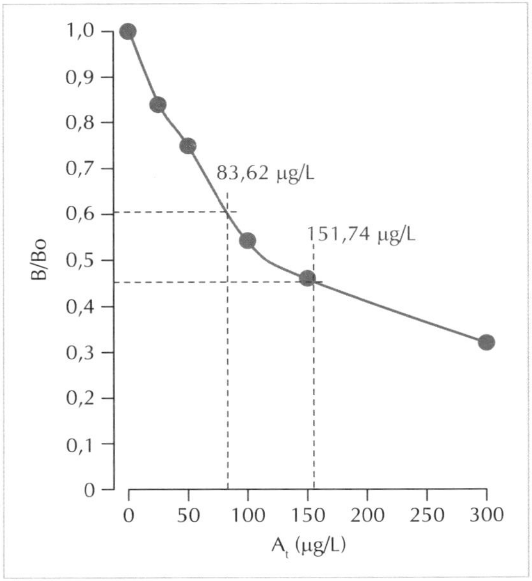

Figura 9-10 Representação da fração ligada relativamente ao ponto nulo *versus* A_t

A representação dos valores de B/B_0 em função de log A_t está mostrada na Figura 9-11. A relação é aproximadamente linear. O ponto que mais desvia da reta (o segundo a partir da esquerda) é também aquele que mais desvia da hipérbole na Figura 9-10 (o terceiro a partir da esquerda). Note que o ponto que corresponde ao valor unitário de B/B_0 está ausente na Figura 9-10, porque corresponde a A_t = 0, cujo logaritmo tende a menos infinito.

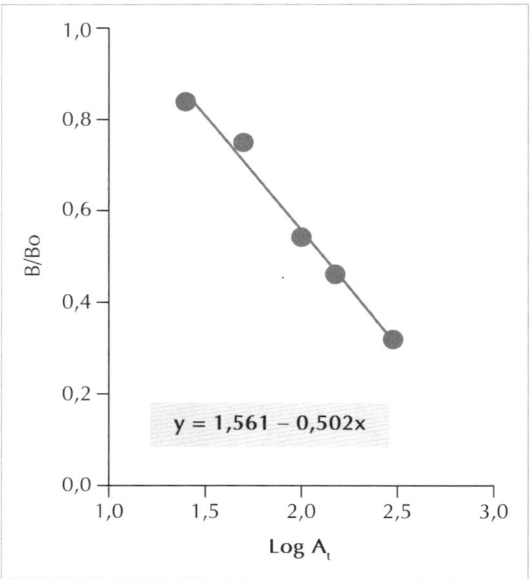

Figura 9-11 Representação da fração ligada relativamente ao ponto nulo *versus* log A_t. A reta foi traçada usando a equação na caixa com $y = B/B_0$ e $x = \log A_t$.

A relação linear da Figura 9-10 tem a vantagem de poder ser analisada objetivamente por meio de um ajuste linear de mínimos quadrados. Ao fazer isso, obteve-se a reta data pela expressão:

$$y = 1,561 - 0,502x$$

Nesta equação, $y = B/B_0$ e $x = \log A_t$. O que se quer saber é o valor de x para dois valores de B/B_0, quais sejam 0,606 e 0,458. Para calculá-los, isola-se x:

$$x = \frac{y - 1,561}{-0,502} = \frac{1,561 - y}{0,502}$$

Para y = B/Bo = 0,606 e 0,458, obtém-se os valores de x iguais 1,901 e 2,197, respectivamente. A_t corresponde a 10^x; portanto, os valores de A_t correspondentes serão 79,62 e 157,39 µg/L. Estes valores são bem próximos dos obtidos por interpolação numérica na curva de B/B_0 *versus* A_t da Figura 9-10, com diferenças de 4,79 e 3,72%, respectivamente.

A representação do logit Y *versus* log A_t, conforme mostrado na Figura 9-12, também resulta em uma reta dentro da faixa das medidas. Os pontos parecem descrever melhor a linha traçada do que no caso da representação de B/B_0 *versus* A_t. A linha traçada corresponde à melhor reta calculada após o ajuste linear de mínimos quadrados. O cálculo dos valores desconhecidos pode também aqui ser feito substituindo os valores de y e x, sendo que y = logit Y e $x = \log A_t$:

$$x = \frac{y - 2,124}{-1,0} = \frac{2,124 - y}{1,0}$$

Os valores de logit Y para B/B_0 iguais a 0,606 e 0,458 são 0,187 e −0,0731. Os valores de x correspondentes são 1,937 e 2,197; estes correspondem a valores de $10^x = A_t$ iguais a 86,50 e 157,39 µg/L, respectivamente. São mais uma vez bem próximos aos determinados anteriormente pelos outros métodos, com diferenças de 4,8 e 3,75% em relação à interpolação numérica.

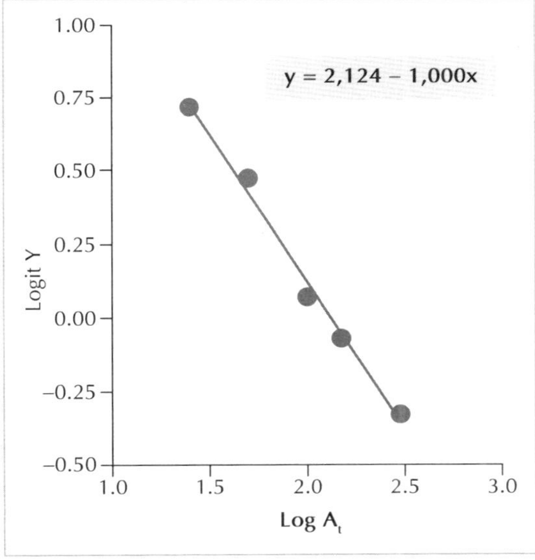

Figura 9-12 Representação do logit Y *versus* log A_t. A reta foi traçada usando a equação na caixa sombreada com y = logit Y e x = log At.

Pode-se concluir que, em princípio, qualquer uma das três representações gráficas utilizadas para determinar as concentrações desconhecidas apresenta resultados numéricos que pouco diferem entre si, podendo, portanto, ser utilizadas de acordo com as preferências do pesquisador ou analista.

Capítulo 10

Vias metabólicas e identificação de precursores

ASPECTOS GERAIS

Um traçador é uma molécula idêntica à molécula cujo comportamento se pretende estudar, mas radioativa (portanto mensurável) e presente em concentrações (ou quantidades) suficientemente pequenas para não alterar as condições do sistema. Ao leitor já foi possível perceber as múltiplas possibilidades analíticas que o emprego de radioisótopos em bioquímica proporciona. Sem diminuir as demais aplicações, é provável que nenhuma delas supere em importância a elucidação das vias metabólicas, que dependeu enormemente do emprego de radioisótopos como traçadores. Dependeu e ainda depende, pois as vias metabólicas básicas escondem muitos segredos, especialmente no tocante à sua regulação e às suas velocidades de operação sob diversas condições, mormente no caso de determinados estados patológicos.

O uso de radioisótopos no estudo do metabolismo animal, vegetal ou de microrganismos se deu e continua ocorrendo sob vários ângulos de aproximação. Alguns dos conceitos fundamentais do metabolismo foram desenvolvidos tendo como base observações feitas com traçadores radioativos. Por exemplo, o fornecimento a um organismo de compostos marcados demonstrou que os componentes moleculares não são necessariamente inertes, porque sua concentração permanece relativamente constante. O uso de radioisótopos nesse caso corroborou enormemente com a noção do equilíbrio dinâmico, também conhecido como estado estacionário, em que níveis de metabólitos são mantidos em relativa constância, que camufla sua contínua formação e remoção. Por outro lado, a identificação dos componentes de uma determinada via metabólica beneficia-se enormemente do uso de precursores marcados em uma posição determinada, a tal ponto que se pode, por exemplo, acompanhar o trajeto de certo átomo de carbono ao longo de uma via até sua posição no produto.

Neste capítulo, apreciaremos algumas das principais técnicas e conceitos desenvolvidos para identificar precursores, medir a velocidade de vias metabólicas e determinar a posição dos átomos dos precursores na estrutura dos produtos formados. Respostas a estas questões podem levar a modelos matemáticos bastante elaborados, que, por sua vez, exigem também experimentos complexos. Analisaremos cada questão a partir de seus casos mais simples, fornecendo assim a base para que o leitor possa enveredar por conta própria por caminhos mais complexos.

IDENTIFICAÇÃO DE PRECURSORES E MEDIDAS DE FLUXO COM UM PULSO DE TRAÇADORES

Resumidamente, a técnica consiste em uma única adição de um traçador a um sistema em estado estacionário, i.e., um sistema em que as concentrações e os fluxos por meio das vias metabólicas são, pelo menos aproximadamente, constantes. Nessas condições, apenas as concentrações das formas radioativas irão variar com o tempo após a adição.

As vias metabólicas se caracterizam por reações em série, como ilustrado a seguir:

$$A \rightarrow B \rightarrow C \rightarrow D \rightarrow E \rightarrow F \rightarrow G... \qquad [10\text{-}1]$$

Estas sequências podem ser bem longas, cíclicas e ter ramificações. No entanto, não é indispensável investigar a sequência por inteiro, o que aliás seria bastante complexo. Ao invés disso, pode-se muito bem investigar segmentos da via e, com as informações obtidas, montar a via completa, como se fosse um quebra-cabeça. As vias metabólicas não consistem em reações unimoleculares, conforme exemplificado acima. Apenas as reações de isomerização são unimoleculares; as demais têm pelo menos dois ou mais reagentes. No entanto, se o isótopo radioativo que foi introduzido no precursor for mantido nas moléculas que o sucedem ao longo da sequência de reações, pode-se analisar toda a sequência como reações que obedecem a cinética de primeira ordem. Se o sistema (célula, fração subcelular etc.) estiver em estado estacionário, pode-se assumir que as concentrações de A, B, C etc. não mudam em função do tempo. Também no estado estacionário, a velocidade de transformação líquida para cada uma das etapas é a mesma, isto é, J. É preciso enfatizar que a velocidade de transformação líquida representa o verdadeiro fluxo através de cada etapa, que representa a diferença entre a velocidade para frente e a velocidade para trás, i.e., $J = v_f - v_t$. Assim, se introduzirmos o precursor radioativo (A*) na forma de uma única adição e em quantidades traço, i.e., A* << A, as concentrações das diversas formas radioativas derivadas de A* ao longo da via mudarão em função do tempo. Em termos matemáticos, para os cinco primeiros passos, por exemplo, poderemos escrever as seguintes equações diferenciais para as taxas de variação das concentrações de radioatividade A*, B*, C*, D* e E*:

$$-\frac{dA^*}{dt} = J\frac{A^*}{A} = Ja_t \qquad [10\text{-}2]$$

$$\frac{dB^*}{dt} = J\frac{A^*}{A} - J\frac{B^*}{B} = J(a_t - b_t) \qquad [10\text{-}3]$$

$$\frac{dC^*}{dt} = J\frac{B^*}{B} - J\frac{C^*}{C} = J(b_t - c_t) \qquad [10\text{-}4]$$

$$\frac{dD^*}{dt} = J\frac{C^*}{C} - J\frac{D^*}{D} = J(c_t - d_t) \qquad [10\text{-}5]$$

$$\frac{dE^*}{dt} = J\frac{D^*}{D} - J\frac{E^*}{E} = J(d_t - e_t) \qquad [10\text{-}6]$$

As concentrações de estado estacionário das formas não radioativas A, B etc. podem ser expressas em µmol por mL de espaço aquoso (celular ou de uma organela, por exemplo) e as concentrações das formas radioativas podem ser dadas em cpm por mL. Assim, as atividades específicas, A*/A ou a_t, entre outras, terão as dimensões de cpm por µmol (cpm/µmol). O fluxo metabólico de estado estacionário através da via J com frequência é expresso como µmol por minuto por mL de espaço aquoso celular ($\mu mol\ min^{-1}\ mL^{-1}$).

O sistema de equações diferenciais acima não é muito informativo por si só, a menos que se obtenha uma solução. Uma solução analítica explícita, se possível, certamente será muito complexa e pouco informativa por simples análise. Por outro lado, pode-se fazer simulações utilizando procedimentos numéricos. A Figura 10-1 ilustra uma dessas simulações para as quais valores de J, concentrações dos metabólitos e a atividade específica inicial de A foram estipulados arbitrariamente, dados na legenda, porém são realistas em termos da bioquímica celular. O que a Figura 10-1 mostra é a variação das atividades específicas dos compostos que derivam de A no esquema metabólico [10-1], a partir do tempo em que A* foi introduzido. A atividade específica de A foi máxima no instante da introdução de A*, mas foi diminuindo gradativamente com o correr do tempo (não mostrado na figura). Já no caso dos produtos, suas atividades específicas, que eram nulas no tempo zero, aumentaram com o tempo até atingir um máximo, a partir do qual foram diminuindo novamente. Embora todas as curvas apresentem essas três características, elas diferem entre si. As diferenças refletem sua posição na via metabólica:

a. o tempo de aparecimento de radioatividade nos diversos produtos e o de pico refletem a sequência de formação – assim, a radioatividade em B aparece antes do que em C, e assim por diante;

b. quanto antes o produto se forma, maior é o valor de pico da atividade específica, ou seja, pico de B > pico de C > pico de D > pico de E. Pode-se dizer também que a atividade específica máxima de um produto nunca poderá ser maior do que a atividade específica máxima do precursor;

c. em cada caso, a atividade específica de pico do sucessor é igual à atividade específica do precursor naquele tempo – em outras palavras, a curva do precursor é intersectada pela curva do sucessor no seu pico.

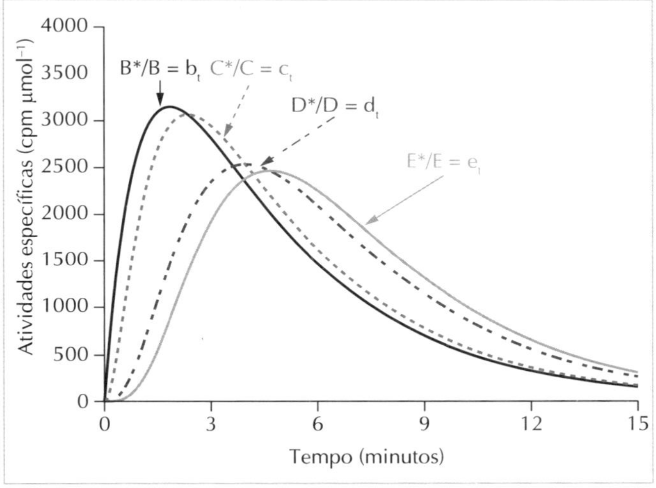

Figura 10-1 Atividades específicas em função do tempo, calculadas de acordo com o sistema de equações diferenciais [10-2] a [10-6], usando o procedimento numérico do Programa Scientist® (MicroMath Scientific Sofware, Salt Lake City, EUA). Os valores dos parâmetros foram: J = 0,5 μmol min^{-1} mL^{-1}; atividade específica inicial de A (a_o) = 10000 cpm μmol^{-1}; A = 2 μmol/mL; B = 0,5 μmol/mL; C = 0,2 μmol/mL; D = 0,7 μmol/mL; E = 0,3 μmol/mL.

Portanto, a sequência de uma via metabólica pode ser determinada, em todo ou em parte, medindo-se as atividades específicas dos produtos em função do tempo após a adição da forma radioativa de um precursor primário. Em termos da atividade experimental, isso implica medir tanto a concentração da radioatividade em cada composto (B*, C* etc.) quanto a própria concentração de cada um (A, B etc.), pois duas das regras acima exigem o conhecimento da atividade específica. Isso demanda em geral separações cromatográficas, o que é facilitado pelos modernos sistemas de cromatografia líquida.

As curvas como as mostradas na Figura 10-1 também podem ser usadas para determinar a velocidade J pela via. É possível analisar qualquer segmento, pois se o sistema está no estado estacionário, todas as transformações líquidas ocorrem com a mesma velocidade J. Para exemplificar, vamos tomar a etapa de transformação de C em D, descrito pela equação [10-5], e integrar entre os tempos t_1 e t_2, conforme indicado pela Figura 10-2:

$$D^*_{t_2} - D^*_{t_1} = J\left[\int_{t_1}^{t_2} c_t \cdot dt - \int_{t_1}^{t_2} d_t \cdot dt\right] \qquad [10\text{-}7]$$

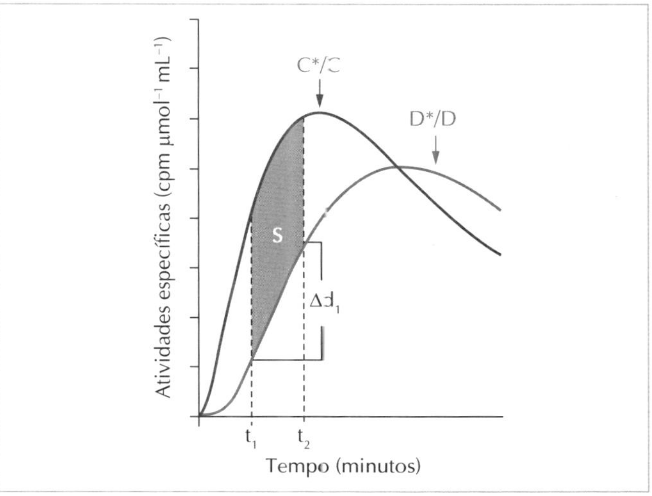

Figura 10-2 Atividades específicas do precursor C e do produto D em função do tempo, com indicação da área S, que permite a determinação da velocidade J da via metabólica por meio da equação [10-10].

Se dividirmos os dois termos por D, que representa a concentração de estado estacionário, a expressão [10-7] transforma-se em:

$$d_{t_2} - d_{t_1} = \Delta d_t = \frac{J}{D}\left[\int_{t_1}^{t_2} c_t \cdot dt - \int_{t_1}^{t_2} d_t \cdot dt\right] \qquad [10\text{-}8]$$

A comparação com o gráfico da Figura 10-2 revela que a diferença entre as duas integrais na equação [10-8] corresponde à área rotulada como S. As dimensões desta área são (cpm/μmol) × tempo. Assim, podemos escrever:

$$d_{t_2} - d_{t_1} = \Delta d_t = \frac{J}{D} S \qquad [10\text{-}9]$$

Conhecendo a área S, que pode ser determinada por métodos numéricos, somada às atividades específicas d_{t2} e d_{t1} e a concentração D, pode-se calcular o fluxo de estado estacionário pela via metabólica:

$$J = \frac{\Delta d_t D}{S} \qquad [10\text{-}10]$$

As dimensões de J deverão ser μmol min^{-1} mL^{-1}, o que é fácil de deduzir considerando as unidades de Δd_t (cpm/μmol), D (e.g., μmol mL^{-1}) e S (e.g., minutos × cpm/μmol).

Embora os procedimentos para identificar precursores tenham sido ilustrados com uma via metabólica, os mesmos princípios se aplicam a outros fenômenos, como o movimento de compostos entre diversos compartimentos. Estes compartimentos podem ser subcelulares, intercelulares ou vasculares. Nem sempre a análise se revela tão básica como a que foi descrita aqui, mas os princípios fundamentais são sempre os mesmos e podem servir de base para que cada experimentador estenda-os para a análise do seu caso particular.

SISTEMA E TRAÇADORES EM ESTADO ESTACIONÁRIO

Um estado estacionário simultâneo das formas radioativas e não radioativas é mais fácil de ser estabelecido experimentalmente em sistemas abertos. Pode-se fazer isto em sistemas de perifusão (células colocadas em uma cápsula, onde líquido é bombeado através dela) ou em órgãos em perfusão isolada. Nestes sistemas, o líquido que banha as células e que contém os substratos a serem transformados é constantemente renovado. Dessa forma, as condições externas às quais as células estão submetidas permanecem essencialmente as mesmas, e, depois de algum tempo, na maioria dos casos, as vias metabólicas e as concentrações dos intermediários atingem um estado estacionário que, em geral, se mantém durante o período de viabilidade das células. Se o traçador for infundido junto aos substratos, por exemplo oleato + [1-^{14}C]oleato, a marcação radioativa também atinge o estado estacionário. Além disso, produtos do metabolismo, ao deixarem as células, são carreados pelo líquido de perfusão (ou perifusão), onde podem ser quantificados.

A Figura 10-3 ilustra os resultados que exemplificam esse tipo de procedimento. Trata-se de um experimento com o fígado em perfusão isolada: cânulas foram inseridas na veia porta (entrada) e veia cava (saída), e o órgão foi perfundido com uma solução salina (tampão Krebs-Henseleit bicarbonato) oxigenada por meio de um oxigenador de membrana. Oleato 0,8 mM foi infundido após um período de pré-perfusão de 10 minutos. Simultaneamente, oleato marcado com ^{14}C no carbono 1 foi infundido (1 μCi/min). Três parâmetros foram medidos no líquido efluente: oxigênio (polarograficamente), corpos cetônicos (acetoacetato e β-hidroxibutirato) e $^{14}CO_2$, captado em uma base orgânica no próprio frasco de cintilação. Após a captação, foi introduzido o líquido de cintilação para a contagem das cpm. Novos estados estacionários são atingidos rapidamente depois do início da infusão do

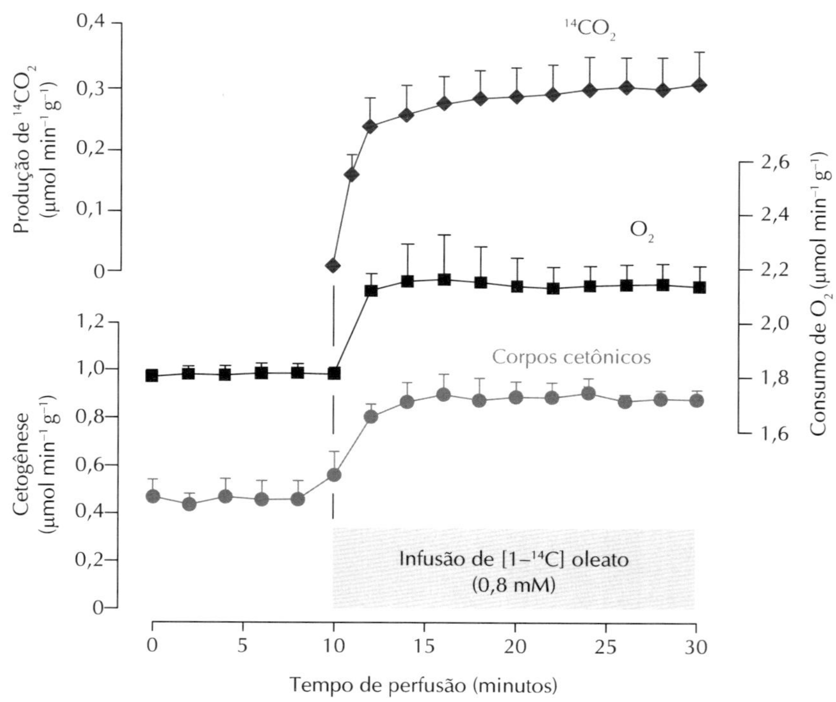

Figura 10-3 Experimento típico de perfusão de fígado de rato com infusão de [1–^{14}C]oleato, com a finalidade de medir fluxos metabólicos de estado estacionário. A perfusão foi feita no modo não recirculante (aberto), de modo a manter a constância das condições às quais o fígado está submetido. Note as mudanças de estado estacionário quando o oleato começa a ser infundido.

oleato. A produção de $^{14}CO_2$, inexistente antes da infusão do [1-^{14}C]oleato, também estabiliza rapidamente. Se não houvesse a infusão de [1-^{14}C]oleato, mas apenas de oleato 0,8 mM não marcado, as respostas do consumo de O_2 e da produção dos corpos cetônicos seriam as mesmas, inclusive a produção de CO_2 extra, embora fosse não detectável como radioatividade. Note que os fluxos metabólicos foram expressos em μmol min^{-1} por grama de fígado, inclusive a de $^{14}CO_2$. No último caso, utilizou-se a atividade específica do oleato ($A_{esp \cdot ole}$) infundido para fazer os cálculos, da seguinte forma:

$$J_{^{14}CO_2} = \frac{[^{14}CO_2]\cdot[F]\cdot 18}{A_{esp.ole}\cdot P} \qquad [10\text{-}11]$$

Em que [$^{14}CO_2$] são as cpm de $^{14}CO_2$ por mL (cpm/mL), F é o fluxo através do órgão (mL/min), P é o peso fresco do fígado em gramas e $A_{esp \cdot ole}$ é a atividade específica do [1-^{14}C]oleato em cpm/μmol. O fator 18 refere-se ao número de átomos de carbono do oleato. Apenas o carbono 1 está marcado, mas assume-se como razoável que na β-oxidação todos os átomos do oleato acabam como CO_2. As dimensões de $J_{^{14}CO_2}$ são μmol min^{-1} g^{-1}.

A produção de $^{14}CO_2$ calculada usando a equação [10-11] sem dúvida corresponde à velocidade de produção daquele composto a partir do [1-^{14}C]oleato fornecido. Porém, calculado dessa forma, o valor de $J_{^{14}CO_2}$ não corresponde à velocidade da via da β-oxidação, tampouco à velocidade total com a qual a célula está oxidando oleato exógeno + endógeno. Para calcular esta última variável, teríamos que utilizar a atividade específica da [1-^{14}C]oleil-coenzima A, que é o substrato inicial da via nas condições celulares. A atividade específica da [1-^{14}C]oleil-coenzima A difere daquela do [1-^{14}C]oleato fornecido pelo fato de que os hepatócitos, como qualquer célula animal aliás, produz ela própria oleato, o qual dilui o oleato radioativo fornecido. Além disso, as células produzem outros ácidos graxos que são oxidados, de modo que a velocidade total da β-oxidação é muito difícil de inferir a partir de precursores marcados.

No caso da oxidação da glicose, pode-se utilizar marcação específica, se for realmente necessário determinar com precisão as vias de transformação. A utilização de glicose marcada no carbono-1, por exemplo, é indispensável para medir a contribuição da via das pentoses. A Figura 10-4 mostra a fase inicial da via das pentoses até a reação de descarboxilação. Se às células em análise for fornecida glicose marcada com ^{14}C na posição 1, a maior parte do $^{14}CO_2$ marcado será proveniente dessa via. Conforme mostra o esquema da Figura 10-5, o carbono-1 da glicose torna-se o carbono-3 do piruvato quando este é formado na glicólise, e, portanto, sua posterior descarboxilação não leva à produção de $^{14}CO_2$. A produção de $^{14}CO_2$ pela descarboxilação do piruvato resultante da metabolização da [1-^{14}C]glicose só poderá ocorrer se nas células em questão estiver operando a via de Entner-Doudoroff, mas que só existe em alguns microrganismos e não em células de mamíferos. Há mais um problema, no entanto: a reciclagem de produtos não marcados, que também contribuem para alterar a atividade específica do estoque de glicose 6-fosfato + frutose 6-fosfato. Detalhes sobre esse fenômeno serão discutidos nas próximas seções. A alteração da atividade específica só não irá ocorrer se não houver reciclagem ou se ela for mínima, o que pode

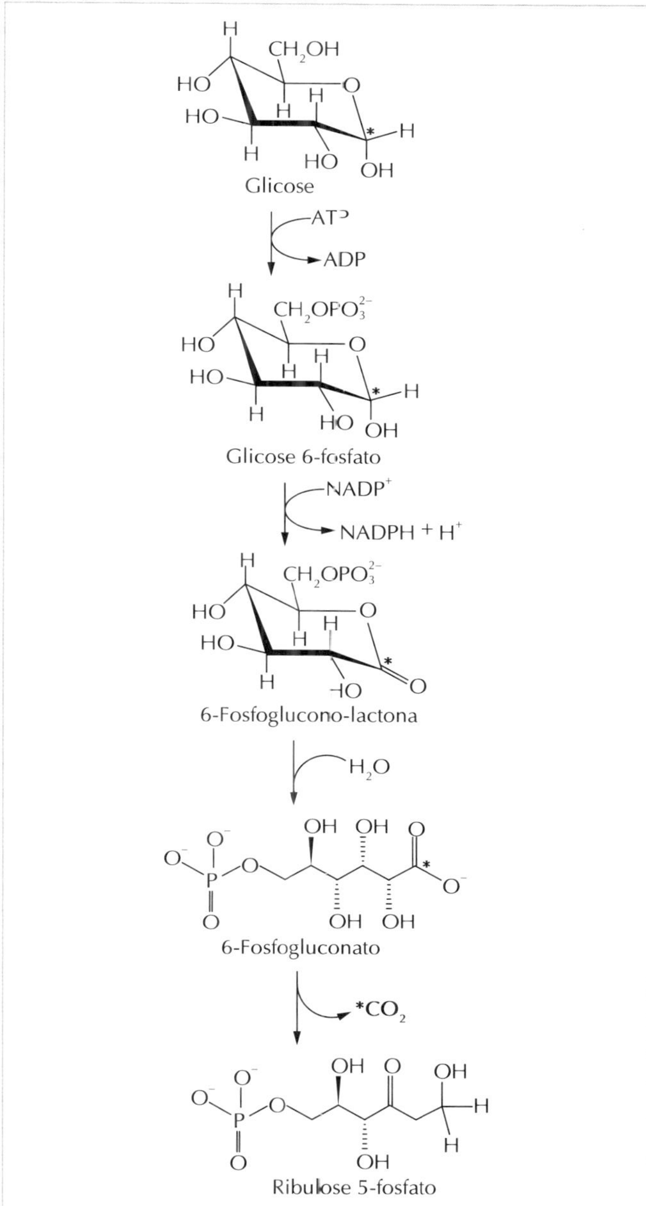

Figura 10-4 Parte da via das pentoses, mostrando a trajetória do ^{14}C (marcado com um asterisco), originalmente no carbono 1 da glicose, até a formação de $^{14}CO_2$.

eventualmente acontecer sob condições de intenso uso das pentoses formadas na síntese de DNA, por exemplo. Em conclusão, apenas e tão somente se nas células às quais foi fornecida [1-^{14}C]glicose não estiverem operando as vias aeróbicas e a via de Entner-Doudoroff, e não houver reciclagem significativa das pentoses, a produção de $^{14}CO_2$ irá refletir a via das pentoses. Neste caso específico, a velocidade de operação da via das pentoses ($J_{pentoses}$) pode ser calculada a partir da produção de $^{14}CO_2$, da atividade específica da [1-^{14}C]glicose fornecida e do intervalo de tempo da medida (Δt):

$$J^*_{pentoses} = \frac{[^{14}CO_2]}{a_{esp \cdot gli} \cdot \Delta t} \qquad [10\text{-}12]$$

Se o intervalo de tempo for dado em minutos, [$^{14}CO_2$] em cpm/mL e a atividade específica da [1-^{14}C]glicose em cpm/µmol, $J^*_{pentoses}$ terá as dimensões de µmol mL^{-1} min^{-1}. O asterisco em $J^*_{pentoses}$ indica que o valor pode ser apenas aproximadamente correto. Nessas condições, a velocidade aproximada de operação da glicólise pode ser determinada como a diferença entre a velocidade de consumo total de glicose e a glicose desviada para a via das pentoses.

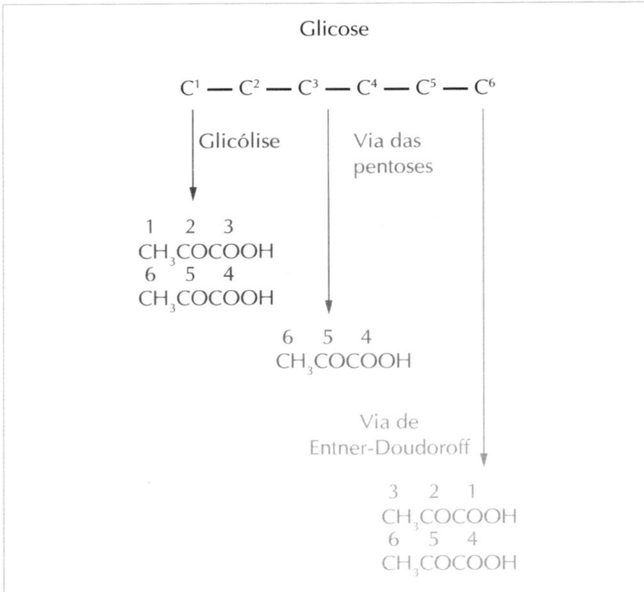

Figura 10-5 Localização de cada um dos 6 carbonos da glicose nas moléculas de piruvato formadas em consequência da operação da glicólise, via das pentoses e via de Entner-Doudoroff.

MARCAÇÃO ESPECÍFICA E ANÁLISE CINÉTICA PARA AVALIAR O CATABOLISMO DA GLICOSE

Condições tão restritivas como as de células em anaerobiose transformando glicose em etanol e sem reciclagem das pentoses dificilmente existirão em células de mamíferos, cujo metabolismo aeróbico é bem proeminente. Portanto, para uma discriminação das vias de metabolização de glicose, são necessários procedimentos bem mais complexos do que simplesmente fornecer [1-^{14}C]glicose e medir a produção de $^{14}CO_2$. A maior parte dos métodos propostos faz uso de dois tipos de glicose marcada, mais precisamente [1-^{14}C]glicose e [6-^{14}C]glicose. Independentemente do método, será preciso levar em conta a diluição dos precursores radioativos utilizados pelo metabolismo endógeno (degradação de glicogênio, por exemplo), a produção de $^{14}CO_2$ no ciclo do ácido cítrico e a reciclagem isotópica que ocorre na via das pentoses.

O raciocínio a ser exposto aqui em relação ao catabolismo da glicose deverá servir de guia ao pesquisador que quiser utilizar a marcação específica para mensurar a velocidade de vias metabólicas, tanto em células animais, quanto vegetais ou microrganismos, já que cada caso apresenta suas particularidades e, consequentemente, dificuldades.

A Figura 10-6 ilustra os dados publicados por Kuehn e Scholz (1982) em um estudo para determinar as participações relativas da via das pentoses e da glicólise no metabolismo da glicose, incluindo a posterior oxidação no ciclo do ácido cítrico. O sistema experimental, neste caso, foi o fígado em perfusão isolada, no modo não recirculante. Nesse estudo, infundiu-se primeiramente [6-^{14}C]glicose (4 Ci/min) durante 10 minutos e mediu-se a produção de $^{14}CO_2$ durante e até 30 minutos após a infusão. Em seguida, repetiu-se o procedimento com [1-^{14}C]glicose (4 Ci/min). A concentração de glicose não marcada foi mantida o tempo todo em 10 mM, portanto, sob condições de estado estacionário. A produção total de $^{14}CO_2$ em cada caso ($T_{^{14}CO_2}$) foi expressa em µmol por minuto por grama de fígado, usando as atividades específicas das [1-^{14}C]glicose ou [6-^{14}C]glicose infundidas:

$$T_{^{14}CO_2} = \frac{F \cdot [^{14}CO_2]}{P \cdot A_{esp}} \qquad [10\text{-}13]$$

F é o fluxo do líquido através do fígado (mL/min), [$^{14}CO_2$] é a concentração de $^{14}CO_2$ (cpm/mL), A_{esp} é a atividade específica da [1-^{14}C]glicose ou [6-^{14}C]glicose (cpm/µmol) e P é o peso do fígado. Note que nos dois casos a produção de $^{14}CO_2$ também atingiu o estado estacionário, mas em níveis diferentes. A produção de $^{14}CO_2$ a partir de [6-^{14}C]glicose estabilizou em níveis bem menores quando comparada com a produção a partir de [1-^{14}C]glicose.

A cinética com a qual a radioatividade no perfusado efluente decresce após a interrupção das infusões dos traçadores (*wash-out kinetics*) é bastante informativa.

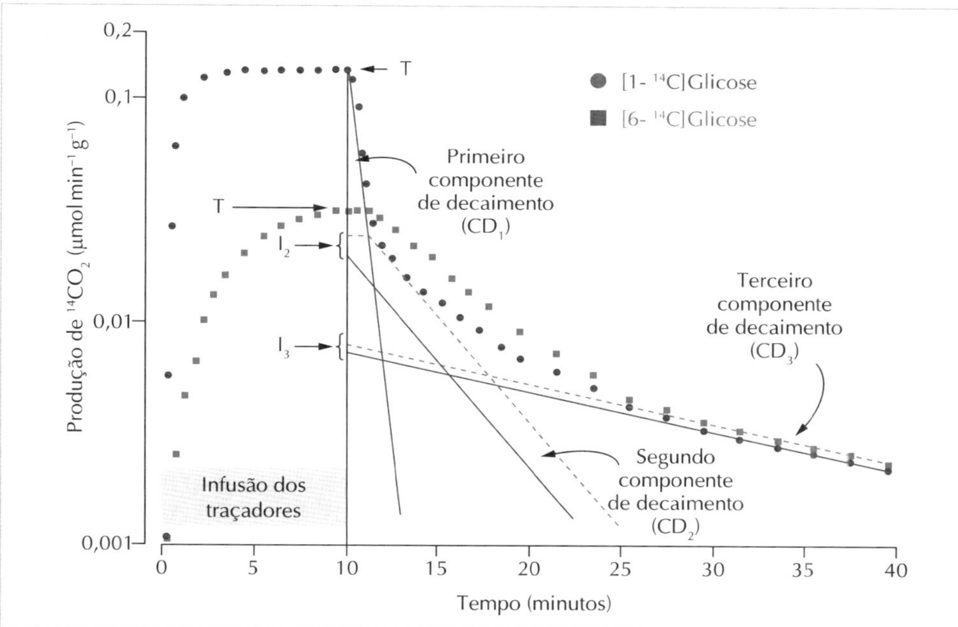

Figura 10-6 Produção de $^{14}CO_2$ no fígado em perfusão em decorrência da infusão de [1-^{14}C]glicose ou [6-^{14}C]glicose e com a finalidade de determinar os fluxos através da glicólise e da via das pentoses. Os gráficos foram adaptados de Kuehn e Scholz (1982). As produções de $^{14}CO_2$ foram expressas em μmol por minuto por grama de fígado, usando as atividades específicas da [1–^{14}C]glicose ou [6–^{14}C]glicose infundidas. A representação é semilogarítmica. As retas CD^3 (contínua, [1–^{14}C]glicose; tracejada, [6–^{14}C]glicose) foram calculadas com base na inclinação da porção final da curva (a partir de 30 minutos). A retas CD_2 foram calculadas subtraindo as curvas CD_3 dos valores experimentais correspondentes. A reta CD_1 representa as diferenças entre os valores experimentais e os valores correspondentes da reta CD_2.

No caso da [1-^{14}C]glicose, pode-se reconhecer três fases com tempos de decaimento diferentes: CD_1, CD_2 e CD_3, na Figura 10-6. A extrapolação da terceira fase (CD_3) até o tempo de interrupção da infusão, quer dizer, até o início do decaimento, permite obter por diferença as retas correspondentes às fases CD_1 e CD_2. É importante salientar o fato de que, no caso da [6-^{14}C]glicose, a queda tem apenas duas fases. Suas inclinações correspondem às das fases 2 e 3 observadas com a [1-^{14}C]glicose. Kuehn e Scholz (1982) interpretaram cada fase como correspondendo ao esvaziamento de diferentes estoques (*pools*). O CD_1 corresponde ao esvaziamento do estoque de $^{14}CO_2$ formado pela descarboxilação do [1-^{14}C]6-fosfogluconato na via das pentoses (ver Figura 10-4). Esta fase não existe para a [6-^{14}C]glicose, porque esta forma marcada não gera $^{14}CO_2$ na via das pentoses. O CD_2 corresponde ao esvaziamento do estoque de $^{14}CO_2$ formado no ciclo do ácido cítrico. O principal argumento que apoia esta conclusão é que a inclinação do CD_2, quando da infusão de [1-^{14}C]glicose, é igual à inclinação da curva de esvaziamento do CD_2 da [6-^{14}C]glicose, precursor que gera $^{14}CO_2$, principalmente no ciclo do ácido cítrico. O CD_3 não pôde ser identificado, mas ele pode corresponder a uma mistura de vários estoques de menor importância, se for levada em conta sua quantidade relativamente pequena de radioatividade.

A extrapolação das retas calculadas na Figura 10-6, até que intersectem o eixo das ordenadas no tempo em que a infusão de traçadores foi interrompida, permite calcular as velocidades de produção de $^{14}CO_2$ na via das pentoses (v_3*) ($T - I_2$) e do ciclo do ácido cítrico (v_7*):

$$v_3^* = T - I_2 \quad [10\text{-}14]$$

$$v_7^* = I_2 - I_3 \quad [10\text{-}15]$$

Deve-se salientar que, no caso da diferença pela equação [10-15], ela deve produzir o mesmo resultado com os dados tanto da [1-^{14}C]glicose quanto da [6-^{14}C]glicose. É preciso lembrar, no entanto, que os fluxos v_3* e v_7*, calculados desta forma, referem-se à transformação da [1-^{14}C]glicose e da [6-^{14}C]glicose fornecidas exogenamente, e não aos fluxos efetivos através das vias das pentoses e do ciclo do ácido cítrico, já que a base de cálculo foi a atividade específica dos traçadores no instante de sua introdução nas células. No entanto, nos processos de transformação que levam à geração dos precursores imediatos da produção de $^{14}CO_2$, a radioatividade é diluída pela geração intracelular de glicose (glicogenólise) e por trocas isotópicas. Para determinar os valores das vias, será necessário conhecer a atividade específica dos precursores imediatos, como a do estoque de hexoses (via das pentoses) e a do [3-^{14}C]piruvato. Este é um problema que surge em praticamente todos os estudos em que precursores marcados longínquos são fornecidos a sistemas celulares. Ele é tanto mais complicado quanto mais complexas forem as vias envolvidas.

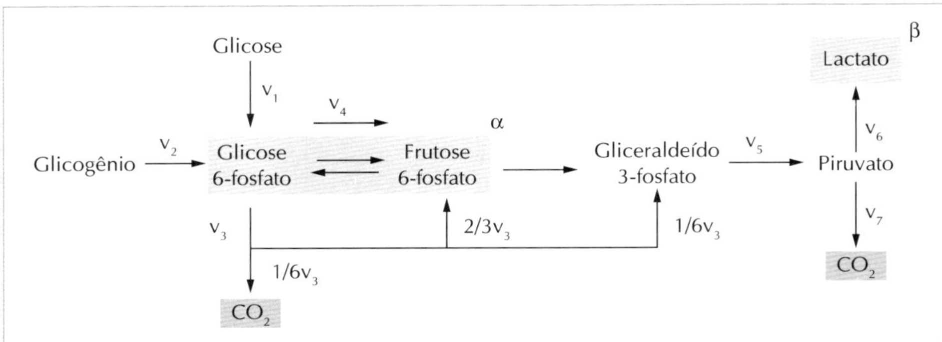

Figura 10-7 Esquema do catabolismo da glicose no fígado. O modelo está baseado em uma estequiometria de 1 mol de glicose 6-fosfato sendo convertido em 2 mol de lactato via glicólise, e 3 mol de glicose 6-fosfato sendo convertidos em 2 mols de frutose 6-fosfato, 1 mol de gliceraldeído 3-fosfato em 3 mols de CO2 na via das pentoses, resultando em 5 mols de lactato. Símbolos: v_1 = velocidade de utilização de glicose (transporte ao interior do hepatócito + reação da glicoquinase); v_2 = velocidade de quebra do glicogênio; v_3 = velocidade de operação da via das pentoses; v_4 = velocidade do fluxo líquido da glicose 6-fosfato à frutose 6-fosfato; v_5 = fluxo das trioses fosfato para o piruvato via glicólise (corresponde de fato à velocidade da glicólise, $J_{glicólise}$); v_6 = velocidade de formação de lactato; v_7 = velocidade de descarboxilação do piruvato mais ciclo do ácido cítrico (fração do ciclo do ácido cítrico resultante do catabolismo da glicose e do glicogênio); α = atividade específica relativa do estoque de hexoses monofosfato (em equilíbrio) em relação à atividade específica da glicose marcada introduzida; β = atividade específica relativa do lactato em relação à atividade específica da glicose marcada introduzida.

A avaliação das atividades específicas mencionadas acima, naturalmente, pode ser feita extraindo os compostos de interesse da célula e medindo suas concentrações e a radioatividade associada. Porém os procedimentos são complexos e trabalhosos e não necessariamente produzirão valores confiáveis. Por isto, têm sido propostos métodos para inferir as atividades específicas do estoque de hexoses e do piruvato marcado através de medidas de compostos, que são liberados para o espaço extracelular e outras variáveis também facilmente acessíveis. O composto indicador, no caso do catabolismo da glicose em células animais, pode ser o lactato marcado em conjunto com uma série de fluxos metabólicos mensuráveis. Para chegar a isto, é necessário estipular modelos do sistema de transformação da glicose, como os ilustrados pelas Figuras 10-7 e 10-8 – o primeiro para o fluxo do carbono em geral e o segundo para os fluxos dos carbonos marcados na glicose fornecida. Nestas figuras, a radioatividade da glicose é diluída ao nível da glicose 6-fosfato tanto pelas unidades glicosil provenientes do glicogênio quanto pela reciclagem de produtos não marcados na via das pentoses. Esta diluição por reciclagem depende das velocidades relativas das vias das pentoses (v_3) e da glicólise (v_4). Quanto maior a razão v_3/v_4, maior será a entrada de frutose 6-fosfato não marcada no estoque de hexoses monofosfato. A atividade específica deste estoque, portanto, será igual ao da glicose marcada entrante apenas se a glicogenólise estiver ausente e se a via das pentoses for pouco significativa. Esta situação ocorre apenas em situações-limite. Pode-se, no entanto, obter a atividade específica do estoque das hexoses monofosfato a partir de medidas da atividade específica do lactato. A Figura 10-8 permite acompanhar o destino do carbono marcado da [1-^{14}C]glicose (painel A) e da [6-^{14}C]glicose (painel B). Os esquemas das Figuras 10-7 e 10-8 estão baseados na estequiometria em geral aceita para a degradação da glicose 6-fosfato: 1 mol de glicose 6-fosfato sendo convertido em 2 mols de lactato via glicólise, e 3 mols de glicose 6-fosfato sendo convertidos em 2 mols de frutose 6-fosfato, 1 mol de gliceraldeído 3-fosfato e 3 mols de CO_2 na via das pentoses, resultando em 5 mols de lactato. Isto pressupõe, naturalmente, que as pentoses são recicladas e não utilizadas para sínteses, inclusive replicação de DNA, o que ocorre em tecidos em crescimento, mas que é desprezível em células isoladas de vários tecidos, como do fígado.

A comparação dos esquemas na Figura 10-8 revela que, quando o lactato é formado somente pela glicólise, sua atividade específica é metade daquela da glicose 6-fosfato quando expressa em termos molares, já que 1 mol de hexose resulta em 2 mols de lactato, independentemente da forma marcada que for utilizada. Se, ao contrário, houver apenas fluxo através da via das pentoses, a radioatividade da [1-^{14}C]glicose 6-fosfato vai inteiramente para o CO_2 produzido, sem aparecer no lactato. No entanto, com [6-^{14}C]glicose 6-fosfato, forma-se lactato marcado, com uma atividade específica que equivale a 60% daquela da [6-^{14}C]glicose 6-fosfato, explícito no painel B da Figura 10-8, em que se pode ver que a soma de lactato marcado (2/3 + 1/3) equivale a 60% da soma total de lactato (2/3 + 2/3 + 1/3). Quando as duas vias estão operando, a radioatividade é diluída no lactato em uma extensão maior quando a glicose é marcada na posição 1 do que quando marcada na posição 6. A atividade específica do lactato derivado da [1-^{14}C]glicose 6-fosfato vai refletir a degradação do glicogênio e a reciclagem de produtos não marcados. Mas,

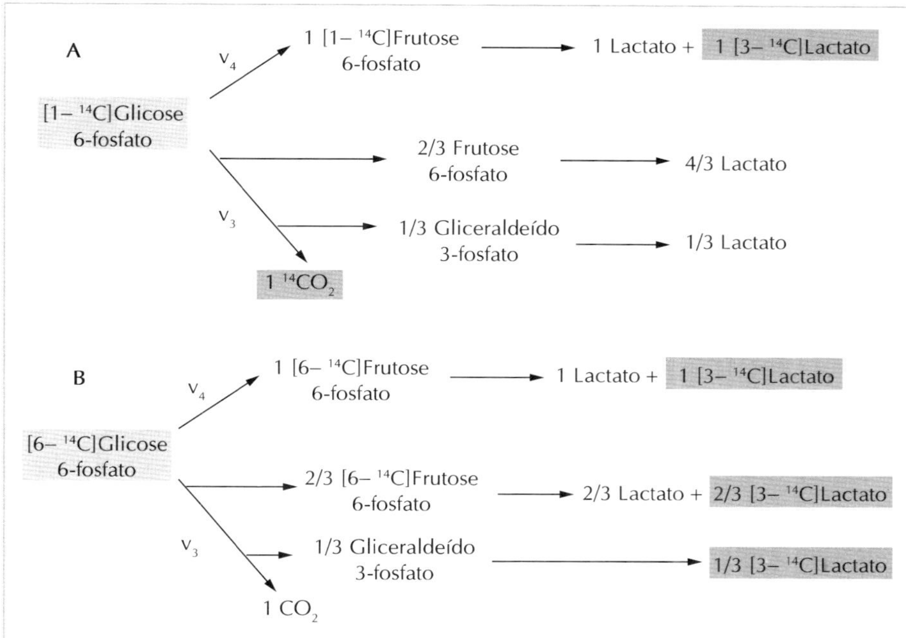

Figura 10-8 Fluxos de radioatividade provenientes da [1–^{14}C]glicose (A) ou da [6–^{14}C]glicose (B). Os fluxos estão baseados na estequiometria já explicitada na Figura 10-7.

quando [6-^{14}C]glicose 6-fosfato é o precursor, a atividade específica do lactato vai refletir apenas a degradação do glicogênio, pois os produtos da via das pentoses estarão marcados. A relação entre a atividade específica do lactato e dos precursores [1-^{14}C]glicose 6-fosfato e [6-^{14}C]glicose 6-fosfato vai refletir as velocidades de cada via no estado estacionário.

Assim, a atividade específica da [1-^{14}C]glicose 6-fosfato (α_1) irá relacionar-se com a do lactato (β_1) pela razão entre as velocidades dos processos que relacionam os dois compostos:

$$\alpha_1 = \frac{2v_5}{v_4}\beta_1 \qquad [10\text{-}16]$$

Conforme já definido na Figura 10-7, v_4 é a velocidade da transformação líquida de glicose 6-fosfato em frutose 6-fosfato e v_5 é a velocidade de formação das trioses fosfato em piruvato. A razão entre as duas constitui o fator de diluição da atividade específica do lactato (β_1) em função da perda de radioatividade que ocorre na via das pentoses, multiplicado por 2, uma vez que o lactato tem metade dos átomos de carbono das hexoses. A desvantagem da equação [10-16] é que os parâmetros v_4 e v_5 são difíceis de medir. No entanto, no estado estacionário, $v_5 = v_6 + v_7$, sendo que v_6 pode ser medido como a liberação de lactato + piruvato e v_7 pode ser calculado a partir de v_7^* pela relação $v_7 = v_7^*/\beta_1$ (ver equação [10-15]). O parâmetro v_4, por sua vez, corresponde a v_5 subtraindo a diluição da marcação causada pela descarboxilação na via das pentoses, isto é, $v_4 = v_5 - 5/6v_3$ (ver painel A da Figura 10-8). Dessa forma, fazendo sucessivas substituições e rearranjos na equação [10-16], obtém-se a equação [10-17], que não contém mais v_4 e v_5:

$$\alpha_1 = \frac{2(v_6 + v_7)}{v_6 + v_7 - \frac{5}{6}v_3}\beta_1 \qquad [10\text{-}17]$$

O valor de v_3 (velocidade da via das pentoses, conforme definido na Figura 10-7) é desconhecido, mas equivale ao produto $v_3^* \times \alpha_1$ (ver equação [10-14]), enquanto v_3^* é determinável experimentalmente. Dessa forma, combinando este produto com a equação [10-17], chega-se, após manobras algébricas, à expressão final para o cálculo da atividade específica relativa da [1-^{14}C]glicose 6-fosfato, a partir de parâmetros experimentalmente acessíveis:

$$\alpha_1 = 2\beta_1 + \frac{\frac{5}{6}v_3^*}{v_6 + v_7} \qquad [10\text{-}18]$$

Na equação [10-18], o termo $2\beta_1$ representa a diluição da radioatividade no estoque das hexoses monofosfato pela degradação de glicogênio, enquanto o termo $5/6v_3^*/(v_6 + V_7)$ representa a diluição da radioatividade em virtude da via das pentoses. De posse do valor de α_1, pode-se calcular, finalmente, a atividade da via das pentoses (v_3) a partir de v_3^* determinado experimentalmente (ver equação [10-14]):

$$v_3 = J_{pentoses} = \frac{v_3^*}{\alpha_1} = \frac{T - I_2}{\alpha_1} \qquad [10\text{-}19]$$

É bom lembrar que α_1 é a atividade específica do estoque de [1-^{14}C]glicose 6-fosfato, decorrente da introdução de [1-^{14}C]glicose. No cálculo da atividade específica deste estoque quando da introdução de [6-^{14}C]glicose, pode-se empregar um raciocínio semelhante, que conduz à seguinte equação:

$$\alpha_6 = \frac{2v_5}{v_4 + v_3}\beta_6 = \frac{2(v_6 + v_7)}{v_6 + v_7 + \frac{1}{6}v_3}\beta_6 \qquad [10\text{-}20]$$

Porém, o cálculo de α_6 depende da obtenção do valor de v_3, que terá que ser calculado a partir da equação [10-19], que pressupõe marcação com [1-^{14}C]glicose.

MARCAÇÃO ESPECÍFICA SEM ANÁLISE CINÉTICA PARA AVALIAR O CATABOLISMO DA GLICOSE

Embora a marcação dupla com [1-^{14}C]glicose e [6-^{14}C]glicose tenha sido usada por Kuehn e Scholz (1982) para validar o método descrito anteriormente, em realidade a infusão de [6-^{14}C]glicose não é necessária, já que todos os cálculos podem ser feitos apenas com a marcação simples com [1-^{14}C]glicose. No entanto, a análise cinética (*wash-out kinetics*) é indispensável para o método e só pode ser empregada em órgãos em perfusão ou células em perifusão. Em incubações fechadas de células isoladas, não é possível fazer as análises cinéticas descritas. Neste caso, a dupla marcação se faz indispensável para quantificar a glicólise e a via das pentoses operando simultaneamente. As relações básicas foram derivadas ainda nas décadas de 1950 e 1960 por Katz e o seu grupo de pesquisa. Já as relações derivadas por Katz e associados partem da mesma estequiometria no modelo da Figura 10-7, enquanto as relações deduzidas não levam em conta a diluição da radioatividade na glicose marcada devido à degradação do glicogênio. Assim, para o fígado, elas só podem ser aplicadas para situações em que o depósito de glicogênio é muito pequeno – em animais em jejum, por exemplo. Aliás, a ausência de glicogenólise significativa é requisito para todas as células. As fórmulas derivadas por Katz e associados permitem o cálculo das frações (porcentagens) de glicose transformadas na glicólise e na via das pentoses. Portanto, para computar valores absolutos, é necessário determinar o consumo total de glicose.

Uma das relações básicas introduzidas por Katz e Wood em 1960 é o chamado fator de diluição Q:

$$Q = \frac{\alpha_1}{\alpha_6} = \frac{1}{1 + 2\left(\frac{v_3}{v_1}\right)} \qquad [10\text{-}21]$$

Todos os parâmetros já foram definidos no item anterior e na legenda da Figura 10-8. Assim, v_3/v_1 é a fração da glicose, que é transformada na via das pentoses, tendo-se tomado v_2 (glicose proveniente do glicogênio) como nula. Apenas para relembrar: os símbolos α_1 e α_6 representam as atividades específicas da [1-^{14}C]glicose 6-fosfato e da [6-^{14}C]glicose 6-fosfato, respectivamente. O valor de Q será igual à unidade quando a via das pentoses não estiver operando, i.e., $v_3 = 0$, mas quanto maior for a contribuição da via das pentoses, menor ele será. Isto ocorre, como já vimos, por causa da diluição da marcação produzida pela reciclagem, ilustrada pela Figura 10-8, que se sucede à produção de $^{14}CO_2$ a partir apenas da [1-^{14}C]glicose 6-fosfato, e não da [6-^{14}C]glicose 6-fosfato (Figura 10-9). A fração correspondente à via das pentoses pode, portanto, ser calculada se a fração α_1/α_6 for determinada. Será necessário, naturalmente, conduzir experimentos que consistam em incubações paralelas idênticas, uma contendo [1-^{14}C]glicose e a outra [6-^{14}C]glicose, mas com a mesma concentração de glicose não marcada. Também aqui, é mais fácil medir um produto que resulta diretamente da transformação das trioses fosfato, que reflita a atividade específica relativa do estoque de hexoses fosfato. Este produto, já utilizado no item anterior, é o lactato. Desta forma, a equação [10-21] pode ser reescrita em termos das atividades específicas relativas do lactato produzido (β_1 e β_6):

$$\frac{\beta_1}{\beta_6} = \frac{1}{1 + 2\left(\frac{v_3}{v_1}\right)} \qquad [10\text{-}22]$$

Isolando v_3/v_1, temos:

$$\frac{v_3}{v_1} = \frac{1 - \frac{\beta_1}{\beta_6}}{1 + 2\left(\frac{\beta_1}{\beta_6}\right)} \qquad [10\text{-}23]$$

Se o valor de v_1 for conhecido, a captação absoluta de glicose v_3 também poderá ser calculada. A velocidade da glicólise (v_5 na Figura 10-7) será simplesmente dada pela diferença $v_5 = v_1 - v_3$. Na verdade, uma observação importante é que pode-se usar, no lugar da razão β_1/β_6, a razão dos rendimentos em [^{14}C]lactato obtidos com [1-^{14}C]glicose e [6-^{14}C]glicose, porque a produção de lactato (marcado e não marcado) é a mesma com qualquer um dos dois e, portanto, o denominador no cálculo da atividade específica é o mesmo para o cálculo de β_1 e β_6. Assim, em se tratando de uma razão, ela é determinada unicamente pelos rendimentos obtidos (em cpm, por exemplo), com as duas formas marcadas de glicose.

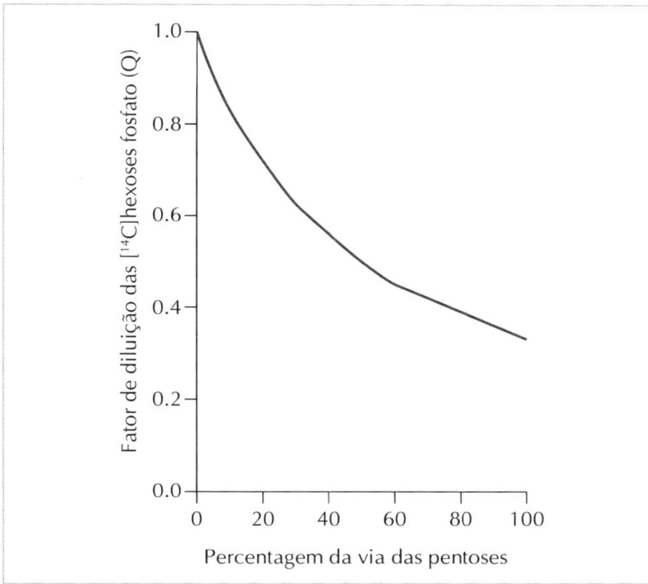

Figura 10-9 Variação do fator de diluição dado pela equação [10-21] em função da participação da via das pentoses no catabolismo da glicose.

Pode-se também computar a contribuição de cada via a partir do rendimento específico relativo de $^{14}CO_2$, que não deve ser confundido com a atividade específica relativa. O rendimento específico se refere à fração da radioatividade em [1-^{14}C]glicose ou [6-^{14}C]glicose transformada que foi recuperada como $^{14}CO_2$. A relação correspondente é:

$$\frac{\gamma_1 - \gamma_6}{1 - \gamma_6} = \gamma = \frac{3\left(\frac{v_3}{v_1}\right)}{1 + 2\left(\frac{v_3}{v_1}\right)} \qquad [10\text{-}24]$$

Em que γ_1 e γ_6 são os rendimentos específicos relativos do $^{14}CO_2$ produzido a partir de [1-^{14}C]glicose e de [6-^{14}C]glicose, respectivamente. Isolando a razão v_3/v_1, obtém-se a relação definitiva para calcular a fração da via das pentoses a partir dos rendimentos específicos de $^{14}CO_2$:

$$\frac{v_3}{v_1} = \frac{\gamma}{3 - 2\gamma} = \frac{\frac{\gamma_1 - \gamma_6}{1 - \gamma_6}}{3 - 2\left(\frac{\gamma_1 - \gamma_6}{1 - \gamma_6}\right)} \qquad [10\text{-}25]$$

ORIGEM DE ÁTOMOS E GRUPOS

Conhece-se hoje a origem dos átomos ou grupos químicos para muitas estruturas químicas celulares. Em geral, ela é descoberta incubando possíveis precursores marcados especificamente com ^{14}C, ^{3}H, ^{35}S, ^{32}P ou ainda ^{15}N em sistemas capazes de sintetizar a molécula de interesse e verificando se o produto aparece marcado. Se necessário, o local onde aparece o átomo marcado na molécula final é também identificado. O ^{15}N possui um núcleo estável, portanto não pode ser detectado pelas técnicas de detecção de radioatividade, apenas através de seu excesso de massa em relação ao ^{14}N, para o qual existem técnicas apropriadas.

Um bom exemplo é a origem dos átomos na estrutura das bases purínicas. A primeira base purínica sintetizada é a hipoxantina, enquanto as demais decorrem de sua modificação. Mas a sua síntese ocorre, na verdade, na forma do seu nucleosídeo correspondente: a inosina 5'-monofosfato, cuja estrutura está mostrada na Figura 10-10. A estrutura base a partir da qual a hipoxantina é sintetizada é a ribose 5'-fosfato, em que são acrescentados os grupos que compõem os seus anéis heterocíclicos contendo carbono e nitrogênio. A Figura 10-11 mostra a origem de cada um dos átomos que compõem os anéis conjugados.

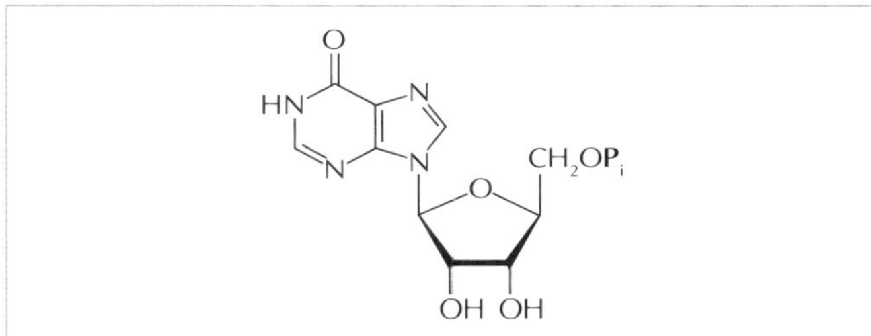

Figura 10-10 Estrutura da inosina monofosfato (IMP), que contém a primeira base purínica (hipoxantina) biossintetizada nas células.

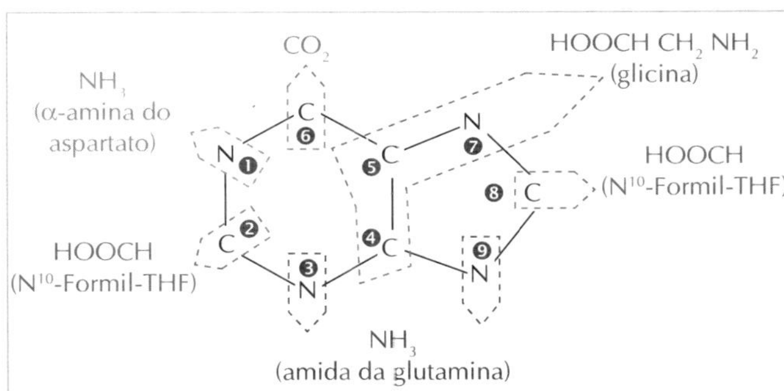

Figura 10-11 Origem dos átomos que compõem o esqueleto das bases purínicas. THF é abreviatura para tetrahidrofolato, derivado do ácido fólico, que nas células cumpre o importante papel de carreador de unidades de carbono.

A construção da estrutura começa com o nitrogênio-9, já ligado à ribose. O doador do nitrogênio vem do grupo amida da glutamina, o que é demonstrado fornecendo a sistemas celulares, ou mesmo em experimentos *in vivo*, glutamina marcada com ^{15}N no grupo amida. Da mesma forma, confirma-se com [δ-^{15}N]-glutamina a origem do nitrogênio-3, enquanto o nitrogênio-1 origina-se do grupo α-amina do aspartato. O fornecimento de amônia marcada com nitrogênio-15 ($^{15}NH_3$) é muito pouco efetivo em marcar a base purínica nos nitrogênios 1, 3 e 9. Isto não significa, no entanto, que possa ocorrer a inserção de amônia livre na estrutura da base, mas que há sempre certa reciclagem da amônia entre os aminoácidos e a amônia livre, mormente a nível da glutamato desidrogenase e da glutamina sintase. Entretanto, o fornecimento de ureia marcada não leva a nenhuma incorporação, seja de nitrogênio, seja de carbono, ficando claro o papel terminal dessa substância no metabolismo do nitrogênio. O fornecimento de [^{15}N,2-^{14}C]glicina leva a uma incorporação de 1:1 de ^{15}N e ^{14}C. Na verdade, como mostra a Figura 10-11, a glicina fornece dois átomos de carbono e mais um átomo de nitrogênio à estrutura purínica. A origem dos carbonos 2, 6 e 8 foi comprovada com incubações contendo $^{14}CO_2$ e [^{14}C]ácido fórmico. Experimentos separados com $^{14}CO_2$, [^{14}C]ácido fórmico e [1-^{14}C]glicina ou [2-^{14}C]glicina levaram à incorporação de ^{14}C nas proporções 1:2:1, indicando a inclusão na estrutura de dois carbonos provenientes do ácido fórmico. A introdução do carbono do CO_2 é uma reação de carboxilação dependente de energia, mas os carbonos provenientes do ácido fórmico são carreados pelo 10'-formil tetrahidrofolato, como se sabe hoje. A localização foi deduzida por uma montagem do tipo quebra-cabeça, por procedimentos de degradação química e por experimentos nos quais a posição do carbono-14 no produto de degradação das bases purínicas foi analisada. Este produto de degradação é o ácido úrico, que aparece na urina de mamíferos ou, em grande quantidade, nos excrementos de aves. Compare a estrutura do ácido úrico na Figura 10-12 com a das bases purínicas na Figura 10-11. Karlsson e Barker (1948) elaboraram os procedimentos de degradação para deduzir na prática a posição e a origem dos átomos em uma biomolécula fornecendo *in vivo* precursores marcados com radioisótopos. A descrição vai mostrar também como o fluxo de radionuclídeos é dinâmico em um sistema biológico e como, muitas vezes, a marcação está sujeita a perdas significativas. Este último fenômeno é mais pronunciado *in vivo*, mas uma análise cuidadosa pode fornecer informações valiosas.

No referido estudo de Karlsson e Barker, foram utilizados pombos que receberam, em intervalos regulares, por via subcutânea e intraperitoneal, compostos marcados com ^{14}C. As fezes foram coletadas durante as 24 horas seguintes à primeira injeção, e o ácido úrico foi isolado, purificado e submetido a diferentes processos de degradação (Figura 10-12). As degradações, quando bem conduzidas, permitiram localizar os carbonos marcados na estrutura original do ácido úrico. A quantidade de ^{14}C incorporada em cada um dos produtos de degradação do ácido úrico foi quantificada, e os dados de seu rendimento e distribuição na molécula de ácido úrico após a injeção de HCO_3, formiato e glicina marcados estão resumidos na Tabela 10-1. Para facilitar a interpretação, estão apresentados como porcentagem (%) do ^{14}C recuperado em cada posição da molécula em relação ao total da radioatividade recuperada no ácido úrico.

No experimento 1, 75% do ^{14}C proveniente do [^{14}C]$NaHCO_3$ que foi recuperado na molécula de ácido úrico aparece na posição 6. A princípio, é consistente com o esquema da Figura 10-11, que considera o CO_2 como precursor do carbono 6 da molécula das purinas. Mas pelo menos o carbono-4 também apareceu com uma marcação significativa, o que vamos discutir logo adiante. De modo bastante assertivo, 98% do ^{14}C proveniente do formato que aparece no ácido úrico está nas posições 2 e 8 (experimento 2). As duas posições recebem marcação igual, o que foi demonstrado degradando o ácido úrico para produzir as duas moléculas de ureia separadamente, conforme mostrado na parte inferior da Figura 10-12. Isto concorda plenamente com o esquema da Figura 10-11. O experimento 3, por sua

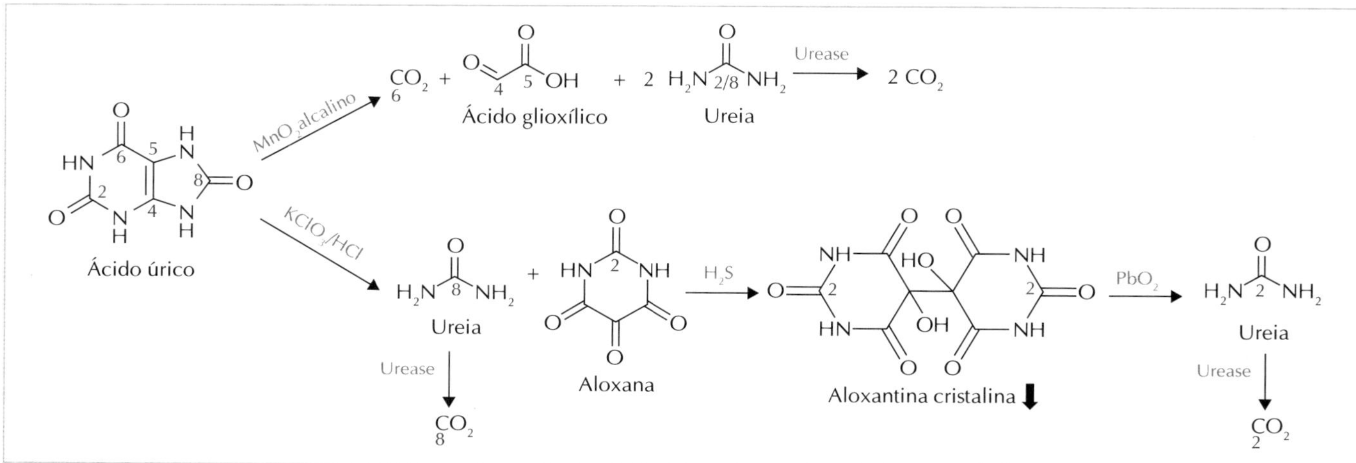

Figura 10-12 Esquema da degradação do ácido úrico para a identificação da marcação nos diversos carbonos.

Tabela 10-1 Recuperação no ácido úrico do ^{14}C proveniente de diferentes precursores.

Experimento	Precursor	% de ^{14}C recuperada em cada posição do ácido úrico em relação ao total recuperado				% total de ^{14}C administrada e recuperada no ácido úrico
		2 e 8	4	5	6	
1	$[^{14}C]NaHCO_3$	0,7	19,6	3,58	75,0	2,8
2	$[^{14}C]HCOOH$	98,0	0,28	1,05	0,2	39,9
3	$[1\text{-}^{14}C]CH_2NH_2COOH$	0,0	87,5	10,1	2,2	16,8
4	$[2\text{-}^{14}C]CH_2NH_2COOH$	30,8	15,2	51,9	1,9	61,2

vez, indicou que 87,5% do ^{14}C proveniente da glicina marcada na carboxila (carbono-1) apareceu na posição 4 do ácido úrico. Mais uma concordância quase plena com o disposto no esquema da Figura 10-11.

Quando a $[2\text{-}^{14}C]$glicina foi utilizada, esperava-se uma incorporação altamente predominante no carbono-5 da purina, o que não ocorreu, embora tenha sido a mais alta, isto é, 52%. Há uma série de fatores que podem ter causado essa aparente discrepância e aquela observada no experimento com o $[^{14}C]NaHCO_3$. Ao trabalhar com compostos marcados, é sempre necessário levar em consideração a grande complexidade das vias e reações metabólicas nas quais há muitas ramificações e trocas isotópicas, como aliás enfatizado pelos experimentos que foram descritos neste capítulo para quantificar a glicólise e a via das pentoses. A marcação das posições 2 e 8 provenientes da $[2\text{-}^{14}C]$glicina ocorreu muito provavelmente porque a glicina não é apenas usada para sintetizar purinas, mas também oxidada a CO_2 (grupo carboxila) e formiato ou mesmo a acetato, entre outras transformações. Na verdade, o grupo metileno marcado da glicina é transferido para o tetrahidrofolato (THF), que é oxidado a N^{10}-formil-THF, o doador dos carbonos que ocupam as posições 2 e 8 no ácido úrico. Entretanto, também é possível que a $[2\text{-}^{14}C]$glicina utilizada possa ter estado contaminada com uma fração apreciável de $[1\text{-}^{14}C]$glicina, fato comum em produtos comerciais com marcação específica. A glicina marcada no grupo carboxila (experimento 3) é igualmente convertida em CO_2 e formiato, mas a marcação fica no CO_2 e *in vivo* é enormemente diluída e perdida por meio de trocas gasosas na respiração. Este fenômeno pode ser notado no experimento 1, em que se forneceu $[^{14}C]NaHCO_3$ como precursor de ^{14}C e apenas 2,8% da atividade total foi recuperada na molécula de ácido úrico. O baixo valor poderia ser ainda menor se a perda de CO_2 por trocas gasosas não tivesse sido minimizada ao manter as aves durante todo o tempo no interior de um aparato fechado com troca lenta de ar.

Nos itens anteriores, já vimos que as medidas de produção de $^{14}CO_2$ como produto podem ser muito úteis para quantificar várias vias metabólicas. Ele é produzido a partir de vários precursores em diversos sistemas biológicos e o $^{14}CO_2$ formado pode ser facilmente mantido como $[^{14}C]$bicarbonato solúvel no pH fisiológico e mais uma vez convertido em $^{14}CO_2$ gasoso pela acidificação do sistema com fácil aprisionamento da marcação, utilizando bases fortes associadas ao líquido de cintilação.

Da mesma forma, a utilização do dióxido de carbono marcado como precursor apresenta vantagens e desvantagens. A grande vantagem é a especificidade de detectar principalmente fenômenos de carboxilação ou adição de unidades de carbono em geral. Mas a interpretação não pode prescindir de uma análise cuidadosa. Como há muitas trocas isotópicas ocorrendo, é comum que o ^{14}C apareça em posições inesperadas. É o caso da marcação do carbono-4 do ácido úrico (Tabela 10-1), o que provavelmente reflete a troca isotópica que ocorre a nível do complexo glicina decarboxilase, que em vertebrados também opera como glicina sintase. Entre as desvantagens do uso do $^{14}CO_2$ como precursor está a necessidade quase recorrente de introduzir um excesso de radioatividade. Embora isto não traga grandes problemas analíticos, já que no final do experimento sempre será possível eliminar o excesso de $^{14}CO_2$ através da acidificação do meio de extração, há um aumento dos custos. Além disto, um excesso de ^{14}C pode se tornar um problema *in vivo*, por causa do excesso de radiação. As aves, por exemplo, apresentam um limite de tolerância à radiação, de forma que há também limites para a quantidade do radionuclídeo que pode ser utilizada. No exemplo do qual tratamos, o ^{14}C administrado passou por uma grande diluição até ser incorporado no ácido úrico (1880 vezes, no caso do experimento 1). Grandes diluições do material radioativo podem se tornar um problema para a detecção mesmo nos aparelhos de cintilação sofisticados. A segunda desvantagem do $[^{14}C]NaHCO_3$ como precursor *in vivo* se soma à primeira: há uma rápida perda da marcação devido às trocas gasosas na respiração.

Tabela 10-2 Dados do exercício número 1.

Tempo (min)	Atividade específica da [U-^{14}C]valina (μCi/mg)	
	Zimogênio	Microssomos
5	0,05	0,3
10	0,1	0,55
15	0,15	0,75
30	0,35	0,5
40	0,35	0,3

Em resumo, a elucidação completa da via de síntese das bases purínicas foi o resultado de uma série de experimentos realizados em vários laboratórios, em que o uso de traçadores exerceu um papel fundamental. Cada experimento acrescentou um fato adicional ao esquema geral ou ao menos confirmou deduções anteriores, e o quadro completo foi surgindo aos poucos até à minimização de eventuais dúvidas. Isto não ocorreu apenas com as bases purínicas, mas com a biossíntese de muitos outros compostos, o que contribuiu de modo inestimável para o nosso atual conhecimento da química da vida.

EXERCÍCIOS RESOLVIDOS

1. a. Uma amostra de 1 μg de valina marcada uniformemente com ^{14}C produziu 180.000 cpm. A eficiência da contagem foi de 90%. Calcule a atividade específica desta [U-^{14}C]valina em μCi/mg.

   b. Desta mesma valina, 30 μg foram injetados individualmente em uma série de camundongos. Os roedores foram sacrificados, e uma ribonuclease foi purificada do pâncreas e hidrolisada, enquanto a valina foi isolada na forma pura. Cada 10 μg da valina isolada forneceram 135.000 cpm no mesmo sistema de contagem utilizado acima. Calcule a atividade específica relativa da valina isolada.

   c. O mesmo experimento acima foi repetido, mas o pâncreas foi homogeneizado e separado em frações contendo, respectivamente, microssomos e grânulos de zimogênio. A ribonuclease foi preparada na forma pura de cada fração, e a valina foi isolada, como descrito acima. As atividades específicas da valina de tais amostras a diversos tempos após a injeção da [U-^{14}C]valina estão na Tabela 10-2. Interprete esses resultados.

(Dawes EA, 1972)

Resolução:

a. 180000 cpm de [U-^{14}C]valina correspondem a 180000/0,9 = 200000 dpm se a eficiência é de 90%.

1 μCi seria $2{,}2 \times 10^6$ dpm; portanto, 200000 dpm são apenas:

$$200000/(2{,}2 \times 10^6) = 0{,}0909\ \mu\text{Ci}$$

1 μg corresponde a 0,001 mg; assim, a atividade específica em μCi/mg (A_{esp}) é dada por:

$$A_{esp} = 0{,}0909/0{,}001 = 90{,}9\ \mu\text{Ci/mg}$$

b. 10 μg (ou 0,010 mg) da valina isolada forneceram 135000 cpm, 135000/0,9 = 150000 dpm ou $150000/(2{,}2 \times 10^6)$ = 0,0681 μCi. A atividade específica da valina isolada ($A_{esp.iso}$) é, portanto:

$$A_{esp.iso} = 0{,}0681/0{,}01 = 6{,}81\ \mu\text{Ci/mg}$$

Quer dizer, em termos relativos:

$$\text{Atividade específica relativa} = \frac{A_{sp.iso}}{A_{esp}} = \frac{6{,}81}{90{,}9} = 0{,}0749$$

A valina radioativa injetada, obviamente, foi bastante diluída pela valina não marcada.

c. Os dados obtidos após homogeneização e fracionamento do pâncreas podem ser representados na Figura 10-13.

Este experimento foi realizado com a finalidade de acompanhar o movimento da ribonuclease após a sua síntese nos ribossomos. De acordo com as bases teóricas discutidas neste capítulo, a posição e a altura das curvas obtidas nos permitem dizer que a ribonuclease moveu-se dos microssomos para os grânulos do zimogênio.

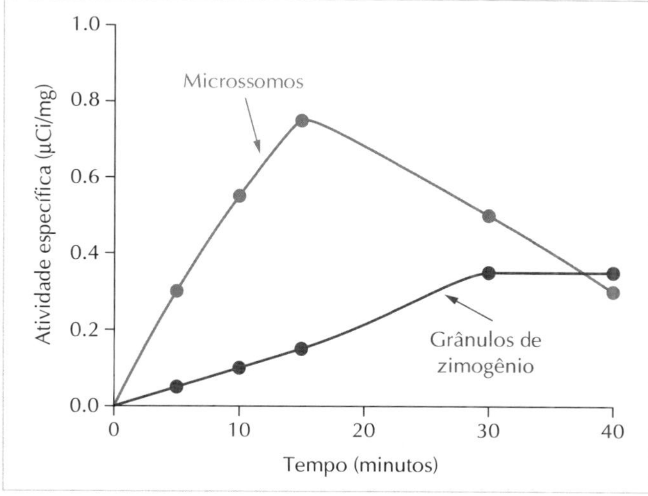

Figura 10-13 Representação gráfica dos dados da Tabela 10-2 e referentes ao exercício 1.

2. Uma preparação de microssomos foi incubada sob condições adequadas com [^{14}C]UDP-glicuronato, marcado no resíduo glicuronato, e [^{3}H]UDP-N-acetilglicosamina, marcada no resíduo acetila. Os dois compostos foram adicionados simultaneamente, cada um com uma concentração final de 0,5 mM. A mistura de incubação tinha um volume de 0,05 mL e, ao medir a radioatividade, a mistura total revelou 10^6 cpm de ^{3}H e 4×10^5 cpm de ^{14}C. Ao final da incubação, o polissacarídeo foi isolado e purificado após diluição com material carreador, transferido para um frasco de cintilação e contado nas mesmas condições acima. O material tinha 18.200 cpm de ^{3}H e 6.700 cpm de ^{14}C. Calcule:

a. as atividades específicas da UDP-N-acetilglicosamina e do UDP-glicuronato;

b. as proporções relativas de N-acetilglicosamina e glicuronato incorporadas ao polissacarídeo.

(Segel IH, 1976)

Resolução:

a. 0,5 mM significa 0,5 µmol/mL; mas o volume da incubação foi igual a 0,05 mL, portanto a quantidade de cada um dos compostos presente no meio de incubação foi igual a 0,5 µmol/mL × 0,05 mL = 0,025 µmol.

Com isso, a atividade específica do [^{14}C]UDP-glicuronato (A_{espC}) foi:

$$A_{espC} = \frac{4 \times 10^5 \text{ cpm}}{0{,}025 \ \mu\text{mol}} = 1{,}6 \times 10^7 \text{ cpm} / \mu\text{mol}$$

E a atividade específica da [^{3}H]UDP-N-acetilglicosamina (A_{espH}) foi:

$$A_{espH} = \frac{1 \times 10^6 \text{ cpm}}{0{,}025 \ \mu\text{mol}} = 4 \times 10^7 \text{ cpm} / \mu\text{mol}$$

b. As quantidades de glicuronato (Q_{Glic}) e acetil-glicosamina (Q_{Acgli}) incorporadas ao polissacarídeo podem ser calculadas a partir da atividade específica e das cpm incorporadas:

$$Q_{Glic} = \frac{6700 \text{ cpm}}{1.6 \times 10^7 \text{ cpm}/\mu\text{mol}} = 0{,}000418 \ \mu\text{mol}$$

$$Q_{Acgli} = \frac{18200 \text{ cpm}}{4 \times 10^7 \text{ cpm}/\mu\text{mol}} = 0{,}000455 \ \mu\text{mol}$$

Para efeitos práticos, portanto, as incorporações de glicuronato e acetilglicosamina foram iguais, o que pode significar que o polissacarídeo possui na sua estrutura unidades de um dissacarídeo formado por glicuronato + acetilglicosamina.

3. Segmentos totalizando 260 mg de tecido adiposo de rato foram incubados por 23 horas em 2 mL de tampão bicarbonato, contendo 3 mg de glicose em uma atmosfera de 5% de CO_2 e 95% de O_2. O teor de glicogênio é negligenciável. Dois tipos de incubação foram feitos. Ao primeiro grupo (1) foram adicionados 5.500 cpm de [1-^{14}C]glicose e, ao segundo (2), 6.000 cpm de [6-^{14}C]glicose. Foram medidas as concentrações inicial e final de glicose e a radioatividade no CO_2 produzido. Na incubação (1), a quantidade de glicose remanescente após 23 horas foi igual a 2,1 mg; na incubação (2), 2,2 mg. A quantidade de $^{14}CO_2$ produzida na incubação (1) foi de 770 cpm; na incubação (2), 105 cpm. Calcule a contribuição da via das pentoses na metabolização da glicose.

   (Katz J & Wood HG, 1963)

   Resolução:

   Os dados fornecidos permitem calcular a razão v_3/v_1 usando a equação [10-25], mas primeiro será necessário calcular os rendimentos específicos em $^{14}CO_2$ obtidos a partir de [1-^{14}C]glicose e [6-^{14}C]glicose.

   Na incubação (1), foram adicionados 5.500 cpm de [1-^{14}C]glicose, correspondentes a 3 mg de glicose; 2,1 mg não foram transformados, assim a quantidade transformada foi igual a 3 – 2,1 = 0,9 mg, ou 30%. Portanto, da radioatividade inicial de 5.500 cpm, 0,3 × 5500 = 1.650 cpm foram metabolizadas. Se 0,9 mg de glicose foi transformado em 23 horas, a velocidade de transformação da glicose (v_1 no esquema da Figura 10-7) foi de 0,9/23 = 0,039 mg/hora (39 μg/hora). Finalmente, o rendimento específico no $^{14}CO_2$ (γ_1 na equação [10-25]) é igual a 770 cpm/1650 cpm = 0,467.

   Na incubação (2), foram adicionados 6.000 cpm de [6-^{14}C]glicose, correspondentes a 3 mg de glicose; 2,05 mg não foram transformados, assim a quantidade transformada foi igual a 3 – 2,05 = 0,95 mg, ou 31,7%. Portanto, da radioatividade inicial de 6.000 cpm, 0,317 × 5500 = 1.902 cpm foram metabolizadas. Se 0,95 mg de glicose foi transformado em 23 horas, a velocidade de transformação da glicose (v_1 no esquema da Figura 10-7) nessa série de incubações foi de 0,95/23 = 0,041 mg/hora (41 μg/hora), um valor que não é significativamente diferente do encontrado na série de incubações (1). O rendimento específico no $^{14}CO_2$ (γ_6 na equação [10-25]), finalmente, é igual a 105 cpm/1902 cpm = 0,055.

   De posse dos valores de γ_1 e γ_6, podemos aplicar a equação [10-25] para calcular a participação relativa da via das pentoses:

$$\frac{v_3}{v_1} = \frac{\dfrac{0,467-0,055}{1-0,055}}{3-2\left(\dfrac{0,467-0,055}{1-0,055}\right)} = \frac{0,436}{3-2\cdot 0,436} = 0,204$$

   Ou seja, a contribuição da via das pentoses foi de 20,4%. Com uma velocidade média de transformação total de glicose igual a (39 + 41)/2 = 40 μg/hora, isso significa que:

$$v_3 = J_{pentoses} = 40 \times 0,204 = 8,16\ \mu g/h$$

$$v_5 = J_{glicólise} = 40 - 8,16 = 31,84\ \mu g/h$$

4. Experimentos de perfusão de fígado obtido de ratos alimentados foram realizados, em que glicose 10 mM somada a [1-^{14}C]glicose como traçador foram infundidas durante 10 minutos. A produção de $^{14}CO_2$ foi monitorada constantemente durante a infusão da glicose marcada e os 30 minutos que se seguiram à interrupção da infusão (ver Figura 10-6). Amostras foram coletadas para separar o lactato marcado formado. A partir de sua quantificação por ensaio enzimático e da contagem da radioatividade associada, calculou-se a atividade específica relativa à [1-^{14}C]glicose infundida (β_1) como igual a 0,27, em uma média de três experimentos. Uma análise cinética das curvas de produção de $^{14}CO_2$ permitiu calcular a velocidade de descarboxilação da [1-^{14}C]glicose na via das pentoses como igual a 0,118 μmol min^{-1} g^{-1}, quando expressa em termos da atividade específica da glicose infundida (v_3*). Similarmente, a produção de $^{14}CO_2$ no ciclo do ácido cítrico, expresso em termos da atividade específica da glicose infundida (v_7*), foi igual a 0,017 μmol min^{-1} g^{-1}. A produção de lactato + piruvato (v_6, ver Figura 10-7) foi igual a 1,12 μmol min^{-1} g^{-1}.

   Com base nesses dados, determine: (a) a velocidade com a qual os carbonos marcados provenientes da [1-^{14}C]glicose são transformados em $^{14}CO_2$ no ciclo do ácido cítrico; (b) a atividade específica relativa do estoque de glicose 6-fosfato; (c) a velocidade de operação da via das pentoses; (d) a velocidade de operação da via glicolítica; (e) nas condições do experimento, quem contribui mais para a diluição da atividade específica no estoque das hexoses fosfato: a degradação do glicogênio ou a via das pentoses?

   (Kuhn A & Scholz R, 1982

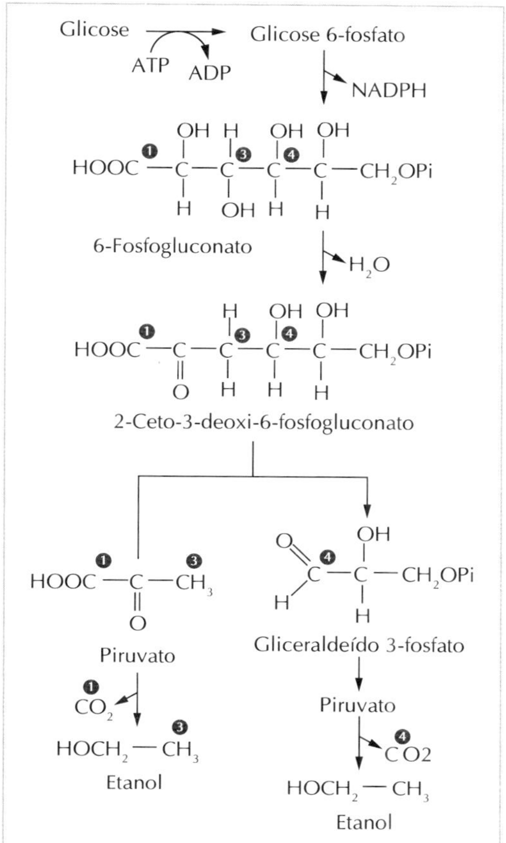

Figura 10-14 Esquema resumido da via de Entner-Doudoroff, existente em micro-organismos e plantas, por exemplo, a bactéria *Zymomona mobilis*. Ao invés da descarboxilação do 6-fosfo-gluconato (o que originaria CO_2), a reação corrente da via das pentoses, na via de Entner-Doudoroff forma-se o 2-ceto-3-deoxi-6-fosfogluconato pela ação de uma dehidratase. O composto formado, ao ser clivado por uma aldolase, dá origem a piruvato e gliceraldeído 3-fosfato. O destino final dos carbonos 1, 3 e 4, está indicado.

Resolução:

a. A velocidade de formação de $^{14}CO_2$ no ciclo do ácido cítrico a partir da [1-^{14}C]glicose (v_7) pode ser calculada usando como base o valor de v_7^* e a atividade específica relativa do lactato determinada experimentalmente:

$$v_7 = v_7^*/2\beta_1 = 0{,}017/2 \times 0{,}27 = 0{,}031\ \mu\text{mol min}^{-1}\ \text{g}^{-1}$$

b. agora, dispomos de todos os elementos numéricos para calcular a atividade específica relativa do estoque de glicose 6-fosfato através da equação [10-18]:

$$\alpha_1 = 2\beta_1 + \frac{\frac{5}{6} v_3^*}{v_6 + v_7} = 2 \times 0{,}27 + \frac{\frac{5}{6} \times 0{,}118}{1{,}12 + 0{,}031} =$$

$$\alpha_1 = 0{,}54 + 0{,}0854 = 0{,}625$$

c. A obtenção do valor de α_1 permite calcular a atividade da via das pentoses utilizando a equação [10-19]:

$$v_3 = J_{pentoses} = v_3^*/\alpha_1 = 0{,}118/0{,}625 = 0{,}189\ \mu\text{mol min}^{-1}\ \text{g}^{-1}$$

d. A velocidade de operação da via glicolítica (v_5) pode ser calculada como a soma da produção de lactato + piruvato (v_6) com a quantidade de piruvato que é oxidada no ciclo do ácido cítrico (v_7):

$$v_5 = J_{glicólise} = v_6 + v_7 = 1{,}12 + 0{,}031 = 1{,}151\ \mu\text{mol min}^{-1}\ \text{g}^{-1}$$

A soma da via das pentoses com a via glicolítica, portanto, atinge $v_3 + v_5 = 0,189 + 1,151 = 1,34$ µmol min^{-1} g^{-1}, ou seja das unidades glicosil catabolizadas em glicose 6-fosfato, 14% foram transformadas na via das pentoses e 86% na via glicolítica, nas condições especificadas.

e. O termo $2\beta_1$ é bem maior do que o termo $\frac{5/6\, v_3^*}{v_6 + v_7}$ no cálculo da atividade específica do estoque da glicose 6-fosfato, sugerindo que a contribuição da degradação do glicogênio na diluição da radioatividade no estoque das hexoses fosfato é maior do que a contribuição da via das pentoses. Isto decorre da grande quantidade de glicogênio armazenada no fígado de um animal alimentado.

5. As vias de fermentação de *Zymomonas mobilis* e *Saccharomyces cerevisiae* foram estudadas sob atmosfera de nitrogênio a pH 5,5. Após estabilização da temperatura (30 °C), 10 µmols de glicose marcada no carbono 1 ([1-^{14}C]glicose]) ou marcada nos carbonos 3 e 4 ([3,4-^{14}C]glicose]) foram adicionados, e a fermentação prosseguiu até cessar a evolução de CO_2. A produção de CO_2 foi monitorada manometricamente durante a fermentação. No final, o gás foi captado em base orgânica para a contagem, e o etanol foi destilado e quantificado. Os dados obtidos estão listados nas Tabelas 10-3 e 10-4 para *Zymomonas mobili* e *Saccharomyces cerevisiae*, respectivamente.

Tabela 10-3 Dados experimentais do exercício 5, obtidos com a *Zymomonas mobili.*

Variáveis medidas	Glicose marcada	
	[1-^{14}C] 20 nCi	[3,4-^{14}C] 15 nCi
CO_2 (µmol)	17,9	18,1
Etanol (µmol)	17,7	17,5
$^{14}CO_2$ (nCi)	19,8	7,0
[^{14}C]Etanol (nCi)	0,0	7,2

Tabela 10-4 Dados experimentais do exercício 5, obtidos com *Saccharomyces cerevisiae.*

Variáveis medidas	Glicose marcada	
	[1-^{14}C] 20 nCi	[3,4-^{14}C] 15 nCi
CO_2 (µmol)	18,7	18,5
Etanol (µmol)	18,3	18,1
$^{14}CO_2$ (nCi)	0	14,5
[^{14}C]Etanol (nCi)	19,5	0,01

O etanol formado foi degradado quimicamente para localização dos carbonos marcados. Os resultados podem ser vistos na Tabela 10-5.

Tabela 10-5 Radioatividade nos dois carbonos do etanol nos experimentos descritos no exercício número 5.

Organismo	Glicose marcada	
	[1-^{14}C] nCi	[3,4-^{14}C] nCi
Z. mobilis		
—CH_3		7,00
—CH_2OH		0,05
S. cerevisiae		
—CH_3	19,3	
—CH_2OH	0,20	

Determine as vias de catabolismo da glicose predominantes nos dois organismos (a) *Z. mobilis* e (b) *S. cereviseae*. No caso do *Z. mobilis*, houve também a formação de uma pequena quantidade de lactato (0,4 μmol). Com base nos demais resultados obtidos, especule sobre a marcação que possivelmente seria encontrada no lactato formado.

(Dawes EA, 1972)

Resolução:

a. Com base na produção de CO_2 e etanol na Tabela 10-2 e levando em conta que a quantidade de glicose adicionada foi de 10 μmol, pode-se deduzir que, para a estequiometria aproximada da fermentação em *Z. mobilis* com os valores médios obtidos nos experimentos com [1-^{14}C]glicose e [3,4-^{14}C]glicose:

$$\text{Glicose} \rightarrow 1{,}8CO_2 + 1{,}77\text{etanol}$$

Com [1-^{14}C]glicose, nenhum etanol radioativo aparece, mas toda a radioatividade reaparece no $^{14}CO_2$ formado. A atividade específica da [1-^{14}C]glicose (20 nCi/10 μmol = 2 nCi/μmol) fica reduzida a algo próximo à metade no $^{14}CO_2$ (19,8 nCi/17,9 μmol = 1,1 nCi/μmol), indicando que metade do CO_2 origina-se de um carbono não marcado. Com [3,4-^{14}C]glicose, formam-se etanol e CO_2 marcados em proporções iguais. No etanol, a marcação está presente na metila, conforme indica a Tabela 10-4. As atividades específicas do $^{14}CO_2$ (0,39 nCi/μmol) e do [^{14}C]etanol (0,41 nCi/μmol) são aproximadamente a metade da atividade específica dos carbonos 3 e 4 da [3,4-^{14}C]glicose introduzida (0,75 nCi/μmol; assumindo que os carbonos 3 e 4 estão marcados em proporções iguais). Todos esses dados não são compatíveis com a glicólise em operação, já que nessa via (ver Figura 10-5) forma-se [3-^{14}C]-piruvato, que não gera $^{14}CO_2$ quando descarboxilado na primeira reação que leva à formação de etanol. Portanto, os dados são compatíveis com a via de Entner-Doudoroff (Figura 10-14). Com [1-^{14}C]glicose, toda a radioatividade tem que aparecer no CO_2 formado, já que é o carbono-1 da glicose dá origem ao carbono-1 de uma das moléculas de piruvato formadas. Com [3,4-^{14}C]glicose, no entanto, o ^{14}C-3 aparece no etanol e o ^{14}C-4 no CO_2 formado, o que justifica a marcação igual nos dois produtos. Note que, na via de Entner-Doudoroff, o carbono-3 da glicose dá origem ao carbono 3-de uma das moléculas de piruvato formadas, mas o carbono-4 origina o carbono-1 da outra molécula de piruvato. A pequena quantidade de lactato radioativo formada segue o padrão de marcação do piruvato. Com [1-^{14}C]glicose, forma-se [1-^{14}C]lactato; com [3,4-^{14}C]glicose, há a formação de [1-^{14}C]lactato e [3-^{14}C]lactato.

b. A estequiometria da degradação da glicose por *S. cerevisiae* pode ser escrita como:

$$\text{Glicose} \rightarrow 1{,}86CO_2 + 1{,}82\text{etanol}$$

Com [1-^{14}C]glicose, a radioatividade aparece totalmente no etanol, o que significa que não há via de Entner--Doudoroff e que a via das pentoses não está operando nas condições da fermentação. Essa marcação aparece quase apenas no grupo metila do etanol (Tabela 10-4). A atividade específica do [^{14}C]etanol formado é igual a 1,07 nCi/nmol. A da [1-^{14}C]glicose fermentada era igual a 2 nCi/nmol, o que tem relação, obviamente, com a estequiometria do processo, no qual a glicose é quebrada em dois fragmentos com o mesmo número de átomos de carbono. Todos esses fatos são compatíveis com a glicólise em operação (veja Figura 10-5 para o destino do carbono-1 da glicose).

Com [3,4-^{14}C]glicose, não há a formação de [^{14}C]etanol, mas apenas de $^{14}CO_2$. A radioatividade no $^{14}CO_2$ é praticamente a mesma da [3,4-^{14}C]glicose, o que é compatível com a transformação dos carbonos 3 e 4 da glicose em CO_2 pela descarboxilação do [1-^{14}C]piruvato formado na glicólise (Figura 10-5).

Capítulo **11**

Traçadores e metabolismo *in vivo*

No capítulo anterior, analisamos o uso de traçadores no estudo do metabolismo em sistemas celulares. Vimos que, mesmo ao lidar com apenas um tipo de célula ou tecido, muitas complexidades podem surgir. Já tivemos uma amostra das complexidades que podem surgir *in vivo* quando analisamos o rendimento das marcações que aparecem no produto de excreção das bases purínicas. Veremos agora, com mais detalhes, como as análises podem estender-se para organismos inteiros.

CINÉTICA DE TRAÇADORES EM SISTEMAS DE UM ÚNICO COMPARTIMENTO

No plasma dos organismos, a concentração de glicose no sangue costuma manter-se dentro de certos limites, embora haja transições de um estado estacionário para outro durante o ciclo alimentar, por exemplo. Sabemos, no entanto, que há órgãos que produzem e outros que consomem glicose continuamente. Medidas da concentração plasmática de glicose nos dão pouca informação sobre as velocidades relativas com que ocorrem produção e consumo. No entanto, se forem introduzidos traços de glicose marcada com carbono-14 ([^{14}C]glicose), podemos obter uma medida quantitativa da dinâmica à qual a glicose está sujeita. Com a adição de seu análogo radioativo, sua concentração total não irá mudar, pois a [^{14}C]glicose é um traçador, isto é, sua concentração em termos molares é muito pequena. Mas agora será possível medir a velocidade de reposição (*turnover*) daquele açúcar, muito embora a sua concentração total não mude. A situação é a ilustrada pela Figura 11-1, em que a concentração da substância A não muda com o tempo, porque está sendo continuamente removida e substituída em velocidades equivalentes, isto é, está em estado estacionário. Medir as velocidades de remoção ou substituição não significa medir a concentração de A, pois ela, justamente, não muda. Mas poderemos medir J_r (ou J_s) se introduzirmos um traçador, pois ele será removido mas não reposto.

Se designarmos por A* a forma radioativa de A, podemos esquematizar:

$$\longrightarrow A \longrightarrow$$
$$A^* \xrightarrow{k}$$

Figura 11-1 Esquematização de um estado estacionário simples.

A remoção do traçador segue cinética de primeira ordem, portanto podemos escrever:

$$\frac{dA^*}{dt} = -kA^* \qquad [11\text{-}1]$$

Sendo *k* a constante cinética de primeira ordem. Podemos integrar entre o tempo zero (momento em que o traçador é introduzido) e o tempo t, nos quais teremos as concentrações A_0* e A*, respectivamente:

$$\int_{A_0^*}^{A^*} \frac{dA^*}{A} = -k\int_0^t dt \qquad [11\text{-}2]$$

O que resulta em:

$$A^* = A_0^* \times e^{-kt} \qquad [11\text{-}3]$$

Pela definição de atividade específica, que fizemos no Capítulo 2, podemos facilmente deduzir que:

atividade específica no tempo zero = $a_0 = A_0^*/A$

atividade específica no tempo t = $a_t = A^*/A$

Já que a concentração da forma não marcada (A) não muda, porque o sistema está em estado estacionário. Além disso, ela está presente em grande excesso em relação a A*, pois este último é um traçador e a soma A + A* é igual a A em termos práticos. Assim, se dividimos ambos os termos da equação [11-3] por A, podemos escrever:

$$\frac{A^*}{A} = \frac{A_0}{A}e^{-kt} \qquad [11\text{-}4]$$

Ou também:

$$a_t = a_0 e^{-kt} \qquad [11\text{-}5]$$

Mas, no estado estacionário, como vimos acima (Figura 11-1), $J_r = J_s$, variáveis que podemos substituir por J, a velocidade de reciclagem ou reposição. Por outro lado, a velocidade J é igual ao produto da concentração A pela constante de velocidade (k), quer dizer:

$$J = kA \qquad [11\text{-}6]$$

Ou também:

$$k = J/A \qquad [11\text{-}7]$$

A constante *k* pode ser uma constante verdadeira de primeira ou de pseudoprimeira ordem. No primeiro caso, ela é independente tanto da concentração de A* (traçador) quanto de A; no segundo caso, ela é função da concentração de A, embora independente da concentração de A*.

A igualdade [11-7] nos permite expressar a equação [11-5] como:

$$a_t = a_0 e^{-\left(\frac{J}{A}\right)t} \qquad [11\text{-}8]$$

Ou ainda, tomando logaritmos:

$$\ln a_t = \ln a_0 - \frac{J}{A}t \qquad [11\text{-}9]$$

A variação de ln a_t (i.e., o logaritmo da atividade específica) em função do tempo está ilustrada na Figura 11-2. Espera-se uma relação linear se as premissas usadas na derivação das equações acima estiverem corretas. Da inclinação da reta na Figura 11-2, pode-se obter o valor de J/A. Como A é conhecido (justamente a concentração de estado estacionário), o cálculo de J pode ser feito facilmente:

$$J = \text{tg}\,\alpha \times A \qquad [11\text{-}10]$$

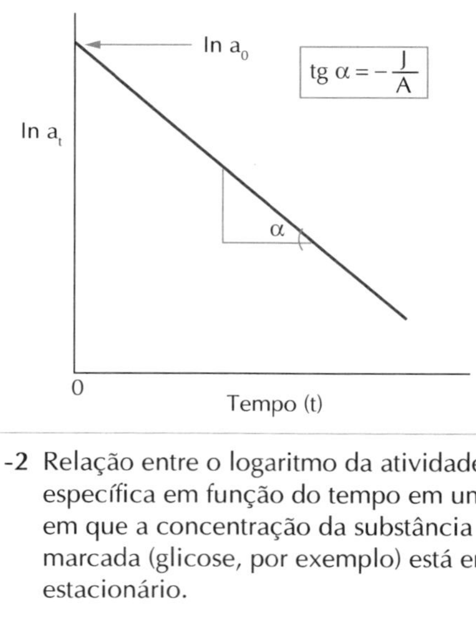

Figura 11-2 Relação entre o logaritmo da atividade específica em função do tempo em um sistema em que a concentração da substância não marcada (glicose, por exemplo) está em estado estacionário.

Como a diminuição da atividade específica segue cinética de primeira de ordem, fato válido também para a desintegração nuclear, criou-se por analogia o termo "meia-vida da atividade específica", que é uma das maneiras de expressar a rotatividade (*turnover*) de determinada substância em um sistema biológico. Se k = J/A, a meia-vida de A será dada por:

$$t_{1/2} = \frac{0,693}{k} = 0,693\frac{A}{J} \quad [11\text{-}11]$$

O tratamento dado anteriormente é válido para nuclídeos cuja velocidade de desintegração é lenta em comparação com o *turnover*. Quando isso não se verifica, a diminuição da atividade específica depende de dois fatores: o processo biológico, refletido pelo valor de k, e o decaimento radioativo, representado pelo valor de λ. Para essa situação, pode-se escrever:

$$-\frac{da_t}{dt} = (\lambda + k)a_t = \left(\lambda + \frac{J}{A}\right)a_t \quad [11\text{-}12]$$

Ou ainda:

$$a_t = a_o e^{-(\lambda+k)t} = a_o e^{-\left(\lambda+\frac{J}{A}\right)t} \quad [11\text{-}13]$$

A meia-vida efetiva da radioatividade no sistema ($t_{½ef}$) pode ser obtida colocando-se $a_t = a_o/2$:

$$t_{1/2ef} = \frac{\ln 2}{\lambda + J/A} \quad [11\text{-}14]$$

Ou ainda:

$$\frac{1}{t_{1/2ef}} = \frac{\lambda}{\ln 2} + \frac{J}{A \cdot \ln 2} = \frac{1}{t_{1/2b}} + \frac{1}{t_{1/2r}} \quad [11\text{-}15]$$

Sendo $t_{½b}$ a meia-vida biológica e $t_{½r}$ a meia-vida de decaimento radioativo. Como $t_{½r}$ é conhecida e independe dos eventos biológicos, pode-se determinar $t_{½b}$.

CINÉTICA DE TRAÇADORES EM DOIS OU MAIS COMPARTIMENTOS APÓS INJEÇÃO ÚNICA

O tratamento descrito no item anterior é, sem dúvida, muito útil para obter o *turnover* de metabólitos e proteínas. No entanto, é preciso ter sempre em mente o modelo no qual ele se baseia(Figura 11-1), em que se assume haver apenas um compartimento no qual o traçador é introduzido e de onde ele é removido irreversivelmente. Embora tenhamos falado em plasma ou espaço vascular, não precisa ser necessariamente verdadeiro. O compartimento em questão pode estender-se para além do plasma, desde que cineticamente possa ser encarado como um compartimento único no qual a substância radioativa introduzida se distribui rapidamente. Se o sistema se comportar como único compartimento, a representação do logaritmo da atividade específica (ln a_t na Figura 11-2) contra o tempo resultará em uma reta.

No entanto, nem sempre se obtém uma reta quando se representa ln a_t *versus* tempo. Pode ocorrer, por exemplo, o que está representado na Figura 11-3: após uma queda inicial rápida nos valores de ln a_t, a curva sofre uma inflexão e o decaimento passa ser mais lento. Neste caso, costuma-se interpretar o comportamento do traçador como refletindo um sistema multicompartimental, isto é, devem existir pelo menos dois compartimentos que permitem trocas entre si com velocidades pequenas o suficiente de modo a não permitir que sejam analisados como um único compartimento.

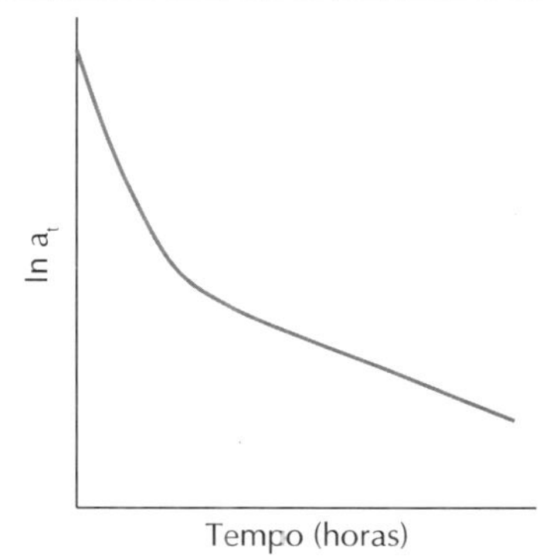

Figura 11-3 Exemplo hipotético de uma relação não linear entre ln a_t e tempo, após injeção intravenosa de um traçador.

Naturalmente, quanto maior o número de compartimentos, mais complexos serão os sistemas multicompartimentais. Se há muitos compartimentos, na verdade, será muito difícil distingui-los por meios cinéticos. Por isso, vamos nos restringir aqui a um sistema de dois compartimentos, cuja análise ainda é relativamente simples.

A Figura 11-4 apresenta o esquema de um sistema bicompartimental, que foi inicialmente proposto para medir o *turnover* de algumas proteínas plasmáticas marcadas com ^{131}I, mas que pode ser utilizado também para descrever o comportamento de outras moléculas. A marcação das proteínas com ^{131}I ocorre no resíduo tirosina. Quando a proteína é degradada, há liberação de monoiodotirosina, aminoácido que não é incorporado em novas proteínas. Não há, portanto, reciclagem da radioatividade, e a concentração medida no plasma sempre vai refletir apenas a presença da proteína marcada.

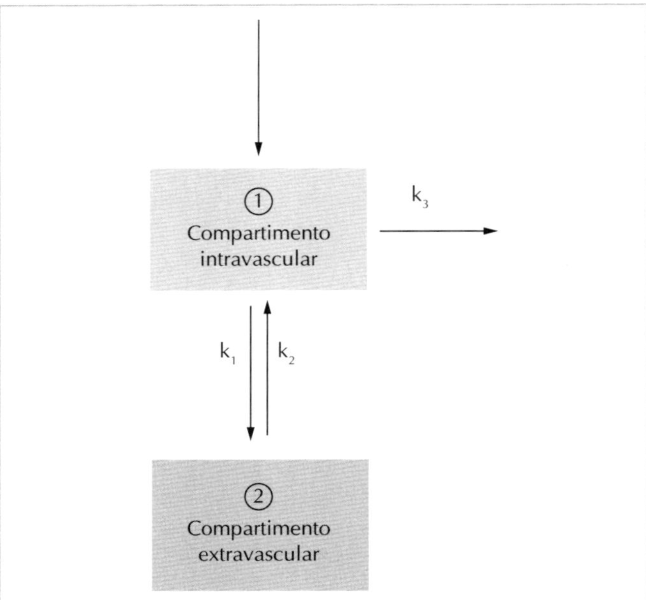

Figura 11-4 Exemplo de um sistema de dois compartimentos, com as constantes de velocidade k_1, k_2 e k_3. Esta última, k_3, corresponde ao *turnover* fracional.

Na Figura 11-4, o compartimento 1 representa a proteína intravascular, enquanto o compartimento 2 representa a proteína no espaço extravascular. Há uma troca reversível entre os compartimentos 1 e 2, mensurada pelas constantes de velocidade k_1 e k_2. A remoção e degradação ocorrem irreversivelmente, mensuradas pela constante de velocidade k_3, com eliminação de radioatividade pelos sistemas excretores. Assume-se que o sistema está em estado estacionário (equilíbrio dinâmico) e que a velocidade de degradação é igual à de síntese. Para um eventual cálculo das massas de proteína nos compartimentos também se assume que toda nova proteína sintetizada entra no espaço intravascular.

Para o modelo da Figura 11-4, pode-se escrever o seguinte sistema de equações diferenciais, no qual os símbolos A* e B* representam as concentrações das formas radioativas nos compartimentos 1 e 2, respectivamente:

$$\frac{dA^*}{dt} = -(k_1 + k_3)A^* + k_2B^* \qquad [11\text{-}16]$$

$$\frac{dB^*}{dt} = k_1A^* - k_2B^* \qquad [11\text{-}17]$$

Uma solução tentativa para esse sistema poderia ser:

$$A^* = c_1'e^{-\alpha_1 t} + c_2'e^{-\alpha_2 t} \qquad [11\text{-}18]$$

Em que α_1, α_2, c_1' e c_2' são constantes complexas. É vantajoso para futuras operações raciocinar em termos de atividade específica. Assim, podemos escrever:

$$\frac{A^*}{A} = \frac{c_1'}{A}e^{-\alpha_1 t} + \frac{c_2'}{A}e^{-\alpha_2 t} \qquad [11\text{-}19]$$

Note que A, a concentração da forma não marcada, é uma constante, pois o sistema está em estado estacionário. Se representarmos a atividade específica por a_t e definirmos como duas novas constantes $c_1 = c_1' / A$ e $c_2 = c_2' / A$, obtemos a relação:

$$a_t = c_1e^{-\alpha_1 t} + c_2e^{-\alpha_2 t} \qquad [11\text{-}20]$$

Se tomarmos a_t como atividade específica relativa à atividade específica no tempo zero e usarmos o algoritmo geral para a solução de equações diferenciais, podemos escrever expressões para k_1, k_2 e k_3 em termos dos valores de c_1, c_2, α_1 e α_2:

$$k_1 = \frac{c_1c_2(\alpha_1 - \alpha_2)^2}{\alpha_1c_2 + \alpha_2c_1} \qquad [11\text{-}21]$$

$$k_2 = \alpha_1c_2 + \alpha_2c_1 \qquad [11\text{-}22]$$

$$k_3 = \frac{\alpha_1\alpha_2}{\alpha_1c_2 + \alpha_2c_1} \qquad [11\text{-}23]$$

Portanto, a determinação dos valores de k_1, k_2 e k_3, o último correspondendo ao número de *turnover* da proteína, exige a determinação prévia de c_1, c_2, α_1 e α_2. Pode-se fazer isto ajustando a equação [11-20] aos dados através de um procedimento de mínimos quadrados, mas, como temos uma única curva para a determinação de quatro parâmetros, não há garantia de que os valores computados resultem em uma determinação unívoca. Por outro lado, há procedimentos gráficos que permitem inclusive verificar se o modelo de dois compartimentos se aplica ou se, eventualmente, não há mais do que dois compartimentos. O procedimento exige que se represente a atividade específica relativa (i.e., no tempo zero igual à unidade) em função do tempo (Figura 11-5).

O gráfico revela que depois de certo tempo a curva acaba tornando-se linear, o que reflete um único exponencial significativo, que podemos assumir como o termo $c_2e^{-\alpha_2 t}$ na equação [11-20]. É evidente que, na representação semilogarítmica, a inclinação da reta é igual a α_2 e que, se a extrapolarmos em direção à ordenada, a intersecção nos dará o valor de c_2. Os valores de c_1 e α_1 podem ser determinados a partir da outra reta que representa o outro exponencial da equação [11-22]. Este exponencial é significativo na primeira parte da curva composta da Figura 11-5.

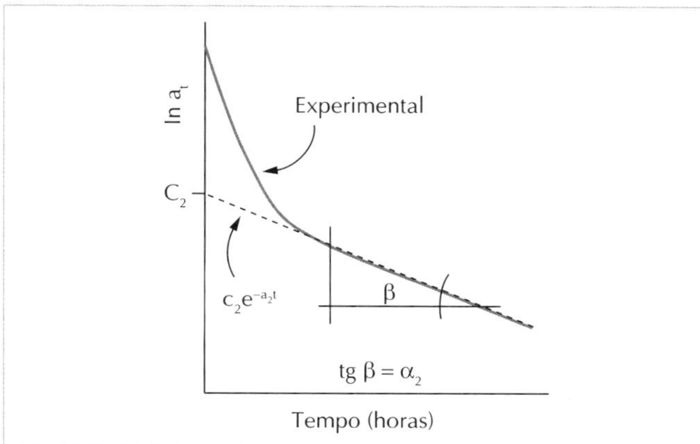

Figura 11-5 Manipulação gráfica para a determinação dos valores de α_2 e c_2 (ver equação [11-20]).

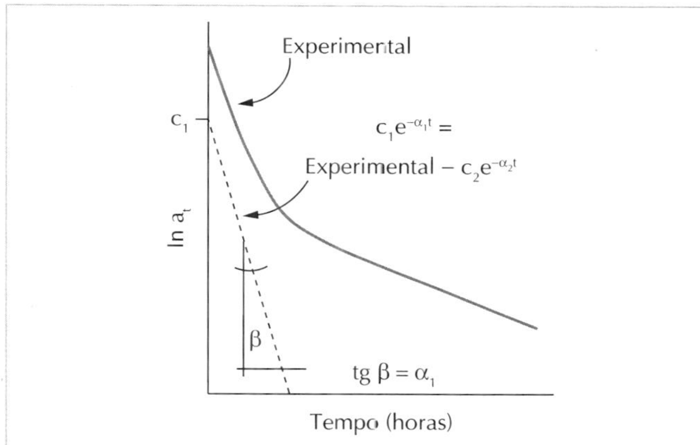

Figura 11-6 Manipulação gráfica para a determinação dos valores de α_1 e c_1 (ver equação [11-20]).

Para obtê-lo, temos que subtrair dos valores da curva experimental os valores que correspondem à função $c_2e^{-\alpha_2t}$, conforme dado a seguir:

$$c_1e^{-\alpha_1t} = \text{experimental} - c_2e^{-\alpha_2t} \qquad [11\text{-}24]$$

Obtém-se assim uma nova curva que, se for uma reta, significa que toda a curva experimental resulta da soma de apenas dois exponenciais. O processo está ilustrado pela Figura 11-6. Os valores de c_1 e α_1 podem ser obtidos da intersecção com a ordenada e da inclinação, respectivamente. Com os valores de c_1, c_2, α_1 e α_2, pode-se calcular os valores de k_1, k_2 e k_3, sendo este o *turnover* da proteína com as dimensões de tempo^{-1}, pressupondo, naturalmente, que o modelo da Figura 11-4 descreve com acurácia o fenômeno.

Observe que a equação [11-24] já assume implicitamente que o modelo da Figura 11-4 é válido quando iguala a diferença ($\text{experimental} - c_2e^{-\alpha_2t}$) a uma nova função exponencial. A linearidade obtida na Figura 11-6 (linha tracejada) confirma que a suposição é válida. Mas se a curva obtida pelas diferenças não for linear na representação semilogarítmica, o modelo da Figura 11-4 é inválido e é necessário acrescentar pelo menos mais um compartimento. Neste caso, pode-se repetir o procedimento gráfico adotado na Figura 11-5, isto é, extrapolar a parte linear ao eixo das ordenadas, determinar a intersecção e a inclinação e, de posse dos valores da reta próximos ao eixo das ordenadas, calcular uma nova diferença entre a curva experimental e a reta extrapolada. Se ao representar os resultados contra o tempo for obtida uma reta, pode-se concluir que um modelo de três compartimentos é válido. Se ainda assim esta última relação não for linear, será válido supor a existência de ao menos um quarto compartimento. No entanto, em termos práticos, é muito rara uma densidade de pontos experimentais suficiente que permita afirmar inequivocamente a existência de mais de três compartimentos.

Este raciocínio pode nos levar a uma generalização interessante para o problema da existência de vários ou mesmo muitos compartimentos. Se supormos que cada compartimento gera uma função exponencial, poderemos reescrever a equação [11-20] da seguinte forma:

$$a_t = c_1e^{-\alpha_1t} + c_2e^{-\alpha_2t} + c_3e^{-\alpha_3t} + \ldots = \sum_{i=1}^{n} c_ie^{-\alpha_it} \qquad [11\text{-}25]$$

A equação [11-25] é perfeitamente geral e se aplica tanto a um modelo de um compartimento (n = 1) quanto a modelos de vários compartimentos (n > 1).

Um detalhe útil é o significado da área sob uma curva de a_t *versus* t (ASC), conforme ilustrado pela Figura 11-7. Podemos divisá-lo integrando a equação [11-25] entre o tempo zero (t = 0) e infinito (t = ∞):

$$ASC = \int_0^\infty c_1e^{-\alpha_1t} + \int_0^\infty c_2e^{-\alpha_2t} + \int_0^\infty c_3e^{-\alpha_3t} + \ldots = \sum_{i=1}^{n}\int_0^\infty c_ie^{-\alpha_it} \qquad [11\text{-}26]$$

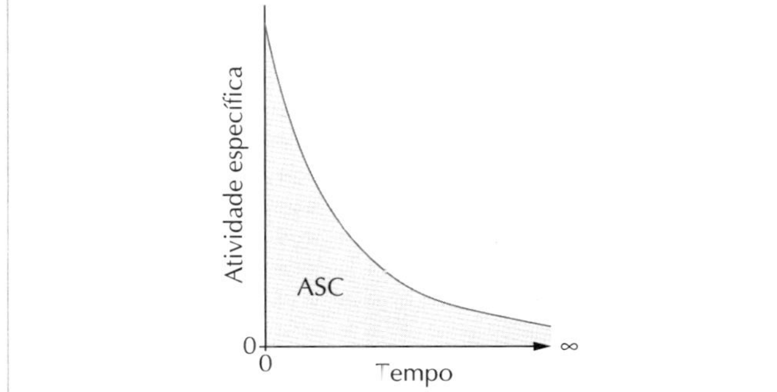

Figura 11-7 A área sob a curva (ASC) de uma representação linear da atividade específica contra o tempo.

O que resulta em:

$$ASC = \frac{c_1}{\alpha_1} + \frac{c_2}{\alpha_2} + \frac{c_3}{\alpha_3} \ldots = \sum_{i=1}^{n} \frac{c_i}{\alpha_i} \qquad [11\text{-}27]$$

A equação [11-27] revela que a área sob a curva de uma representação de a_t *versus* tempo pode ser calculada facilmente se os diversos valores de c_i e α_i forem conhecidos. Se c_i tiver as dimensões da atividade específica (dpm/µmol, por exemplo) e como α_i tem as dimensões do inverso do tempo (e.g., min^{-1}), a somatória das razões c_i/α_i ($\Sigma[c_i/\alpha_i]$), isto é, a área sob a curva na Figura 11-7, terá as dimensões (dpm/µmol) × tempo. Como nos revelam antigos conceitos farmacocinéticos, nos experimentos de injeção única pode-se calcular a velocidade de reposição (*turnover*) dividindo a dose injetada (Q) pela área sob a curva (ASC), isto é:

$$J = \frac{Q}{ASC} = \frac{Q}{\sum_{i=1}^{n} \frac{c_i}{\alpha_i}} \qquad [11\text{-}28]$$

No entanto, é importante assinalar que deve haver compatibilidade entre as unidades de ASC (ou $\Sigma c_i/\alpha_i$) e Q. Assim, se ASC tiver as unidades dpm × μmol^{-1} × min, será conveniente que Q seja expresso em dpm; com isso, a razão Q/ASC, isto é, J, terá as dimensões µmol × min^{-1}.

É preciso notar que a área sob uma curva do tipo mostrada na Figura 11-7 pode ser determinada por qualquer um dos vários métodos numéricos de integração, disponíveis hoje em uma diversidade de *softwares*, ou pelo cálculo de $\Sigma(c_i/\alpha_i)$. No primeiro caso, não há nenhuma necessidade de fazer considerações de natureza compartimental, o que pode ser *a priori* uma vantagem. Mas a área sob a curva a ser determinada deve ser aquela entre o tempo zero (instante da injeção) até o infinito (Figura 11-7). Quer dizer, o valor correto só poderá ser obtido se as medidas forem estendidas consideravelmente no tempo até que a atividade específica esteja reduzida a bem menos do que 1% da inicial. Nesse sentido, o exemplo genérico oferecido pela Figura 11-7 não é nada satisfatório, pois irá faltar uma fração considerável, ainda mais porque a velocidade do decaimento vai diminuindo à medida que o tempo progride. Raramente o planejamento experimental leva isso em conta. Quando a área sob a curva é calculada usando $\Sigma c_i/\alpha_i$, a extrapolação até o infinito está implícita nos valores de α_i, que fazem parte dos expoentes da função. Assim, a estimativa da área sob a curva usando $\Sigma(c_i/\alpha_i)$ é mais realista do que aquela determinada por métodos numéricos de integração.

Modelos do tipo da Figura 11-4 foram originalmente desenvolvidos para explicar a remoção das proteínas plasmáticas do plasma (albumina, globulinas etc.). No entanto, os modelos e os procedimentos podem ser aplicados na prática a qualquer substância no plasma, inclusive a xenobióticos.

Todos os fundamentos teóricos e procedimentos descritos anteriormente requerem apenas medidas de concentração de radioatividade no plasma. A informação obtida, naturalmente, refere-se à resposta somada de todos os tecidos e órgãos envolvidos. Para medir respostas específicas de um determinado órgão, será necessário obter, algum tempo após a injeção do traçador, a concentração de radioatividade naquele órgão específico. Isto pode levar a uma situação bastante complexa, pois as células de cada órgão podem transformar o traçador injetado em vários compostos, os quais, por sua vez, podem abandonar as células. Estabelece-se assim uma interação entre órgãos que é difícil de discriminar e interpretar. Em vários casos, no entanto, é possível estabelecer metodologias que permitem avaliar individualmente a contribuição de determinados órgãos. O caso mais emblemático é a avaliação da captação de glicose por determinados órgãos específicos *in vivo*, fenômeno muito influenciado pela insulina. Isto faz com que a técnica seja muito usada para investigar a ação do hormônio sobre determinados órgãos. A procedimento consiste em utilizar um análogo da glicose, que é a 2-deoxiglicose, cuja estrutura está mostrada na Figura 11-8. A ausência de uma hidroxila no carbono-2 não impede que a 2-deoxiglicose seja fosforilada nas células, dando origem à 2-deoxiglicose-6-fosfato, mas impede sua degradação na via glicolítica, fazendo com que ela se acumule nas células, pois os sistemas de transporte de monossacarídeos também não operam com as formas fosforiladas. O acúmulo não ocorre nas células hepáticas e do córtex renal, pois estas possuem atividade glicose-fosfatase, que também atua sobre a 2-deoxiglicose-6-fosfato. Não é adequado, portanto, o uso da 2-deoxiglicose para estudar a captação de glicose no fígado e nos rins. Por outro lado, para a maioria dos outros tecidos e órgãos, pode-se injetar *in vivo* endovenosamente quantidades-traço de 2-deoxiglicose-6-fosfato marcada com ^{14}C ou ^{3}H, monitorar sua concentração plasmática e, após certo tempo, medir a quantidade acumulada no tecido a ser analisado sob diversas condições, como diferentes concentrações de insulina.

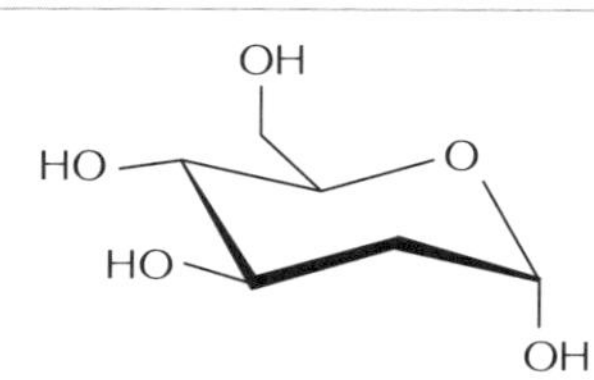

2-Deoxiglicose

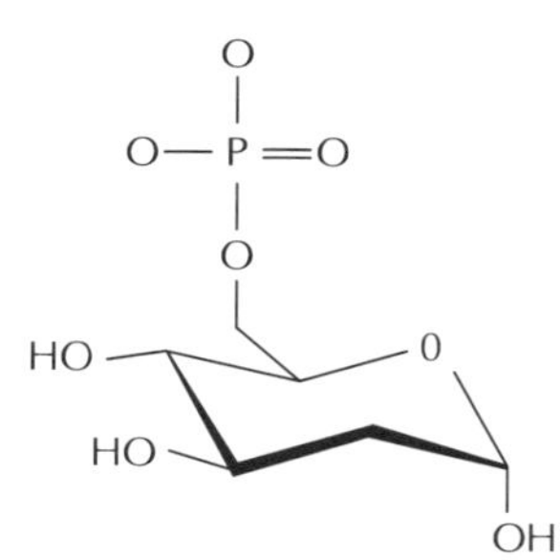

2-Deoxiglicose-6-fosfato

Figura 11-8 Estruturas da 2-deoxiglicose e da 2-deoxiglicose-6-fosfato.

A relação quantitativa que foi derivada para calcular a captação de glicose é válida para as seguintes condições: (a) a concentração plasmática de glicose está em estado estacionário e representa a glicose disponível para o tecido; (b) a 2-deoxiglicose marcada (com ^{14}C ou ^{3}H) está presente em quantidades-traço, de modo a não perturbar parâmetros cinéticos; (c) a 2-deoxiglicose marcada é aprisionada no tecido após a fosforilação; (d) as medidas no tecido serão feitas após um tempo que torne a quantidade não-fosforilada do traçador pouco significativa quando comparada com a quantidade fosforilada. Com base nessas premissas e nos conceitos que levaram à equação [11-28], a relação que pode ser deduzida para calcular a velocidade de captação de glicose (J_{cg}) em cada tecido é:

$$J_{cg} = \frac{C_p Q^*_{tecido}(T)}{R\int_0^T C^*_p(t) \cdot dt} \qquad [11\text{-}29]$$

Na equação [11-29], C_p é a concentração plasmática de estado estacionário da glicose (em μmol/mL), C^*_p (t) é a concentração plasmática de 2-deoxiglicose marcada em função do tempo após a injeção (em dpm/mL) e $Q^*_{tecido}(T)$ é a quantidade de 2-deoxiglicose-6-fosfato marcada aprisionada pelo tecido no tempo t = T (em dpm/g). O tempo T será longo o suficiente para não violar a pré-condição (d) estipulada anteriormente. A integral no denominador da equação [11-29] corresponde à área sob a curva que relaciona a concentração plasmática da 2-deoxiglicose marcada no plasma (C^*_p) com o tempo após a injeção. A Figura 11-9 mostra curvas típicas obtidas com animais de laboratório (ratos). T indica o tempo no qual a 2-deoxiglicose-6-fosfato marcada é extraída dos tecidos para ser quantificada. O parâmetro simbolizado por R na equação [11-29] é uma constante adimensional, que tem sido definida como a razão entre as probabilidades de as moléculas de glicose e 2-deoxiglicose marcadas, ao atingirem o tecido, serem transformadas irreversivelmente (fosforiladas). Se o valor de R for igual à unidade, a 2-de-oxiglicose marcada de fato é um traçador perfeito para a glicose, quer dizer, comporta-se exatamente como esta última. Na prática, a razão é igual a 0,5 no tecido cerebral, mas pode ser maior em outros tecidos, embora não se saiba ao certo. Em virtude disso, R é, em geral, tomado como igual a 1, o que faz com que J_{cg} passe a ser considerado não propriamente a velocidade absoluta de captação de glicose, mas um parâmetro relacionado, às vezes chamado de "índice metabólico da glicose". No entanto, como R parece ser uma propriedade intrínseca de cada tecido, os valores de J_{cg} de cada tecido sob condições diversas, calculados com R igual à unidade, podem ser comparados uns aos outros ao se estudar o efeito de ativadores e inibidores de captação da glicose.

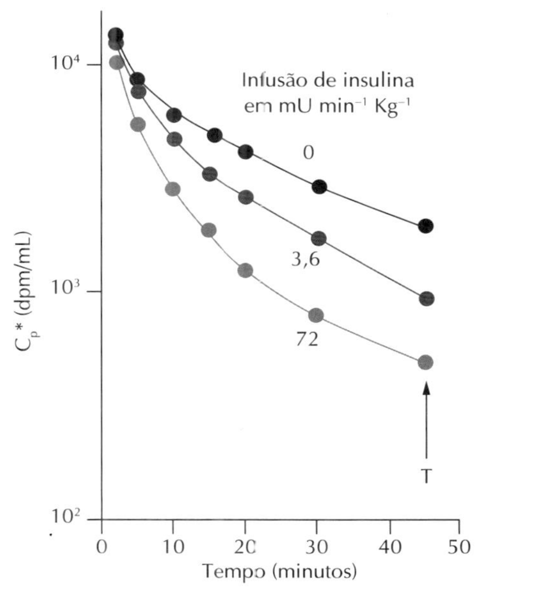

Figura 11-9 Decaimento da concentração plasmática de [2-^{3}H]deoxiglicose após injeção única em ratos. A velocidade de infusão de insulina está indicada. T indica o tempo em que o tecido foi colhido para determinar a conteúdo celular de [2-^{3}H]deoxiglicose (Q^*_{tecido}). (Modificado de Kraegen et al., 1985).

CINÉTICA DE TRAÇADORES EM DOIS OU MAIS COMPARTIMENTOS APÓS INFUSÃO CONTÍNUA

Discutimos até agora experimentos *in vivo* nos quais o traçador é injetado uma única vez, mas este não é o único modo de proceder, pois pode-se também utilizar o método da infusão contínua, que sob certos aspectos é vantajoso. Teoricamente, existe uma equivalência entre a infusão contínua e a injeção única, que se traduz no fato de que a resposta a uma infusão contínua corresponde à integral da resposta à injeção única. Se, como fizemos no caso da injeção única, expressarmos a resposta como uma soma de funções exponenciais (ver equação [11-25]), poderemos escrever também para a infusão contínua:

$$a_t = d_1 + d_2 ... - d_1 e^{-\alpha_1 t} - d_2 e^{-\alpha_2 t} ... = \sum_{i=1}^{n} [d_i (1 - e^{-\alpha_i t})] \qquad [11\text{-}30]$$

Os parâmetros α_i são exatamente os mesmos que na equação [11-25]. O significado dos coeficientes d_i pode ser visualizado na Figura 11-10, que mostra uma curva teoricamente esperada que relaciona a atividade específica em função do tempo de infusão. Partindo de zero, a atividade específica aumenta até atingir o máximo possível (a_{max}), que representa condições de estado estacionário. A somatória de d_i corresponde à atividade específica máxima.

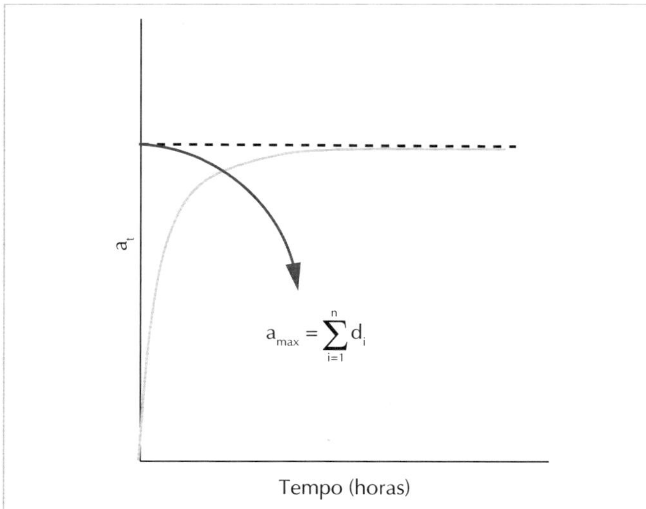

Figura 11-10 Exemplo hipotético de uma curva resultante de infusão intravenosa contínua de um traçador (a_t = atividade específica).

Como há equivalência entre as equações [11-25] e [11-30], esta última também pode ser usada para calcular a velocidade de reposição J (*turnover*). As relações correspondentes são:

$$J = \frac{V_{inf}}{a_{max}} = \frac{V_{inf}}{\sum_{i=1}^{n} d_i} \qquad [11\text{-}31]$$

V_{inf} é a velocidade de infusão do traçador, que pode ser expressa em dpm/min, por exemplo. Se a atividade específica for expressa em dpm/µmol, J terá as dimensões µmol min^{-1}. A velocidade de reposição do metabólito em análise (glicose, alanina, glicerol etc.) pode também ser referida à massa corporal (e.g., µmol min^{-1} kg^{-1}) ou a qualquer outro parâmetro de interesse.

A vantagem da infusão contínua em oposição à injeção única reside no fato de que a estimativa do valor de V_{inf} é mais precisa do que a da área sob a curva (ASC; Figura 11-7), pelas razões já discutidas acima, e do que a da avaliação da dose injetada. No caso desta última, a seringa de injeção contém uma grande quantidade de radioatividade em um volume pequeno. Para determinar a radioatividade, será necessário fazer uma grande diluição, sujeita a erros, e o volume de injeção terá que ser determinado com grande precisão. No caso da infusão contínua, usam-se bombas de infusão, geralmente muito precisas, o que aumenta o grau de certeza em torno da precisão da velocidade de infusão.

O método da infusão contínua tem sido utilizado com frequência para determinar a velocidade de reposição da glicose. Mais do que isto, tem sido utilizada também para determinar a contribuição dos diversos precursores na gliconeogênese sob diversas condições fisiológicas ou patológicas. Isto é possível caso se possa utilizar a técnica de marcação dupla. A Figura 11-11 ilustra este procedimento e as bases de raciocínio usadas para medir a contribuição da alanina na manutenção da glicemia (síntese de glicose). Ele consiste na infusão simultânea de glicose triciada (por exemplo, [3-^{3}H]glicose) e [^{14}C]alanina. A infusão prossegue até atingir as atividades específicas máximas no plasma tanto da [3-^{3}H]glicose infundida quanto da [^{14}C]glicose formada e a da [^{14}C]alanina. Os principais destinos e fontes da glicose e da alanina estão assinalados. A maior parte da glicose provém do fígado (há uma pequena contribuição do córtex renal também), e os maiores consumidores são os músculos, o tecido adiposo e o cérebro. A maior fonte da alanina são os músculos, e o fígado é o seu principal destino. O sistema, embora complexo, está em estado estacionário, e a velocidade de reposição da glicose para a corrente sanguínea, evidentemente, é igual à soma das velocidades de operação da gliconeogênese e da glicogenólise, caso não haja absorção do trato gastrointestinal (condição de jejum), nem infusão endovenosa de glicose. Com uma compartimentalização tão complexa, é melhor não fazer uso de nenhum modelo compartimental. Pode-se usar simplesmente a primeira igualdade da equação [11-31] para calcular a velocidade de reposição:

$$J_{Glicose} = \frac{V_{inf \bullet [^{3}H]Glicose}}{a_{max \bullet [^{3}H]Glicose}} \qquad [11\text{-}32]$$

$$J_{Alanina} = \frac{V_{inf \bullet [^{14}C]Alanina}}{a_{max \bullet [^{14}C]Alanina}} \qquad [11\text{-}33]$$

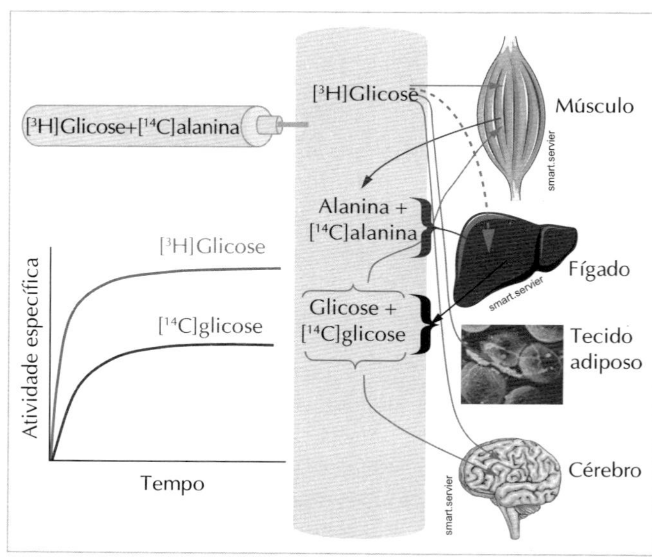

Figura 11-11 As bases do uso da infusão contínua simultânea de dois traçadores ([^{3}H]glicose e [^{14}C]alanina) para obter um índice da contribuição de precursores da síntese de glicose no organismo total. Os principais locais de consumo e liberação de glicose estão indicados.

Nas relações acima, as variáveis são:

- $J_{Glicose}$ e $J_{Alanina}$ são as velocidades de reposição de glicose e alanina, respectivamente;
- $v_{inf \bullet [^3H]Glicose}$ é a velocidade de infusão de [^{3}H]glicose;
- $v_{inf \bullet [^{14}C]Alanina}$ é a velocidade de infusão de [^{14}C]alanina;
- $a_{max \bullet [^3H]Glicose}$ é a atividade específica máxima da [^{3}H]glicose; e
- $a_{max \bullet [^{14}C]Alanina}$ é a atividade específica máxima da [^{14}C]alanina.

Deve-se salientar que os valores de $J_{Glicose}$ e $J_{Alanina}$ obtidos desta forma correspondem aos fluxos de estado estacionário nas condições do organismo, válidos para as concentrações plasmáticas de glicose e alanina fisiológicas de momento, pois a infusão dos traçadores não altera as condições. Vários substratos concorrem para a produção de glicose, mas a introdução de [^{14}C]alanina permite calcular a contribuição desse composto, tomando a razão entre as atividades específicas máximas da [^{14}C] glicose e da [^{14}C]alanina como um indicador fracional da participação do substrato. Assim, a transformação de alanina em glicose ($J_{Alanina \to Glicose}$) seria dada por:

$$J_{Alanina \to Glicose} = \frac{J_{glicose} \times a_{max \bullet [^{14}C]Glicose}}{2 \times a_{max \bullet [^{14}C]Alanina}} \quad [11\text{-}34]$$

O fator 2 no denominador deve-se ao fato de que 1 mol de glicose é formado por 2 mols de alanina. A equação [11-34] pode ser utilizada para qualquer precursor de 3 carbonos (glicerol e lactato, por exemplo, além da própria alanina). No caso de um precursor de 6 átomos de carbono (e.g., frutose), basta omitir o fator 2 no denominador. Os exercícios no final deste capítulo oferecem a oportunidade de manipular valores experimentais disponíveis na literatura.

Vimos na seção anterior como a injeção endovenosa de um bolus de 2-deoxiglicose marcada por ser utilizado para estimar a captação de glicose em diversos tecidos ou órgãos. Uma estimativa da glicólise total, isto é, a somatória da atividade glicolítica de todos os órgãos do organismo, pode ser obtida em experimentos de infusão contínua de glicose triciada, o que é propiciado pelas várias etapas na glicose que podem levar a uma troca isotópica do ^{3}H da [^{3}H]glicose com as moléculas de água. Como a concentração da água é extremamente grande em comparação com a concentração do traçador, praticamente não há retorno significativo e a produção de água triciada é, para todos os efeitos, irreversível. Desta forma, a velocidade de produção de [^{3}H]H_2O pode ser utilizada como uma medida da glicólise. A Figura 11-12 ilustra o mecanismo da produção de [^{3}H]H_2O partir de [3-^{3}H]glicose, por exemplo. A [^{3}H]H_2O é produzida na etapa catalisada pela triose-fosfato isomerase, uma etapa de rápido equilíbrio. Experimentalmente, foi demonstrado que não há formação de lactato ou piruvato marcados. Todo o trício é perdido durante a glicólise, no entanto pode haver a formação de glicerol marcado. Outros tipos de glicose triciada ([5-^{3}H]glicose, por exemplo) também podem levar à formação de água triciada, já que há outros mecanismos de troca ao longo da via. No caso da [3-^{3}H]glicose, pode haver também produção de água triciada durante a reciclagem da frutose 6-fosfato e na via das pentoses. Em termos globais, no entanto, acredita-se que estes fenômenos tenham uma participação relativamente pequena no *turnover* global da glicose a nível do organismo como um todo. Além disto, alguns carbonos da glicose que entram na via das pentoses reentram na via glicolítica através do gliceraldeído, sendo então interpretados como parte do fluxo glicolítico.

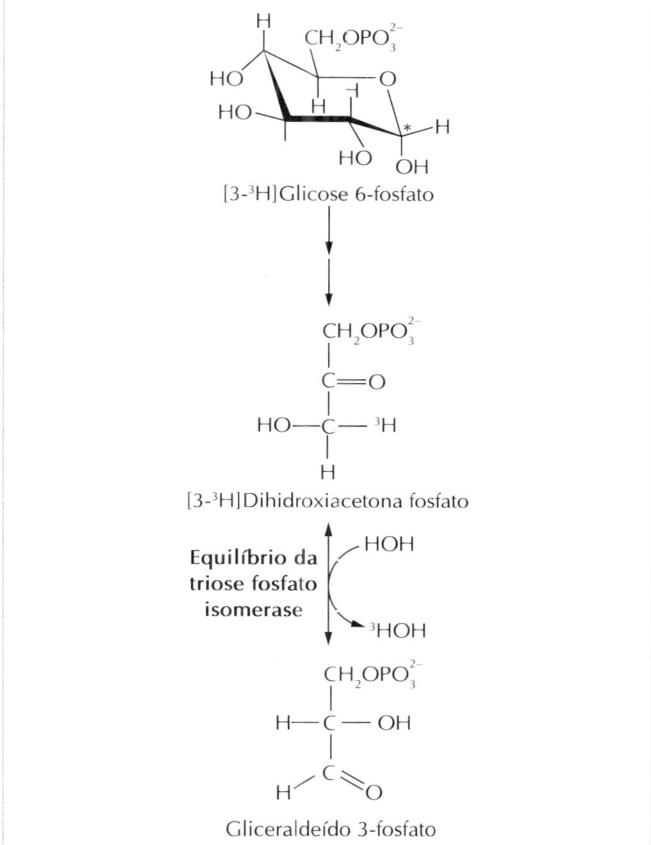

Figura 11-12 Mecanismo de produção de [^{3}H]H_2O na glicólise a partir de [3-^{3}H]glicose 6-fosfato.

Em termos experimentais, será necessário separar a [3-^{3}H]glicose no plasma da [^{3}H]H_2O, o que não é muito difícil, pois a água pode ser eliminada por evaporação ou liofilização. Para entender como a velocidade da glicólise é calculada, será conveniente examinar os resultados de um experimento típico mostrado na Figura 11-13, em que a [3-^{3}H]glicose foi infundida continuamente em ratos. A atividade específica do traçador estabiliza rapidamente. A [^{3}H]H_2O começa a acumular e, após um breve período, o aumento de sua concentração passa a ocorrer de forma proporcional ao tempo.

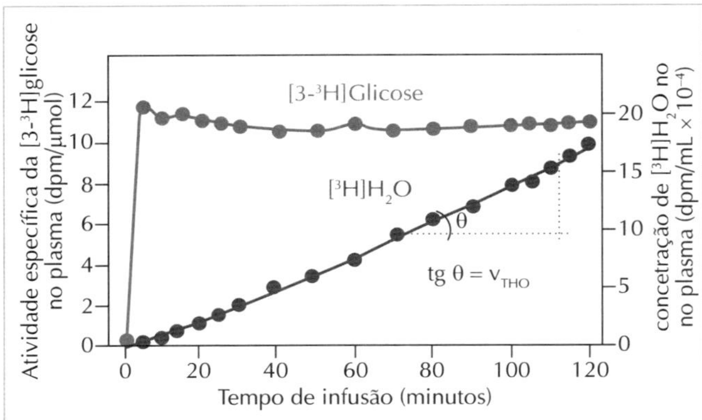

Figura 11-13 Atividade específica da [3-^{3}H]glicose e da concentração de [^{3}H]H_2O no plasma em função do tempo de infusão de [3-^{3}H]glicose em ratos (Modificado de Rossetti e Giaccari, 1990).

A inclinação na fase final corresponde à velocidade de aparecimento de [^{3}H]H_2O no plasma (v_{TOH}), mas a água triciada distribui-se muito rapidamente por todo o espaço corporal. Dessa forma, a transformação da velocidade de aparecimento de [^{3}H]H_2O no plasma em atividade glicolítica total do animal pode ser feita através da seguinte fórmula:

$$J_{glicólise} = \frac{v_{TOH} V_{água \bullet corporal}}{a_{esp \bullet gli \bullet triciada} P_{corporal}} \qquad [11\text{-}35]$$

Se v_{TOH} for expressa como dpm mL^{-1} min^{-1}, $a_{esp \bullet gli \bullet triciada}$ em dpm/µmol, $v_{água \bullet corporal}$ em mL e $P_{corporal}$ em kg, as dimensões de $J_{glicólise}$ são µmol min^{-1} kg^{-1}. O volume de água corporal pode ser computado a partir do conteúdo em água do corpo do animal, que está em torno de 65%, lembrando também que o plasma contém 7% de matéria seca.

TRAÇADORES EM ESTUDOS DE METABOLÔMICA

A metabolômica é um campo no qual o uso de traçadores tem sido de grande utilidade. Ela pode ser definida como o estudo sistemático do conjunto de metabólitos de determinado sistema biológico, como células, tecidos, órgãos ou até mesmo o organismo inteiro. O conjunto de metabólitos recebe o nome de metaboloma, que, naturalmente, reflete em última instância o genoma, mas também está relacionado ao transcriptoma e ao proteoma. O perfil metabólico seria revelador do instante metabólico vivido por um sistema biológico.

Pela definição, portanto, um estudo metabolômico almeja determinar o conjunto de metabólitos (compostos) em determinado sistema, o que exige técnicas apuradas e sensíveis, pois as concentrações de componentes importantes podem ser muito pequenas. Os procedimentos sempre consistem em técnicas de separação acopladas a algum sistema de detecção e identificação. Métodos cromatográficos são em geral usados para as separações, como cromatografia líquida ou gasosa de alta precisão. A detecção e identificação pode usar métodos tradicionais como espectrofotometria ou fluorimetria, mas também ressonância nuclear magnética ou espectrometria de massa. O uso de traçadores marcados com isótopos estáveis ou radioativos pode ser importante na detecção e quantificação, justamente por causa de sua grande sensibilidade. Em muitos casos, os métodos espectrofotométricos ou fluorimétricos não apresentam a sensibilidade necessária para detectar e quantificar a maior parte dos metabólitos. É o que ocorre com o metaboloma, que caracteriza a transformação dos flavonoides, compostos importantes de dietas consideradas equilibradas, mas que são normalmente ingeridos em quantidades pequenas. Cada flavonoide gera muitos metabólitos, seja por transformações ocorridas no trato digestivo pela ação de bactérias, seja pelos sistemas de transformações de xenobióticos de vários órgãos, como o intestino e o fígado. A Figura 11-14 ilustra alguns aspectos de um estudo recente no qual a marcação com ^{14}C provou ser de grande utilidade na condução experimental (Ottaviani et al., 2016).

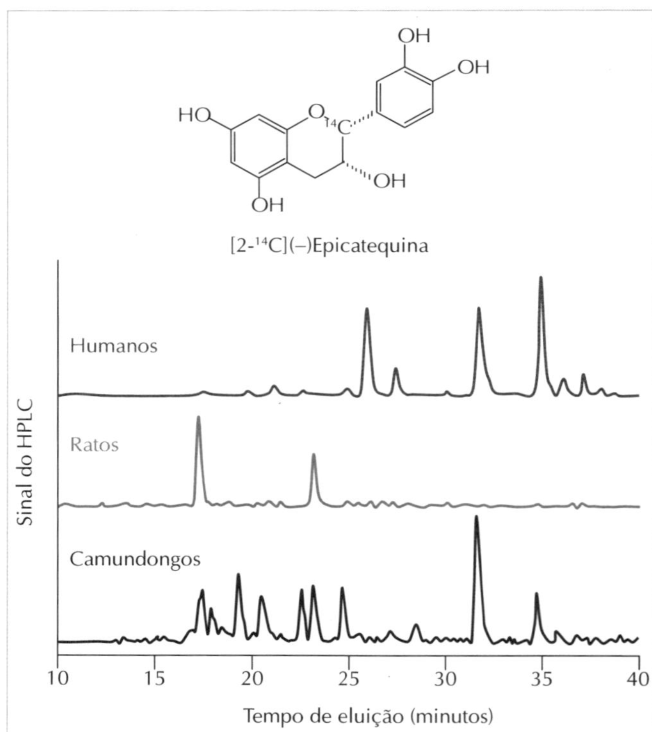

Figura 11-14 A diversidade metabolômica no plasma de humanos, ratos e camundongos após a ingestão de [2–^{14}C](–)epicatequina. O plasma foi fracionado por HPLC, equipado com detector de fluxo. Montado e adaptado a partir de originais de Ottaviani et al. (2016).

Neste estudo, os metabólitos gerados na ingestão da epicatequina foram analisados usando [2–^{14}C](–)epicatequina. A (–)epicatequina é um flavonoide particularmente abundante nas folhas da *Thea sinensis* (chá), mas encontrada também em outras espécies. A marcação no carbono-2 assegura que a radioatividade só será removida do cerne do composto caso haja uma quebra do anel central. Portanto, produtos com modificações periféricas, principalmente adições de grupos como metila, glucuronato e sulfato, terão a mesma atividade específica do composto original quando expressa em termos molares. No estudo, o composto radioativo foi administrado a humanos voluntários (300 μCi; 60 mg de epicatequina), ratos (10,6 μCi) e camundongos (6,7 μCi). Note a grande diferença nas doses de radioatividade que foram administradas por via oral, o que eleva consideravelmente os custos em experimentos com humanos. Além disso, deve-se considerar as questões éticas envolvidas com o uso de radioatividade em humanos. Este último problema tem sido minimizado, muitas vezes pelo uso de isótopos estáveis, embora sua detecção exija equipamento mais oneroso e seja menos precisa. Os cromatogramas de amostras sanguíneas (cromatografia líquida de alto desempenho) apresentados na Figura 11-14 revelam que muitos metabólitos se formam em decorrência da transformação da epicatequina. Em humanos, mais de 20 puderam ser identificados, vários deles em concentrações minúsculas. O mais abundante deles, a (–)epicatequina-3'-glicuronídeo, apresentou concentração máxima de 359 nM, o que ainda está na faixa de detecção possível de ser feita espectrofotometricamente. No entanto, para vários metabólitos, com concentrações máximas entre 20 e 50 nM, a detecção sem marcação com radioatividade torna-se ou muito imprecisa ou mesmo impossível.

Em camundongos, a variedade é maior do que em humanos, com muitos compostos presentes em concentrações muito pequenas. Em ratos, por outro lado, apenas dois metabólitos dão conta de 96,9% dos produtos resultantes, o mais abundante sendo 3'-O-metil-(–) epicatequina-5-O-glucuronídeo. Em humanos, este composto aparece em uma concentração máxima de apenas 23 nM. O segundo mais abundante nos ratos, (–)epicatequina-5-O-glucuronídeo, nem sequer é detectável em humanos. O que salta aos olhos na Figura 11-14, portanto, é a considerável diferença do metaboloma resultante das transformações da epicatequina nas três espécies objeto de estudo. Diferenças assim, que têm sérias implicações para a extrapolação para humanos de dados obtidos em modelos animais, só podem ser detectadas através de uma combinação de técnicas altamente sensíveis, que incluem sem dúvida a detecção de isótopos radioativos.

EXERCÍCIOS RESOLVIDOS

1. Pode-se marcar as hemácias com ^{51}Cr incubando-as com [^{51}Cr]Na_2Cr0_4 (cromato de sódio marcado). As hemácias incorporam o [^{51}Cr]Na_2Cr0_4 e a liberação é bastante lenta. Se a amostra de sangue com hemácias marcadas for reinjetado na corrente sanguínea, pode-se usar esta marcação para uma série de estudos. O ^{51}Cr tem meia-vida de 28 dias, e a vida média normal de uma hemácia está em torno de 120 dias. Em um experimento, foram injetados na corrente sanguínea de um indivíduo 10 mL de sangue, cujas hemácias haviam sido marcadas com ^{51}Cr. Após 10 dias, foi colhido o mesmo volume e verificou-se que sua radioatividade é agora de 45% daquela do dia da injeção. Este indivíduo está tendo suas hemácias removidas dentro da média?

(Aguiar et al., 1988)

Resolução:

Se a vida média de uma hemácia (θ) é de 120 dias e se a sua remoção obedece a cinética de primeira ordem, a constante k_{rem} de remoção é igual a:

$$k_{rem} = \frac{1}{\theta} = \frac{1}{120} = 0{,}00833 \text{ dia}^{-1}$$

A constante de desintegração do ^{51}Cr, isto é, λ, é igual a 0,693/28 = 0,02475 dia^{-1}.

Pode-se aplicar a fórmula $a_t = a_o e^{-(krem + \lambda)t}$, válida para dois processos simultâneos de decaimento (equação [11-13]); a_o é a radioatividade inicial e a_t é a que pode ser esperada após dez dias, se a remoção das hemácias no indivíduo sob experimentação estiver ocorrendo dentro da média. Substituindo valores:

$$a_t = 1 \times e^{-(0{,}00833 + 0{,}02475)10} = e^{-0{,}308} = 0{,}718$$

Quer dizer, teoricamente, após dez dias, a radioatividade deveria ser 71,8% da inicial Na prática, no entanto, observou-se apenas 45% da inicial. Portanto, as hemácias desse indivíduo estão sendo removidas com uma velocidade acima da média.

2. Uma pequena quantidade de ^{64}Cu ($t_{1/2}$ = 12,8 h) foi injetada na corrente sanguínea de um animal. Amostras de sangue foram retiradas periodicamente e na sequência contadas. A radioatividade por mL das amostras é apresentada na Tabela 11-1.

Tabela 11-1 Dados do exercício número 2.

Tempo (horas)	[^{64}Cu] no plasma (cpm/mL)
2	7120
4	5070
6	3610
10	1830
18	470

a. A partir destes dados, calcule a meia-vida efetiva e a biológica do isótopo na corrente sanguínea.

b. Quantos cpm havia por mL no tempo zero?

(Segel IH, 1979)

Resolução:

a. Com a curta meia-vida do ^{64}Cu, o seu desaparecimento deve-se a dois fenômenos: remoção (k) e desintegração (λ). A equação que descreve estes processos de primeira ordem é análoga à equação [11-13], que foi deduzida considerando a atividade específica:

$$a_t = a_o e^{-\left(\lambda + \frac{J}{A}\right)t} \qquad [11\text{-}13]$$

A Tabela 11-1 não fornece a atividade específica do ^{64}Cu, como também não temos dados para calculá-la, mas se assumirmos que a concentração de cobre não radioativo no plasma não se altera durante o experimento, podemos usar os cpm/mL em lugar da atividade específica. Teremos então a seguinte equação de trabalho:

$$[^{64}Cu] = [^{64}Cu_o] \cdot e^{-(k+\lambda)t}$$

Onde ^{64}Cu é a quantidade de radioatividade presente no tempo t e $^{64}Cu_o$ é a quantidade presente no tempo zero. A forma logarítmica

$$\ln[^{64}Cu] = \ln[^{64}Cu_o] - (k + \lambda)t$$

prevê uma relação linear entre $\ln(^{64}Cu)$ e o tempo, caso a equação realmente seja válida. A Figura 11-15 mostra a representação de $\ln[^{64}Cu]$ contra o tempo. Os dados descrevem uma linha reta, cuja inclinação corresponde a $-(\lambda + k)$. A meia-vida efetiva (t_{ef}) é igual a:

$$t_{ef} = \frac{\ln 2}{k + \lambda} = \frac{0{,}693}{0{,}169} = 4{,}1 \text{ horas}$$

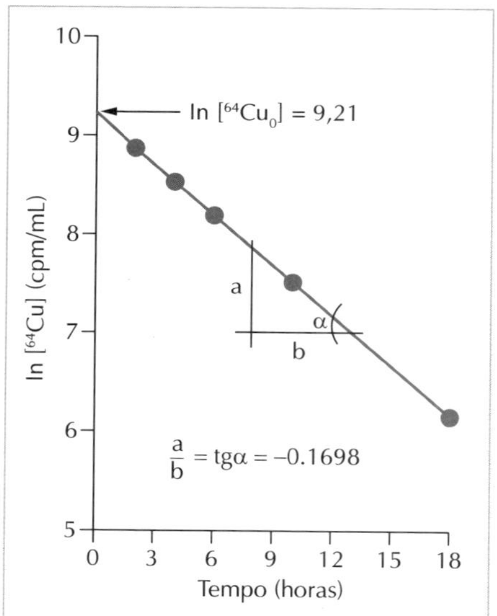

Figura 11-15 Representação semilogarítmica dos dados do exercício número 2 (Tabela 11-1).

O inverso da meia-vida efetiva é dado por:

$$\frac{1}{t_{ef}} = \frac{k+\lambda}{\ln 2} = \frac{k}{\ln 2} + \frac{\lambda}{\ln 2} = \frac{1}{t_b} + \frac{1}{t_r}$$

Onde t_b é a meia-vida biológica e t_r é a meia-vida do isótopo radioativo. Sendo esta última conhecida, pode-se calcular t_b:

$$\frac{1}{t_b} = \frac{1}{t_{ef}} - \frac{1}{t_r} = \frac{t_r - t_{ef}}{t_{ef}t_r}\text{, ou ainda}$$

$$t_b = \frac{t_{ef}t_r}{t_r - t_{ef}} = \frac{12{,}8 \times 4{,}1}{12{,}8 - 4{,}1} = 6{,}03 \text{ horas}$$

b. A quantidade de cpm/mL no tempo zero, obtida diretamente do gráfico por extrapolação ao tempo zero, é igual a $e^{9,21} = 9987$ cpm.

3. Ao investigar a homeostase da glicose em ratos com dieta rica em proteínas, foram injetados intravenosamente 2,75 × 10^6 dpm de [2-^{3}H]glicose em ratos alimentados e em jejum de 24 horas. Sangue foi colhido em vários intervalos de tempo e a atividade específica da [2-^{3}H]glicose foi determinada. A Tabela 11-2 mostra os resultados obtidos. A concentração plasmática de glicose manteve-se estável em torno de 4,7 mM nos animais em jejum e de 5,3 mM nos alimentados. A massa corporal dos ratos alimentados era de 220 g e a dos ratos em jejum era de 200 g. Com estes dados, determine o *turnover* fracional, a meia-vida da glicose nas duas condições e as respectivas velocidades de reposição.

(*Kettelhut et al., 1980*)

Tabela 11-2 Dados do exercício número 3.

Tempo (min)	Atividade específica da [2-^{3}H]glicose (dpm/μmol)	
	Ratos em jejum	Ratos alimentados
15	6476	4770
20	5219	3960
30	4248	2745
40	3349	1849
60	2268	1305
80	1359	558
100	945	328

Resolução:

A representação do logaritmo natural das atividades específicas da glicose contra o tempo produz relações lineares (Figura 11-16). A este caso, aplicam-se tipicamente os conceitos discutidos que culminaram com a derivação da equação [11-5]:

$$a_t = a_0 e^{-kt}$$

Onde k é o *turnover* fracional. A [2-^{3}H]glicose tem comportamento compatível com um modelo monocompartimental nas condições dos experimentos. As inclinações correspondem aos respectivos valores de k, que, por sua vez, correspondem aos valores de *turnover* fracional. Pode-se usar a triangulação, descrita em várias ocasiões ao longo deste livro (ver exercício 2 acima), ou um ajuste linear de mínimos quadrados. Os valores de a_0 encontrados foram iguais a 8465 dpm μmol^{-1} no jejum e 7281 dpm μmol^{-1} no estado alimentado. Os valores de k encontrados, por sua vez, foram 0,0222 min^{-1} para o estado de jejum e 0,0311 min^{-1} para o estado alimentado. Os números significam que, no estado de jejum, 2,22% da glicose é reposta a cada minuto, enquanto no estado alimentado, 3,11% de reposição ocorre no mesmo intervalo de tempo.

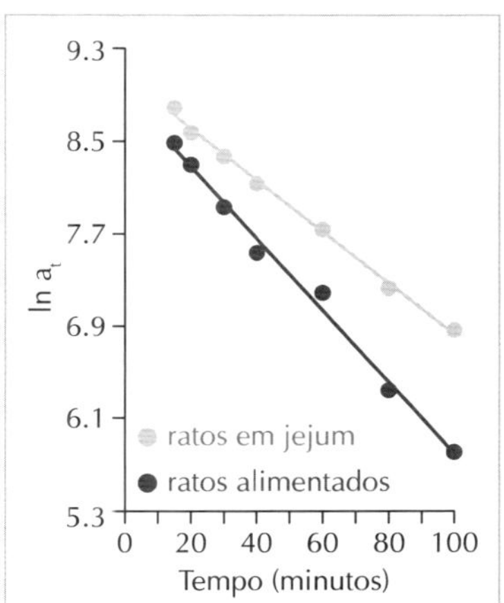

Figura 11-16 Representação semilogarítmica dos dados do exercício número 3 (Tabela 11-2).

A equação [11-11] permite calcular a meia-vida da glicose nos ratos em jejum e alimentados, respectivamente:

$$t_{1/2} = \frac{0,693}{k} = \frac{0,693}{0,0222} = 31,21 \text{ minutos}$$

$$t_{1/2} = \frac{0,693}{k} = \frac{0,693}{0,0311} = 22,28 \text{ minutos}$$

Uma das maneiras de calcular a velocidade de reposição da glicose é usando a equação [11-6]:

$$J_{jejum} = k\,[\text{glicose}] = 0,0222 \text{ min}^{-1} \times 4,7 \ \mu\text{mol mL}^{-1}$$

$$J_{jejum} = 0,104 \ \mu\text{mol min}^{-1} \text{ mL}^{-1}$$

$$J_{alim} = k[\text{glicose}] = 0,0311 \text{ min}^{-1} \times 5,3 \ \mu\text{mol mL}^{-1}$$

$$J_{alim} = 0,165 \ \mu\text{mol min}^{-1} \text{ mL}^{-1}$$

Note que os valores são referidos ao espaço real ou aparente do compartimento, também real ou aparente, do qual a glicose é removida irreversivelmente (veja Figura 11-1). Como este espaço é indefinido, a melhor opção é calcular a velocidade de reposição usando a equação [11-28]:

$$J = \frac{Q}{ASC} = \frac{Q}{\sum_{i=1}^{n} \frac{c_i}{\alpha_{i_i}}}$$

Em que Q é a radioatividade total injetada e ASC, ou o seu equivalente $\Sigma[c_i/\alpha_i]$, representa a área sob a curva, do tempo zero ao infinito. Na notação utilizada neste exercício, $\Sigma[c_i/\alpha_i]$ equivale a a_0/k, já que n para o caso em análise é igual à unidade. As áreas sob as curvas na Figura 11-16 serão, portanto:

$$ASC_{ali} = \frac{a_o}{k} = \frac{7281}{0,0311} = 234116 \text{ dpm min } \mu\text{mol}^{-1}$$

$$ASC_{jejum} = \frac{a_o}{k} = \frac{8465}{0,0222} = 381323 \text{ dpm min } \mu\text{mol}^{-1}$$

A quantidade de [2-^{3}H]glicose injetada nos ratos foi de $2,75 \times 10^6$ dpm. Se incluirmos a massa corporal dos ratos no denominador da equação [11-28] em kg, temos:

$$J_{ali} = \frac{Q}{ASC \times P} = \frac{2,75 \times 10^6}{234116 \times 0,22} = 53,38 \ \mu\text{mol min}^{-1} \text{ kg}^{-1}$$

$$J_{jejum} = \frac{2,75 \times 10^6}{381323 \times 0,20} = 36,06 \ \mu\text{mol min}^{-1} \text{ kg}^{-1}$$

Confirma-se, portanto, a maior velocidade de reposição de glicose (J) nos ratos com dieta altamente proteica alimentados em relação aos ratos em jejum. Se dividirmos as unidades de J calculado a partir da área sob a curva (μmol min^{-1} kg^{-1}) pelas unidades de J calculado com o valor de k (μmol min^{-1} mL^{-1}), obtemos um valor com as unidades mL/kg. Teoricamente, o valor obtido corresponde ao volume aparente do compartimento do modelo da Figura 11-1. Para os ratos alimentados, o valor encontrado é 53,38/0,165 = 323 mL/kg; nos ratos em jejum, será 36,06/0,104 = 346 mL/kg. Os valores são semelhantes entre si, mas vão além do volume sanguíneo médio dos ratos, que equivale a 65 mL/kg. Portanto, o compartimento ilustrado pela Figura 11-1 não apenas corresponde ao volume sanguíneo, mas inclui também uma parte considerável de espaço celular.

4. Para investigar o *turnover* plasmático da albumina em ratos, foi injetada [^{131}I]albumina intravenosamente, e a radioatividade foi medida em intervalos por um período de 300 horas. A Tabela 11-3 mostra os valores encontrados, expressos como fração da atividade no tempo zero em função do tempo após a injeção. Determine o *turnover* (velocidade de reposição) fracional da albumina no plasma desses animais.

   (Dawes EA, 1972)

Tabela 11-3 Dados do exercício número 4.

Tempo (horas)	[131I]albumina no plasma (fração do inicial)
6	0,648
12	0,472
18	0,363
30	0,254
60	0,186
90	0,172
120	0,162
150	0,153
180	0,145
240	0,129
300	0,115

Resolução:

A Figura 11-17 mostra um gráfico que resume toda a análise. A atividade específica relativa, em uma escala logarítmica, foi representada contra o tempo. A curva experimental não é linear, mas torna-se linear no tempo entre 60 e 120 horas. Pelo que foi discutido, temos pelo menos dois compartimentos a considerar, intra e extravascular, o que corresponde ao modelo delineado na Figura 11-4. A equação [11-20] presumivelmente descreve esses dados.

$$a_t = c_1e^{-\alpha_1 t} + c_2e^{-\alpha_2 t}$$

Na representação semilogarítmica da Figura 11-17, α_2 corresponde à inclinação da reta final e c_2 à intersecção ao eixo das ordenadas da linha extrapolada. Uma avaliação cuidadosa resulta em c_2 = 0,203 e α_2 = 0,00188 hora^{-1}. Ao avaliar a inclinação, que corresponde ao valor de α_2, é imprescindível não esquecer de tomar logaritmos naturais dos valores cuja diferença fornece o cateto distal do triângulo retângulo, isto é, cateto distal = ln a − ln b (Figura 11-18). De posse dos valores de c_2 e α_2, pode-se usar o segundo termo da equação acima ($c_2e^{-\alpha_2 t}$) para calcular os cinco pontos que completam a reta final até o eixo das ordenadas. Os valores encontrados estão listados na Tabela 11-4 e foram plotados na Figura 11-17.

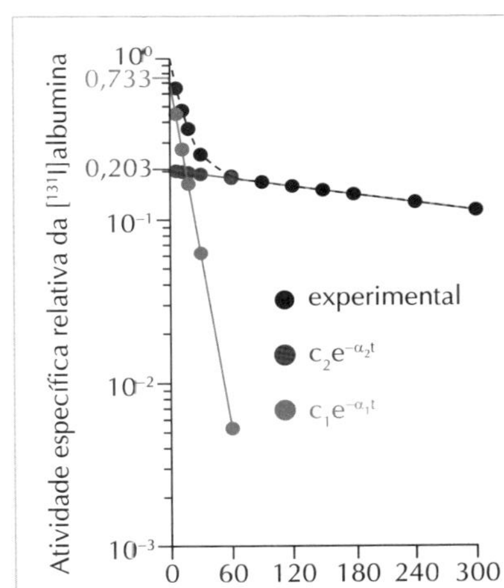

Figura 11-17 Representação semilogarítmica dos dados da Tabela 11-4, referentes ao exercício número 4.

Tabela 11-4 Discriminação dos componentes da curva experimental mostrada na Figura 11-17.

Tempo	Experimental (exp)	$c_2e^{-\alpha_2 t}$	$c_1e^{-\alpha_1 t} = \exp - c_2e^{-\alpha_2 t}$
6	0,648	0,200	0,448
12	0,472	0,198	0,274
18	0,363	0,196	0,167
30	0,254	0,192	0,062
60	0,186	0,181	0,005

A curva correspondente ao primeiro exponencial, $c_1e^{-\alpha_1 t}$, pode agora ser calculada como igual à diferença entre a curva experimental e $c_2e^{-\alpha_2 t}$. Os valores encontrados estão também listados na Tabela 11-4 e correspondem aos pontos que descrevem a reta com maior inclinação na Figura 11-17. O fato de descreverem uma reta na representação semilogarítmica indica que um modelo com dois compartimentos é suficiente para descrever adequadamente os dados. Os valores de c_1 e α_1 que podem ser obtidos são 0,733 e 0,0821 hora^{-1}, respectivamente.

Podemos agora calcular o valor de k_3 usando a equação [11-23]:

$$k_3 = \frac{\alpha_1\alpha_2}{\alpha_2c_1 + \alpha_1c_2} = \frac{0{,}0821 \times 0{,}00188}{0{,}00188 \times 0{,}733 + 0{,}0821 \times 0{,}203} = k_3 = \frac{0{,}000154}{0{,}0166 + 0{,}00137} = \frac{0{,}000154}{0{,}0180} = 0{,}00857\ \text{hora}^{-1}$$

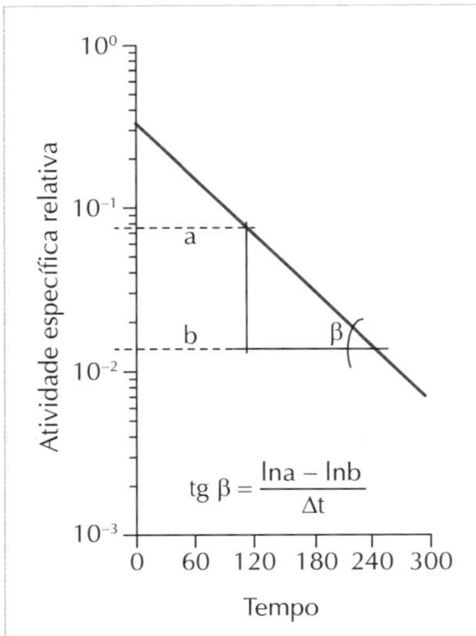

Figura 11-18 Ilustração do procedimento para avaliar a inclinação de uma reta quando a variável independente é representada em escala logarítmica.

Isto significa que, nos animais investigados, 0,86% da albumina é reciclada a cada hora, ou ainda, 20,64% a cada dia. Uma questão adicional que pode ser formulada é se a entrada de albumina no compartimento extravascular é concentrativa ou não. Isto pode ser deduzido dos valores de k_1 e k_2, que podem ser calculados usando as equações [11-21] e [11-22]. Substituindo os valores de c_1, c_2, α_1 e α_2 nessas equações e calculando, obtemos k_1 = 0,000055 $hora^{-1}$ e k_2 = 0,018 $hora^{-1}$. O valor de k_1 é, portanto, muito menor que o de k_2, o que indica que a entrada de albumina no compartimento extravascular não é concentrativa.

5. Experimentos foram feitos para avaliar a contribuição da gliconeogênese a partir da alanina para a reposição (*turnover*) da glicose plasmática em ratos normais e ratos geneticamente obesos com livre acesso ao alimento. Para tanto, foram infundidas simultaneamente [2-^{3}H]glicose e [U-^{14}C]alanina até atingir o estado estacionário. A velocidade de infusão em todos os casos foi igual a 100000 dpm/minuto. Ao atingir o estado estacionário, as amostras foram processadas para medir as atividades específicas da [2-^{3}H]glicose, [U-^{14}C]glicose e [U-^{14}C]alanina. Os resultados obtidos estão listados na Tabela 11-5. Com esses dados, calcule para ratos normais e geneticamente obesos: a) a velocidade de reposição da glicose; b) a velocidade de reposição da alanina; c) a velocidade de transformação da alanina em glicose. Expresse os seus resultados em relação à massa corporal dos animais, sabendo que os ratos normais pesavam em média 0,270 kg e os obesos 0,324 kg.

   (Terrettaz & Jeanrenaud, 1990)

Tabela 11-5 Dados experimentais do exercício 5.

Animais	Glicose no plasma (mM)	Alanina no plasma (mM)	Atividade específica máxima da [2–^{3}H]glicose (dpm/μmol)	Atividade específica máxima da [U–^{14}C]alanina (dpm/μmol)	Atividade específica máxima da [U–^{14}C]glicose (dpm/μmol)
Normais	4,3	0,128	8000	14500	4900
Obesos	5,1	0,153	6500	11750	2250

Resolução:

a. A primeira etapa é calcular a velocidade de reposição de glicose, o que pode ser feito usando a equação [11-32]. Para ratos normais, introduzindo a massa corporal (P) dos animais, temos:

$$J_{Glicose} = \frac{V_{inf \bullet [^3H]Glicose}}{a_{max \bullet [^3H]Glicose} \times P}$$

$$J_{Glicose} = \frac{100000 \text{ dpm min}^{-1}}{8000 \text{ dpm } \mu\text{mol}^{-1} \times 0{,}270 \text{ kg}}$$

$$J_{Glicose} = 46{,}3 \ \mu\text{mol min}^{-1} \text{ kg}^{-1}$$

E para ratos geneticamente obesos:

$$J_{Glicose} = \frac{100000 \text{ dpm min}^{-1}}{6500 \text{ dpm } \mu\text{mol}^{-1} \times 0{,}324 \text{ kg}}$$

$$J_{Glicose} = 47{,}53 \ \mu\text{mol min}^{-1} \text{ kg}^{-1}$$

Os ratos obesos têm, portanto, uma taxa de reposição de glicose semelhante à de ratos normais, quando expressa em relação às suas respectivas massas (P).

b. Para calcular a taxa de reposição de alanina, usa-se a equação [11-33]. Para os animais normais:

$$J_{Alanina} = \frac{v_{inf\bullet[^{14}C]Alanina}}{a_{max\bullet[^{14}C]Alanina} \times P} = \frac{100000}{14500} = 6{,}89 \ \mu\text{mol min}^{-1}$$

$$J_{Alanina} = \frac{100000}{14500 \times 0{,}27} = 25{,}51 \ \mu\text{mol min}^{-1} \text{ kg}^{-1}$$

E para os obesos:

$$J_{Alanina} = \frac{100000}{11750 \times 0{,}324} = 26{,}26 \ \mu\text{mol min}^{-1} \text{ kg}^{-1}$$

Ratos obesos, portanto, não apresentam um *turnover* maior de alanina do que ratos normais.

c. A contribuição da alanina como substrato neoglicogênico para a reposição da glicose pode ser calculada usando a equação [11-34]. Para os ratos controle, temos:

$$J_{Alanina \rightarrow Glicose} = \frac{J_{glicose} \times a_{max\bullet[^{14}C]Glicose}}{2 \times a_{max\bullet[^{14}C]Alanina}} = \frac{46{,}3 \times 4900}{2 \times 14500} = J_{Alanina \rightarrow Glicose} = 7{,}82 \ \mu\text{mol min}^{-1} \text{ kg}^{-1}$$

Nos ratos geneticamente obesos:

$$J_{Alanina \rightarrow Glicose} = \frac{47{,}53 \times 2250}{2 \times 11750} = 4{,}55 \ \mu\text{mol min}^{-1} \text{ kg}^{-1}$$

Nas condições experimentais usadas, em ratos alimentados e, portanto, com um estoque hepático de glicogênio considerável, a contribuição da transformação de alanina em glicose para a reposição desta última no plasma é de 16,9% no rato normal e de 9,6% nos ratos obesos.

6. Experimentos análogos aos do exercício 5 foram feitos para avaliar a contribuição da gliconeogênese a partir de glicerol para a reposição (*turnover*) da glicose plasmática em ratos normais e geneticamente obesos com livre acesso ao alimento. Infundiram-se simultaneamente [2-^{3}H]glicose e [U-^{14}C]glicerol até atingir o estado estacionário. A velocidade de infusão foi sempre igual a 100000 dpm/minuto. Os resultados obtidos estão listados na Tabela 11-6. Lembrando que os ratos normais pesavam em média 270 g e os obesos 324 g.

(Terrettaz & Jeanrenaud, 1990)

Com os dados, calcule para os ratos normais e os geneticamente obesos: a) a velocidade de reposição da glicose; b) a velocidade de reposição do glicerol; c) a velocidade de transformação de glicerol em glicose.

Tabela 11-6 Dados experimentais do exercício 6.

Animais	Glicose no plasma (mM)	Glicerol no plasma (mM)	Atividade específica máxima da [2–^{3}H]glicose (dpm/μmol)	Atividade específica máxima da [U–^{14}C]glicerol (dpm/μmol)	Atividade específica máxima da [U–^{14}C]glicose (dpm/μmol)
Normais	4,9	43,4	8000	140000	7500
Obesos	5,8	107,9	6500	45000	4750

Resolução:

a. Usando a equação [11-32] e adicionando a massa corporal dos ratos ao denominador, as velocidades de reposição da glicose serão, para ratos normais:

$$J_{Glicose} = \frac{100000}{8000 \times 0,270} = 46,3 \ \mu mol \ min^{-1} \ kg^{-1}$$

E para ratos obesos:

$$J_{Glicose} = \frac{100000}{6500 \times 0,324} = 47,5 \ \mu mol \ min^{-1} \ kg^{-1}$$

b. Para calcular a taxa de reposição do glicerol, usa-se a equação [11-33], acrescida da massa corporal dos animais no denominador. Para os animais normais:

$$J_{Glicerol} = \frac{100000}{140000 \times 0,27} = 2,65 \ \mu mol \ min^{-1} \ kg^{-1}$$

Para ratos obesos:

$$J_{Glicerol} = \frac{100000}{45000 \times 0,324} = 6,85 \ \mu mol \ min^{-1}$$

A reposição do glicerol é, portanto, muito mais rápida nos ratos obesos, possivelmente devido à hidrólise de triacilgliceróis no tecido adiposo.

c. Por fim, a contribuição do glicerol para a manutenção da glicemia pode ser calculada pela equação [11-34] já usada para calcular a contribuição da alanina. Para os ratos controle, temos:

$$J_{Glicerol \rightarrow Glicose} = \frac{46,3 \times 7500}{2 \times 140000} = 1,24 \ \mu mol \ min^{-1}$$

Para ratos obesos:

$$J_{Glicerol \rightarrow Glicose} = \frac{47,5 \times 4750}{2 \times 45000} = 2,51 \ \mu mol \ min^{-1}$$

A contribuição da neoglicogênese a partir de glicerol para a reposição da glicose é pequena, 2,7% e 5,3% em ratos normais e obesos, respectivamente. Porém, aproximadamente 100% maior em ratos obesos.

7. O *clamp*, grampo euglicêmico e hiperinsulinêmico, ou simplesmente euglicêmico, é uma técnica utilizada para avaliar a resistência à ação da insulina *in vivo* e tem sido empregada em roedores e humanos. O método permite determinar *in vivo* a captação de glicose e a produção endógena em resposta à insulina. Em termos práticos, a técnica consiste em infundir glicose endovenosamente com uma velocidade suficiente para manter os níveis glicêmicos normais em condições de hiperinsulinemia, mantida através de uma infusão constante. Glicose triciada (*e.g.*, [3-^{3}H]glicose) é infundida como traçador, o que permite calcular o *turnover* da glicose, com ou sem infusão endovenosa deste composto, e a glicólise tecidual total sob as diversas condições experimentais. Pode-se também fazer uma injeção única de [2-^{14}C]deoxiglicose, com a finalidade de avaliar a captação de glicose por diversos tecidos. As bases teóricas e os parâmetros a serem obtidos para obter os dados mencionados foram descritos na parte teórica deste capítulo.

A Tabela 11-7 mostra uma parte dos resultados obtidos em um experimento de grampo euglicêmico, no qual [3-^{3}H]glicose foi infundida inicialmente em um rato até atingir a atividade específica máxima (0 a 30 min). Após este tempo, passou-se a infundir insulina, seguida da infusão de glicose juntamente ao traçador [3-^{3}H]glicose. A glicemia foi mantida em torno de 5,5 µmol/mL. A massa corporal do rato era igual a 250 g. Com base nos dados, determine a velocidade de utilização da glicose nas duas condições (*turnover*) e a velocidade de produção endógena de glicose durante o grampo euglicêmico.

Tabela 11-7 Dados experimentais do exercício 7.

Basal (0-30 min)		Grampo euglicêmico (0-120 min)		
Velocidade de infusão de [3-^{3}H]-glicose (dpm/min)	Atividade específica máxima da [3-^{3}H]-glicose (dpm/µmol)	Velocidade de infusão de [3-^{3}H]-glicose (dpm/min)	Atividade específica máxima da [3-^{3}H]-glicose (dpm/µmol)	Velocidade de infusão da glicose (µmol min^{-1} kg^{-1})
109.700	9.950	438.650	7.870	210

Resolução:

A equação [11-32] pode ser usada para calcular o *turnover* da glicose tanto no estado basal como nas condições do grampo euglicêmico:

$$J_{Glicose \bullet basal} = \frac{109700}{9950 \times 0{,}25} = 44{,}1\ \mu mol\ min^{-1}\ kg^{-1}$$

$$J_{Glicose \bullet grampo} = \frac{438650}{7870 \times 0{,}25} = 222{,}95\ \mu mol\ min^{-1}\ kg^{-1}$$

A diferença entre $J_{glicose \bullet basal}$ e $J_{glicose \bullet grampo}$ é que, no primeiro caso, a única fonte de glicose é a produção endógena. E, como o sistema está em estado estacionário, as velocidades de produção endógena e captação basais são iguais, isto é:

$$J_{glicose \bullet basal} = v_{captação \bullet basal} = v_{produção \bullet basal}$$

Nas condições do grampo euglicêmico, ocorrem dois fenômenos: há um influxo de glicose exógena, causada pela infusão contínua, e há um aumento da captação devido à ação da insulina, o que gera um *turnover* bem aumentado. A produção endógena não é mais a única fonte para a captação, mas pode ser calculada como a diferença entre a velocidade de infusão e o valor $J_{glicose \bullet grampo}$, isto é:

$$v_{produção \bullet grampo} = J_{glicose \bullet grampo} - v_{infusão}$$

$$v_{produção \bullet grampo} = 222{,}95 - 210 = 12{,}95\ \mu mol\ min^{-1}\ kg^{-1}$$

Capítulo 12

Espaços de distribuição, transporte, receptores e enzimas

Dos quatro tópicos mencionados no título deste capítulo (determinação de espaços de distribuição, fenômenos de transporte através de membranas biológicas, interação de ligantes com receptores e atividades de enzimas), apenas no último traçadores marcados têm sido menos utilizados do que técnicas alternativas, mormente as espectrofotométricas. Isto porque os três primeiros tópicos exigem mais especificidade e sensibilidade. O exemplo extremo é a interação com receptores, que estão presentes muitas vezes em concentrações muito pequenas nas células, portanto exigindo concentrações também muito pequenas dos ligantes. Neste último capítulo, vamos abordar os conceitos básicos que fundamentam esses quatro tipos de aplicações.

ESPAÇOS DE DISTRIBUIÇÃO

Suspensões celulares ou de organelas

O espaço de distribuição biológico é praticamente sempre um espaço aquoso. Nas células, este espaço é tipicamente limitado pelas membranas biológicas que, por sua vez, são formadas por bicamadas lipídicas (Figura 12-1). O espaço aquoso celular em um tecido, órgão ou suspensão de células pode ser determinado usando água marcada com trício ($[^3H]H_2O$), já que a marcação neste composto acaba distribuindo-se uniformemente, em geral muito rapidamente. Por outro lado, o espaço extracelular pode ser determinado usando-se um composto marcado que não permeia a membrana celular. Isto ocorre com muitas macromoléculas, como dextrano, inulina ou albumina. No entanto, devido ao seu tamanho, macromoléculas podem ser impedidas de se aproximar da membrana celular pela presença de estruturas macromoleculares na superfície das células e indicar, portanto, um espaço menor do que o real. Neste aspecto, moléculas menores que não permeiam a membrana celular podem ser vantajosas. Um exemplo clássico é a sacarose, o dissacarídeo formado por glicose e frutose, que ou não permeia a membrana ou faz isto de modo bastante lento, de modo que suas formas marcadas podem ser usadas como indicadores do espaço extracelular. A sacarose pode ser marcada tanto com carbono-14 ($[^{14}C]$sacarose) quanto com trício ($[^3H]$sacarose).

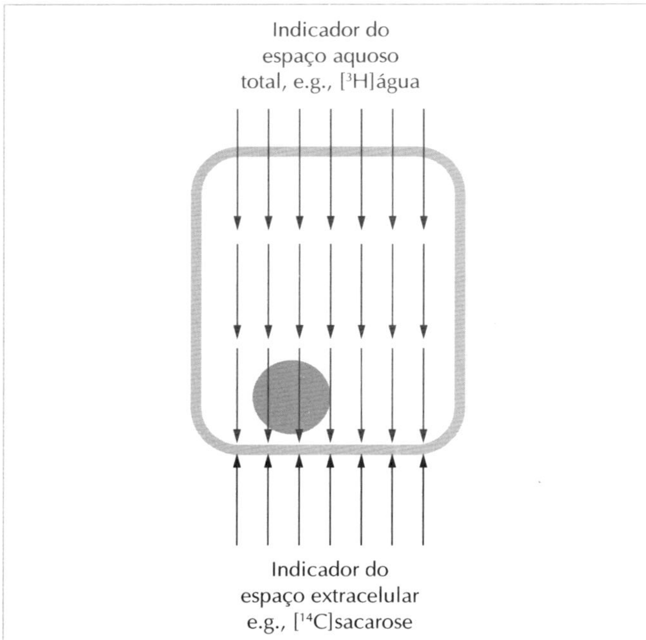

Figura 12-1 Esquematização simples dos papéis de indicadores para a determinação do espaço aquoso intra e extracelular.

A relação básica que é utilizada na determinação de volumes de distribuição é aquela que existe entre volume e concentração (quantidade por unidade de volume). Esta relação pode ser representada como:

$$V_1 \times S_1^* = V_2 \times S_2^* \qquad [12\text{-}1]$$

S_1^* é a concentração de radioatividade no espaço 1, S_2^* é a concentração de radioatividade no espaço 2, V_1 é o volume do espaço 1 e V_2 é o volume do espaço 2. Uma vez conhecidas três das variáveis, a quarta poderá ser calculada.

Um procedimento muito simples, que usa a equação [12-1] para a determinação do espaço extracelular de uma suspensão de células, está ilustrado pela Figura 12–1. Adiciona-se à suspensão de células uma solução com volume V_1, contendo [^{14}C]sacarose em uma concentração S_1^* (expressa em dpm/mL). O volume V_1 deverá ser consideravelmente menor do que o volume da suspensão. Após misturar bem, centrifuga-se a suspensão celular para precipitar as células, retira-se uma amostra do sobrenadante com volume igual a V_1 e mede-se a radioatividade, que corresponderá a S_2^* da equação [12-1]. S_2^* será tanto menor, quanto maior for o novo espaço de distribuição, que poderá ser calculado como:

$$V_2 = \frac{V_1 S_1^*}{S_2^*} \qquad [12\text{-}2]$$

V_2 corresponde ao espaço extracelular da suspensão após a adição do marcador não permeante. O valor anterior à adição (V_{extra}) pode ser calculado simplesmente como:

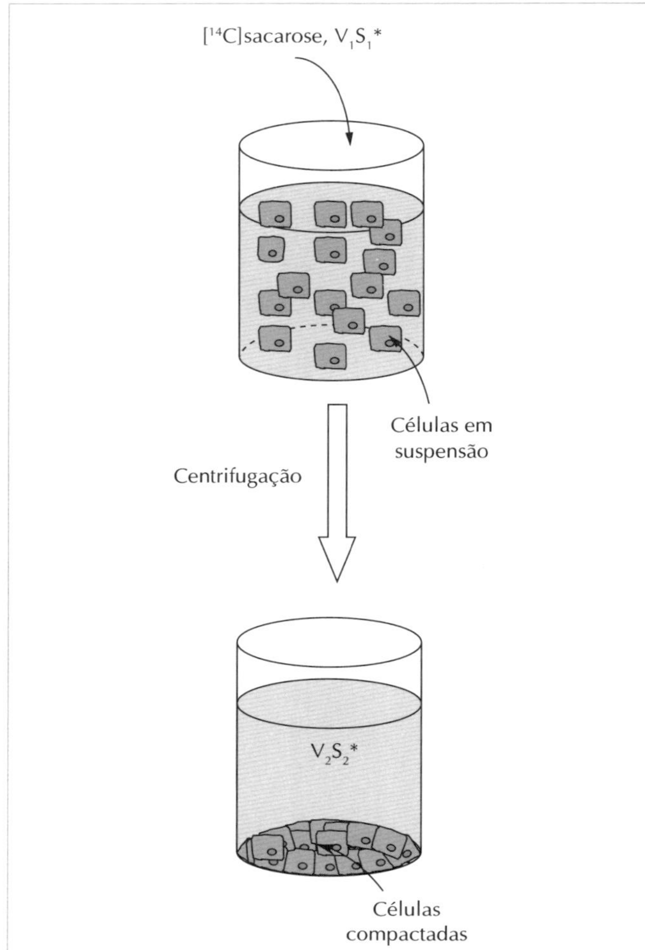

Figura 12-2 Esquematização do procedimento para determinar o espaço extracelular e do volume ocupado pelas células com adição de um marcador para o espaço extracelular ([^{14}C]sacarose).

$$V_{extra} = V_2 - V_1 \qquad [12\text{-}3]$$

No entanto, se $V_1 << V_2$, a adição do traçador não modificou significativamente o espaço extracelular e, portanto, $V_{extra} \approx V_2$. Por outro lado, o espaço ocupado pelas células (V_{cel}) pode ser obtido da diferença entre o espaço extracelular e o volume total da suspensão (V_{total}):

$$V_{cel} = V_{total} - V_{extra} \qquad [12\text{-}4]$$

O volume celular V_{cel} representa a soma do espaço aquoso celular e da matéria sólida (proteínas, lipídios etc). A determinação do espaço aquoso celular pode ser feita usando os mesmos procedimentos descritos acima, mas adicionando [^{3}H]H_2O como indicador. Esta irá ocupar tanto o espaço extracelular quanto o espaço aquoso intracelular. Uma equação análoga à equação [12-2] pode ser escrita assim:

$$V_4 = \frac{V_3 W_3^*}{W_4^*} \quad [12\text{-}5]$$

Em que W_3* é a concentração de $[^3H]H_2O$ (em dpm/mL) no volume V_3 adicionado e W_4* é a concentração de $[^3H]H_2O$ no sobrenadante da suspensão celular após a centrifugação. O volume V_4, neste caso, corresponde ao espaço aquoso total da suspensão, i.e., o volume da água extracelular (V_{extra}) somado ao volume da água celular (V_{intra}) e ao volume adicionado (V_3). V_{intra} pode ser calculado por diferença:

$$V_{intra} = V_4 - V_{extra} - V_3 \quad [12\text{-}6]$$

É possível que V_3 seja desprezível, assim como V_1, conforme mencionado anteriormente. Uma equação geral para o cálculo de V_{intra} pode ser escrita combinando as equações [12-2], [12-3], [12-5] e [12-6]:

$$V_{intra} = \frac{V_3 W_3^*}{W_4^*} - \frac{V_1 S_1^*}{S_2^*} - (V_1 + V_3) \quad [12\text{-}7]$$

A equação [12-7] pode ser particularmente útil depois de um experimento de marcação dupla, no qual, por exemplo, $[^{14}C]$sacarose e $[^3H]$água são adicionados como uma única solução, cujo volume corresponde à soma $V_1 + V_3$. Se este volume for pequeno em comparação com V_{intra}, poderá ser desprezado.

VOLUME SANGUÍNEO E ESPAÇOS EM ÓRGÃOS VASCULARIZADOS

Um procedimento simples para determinar o volume sanguíneo é injetar um volume conhecido (V_1) de uma substância radioativa na concentração S_1*, cuja permanência restrita ao espaço vascular já é conhecida e que é removida lentamente. Depois de algum tempo, é coletada uma amostra de sangue que determina a concentração de radioatividade S_2*. O volume de distribuição, que corresponde ao volume sanguíneo, pode ser calculado imediatamente através da equação [12-1]. O procedimento, naturalmente, terá que ser realizado antes de ocorrer incorporação significativa de radioatividade em outros espaços corporais (órgãos) e, sobretudo, antes de excreção renal significativa.

Volumes de distribuição em órgãos específicos podem ser determinados usando traçadores através da assim chamada técnica da diluição de indicadores (*indicator dilution technique*). Quando vários indicadores são usados ao mesmo tempo, o nome aplicado à técnica é ampliado para técnica da diluição de indicadores múltiplos (*multiple indicator dilution technique*).

Um sistema muito simples, mas que ajuda a compreender o procedimento, está ilustrado na Figura 12-3: um líquido com uma vazão F flui através de um tubo; se um corante for introduzido na entrada no tempo zero (t_o) e na forma de um bolus, ele irá aparecer na saída depois de certo tempo, que podemos chamar de tempo de trânsito ($t_{trânsito}$). Se a vasão (fluxo) através do tubo for conhecida, expressa em mL/segundo por exemplo, e o tempo de trânsito for medido (segundos), o produto $F \times t_{trânsito}$ corresponde ao volume de líquido contido a qualquer tempo dentro do tubo.

Pode-se aplicar esse princípio a um leito vascular de qualquer órgão ou mesmo a uma combinação de órgãos. No entanto, é preciso levar em conta que os sistemas vasculares são muito mais complexos. Em linhas gerais, eles se compõem de um grande vaso aferente (entrada) ramificado sucessivamente em vasos menores, que acabam convergindo novamente em direção a um grande vaso eferente (saída). A Figura 12-4 é uma tentativa de representar esse fenômeno de modo muito simplificado. As ramificações sucessivas criam diversas rotas, que evidentemente têm tempos de trânsito muito variáveis. Assim, não se pode considerar apenas um único tempo de trânsito, como no caso do tubo da Figura 12-3. Temos, isso sim, uma distribuição de tempos de trânsito variáveis. Ao invés de uma única medida de aparecimento do indicador, como no caso do tubo, torna-se necessária uma coleta fracionada (quer dizer, a vários tempos) do líquido efluente.

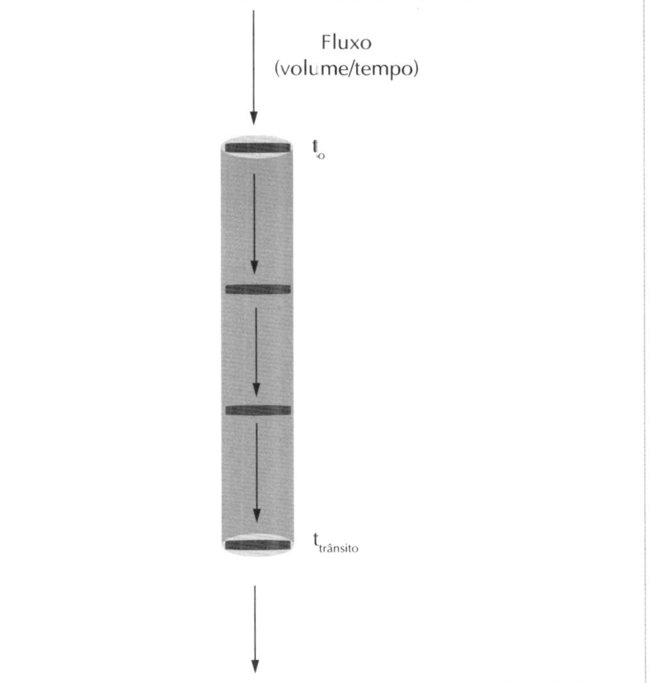

Figura 12-3 O fluxo de líquido através de um tubo carreando um bolus de material introduzido no tempo zero. O tempo no qual o bolus emerge no final do tubo é chamado de tempo de trânsito.

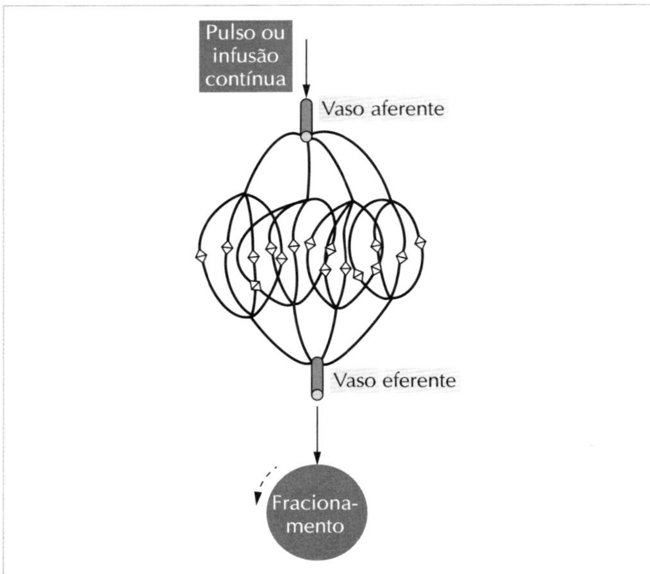

Figura 12-4 Esquema de um leito vascular hipotético com uma única entrada (vaso aferente) e uma única saída (vaso eferente) e um sistema de ramificações divergentes e posteriormente convergentes.

Se o indicador for uma substância marcada com isótopo radioativo, a radioatividade em cada uma das frações terá que ser contada. Designa-se por curva de diluição a relação entre a quantidade de radioatividade em cada fração e o tempo decorrido após a injeção ou início da infusão.

Pelo menos duas relações quantitativas estão embutidas em uma curva de diluição: a relação entre o fluxo (F) e as concentrações do traçador no efluente em função do tempo; e a relação entre o volume de distribuição (V) e o tempo médio de trânsito ($\overline{t}$). O fluxo está embutido em uma relação que decorre da conservação da matéria, isto é, a quantidade injetada do indicador (q) deverá ser igual à quantidade recuperada ao longo do tempo. Isto pressupõe, naturalmente, que o indicador será uma substância que não é transformada pelo órgão, pelo menos não em quantidades significativas durante uma única passagem. Nesses termos, a quantidade injetada (q) distribui-se entre as diversas frações que são recuperadas ao longo do tempo após a injeção e nas quais o traçador aparece com uma concentração c(t). Expresso de outra forma, a quantidade injetada corresponde à somatória das concentrações em cada fração, multiplicada pelo fluxo através do órgão:

$$q = F\int_0^\infty c(t)\,dt \qquad [12\text{-}8]$$

A quantidade injetada de radioatividade é conhecida e a curva c(t) pode ser determinada experimentalmente. Dessa forma, pode-se calcular o fluxo F como:

$$F = \frac{q}{\int_0^\infty c(t)\,dt} \qquad [12\text{-}9]$$

O valor da integral na equação [12-9] terá quer ser obtido por integração numérica como a área sob a curva de c(t) *versus* t. Se c(t) for expresso em dpm/mL, o tempo em minutos e q em dpm, as unidades de F serão mL/minuto. Torna-se interessante, neste ponto, definir outra função:

$$Q(t) = \frac{Fc(t)}{q} \qquad [12\text{-}10]$$

Em que Q(t) é a fração do traçador injetado que deixa o órgão por unidade de tempo. Uma curva de Q(t) *versus* tempo corresponde, portanto, à distribuição de frequência dos diversos tempos de trânsito. Como todo o fluído e as partículas entrantes têm que ser recuperados na saída, sua somatória entre o tempo zero e o tempo infinito terá que ser unitária:

$$\int_0^\infty Q(t)\cdot dt = 1 \qquad [12\text{-}11]$$

O conceito de tempo médio de trânsito é bastante geral e pode ser aplicado a qualquer órgão. Basicamente, ao derivar uma equação para o seu cálculo a partir da curva de diluição, apenas quatro condições são necessárias: (a) a distribuição dos tempos de trânsito para qualquer partícula introduzida no leito vascular permanece constante no tempo; (b) as distribuições de frequência dos tempos de trânsito das partículas do indicador e das partículas do fluído de perfusão (plasma *in vivo*; solução fisiológica *in vitro*) são iguais; (c) o leito vascular não tem porções estagnadas; (d) não há recirculação. Baseado nestas condicionantes, pode-se derivar uma equação para o cálculo do tempo médio de trânsito, da forma como foi feita por Meier e Zierler (ver lista de referências). Se consideramos $Q(t)\times dt$ como a fração das partículas do traçador injetadas que possuem tempo de trânsito entre t e t + dt e F como o fluxo (volume/tempo) através do sistema, então o produto $F\times Q(t)\times dt$ corresponde à velocidade com que essas partículas deixam o órgão. Partículas, neste caso, são as moléculas do soluto somadas às porções do solvente no qual se encontram. O volume ocupado por essas partículas (dV) é o produto do tempo que transcorre entre o instante da injeção e o aparecimento na saída do órgão com a velocidade, quer dizer, $dV = t\times F\times Q(t)\times dt$. O volume total V, portanto, pode ser obtido pela somatória de todos os volumes parciais com tempos de trânsito entre t + dt, isto é, pela integral:

$$V = F\int_0^\infty t\times Q(t)\cdot dt = F\times\overline{t} \qquad [12\text{-}12]$$

A integral corresponde exatamente ao tempo médio de trânsito ($\bar{t}$). Seu valor, assim como a integral da equação [12-11], terá que ser computado numericamente como a área sob a curva de t×Q(t) *versus* t.

As relações discutidas acima têm grande aplicabilidade prática, conforme será discutido a seguir. A Figura 12-5 ilustra um experimento típico de diluição de indicadores realizados com o fígado de rato em perfusão isolada. Este sistema experimental já foi mencionado no Capítulo 10 como um exemplo de técnica apropriada para estudar metabolismo. Nos experimentos descritos nesse capítulo, as amostras para análise foram colhidas no vaso aferente (veia cava) em frações de minuto ou no máximo 30 segundos. Experimentos de diluição de indicadores, no entanto, exigem tempos de resolução muito maiores, por exemplo frações coletadas em intervalos de segundo ou menos, o que só pode ser feito com um coletor automático. A Figura 12-6 ilustra um sistema completo de perfusão de fígado de rato no qual foi acoplado um sistema coletor com resolução de até 0,5 segundo, e a Figura 12-5 mostra o resultado de um experimento de diluição de indicadores em que uma mistura de [^{3}H]H_2O e [^{14}C]sacarose foi injetada na veia porta.

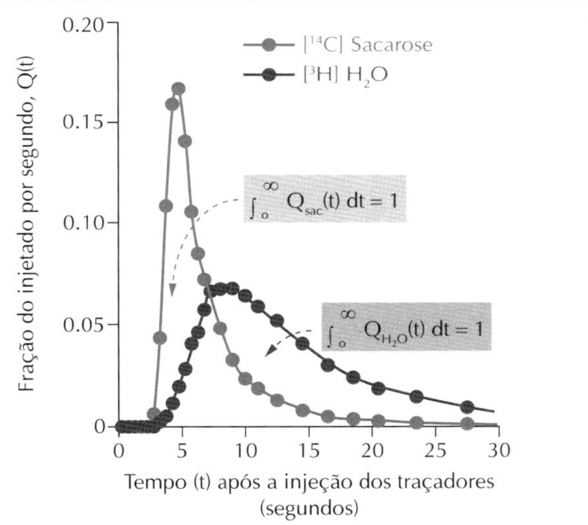

Figura 12-5 Resultados típicos de um experimento de diluição de indicadores com o fígado de rato em perfusão isolada (ver Figura 12-6). As veias porta (entrada) e cava (saída) foram canuladas e o fígado foi colocado em um dispositivo que permite a coleta de frações do perfusado efluente com até 0,5 segundo de resolução. O fluxo foi proporcionado por uma bomba peristáltica e uma mistura de [^{14}C]sacarose + [^{3}H]H_2O foi injetada na entrada da veia porta. A coleta de amostras começou no instante da injeção. Os valores recuperados na veia cava estão expressos como fração da radioatividade total injetada por segundo.

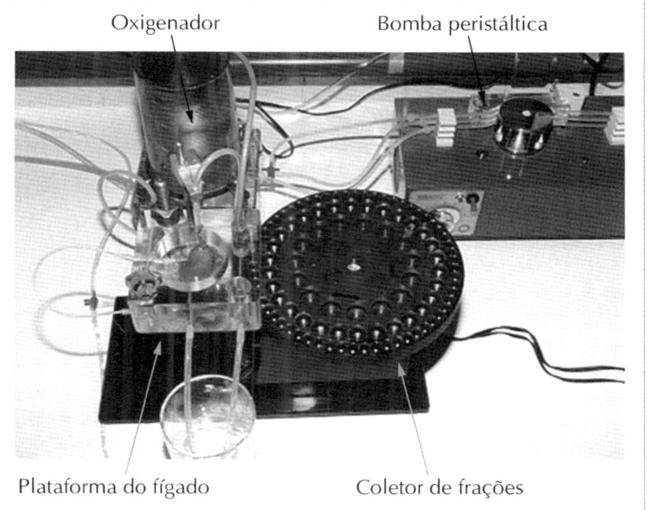

Figura 12-6 Sistema de perfusão de fígado de rato acoplado a um coletor de frações com resolução de até 0,5 segundo.

O líquido de perfusão foi um tampão (Krebs-Henseleit-bicarbonato, pH 7.4) livre de eritrócitos e hemoglobina. As amostras do perfusado efluente foram coletadas inicialmente em intervalos de 0,5 segundo para obter uma boa definição dos picos. Foram plotados os valores de Q(t), como definido anteriormente, ou seja, a fração da radioatividade que reapareceu por unidade de tempo contra o tempo após a injeção. Isso efetivamente normaliza as curvas e torna-as, portanto, comparáveis. A área sob cada uma das curvas entre o tempo de injeção e o infinito é igual à unidade, conforme previsto pela equação [12-10]. Mas o formato das curvas é distinto, revelando a diferença de comportamento entre cada um dos traçadores em termos dos espaços efetivamente ocupados. O pico da curva da [^{14}C]sacarose é anterior e mais alto que o da [^{3}H]H_2O, sugerindo um espaço menor para a sacarose, que sabemos ser o espaço extracelular, enquanto a água se distribui também no espaço intracelular. Ambos os traçadores distribuem-se nos seus respectivos espaços de modo limitado apenas pelo fluxo e não pelas barreiras laterais. Dessa forma, ao longo de todos os trajetos, a distribuição lateral é praticamente instantânea. As áreas sob as curvas entre zero e infinito são iguais à unidade, já que toda a radioatividade injetada é recuperada. Aliás, a recuperação total é um pré-requisito para a validade do conceito de tempo médio de trânsito. Se houver transformação metabólica significativa em uma única passagem, esta terá que ser levada em conta em um novo modelo. A obtenção dos tempos médios de trânsito poderá ser feita de acordo com a equação [12-12], o que está ilustrado pela Figura 12-7. Neste gráfico, foram representados os valores do produto Q(t) × t contra o tempo. As áreas sob essas curvas conduzem aos tempos médios de trânsito de cada indicador.

Note que mesmo uma análise qualitativa já revela que o tempo médio de trânsito da água triciada é maior que o da sacarose marcada, confirmada pela avaliação das integrais por método numérico. Os valores são dados na própria Figura 12-7. O espaço aquoso celular pode ser facilmente calculado pela seguinte relação:

$$V_{intra} = F(\bar{t}_{H_2O} - \bar{t}_{sac}) \qquad [12\text{-}13]$$

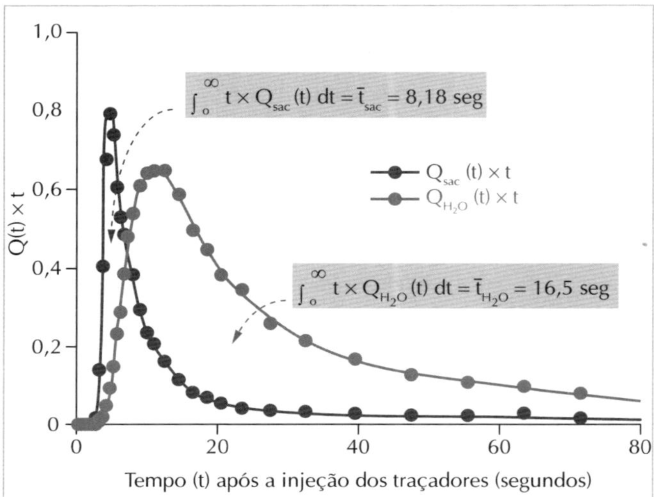

Figura 12-7 Curvas de Q(t)·t versus tempo dos dados da Figura 12-5. Conforme indicado, as áreas (integrais) sob as duas curvas correspondem aos tempos médios de trânsito dos traçadores [^{14}C]sacarose e [^{3}H]H_2O.

O produto $F \times \bar{t}_{sac}$ fornece o espaço extracelular, o que inclui, no entanto, o espaço capilar, o espaço dos grandes vasos e ainda o espaço das cânulas inseridas quando da preparação do órgão para perfusão. Para calcular o espaço extracelular dos capilares, torna-se necessário excluir todos os demais espaços, geralmente implicando uma modelagem do órgão, o que não pode ser feito sem levar em conta sua estrutura e geometria. Para vários órgãos, como o fígado e pulmão por exemplo, o tempo de trânsito pelos grandes vasos é bastante uniforme, de modo a ser possível aproximar por um único tempo, geralmente designado como t_o, cujo valor, aliás, inclui também o tempo de trânsito pelos tubos de infusão e coleta. Para os traçadores que sofrem distribuição limitada apenas pelo fluxo, que é o caso da [^{14}C]sacarose, da [^{3}H]H_2O e de vários outros, a relação entre suas curvas é dependente de um único fator. Este fator é a relação entre seus volumes de distribuição, e suas curvas podem ser sobrepostas de acordo com as seguintes relações:

$$Q_{sac}(t) = (1 + \theta) \times Q_{H2O}(t') \qquad [12\text{-}14]$$

$$t' = (t - t_o) \times (1+\theta) + t_o \qquad [12\text{-}15]$$

O significado destas relações é que a curva da [^{14}C]sacarose no tempo t corresponde à curva da [^{3}H]H_2O no tempo t', multiplicada pelo fator (1+θ). O parâmetro (1+θ) corresponde à razão do espaço aquoso para o espaço da sacarose, e t_o é o tempo de trânsito pelos grandes vasos e sistema de tubos antes e depois do órgão. Os valores de θ e t_o podem ser obtidos por meio da otimização da sobreposição das duas curvas através de um procedimento de mínimos quadrados, conforme ilustrado pela Figura 12-8. Este procedimento pode ser repetido para qualquer dupla de indicadores com distribuição limitada pelo fluxo. De posse do valor de t_o, pode-se então calcular o espaço dos capilares (sinusoides, no caso do fígado), usando uma relação análoga à equação [12-13]:

$$V_{extra} = F(\bar{t}_{sac} - t_o) \qquad [12\text{-}16]$$

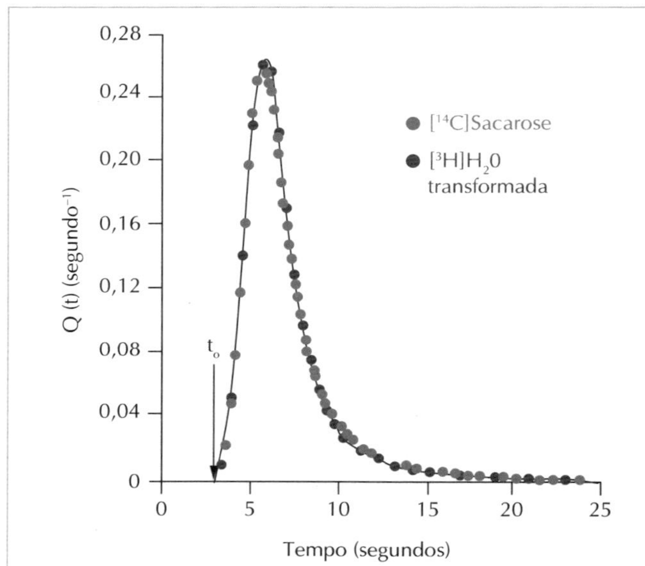

Figura 12-8 Transformação otimizada da curva de diluição da [^{3}H]H_2O segundo as equações [12-14] e [12-15]. Os valores de t_o e θ são 2,7 segundos e 1,8, respectivamente.

O fluxo através do órgão (F) deve ser conhecido para aplicar as equações [12-13] e [12-16]. No caso de um órgão em perfusão isolada, ele pode ser determinado diretamente coletando o líquido efluente em uma proveta e lendo o tempo em um cronômetro. No entanto, se os experimentos forem realizados *in vivo*, a única maneira de determinar o fluxo será através da equação [12-9], isto é, a partir da própria curva de diluição. Além desta particularidade, experimentos *in vivo* apresentam ainda o problema da possibilidade de recirculação dos indicadores durante o período de fracionamento. E, como foi ressaltado anteriormente, a ausência de recirculação é uma das pré-condições na derivação da relação entre tempo médio de trânsito e espaço de distribuição. A Figura 12-9 ilustra resultados típicos obtidos *in vivo*, nos quais percebe-se nitidamente os efeitos da recirculação. Os experimentos foram realizados no fígado de um cão anestesiado, no qual a circulação foi inteiramente preservada. São injetadas hemácias marcadas com ^{51}Cr (emissor γ), [^{14}C]sacarose e [^{3}H]água, que ficam restritas ao espaço vascular. A [^{14}C]sacarose ocupa todo o espaço extracelular (vascular mais espaço de Disse) e a [^{3}H]água, todo o espaço aquoso do órgão, conforme já salientado. Os resultados na Figura 12-9 estão representados em escala semilogarítmica para ressaltar o fenômeno da recirculação. Os tempos e os valores de pico dos três indicadores são bem diferentes, já que os espaços que ocupam também diferem. As curvas são lisas até certo ponto do decaimento, onde, em vez de prosseguir decaindo, há um súbito aumento, o que resulta evidentemente do aparecimento de material recirculante.

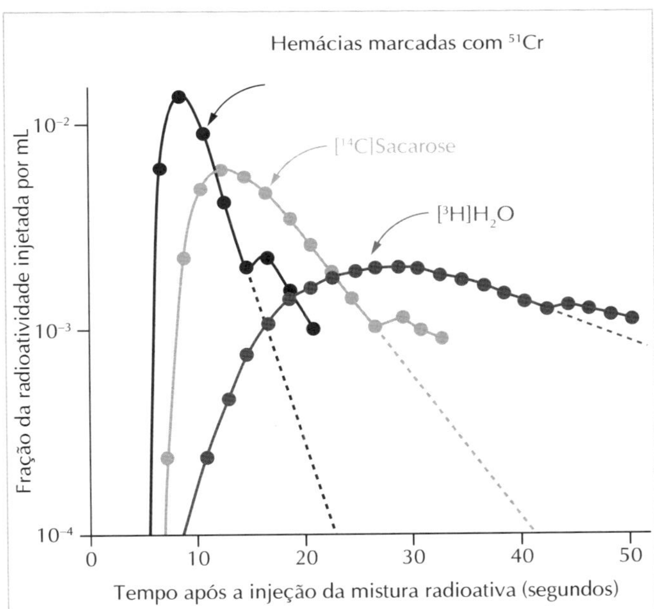

Figura 12-9 Um experimento de diluição de indicadores no fígado de um cão anestesiado. A mistura radioativa foi injetada na veia porta e colhida de modo fracionado na veia cava. A circulação sanguínea não é afetada significativamente, pois apenas uma fração do sangue que deixa a veia cava é coletada. A escala é semilogarítmica para evidenciar a recirculação do material injetado a partir dos 15 segundos que se seguem à injeção. O gráfico foi modificado a partir de um original de Goresky e Bach (1970).

A recirculação é inevitável, pois *in vivo* apenas uma fração do sangue que deixa o fígado é coletada. Salta à vista o fato de que os tempos nos quais a recirculação se torna evidente diferem para cada um dos indicadores – algo bastante lógico, pois nos demais órgãos do organismo seus espaços de distribuição também diferem. O procedimento usual para excluir o fenômeno é fazer uma extrapolação linear em direção ao tempo infinito, pressupondo decaimento exponencial do resto da curva. Isto pode não ser de precisão absoluta, mas é uma suposição razoável. A Figura 12-10 mostra as curvas da Figura 12-9, agora completadas com a porção extrapolada e em escala linear. Elas se assemelham em tudo às curvas completas obtidas com o fígado de rato em perfusão isolada (Figura 12-5).

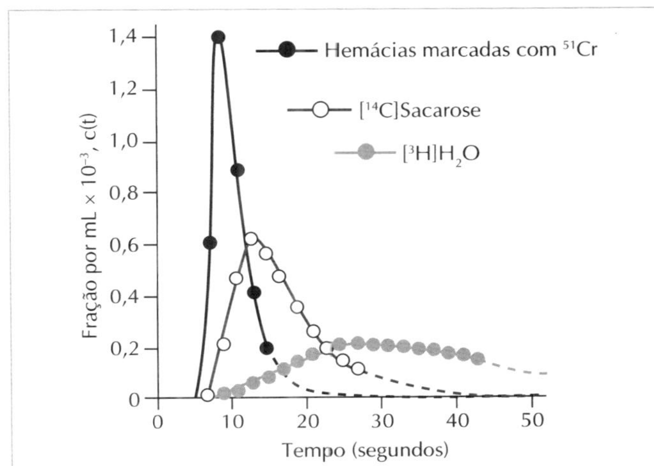

Figura 12-10 Representação linear dos dados da Figura 12-9 com a extrapolação da porção descendente com linha tracejada.

A partir das curvas completas, pode-se determinar o fluxo e os tempos médios de trânsito. A Tabela 12-1 lista alguns valores encontrados na literatura para o fígado de cão *in vivo*. No cálculo do fluxo através da equação [12-9], a curva de qualquer indicador que não é sequestrado pelo órgão pode ser utilizada, o que é confirmado pela tabela de modo bastante claro, pois os valores de F calculados com vários indicadores diferem minimamente. O tempo médio de trânsito, naturalmente, dependerá da distribuição da substância. As hemácias marcadas têm o menor espaço de distribuição, pois seu tamanho impede que saiam dos vasos. Substâncias que deixam os vasos e atingem o espaço intersticial (pericapilar) situado entre os vasos e as células têm tempos de trânsito maiores do que as hemácias, porém menores do que os da água triciada, a qual se expande para todo o espaço aquoso, extra e intracelular. Note que o espaço do [^{24}Na]NaCl é comparável ao da [^{14}C]sacarose, embora o sódio tenha acesso ao espaço celular. No entanto, a fração de [^{24}C]NaCl que atinge o espaço celular em uma simples passagem é mínima, de modo que não se pode detectar o fenômeno com esta técnica, cujo tempo de resolução é da ordem de segundos.

Tabela 12-1 Valores de fluxo (expresso em mL por minuto por grama de fígado) e tempos médios de trânsito de vários indicadores obtidos por Goresky (1963) no fígado de cães sob anestesia.

Indicador	Fluxo (mL g^{-1} min^{-1})	t (seg)
[^{51}Cr]hemácias	1,84	8,4
[^{131}I]albumina	1,83	10,1
[^{14}C]sacarose	1,82	15,1
[^{24}Na]NaCl	1,85	14,4
[^{3}H]H_2O	1,84	36,8

Os tempos de trânsito obtidos *in vivo* podem ser usados, juntamente ao fluxo, da mesma forma que *in situ* para calcular volumes de distribuição. No entanto, é preciso sempre levar em conta a presença das hemácias no espaço vascular, que são permeáveis à [^{3}H]H_2O, mas não à [^{14}C]sacarose, por exemplo. Ao utilizar a equação [12-13], o espaço aquoso celular representa a soma do espaço das células do tecido com a do espaço aquoso das hemácias. Correções serão necessárias para obter apenas o espaço aquoso das células teciduais.

Foi ressaltado anteriormente que o conceito de tempo médio de trânsito é bastante geral e que pode ser utilizado para substâncias com distribuição limitada pelo fluxo ou por barreira, desde que não haja transformação intracelular. É preciso ter em mente, no entanto, que a distribuição de equilíbrio através da membrana celular afeta o valor do tempo médio de trânsito. Uma substância cuja concentração intracelular no estado de equilíbrio é menor do que no espaço extracelular tem um tempo médio de trânsito menor do que o da [^{3}H]H_2O, mesmo que ela se distribua em todo o espaço aquoso celular. Ânions, por exemplo, costumam ter um tempo de trânsito menor que o da [^{3}H]H_2O, porque sua concentração intracelular em geral é menor do que a extracelular, devido ao potencial de membrana negativo internamente. Por outro lado, uma substância cuja concentração intracelular no estado de equilíbrio é maior do que no espaço extracelular revela um tempo médio de trânsito maior do que o da [^{3}H]H_2O. Isto acontece com substâncias que são transportadas ativamente e de modo concentrativo para o interior das células e que, portanto, apresentam concentração intracelular maior do que a extracelular. Nestes casos, a avaliação dos tempos médios de trânsito adquire a utilidade de permitir o cálculo da concentração intracelular de equilíbrio. De fato, pode-se demonstrar que a razão das concentrações intra para extracelular (C_i/C_e) de uma substância-teste pode ser calculada como:

$$\frac{C_i}{C_e} = \frac{\bar{t}_{teste} - \bar{t}_{sac}}{\bar{t}_{H_2O} - \bar{t}_{sac}} \qquad [12\text{-}17]$$

Se a [^{14}C]sacarose for usada como indicador do espaço extracelular. Teremos $C_i < C_e$ se $\bar{t}_{teste} < \bar{t}_{H_2O}$ e $C_i > C_e$ caso $\bar{t}_{teste} > \bar{t}_{H_2O}$.

TRANSPORTE ATRAVÉS DE MEMBRANAS

A maneira correta de caracterizar um sistema de transporte é através de medidas de velocidades iniciais, o que também é válido para a caracterização de enzimas. Sistemas de transporte (carreadores, translocadores etc.) são proteínas transmembrana cuja conformação oscila continuamente entre pelo menos dois estados: o que permite ligação do soluto no lado externo e o que permite do lado interno. Um possível mecanismo está ilustrado pela Figura 12-11, porém existem muitos mecanismos alternativos. A concentração de soluto nos dois lados da membrana influencia o estado conformacional, e por isto mesmo os parâmetros cinéticos de transporte também costumam ser função da concentração de soluto nos dois lados de uma membrana biológica. Desta forma, é muito importante procurar montar um sistema bem definido no trabalho experimental, a fim de que os parâmetros obtidos possam ser adequadamente interpretados e comparados com medidas realizadas por outros pesquisadores. Muitos dos valores discrepantes encontrados na literatura devem-se às diferentes condições das medidas.

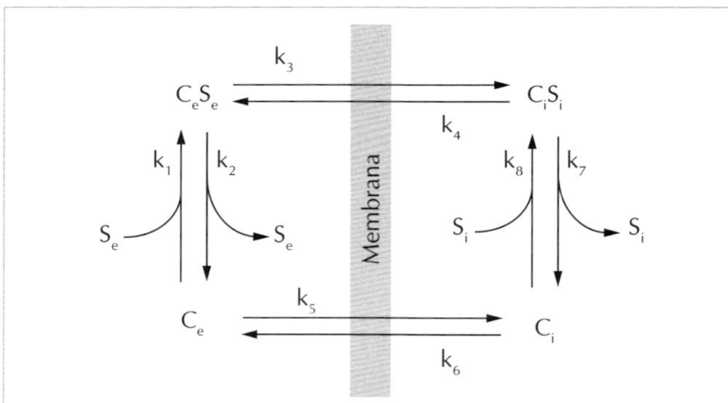

Figura 12-11 Um mecanismo comum de transporte de um soluto através de uma membrana biológica.

As equações que descrevem os diversos mecanismos são em geral complexas e a distinção entre eles só pode ser feita examinando a coerência entre os parâmetros obtidos sob diversas condições experimentais. Está além dos objetivos deste livro examinar em detalhe os diversos mecanismos moleculares de transporte que são teoricamente possíveis, mas cabe explicitar as manobras experimentais com o soluto marcado. A Figura 12-12 mostra esquematicamente as alternativas experimentais mais comuns, sendo a mais simples o **influxo zero-trans** (painel 1): o soluto, marcado e não marcado, está presente apenas no espaço extracelular em concentrações variáveis; o parâmetro a ser mensurado é o da velocidade inicial de aparecimento do soluto no espaço celular, o que pode ser feito isolando as células por centrifugação, por exemplo. É possível expressar a velocidade como nmol por minuto utilizando a atividade específica conhecida (ver Capítulo 3), o que reflete a entrada líquida de soluto por unidade de tempo nas condições iniciais. Se um carreador estiver envolvido, a relação da velocidade (v) com a concentração do soluto ([S]) obedecerá a conhecida relação de Michaelis-Menten:

$$v = \frac{V_{max}[S]}{K_M + [S]} \qquad [12\text{-}18]$$

Em que K_M representa uma constante característica do sistema (constante de Michaelis) e V_{max} é a velocidade máxima possível do influxo em condições zero-trans. O K_M assim determinado mede a afinidade pelo soluto do sítio externo de ligação e a V_{max} define o influxo líquido máximo nas condições zero-trans.

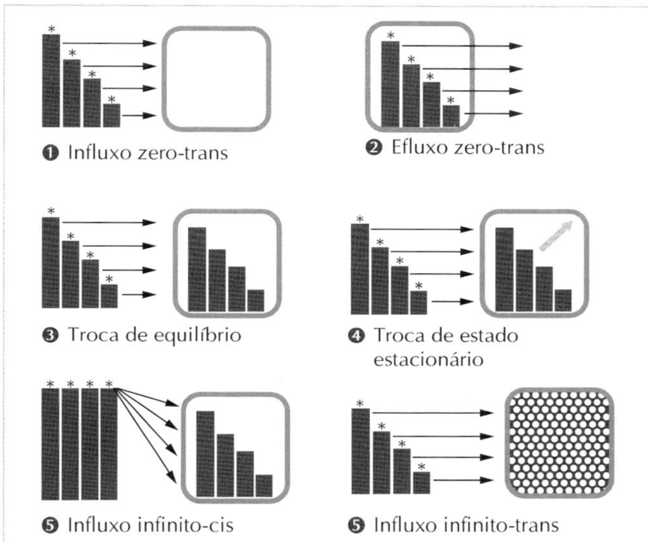

Figura 12-12 Representação esquemática das diferentes abordagens para medir transporte através de membranas de células ou organelas isoladas (em vermelho). As colunas em escada representam concentrações variáveis da substância transportada; o preenchimento pleno representa concentração única e alta (saturante). A forma marcada está assinalada por asteriscos. As setas indicam a direção dos fluxos do traçador, quer dizer, da forma marcada nas condições iniciais. A seta em diagonal no caso da troca de estado estacionário significa transformação metabólica.

Os valores de K_M e V_{max} obtidos com as demais condições terão significados ao menos parcialmente distintos. As condições de **efluxo zero-trans** (painel 2 na Figura 12-12) são mais difíceis de estabelecer, pois é necessário introduzir o soluto, marcado radioativamente, em concentrações variáveis no interior da célula. Isto pode ser feito incubando as células com concentrações variáveis até atingir o equilíbrio e, em seguida, diminuir a temperatura até quase o ponto de congelamento antes de centrifugar as células, que devem ser ressuspensas em meio livre do soluto na temperatura desejada. Essa manobra dá início ao efluxo. Alternativamente, pode-se usar um inibidor do transporte para manter o soluto preso no interior da célula antes da ressuspensão, que inicia o efluxo. O K_M obtido mede a afinidade do sítio interno do carreador pelo soluto e a V_{max} corresponde ao efluxo líquido máximo possível. Os valores podem ser diferentes daqueles obtidos nas medidas de influxo zero-trans, observação que contribui para caracterização do sistema de transporte.

Influxo e efluxo zero-trans são fluxos líquidos do soluto através da membrana na condição de ausência do soluto no lado oposto da membrana. É uma condição que, em termos fisiológicos, não é muito frequente. Ela ocorre quando uma substância ausente na célula em dado momento é subitamente introduzida, porém a situação mantém-se por um tempo bastante reduzido, evoluindo para uma situação como a do painel 4 da Figura 12-12, a **troca de estado estacionário**. Nela, o fluxo líquido corresponde ao fluxo metabólico para o mecanismo simples do esquema. A **troca de equilíbrio**, mostrada no painel 3 da Figura 12-12, é uma situação limite da troca de estado estacionário, na qual ou não há transformação metabólica ou ela é pouco pronunciada em comparação com os fluxos unidirecionais através da membrana. Em ambos os casos, os fluxos unidirecionais através da membrana só podem ser detectados pela movimentação do traçador, que em termos experimentais é adicionado depois de atingir o equilíbrio ou o estado estacionário.

Tabela 12-2 Valores de K_M e V_{max} obtidos por Lacko et al. (1972) para o transporte de glicose através da membrana de eritrócitos humanos sob diversas condições experimentais. O K_M está expresso em mM e a V_{max} em µmol por mL de água celular por minuto.

Condição	K_M	V_{max}
Influxo zero-trans	**1,6±0,2**	**36±0,2**
Troca de equilíbrio	**20±1**	**264±42**
Influxo infinito-trans	**1,7±0,3**	**174±30**

Mede-se, portanto, o influxo do traçador que corresponde à velocidade de troca entre os dois espaços no caso da troca de equilíbrio, que costuma diferir marcadamente do influxo ou do efluxo zero-trans, pois em geral a mudança de conformação do complexo do carreador com o soluto ocorre mais rapidamente do que a mudança de conformação do carreador livre (Figura 12-11). Desse modo, a disposição experimental dos painéis 3 e 4 da Figura 12-12 mede o K_M e a V_{max} para a troca de equilíbrio. Medir a velocidade de troca de equilíbrio e compará-la com os fluxos zero-trans é, portanto, outro importante passo na caracterização cinética de um sistema de transporte. Porém medir a troca de equilíbrio só é possível com o uso de solutos marcados em quantidades-traço. A troca de estado estacionário é diferente da troca de equilíbrio porque a velocidade de influxo é maior do que a de efluxo, correspondendo ao fluxo metabólico, que mantém a concentração intracelular abaixo daquela prevista pelo equilíbrio.

Várias condições adicionais podem ser imaginadas para checar a validade de um mecanismo. Os painéis 5 e 6 da Figura 12-12 mostram duas dessas condições. O **influxo infinito-cis** consiste em usar concentrações saturantes no lado externo da célula e variáveis no interior da célula. Esta disposição resulta na obtenção de um K_M que, em princípio, mede a afinidade pelo soluto no lado interno e a V_{max} para o influxo líquido. Os valores obtidos podem ou não coincidir com os parâmetros análogos de outros tipos de experimentos, confirmando ou descartando determinados mecanismos. É conveniente ressaltar o fato de que, no caso do influxo infinito-cis, o fluxo do traçador se dá na direção da maior para a menor concentração total do soluto. Já no caso do **influxo infinito-trans** (painel 6 da Figura 12-12) ocorre o contrário: deve certamente haver um efluxo líquido do soluto, já que sua concentração interna é grande, mas também um influxo líquido do traçador. Nessas condições, a V_{max} e o K_M deveriam refletir a velocidade máxima de troca e a afinidade para o sítio externo, respectivamente. A Tabela 12-2 permite comparar valores de K_M e V_{max} obtidos em uma única abordagem experimental sob três das condições delineadas na Figura 12-12, mostrando, por exemplo, a grande diferença entre a V_{max} para o influxo líquido e para a troca de equilíbrio.

A Tabela 12-2 revela que a velocidade de transporte (influxo, troca de equilíbrio) foi expressa em µmol por unidade de tempo por mL de água celular. Expressar a velocidade de transporte em termos do conteúdo de água celular é um ideal altamente desejável, o que só pode ser feito utilizando incubações paralelas com um marcador do espaço extracelular somado a água triciada, nos moldes descritos na primeira parte deste capítulo. Idealmente, além da incubação paralela para medir o conteúdo de água da célula, também é bastante aconselhável medir a fração do meio de incubação que precipita junto às células se elas forem isoladas por centrifugação. O meio de incubação que precipita com as células contém, naturalmente, a substância cujo transporte se quer medir. Ao extrair as células com um agente desproteinizante, esta contaminação fatalmente se soma à radioatividade de fato incorporada ao espaço celular e deve ser excluída de alguma forma. A marcação dupla pode resolver isto facilmente, e a alternativa é usar um método de separação das células que elimine completamente todo o líquido de incubação circundante. Isto pode ser feito, por exemplo, por filtração sob certa pressão, através da qual o líquido de incubação circundante será reduzido a um mínimo. No caso da centrifugação, no entanto, pode-se fazer marcação dupla, como o [^{14}C]soluto, cujo transporte será medido, somado à [^{3}H]sacarose. Ao centrifugar e depois extrair as células (em geral com desproteinizante), determina-se a quantidade de radioatividade devida à [^{3}H]sacarose no extrato e compara-se com a quantidade adicionada ao meio de incubação. De posse dos valores, pode-se calcular a fração do líquido de incubação que contamina o precipitado celular obtido por centrifugação (F_{cont}), como segue:

$$F_{cont} = \frac{\text{dpm de [}^{3}\text{H]sac no extrato}}{\text{dpm de [}^{3}\text{H]sac no meio de incubação}} \quad [12\text{-}18]$$

Note que as dpm referem-se às radioatividades totais. Desse modo, será necessário anotar cuidadosamente os volumes totais do meio de incubação (sem as células) e do líquido de extração. A fração do líquido de incubação que contamina o precipitado celular é igual à fração de radioatividade do [^{14}C]soluto que permanece no espaço extracelular.

INTERAÇÃO DE LIGANTES COM RECEPTORES E MACROMOLÉCUAS EM GERAL

A base teórica

O fenômeno básico subjacente à interação de ligantes com receptores é o equilíbrio:

$$L + R \rightleftharpoons L \cdot R$$

Em que L é o ligante (muitas vezes, um agente hormonal) e R é o receptor ou qualquer outra macromolécula ligante. Este equilíbrio rege-se pela lei da ação das massas:

$$K_L = \frac{[R][L]}{[LR]} \quad [12\text{-}19]$$

Na qual os termos entre colchetes representam as concentrações no equilíbrio e K_L é a constante de dissociação do complexo RL. Esta expressão é usualmente escrita em termos da concentração máxima de ligante ligado (B_{max}) e da concentração do ligante livre (F):

$$B = \frac{B_{max}F}{K_L + F} \quad [12\text{-}20]$$

Em que B representa o ligante ligado. Uma demonstração de B *versus* F resulta em uma hipérbole, como a que está mostrada na Figura 12-13. O valor de B tende a B_{max}, e K_L representa a concentração do ligante livre (F), que resulta em 50% de ligação. A forma mais comum de linearização da equação [12-20] é a representação de Scatchard:

$$\frac{B}{F} = \frac{B}{K_L} - \frac{B_{max}}{K_L} \qquad [12\text{-}21]$$

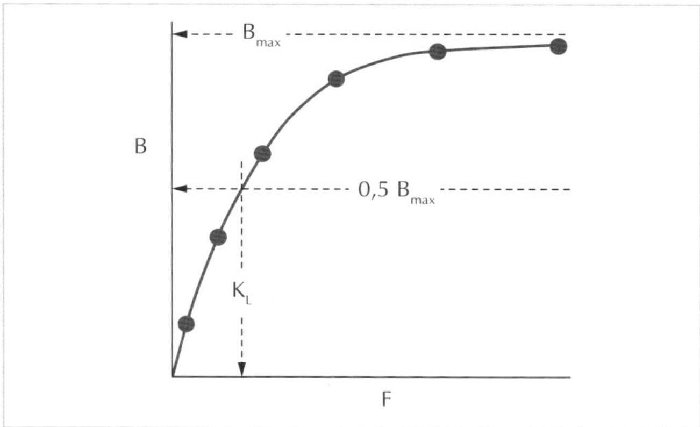

Figura 12-13 Representação da relação entre a concentração ligada (B) e a concentração livre (F) de um ligante em termos da equação [12-20].

A equação [12-21], que resulta de um rearranjo dos termos da equação [12-20], prevê que um plote de B/F *versus* B resulta em uma reta. Dela, podem ser lidos os valores de K_L e B_{max}, conforme ilustrado pela Figura 12-14.

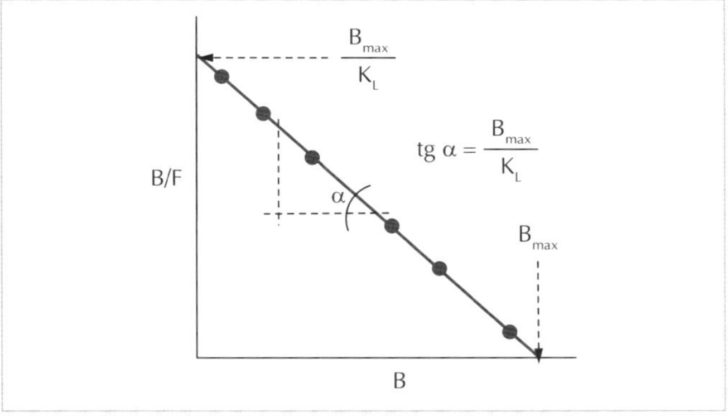

Figura 12-14 O plote de Scatchard (equação [12-21]) e sua interpretação.

A equação [12-20] nos diz que há pelo menos duas tarefas a serem cumpridas para a caracterização das interações ligante-receptor: uma experimental e outra de análise quantitativa. A experimental determina as concentrações livres (F) e ligadas (B) do ligante a várias concentrações. De posse dos valores dessas variáveis interdependentes, determinam-se B_{max} e K_L, a capacidade máxima de ligação e a afinidade do receptor pelo ligante, respectivamente. Se a capacidade máxima de ligação for expressa em termos molares, teremos também o número de receptores presentes em uma determinada amostra.

Procedimentos experimentais

Os procedimentos podem obedecer, em geral, a três etapas: a primeira consiste na incubação da preparação do receptor com o ligante radioativo; em seguida, vem a etapa em que o ligante ligado é separado do ligante livre; e, finalmente, determina-se as quantidades de radioatividade na fração livre e na fração ligada, usando cintilação líquida ou sólida, de acordo com a natureza do radioisótopo empregado. Eventualmente, pode-se usar também autorradiografia, principalmente se fatias de tecido tiverem sido utilizadas.

A última etapa depende muito da escolha que foi feita no tocante aos radioisótopos empregados. Os mais comuns são ^3H e ^{125}I e determinam em geral o tipo de contagem a ser empregada – cintilação líquida (radiação β^-) para o primeiro e sólida para o segundo (radiação γ). A vantagem do ^{125}I é a alta atividade específica máxima possível, superior a 2000 Ci/mmol, quando comparada com a do ^3H, com cerca de 33 Ci/mmol. Isto tem muita importância para os casos de alta afinidade, que implica em usar concentrações molares muito baixas do ligante. Isto torna o uso do ^{14}C bastante problemático em ensaios de ligação (ver Tabela 9-1). Entretanto, a princípio, ligantes marcados com ^{131}I, ^{35}S e ^{32}P também podem ser usados. A vantagem do ^3H em relação ao ^{125}I é que com este último modificações conformacionais do ligante são mais prováveis do que com ^3H, principalmente para moléculas pequenas, sendo menos acentuado com macromoléculas como proteínas.

O procedimento de separação costuma ser a parte mais laboriosa. Ele é, em boa parte, determinado pelo tipo de preparação de receptor que é utilizado. Esta última pode variar desde receptores purificados até semipurificados, células intactas ou preparações de tecido. As células intactas têm algumas vantagens neste particular: podem ser separadas por filtração ou centrifugação. Os processos de filtração em geral permitem eliminar mais facilmente o meio circundante, minimizando também a ligação inespecífica. Além disto, dispositivos semiautomáticos disponíveis no mercado permitem a filtração de bom número de amostras simultaneamente em pouco tempo, facilitando bastante o procedimento, porém o excesso de lavagem pode também causar a dissociação do ligante. A centrifugação, por outro lado, tem a tendência de aumentar a ligação inespecífica, já que algum material não ligado inevitavelmente precipita com as células ou membranas. A marcação dupla para monitorar a contaminação com o meio circundante pode ser útil neste caso. Receptores isolados e sobretudo solubilizados podem ser separados por filtração em gel e por precipitação com uma série de agentes, como carvão ativado. Em preparações de tecidos, o ligante livre pode ser eliminado por lavagens sucessivas, mas a dissociação do complexo ligante-receptor pode vir a ser significativa. Em todos os processos, convém realizar os procedimentos a baixa temperatura, pois é uma condição que torna a dissociação mais lenta.

Um procedimento prático e que dispensa separações está ilustrado pela Figura 12-15. A técnica faz uso do tamanho dos receptores e de outras proteínas ligantes, que os impede de atravessar um variado tipo de membranas semipermeáveis. Se o ligante for uma molécula pequena, atravessa a membrana. Coloca-se assim o receptor em um dos lados da membrana e adiciona-se o ligante no outro. Ao atravessar a membrana, o ligante é ligado pelo receptor até que o equilíbrio seja atingido, quando a concentração do ligante livre (F) é igual nos dois lados da membrana. A concentração de ligante no lado onde está o receptor corresponde à soma das concentrações do ligante livre mais ligado (F + B). Assim, obtém-se a quantidade ou concentração do complexo RL por diferença.

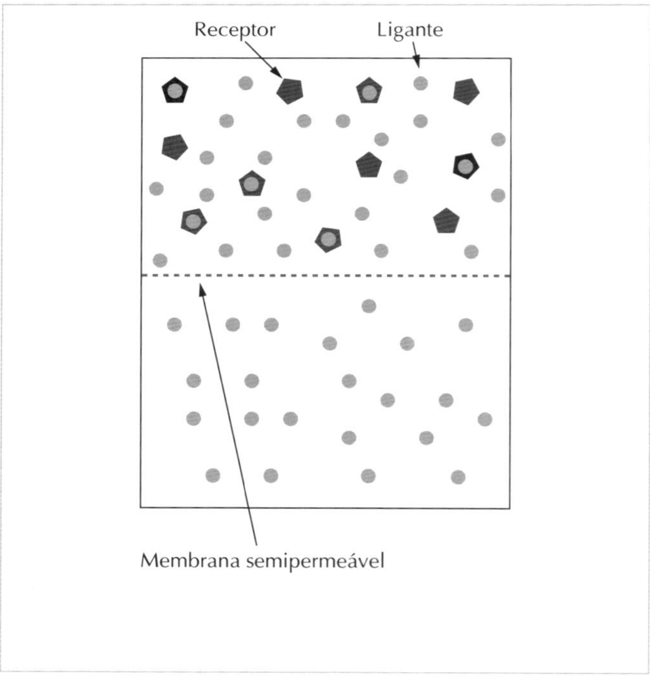

Figura 12-15 Câmaras separadas por uma membrana semipermeável que dá passagem apenas ao ligante. A concentração de ligante livre será igual nos dois lados, porém a concentração total do ligante (livre + ligado) será maior no lado em que está o receptor.

Existem várias maneiras de montar o sistema formado pela membrana e os recipientes de incubação, o que pode ser feito com volumes bastante pequenos. O pré-requisito para usar este método consiste em concentrações molares do receptor e do ligante situadas em uma faixa semelhante para que de fato haja diferença significativa entre os valores de F e F+B, de forma que ela possa ser determinada com pequena margem de erro. Isto ocorre, em geral, quando a afinidade do receptor pelo ligante é alta, na faixa de micromolar, pelo menos.

Análise quantitativa

Após a obtenção dos pares de valores de F e B, o caminho está aberto para determinar os valores de K_L e B_{max}, conforme a equação [12-2]. Pode-se usar o plote de Scatchard, que prevê uma relação linear entre B/F e B, para obter os valores de K_L e B_{max} por manipulação gráfica (Figura 12-14). Alternativamente e com mais precisão, pode-se usar um dos muitos programas que ajustam equações a dados experimentais, em geral pelo método dos mínimos quadrados, para obter os parâmetros juntamente aos vários indicadores de significância estatística.

Entretanto, é preciso atenção e examinar bem se a representação de B/F contra B realmente resulta em uma linha reta como a mostrada na Figura 12-14. Se isto não ocorrer, é porque as coisas são muito mais complexas do previstas na equação [12-19], que é a de um único sítio de ligação com ausência de cooperatividade. Estudos de ligação da [^{125}I]insulina no receptor de várias células de mamíferos, por exemplo, revelaram representações de Scatchard não lineares. Isto está exemplificado pela Figura 12-16, que mostra resultados de experimentos de ligação da [^{125}I]insulina a hepatócitos isolados.

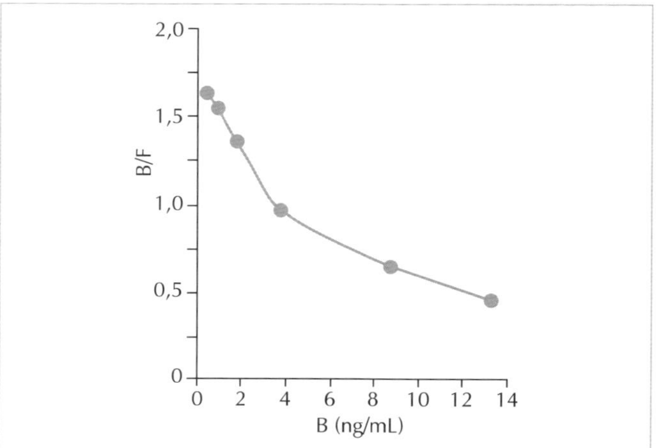

Figura 12-16 Plote de Scatchard referente à ligação de [^{125}I]insulina ao receptor de hepatócitos de rato (modificado e adaptado de um original de Davidson e Venkatesan, 1982).

Há várias explicações possíveis para esse fenômeno: há interações cooperativas negativas, as formas marcada e não marcada apresentam afinidades distintas, há classes separadas de proteínas ligantes (receptores) ou existem dois ou mais sítios de ligação com afinidades distintas. Neste último caso, está compreendida a possibilidade de uma ligação inespecífica além da ligação específica. A ligação inespecífica costuma tornar-se mais significativa a altas concentrações do ligante.

Para os casos de dois ou mais sítios de ligação independentes, a equação [12-20] em geral é usada em uma forma modificada, na qual os sítios de ligação são classificados em classes com afinidades iguais ou próximas:

$$\bar{\nu} = \sum_{i=1}^{m} N_i \frac{F}{K_i + F} \qquad [12\text{-}22]$$

N_i é o número de sítios de ligação da classe i, K_i são as constantes de dissociação e $\bar{\nu}$ é a fração ligada. A equação [12-22] é em geral usada para macromoléculas ligantes com massa molecular conhecida, como a albumina. A análise é essencialmente numérica, pois não há possibilidade de linearizações, sobretudo se o número de sítios for maior do que dois (i.e., $N_m > 2$). Quando houver apenas um sítio de ligação específica ao lado de ligação inespecífica, muitas vezes uma análise gráfica pode ajudar na distinção, principalmente se houver grande diferença de afinidade entre a ligação específica e as interações não específicas (Figura 12-17). O plote de B/F contra B produziu uma relação que mostra uma curvatura bastante brusca em um certo ponto.

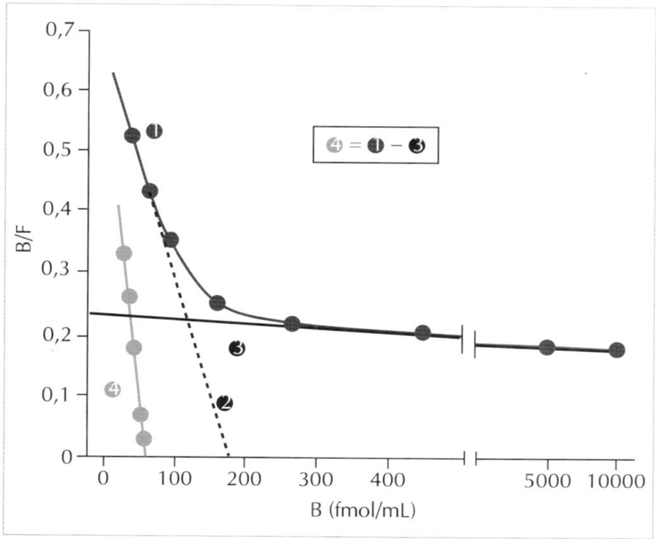

Figura 12-17 Procedimento gráfico para a exclusão de ligação inespecífica de baixa afinidade. A linha 4 representa a curva de ligação de alta afinidade, expurgada da ligação inespecífica de baixa afinidade.

Aparentemente, a ligação do ligante prossegue com aumentos na concentração sem que haja uma saturação em vista. Na porção inicial da curva, de grande inclinação, deve predominar a ligação específica, que é de alta afinidade, mas mesmo esta porção está contaminada pela ligação inespecífica, que é de baixa afinidade. Para eliminar esta medida experimental pode-se extrapolar a parte linear da curva de altos valores de B em direção ao eixo B/F. A reta extrapolada (curva 3) pode agora ser subtraída dos valores experimentais (curva 1). A subtração origina a reta 4, que seria, em tese, a que seria obtida caso não houvesse ligação inespecífica. Os parâmetros B_{max} e K_L devem ser obtidos a partir desta reta.

Outro modo de estimar a ligação inespecífica é introduzir ligantes não marcados que competem com o ligante marcado pelo sítio específico, que é saturável. Assume-se, naturalmente, que a ligação inespecífica não é saturável, portanto não deve ser afetada pela introdução do competidor dentro de uma faixa razoável de concentração, o que pode ocorrer, de fato, no caso de um sistema de membranas que contenha uma quantidade limitada de proteínas ligantes mas cuja superfície, onde ocorre a ligação inespecífica, é muitíssimo maior.

ENSAIO DE ENZIMAS COM RADIOISÓTOPOS

Como radioisótopos permitem marcação específica de um único átomo em uma molécula, o ensaio de uma enzima com substrato marcado com isótopo radioativo em geral é bastante específico. Além disso, o método é também, na maioria dos casos, altamente sensível. Com frequência o método com isótopos radioativos revela-se a única maneira segura de seguir de modo específico determinadas reações em extratos brutos, nos quais há quase sempre muitos interferentes.

Os isótopos mais empregados são os que já conhecemos de aplicações anteriores: ^{3}H, ^{14}C, ^{32}P e ^{35}S. Para calcular a atividade em termos molares, é indispensável conhecer ou poder inferir a atividade específica do produto formado, bem como anotar cuidadosamente todas as diluições ou eventuais aumentos de concentração. Dois procedimentos básicos podem ser distinguidos: ou mede-se a incorporação de radioatividade em substratos ou avalia-se a liberação de um grupo menos complexo a partir do substrato. Em qualquer dos casos, sempre é necessário separar o produto formado. Para fazer isto, pode ser necessário usar métodos cromatográficos, mas os mais práticos são aqueles em que a separação do produto pode ser feita por métodos simples, como precipitação de macromoléculas ou captação de $^{14}CO_2$.

O acompanhamento de reações de descarboxilação é muito fácil de ser feito com substratos marcados especificamente no carbono da carboxila. A reação de descarboxilação leva direto ao produto $^{14}CO_2$:

$$R—^{14}COOH \longrightarrow R + ^{14}CO_2$$

Em um pH alcalino, mesmo levemente alcalino, forma-se na verdade $[^{14}C]HCO_3^-$. No entanto, após acidificação, este último gera de fato $^{14}CO_2$, que pode ser facilmente captado em um frasco hermeticamente fechado por uma solução de base (KOH) ou por uma base orgânica (feniletilamina). A atividade específica de $^{14}CO_2$ (a_{esp}), indispensável para transformar contagem de radioatividade em quantidades molares, como já sabemos, é igual à atividade específica do precursor, de modo que não há problemas em obter a velocidade da reação (v_r):

$$v_r = \frac{\text{dpm de } ^{14}CO_2 \times V}{a_{esp} \times \Delta t} \qquad [12\text{-}23]$$

Na equação [12-23], além de v_r e a_{esp} já definidos, temos ainda o volume da incubação (V) e o intervalo de tempo (Δt). Se V for expresso em mL, a_{esp} em dpm/μmol e Δt em minutos, v_r é expresso em μmol min^{-1} mL^{-1}. A equação [12-23] pressupõe que o $^{14}CO_2$ de todo o volume da incubação foi captado e contado. Se isto não se verificar, é necessário introduzir um fator de correção. Para outros produtos que não o $^{14}CO_2$, pode-se escrever uma equação genérica para o cálculo de v_r, que se aplica praticamente a todos os casos:

$$v_r = \frac{\text{dpm na alíquota do produto} \times F}{a_{esp} \times \Delta t} \qquad [12\text{-}24]$$

F é o fator de diluição ou correção que relaciona o volume utilizado para a contagem do produto com o volume da incubação. Esse fator pode ser complexo, pois é possível que o isolamento do produto ocorra em várias etapas. A técnica de isolamento pode ser muito variável: cromatografia, precipitação, extração etc. Pode ser necessário fazer correção para a extinção (*quenching*) que pode variar bastante e afetar sobremaneira o resultado (ver Capítulo 7).

O $^{14}CO_2$ também é muito útil para o ensaio de reações de carboxilação, que ocorrem em muitas vias metabólicas, por exemplo na fase escura da fotossíntese e na neoglicogênese, a partir de substratos com três carbonos como o piruvato. A carboxilação do piruvato para produzir oxaloacetato, por exemplo, pode ser comodamente medida fornecendo ao sistema os substratos piruvato e $[^{14}C]HCO_3^-$, mais os cofatores necessários, a menos que se trate de mitocôndrias intactas. Os cofatores a serem adicionados serão tão mais numerosos quanto mais pura a enzima. O produto imediato é o oxaloacetato marcado ($^-OO^{14}C\text{-}CH_2\text{-}CO\text{-}COO^-$), mas, se o meio contiver outras enzimas e cofatores, haverá logo a formação de uma série de ácidos carboxílicos marcados como fumarato, L-malato etc. Mesmo assim, dentro de certo limite de tempo, a soma de todos esses produtos radioativos irá refletir a atividade de carboxilação catalisada pela piruvato carboxilase. Dessa forma, pode-se avaliar a atividade da enzima extraindo todos os produtos por simples desproteinização com ácido. A própria desproteinização ácida eliminará o $[^{14}C]\text{-}HCO_3^-$ ainda em excesso, e a radioatividade remanescente refletirá quase que exclusivamente a atividade carboxilante da piruvato carboxilase. A base para os cálculos é fornecida, naturalmente, pela atividade específica do $[^{14}C]HCO_3^-$ adicionado.

A adição de moléculas pequenas marcadas com radioisótopos a macromoléculas é uma forma muito efetiva de medir a atividade de enzimas sintetizadoras. O sistema enzimático é, em geral, bastante complexo, constituído de proteínas e estruturas lipídicas. É muito problemático medir com precisão, por exemplo, a velocidade inicial de alongamento de um polissacarídeo, já que sua massa aumenta muito pouco pela adição de relativamente poucos monômeros. Se o monômero estiver marcado radioativamente, no entanto, é relativamente cômodo avaliar com precisão a quantidade adicionada, medindo simplesmente a quantidade de radioatividade incorporada. Polímeros podem ser, em geral, eficientemente separados de monômeros, seja por métodos de precipitação das macromoléculas, seja utilizando peneiras moleculares. O exemplo clássico é a adição de resíduos de glicose a um primer de glicogênio:

$$\text{UDP-}[1\text{-}^{14}C]\text{glicose} + (1{,}4\text{-}\alpha\text{-D-glicosil})_n \longrightarrow \text{UDP} + [^{14}C](1{,}4\text{-}\alpha\text{-D-glicosil})_{n+1}$$

O glicogênio alongado pela glicogênio sintase agora estará radioativo e poderá ser isolado pelos métodos correntes que incluem precipitação e ressuspensão. A UDP-$[1\text{-}^{14}C]$glicose restante será automaticamente eliminada. A radioatividade encontrada será proporcional à quantidade de $[1\text{-}^{14}C]$glicose incorporada. A atividade específica da UDP-$[1\text{-}^{14}C]$glicose fornecerá a base para calcular a atividade da glicogênio sintase.

EXERCÍCIOS RESOLVIDOS

1. Para determinar o volume de sangue V de um indivíduo, injetou-se 1 mL de uma solução contendo uma substância radioativa, que apresentava uma radioatividade total de $8{,}8 \times 10^9$ dpm. Após sua homogeneização no sangue, 1 mL de sangue foi retirado. A radioatividade presente neste 1 mL correspondia a $1{,}716 \times 10^6$ dpm. O tempo entre a injeção e a retirada da amostra é insuficiente para que ocorra uma remoção significativa da substância injetada. Quantos litros de sangue tinha esse indivíduo?

Resolução:

É um típico problema a ser resolvido com base na relação das proporções:

$$V_1C_1 = V_2C_2$$

Em que C_1 é a concentração de radioatividade no 1 mL injetado e V_1 é o 1 mL injetado. V_1 pode ser considerado o volume inicial e V_2 o volume final, isto é, o sangue do indivíduo no qual a radioatividade se distribuiu depois da injeção. C_2 é a concentração de radioatividade no sangue. Portanto, queremos saber V_2:

$$V_2 = \frac{V_1C_1}{C_2} = \frac{1\ \text{mL} \ \times 8{,}8 \times 10^9 \text{dpm / mL}}{1{,}716\ \times\ 10^6\ \ \text{dpm / mL}} = 5.128\ \ \text{mL}$$

O indivíduo tem, portanto, 5,13 litros de sangue.

2. Uma suspensão celular foi incubada a 37°C com o objetivo de medir a velocidade inicial de influxo zero-trans de um aminoácido. Uma bateria de 5 incubações contendo as células, cada uma com volume total de 1 mL, foi preparada. Após equilíbrio da temperatura, 50 µL de uma mistura contendo 100.000 cpm do [U-^{14}C]aminoácido (atividade específica de 12.000 cpm/µmol) e 200.000 cpm de [^{3}H]sacarose foram adicionados a cada um dos tubos. As incubações foram precipitadas por centrifugação a tempos diversos. O sobrenadante foi drenado e o precipitado foi extraído com 0,5 mL de uma solução de ácido perclórico 0,5 M. Amostras de 200 µL do extrato, cujo volume total era de 694 µL, foram contadas em um cintilador de amostras líquidas, os isótopos discriminados e os resultados médios obtidos, já subtraídos da radiação de fundo (branco), estão listados na Tabela 12-3. A contagem do ^{3}H em 50 µL do sobrenadante da centrifugação das células revelou um valor médio de 12.380 cpm. Determine a velocidade inicial de influxo zero-trans, expressa em µmol, em minuto por mL de volume celular. Qual era a concentração inicial do aminoácido no meic extracelular?

Resolução:

A primeira tarefa deve ser o cálculo do volume extracelular. O volume inicial era de 1 mL, mas, com a adição de 0,05 mL (50 µL) da mistura radioativa, tornou-se igual a 1,05 mL (V_{total}). O novo volume extracelular após a adição da mistura radioativa, que é o volume final da incubação, pode ser obtido diretamente da equação [12-2]:

$$V_{extra} = V_2 = \frac{V_1S_1^*}{S_2^*}$$

V_1 é o volume de [^{3}H]sacarose adicionado, S_1^* é a radioatividade nesse volume e S_2^* é a radioatividade em um volume equivalente do sobrenadante da centrifugação. Substituindo os valores:

$$V_{extra} = \frac{0{,}05\ \text{mL}\ \times\ 200000\ \text{cpm}}{12380\ \text{cpm}} = 0{,}808\ \text{mL}$$

O volume das células (V_{cel}), portanto, é:

$$V_{cel} = V_{total} - V_{extra} = 1{,}05 - 0{,}808 = 0{,}242\ \text{mL}$$

Tabela 12-3 Tabela de valores referentes ao exercício número 2.

Tempo (min)	^{14}C em 200 µL do extrato (cpm)	^{3}H em 200 µL do extrato (cpm)	^{14}C incorporado nas células (cpm)	µmols do aminoácido incorporados por mL de célula
1	750	953	950	0,328
2	1024	945	1900	0,654
4	1569	955	3791	1,305
6	2002	952	5293	1,822
8	2476	960	6938	2,389

Vale lembrar que este é o volume total das células, e não apenas o volume aquoso celular. Alguma radioatividade devida à [^{3}H]sacarose foi encontrada no extrato celular, conforme a Tabela 12-3. Isto se deve ao líquido extracelular no precipitado. Este líquido também contém [^{14}C]aminoácido. Os valores encontrados são sempre os mesmos, levando-se em conta o erro experimental. O valor médio foi de 953 cpm em 200 μL do extrato. O volume aquoso do extrato era de 694 μL e inclui o volume do líquido extrator adicionado (desproteinizante), o volume do meio que permaneceu junto com as células e a água celular. Como 200 μL continham 953 cpm, a radioatividade total devida ao ^{3}H nos 694 μL foi igual a 694/200 × 953 = 3306 cpm. A radioatividade total de ^{3}H adicionada foi de 200.000 cpm, portanto a fração do espaço aquoso extracelular que contaminava o pellet de células é igual a 3306/200000 = 0,0165, ou seja, 1,65%, de acordo com a equação [12-18]. Como 100.000 cpm do [^{14}C]aminoácido foram adicionados ao meio de incubação, isto significa que 0,0165 × 100000 = 1653 cpm contaminam o pellet no lado externo das células. Este valor terá que ser subtraído do total de cpm do [^{14}C]aminoácido encontrados no extrato. A próxima coluna na Tabela 12-3 apresenta as cpm de [^{14}C]aminoácido incorporadas a cada tempo às células, corrigidas pela diluição da extração e subtraídas dos valores no espaço extracelular contaminante:

$$^{14}\text{C incorporado} = (694/200) \times {}^{14}\text{C em } 200\ \mu\text{L} - 1653$$

Como a atividade específica do [^{14}C]aminoácido é igual a 12.000 cpm/μmol, a quantidade incorporada é igual a:

$$\mu\text{mol incorporado} = {}^{14}\text{C incorporado}/12000 \text{ cpm } \mu\text{mol}^{-1}$$

Desse modo, para o primeiro minuto, por exemplo:

$$\mu\text{mol incorporado} = 950/12000 = 0{,}0792\ \mu\text{mol}$$

O volume celular é de 0,242 mL, portanto, são:

$$0{,}0792/0{,}242 = 0{,}328\ \mu\text{mol por mL de célula}$$

após o primeiro minuto da incubação. A Tabela 12-3 relaciona os valores para todos os demais tempos.

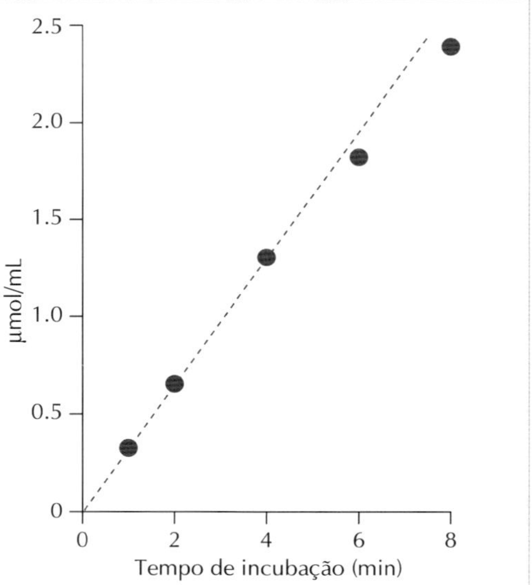

Figura 12-18 Quantidade do aminoácido transportada ao interior das células em função do tempo (dados da Tabela 12-13).

Para calcular a velocidade inicial do influxo zero- trans, será necessário avaliar a inclinação inicial da curva que relaciona os μmols incorporados com o tempo (Figura 12-18). O influxo aumenta proporcionalmente ao tempo até os 4 minutos, havendo desvio da linearidade dali para diante. A inclinação inicial da reta tracejada, que corresponde à velocidade do influxo zero-trans, é igual a 0,326 μmol por minuto por mL de célula. Esta velocidade de influxo zero-trans ocorre em uma concentração inicial do aminoácido no meio externo (C_e), dada por:

$$C_e = \frac{\text{cpm de } [^{14}\text{C}]\text{aminoácido}}{\text{Atividade específica x volume extracelular}}$$

$$C_e = \frac{100000 \text{ cpm}}{12000 \text{ cpm}/\mu\text{mol x } 0{,}808 \text{ mL}} = 10{,}31\ \mu\text{mol / mL}$$

Ou seja, 10,31 mM.

3. [U-^{14}C]Glicose 1-fosfato, com atividade específica de 16000 cpm/μmol, foi incubada na presença de um extrato de células hepáticas contendo a enzima glicogênio fosforilase. Esta enzima é normalmente responsável pela degradação de glicogênio, mas pode também catalisar a reação inversa na presença de um *primer* de glicogênio e o substrato glicose 1-fosfato:

$$[\text{U-}^{14}\text{C}]\text{glicose 1-fosfato} + (1{,}4\text{-}\alpha\text{-D-glicosil})_n \longrightarrow \text{fosfato} + [^{14}\text{C}](1{,}4\text{-}\alpha\text{-D-glicosil})_{n+1}$$

A radioatividade foi incorporada no *primer* de glicogênio com uma velocidade inicial de 2550 cpm/minuto. Calcule:

a. A velocidade da reação enzimática em termos de μmol de glicose incorporada por minuto;

b. A velocidade em termos de μmol × litro^{-1} × min^{-1}, se o volume do meio de reação é de 0,2 ml;

c. A velocidade em termos de μmol × mg proteína^{-1} × min^{-1}, se a mistura de incubação contém 0,35 mg de proteína.

(Segel IH, 1979)

Resolução:

a. Para obter μmol minuto^{-1}, basta dividir cpm/minuto pela atividade específica:

$$\frac{2550 \text{ cpm/minuto}}{16000 \text{ cpm/}\mu\text{mol}} = 0{,}159 \ \mu\text{mol/minuto}$$

b. μmol × litro^{-1} × minuto^{-1} podem ser obtidos multiplicando o valor em μmol/minuto pela razão entre 1 litro (1000 ml) e o volume de incubação (0,2 ml), isto é, 1000 mL litro^{-1}/0,2 mL = 5000 litro^{-1}:

$$0{,}159 \ \mu\text{mol/minuto} \times 5000 \text{ litro}^{-1} = 795 \ \mu\text{mol} \times \text{litro}^{-1} \times \text{min}^{-1}$$

c. μmol × mg proteína^{-1} × min^{-1} podem ser obtidos dividindo μmol minuto^{-1} pela quantidade de proteína:

$$\frac{0{,}159 \ \mu\text{mol/minuto}}{0{,}35 \text{ mg}} = 0{,}454 \ \mu\text{mol} \times \text{minuto}^{-1} \times \text{mg}^{-1}$$

4. Foram incubados 3,4 mg de uma enzima pura (PM = 111.000) com um excesso de [^{14}C]iodoacetamida com atividade específica de 2 μCi/mmol. A proteína carboximetilada foi precipitada, lavada para eliminar complementarmente a [^{14}C]iodoacetamida que não reagiu e depois foi dissolvida em um tampão. Essa solução teve sua radioatividade contada com uma eficiência de 80%. Em 30 min, 6.550 cintilações acima do ruído de fundo foram contadas. Calcule o número de grupos SH reativos por molécula de proteína.

Resolução:

A iodoacetamida reage com os grupos SH. Portanto, a quantidade de [^{14}C]iodoacetamida incorporada é proporcional à quantidade de grupos SH. Foram encontrados 6.550 cintilações em 30 minutos, ou seja: 6550/30 = 218 cpm. Vejam que o longo tempo de contagem se deve à pequena quantidade de radioatividade incorporada. O longo tempo aumenta a precisão da contagem (ver Capítulo 6 sobre o erro estatístico da contagem). Essas 218 cpm são, na verdade, 218/0,8 = 272 dpm, já que a eficiência da contagem foi de 80%.

Por outro lado, 272 dpm correspondem a 272 dpm/2,2 × 10^{6} dpm/μCi = 1,24 × 10^{-4} μCi. A atividade específica da [^{14}C]iodoacetamida é, portanto, igual a 2 μCi/mmol. Dessa forma, a quantidade incorporada (Q_i) à proteína é igual a:

$$Q_i = \frac{1{,}24 \times 10^{4} \ \mu\text{Ci}}{2 \ \mu\text{Ci/mmol}} = 6{,}2 \times 10^{5} \text{ mmol ou } 0{,}062 \ \mu\text{mol}$$

O peso molecular da proteína é igual a 111.000; portanto, 3,4 mg correspondem a:

(3400 μg)/(111000 μg/μmol) = 0,0306 μmol de proteína.

Portanto, há 0,062/0,0306 ≈ 2 grupos SH reativos por molécula de proteína.

5. A enzima ADP-glicose fosforilase (ADPG sintetase) foi determinada seguindo-se a incorporação de ^{32}P proveniente de $^{32}PP_i$ em ATP:

$$\text{ADPG} + [^{32}\text{P}]\text{PPi} \Longleftrightarrow \text{G-1-P} + [^{32}\text{P}]\text{ATP}$$

O [^{32}P]ATP formado foi adsorvido em carvão e lavado até que nenhum [^{32}P]PP$_i$ estivesse presente; após este procedimento, o carvão foi ressuspenso em 1,0 mL de etanol-NH_3 aquoso e 0,5 ml foram submetidos à contagem em um contador de cintilações. A amostra forneceu 21.550 cpm acima da contagem de fundo (branco). Para verificar o grau de extinção (*quenching*), 10.000 cpm de [^{32}P]PPi (contados previamente na ausência de carvão) foram adicionadas à amostra, que somada ao [^{32}P]PP$_i$ adicionado forneceu uma contagem de 28270 cpm acima da contagem de fundo.

a. Qual é a atividade verdadeira (sem *quenching* adicional) da amostra?

b. De que maneira as correções da extinção podem se tornar desnecessárias?

(Segel IH, 1979)

Resolução:

Temos, portanto, uma aplicação do método do padrão interno para a correção da extinção (ver Capítulo 7). A diferença entre a primeira contagem (cpm_1) e a segunda (cpm_2) é de 28270 – 21550 = 6720 cpm. Deveria ser de 10.000 cpm, se não houvesse extinção. A eficiência relativa foi, portanto, igual a 6720/10000 = 0,672 (67,2%).

Assim, a atividade verdadeira da enzima pode ser calculada a partir de $cpm_1/0.672 = 21500/0.672 = 31994$ cpm.

As correções de extinção se tornarão desnecessárias se todas as amostras a serem comparadas tiverem o mesmo *quenching*.

6. Uma alíquota de um extrato de células de *Neurospora crassa*, contendo 0,72 mg de proteína, foi incubada com O-acetilhomoserina e [^{14}C]metil-mercaptano com atividade específica de $2{,}4 \times 10^6$ cpm/µmol, em um volume total de 1,5 mL. O ^{14}C foi incorporado enzimaticamente na L-metionina com uma velocidade de 2240 cpm/min. Calcule a velocidade da reação em termos de:

   a. µmoles/min;

   b. µmoles × litro^{-1} × min^{-1}; e

   c. µmoles × mg de proteína^{-1} × min^{-1}.

   (Segel IH, 1979)

   Resolução:

   a. Para obter µmol/min, basta fazer cpm/min × atividade específica; portanto, (2240 cpm/min)/$2{,}4 \times 10^6$ cpm/µmol = $9{,}33 \times 10^{-4}$ µmol/min.

   b. O volume era de 1,5 mL, ou seja, 1000/1,5 = 666,67 vezes menor que um litro; assim, $9{,}33 \times 10^{-4}$ µmol min^{-1} × 666.67 (mL/litro) ml^{-1} = 0,622 µmol litro^{-1} min^{-1}.

   c. Há 0,72 mg de proteína em 1,5 ml; assim, a solução requerida é ($9{,}33 \times 10^{-4}$ µmol/min)/1,5 mg = $6{,}22 \times 10^{-4}$ µmol min^{-1} mg proteína^{-1}.

7. Uma proteína que liga a ADP-ribose foi purificada de células de um tumor até à homogeneidade. A ADP-ribose liga-se reversivelmente a esta proteína. O peso molecular da proteína é 85.000 Daltons. Uma solução desta proteína, contendo 8,5 µg/mL, foi colocada em um dos lados de uma membrana de diálise. Uma solução contendo [^{3}H]ADP-ribose (atividade específica de 10^9 dpm/µmol) foi colocada do outro lado da membrana. Cada câmara da célula de diálise tem um volume de 1 mL. No equilíbrio, 200 µL da solução na câmara contendo a proteína revelaram 51.400 dpm; 200 µL da solução da câmara sem a proteína forneceram 37.400 dpm. Calcule a concentração da ADP-ribose, do complexo proteína-ADP-ribose, da proteína total, da proteína livre e a constante de dissociação.

   Resolução:

   O peso molecular da proteína é igual a 85.000 D e sua concentração em um dos lados da membrana de diálise é de 8,5 µg/mL, 8500 µg/litro, 8,5 mg/litro ou, se assim quisermos, 0,0085 g/litro. Um mol corresponde a 85.000 g; consequentemente, 0,0085 g são 0,0085/85000 = $1{,}0 \times 10^{-7}$ mol. A concentração total da proteína, ligada + livre, $[P]_T$, é portanto igual a = $1{,}0 \times 10^{-7}$ M.

   A proteína está confinada a um dos lados da membrana, mas a ADP-ribose será encontrada nos dois lados, porque difunde através da membrana. A ADP-ribose foi adicionada na forma radioativa. Na câmara contendo a proteína, 51.400 dpm foram encontrados em 200 µL após o equilíbrio; na outra câmara, 37.400 dpm por 200 µL foram encontrados. A atividade especifica da [^{3}H]ADP-ribose é igual a 10^9 dpm/µmol. Consequentemente, podemos calcular:

   Quantidade de ADP-ribose em 200 µL da câmara contendo a proteína =

$$= \frac{51400 \text{ dpm}}{10^9 \text{ dpm/}\mu\text{mol}} = 0{,}0000514 \ \mu\text{mol}$$

   Quantidade de ADP-ribose em 200 µL da câmara sem proteína =

$$= \frac{37400 \text{ dpm}}{10^9 \text{ dpm/}\mu\text{mol}} = 0{,}0000374 \ \mu\text{mol}$$

   As concentrações molares são:

   a. [ADP-ribose] (ADP_r) na câmara com proteína

$$[ADP_r]_{CP} = \frac{5{,}14 \times 10^{-5} \ \mu\text{mol}}{200 \ \mu\text{L}}$$

$$[ADP_r]_{CP} = 2{,}57 \ \ 10^{-7} \ \mu\text{mol/}\mu\text{L ou M}$$

b. [ADP-ribose] (ADP_r) na câmara sem proteína

$$[ADP_r]_{SP} = \frac{3{,}74 \quad 10^{-5}\ \mu mol}{200\ \mu L}$$

$$[ADP_r]_{SP} = 1{,}87 \times 10^{-7}\ \mu mol/\mu L \text{ ou M}$$

Na câmara contendo proteína, a ADP-ribose está em duas situações diferentes: livre ou ligada à proteína. A concentração de ADP-ribose livre é a mesma nos dois lados da membrana, $1{,}87 \times 10^{-7}$ M = $[ADP_r]_{SP}$ = $[ADP_r]_{livre}$; por outro lado, a concentração da ADP-ribose ligada à proteína, $[ADP_r]_{ligada}$, é igual à diferença entre a concentração total na câmara contendo a proteína e a concentração livre:

$$[ADP_r]_{ligada} = [ADP_r]_{CP} - [ADP_r]_{SP} = 2{,}57 \times 10^{-7} - 1{,}87 \times 10^{-7} = 0{,}7 \times 10^{-7}\ M$$

A concentração de proteína livre $[P]_L$, por outro lado, será igual à concentração de proteína total subtraída da concentração da proteína complexada. A concentração da proteína complexada ($[P]_C$) terá que ser igual à concentração de ADP-ribose ligada. Consequentemente:

$$[P]_L = [P]_T - [ADP_r]_{ligada} = [P]_T - [P]_C = 1 \times 10^{-7} - 0{,}7 \times 10^{-7} = 0{,}3 \times 10^{-7}\ M$$

E, finalmente, a expressão de equilíbrio para o cálculo da constante de dissociação K_{dis}:

$$K_{dis} = \frac{[ADP_r]_{livre}[P]_L}{[P]_C} = \frac{(1{,}87 \times 10^{-7})(0{,}3 \times 10^{-7})}{(0{,}7 \times 10^{-7})} =$$

$$K_{dis} = 8{,}01 \times 10^{-8}\ M$$

Referências e sugestões de leituras para aprofundamento

LIVROS E ARTIGOS METODOLÓGICOS OU DE REVISÃO

Aguiar AFA, Xavier AFS, Rodrigues JEM – *Cálculo para ciências médicas e biológicas.* Editora Harbra Ltda., São Paulo, 1988.

Bach SW – *Radioatividade, Radioisótopos, Radionuclídeos.* Radiologia e Radioproteção. Universidade Federal do Paraná, Curitiba, 1980.

Bracht A – A utilização de radioisótopos em bioquímica. In: Bracht A, Ishii-Iwamoto EL (organizadores), *Métodos de Laboratório em Bioquímica*, Editora Manole Ltda., São Paulo, pp. 57-75, 2003.

Bracht A, Constantin J, Vidotti MN – Introdução ao radioensaio. In: Bracht A, Ishii-Iwamoto EL (organizadores), *Métodos de Laboratório em Bioquímica*, Editora Manole Ltda., São Paulo, pp. 389-409, 2003.

Broda E – *Radioactive Isotopes in Biochemistry.* Elsevier Publishing Company, Amsterdam, 1960.

Dawes EA – *Quantitative Problems in Biochemistry.* Capítulo XI: Isotopes in Biochemistry. Churchill Livingstone, Edinburgh & London, pp. 373-438, 1972.

Ellory JC, Lew VL (organizadores) – *Membrane Transport in Red Cells.* Academic Press, London, 1977.

Gibaldi M, Perrier D – *Pharmacokinetics.* Marcell Dekker Inc, New York e Basel, 1982.

Hagen A, Newsholme EA – Enzymatic analysis with radiobiochemicals. In: Bergmeyer HU (organizador), *Methods of Enzymatic Analysis,* Verlag Chemie/Academic Press, Weinheim/New York, pp. 283-307, 1974.

Khan NT – Autoradiography: detection and analysis of radioactive entities. *Journal of Biometrics & Biostatistics 8*, 4 (DOI: 10.4172/2155-6180.1000361).

Kendall DA, Stephen JH (organizadores) – *Signal transduction protocols.* Humana Press, Totowa New Jersey, 1995.

Kobayashi Y, Maudsley DV – *Biological Applications of Liquid Scintillation Counting.* Academic Press, New York, 1974.

Lappin G – A historical perspective on radioisotopic tracers in metabolism and biochemistry. *Bioanalysis 7*, pp. 531–540, 2015.

Leijssen DPC, Elia M – *Recovery of 13CO2 and 14CO2 in human bicarbonate studies:* a critical review with original data. Clinical Science 91, pp. 665-677, 1996.

Melo E, Muramoto I, Rassi I, Baraldi V, Melo M – *Metodologia de Radioiosótopos in vitro.* Editora Dois Irmãos Ltda, Rio de Janeiro, 1976.

Neddderman ANR, Savage ME – Quantitation of drug metabolites by radioactivity detection including accelerator mass spectrometry (MAS). In: Lee PW, Aizawa H, Gan LL, Prakash C, Zhong D I (organizadores), *Handbook of Metabolic Pathways of Xenobiotics,* John Wiley & Sons, Ltd., Hoboken, USA, pp. 1-25, 2014.

Orear J – *Física*, Capítulo 15. Livros Técnicos e Científicos Editora Ltda, Rio de Janeiro, pp. 364-426, 1971.

Rickwood D, Patel D, Billington D – Radioisotopes in biochemistry (Capítulo 2). In: Rickwood D, Patel D, Billington D (organizadores), *Biochemistry Labfax*, Elsevier Publishing Company, Amsterdam, pp. 37-48, 1993.

Schaum D, Van der Merwe CW – *Física Geral,* Capítulo 43: Física Nuclear. Editora McGrawHill do Brasil Ltda, Rio de Janeiro, pp.372-383, *1971.*

Sears FW, Zemansky, MW – *Física,* Capítulo 44: Radiactividad Y Fisica Nuclear. Aguilar SA, Madrid, pp. 952-971, 1966.

Segel IH – *Bioquímica Teoria e Problemas,* Capítulo 6: Isótopos em Bioquímica. Livros Técnicos e Científicos Editora AS, Rio de Janeiro-São Paulo, pp. 430-479, 1979.

Shield V, Clark L – Studies with compounds that enhance the binding of [^{125}I]ovine CRF in a recombinant human CRF-1 receptor scintillation proximity assay. *Biochemical Society Transactions 27*, A35, 1999.

Slater R – Radioisotope techniques. In: Wilson K, Walker J (organizadores), *Principles and Techniques of Biochemistry and Molecular Biology,* Cambridge University Press, Cambridge, pp. 553-580, 2010.

Solon EG – Use of radioactive compounds and autoradiography to determine drug tissue distribution. *Chemical Research in Toxicology 25*, 543-555, 2012.

Veys K, Alvarado-Diaz A, De Bock K – Measuring glycolytic and mitochondrial fluxes in endothelial cells using radioactive tracers. *Methods in Molecular Biology 1862,* pp. 121–136, 2019.

Wikipédia – A Wikipédia apresenta inúmeros verbetes sobre boa parte dos tópicos abordados neste livro, escritos em geral em linguagem bastante acessível. Há textos em várias línguas. Pode ser acessada em: https://en.wikipedia.org/

Zilversmit DB, Entenman C, Fishler MC – On the calculation of "turnover time" and "turnover rate" from experiments involving the use of labeling agents. *The Journal of General Physiology 26,* pp. 325-331, 1943.

APLICAÇÕES EXPERIMENTAIS ESPECÍFICAS

Esta lista é apenas uma pequena amostra de trabalhos originais cujo escopo se enquadra no que foi abordado, principalmente, nos Capítulos 8 ao 12. As referências escolhidas incluem trabalhos de várias épocas, desde artigos antigos representativos do uso de radioisótopos até exemplos mais recentes. Os artigos relacionados que apareceram entre 2015 e 2020 foram selecionados em uma tentativa de ilustrar as mais recentes tendências e campos de aplicação de radioisótopos na pesquisa bioquímica. Na classificação por temas, predominou a temática predominante em cada artigo.

Alguns dos artigos relacionados serviram como fonte primária para a descrição de procedimentos experimentais e para a elaboração de vários exercícios resolvidos no final dos Capítulos 8 ao 12, conforme indicado no final dos enunciados.

Enzimologia

Cheng J, Yang S – Catalytic mechanism of UDP-glucose dehydrogenase. *Biochemical Society Transactions 47,* pp. 945-955, 2019.

Cleland WW – The use of isotope effects to determine enzyme mechanisms. *Journal of Biological Chemistry 278*, pp. 51975-51984, 2003.

Medda S, Smith EE – A radioisotope method for assays of amylomaltase and D-enzyme. *Analytical Chemistry 138*, pp. 354-359, 1984.

Pakharukova N, Masoudi A, Pani B, Staus DP, Lefkowitz RJ – Allosteric activation of proto-oncogene kinase Src by GPCR–beta-arrestin complexes. *Journal of Biological Chemistry 295,* pp. 16773-16784, 2020.

Pols T, Singh S, Deelman-Driessen C, Gaastra BF, Poolman B – Enzymology of the pathway for ATP production by arginine breakdown. *FEBS Journal* https://doi.org/10.1111/febs.15337, 2020.

Rahman K, Mandalasi M, Zhao P, Sheikh MO, Taujale R, Kim HW, van der Wel H, Matta K, Kannan N, Glushka JN, Wells L, West CM – Characterization of a cytoplasmic glucosyltransferase that extends the core trisaccharide of the *Toxoplasma* Skp1 E3 ubiquitin ligase subunit. *Journal of Biological Chemistry 292,* pp.18644-18659, 2017.

Teujas H, Välijmäe P – Product inhibition of cellulases studied with ^{14}C-labeled cellulose substrates. *Biotechnology for Biofuels 6*, p. 104, 2013.

Espaços de distribuição

Fernandes TRL, Suzuki-Kemmelmeier F, Oliveira DS, Bracht A – Changes in distribution spaces and cell permeability caused by ATP in the rat liver. *Liver International 22*, pp. 35-42, 2002.

Goresky CA – A linear method for determining liver sinusoidal and extravascular volumes. *American Journal of Physiology 204,* pp. 626-640, 1963.

Tian M, Ogawa K, Wendt R, Mukhopadhyay U, Balatoni J, Fukumitsu N, Uthamanthil R, Borne A, Brammer D, Jackson J, Mawlawi O, Yang B, Alauddin MM, Gelovani JG – Whole-body biodistribution kinetics, metabolism, and radiation dosimetry estimates of ^{18}F-PEG$_6$-IPQA in nonhuman primates. *Journal of Nuclear Medicine 52*, pp. 934–941, 2011.

Metabolismo e homeostase

Cheng J, Tan Y, ZhouJ, Xiao L, Johnson M, Qu X – Green tea polyphenols ameliorate metabolic abnormalities and insulin resistance by enhancing insulin signalling in skeletal muscle of Zucker fatty rats. *Clinical Science 134,* pp. 1167-1180, 2020.

Chen YH, Wu YJ, Chen WC, Lee TS, Tsou TC, Chang HC, Lo SW, Chen SL – MEHP [mono-(2-ethylhexy] phthalate] interferes with mitochondrial functions and homeostasis in skeletal muscle cells. *Bioscience Reports 40,* BSR20194404, 2020.

Deevska GM, Dotson II PP, Karakashian AA, Isaac G, Wrona M, Kelly SB, Merrill Jr AH, Nikolova-Karakashian MN – Novel interconnections in lipid metabolism revealed by overexpression of sphingomyelin synthase-1. *Journal of Biological Chemistry 292,* pp. 5110-5122, 2017.

DeFronzo RA, Tobin JD, Andres R – Glucose clamp technique: a method for quantifying insulin secretion and resistance. *American Journal of Physiology 237,* E214-E223, 1979.

Karlsson JL, Barker HA – Biosynthesis of uric acid labeled with radioactive carbon*. *Journal of Biological Chemistry 177,* pp. 597-599, 1949.

Katz J, Wood HG – The use of $C^{14}O_2$ yelds from glucose-1- and -6-C^{14} for the evaluation of the pathways of glucose metabolism. *Journal of Biological Chemistry 238*, pp. 517-523, 1963.

Katz J, Rognstad R, Kemp RG – Isotope discrimination effects in the metabolism of tritiated glucose. *Journal of Biological Chemistry 240*, PC1484-PC1486, 1965.

Katz J, Rognstad R – The metabolism of tritiated glucose by rat adipose tissue. *Journal of Biological Chemistry 241*, pp. 3600-3610, 1966.

Kettelhut IC, Foss MC, Migliorini RH – Glucose homeostasis in a carnivorous animal (cat) and in rats fed a high-protein diet. *The American Journal of Physiology 239*, R437--R444, 1980.

Kraegen EW, James DE, Jenkins AB, Chisholm DJ – Dose--response curves for in vivo insulin sensitivity in individual tissues in rats. *American Journal of Physiology 248*, E353-E362, 1985.

Kuehn A, Scholz R – Rates of flux through the pentose cycle in perfused rat liver. A procedure for the calculation of substrate flux from $^{14}CO_2$ production from [1-^{14}C]glucose. *European Journal of Biochemistry 124,* pp. 611-617, 1982.

Lee JO, Byun WS, Kang MJ, Han JA, Moon J, Shin MJ, Lee HJ, Chung JH, Lee JS, Son CG, Song KH, Kim TW, Lee ES, Kim HM, Chung CH, Ngoei KRW, Ling NXY, Oakhill JS, Galic S, Murray-Segal L, Kemp BE, Kim KM, Lim S, Kim HS – The myokine meteorin-like (metrnl) improves glucose tolerance in both skeletal muscle cells and mice by targeting AMPK 2. *FEBS Journal 287*, pp.2087-2104, 2020.

Marbet P, Klusonova P, Birk J, Kratschmar DV, Oder-matt A – Absence of hexose-6-phosphate dehydrogenase results in reduced overall glucose consumption but does not prevent 11 -hydroxysteroid dehydrogenase-1-dependent glucocorticoid activation. *FEBS Journal 285,* pp. 3993-4004, 2018.

Moonira T, Chachra SS, Ford BE, Mrin S, Alshawi A, Adam--Primus NS, Arden C, Al-Oanzi ZH, Foretz M, Violett B, Cascante M, Agius L – Metformin lowers glucose 6-phosphatase in hepatocytes by activation of glycolysis downstream of glucose phosphorylation. *Journal of Biological Chemistry 295,* pp. 3330-3346, 2020.

Penkler G, du Toit F, Adams W, Rautenbach M, Palm DC, van Niekerk DD, Snoep JL – Construction and validation of a detailed kinetic model of glycolysis in *Plasmodium falciparum. FEBS Journal 282*, pp. 1481-1511, 2015.

Rossetti L, Giaccari A – Relative contribution of glycogen synthesis and glycolysis to insulin-mediated glucose uptake. *Journal of Clinical Investigation 85*, pp. 1785-1792, 1990.

Sá-Nakanishi AB, Oliveira MC, Pateis VO, Silva LAP, Pereira--Maróstica HV, Gonçalves GA, Oliveira MA, Godinho J, Bracht L, Milani H, Bracht A, Comar JF – Glycemic homeostasis and hepatic metabolism are modified in rats with global cerebral ischemia. *BBA-Molecular Basis of Disease 1866*, 165934, 2020.

Terrettaz J, Jeanrenaud B – Contribution of glycerol and alanine to basal hepatic glucose production in the genetically obe (fa/fa) rat. *Biochemical Journal 270*, pp. 803-807, 1990.

Thibaux S, Siddiqui S, Zhelyabovska O, Moinuddin F, Masternak MM, Siddiqi SA – Cathepsin B regulates hepatic lipid metabolism by cleaving liver fatty acid–binding protein. *Journal of Biological Chemistry 293,* pp. 1910-1923, 2018.

Wendt MMN, Oliveira MC, Franco-Sala GB, Castro LS, Parizotto AV, Souza-Silva FM, Natali MRM, Bersani-Amado CA, Bracht A, Comar JF – Fatty acids uptake and oxidation are increased in the liver of rats with adjuvant-induced arthritis. *Biochimica et Biophysica Acta-Molecular Basis of Disease 1865*,pp. 696-707, 2019.

Youn JH, Buchanan TA – Fasting does not impair insulin--stimulated glucose uptake but alters intracellular glucose metabolism in conscious rats. *Diabetes 42*, pp. 757-763, 1993.

Metabolômica

Ottaviani JI, Borges G, Momma TY, Spencer JPE, Keen CL, Crozier A, Sachoeter H – The metabolome of [2-^{14}C](−)-epichatechin in humans: implications for the assess-ment of efficacy, safety, and mechanisms of action of poly-phenolic bioactives. *Scientific Reports 6*, 29034, 2016.

Zamboni N, Saqhatelian A, Patti GJ – defining the meabolome: size, flux, and regulation. *Molecular Cell 58*, pp. 699-706, 2015.

Proteínas e ácidos nucleicos

Buckley RJ,, Kramm K, Cooper CDO, Grohmann D, Bolt EL – Mechanistic insights into Lhr helicase function in DNA repair. *Biochemical Journal 477*, pp. 2935–2947, 2020.

Colantoni A, Rupert J, Vandelli A, Tartaglia GG, Zacco E – Zooming in on protein–RNA interactions: a multi-level workflow to identify interaction partners. *Biochemical Society Transactions 48, pp.* 1529–1543. 2020.

Gillard BK, Basset GR, Gotto Jr AM, Rosales C, Pownall HJ – Scavenger receptor B1 (SR-B1) profoundly excludes high density lipoprotein (HDL) apolipoprotein AII as it nibbles HDL-cholesteryl ester. *Journal of Biological Chemistry 292,* pp. 8864-8873, 2017.

Gulyás G, Radvánski G, Matuska R, Balla A, Hunyady L, Balla T, Várnai P – Plasma membrane phosphatidylinositol 4-phosphate and 4,5-bisphosphate determine the distribution and function of K-Ras4B but not H-Ras proteins. *Journal of Biological Chemistry 292,* pp. 18862-18877, 2017.

Yu Z, Cohen JB – Enantiomeric barbiturates bind distinct inter- and intrasubunit binding sites in a nicotinic acetylcholine receptor (nAChR). *Journal of Biological Chemistry 292,* pp. 17258-17271, 2017.

Zhang J, Huang Y, Chen J, Zhu H, Whiteheart SW – Dynamic cycling of t-SNARE acylation regulates platelet exocytosis. *Journal of Biological Chemistry 293,* pp. 3593-3606, 2018.

Radioimunoensaio

Keller MP, Rabaglia ME, Schueler KL, Stapleton DS, Gatti DM, Vincent M, Mitok KA, Wang Z, Ishimura T, Simonett SP, Emfinger CH, Das R, Beck T, Kendziorski C, Broman CW, BS Yandell, Churchill GA, Attie AD – Gene loci associated with insulin secretion in islets from nondiabetic mice. *Journal of Clinical Investigation 129,* pp. 4419-4432, 2019.

Matusali G, Houzet L, Satie AP, MahéD, Aubry F, Couderc T, Frouard J, Bourgeau S, Bensalah K, Lavoué S, Joguet G, Bujan L, Cabié A, Avelar G, Lecuit M, Le Tortorec A, Dejucq-Rainsford N – Zika virus infects human testicular tissue and germ cells. *Journal of Clinical Investigation 128,* pp. 4697-4710, 2018.

Zhang P, Csaki LS, Ronquillo E, Baufeld LJ, Lin JY, Gutierrez A, Dwyer JR, Brindley DN, Fong LG, Tontonoz P, Young SG, Reue K – Lipin 2/3 phosphatidic acid phosphatases maintain phospholipid homeostasis to regulate chylomicron synthesis. *Journal of Clinical Investigation 129,* pp. 281-295, 2019.

Receptores e ligantes

Bu P, Le Y, Zhang Y, Zhang Y, Cheng X – Berberine-induced inactivation of signal transducer and activator of transcription 5 signaling promotes male-specific expression of a bile acid uptake transporter. *Journal of Biological Chemistry 292,* pp. 4602-4613, 2017.

Chiara DC, Jounaidi Y, Zhou X, Savechenkov PY, Bruzik KS, Miller KW, Cohen JB – General anesthetic binding sites in human $\alpha4\beta3\delta$ γ-aminobutyric acid type A receptors ($GABA_ARs$). *Journal of Biological Chemistry 291,* pp. 26529-26539, 2016.

Davidson MB, Venkatesan N – Persistence of a curvilinear Scatchard plot for insulin binding despite correcting for degradation. *Metabolism 31,* pp. 1206-1209, 1982.

Hong WC, Yano H, Hiranita T, Chin FT, McCurdy CR, Su TP, Amara SG, Katz JL – The sigma-1 receptor modulates dopamine transporter conformation and cocaine binding and may thereby potentiate cocaine self-administration in rats. *Journal of Biological Chemistry 292,* pp. 11250-3606, 2017.

Jayakar SS, Chiara DC, Zhou X, Wu B, Bruzik KS, Miller KW, Cohen JB – Photoaffinity labeling identifies an intersubunit steroid-binding site in heteromeric GABA type A ($GABA_A$) receptors. *Journal of Biological Chemistry 295,* pp. 11495-11512, 2020.

Shi WL, Zhu PD – Autoradiographic localization of [^{3}H]RU 486 and [^{3}H]progesterone in the uterus, pituitary and hypothalamus of the rat. *Human Reproduction 5,* pp. 123-127, 1990.

Søndergaard MT, Liu Y, Guo W, Wei J, Wang R, Brohus M, Overgaard MT, Chen SRW – Role of cardiac ryanodine receptor calmodulin-binding domains in mediating the action of arrhythmogenic calmodulin N-domain mutation N54I. *FEBS Journal 287,* pp. 2256-2280, 2020.

Wang L, Iwasaki Y, Andra KK, Pandey K, Menon AK, Bütikofer P – Scrambling of natural and fluorescently tagged phosphatidylinositol by reconstituted G protein-coupled receptor and TMEM16 scramblases. *Journal of Biological Chemistry 293,* pp. 18318-18327, 2018.

Xu L, Chirasani VR, Carter JS, Pasek DA, Dokholyan NV, Yamaguchi N, Meissner G – Ca^{2+}-mediated activation of the skeletal-muscle ryanodine receptor ion channel. *Journal of Biological Chemistry 293,* pp. 19501-19509, 2018.

Transporte

Baur H, Heldt HW – Transport of hexoses across the liver--cell membrane. *European Journal of Biochemistry 74,* pp. 397-403, 1977.

Goresky CA, Bach GG – Membrane transport and the hepatic circulation. *Annals of the New York Academy of Sciences 170,* pp. 18-46, 1970.

Lacko L, Wittke B, Kromphardt H – Kinetics of glucose uptake in erythrocytes: effect of the trans-concentration. *European Journal of Biochemistry 25,* pp. 447-454, 1972.

Mito MS, Constantin J, Castro CV, Yamamoto NS, Bracht A – Effects of ranolazine on fatty acid transformation in the isolated perfused rat liver. *Molecular and Cellular Biochemistry 345,* pp. 35-44, 2010.

Rahman MF, Askwith C, Govindarajan R – Molecular determinants of acidic pH-dependent transport of human equilibrative nucleoside transporter 3. *Journal of Biological Chemistry 292,* pp. 14775-14785, 2017.

Utsunomyia KS, Scaliante LG, Bracht A, Ishii-Iwamoto EL – Transport and distribution of $^{45}Ca^{2+}$ in the perfused rat liver and the influence of adjuvant-induced arthritis. *Bio-chimica et Biophysica Acta 1832,* pp. 249-262, 2013.

Vicentini GE, Constantin J, Lopez CH, Bracht A – Transport of cyclic AMP and synthetic analogs in the perfused rat liver. *Biochemical Pharmacology 59,* pp. 1187-1201, 2000.

Constantes universais e outros valores de referência

Designação	Símbolo	Valor
Aceleração da gravidade	g	9,80 metros segundo^{-2}
Becquerel	Bq	1 desintegração segundo^{-1}
Base dos logaritmos naturais e da função exponencial	e	2,719
Constante de Boltzmann	k	$1,38 \times 10^{-23}$ Joule Kelvin^{-1}
Constante de Faraday	F	$2,30 \times 10^{4}$ caloria volt^{-1} equivalente^{-1}
Constante de Planck	h	$6,626 \times 10^{-34}$ Joule segundo
Constante universal dos gases	R	8,3145 Joule Kelvin^{-1} mol^{-1} 1,99 caloria Kelvin^{-1} mol^{-1}
Curie	Ci	$2,2 \times 10^{12}$ desintegrações minuto^{-1}
Dalton	D	1 u.m.a.
Elétron-volt	eV	$1,602 \times 10^{-9}$ Joule $3,828 \times 10^{-20}$ caloria
Número de Avogadro	N	$6,022 \times 10^{23}$ mol^{-1}
Razão circunferência/diâmetro	π	3,14159
Unidade de enzima	U	Atividade catalítica de 1 μmol minuto^{-1}
Unidade de massa atômica	u.m.a.	$1,661 \times 10^{-24}$ g
Velocidade da luz	c	$2,997 \times 10^{8}$ metros segundo^{-1}

Tabela periódica dos elementos

Número atômico → 2; Símbolo → He; Nome → hélio; Massa atômica → 4,0026

1 H hidrogênio 1,0079																	2 He hélio 4,0026
3 Li lítio 6,941	4 Be berílio 9,012											5 B boro 10,811	6 C carbono 12,011	7 N nitrogênio 10,811	8 O oxigênio 15,999	9 F fluor 18,998	10 Ne neônio 20,179
11 Na sódio 22,989	12 Mg magnésio 24,305											13 Al alumínio 26,981	14 Si silício 28,085	15 P fósforo 30,974	16 S enxôfre 32,066	17 Cl cloro 35,452	18 Ar argônio 39,948
19 K potássio 39,098	20 Ca cálcio 40,078	21 Sc escândio 44,956	22 Ti titânio 47,88	23 V vanádio 50,941	24 Cr cromo 51,996	25 Mn manganês 54,938	26 Fe ferro 55,847	27 Co cobalto 58,933	28 Ni níquel 58,693	29 Cu cobre 63,546	30 Zn zinco 65,39	31 Ga gálio 69,732	32 Ge germânio 72,64	33 As arsênio 74,921	34 Se selênio 78,96	35 Br bromo 79,904	36 Kr criptônio 81,80
37 Rb rubídio 85,467	38 Sr estrôncio 87,62	39 Y ítrio 88,905	40 Zr zircônio 91,224	41 Nb nióbio 92,906	42 Mo molibdênio 95,94	43 Tc tecnécio 98,907	44 Ru rutênio 101,07	45 Rh ródio 102,905	46 Pd paládio 106,42	47 Ag prata 107,868	48 Cd cádmio 112,411	49 In índio 114,818	50 Sn estanho 118,71	51 Sb antimônio 121,760	52 Te telúrio 127,6	53 I iôdo 126,904	54 Xe xenônio 131,29
55 Cs césio 132,905	55 Ba bário 137,327	57 - 71	72 Hf háfnio 178,49	73 Ta tântalo 180,947	74 W tungstênio 183,85	75 Re rênio 186,207	76 Os ósmio 190,23	76 Ir irídio 192,22	78 Pt platina 195,08	79 Au ouro 196,966	80 Hg mercúrio 200,59	81 Tl tálio 204,383	82 Pb chumbo 207,2	83 Bi bismuto 208,980	84 Po polônio [208,982]	85 At astatínio 209,987	86 Rn radônio 222,017
87 Fr frâncio 223,019	58 Ra rádio 226,025	89 - 103	104 Rf rutefórdio [267]	105 Db dúbnio [268]	106 Sg seabórguio [269]	107 Bh bóhrio [270]	108 Hs hássio [269]	109 Mt meitnério [278]	110 Ds darmstádtio [281]	111 Rg roentgênio [282]	112 Cn copernício [285]	113 Nh nihônio [286]	114 Fl floróvio [289]	115 Mc moscóvio [290]	116 Lv livermório [293]	117 Ts tenessino [294]	118 Og oganessônio [294]

57 La lantânio 138,905	58 Ce cério 140,115	59 Pr praseodímio 140,907	60 Nd neodímio 144,24	61 Pm promécio 144,912	62 Sm samário 150,36	63 Eu európio 151,965	64 Gd gadolínio 157,25	65 Tb térbio 158,925	66 Dy disprósio 162,50	67 Ho hólmio 164,93	68 Er érbio 167,26	69 Tm túlio 168,934	70 Yb itérbio 173,05	71 Lu lutécio 174,967
89 Ac actínio 227,027	90 Th tório 232,038	91 Pa protactínio 231,036	92 U urânio 238,029	93 Np netúnio [237]	94 Pu plutônio [244]	95 Am amerício [243]	96 Cm cúrio [247]	97 Bk berquélio [247]	98 Cf califórnio [251]	99 Es einstêrio [252	100 Fm férmio [257]	101 Md mendelévio [258]	102 No nobélio [259]	103 Lr laurêncio [266]

Metais						Metalóides	Não-metais		
Metais alcalinos	Metais alcalino - terrosos	Metais de transição	Metais pós-transição	Lantanídeos	Actinídeos		Não-metais reativos	Gases nobres	Propriedades químicas desconhecidas

GRÁFICA PAYM
Tel. [11] 4392-3344
paym@graficapaym.com.br